Demokratie und Sozialismus
zwischen Politik und Wissenschaft

Peter von Oertzen

Demokratie und Sozialismus zwischen Politik und Wissenschaft

Hrsg. von Michael Buckmiller,
Gregor Kritidis und Michael Vester

Offizin

Für Unterstützung danken die Herausgeber:

SPD-Bezirk Hannover
Vorstand der IG Metall, Frankfurt/Main
SPW – Zeitschrift für sozialistische Politik und Wirtschaft
Loccumer Initiative kritischer Wissenschaftlerinnen und Wissenschaftler
Institut für Politische Wissenschaft der Universität Hannover

http://www.offizin-verlag.de

ISBN 3-930345-44-7

fon: 0511 - 807 61 94
fax: 0511 - 62 47 30
Umschlaggestaltung: freestyle Grafik, Hannover
Satz: Oliver Heins, Hannover
Druck: Uni-Druck, Hannover

Erstausgabe, 2004
Printed in Germany

Die deutsche Bibliothek – CIP-Einheitsaufnahme

Oertzen, Peter von:
Demokratie und Sozialismus zwischen Politik und Wissenschaft / hrsg. von Michael Buckmiller, Gregor Kritidis und Michael Vester. – Hannover: Offizin-Verl., 2004
ISBN 3-930345-44-7

Inhaltsverzeichnis

Vorwort

Die hier vorgelegte Auswahl von Schriften aus dem umfangreichen Werk des Wissenschaftlers und Politikers Peter von Oertzen[1] behandelt grundlegende Fragen einer demokratisch verfaßten Gesellschaft und ihres gesellschaftlichen und politischen Gestaltungsrahmens. Sie dokumentiert zum einen den theoretischen und praktischen Kampf um die Konstitution und Ausformulierung der zweiten deutschen Demokratie nach 1945. Zum anderen reichen die Beiträge über ein bloß historisches Interesse hinaus. Noch Jahrzehnte später haben sie an Aktualität und Brisanz, an Gedankenschärfe und wissenschaftlicher Argumentationsdichte nichts verloren. Sie erfassen einen zeitgeschichtlichen Problemkern, der heute nach der wachsenden Infragestellung sozial- und wohlfahrtsstaatlicher Grundsätze in den entwickelten Gesellschaften wieder verschärft aufbricht.

Die Aufsätze basieren analytisch auf einer präzisen Charakterisierung der bürgerlich-kapitalistischen Gesellschaft und behalten durchgehend den Zusammenhang im Auge zwischen einem langfristigen Ziel und dessen wissenschaftlich-analytischer Begründung einerseits und einer Strategie praktisch politscher Reformen andererseits. Peter von Oertzen hat dies im Sinne des Historikers und politischen Schriftstellers Arthur Rosenberg auch als »revolutionäre Realpolitik« verstanden. Obgleich der Begriff »Realpolitik« schon logisch voraussetzt, daß die historischen und politischen Realitäten empirisch zutreffend erfaßt und bewertet werden müssen, ergibt sich aus ihm von sich aus noch keine Zielrichtung für eine gesellschaftliche Umgestaltung in der Demokratie. Wer sich auf das Argument der sogenannten unabdingbaren »Sachzwänge« beschränkt, hat ein wesentliches Prinzip der Demokratie preisgegeben.

---

1 Einen Überblick über sein Schaffen bis zum Jahre 1989 gibt die Bibliographie von Beate Hagenauer: *Verzeichnis der Veröffentlichungen Peter von Oertzens.* In: J. Seifert u. a., Soziale oder sozialistische Demokratie. Beiträge zur Geschichte der Linken in der Bundesrepublik. Freundesgabe für Peter von Oertzen zum 65. Geburtstag. Marburg 1989. S. 269–300.

Denn die »Demokratie als ein Ding an sich, als eine formale Abstraktion existiert im geschichtlichen Leben nicht. Sondern die Demokratie ist immer eine bestimmte politische Bewegung, getragen von bestimmten gesellschaftlichen Kräften und Klassen, die um bestimmte Ziele kämpfen. Ein demokratischer Staat ist demgemäß ein Staat, in dem die demokratische Bewegung die Herrschaft hat.«[2] Dem fügt Peter von Oertzen mit Nachdruck hinzu, daß die demokratische Bewegung *tatsächlich* die Herrschaft erringen muß, d. h. daß die staatspolitische Beschränkung der Demokratie durch ihren sozialen Inhalt, durch die »soziale Demokratie« als Selbstbestimmung der großen Mehrheit der arbeitenden Bevölkerung, transzendiert werden muß, um ihre eigene emanzipatorische Bestimmung real erfüllen und politische Stabilität garantieren zu können.

Historisch betrachtet haben, so von Oertzen, zwar immer auch die Massen der Bevölkerung durch Tun und Unterlassen, durch Reaktionen und Aktionen, gelegentlich auch durch mehr oder weniger strukturierte soziale und politische Bewegungen den Gang gesellschaftlicher Entwicklungen mitbestimmt. Aber seit der revolutionären ökonomischen, sozialen, politischen und ideellen Wandlungsprozesse im frühen 19. Jahrhundert nimmt die große Mehrheit der Menschen an der Gestaltung ihres eigenen sozialen Schicksals zunehmend dauerhaft und in institutionell gesicherter Art und Weise teil. Die moderne verfassungsstaatliche Demokratie ist die politische Form dafür; der moderne Wohlfahrtsstaat, die »soziale Demokratie« oder der »Demokratische Sozialismus« sind im Grunde nichts anderes als der Versuch, diese Teilnahme von dem Felde der Politik aus auch auf das wirtschaftliche, soziale und kulturelle Leben auszudehnen.

Im modernen Demokratieverständnis muß, nach Peter von Oertzen, insbesondere eine linke Politik mit Reformen auf die reale Durchsetzung dieser »sozialen Demokratie« hinwirken: auf die Durchsetzung der Mit- und Selbstbestimmung im Betrieb und in der Wirtschaft; auf die Ausweitung der Chancengleichheit der Bildungswege und schließlich auf die empirische Wiedergewinnung des gesellschaftlichen Akteurs jenseits des ökonomischen Schematismus einer verengenden Marx-Orthodoxie oder eines bloß leeren staatsrechtlichen Formalismus.

---

2 A. Rosenberg, *Demokratie und Sozialismus* (1938), Frankfurt am Main 1962, S. 302.

Demokratie und Sozialismus – diese zentralen Begriffe, unter die die vorliegende Sammlung seiner Arbeiten gestellt ist, verknüpfen sich als Schlüsselkategorien im gesamten Werk des marxistischen Wissenschaftlers und politischen Gestalters Peter von Oertzens, der sie in ihrem erkenntniskritischen Wahrheitsanspruch ebenso wie in ihrer historischen Potentialität zu erfassen und zu realisieren trachtet. Eine Demokratie ohne Sozialismus bleibt substanzlos und realpolitisch ebenso gefährdet wie ein Sozialismus ohne Demokratie als Widerspruch in sich inakzeptabel wäre. Es enthebt von Oertzen jeglicher Versuchung, von einer abstrakten, geschichtlich gleichwohl wirksamen Entgegensetzung von Reform und Revolution auszugehen.

Überblickt man sein Schaffen anhand der Entwicklung der Bundesrepublik, dann zeigen sich Einschnitte und Präzisierungen in der Entwicklung seiner Positionen, die im folgenden kurz skizziert werden sollen.[3]

Am 2. September 1924 in Berlin in ein sozial-konservatives Elternhaus geboren – sein Vater war Redakteur der Vossischen Zeitung, »Organisationsleiter« der »konservativen Revolution« des Tat-Kreises um Hans Zehrer und hielt enge Kontakte zum »sozialen« General von Schleicher – kehrt Peter von Oertzen desillusioniert aus dem Krieg, in den er als 17jähriger eingezogen wurde, zurück und beginnt für ein knappes Jahr im Selbststudium einen Prozeß der geistigen Neuorientierung in der zeitgeschichtlichen Bibliothek seines Vaters, in der sämtliche relevante Werke zur Weimarer Republik gesammelt waren. Er erarbeitet sich demokratisch-sozialistische Positionen, an denen er mit methodischer Strenge und Konsequenz bis ins hohe Alter festhalten wird. Der Gedanke muß der Wirklichkeit standhalten, ohne Erprobung und Auseinandersetzung mit den geistigen und politischen Mächten in der Praxis wird Theorie zur realitätsfremden Ideologie, aber ohne zwingenden Grund darf von den eigenen, wohlbegründeten Positionen auch nichts revidiert werden. Es ist bezeichnend, daß er noch in späten Jahren Martin Buber zitiert: »Es geht nicht an, das als utopistisch zu bezeichnen, woran wir unsere Kraft noch nicht erprobt haben«.[4]

---

3 Zur Lebensgeschichte siehe St. Lohrs Gespräch mit Peter von Oertzen: *»Jemand, an dem sich die Geister scheiden«.* In: J. Seifert u. a., Soziale oder sozialistische Demokratie?, a. a. O., S. 251–268.

4 Martin Buber, *Pfade in Utopia.* Heidelberg 1950, S. 18. Vgl. Peter von Oertzen, *Die*

Gleichsam symbolhaft, seinen späteren Doppelberuf als Wissenschaftler und Politiker vorwegnehmend, tritt er im November 1946 am Tage seiner Immatrikulation an der Universität Göttingen auch in den Sozialistischen Deutschen Studentenbund (SDS) und in die SPD ein.

Geprägt von der Nachkriegsatmosphäre der Göttinger Universität studiert er wesentlich bei Rudolf Smend und Helmut Plessner, bei dem er 1953 mit einer Dissertation über »Die soziale Funktion des staatrechtlichen Positivismus« im Grenzbereich zwischen Staattheorie und Politischer Wissenschaft promoviert. Doch über die fachwissenschaftliche Auseinandersetzung mit der Staatsrechtslehre Carl Friedrich von Gerber hinaus beginnt Oertzen schon in der Dissertation – für die damalige Zeit sehr ungewöhnlich und die akademische Karriere extrem risikoreich – mit einer Rekonstruktion eines kritischen Marxismus und der Arbeiterbewegung: Er verarbeitet die Schriften von Marx und Engels, auch die der Frankfurter Schule, von Herbert Marcuse, Georg Lukács und Karl Korsch und erkennt als den großen Irrtum des bis dahin vorherrschenden politischen Marxismus, daß er entweder annehme, »daß das proletarische Klasseninteresse das ›richtige Bewußtsein‹ automatisch produzieren werde, oder (...) als ›objektive Möglichkeit‹ für gegeben ansieht und dementsprechend die Wahrheit in *einem* Moment des Prozesses – Klasse oder Partei – *unmittelbar* fixiert, ohne die immer neue Vermittlung durch die theoretische und praktische Bewegung zu begreifen.«[5] Dieses kritische Marxismusverständnis hat Peter von Oertzen stets davor bewahrt, fixe Resultate zu dogmatisieren und für politische Legitimationszwecke zu instrumentalisieren. Die Lehre von Marx und Engels bleibt, neben der intensiven Rezeption von Max Weber und Immanuel Kant, ein Leitfaden zur Forschung und zum Handeln.

Diese kritische Haltung steht quer zu den Fronten des Kalten Kriegs, in dem sich der bürokratische Staatsozialismus im Osten als Erbe der Arbeiterbewegung und der restaurierte Kapitalismus im Westen als Erbe des bürgerlichen Projektes darstellt und das Eine als Feind des Anderen erscheint.

Utopie der staats- und klassenlosen Gesellschaft. In: Loccumer Initiative Kritischer WissenschaftlerInnen (Hrsg.), Mut zur konkreten Utopie. Alternativen zur herrschenden Ökonomie. Hannover 2003, S. 13–23.

5 P. v. Oertzen, *Die soziale Funktion des staatrechtlichen Positivismus.* Frankfurt am Main 1974, S. 56 f.

In den Fünfziger Jahren sind es zunächst nur sehr kleine Gruppen, die sich dem zu entziehen versuchen. Linkssozialistische Zirkel, wie sie um die Zeitschrift ›Sozialistische Politik‹ entstanden,[6] berufen sich auf die Arbeiterräte in der deutschen, russischen oder spanischen Revolution als Grundlage einer sozialen Demokratie, die in unversöhnlichen Gegensatz zur bürokratischen Herrschaft des Parteikommunismus steht. Peter von Oertzen macht dieses Thema von den 1950er Jahren an zum Gegenstand grundlegender wissenschaftlicher Untersuchungen. Mit seiner Habilitationsschrift über die Arbeiterräte in der deutschen Novemberrevolution von 1918[7] und in zahlreichen Aufsätzen geht er den demokratischen Traditionen in den Volks- und Arbeiterbewegungen nach. Diese Schriften erlangen nicht nur eine große Orientierungswirkung für die langsam anwachsende unabhängige Linke in den Gewerkschaften, Parteien und Kirchen. Er erreicht auch wissenschaftliche Anerkennung und Resonanz in der jüngeren Generation der Wissenschaft, die sich von den unfruchtbaren Alternativen des Kalten Kriegs freimachen will. Ein Ausdruck dieser sich ausweitenden Diskussion wird in den 1960er Jahren die von Peter von Oertzen herausgegebene Zeitschrift ›Arbeitshefte‹, die den Schwerpunkt auf Probleme der Arbeiterbewegung innerhalb der Gewerkschaften legt.[8]

Denn Peter von Oertzens linkssozialistische Position in der SPD bleibt trotz des 1955 knapp errungenen Mandats für den Niedersächsischen Landtag eher isoliert, zumal er auf dem entscheidenden Go-

6 J. Seifert, *Sozialistische Demokratie als »schmaler Weg«. Kooperation in der Redaktion der Zeitschrift »Sozialistische Politik« (1955–1961).* In: ders., u. a. (Hrsg.), Soziale oder sozialistische Demokratie? A. a. O., S. 21–31; P. von Oertzen, *Behelfsbrücken. Linkssozialistische Zeitschriften in der Ära der »Restauration«.* In: M. Buckmiller/J. Perels (Hrsg.), Opposition als Triebkraft der Demokratie. Bilanz und Perspektiven der zweiten Republik. Hannover 1998, S. 87–100; G. Kritidis, *Die Neuorientierung der sozialistischen Linken in der Bundesrepublik während des Kalten Krieges – am Beispiel der Zeitschrift »Sozialistische Politik«.* Diplomarbeit Universität Hannover 2000.

7 P. von Oertzen, *Betriebsräte in der Novemberrevolution. Eine politikwissenschaftliche Untersuchung über Ideengehalt und Struktur der betrieblichen und wirtschaftlichen Arbeiterräte in der deutschen Revolution 1918/19* (1963). Erw. 2. Aufl. Berlin–Bonn-Bad Godesberg 1976.

8 A. Brock, *Arbeitshefte der Sozialwissenschaftlichen Vereinigung und Themenkreis Betrieb.* In: M. Dammeyer u. a. (Hrsg.), Mitten im Strom, Politik durch Stiften von Zusammenhängen. Bonn 1986; ders., *Zu einem deutschen »Po Prostu« kam es nicht. Die »Arbeitshefte« der Sozialwissenschaftlichen Vereinigung.* In: J. Seifert u. a. (Hrsg.), Soziale oder sozialistische Demokratie? A. a. O., S. 62–75.

desberger Parteitag 1959 zu den 16 Abweichlern gehört, die mit einem eigenen Entwurf gegen das neue Programm stimmen.

Parallel zu den historischen Aufarbeitungen regt Peter von Oertzen auch eine ideengeschichtliche Rezeption der kritischen Traditionen an. Zusammen mit anderen jüngeren Intellektuellen, die unter dem Schirm der Evangelischen Akademien in ihren ›Marxismusstudien‹ den humanistischen Kern des jungen Marx wiederentdeckten, arbeitet er eine wichtige Neubewertung der demokratisch-humanistischen Bewegungen auch in ihren Theorien heraus. Hierzu gehört auch die Wiederaneignung unorthodoxer, verketzerter Traditionslinien, die dieses humanistische Erbe im Sozialismus repräsentierten, etwa in den Untersuchungen der Kultur der arbeitenden Klassen in der frühen englischen ›New Left‹ und in der konsequenten Basisdemokratie bei Cornelius Costariadis in der französischen Gruppe ›Socialisme ou Barbarie‹.

1963 erhält er einen Ruf als ordentlicher Professor für Politische Wissenschaft an die Technische Hochschule Hannover, legt dort die Grundlagen für den Aufbau einer geistes- und sozialwissenschaftlichen Fakultät und nutzt dann als Kultusminister 1970–1974 entscheidend die Möglichkeit zur Wiedereinbürgerung kritischer Wissenschaft nicht nur an dieser Universität, sondern auch an den Neugründungen in Oldenburg und Osnabrück.[9] Für viele seiner engeren politischen Freunde und wissenschaftlichen Mitarbeiter ist die nun erfolgreiche Rückkehr in die Parteipolitik schwer nachvollziehbar und eher als einsame Entscheidung zunächst bedauert worden. 1967 erringt von Oertzen erneut für Göttingen ein Mandat in den Landtag, übernimmt im April 1970 den Vorsitz des Bezirks der SPD in Hannover (dessen Ehrenvorsitzender er bis heute geblieben ist) und wird 1973 auch in den Bundesvorstand der Partei gewählt, wo er für die programmatischen Fragen zuständig wird. Die allgemeinen Verhältnisse geraten in Bewegung, so daß die persönliche Strategie eines Einrückens ins »Zentrum der Macht« als Parteivorsitzender und Minister in Niedersachsen, als Vorstandsmitglied und Programmkoordinator der Bundes-SPD mit den historischen Möglichkeiten tatsächlich zusammenzufallen scheint.

Doch auch in dieser aktiven Phase politischer Gestaltung im engeren Machtbereich bleibt ihm die Auseinandersetzung nach beiden Seiten

9 Vgl. dazu M. Vester, *Zwischen Wissenschaft und Politik. Peter von Oertzen und die »Fakultät der gefährlichen Möglichkeiten« in Hannover.* In: J. Seifert, a. a. O., S. 150–167.

hin, mit den bürgerlichen und mit den sozialistischen Orthodoxien, nicht erspart. Er befindet sich ständig zwischen zwei Feuern: zwischen der politischen Rechten, die aufgrund seines Eintretens für die Rätedemokratie und basisdemokratische Orientierung seinen Kopf fordert, und der dogmatischen Linken, die ihm seine Fundamentalkritik am Parteikommunismus und seine – in Wirklichkeit politisch-pragmatisch begründete – Aktivität in der SPD moralisch übelnimmt. Peter von Oertzen stellt sich dieser Herausforderung und präzisiert mit scharfem Verstand die Argumentation, wie man in diesem Band gut nachvollziehen kann.

Nach diesen Stürmen kehrt Peter von Oertzen an die Juristische Fakultät der Universität Hannover zurück und beteiligt sich einige Jahre in der Forschung an dem von ihm begründeten Institut für Politische Wissenschaft. Beschäftigt hat ihn hier vor allem der neuerliche Wandel der Arbeiter- und Arbeitnehmermilieus und ihrer Bewegungen. Gegen die These, daß sich eine neue Individualisierung und Klassenlosigkeit herausbildete, entwickelt er aufgrund von Umfragedaten schon früh die These, daß das – ursprüngliche – Wählerpotential der Partei der ›Grünen‹ nicht klassenlos war, sondern aus den modernisierten, gewandelten Arbeitnehmermilieus entstammte. In dem Forschungsprojekt über die sozialen Milieus werden diese neuen Arbeitnehmermilieus schließlich in einer eigenen repräsentativen Befragung erstmals deutlich nachgewiesen.[10]

Diese empirischen Befunde korrigieren das Erscheinungsbild und die soziale Gesamtlage des von Peter von Oertzen zeitlebens thematisierten »kollektiven geschichtlichen Akteurs«, nämlich des sich wandelnden Kerns der klassischen industriellen Arbeiternehmerschaft. Nicht hingegen verändert sich dadurch die von ihm theoretisch als wahr und praktisch als möglich nachgewiesene inhaltliche Zielrichtung der Demokratie, nämlich die Orientierung auf einen praktischen Sozialismus.

Auch nach seinem Rückzug aus der parteipolitischen Verantwortung als Vorsitzender der Kommission für politische Bildung und als Promotor und Leiter der SPD-Parteischule bleibt Peter von Oertzen

10 Vgl. neben den im vorl. Band abgedruckten Aufsätzen die überarbeitete Neuaufl. der Ergebnisse des Forschungsprojekts: M. Vester/P. v. Oertzen/H. Geiling/Th. Hermann/D. Müller, *Soziale Milieus im gesellschaftlichen Strukturwandel. Zwischen Integration und Ausgrenzung*. Frankfurt am Main 2001.

als kritischer Geist in der Öffentlichkeit wirksam. 1994 initiiert er aus Sorge »über die geistig-politische Vorherrschaft konservativer und neo-liberaler Ideologien im öffentlichen Leben« die »Loccumer Initiative kritischer Wissenschaftlerinnen und Wissenschaftler« mit einer Tagung »Kapitalismus ohne Alternative?« und engagiert sich seither in diesem Kreis am Versuch, »Gegenöffentlichkeit« zu entfalten gegen die vorherrschende geistige Lähmung.

Die einzigartig orientierende Wirkung Peter von Oertzens war wesentlich dadurch möglich, daß er nicht nur repräsentative politische Funktionen und Ämter übernahm, wie dies viele Politikwissenschaftler seiner Generation taten, sondern sich nicht scheute, aus der Minderheit heraus die Aufklärungsarbeit über Zeitschriften, Diskussionskreise und rege und anregende Zusammenarbeit mit akademischen und gewerkschaftlichen Intellektuellen persönlich zu organisieren. Er hat keine »Schule« gegründet, sondern war und ist Katalysator eines vielfältigen und vielstimmigen Diskussionszusammenhangs. Sein theoretisches Vermächtnis ist, daß Theorie keinen abgehobenen Selbstzweck repräsentiert, sondern begriffliche Klärung und praktisches Begreifen vermitteln kann.

Die hier vorgelegte, mit Peter von Oertzen abgestimmte Auswahl seiner wichtigsten Aufsätze[11] dokumentiert dieses Konzept einer praktisch intervenierenden Theorie.

Hannover, am 2. September 2004 Die Herausgeber

---

11 Die Herausgeber folgen im Abdruck grundsätzlich der Erstveröffentlichung und haben redaktionelle Eingriffe nur in wenigen Fällen vorgenommen, wenn dies der zeitgeschichtliche Zusammenhang erforderte.

Teil I.

Theorie

Überlegungen zur Stellung der Politik unter den Sozialwissenschaften

Wer sich mit dem Verhältnis der Politischen Wissenschaft zu den benachbarten Wissenschaften des sozialen Lebens beschäftigt, stößt sehr rasch auf jene Probleme, die ein angesehener Politikwissenschaftler diskret als »die methodologischen Ungewißheiten der Disziplin« bezeichnet hat.[1] Weniger als manche andere neu entstandene oder in der Entwicklung begriffene Disziplin ist sich die Politische Wissenschaft ihres Gegenstandes und ihrer Methoden gewiß. Sie kann nicht auf einer gesicherten und anerkannten Grundlage fußen und bedarf vorläufig noch der immer erneuten methodologischen Rechtfertigung.[2] Eine umfassende Grundlegung der Politischen Wissenschaft zu unternehmen, kann in diesen knappen Überlegungen meine Aufgabe nicht sein. Die folgende Skizze möchte jedoch wenigstens in groben Zügen Ort und Charakter der Politischen Wissenschaft bezeichnen.

I.

Der Ort einer Disziplin im System der Wissenschaften wird durch ihre »Methode« und durch ihren »Gegenstand« bestimmt. Jede der beiden Bestimmungen hat jedoch eine von Disziplin zu Disziplin

---

1 I. Meynaud, *Schwierigkeiten der wissenschaftlichen Politik*. In: Zeitschrift für Politik, Bd. 6 1959, S. 97. Siehe auch Ossip K. Flechtheim, *Grundlegung der Politischen Wissenschaft*. Meisenheim am Glan 1958, S. 3 f. und Georges Burdeau, *Einführung in die Politische Wissenschaft*. Neuwied–Berlin 1964, S. 41 ff. Von einem anderen Standpunkt aus, aber nicht weniger nachdrücklich, schildert Wilhelm Hennis »die kritische Lage, in der sich die Wissenschaft der Politik befindet«; vgl. Wilhelm Hennis, *Politik und praktische Philosophie*. Neuwied–Berlin 1963, S. 9 ff., 10.

2 Ebensoviel wie den Autoren, auf die hier ausdrücklich verwiesen wird, schulde ich bei der folgenden Skizze den Gedanken Rudolf Smends, besonders seiner in den Sommern 1959 und 1960 gehaltenem Göttinger Vorlesung über die Theorie der Politik. Da es mir verständlicherweise nicht möglich ist, die dort erhaltenen Anregungen im einzelnen nachzuweisen, will ich die Bedeutung der Smendschen Gedanken für meine Überlegungen an dieser Stelle für alle folgenden nachdrücklich betonen.

wechselnde Bedeutung. Es gibt benachbarte Wissenschaften, die sich dadurch voneinander unterscheiden, daß sie im wesentlichen denselben Gegenstandsbereich mit verschiedenen Methoden erforschen; andere hingegen widmen sich verschiedenen Gegenstandsbereichen mit im wesentlichen denselben Methoden. Ein weiteres Eindringen in den Sachverhalt führt zu dem Ergebnis, daß die Begriffe von »Methode« und »Gegenstand« keineswegs eindeutig sind, und daß ihr Verhältnis zueinander höchst kompliziert und für jeden einzelnen Wissenschaftszweig von besonderer Art ist. Die Abgrenzung des Forschungsbereichs einer Wissenschaft und damit die Rechtfertigung ihrer selbständigen Existenz ist nicht nur für »junge« und deshalb als »unerprobt« geltende Disziplinen, wie die Politische Wissenschaft in Deutschland, sondern grundsätzlich ein Problem. Bereits der Ausdruck »Methode« ist dem Sprachgebrauch nach nicht eindeutig. Er bezeichnet im Grunde zwei verschiedene Begriffe. Der eine meint das Verfahren der Gegenstanderfassung, die »Technik« der Forschung: etwa philologisch-historische Quellenkritik, phänomenologische Interpretation, dogmatische Exegese, Statistik, Test, Umfrage, Experiment (freilich liegen auch diese »Methoden« keineswegs alle auf derselben begrifflichen Ebene). Der andere Begriff meint den Ausgangspunkt des Denkens und die Richtung der Problemstellung, meint den Hinblick, den »Weg« im weiteren Sinne.[3] Daß beide Begriffe von Methode, die Frage nach dem »Wie?« und die umfassendere Frage nach dem »Woher wohin?«, eng zusammengehören, ja gar nicht wirklich getrennt werden können, ist offensichtlich. Ob irgendeine Wissenschaft ausschließlich durch eine ihr allein eigene »Methode« im Sinne der Forschungstechnik bestimmt werden kann, erscheint danach sehr fraglich. Die dogmatische Jurisprudenz mit ihrer »streng juristischen« und die Geschichtsschreibung mit ihrer »streng historischen (d. h. quellenkritisch-philologischen) Methode« haben einen solchen Anspruch erhoben. Ob zu Recht, soll hier nicht untersucht werden. Sicher ist,

3 Vgl. auch Meynaud (Anm. 1), S. 105 ff., und Burdeau (Anm. 1), S. 13 ff. Auf derselben Ebene liegt die Unterscheidung von »Forschungslogik« und »Technik der Forschung« in: René König (Hrsg.), *Soziologie*. Frankfurt 1958, S. 184. Über Methode im weiteren Sinne siehe Hermann Heller, *Allgemeine Staatslehre*. Leiden 1934, S. 30 ff. Die von Dieter Oberndörfer (Hrsg.), *Wissenschaftliche Politik*. Freiburg 1962, S. 10 und 11, entwickelten Begriffe eines für die Politische Wissenschaft »konstitutiven Fragehorizontes«, eines »speziell ihr zugehörigen und wissenschaftswürdigen Fragezentrums« laufen, wie mir scheint, in eine ähnliche Richtung.

daß keine der übrigen Sozialwissenschaften einen solchen Anspruch erheben kann. Sie alle bedienen sich mehrerer Techniken, der Quellenkritik, der Interpretation ideeller Gehalte, der Statistik, der Umfrage, des Tests usf. Das gilt auch für die Politische Wissenschaft.

Verfügt sie aber nun vielleicht über eine eigene Methode im weiteren Sinne, über eine nur ihr eigene Problemstellung? Diese Frage wirft notwendigerweise auch die Frage nach dem Gegenstand mit auf und berührt zugleich das Problem der engen Verknüpfung zwischen Gegenstand und Methode der Politischen Wissenschaft. Die unter den Politikwissenschaftlern vorherrschende Ansicht geht dahin, daß ihre Disziplin sehr wohl einen eigenen Problembereich und einen eigenen Gegenstand besitze. Das »Politische« wird als ein gesondert erfaßbarer Bereich oder Aspekt des sozialen Lebens begriffen, das Wesen des Politischen aber wird sehr weitgehend in dem Vorhandensein von »Autoritätsstrukturen«, von »Beziehungen von Autorität und Gehorsam«, kurz von »Macht« oder »politischer Macht« erblickt.[4]

Es ist offensichtlich, daß diese Bestimmungen eine wesentliche Seite des Phänomens »Politik« treffen. Es ist aber ebenso offensichtlich, daß sie nicht ausreichen. Die Bestimmung des Politischen durch das Vorhandensein oder die Ausübung von Macht ist weder logisch noch sachlich befriedigend. »Macht« ganz allgemein ist, wie Max Weber richtig feststellt, »soziologisch amorph«.[5] Macht ist in jeder sozialen Beziehung angelegt und daher nicht geeignet, das auszeichnende Moment des spezifisch Politischen darzustellen. Schränken wir aber den Begriff der Macht auf die »politische« Macht ein, dann gewinnen wir zwar eine genauere Bezeichnung, lassen aber den Begriff des Politischen ungeklärt, denn ihn durch politische Macht bestimmen zu wollen, wäre ein bloßer Zirkel. Man hat demgegenüber versucht, die politische Macht zu definieren als »jenen Teil der sozialen Macht, der

---

4 Meynaud (Anm. 1), S. 100; Burdeau (Anm. 1), S. 61, 62, 77, 85; Heller (Anm. 3), S. 23; Flechtheim (Anm. 1), S. 11; Carl Joachim Friedrich, *Der Verfassungsstaat der Neuzeit*. Berlin–Göttingen–Heidelberg 1953, S. 713; Ernst Fraenkel und Karl Dietrich Bracher, *Staat und Politik*. Frankfurt 1964, S. 12; Arkadij Gurland und Stephanie Münke, *Wahlkampf und Machtverschiebung*. Berlin 1952, S. XIV f. Immer noch einflußreich sind die klassisch gewordenen Definitionen von Max Weber, *Wirtschaft und Gesellschaft*. Tübingen [3]1947, S. 28 f., und ders., *Gesammelte politische Schriften*. Tübingen [2]1958, S. 493 ff.

5 ders., *Wirtschaft und Gesellschaft* (Anm. 4), S. 28.

im Staat verkörpert« oder »in erster Linie am Staat orientiert ist«.[6] So treffend diese Definition die offensichtliche Bedeutung des Staates für die Politik auch kennzeichnet, so verschiebt sie doch im Grunde nur die uns gestellte Aufgabe, den Gegenstand der Politischen Wissenschaft genau zu bestimmen, auf die Bestimmung des Begriffes von »Staat«. Eine solche Begriffsbestimmung des Staates ist ohne Zweifel möglich; aber wenn wir uns nicht mit dem Weberschen »Monopol der legitimen physischen Gewaltsamkeit«[7] als bestimmendem Merkmal begnügen wollen, dann führt sie uns weit über die Grenzen einer bloßen Nominaldefinition hinaus in die konkrete politikwissenschaftliche Erforschung des wirklichen geschichtlichen Staates. Zu deren Durchführung bedürften wir aber eigentlich bereits einer geklärten Vorstellung von Politischer Wissenschaft, ganz abgesehen von der Zweifelsfrage, die weiter unten noch einmal aufgegriffen werden soll, ob wir Staatstätigkeit und Politik als im wesentlichen identisch betrachten dürfen. Darüber hinaus aber reduziert die Beschränkung des Begriffs der Politik auf »Entstehung, Erhaltung und Verlagerung«[8] von staatlicher oder am Staat orientierter Macht die Politische Wissenschaft notwendigerweise auf eine Soziologie der Machtfaktoren. Eine solche Analyse der Machtfaktoren ist gewiß ein wichtiger Aspekt politikwissenschaftlicher Forschung. Wenn sich die Politische Wissenschaft aber mehr oder weniger darin erschöpft, dann verfehlt sie die Wirklichkeit der Politik. Zum einen isoliert sie die politischen Institutionen und das politische Handeln gegenüber dem Wirkungszusammenhang des geschichtlich-gesellschaftlichen Ganzen, gegenüber der geschichtlichen Bedingtheit und der gesellschaftlichen Interdependenz der verschiedenen sozialen Lebenssphären. Zum anderen isoliert sie das Politische gegenüber dem Sinnzusammenhang, der die Leitbilder, Normen und Zwecke des menschlichen Verhaltens mit den politischen Institutionen und dem politischen Handeln verknüpft. Nur in diesen Zusammenhängen jedoch können wir die Politik wirklich verstehen.[9] Auf welche Weise sollen wir nun Gegenstand und

6 Flechtheim (Anm. 1), S. 66.

7 Weber, *Gesammelte politische Schriften* (Anm. 4), S. 494; ders., *Wirtschaft und Gesellschaft* (Anm. 4), S. 29, 30.

8 Gurland und Münke (Anm. 4), S. XIV.

9 Vor allem der zweite Gesichtspunkt ist mit Nachdruck gegen eine einseitige Bestimmung der Politik durch »Macht« vorgebracht worden. Vgl. vor allem Wilhelm

Methode der Politischen Wissenschaft positiv bestimmen? Die Beantwortung dieser Frage führt zu Überlegungen, die nicht nur die Politische Wissenschaft, sondern alle Sozialwissenschaften betreffen. Gegenstand der Sozialwissenschaften ist der soziale, der gesellschaftlich lebende und handelnde Mensch. Er ist es, der in der Gesellschaft mit seinesgleichen die materiellen Schöpfungen und Ideen, die Institutionen und Verhaltensweisen hervorbringt, die zusammen die menschliche Kultur und die menschliche Gesellschaft ausmachen und die ihrerseits das menschliche Leben prägen und bestimmen. Wenn wir diese grundlegende Feststellung wirklich ernst nehmen, gelangen wir mit Notwendigkeit zu bestimmten Folgerungen.[10]

1. Der Mensch existiert in der Zeit. Seine Kultur, seine gesellschaftlichen Verhältnisse werden geschaffen, entwickelt, verwandelt oder aufgelöst: Die gesellschaftliche Existenz des Menschen ist geschichtliche Existenz.

2. Der Mensch lebt als ein denkendes und sprechendes, als ein seiner selbst und seiner Welt bewußtes Wesen. Sein Verhalten hat stets einen bestimmten intendierten Sinn, vollzieht sich unter Leitbildern, Normen oder Zwecken. Da nun gesellschaftliche Wirklichkeit menschliche Wirksamkeit[11], schöpferische gesellschaftliche Tätigkeit ist, sind die Ordnungen des gesellschaftlichen Lebens uns nie bloß gegeben, sondern immer auch aufgegeben[12], sind sie nur wirklich, indem sie denkend und handelnd verwirklicht werden, können sie infolgedessen nie als bloßes

---

Hennis, *Zum Problem der deutschen Staatsanschauung*. In: Vierteljahreshefte für Zeitgeschichte, 7 1959, und Hennis, *Politik und praktische Philosophie* (Anm. 1). Ferner Harold Richard Goring Greaves, *Grundlagen der politischen Theorie*. Neuwied–Berlin 1960, S. V, 2 ff.; Arnold Bergstraesser, *Politik in Wissenschaft und Bildung*. Freiburg 1961, S. 21; Oberndörfer (Anm. 3), S. 28 f.; Hans Maier, *Die Lehre von der Politik an den deutschen Universitäten vornehmlich vom 16.–18. Jahrhundert*. In: Wissenschaftliche Politik. Hrsg. v. Dieter Oberndörfer. Freiburg 1962, S. 114 ff.; Kurt Sontheimer, *Zum Begriff der Macht als Grundkategorie der politischen Wissenschaft*. In: Wissenschaftliche Politik. Hrsg. v. Dieter Oberndörfer. Freiburg 1962, S. 197 ff.

10 Hierzu vor allem Heller (Anm. 3), S. 3 ff., 69 ff. Ferner Rudolf Smend, *Staatsrechtliche Abhandlungen*. Berlin 1955, S. 119 ff., 123 ff., ferner ders. in der genannten Vorlesung (Anm. 2); Hans Freyer, *Soziologie als Wirklichkeitswissenschaft*. Leipzig–Berlin 1930.

11 Heller (Anm. 3), S. 19, 69 ff. So auch Julius Jakob Schaaf, *Geschichte und Begriff*. Tübingen 1946, S. 87 ff.

12 Heller (Anm. 3), S. 105.

Sein, sondern allein in ihrem Sinn und ihrer Funktion begriffen werden.[13]

3. Als bewußtes, sinnvoll tätiges Wesen ist der Mensch – unbeschadet aller natürlichen, kulturellen und gesellschaftlichen Bedingtheiten – frei. Die gesellschaftlich-geschichtlichen Situationen müssen infolgedessen grundsätzlich als zur Zukunft hin offene Situationen verstanden werden.[14]

4. Der Mensch existiert – auch als isoliertes Individuum – nur als gesellschaftliches Wesen. Person, Kultur und Gesellschaft bilden Momente eines dialektisch verschränkten Ganzen.[15]

5. Der wirkliche Mensch lebt als einheitlich in sich zusammenhängendes Wesen.[16] Die Momente seines Daseins haben – trotz ihrer relativen phänomenalen und realen Selbständigkeit – ihre volle Wirklichkeit nur im Zusammenhang des personalen und gesellschaftlichen Ganzen. Anders ausgedrückt: Das »reine Denken«, die »reine Ökonomie«, die »reine Politik« sind – mögliche, ja notwendige – Abstraktionen, die jedoch immer wieder auf das konkrete Ganze des gesellschaftlich-geschichtlichen Lebenszusammenhanges zurückgeführt werden müssen.

Aus diesen Überlegungen ergeben sich spezifische Probleme für die Methode der Sozialwissenschaften. Gegenstand der Sozialwissenschaften sind die gesellschaftlich lebenden Menschen. Sie sind jedoch nie schlechthin, als »Objekte« gegeben. Die Gründe dafür liegen in ihren soeben skizzierten Wesensmerkmalen. Gesellschaftliche Phänomene (»Faktoren«, »Sphären«, »Schichten« usf.) lassen sich nicht restlos isolieren. Ihre volle Bedeutung gewinnen sie immer erst durch die Beziehung auf das gesellschaftliche Ganze, in welchem sie fungieren. Gesellschaftliche Strukturen sind niemals gänzlich in

13 Dies ist der Kernsatz der Smendschen Integrationslehre, Smend (Anm. 10), passim. Heller (Anm. 3), S. 37 ff.

14 Hierzu wohlabgewogen Burdeau (Anm. 1), S. 350 ff.

15 Smend (Anm. 10), S. 125 ff.

16 Die dialektische »exzentrische« Struktur dieser Einheit bleibe hier außer Betracht. Siehe Helmuth Pleßner, *Die Stufen des Organischen und der Mensch*. Berlin–Leipzig 1928.

sich geschlossen. Sie existieren – wenigstens prinzipiell – als wandelbare und zur Zukunft hin offene. Gesellschaftliches Verhalten und gesellschaftliche Institutionen sind durch ihren Sinn bestimmt, sie können niemals nur kausal erklärt, sie müssen vielmehr als sinnvolle Funktion (übrigens auch dort, wo der Sinn im Konflikt, im Kampf der gesellschaftlich lebenden Menschen liegt[17]) verstanden werden. Wesentliche Voraussetzung des Verstehens aber ist das Miterleben, ist die Teilhabe.[18] Subjekt und Objekt der sozialwissenschaftlichen Erkenntnis stehen in einem durch die Einheit der gesellschaftlichen Natur des Menschen vermittelten Zusammenhang, der ebensosehr Gegenstand wie Voraussetzung der Sozialwissenschaften ist. Jede sozialwissenschaftliche Forschung ist immer in irgendeinem Sinne individuelle und kollektive Selbsterkenntnis. Für jedes ihrer Probleme gilt im Grunde das tua res agitur.[19] Diese Überlegungen haben freilich nicht für alle Bereiche der gesellschaftlich-geschichtlichen Welt die gleiche Bedeutung. Bei relativ statischen, in sich geschlossenen, überschaubaren Gesellschaften, bei zeitlich oder kulturell von unserer Gegenwart sehr weit entfernten sozialen Zuständen (Ethnologie, Vor- und Frühgeschichte), bei relativ selbständigen und leicht isolierbaren Sphären oder Teilgebieten des gesellschaftlichen Lebens (Ökonomie, Jurisprudenz, Psychologie, Pädagogik, Mikrosoziologie) gewinnen die Gegenstände weitgehend – jedoch keineswegs vollständig – den Charakter selbständiger objektiver Gegebenheiten, und die methodische Problematik der inneren Verbindung von Subjekt

---

17 Siehe die Kritik eines allzu statisch verstandenen soziologischen Funktionalismus bei Ralf Dahrendorf, *Soziale Klassen und Klassenkonflikt*. Stuttgart 1957, S. 159 ff., und König (Anm. 3), S. 290 f.

18 Burdeau (Anm. 1), S. 24 f.

19 Dieser Gesichtspunkt ist vor allem von Freyer (Anm. 10), S. 83, mit äußerster Zuspitzung entwickelt worden, der die Erkenntnishaltung der Soziologie so beschrieb: »Eine lebendige Wirklichkeit erkennt sich selbst.« Dagegen, wenn auch nicht ohne innere Widersprüche bei der Bewertung des »Verstehens«, vgl. König (Anm. 3), S. 185 f. Vgl. auch die sehr sorgfältige und abgewogene Untersuchung des Problems der von ihm sogenannten »reflexiven Sozialtheorien« durch Ernst Topitsch, *Sozialphilosophie zwischen Ideologie und Wissenschaft*. Neuwied–Berlin 1961, S. 125 ff., insbes. 134 ff. Zum Abschluß einer längeren methodologischen Diskussion hat J. Habermas wieder auf die Rolle der Soziologie bei der »Selbstreflexion sozialer Gruppen in gegebenen geschichtlichen Situationen« hingewiesen: Jürgen Habermas, *Gegen einen positivistisch halbierten Rationalismus*. In: Kölner Zeitschrift für Soziologie und Sozialpsychologie, 16 1964, S. 635 ff., 654.

und Objekt tritt zurück. Richtet sich unser Augenmerk jedoch auf die gesellschaftliche und geschichtliche Situation, in der wir leben, auf unsere Gegenwart, dann tritt die methodische Problematik der Sozialwissenschaften mit großer Deutlichkeit hervor. Denn erst in unserer Epoche ist der oben skizzierte Charakter des Menschen als eines gesellschaftlich-geschichtlich lebenden und handelnden Wesens in voller Klarheit ins Licht getreten. Das bedeutet allerdings, daß die angedeutete Wesensbestimmung des Menschen im eigentlichen und vollen Sinne erst von unserem gegenwärtigen Standort aus und für ihn gilt. An sich hat sie freilich immer gegolten; aber ihre volle Entfaltung und gesellschaftlich-geschichtliche Verwirklichung konnte sie erst finden, nachdem die Menschen ihrer inne geworden waren und sie zum Mittelpunkt des Bewußtseins ihrer selbst gemacht hatten. Von dieser Situation zeugen die Wissenschaften, die sich der Erforschung unserer Gegenwart als ganzer widmen, insbesondere also Soziologie (insofern sie eine Theorie der Gesamtgesellschaft anstrebt), allgemeine Geschichtsschreibung und Politische Wissenschaft. Das besagt, daß die Gegenstände dieser Disziplinen in demselben historischen und sozialen Prozeß aufgesucht werden müssen, dem auch die Disziplinen selbst ihre Entstehung und methodische Prägung verdanken. Geschehende Geschichte, Geschichtswissenschaft und Geschichte der Geschichtswissenschaft, Gesellschaft, Sozialwissenschaft und sozialwissenschaftliche Ortung der Sozialwissenschaft sind nicht gegeneinander isolierte selbständige Wirklichkeiten, sondern Momente eines Ganzen.

So gesehen, sind Geschichtsschreibung, Politische Wissenschaft und Soziologie von der realen Entstehung und Entwicklung ihrer wirklichen Gegenstände, der modernen Kultur und Politik, des modernen Staates und der »bürgerlichen Gesellschaft« nicht zu trennen. Die Fragen dieser Disziplinen werden vom Forscher nicht willkürlich an die Wirklichkeit »herangetragen«, sondern sie erwachsen als reale Fragwürdigkeiten aus der gesellschaftlich-geschichtlichen Wirklichkeit selbst, der auch der Forscher angehört.[20]

Die Methode wird ebenfalls von diesem Zusammenhang geprägt. Gesellschaftliche Wirklichkeit adäquat erfassen, heißt – wie wir gese-

20 Zu dem Folgenden vor allem Siegfried Landshut, *Kritik der Soziologie*. München–Leipzig 1929, passim; ferner Heller (Anm. 3); Freyer (Anm. 10), passim. Vgl. auch Bergstraesser (Anm. 9), S. 17 f., und Oberndörfer (Anm. 3), S. 19 ff., 37 ff.

hen haben – sie als menschliche Wirksamkeit begreifen. Das ist nur in verstehender Teilhabe möglich. Es bedeutet, sich in die Lage des oder der Handelnden hineinzudenken, sie so zu sehen, als wenn wir sie selbst durchlebt hätten. Da menschliches Handeln aber sinnvolles, in die Zukunft gerichtetes Handeln ist, heißt dies zugleich, die Leitbilder, Normen und Zwecke der Handelnden zu verstehen, heißt es, die fraglichen Situationen in ihrer Wirklichkeit auf ihre Möglichkeiten hin zu interpretieren. Was aber eine echte Möglichkeit ist, vermögen wir allein in der stellungnehmenden Teilhabe an unserer eigenen Situation zu erfahren. »Nur wer gesellschaftlich etwas will, sieht soziologisch etwas«, hat H. Freyer diesen Sachverhalt etwas überspitzt, aber im Grunde treffend formuliert.[21]

Insofern Geschichte und Gesellschaft, die wir erforschen, unsere Geschichte und unsere Gesellschaft sind, geht unsere eigene wertende Stellungnahme unvermeidlich unmittelbar in die wissenschaftliche Erkenntnis ein. Ich kann nicht den Bolschewismus, den Faschismus, den Kapitalismus und schon gar nicht die moderne Gesellschaft im Zusammenhang, in ihrer gegenwärtigen Wirklichkeit verstehen, ohne ihre zukünftigen Möglichkeiten zu beurteilen und das heißt unvermeidlicherweise zu bewerten. Allerdings sind gesellschaftliches Handeln und gesellschaftswissenschaftliches Erkennen deshalb noch nicht identisch. Unmittelbares Ziel des ersteren ist ein geordneter »Wirkungszusammenhang«, das des letzteren ein geordneter »Wissenszusammenhang« (Heller). Wille und Wertung des Forschers dürfen in diesen nur als bewußt gemachte, offen ausgesprochene, durch die Erkenntnis ständig kritisch überprüfte Hypothese eingehen.[22]

Wenn wir jetzt die gewonnenen Einsichten auf die politische Wissenschaft anwenden, dann müssen wir nach den konkreten geschicht-

---

21 Freyer (Anm. 10), S. 305. Siehe auch Theodor W. Adorno, *Zur Logik der Sozialwissenschaften*. In: Kölner Zeitschrift für Soziologie und Sozialpsychologie, 14 1962 »Nur dem, der Gesellschaft als eine andere denken kann denn die existierende, wird sie (...) zum Problem« (S. 262). »Der Verzicht der Soziologie auf eine kritische Theorie ist resignativ: Man wagt das Ganze nicht mehr zu denken, weil man daran verzweifeln muß, es zu verändern« (S. 262 f.).

22 Heller (Anm. 3), S. 51 ff.; Freyer (Anm. 10), S. 303 ff. Eine wissenschaftsgeschichtliche Interpretation des bedeutsamen Werturteilsstreites in der deutschen Sozialwissenschaft, deren Ergebnisse von den meinigen nicht sehr fern liegen, gibt Christian von Ferber, *Der Werturteilsstreit 1909/1959*. In: Kölner Zeitschrift für Soziologie und Sozialpsychologie, 11 1959.

lichen und gesellschaftlichen Voraussetzungen fragen, unter denen »Politik« im modernen Sinne als besonderes Problem einer besonderen wissenschaftlichen Disziplin möglich wurde.[23] Wir finden sie in einer Entwicklung, die sowohl den geschichtlichen als auch den gesellschaftlichen Charakter des menschlichen Daseins immer deutlicher herausgearbeitet hat. In einem gewaltigen Prozeß, der oberflächlich durch die Entstehung des modernen bürokratisch-rational verwalteten Flächenstaates, durch die Geburt des freien Individuums in der bürgerlichen Gesellschaft und durch die Entfesselung der materiellen Produktivkräfte des Menschen in der industriellen Revolution bezeichnet werden kann, hat sich das Verhältnis des Menschen zu sich selbst, zur Gesellschaft und zur natürlichen Welt grundlegend verändert.

Die Menschen, die ihre Geschichte seit jeher selbst gemacht und ihre gesellschaftlichen Verhältnisse selbst geschaffen hatten, ohne ein Bewußtsein davon zu haben, haben in unserer Epoche begonnen, die gesellschaftlichgeschichtliche Wirklichkeit im immer klarer werdenden Bewußtsein ihrer eigenen Möglichkeiten und der Veränderbarkeit ihrer Welt planmäßig zu gestalten. Mit Hilfe ihrer neu entwickelten wissenschaftlichen, technischen, organisatorischen und wirtschaftlichen Fähigkeiten haben sie einen Prozeß umfassenden und tiefgreifenden sozialen Wandels eingeleitet. Der Umfang und die Intensität planmäßigen gesellschaftlichen Handelns ist mit zunehmender Geschwindigkeit angewachsen. Die verschiedenen sozialen Sphären und Funktionen sind zu umfassenden Wirkungseinheiten zusammengeschlossen worden oder zumindest in intensive Wechselwirkung (Interdependenz) zueinander getreten. Der Anteil der am Leben der Gesellschaft aktiv teilnehmenden Menschen ist im Zuge der von Karl Mannheim so genannten Fundamentaldemokratisierung erheblich vergrößert worden.[24]

23 In der unhistorischen und den gesellschaftlichen Wandel seit Beginn der industriellen Revolution nicht wirklich berücksichtigenden Sicht der Politik liegt meines Erachtens die Grundschwäche des geistreichen Buches von W. Hennis über Politik und praktische Philosophie. Die detailliertere und unbefangenere Untersuchung von Maier (Anm. 9) läßt den gesellschaftlich-geschichtlichen Hintergrund des »Verfalls« der alten »Politik« viel deutlicher werden. Grundlegend für diesen Prozeß jedoch Jürgen Habermas, *Strukturwandel der Öffentlichkeit*. Neuwied–Berlin 1962.

24 Zu dem Vorangegangenen vor allem Karl Mannheim, *Mensch und Gesellschaft im Zeitalter des Umbaus*. Darmstadt 1958; Helmuth Pleßner, *Macht und menschliche Natur*. Berlin 1931; ders., *Die verspätete Nation*. Stuttgart 1959. Ferner Burdeau

Im Zuge des hier – höchst skizzenhaft – charakterisierten Prozesses hat sich auch die allgemeine Struktur der gesellschaftlichen Ordnung gewandelt. Die Menschen haben sich zu konkreten, ihrer selbst bewußten, handlungsfähigen historisch-sozialen Subjekten formiert, zu Staaten, Parteien, Bewegungen, Unternehmungen, »Verbänden«. Die typische Struktur dieser Subjekte ist die des organisierten Willensverbandes. Sein Wesen liegt in der »kollektiven Entscheidungs- und Aktionsfähigkeit«.[25] Das Handeln dieser historisch-sozialen Subjekte nennen wir Politik. »Das Politische ist nichts anderes als das bewußt gewordene Kollektive.«[26] Oder anders ausgedrückt: Politik ist die Form, in der die gesellschaftlichen Subjekte ihren geschichtlichen Beruf ergreifen, und die Politische Wissenschaft ist demgemäß der Versuch der zu solchen gesellschaftlichen Subjekten organisierten Menschen, über ihren politischen Beruf ins klare zu kommen.[27] Dieser Begriff des Politischen und der Politischen Wissenschaft umschließt damit den vollen Umfang der den Menschen heute für die Gestaltung ihres sozialen Lebens in dieser Welt zugefallenen intellektuellen und moralischen Verantwortung und ist insofern auch wesentlich auf unsere Gegenwart bezogen.

Politik ist also jenes planmäßige, organisierte, sinnorientierte soziale Handeln, das beharrlich auf die Schaffung, Erhaltung oder Veränderung der gesellschaftlichen Ordnung hinwirkt. Dabei steht dieses Handeln wesensmäßig unter den historisch-sozialen Bedingungen, die durch die Entwicklung der bürgerlichen Gesellschaft, des modernen Flächenstaates und der industriellen Wirtschaft geschaffen worden sind.[28] Die diesem Begriff der Politik entsprechende Wissenschaft ist

(Anm. 1), S. 119 f. und Heller (Anm. 3), S. 12 ff., 109 ff., 125 ff.

25 a. a. O., S. 88 und ff. Siehe auch Weber, *Wirtschaft und Gesellschaft* (Anm. 4), S. 26 ff.

26 Burdeau (Anm. 1), S. 120.

27 Insofern der Marxismus sich als das Selbstbewußtsein des zu seinem historischen Beruf erwachten Subjekts »Proletariat« versteht, gehört er in vollem Umfang in diesen Zusammenhang. Diese Feststellung berührt nur seinen methodischen Charakter, nicht die Richtigkeit oder Unrichtigkeit seiner inhaltlichen Thesen.

28 Ein Begriff der Politik, der dem hier vorgetragenen recht nahe kommt, liegt der politischen Soziologie Otto Stammers zugrunde. Siehe seine Charakterisierung der Macht als »gesellschaftsveränderndes, gesellschaftsgestaltendes Handeln« in: Otto Stammer, *Gesellschaft und Politik*. In: Handbuch der Soziologie. Hrsg. v. Werner Ziegenfuß. Band I. Stuttgart 1955, S. 562. Vgl. auch ders., *Politische Soziologie*. In: Soziologie. Hrsg. v. Arnold Gehlen und Helmuth Schelsky. Düsseldorf–Köln 1955, S. 267.

selbst ein Moment des gesellschaftlich-geschichtlichen Ganzen, aus dem die so verstandene Politik entspringt. Sie ist Voraussetzung und Bestandteil jenes gesellschaftlichen Handelns, das wir Politik nennen; sie kann nur als eine »praktische Wissenschaft« begriffen werden.[29]

Die hier entwickelten Begriffe der Politik und der Politischen Wissenschaft stellen insofern die »Macht« mit voller Berechtigung in das Zentrum, als Macht eine gesellschaftliche Beziehung darstellt, die nicht nur die bloße Chance, »den eigenen Willen gegen Widerstand durchzusetzen« oder »für einen Befehl (...) Gehorsam zu finden«[30] zum Inhalt hat, sondern auch die aktive, bewußte, verantwortliche Gestaltung der Gesellschaft und der Natur. »Macht ist ein würdevolles Attribut« (Smend). Aber selbst in dieser Gestalt vermag sie das Politische nicht ausreichend zu charakterisieren. Drei so verschiedene soziale Gestalten wie der Priester, das Familienoberhaupt oder der Polizist üben jeder Macht aus und treiben trotzdem als solche nicht »Politik«. Der Webersche Versuch, die Politik durch ihr spezifisches Mittel, den physischen Zwang, zu definieren, führt ebenfalls nicht weiter. Mit Recht hat Heller – speziell gegen M. Weber – die Bestimmung des Willensverbandes primär durch die Notwendigkeit des Zwanges zurückgewiesen und demgegenüber die »Notwendigkeit zielsetzenden bewußten Handelns« als konstitutiv hervorgehoben.[31] Ein Willensverband, der »rational-funktional-genossenschaftlich«[32] organisiert wäre, also machtfrei tätig würde, betriebe trotzdem Politik, und zwar, wie mir scheint, auf eine durchaus menschlich-sinnvolle Weise.[33]

---

29 Die hier vorgetragene Auffassung – ebenso wie die von Adorno oder Habermas (siehe die Anmerkungen 19 und 21) – steht in dieser Hinsicht mit der von Bergstraesser, Hennis, Oberdörfer, Maier, Sontheimer u. a. entwickelten »praktischen Wissenschaft« von der Politik in einer Linie. Die tiefgreifenden Gegensätze bedürften einer gesonderten Behandlung. Vgl. die Polemik von Oberndörfer (Anm. 3), S. 22 ff.

30 Weber, *Wirtschaft und Gesellschaft* (Anm. 4), S. 28.

31 Heller (Anm. 3), S. 89.

32 Hierzu sehr bemerkenswert Flechtheim (Anm. 1), S. 31 ff.

33 Während die herrschenden Richtungen der Politischen Wissenschaft – insoweit alle mit Max Weber einig – den vorgeblich unaufhebbar herrschaftlichen und Zwangscharakter der politischen Institutionen betonen – so für viele Oberndörfer (Anm. 3), S. 23, Anm. 19, und Ferdinand A. Hermens und Rudolf Wildenmann, *Stichwort: Politische Wissenschaft*. In: Handwörterbuch der Sozialwissenschaften. Bd. 8. Tübingen u. a. 1964, S. 388 –, erinnert Jürgen Habermas, *Student und Politik*. Neuwied–Berlin 1961, daß Demokratie seit jeher dazu tendiert habe, blinde Herrschaft in rationale zu

Auch die Orientierung der Politik am Staat erscheint gegenüber unserer neu gewonnenen Bestimmung zu eng. So sprechen wir, wie ich meine zu Recht, von der Wirtschafts-»politik« eines großen Konzerns (und behandeln sie im übrigen wissenschaftlich als Teil der »Volkswirtschaftspolitik«). Zwar übt ein derartiges gesellschaftliches Subjekt wirtschaftliche »Macht« aus. Aber das ist, wie wir gesehen haben, nichts spezifisch Politisches. Es geht aber auch nicht an, das spezifisch »Politische« des Konzernhandelns nur durch seine Beziehung auf den Staat qualifizieren zu wollen. Denn es kann sich sehr wohl außerhalb des Staates und der staatlichen, im engeren Sinne sogenannten Wirtschaftspolitik und ohne unmittelbare Beziehung auf sie entfalten und bleibt doch »Politik«. Hingegen stellen Preispolitik, Investitionspolitik. Emissionspolitik eines solchen wirtschaftlichen Großgebildes planmäßiges gesellschaftliches Handeln dar, das unsere sozialen Verhältnisse auf einem ihrer wesentlichen Teilgebiete, dem wirtschaftlichen, sei es erhaltend, sei es verändernd zu gestalten vermag und infolgedessen auch eine entsprechende »politische« Verantwortung in sich schließt.

Diese kritische Anmerkung gilt auch gegen Heller, insofern er grundsätzlich Staat und Politik, Staatslehre und Politische Wissenschaft nur als zwei Seiten ein- und derselben Sache auffaßt.[34] Trotzdem hat Heller sowohl den geschichtlichen als auch den gesellschaftlichen Zusammenhang des Problems der Politik im wesentlichen richtig gesehen. Ohne Zweifel ist der Staat von allen historisch-sozialen Subjekten das geschichtsmächtigste, und der Prozeß der geschichtlichen Ermächtigung des Menschen wird in seiner Entwicklung am sinnfälligsten. Vor allem im Wandel des konstitutionell-liberalen Staates des 19. zum Interventions- und Wohlfahrtsstaat des 20. Jahrhunderts wird dieser Prozeß deutlich. Aus einer beschränkten, wenn auch macht- und würdevollen Teilfunktion in einer gegebenen und als umfassende sittlich-

---

verwandeln. Zugleich damit aber solle Politik aufhören, eine Sphäre für sich darzustellen. So ist Habermas denn mit seinen Kontrahenten einig in der Verknüpfung von Politik und Herrschaft, wenn auch mit entgegengesetzten Zielen. Mir hingegen liegt daran, in den Begriff der Politik auch die Möglichkeit rationaler, herrschaftsfreier Ordnung aufzunehmen, deren Elemente ja auch in der gegenwärtigen Gesellschaft schon angelegt sind.

34 Heller (Anm. 3), S. 51 ff., insbes. S. 54. Hingegen trennt Stammer sehr richtig die umfassende »politische Ordnung« (vgl. Stammer, Gesellschaft und Politik (Anm. 28), S. 563 f.) von ihrem »Aktionszentrum«, dem Staat (vgl. a. a. O., S. 564 ff.).

soziale Ordnung vorausgesetzten Gesellschaft wird der Staat – in der Theorie und in der Wirklichkeit – zur einheitsstiftenden, wirkungsmächtigen universalen Lebensfunktion der Gesellschaft.[35] Es war infolgedessen eine für die Politische Wissenschaft grundlegende Einsicht, den Staat »als organisierte Entscheidungs- und Wirkungseinheit« zu begreifen und die Organisation – als Prozeß und als Institution – in den Mittelpunkt der Politik zu stellen.

II.

Es gilt nun, Gegenstand und Methode der Politischen Wissenschaft im Verhältnis zu den übrigen Sozialwissenschaften zu umreißen. Das Ergebnis unserer vorangegangenen Überlegungen war, daß von einem »Gegenstand« im Sinne eines deutlich abgegrenzten, selbständigen Sachbereichs der Gesellschaft eigentlich nicht die Rede sein kann. Alle möglichen Gegenstände der Politischen Wissenschaft (Schichten und Klassen, Verbände und Parteien, die Masse, die Bürokratie, der Staat, die Verfassung, das öffentliche Recht usf.) sind auch und zum Teil sogar in erster Linie Objekte anderer Sozialwissenschaften. Sogar die Gestalt gewordene Politik, der Staat, ist nicht als solcher und damit auch nicht in vollem Umfang Gegenstand der Politischen Wissenschaft, sondern nur insofern er gesetzgebend, regierend und gelegentlich auch rechtsprechend die gesellschaftliche Wirklichkeit entscheidend verändert.[36] Das Politische bezeichnet eben keinen Sachbereich, sondern eine bestimmte Verfassung, einen Aggregatzustand der Gesellschaft, den wir mit den Begriffen der Organisation und der gesellschaftlichen Handlungsfähigkeit zu fassen versucht haben.[37] Die Politik ist, um einen Marxschen Satz abzuwandeln, die Gesellschaft in

35 Ich habe in meiner Göttinger phil. Diss. von 1953 (Peter von Oertzen, *Die soziale Funktion des staatsrechtlichem Positivismus. Eine wissenssoziologische Studie über die Entstehung des formalistischen Positivismus in der deutschen Staatsrechtswissenschaft. Hrsg. u. mit einem Nachwort von Dieter Sterzel.* Frankfurt am Main 1974 (zugl. Phil. Diss., Göttingen 1953)), versucht, diesen Prozeß an einem kleinen Ausschnitt, am Wandel der Staatsanschauung der deutschen Staatsrechtslehre zwischen 1850 und 1900, aufzuhellen. Siehe auch Heller (Anm. 3), S. 109 ff., 125 ff.

36 So sehr richtig a. a. O., S. 22 f.

37 In der Fundierung des Politischen auf den »Intensitäts«-Grad der sozialen Verhältnisse liegt auch das beschränkte Recht der absurden Freund–Feind-Theorie Carl Schmitts. Vgl. Carl Schmitt, *Der Begriff des Politischen.* Hamburg 1933, S. 7 ff.

Aktion.[38] Damit kommt dem Politischen in der Gesellschaft ebenso wie der Politischen Wissenschaft unter den Sozialwissenschaften eine zentrale, weil einheitsstiftende Funktion zu. Denn, wie Burdeau es formuliert hat, »das Politische ist die Grundlage alles Sozialen (...) Das Politische ist das zur Reife gelangte Soziale, das Soziale, das sich seiner bewußt, das organisiert und Herr seiner selbst geworden ist«.[39]

Aus dieser eigentümlichen Rolle des Politischen in der Gesellschaft ergibt sich mit Notwendigkeit eine enge Zusammenarbeit der Politischen Wissenschaft mit allen übrigen Sozialwissenschaften.[40] Die sich mit dem politischen Aspekt ihrer jeweiligen Gebiete beschäftigenden Spezialdisziplinen fungieren als »politische Wissenschaften« im Unterschied zur einheitsstiftenden Politischen Wissenschaft.[41]

Ist insoweit das Verhältnis der Politischen Wissenschaft zu jenen Sozialwissenschaften, die ein gesondertes, einigermaßen genau umrissenes Gebiet der sozialen Wirklichkeit behandeln (Jurisprudenz, Nationalökonomie, Psychologie usf.), verhältnismäßig unproblematisch, so gilt dies nicht für diejenigen Sozialwissenschaften, die auf irgendeine Weise das Ganze der Gesellschaft im Blick haben, also für Soziologie und Geschichtswissenschaft. Eine »Theorie der Gesellschaft«, die sich als »das wissenschaftliche Selbstbewußtsein einer gesellschaftlichen Wirklichkeit« verstünde[42], würde die Politische Wissenschaft mit umgreifen. Nur die historische Differenz ihrer Entstehungssituation – aus den realen Fragwürdigkeiten der bürgerlichen Gesellschaft bei der einen, des Staates bei der anderen – würde noch eine rasch verschwindende Verschiedenheit der Problemstellung zur Folge haben.[43] Aber da »Politik« nichts anderes ist als »die Gesellschaft in Aktion«, würden die zentralen Fragen nach der Macht, nach

38 Karl Marx und Friedrich Engels, *Die deutsche Ideologie*. Berlin (Ost) 1969, MEW 3, S. 34 f. S. 37: »die bürgerliche Gesellschaft (...) in ihrer Aktion als Staat«. Etwas abgewandelt bei Heller (Anm. 3), S. 172.

39 Burdeau (Anm. 1), S. 115. Vgl. auch Max Weber, *Gesammelte Aufsätze zur Wissenschaftslehre*. Tübingen ²1951, S. 256; Meynaud (Anm. 1), S. 112.

40 Diese Auffassung ist Allgemeingut aller Forschungsrichtungen der Politischen Wissenschaft.

41 Burdeau (Anm. 1), S. 112 ff., 114.

42 Freyer (Anm. 10), S. 5. Das ist auch der methodische Ausgangspunkt des recht verstandenen Marxismus, der ja in der Tat seine politischen Lehren als Teil seiner Gesamttheorie begreift. Hierzu Jürgen Habermas, *Theorie und Praxis. Sozialphilosophische Schriften*. Neuwied und Berlin 1963, S. 162 ff.

43 Dazu Landshut (Anm. 20).

der Herrschaftsstruktur, nach der Bürokratie usw. bei Soziologie und Politischer Wissenschaft identisch sein.

Aber die Möglichkeit einer solchen Theorie der Gesellschaft ist, trotz großer Entwürfe gerade in Deutschland, in der wissenschaftlichen Soziologie heftig umstritten. Auf der einen Seite wird an den gesamtgesellschaftlichen und damit zugleich auch an den gesellschaftskritischen Intentionen der Soziologie entschieden festgehalten;[44] auf der anderen Seite hat sich die Soziologie in einer einflußreichen Strömung als eine »empirische Einzelwissenschaft« konstituiert, als die Wissenschaft von den »allgemeinsten Prinzipien« der gesellschaftlichen Phänomene; Soziologie hat sich hier gewissermaßen auf »die Erforschung der nicht spezialisierten Aspekte allen gesellschaftlichen Verhaltens« spezialisiert.[45] Sie lehnt eine »Theorie der Gesamtgesellschaft« nicht selten als »philosophisch« und daher »unwissenschaftlich« einfach ab.

Praktisch ist eine so verstandene Soziologie im wesentlichen Mikrosoziologie, Wissenschaft von den kleinsten Einheiten der Gesellschaft. Weiterreichende theoretische Ansätze stecken erst in den Anfängen.[46] Das Politische in seinem vollen Umfang kommt einer solchen Forschungsrichtung infolgedessen vorläufig kaum recht in den Blick. Kann die einzelwissenschaftlich konzipierte Soziologie also die Erkenntnisabsicht der Politischen Wissenschaft nicht selbst verwirklichen, so vermag sie ihr doch höchst wertvolle konkrete Einzelerkenntnisse zur Verfügung zu stellen.

---

44 So zum Beispiel bei Habermas, Kölner Zeitschrift für Soziologie und Sozialpsychologie 16 [1964] (Anm. 19). Einen guten Überblick gibt Jürgen Fijalkowski, *Über einige Theoriebegriffe in der deutschen Soziologie der Gegenwart*. In: Kölner Zeitschrift für Soziologie und Sozialpsychologie, 13 1961.

45 König (Anm. 3), S. 7; Jay Rumney und Jürgen Maier, *Soziologie*. Frankfurt am Main 1953, S. 20; Flechtheim (Anm. 1), S. 7. Stammer, Gesellschaft und Politik (Anm. 28), bemüht sich, die überlieferte Soziologie mit der modernen empirischen Einzelwissenschaft in Beziehung zu setzen und entwickelt seinen eigenen theoretischen Ansatz unter anderem im Hinblick auf Heller (Anm. 3) und Freyer (Anm. 10), S. 537 ff., 552.

46 König (Anm. 3), S. 10 ff., 88 ff., 96 ff., 103 f. Vgl. auch Ralf Dahrendorf, *Betrachtungen zu einigen Aspekten der gegenwärtigen deutschen Soziologie*. In: Kölner Zeitschrift für Soziologie und Sozialpsychologie, 11 1959. Siehe aber auch die herbe Kritik von Oberndörfer an der einzelwissenschaftlich-empirischen und der abstrakt-theoretischen Soziologie: Oberndörfer (Anm. 3), S. 12 ff., 16 ff., 24 ff., 29 ff.

III.

Anders und enger ist das Verhältnis der Politischen Wissenschaft zur Geschichtswissenschaft. Die Geschichtswissenschaft hat im Grunde gegenüber den übrigen Wissenschaften von Kultur und Gesellschaft keinen eigenen besonderen Gegenstand. Geschichte als Inbegriff des Vergangenen ist alles. Alle menschliche Wirklichkeit ist Gegenstand der Geschichtswissenschaft.[47] Und in der Tat gibt es ebensoviel historische Spezialdisziplinen, wie sich besondere Gebiete oder Aspekte im Ganzen des menschlichen Lebens auffinden lassen. Der prekären Theorie der Gesamtgesellschaft entspricht die kaum weniger prekäre Universalgeschichte, der Politischen Wissenschaft die politische Geschichtsschreibung. Sie steht aus demselben Grund im Zentrum der Geschichtswissenschaft wie die Politische Wissenschaft im Zentrum der übrigen Sozialwissenschaften, weil und insofern sie im Politischen die gesellschaftliche Wirklichkeit als menschliches Wirken, als Handeln der historisch-sozialen Subjekte begreift.[48] Und genauso wie die Politische Wissenschaft wird die Geisteswissenschaft – trotz dieser Akzentuierung des Politischen – ihrer Aufgabe nur im Zusammenwirken aller ihrer speziellen Disziplinen gerecht werden können.

So stellt sich für uns die Frage, wie wir die Geschichtswissenschaft (im folgenden immer in ihrer Zuspitzung auf die Politik gemeint) und die Politische Wissenschaft in ihrem notwendigen Zusammenhang und ihrer offensichtlichen Verschiedenheit begreifen sollen. Die naheliegende und stets aufs neue ganz naiv vorgetragene Auffassung, die Geschichtswissenschaft behandele die »Vergangenheit«, die Politische Wissenschaft die »Gegenwart«, hat – trotz der Unmöglichkeit, das Vergangene gegenüber dem Gegenwärtigen zu verselbständigen – handfeste, pragmatische Argumente für sich: So sind bestimmte wichtige Voraussetzungen wissenschaftlicher Erforschung, wie der Zugang zu gewissen, oft entscheidenden Quellen (z. B. Akten) oder aber die Entfernung der fraglichen Ereignisse aus dem politischen Tagesstreit, in der Regel erst nach Ablauf längerer Zeiträume gegeben. Aber bei näherem Zusehen hält diese Überlegung nicht stand. Geschichte ist stets unsere Geschichte, und zwar in dem doppelten Sinne des Worts als Vorgeschichte unserer Gegenwart und als unser durch diese Gegenwart

---

47 Landshut (Anm. 20), S. 30 ff.

48 So Schaaf (Anm. 11), S. 107, 110 unter Hinweis auf Max Weber.

mitbestimmtes Bild von unserer Vergangenheit.[49] Die Politische Wissenschaft hat daher die Geschichte nicht nur als unsere Vergangenheit, sondern zugleich auch als lebendiges, wirkendes Element der Gegenwart zu ihrem Gegenstand, und die geschichtswissenschaftliche Forschung ist infolgedessen eine ihrer wesentlichsten Voraussetzungen.[50] Auf der anderen Seite hat sich die moderne historische Forschung von den Versuchen eines naiven Realismus gelöst; sie hat erkannt, »daß Geschichte eben kein wertfreies Gegenüber, sondern etwas für den Menschen Bedeutsames, eine Begegnung mit seiner Vergangenheit wie seiner Zukunft darstellt«. Aus diesem Rückgriff auf das »spezifische Betroffensein durch die Geschichte« ist der Begriff der »Zeitgeschichte (...) als Epoche der Mitlebenden und ihre wissenschaftliche Behandlung« erwachsen.[51] Da die Geschichtswissenschaft unter Einschluß der Zeitgeschichte und die Politische Wissenschaft nun ganz ohne Zweifel weitgehend dieselben Gegenstände behandeln, muß der Unterschied zwischen ihnen in ihren Methoden gesucht werden. Gerade hier bestehen aber noch offene Fragen, die besonders in Deutschland das Verhältnis zwischen Geschichtswissenschaft und Politischer Wissenschaft berühren. Vor allem die Behandlung der Probleme des Weimarer Staates, an der beide Disziplinen begreiflicherweise lebhaft interessiert sind, hat eine heftige methodologische Auseinandersetzung hervorgerufen.[52] Obwohl diese Diskussion wesentliche Einsichten erbracht

---

49 Johan Huizinga, Kap. Über eine Definition des Begriffes Geschichte.. In: *Wege der Kulturgeschichte*. München 1930, insbes. S. 86 f. Ferner Alfred Heuss, *Verlust der Geschichte*. Göttingen 1959.

50 Burdeau (Anm. 1), S. 133 ff.

51 Hans Rothfels, *Zeitgeschichte als Aufgabe*. In: Vierteljahreshefte für Zeitgeschichte, 1 1953, S. 5, 7.

52 Karl Dietrich Bracher, *Die Auflösung der Weimarer Republik*. Stuttgart–Düsseldorf 1955. Kritisch dazu Thilo Vogelsang, *Der Machtverfall in der Demokratie*. In: Neue Politische Literatur, 1 1956, Sp. 52 ff. und ders., *Neuere Literatur zur Geschichte der Weimarer Republik*. In: Vierteljahreshefte für Zeitgeschichte, 9 1961, insbes. S. 217 f.; Werner Conze, *Die Auflösung der Weimarer Republik. Buchbesprechung des gleichnamigen Titels von Karl Dietrich Bracher*. In: Historische Zeitschrift, 183 1957; Waldemar Besson, *Württemberg und die deutsche Staatskrise 1928–1933*. Stuttgart 1959. Eine abgewogene Kritik an Besson und eine Verteidigung Brachers gegen dessen Einwendungen liefert Hans Herzfeld, *Württemberg und die Ära Brüning*. In: Neue Politische Literatur, 5 1960, Sp. 435 ff. Besson hat übrigens unterdessen selbst – als Ordinarius für Politik in Erlangen – das Feld der von ihm zuvor so herbe kritisierten Politischen Wissenschaft betreten und auch seine damalige Kritik an Bracher ausdrücklich widerrufen, vgl. Waldemar Besson, *Neuere Literatur zur Geschichte des*

hat, ist ihr Ergebnis doch nicht recht befriedigend. K. D. Bracher, dessen Studie über die Auflösung der Weimarer Republik der Gegenstand der Kontroverse war, hat den Unterschied zwischen historischer und politikwissenschaftlicher Methode als einen Unterschied von »spezifizierender und typologischer Betrachtung« bestimmt.[53] Diese Unterscheidung ist zwar nicht eigentlich falsch, aber doch so sehr vereinfacht, daß sie erheblichen Mißverständnissen Raum gibt.

Die fachhistorischen Kritiker Brachers haben nun, trotz vieler beachtlicher Einwendungen im einzelnen, in diesem entscheidenden Punkt den Bracherschen Ansatz nicht vervollständigt. So richtet sich denn ihre Kritik im Grunde weniger gegen die politikwissenschaftliche Methode selbst als gegen die Brachersche Auslegung und Anwendung dieser Methode. Diese Verschiebung der Problemstellung wird freilich u. a. dadurch nahegelegt, daß Bracher in jener Untersuchung der von uns bereits als ungenügend charakterisierten Auffassung der Politischen Wissenschaft als Wissenschaft von der Macht folgt.[54] Um so nachdrücklicher muß dagegen das Recht der unverkürzten politikwissenschaftlichen Sicht hervorgehoben werden.

Wenn z. B. gefordert wird, daß die Kategorien der Darstellung »wort- und begriffsgeschichtlich aus den Quellen gewonnen oder, sofern es sich um scheinbar allgemeine Grundbegriffe des modernen politischen Denkens handelt, zumindest spezifiziert« werden[55], wenn gefordert wird, daß die gewonnenen Strukturen »nicht These, sondern Einsicht, nicht abstrakt, sondern erfüllt« zu sein hätten[56], dann besteht solch strenger Anspruch gewiß mit vollem Recht. Aber er ist kein Privileg der Historie, sondern gilt für die Politische Wissenschaft in demselben Umfang. Wenn Bracher ihm nicht gerecht geworden sein sollte, was hier nicht untersucht werden kann, trifft das die Anwendung der Methode, nicht diese selbst. Auf der anderen Seite wird der »spezifizierende«, »individualisierende« Charakter der historischen Methode gelegentlich so einseitig hervorgehoben[57], daß man

---

Nationalsozialismus. In: Vierteljahreshefte für Zeitgeschichte, 9 1961, S. 323.

53 Bracher (Anm. 52), S. XXI.

54 Conze (Anm. 52), S. 380, stellt dagegen mit Recht die Frage, ob durch eine solche Auffassung nicht »der Blick für die Vielfalt des gesellschaftlichen Zusammenhanges sowie für tiefer liegende Schichten erschwert« werde.

55 ebd.

56 Besson, *Die deutsche Staatskrise* (Anm. 52), S. 11.

57 Z. B. a. a. O., S. 19, 21, 359 f.

fast den Eindruck gewinnen könnte, die Historie vermöge gänzlich ohne Begriffe von Typen oder Strukturen auszukommen. Das ist aber unmöglich.[58] Gerade die stärker als in der Vergangenheit erfahrene Betroffenheit durch die Geschichte hat der Geschichtswissenschaft »die Herausarbeitung typischer Züge des geschichtlichen Lebens« zur Aufgabe gestellt, damit wir uns unserer Situation vergewissern, »ein Bewußtsein von uns selbst und unserer Lage gewinnen können«.[59]

Mit Recht betont ferner die Geschichtswissenschaft den Charakter der historischen Situation als »Entscheidungssituation«, mit Recht hebt sie als ein wesentliches Moment »ihre Offenheit nach der Zukunft hin« hervor.[60] Es ist aber nicht richtig, daß dieses Charakteristikum der Geschichte in der Politischen Wissenschaft nicht zum Ausdruck kommen könne oder solle. Der Fatalismus ist keineswegs der »Zwillingsbruder der Strukturanalyse«.[61] Die Versuchung, sich von der Macht der geschehenden Geschichte überwältigen zu lassen, steht vor dem Historiker genauso wie vor dem Politikwissenschaftler, und die historische Methode ist genausowenig eine Versicherung dagegen wie irgendeine andere.

»Spezifizierende« und »typologische« Methode, wenn wir diese beiden vorläufigen Bezeichnungen noch einmal so stehen lassen wollen, können gar nicht getrennt voneinander sinnvoll angewendet werden. Eine Geschichte der Weimarer Republik, die darauf verzichten würde, die ökonomischen, sozialen und politischen Strukturen und die strukturell bedingten Tendenzen zu analysieren und in ihre Beurteilung der historischen Situation mit einzubeziehen, müßte die Wirklichkeit genauso verfehlen wie eine politikwissenschaftliche Untersuchung, die das Einzigartige, Unwiederholbare der historischen Situation hinter den herrschenden Strukturen verschwinden ließe. Zwar ist der Mensch als geschichtlich lebender, als schöpferisch handelnder frei, ist die Situation, in der er sich je und je vorfindet, zur Zukunft hin offen; aber diese Situation ist selbst vorgegeben, durch Kultur und

58 Sehr nachdrücklich dargelegt von Theodor Schieder, *Staat und Gesellschaft im Wandel unserer Zeit*. München 1958, S. 172 ff.

59 a. a. O., S. 177.

60 Karl Dietrich Erdmann, *Die Geschichte der Weimarer Republik als Problem der Wissenschaft*. In: Vierteljahreshefte für Zeitgeschichte, 3 1955, S. 7. Besson, *Die deutsche Staatskrise* (Anm. 52), S. 11, Anm. 2.

61 a. a. O., S. 11, 12.

Gesellschaft bedingt. Zwar sind die kulturellen Formen und Inhalte, die gesellschaftlichen Verhältnisse und ihre gegenseitigen Verflechtungen selbst wieder geschichtlich geworden, d. h. von den Menschen geschaffen; aber in jeder konkreten Situation stehen jene als objektive Gegebenheiten hinter und vor den Handelnden und sind der menschlichen Verfügung nur in einem bestimmten begrenzten Umfang überantwortet. Diese kulturellen und sozialen Gegebenheiten der historischen Situation lassen sich nicht unmittelbar auf die handelnden Menschen zurückführen. Sie müssen – auch vom Historiker – in ihrer Gegenständlichkeit als »Strukturen«[62] erfaßt und in die Analyse der Situation aufgenommen werden. Diese Strukturen aber sind wieder in ihrer geschichtlichen Individualität, ihrer jeweiligen historischen Konstellation und in ihrem unaufhörlichen Wandel, d. h. als Produkte des geschichtlich handelnden Menschen zu begreifen. Durch den Unterschied von Strukturanalyse und Individualitätserfassung allein lassen sich politikwissenschaftliche und historische Methode also nicht hinreichend bestimmen. Sie lassen sich überhaupt nicht als wesentlich getrennte und selbständige begreifen. Historische und politikwissenschaftliche Methode erwachsen vielmehr aus derselben Wurzel und entfalten sich als zwei verschiedene Aspekte eines und desselben Zusammenhangs. Politische Wissenschaft und Geschichtswissenschaft gehen im letzten beide von der Fragwürdigkeit der Gegenwart aus und stellen, insofern sie den gesellschaftlich-geschichtlich handelnden Menschen zum Gegenstand haben, Formen des sozialen Selbstbewußtseins dar.[63]

Innerhalb dieses methodischen Gesamtzusammenhangs richtet die Geschichtswissenschaft ihre Erkenntnisabsicht mehr auf den konkreten Prozeß, in dem sich ein bestimmter politischer Gesamtzustand durch das vielfältig bedingte, aber zugleich freie, verantwortliche Han-

62 König (Anm. 3), S. 283 ff.

63 Landshut (Anm. 20), S. 34; Heller (Anm. 3), S. 48 ff. Siehe auch Bessons eindringliche Feststellung: »Indem der Historiker seinen Ort in der Gegenwart erkennt, kündigt er ihr zugleich den blinden Gehorsam auf, zu dem ihn ein bloßes Treibenlassen im Strom der Geschichte verführen möchte« (Besson, *Die deutsche Staatskrise* (Anm. 52), S. 12, sowie seine überzeugende Begründung für die Notwendigkeit historischer Werturteile, a. a. O., S. 21. Ferner Heuss (Anm. 49), S. 73: »Das historische Bewußtsein wird durch die Erstreckung seiner Gegenständlichkeit auf die Gegenwart zum Selbstbewußtsein (...) Selbstbewußtsein ist, indem Gegenwart von ihm erfaßt wird, historisches Bewußtsein.«

deln der Einzelnen und Gruppen in einen anderen politischen Gesamtzustand verwandelt hat. Die Politische Wissenschaft hingegen widmet sich mehr den allgemeinen Bedingungen, unter denen Einzelne und Gruppen im Verlauf des geschichtlichen Prozesses politisch handeln. Die Unterscheidung ist freilich, wie schon ihre Unbestimmtheit zeigt, eine weitgehend empirische, die weniger auf prinzipielle Differenzen als auf historisch bedingte und durch das Erfordernis wissenschaftlicher Arbeitsteilung verfestigte Verschiedenheiten hinweist. In der Forschungspraxis ist dieser Unterschied allerdings beträchtlich und wird durch methodische Verengungen von beiden Seiten noch vergrößert. Prinzipiell gesehen fallen jedoch recht verstandene Geschichtswissenschaft und recht verstandene Politische Wissenschaft (und soziologische Theorie der Gesellschaft) zusammen, zumindest dort, wo sie den Gesamtzusammenhang der gesellschaftlich-geschichtlichen Existenz des Menschen zum Gegenstand haben.

An den aufs äußerste entgegengesetzten Punkten der gemeinsamen historischen und politikwissenschaftlichen Erkenntnisbemühungen scheinen die beiden Methoden und ihre Ergebnisse freilich gänzlich verschieden zu sein. Die historische Detailstudie, der es gelingt, für eine zeitlich und räumlich begrenzte Situation alle (oder wenigstens alle wesentlichen) individuellen Handlungen darzustellen, auf der einen Seite, die großflächige Analyse gewisser politischer Grundstrukturen auf der anderen Seite haben dem Anschein nach nichts miteinander gemein. Aber dieser Schein trügt. Auch die Detailstudie muß sich – wenigstens unausgesprochen – auf allgemeine Zusammenhänge beziehen, um sinnvoll zu sein; und eine politische Kategorienlehre, die die Geschichtlichkeit ihrer Strukturbegriffe übersehen wollte, würde die Wirklichkeit verfehlen. Dort, wo die Geschichtswissenschaft sich umfassenderen Zusammenhängen zuwendet und die Politische Wissenschaft hingegen konkretere Situationen untersucht wie etwa bei der Erforschung der Weimarer Republik, wird eine wechselseitige Angewiesenheit offenbar, die man vielleicht mutatis mutandis nach Litt eine Reziprozität der Perspektiven nennen könnte[64]: Auch die Geschichtswissenschaft begreift das in zeitlicher Folge ablaufende menschliche Handeln, das historische Werden, nicht als solches, als »reines« Werden. Es gibt keine »Geschichte überhaupt«. »Geschichte

64 Sehr plastisch Friedrich (Anm. 4), S. 709 ff.

ist stets Geschichte von Etwas.«[65] Und dieses Etwas besteht nicht nur in den konkreten Individuen, sondern ebenso sehr in den Formen des sozialen Lebens, den gesellschaftlichen Strukturen. Auch die Politische Wissenschaft begreift die sozialen Strukturen, innerhalb derer sich das politische Handeln der Menschen vollzieht, als werdende, als durch das Handeln der Menschen in der Zeit geschaffen und verändert. In den Strukturen der politischen Wirklichkeit ist die Zeit nicht eliminiert, sondern nur »gestaut«. Alle politikwissenschaftlichen Strukturbegriffe müssen deshalb – wie Freyer es ausgedrückt hat – »historisch gesättigt« sein und den »im Sinne der Zeit gerichteten Pfeil« in sich enthalten.[66]

Wenn wir versuchen wollen, das Ergebnis dieser Überlegungen in einen einzigen abschließenden Satz zusammenzupressen, dann stellt sich uns die Politische Wissenschaft dar als eine im gegenwärtigen Spannungsfeld von vergangenen und zukünftigen menschlichen Handlungsmöglichkeiten angesiedelte Gestalt kritischen gesellschaftlichen Bewußtseins.

---

65 Heller (Anm. 3), S. 50; Schaaf (Anm. 11), S. 116.

66 Freyer (Anm. 10), S. 84 f., 199; über das gesamte Verhältnis einer sozialen Strukturwissenschaft zur Geschichte a. a. O., S. 114 ff.; Heller (Anm. 3), S. 50 f. Eine überzeugende Darlegung des Zusammenhangs von Geschichtswissenschaft und Soziologie gibt Topitsch, *Sozialphilosophie* (Anm. 19), S. 93 ff.

Kants »Über den Gemeinspruch« und das Verhältnis von Theorie und Praxis in der Politik

Die Frage nach der Bedeutung der Theorie für die Praxis wird seit altersher gerne an die Wissenschaft gerichtet. Und es ist eine bekannte Tatsache, daß die Theorie dabei häufig nicht sehr gut wegkommt. So hat sich schon Immanuel Kant – offenbar aus gegebenem Anlaß – veranlaßt gesehen, in einer seiner ebenso scharfsinnigen wie einprägsamen kleinen Schriften gegen den »Gemeinspruch« aufzutreten, der lautet: »Das mag in der Theorie richtig sein, taugt aber nicht für die Praxis.«[1] Wir können an diese kleine Schrift umso eher anknüpfen, als Kant jenen Gemeinspruch auf einem Gebiet aufsucht, auf dem wir ihn auch heute noch in voller Blüte finden, nämlich auf dem Gebiete der Moral und vor allem auf dem Gebiete der Politik.

Die von Kant bei dieser Gelegenheit gegebene Bestimmung der Begriffe »Theorie« und »Praxis« ist einfach und unmittelbar einleuchtend: »Man nennt einen Inbegriff selbst von praktischen Regeln alsdann *Theorie,* wenn diese Regeln als Prinzipien in einer gewissen Allgemeinheit gedacht werden, und dabei von einer Menge Bedingungen abstrahiert wird, die doch auf ihre Ausübung notwendig Einfluß haben. Und umgekehrt heißt nicht jede Hantierung, sondern nur diejenige Bewirkung eines Zweckes *Praxis,* welche als Befolgung gewisser im allgemeinen vorgestellter Prinzipien des Verfahrens gedacht wird.«[2]

Dabei scheint nur Kants Begriff der *Praxis* von dem landläufigen Sprachgebrauch abzuweichen: Nicht jede unbedachte, spontane, ohne sinnvollen Zusammenhang für sich geschehende Handlung ist Praxis, sondern nur diejenige, welche wenigstens im Verfolge *gewisser* allgemeiner Verfahrensgrundsätze vorgenommen wird. Trotzdem ist diese Einschränkung sinnvoll: Ein ganz und gar von jeder Befolgung allge-

1 Immanuel Kant, *Kleinere Schriften zur Geschichtsphilosophie, Ethik und Politik.* Leipzig 1913, Philosophische Bibliothek 47, S. 69 ff.

2 a. a. O., S. 69.

meiner Regeln absehendes Handeln steht zur Theorie in überhaupt keinem möglichen Verhältnis; es ist *wesentlich* regellos und weder für die Behauptung noch für die Widerlegung des infragestehenden Gemeinspruches von irgendeiner Bedeutung. Denn eine Handlung, welche eine irgendwie geartete Rücksicht auf Theorie überhaupt nicht nimmt, kann auch nicht den Anspruch erheben, über die praktische Brauchbarkeit der Theorie etwas auszusagen.

Zugleich aber ist mit der Begriffsbestimmung auch das Problem bei Kant so gut wie gelöst. Jedenfalls für jenen Bereich der Wissenschaften, der heute wie damals weitgehend als die Wissenschaft schlechthin angesehen wird, für die Naturwissenschaften. Es kann kein naturwissenschaftliches Theorem geben, das an sich richtig, für die Praxis aber falsch wäre. Denn die Praxis, das ist der Bereich der Erfahrung, insbesondere der systematisierten und kontrollierten Erfahrung des Experiments; und ein Theorem, das von dieser Erfahrung nicht bestätigt wird, ist nicht etwa »an sich richtig«, sondern schlichtweg falsch oder wenigstens unvollständig. Und wenn die Theorie korrigiert und vervollständigt worden ist, erweist sich ihre Richtigkeit ausschließlich an der nunmehr hergestellten Übereinstimmung mit der »Praxis«. Daß umgekehrt eine »richtige« Praxis nur in Beziehung auf allgemeine Regeln, d. h. in Beziehung auf Theorie richtig sein kann, versteht sich danach von selbst.

Der Schein einer Problematik im Verhältnis von Theorie und Praxis entsteht nur dadurch, daß faktisch die Anwendung der Theorie auf die Praxis eine besondere geistige Fähigkeit, die *Urteilskraft* erfordert, deren der Theoretiker allerdings sehr wohl ermangeln kann; so daß es zwar keine gute Theorie geben kann, die für die Praxis nicht taugt, wohl aber gute Theoretiker, die als Praktiker nicht taugen, was ganz etwas anderes ist. Wie umgekehrt ein Praktiker, der die Einsichten der Theorie vernachlässigt, einfach nichts weiter ist als ein schlechter Praktiker.

Ist also für den ganzen Bereich der Naturwissenschaften das Verhältnis von Theorie und Praxis unproblematisch und besteht jede tatsächlich aufkommende Schwierigkeit nur in den Mängeln der Theorie selbst oder in den Unvollkommenheiten ihrer praktischen Anwendung, so könnte es sich doch – so fragt sich Kant und so müssen auch wir uns fragen – im Bereich der Nichtnaturwissenschaften, der Geisteswissenschaften, durchaus anders verhalten. Denn wenn die

Theorie in den Naturwissenschaften Gegenstände der *Anschauung,* eben die Gegenstände der natürlichen Welt betrifft, so bezieht sich die Theorie in den Geisteswissenschaften auf Gegenstände, welche nur durch Begriffe vorgestellt werden, auf Objekte des »geistigen Seins«, wie wir heute sagen würden; und diese Gegenstände mögen nun sehr wohl *gedacht,* aber vielleicht gar nicht *gegeben* werden können, also möglicherweise bloß leere Ideen sein, von denen in der Praxis gar kein Gebrauch gemacht werden könnte.

»Allein« – so fügt Kant diesen Überlegungen sogleich hinzu – »in einer Theorie, welche auf dem *Pflichtbegriff* gegründet ist, fällt die Besorgnis wegen der leeren Idealität dieses Begriffes ganz weg.«[3] Denn das Wesentliche der Pflicht ist ihr Charakter als reines Sollen. Ist der Pflichtbegriff überhaupt erst einmal von der Vernunft erfaßt worden, dann gibt es nur noch eine einzige sinnvolle Frage, nämlich die, ob die einzelnen Tugend- und Rechtspflichten hinlänglich durch die Vernunft begründet seien, d. h. also, ob ihnen der Charakter des Sollens zu Recht zukomme. Wird diese Frage bejaht, so ist es im Hinblick auf die Praxis gänzlich gleichgültig, ob der einzelne Mensch dem Gebot der Pflicht nun auch tatsächlich folgt; daß er ihm folgen *solle,* ist mit dem Begriff der Pflicht selbst unbezweifelbar vorausgesetzt. So ist denn also für Kant auch im nichtnaturwissenschaftlichen Bereich, in welchem die Theorie »auf dem Pflichtbegriff gegründet ist«, ein Auseinandertreten von Theorie und Praxis eine Unmöglichkeit. Dies auf den drei Gebieten der Moral überhaupt, des Staatsrechts und des Völkerrechts im einzelnen darzutun, ist der eigentliche Inhalt der kleinen Schrift über den Gemeinspruch.

An dieser Stelle müssen wir uns nun noch etwas näher mit den Grundlagen des Kantschen Gedankengangs beschäftigen. Seiner Argumentation liegt eine ganz bestimmte Auffassung vom Wesen und von den Grenzen der Wissenschaft und letzten Endes vom Wesen der menschlichen Erkenntnis und des Menschen selbst zugrunde: Ihr zufolge lebt der Mensch gleichzeitig in zwei Reichen, in dem einen als Naturwesen unter anderen, den Naturgesetzen, insbesondere dem Gesetz der Kausalität unterworfen; in dem anderen lebt er als ein geistiges Wesen in Freiheit. Das erste, das Reich der Notwendigkeit, erforscht die Naturwissenschaft unter denjenigen Bedingungen, die

3 a. a. O., S. 71.

von der reinen theoretischen Vernunft festgestellt werden; das zweite, das Reich der Freiheit, unterliegt nur der Nötigung des Sollens, deren Bedingungen die reine praktische Vernunft zu ermitteln berufen ist.

Diese strenge Zweiteilung der menschlichen Lebenssphäre und damit der Bereiche menschlicher Wissenschaft ist bis in die Gegenwart überliefert worden. Sie liegt der Wissenschaftstheorie des Neukantianismus in seinen verschiedenen Ausprägungen zugrunde. Zum Beispiel unter vielen möglichen sei hier nur an Heinrich Rickerts Unterscheidung von Natur- und Kulturwissenschaft oder an Hans Kelsens Unterscheidung von Seins- und Sollenswissenschaft erinnert. Wenn nun auch der Neukantianismus in der Wissenschaftstheorie unserer Zeit – wenigstens als eine bestimmte, fest umrissene Schule oder Strömung – zurückgetreten ist, so lebt jene Zweiteilung in den methodischen Vorstellungen der einzelnen Wissenschaften und noch viel spürbarer in den Vorstellungen der gebildeten Laien nur wenig verändert fort. Und das gilt auch und gerade für die Politik.

Nirgendwo sosehr wie hier prallen die – gewissermaßen naturwissenschaftlich exakte und nüchterne – Erkenntnis des faktisch *Gegebenen,* des Seins, und die moralische Einsicht in das *Aufgegebene,* das Sollen, unvermittelter aufeinander. Und das Dilemma, dessen Ausdruck jene kleine Kantsche Schrift ist, herrscht heute wie damals: Während der Theoretiker mit strenger Beweisführung den Menschen die Geltung des Pflichtgebots vor Augen führt, erklären – wie Kant bitter bemerkt – die Praktiker »in einem vornehmen wegwerfenden Ton, voll Anmaßung, die Vernunft selbst in dem, worin sie ihre höchste Ehre setzt, durch Erfahrung reformieren zu wollen«[4], dabei das vorgeblich Notwendige gegen das Gute, die brutale Gegebenheit gegen das Gesollte, die geistlose Macht gegen die Machtlosigkeit des Geistes ausspielend.

Weil dies in der Tat so ist, können wir mit der Frage nach dem Verhältnis von Theorie und Praxis auch heute noch bei Kant anknüpfen. Freilich müssen wir uns fragen, ob jenes Dilemma nur der Unbelehrbarkeit der Menschen zugeschrieben werden muß, die seit Kant nichts haben dazulernen wollen, oder ob seine Wurzeln nicht vielleicht auch in dem Kantschen Ausgangspunkt liegen? Möglicherweise hilft uns ein Blick auf Kant selbst weiter. In jener kleinen Schrift entwickelt er

4 Kant (Anm. 1), S. 71.

die Prinzipien einer auf reine, strenge Vernunfterkenntnis gegründeten bürgerlichen Verfassung. Die Prinzipien dieser staatlichen Rechtsordnung treten den Menschen als ein striktes Sollen gegenüber, dem diese – seien sie nun Herrscher oder Untertanen – zu folgen verpflichtet sind. Ob sie es wirklich *tun*, ist eine andere Frage, daß sie es tun *sollen*, steht außer Zweifel. Zu diesen Prinzipien gehört nun auch – neben dem Menschenrecht auf Freiheit und neben der Rechtsgleichheit der Untertanen – die Selbständigkeit des Bürgers.[5] Sie ist begründet in der Notwendigkeit freier Stimmabgabe bei dem Beschluß über die Gesetze des Staates. Von diesem Bürgerrecht der Stimmabgabe schließt Kant (neben Kindern und Frauen, die er für aus »natürlichen« Gründen nicht qualifiziert hält) mit Selbstverständlichkeit auch alle diejenigen aus, die kein Eigentum besitzen und beruflich unselbständig sind, d. h. alle Menschen dienenden Standes, heute würden wir sagen, alle Arbeitnehmer.

Es liegt auf der Hand, daß ein solches »Prinzip«, möge es noch so zwingend aus reiner Vernunfterkenntnis hergeleitet sein, auf unsere gegenwärtigen politisch-sozialen Verhältnisse, unter denen die Arbeitnehmer 80 % der arbeitenden Bevölkerung ausmachen und die völlig unentbehrliche Grundlage unserer Wirtschaft darstellen, schlechterdings unanwendbar wäre. Wer heute dafür eintreten wollte, den Arbeitern, Angestellten und Beamten das Wahlrecht zu entziehen, würde nicht nur als Verfassungsfeind, sondern auch in erster Linie als ein Narr angesehen werden. Nun war aber Kant kein Narr; und auch sein Prinzip der »Selbständigkeit« des Bürgers, die Forderung, daß der verantwortliche Staatsbürger »sein eigener Herr« sein müsse, kann nicht einfach als unsinnig betrachtet werden; im Gegenteil, es ist sogar durchaus sinnvoll und wohlbegründet.

Wo liegt der Bruch in der Beweisführung? Er liegt, kurz gesagt, in der Anwendung der allgemeinen theoretischen Prinzipien auf die jeweilige wirtschaftliche, politische und kulturelle Situation. Unter den Verhältnissen zu Kants Lebzeiten konnte man möglicherweise tatsächlich der begründeten Ansicht sein, daß unwissende und persönlich abhängige Knechte, Mägde, Diener oder Lohnarbeiter ihre staatsbürgerlichen Pflichten nicht würden wahrnehmen können. Heute sind wir mit guten Gründen der Auffassung, daß wirtschaftlich Unselb-

5 a. a. O., S. 92 ff.

ständige diese ihre Bürgerpflichten sehr wohl wahrzunehmen in der Lage sind. (Ob sie das wirklich ohne alle Einschränkung und in dem erforderlichen Grade können, ist eine andere Frage, die wir in unserem Zusammenhang beiseite lassen müssen.) Was in der Kantschen Beweisführung (jedenfalls, soweit sie in jener kleinen Schrift niedergelegt ist) – und in jeder ähnlichen seitdem bis auf den heutigen Tag – fehlt, ist die Einsicht, daß die Prüfung der Anwendbarkeit allgemeiner moralischer oder rechtlicher Prinzipien auf die gesellschaftliche Wirklichkeit keine zufällige Trübung oder Unvollkommenheit des Erkennntnisvorganges, sondern eine Notwendigkeit ist, und daß das Feld jener Anwendung einen eigenen wissenschaftlichen Bereich darstellt, der sowohl gegenüber den Naturwissenschaften als auch gegenüber den Sollens- oder Kultur- oder Geisteswissenschaften selbständig ist. Diesen Bereich könnte man – mit Hans Freyer und Hermann Heller – als »Wirklichkeitswissenschaft« bezeichnen.[6]

Wenn wir die eben aufgestellte Behauptung noch einmal mit einer anderen Wendung wiederholen dürfen: Jedes moralische Prinzip muß bei der Anwendung auf das wirkliche Leben des Menschen notwendigerweise konkretisiert werden; das heißt die an den Willen des jeweils einzelnen, verantwortlichen, handelnden Menschen gerichtete sittliche Forderung wäre in ihrer reinen Vernünftigkeit viel zu allgemein und viel zu abstrakt, um praktisch befolgt werden zu können. Sie muß die Erkenntnis der sozialen Wirklichkeit in sich aufnehmen, um überhaupt anwendbar zu sein. Das heißt sie muß, um bei unserem Beispiel zu bleiben, unter anderem die Frage beantworten, ob Arbeitnehmer selbständige unabhängige Bürger sein können oder nicht. Beantwortet die Theorie diese Frage falsch (und es ist z. B. noch gar nicht ausgemacht, daß Kant auch nur für seine Zeit wirklich recht gehabt hat), dann ist der ganze theoretische Scharfsinn der vernunftgemäßen Begründung müßig: Dadurch, daß es in Bezug auf seine Anwendbarkeit nicht stimmt, ist das Prinzip, obwohl »an sich« richtig, dennoch falsch. Es ist falsch vor dem Forum der kritischen Vernunft, aber es ist auch falsch – und das ist praktisch ungleich bedeutsamer – in den Augen derer, die jenen Rechtspflichten gehorchen und dadurch ein zivilisiertes Staatswesen wirklich ins Leben rufen sollen. Es kann z. B. von den Ar-

6 Hans Freyer, *Soziologie als Wirklichkeitswissenschaft*. Leipzig–Berlin 1930; Hermann Heller, *Allgemeine Staatslehre*. Leiden 1934.

beitnehmern schlechterdings nicht verlangt werden, daß sie sich jenem Kantschen Aburteil unterwerfen. (Sie haben es in der geschichtlichen Wirklichkeit auch nicht getan, sondern sich vielmehr – trotz Kant – die staatsbürgerliche Gleichheit und das allgemeine Wahlrecht Schritt um Schritt erkämpft.)

Wir haben hier also – so scheint es – tatsächlich einen Fall, wo unser Gemeinspruch zutrifft: Es gibt theoretische Einsichten, die – obwohl an sich richtig – für die Praxis nicht taugen oder mindestens nicht zu taugen brauchen. Der Fall der Anwedung moralischer Prinzipien auf die gesellschaftliche und politische Praxis liegt – das muß betont werden – *nicht* so wie bei den Naturwissenschaften. Ist dort die Anwendung der Theorie in der Praxis, d.h. die Unterordnung des konkreten Einzelfalls unter die allgemeine Regel ein Produkt der Urteilskraft, ein Produkt des Wissens und des Unterscheidungsvermögens auf dem Gebiete der Naturerkenntnis *selbst,* für welche es *keine* besonderen eigenen wissenschaftlichen Regeln oder Gesetze außer den allgemeinen der Naturwissenschaft schlechthin gibt, so tritt bei der Anwendung auf das soziale Leben eine eigene wissenschaftliche Disziplin in ihr Recht. Wir haben sie die »Wirklichkeitswissenschaft« genannt. Von ihr stellen die Sozialwissenschaften den Kern dar; die Wissenschaft von der Politik ist einer ihrer Zweige.[7]

Fassen wir unseren Gedankengang noch einmal zusammen: Die sittliche Maxime des menschlichen Handelns bedarf, unbeschadet ihrer Geltung als reines Sollen, um in der Praxis eingesehen und verwirklicht werden zu können, der Konkretisierung durch die Erkenntnis derjenigen sozialen Wirklichkeit, auf die sie angewendet werden soll. Auch bei Kant findet sich – notwendigerweise – diese Konkretisierung. Seine Darlegungen enthalten – nach unseren Begriffen – auf jeder Seite sozialpsychologische, soziologische oder politikwissenschaftliche Urteile. Diese Urteile ergehen bei ihm freilich nicht im Rahmen einer wissenschaftlichen Disziplin, sondern als Ausfluß seiner praktischen Erfahrungen und seiner allgemeinen Weltkenntnis. Überdies ist er sich der Notwendigkeit dieser Erfahrungsurteile nicht hinlänglich bewußt. Unserer Einsicht nach muß diese Konkretisierung durch eine eigene, methodisch selbständige Wissenschaft erfolgen.

---

7 Vgl. Peter von Oertzen, *Überlegungen zur Stellung der Politik unter den Sozialwissenschaften.* In: KZSS, 17. Jg. 1965, Nr. 3. Siehe vorl. Band S. 16–38.

Wir hatten diese nach Freyer und Heller als Wirklichkeitswissenschaft bezeichnet, aus deren Bereich uns hier die Sozialwissenschaften und speziell die Politische Wissenschaft interessieren. Worin besteht nun der grundsätzliche Unterschied zwischen den Wirklichkeitswissenschaften auf der einen und den Naturwissenschaften sowie den Kultur- und Geisteswissenschaften auf der anderen Seite? Die Antwort muß lauten: in der Beschaffenheit ihrer Gegenstände! Die Objekte der Naturwissenschaft sind uns in der äußeren Anschauung gegeben, sie unterliegen den Kategorien der Anschauung und den von unserem Willen unabhängigen Gesetzen der Natur. Die Objekte der Geisteswissenschaften sind die unserer vernünftigen Erkenntnis gegebenen Begriffe, Normen, Werte, Sinngehalte, die die Welt des »objektiven Geistes« ausmachen und die den ebenfalls objektiv geltenden Erfordernissen der Logik und der Sinnhaftigkeit unterliegen.

Die Objekte der Sozialwissenschaften hingegen sind weder nur geistige Gebilde noch nur Gegenstände der äußeren Anschauung, sondern sie sind lebende Menschen. Ihrer natürlichen Seite nach unterliegen sie den Naturgesetzen genauso wie jeder andere Teil der Natur, aber als denkende, entscheidende, zweckbewußt handelnde Wesen sind sie frei. Der Spontaneität fähig, schöpferisch tätig, sind die Menschen gegenüber der bloßen Natur, die sie erforschen, um sich ihrer zu bedienen, genauso unabhängig wie gegenüber den geistigen Gebilden, die sie schaffen, anerkennen und verwerfen. Sinnvoll, zweckmäßig zu handeln und dadurch sich selbst, seine Beziehungen zu den Mitmenschen und die natürliche Umwelt schöpferisch zu verwandeln, ist die wesentliche Bestimmung des Menschen. Als Wissenschaft vom »sozialen Handeln« hat deshalb zu Recht auch Max Weber die Soziologie definiert[8] (wobei »Handeln« hier als sinnvolles menschliches Verhalten in seinem weitesten Sinne verstanden werden soll, einerlei ob äußeres oder inneres Tun, Unterlassen oder Dulden). Ganz gleich, ob nun die Historik die konkreten geschichtlichen Umstände, die Psychologie die Beweggründe, die Soziologie die typischen Formen oder den allgemeinen Rahmen des menschlichen Handelns erforscht, ob die Volkswirtschaftslehre es unter dem speziellen Gesichtspunkt des Erwerbs materieller Güter oder die Politische Wissenschaft es unter dem speziellen Gesichtspunkt der planmäßigen Gestaltung der gesell-

8 Max Weber, *Wirtschaft und Gesellschaft*. Tübingen ³1947, S. 1.

schaftlichen Ordnung betrachtet[9], immer steht der Handelnde, und zwar der sozial, der in Gemeinschaft mit anderen oder in Beziehung auf sie handelnde Mensch im Mittelpunkt der Sozialwissenschaften.

Diese Beschaffenheit des Gegenstandes der Sozialwissenschaften schließt bestimmte und notwendige methodische Folgen in sich. Die menschliche Handlungssituation ist eine Situation möglicher Entscheidung; wie zwingend auch immer die Einwirkung der bedingenden und verursachenden Umstände beurteilt werden möge, in ihrem Wesen muß sie als eine zur Zukunft hin offene Situation verstanden werden. Und insofern sich das menschliche Handeln wesentlich in der Zeit vollzieht, ist damit die Handlungssituation auch als eine geschichtliche Situation gegeben. Jede sozialwissenschaftliche Aussage muß deshalb, wenn sie die gesellschaftliche Wirklichkeit nicht verfehlen will, den geschichtlichen Charakter ihres Gegenstandes ausdrücken, sie muß den Richtungspfeil des historischen Prozesses in sich tragen, um mit Hans Freyer zu reden[10], und sie muß, kurz gesagt, eine Prognose enthalten oder zumindest ermöglichen. Dabei ist es gleich, ob sie in der Vergangenheit die Möglichkeit, daß es auch anders hätte kommen können, verstehend deutet, oder ob sie in der Gegenwart die noch offenen Möglichkeiten der Zukunft als alternative Tendenzen begreift. Um es noch einmal zu wiederholen: Geschichtlichkeit, das heißt, daß nichts sich wiederholt und das, was geworden ist, auch wieder vergehen kann, und Offenheit, das heißt, daß was getan wird, auch hätte anders getan werden können, sind die beiden wesentlichen Bestimmungen sozialen Handelns. Das gilt für die Frage nach dem Wesen und dem eines großen gesellschaftlich-geschichtlichen Kollektivs, eines Staates oder einer Kultur, genauso wie für die Frage nach der Tragweite einer einzelnen menschlichen Handlung.

Die Konsequenzen dieser Überlegung sind sehr weitgehend. Der Gegenstand seiner Forschung kann dem Sozialwissenschaftler nicht in derselben »objektiven« Distanz gegenüberstehen wie in den Naturwissenschaften oder in gewisser Hinsicht auch in den Geisteswissenschaften. Der Wissenschaftler ist selbst ein handelnder und entscheidender Mensch, genauso wie seine Objekte. Und er darf diesen Umstand als Wissenschaftler nicht einmal gänzlich vernachlässigen;

9 von Oertzen, Zur Stellung der Politik (Anm. 7), S. 509.
10 Freyer (Anm. 6), S. 199.

denn wie sollte er handelnde Menschen wirklich in der Offenheit der Entscheidungssituation verstehen können, wenn nicht auf Grund der Erfahrung, daß er ihresgleichen ist? Wie sollte er die Bedingungen jener Situationen rekonstruieren, ohne von den Erfahrungen seiner eigenen Situation auszugehen? Jede sozialwissenschaftliche Erkenntnis ist deshalb prinzipiell auf das erkennende Subjekt bezogen; Subjekt und Objekt sind untrennbar miteinander verknüpft. Die Anforderung wissenschaftlicher Objektivität besteht infolgedessen auch nicht darin, diese Verknüpfung zu leugnen oder zu bemänteln, sondern sich ihrer bewußt zu bleiben. (Die Bedeutung dieses Prinzips für die verschiedenen Sozialwissenschaften und innerhalb einer jeden einzelnen variiert, aber wirksam ist es überall.)

Besteht nun jene Verknüpfung für alle Sozialwissenschaften, so gewinnt sie doch für die gegenwartsbezogenen im Unterschied zu den geschichtlich gerichteten eine ganz eigentümliche Bedeutung. In der Erforschung gegenwärtigen sozialen Handelns kann es geschehen, daß das forschende Subjekt als handelndes selbst zum Objekt seiner eigenen Forschung wird, und daß das wissenschaftliche Forschungsergebnis, einmal gewonnen und ausgesprochen, die Voraussetzungen seiner eigenen Gültigkeit ändert oder gar aufhebt. Damit kann die sozialwissenschaftliche Erkenntnis einen ganz eigenartigen Charakter erhalten.[11]

Wir wollen versuchen, diesen Sachverhalt an einer einfachen und auf wenige Elemente reduzierten sozialen Situation zu verdeutlichen (sie ist nichtsdestoweniger nicht konstruiert; ich habe eine vergleichbare Lage selbst einmal erlebt und mancher mag ähnliche Erfahrungen gemacht haben). Ich nehme an, daß ich zu einer sozialen Gruppe gehöre, einem Kreise von Studenten etwa. In dieser Gruppe wird eine soziale Aktion angeregt, z. B. eine bestimmte politische Demonstration. Die Teilnahme daran ist nicht ohne persönliches Risiko, sie setzt also einen ausdrücklichen Entschluß und dabei eine gewisse Selbstüberwindung voraus. Die objektiven Umstände liegen so, daß das gesamte Unternehmen ohne eine gewisse Mindestzahl von Teilnehmern – wir nehmen an: 50 – aussichtslos ist, weil der erstrebte politische Effekt (etwa: Absetzung eines Filmes) nicht erreicht werden kann, wenn nicht eine

11 Vgl. Ernst Topitsch, *Sozialtheorie und Gesellschaftsgestaltung*. In: Sozialphilosophie zwischen Ideologie und Wissenschaft. Neuwied–Berlin 1961.

Mindestzahl von Personen jeweils bei mehreren Gelegenheiten (etwa: Filmvorführungen) in Erscheinung tritt. Nur wenn mehr Personen als jene Mindestzahl von 50 teilnehmen, besteht die Chance des Gelingens; und nur diese läßt das persönliche Risiko der Teilnehmer (etwa: von den gestörten Kinobesuchern tätlich angegriffen zu werden) tragbar erscheinen. Die Frage, ob sich mehr als 50 Teilnehmer finden, ist also von erheblicher Bedeutung dafür, ob das Unternehmen überhaupt in die Wege geleitet werden soll. Die Gruppe versammelt sich, um Beschluß zu fassen: Einige sind aus Gefühlsgründen fest entschlossen; andere schwanken, sie scheuen, ebenfalls gefühlsmäßig, das Risiko. Über die objektiven Umstände und Chancen haben sie sich alle noch keine rechten Gedanken gemacht. Ich bin als Teilnehmer dabei und zugleich als kritischer Beobachter, als »Sozialwissenschaftler« gewissermaßen, und werde nun von den Versammelten gefragt: Haben wir eine Erfolgschance? Sage ich ja, dann entschließen sich die Schwankenden vielleicht, die Mindestzahl von 50 Teilnehmern wird erreicht, die Aktion ist möglich. Sage ich nein, tritt der entgegengesetzte Fall ein. Kann ich überhaupt eine »wissenschaftliche objektive« Antwort geben, wenn meine Antwort die Bedingungen einer objektiv zutreffenden Aussage unvermeidlich beeinflußt? Und wie steht es mit meiner eigenen Entscheidung? Gesetzt den Fall, es haben sich bereits 49 Teilnehmer gefunden, ich wäre der fünfzigste. Entschließe ich mich, kann ich mit gutem Gewissen die Erfolgschance bejahen, tue ich es nicht, kann ich es nicht.

Das Beispiel mag banal erscheinen und ist es auch. Den angenommenen Vorgängen liegen in der Tat ganz alltägliche menschliche Reaktionen oder Überlegungen zugrunde. Da ist auf der einen Seite bei den Schwankenden die Haltung des: Hannemann geh du voran! Ich mache mit, wenn die anderen mitmachen! Das ist nicht nur eine Ausrede. Wenn eine gewisse Teilnehmerzahl erreicht wird, machen die bisher Schwankenden wirklich mit: Wir kennen ein solches Verhalten als sog. »Schneeballeffekt« bei der politischen Meinungsbildung, bei Wahlen oder bei Massenbewegungen.

Auf der anderen Seite, bei denen, die ohnehin fest entschlossen sind zu handeln, ist es die Überlegung: Wenn alle immer erst warten wollten, bis der Nachbar sich auch aufgerafft hat, käme nie etwas zustande! Einer muß schließlich den Anfang machen! Es sind wirklich ganz banale und alltägliche Verhaltensweisen, und trotzdem sind sie –

bis in die große Politik hinein – von höchster Bedeutung und wichtige Objekte sozialwissenschaftlicher Erkenntnis.

Ein Beispiel dafür, daß die oben geschilderte Situation sich für den urteilenden Sozialwissenschaftler auch in der großen Politik ergeben kann, findet sich in einer der möglichen Entstehungsursachen einer wirtschaftlichen Depression. Eine Krise kommt durchaus nicht immer mit naturgesetzlicher Unaufhaltsamkeit, sie kommt unter Umständen auch und gerade, weil die wirtschaftenden und berufstätigen Menschen sich so verhalten, daß sie kommen muß. Und wann beginnen sie, sich so zu verhalten, wann schränken die Unternehmer ihre Investitionen ein und die Konsumenten ihre Ausgaben, wann werden Kredite gekündigt und Sparguthaben abgehoben (alles Verhaltensweisen, die unter gewissen Umständen die Krise überhaupt erst Wirklichkeit werden lassen)? Dann, wenn die Menschen davon überzeugt sind, daß die Krise kommt, wenn die Panik sie ergreift. Und genau dann kommt die Krise tatsächlich. Was kann unter solchen Umständen der Wissenschaftler auf die Frage antworten: Ist eine Krise möglich? Gegenstand seines Urteils ist doch das Handeln des Menschen, das er nicht sicher zu kalkulieren vermag, ja das er möglicherweise durch sein Urteil selbst beeinflußt (wenn er z. B. ein ganz berühmter Experte ist), so daß seine Prognose nun erst recht eintrifft – oder auch nun gerade nicht.[12]

Ein anderes Beispiel: Vor der deutschen Politischen Wissenschaft steht die Frage: Hat die FDP zwischen den beiden großen Parteien CDU und SPD noch eine Chance? Es wird darauf ankommen, ob sie Wähler findet. Wann findet sie Wähler? Nicht zuletzt dann, wenn die Wähler meinen, daß sie eine Chance habe. Hat sie nun eine Chance, weil die Wähler meinen, daß sie eine habe, oder glauben die Wähler, sie habe eine Chance, weil sie wirklich eine hat? Eine nicht zu beantwortende Frage! Eine andere ähnliche: Haben die Arbeiter noch ein Klassenbewußtsein? Alle Welt sagt nein. Klassenbewußtsein ist unmodern! Was bleibt den Arbeitern übrig, als es zu glauben. Wenn aber nun alle Welt behaupten würde, sie müßten Klassenbewußtsein haben, vielleicht hätten sie es dann wirklich?

Das Problem ist deutlich geworden: Der Gegenstand sozialwissenschaftlicher Erkenntnis, das soziale Handeln (insbesondere natürlich

---

12 Vgl. hierzu die von R. K. Merton geprägten Begriffe »self-fulfilling prediction« und »self-fulfilling prophecy«: Robert K. Merton, *Social Theory and Social Structure*. Glencoe, Ill. ²1951, S. 179 ff.

das politische Handeln) wird bestimmt von dem sozialen Bewußtsein der großen Masse einzelner Menschen. In diesem Bewußtsein stellen sozialwissenschaftliche Erkenntnisse möglicherweise einen wesentlichen Bestandteil dar, dessen Bedeutung überdies ständig zuzunehmen scheint. Wir konstatieren ein Verhältnis gegenseitiger Abhängigkeit, dem sich zu entziehen nicht möglich ist: Theorie und Praxis des sozialen und politischen Handelns sind untrennbar miteinander verknüpft. Mit dieser bloßen Feststellung allein können wir uns freilich nicht begnügen. Wir müssen versuchen, die gesellschaftliche und geschichtliche Situation näher zu charakterisieren, die jenes eigenartige Verhältnis überhaupt erst möglich gemacht hat.

Einige wesentliche Bestimmungen kennzeichnen diese unsere Situation. Wir erleben in unserer Gegenwart eine ungeheure Steigerung der materiellen Produktivkräfte, die wenigstens grundsätzlich die Armut überflüssig macht und jedem Menschen Lebensumstände in Aussicht stellt, wie sie in allen vorangegangenen Zivilisationen stets nur kleinen Minderheiten vorbehalten waren. Wir sind Zeugen einer tiefgreifenden Rationalisierung; das heißt unsere Verhältnisse zur Natur, zu unseren Mitmenschen, zu uns selbst werden durchschaubar und beherrschbar gemacht. Die naturwüchsigen Elemente unserer Kultur werden zersetzt, und an ihre Stelle treten künstliche rational produzierte. Unsere Welt wird gekennzeichnet durch eine fortschreitende Interdependenz der gesellschaftlichen Sachsphären und geografischen Regionen und durch eine zunehmende Vereinheitlichung. Die Fundamentaldemokratisierung unserer Gesellschaft schließlich bewirkt, daß nicht mehr nur kleine Minderheiten handeln und die große Masse dieses Handeln dumpf, passiv und leidend geschehen läßt, sondern daß alle Menschen handeln und alle anderen beeinflussen.[13]

Vergegenwärtigen wir uns zum Abschluß mit wenigen Worten die praktische Bedeutung dieser Situation: Das gesellschaftliche und politische Leben früherer Zivilisationen verlief in einem bestimmten, begrenzten – vor allem materiell begrenzten – Rahmen, der praktisch der bewußten planmäßigen Einwirkung der Menschen entzogen war. Die in der Tat trotzdem stattfindenden geschichtlichen Veränderungen dieses Rahmens vollzogen sich in einem lang andauernden

13 Hierzu Karl Mannheim, *Mensch und Gesellschaft im Zeitalter des Umbaus*. Darmstadt 1958.

allmählichen Prozeß, der gewissermaßen über die Köpfe der lebenden Menschen hinwegging. Menschliche Freiheit gab es nur *innerhalb* dieses Rahmens und überdies nur für die zahlenmäßig geringe Minderheit der wirtschaftlich, politisch und kulturell führenden Oberschichten. Dies ist im Grunde sogar noch die Situation, von der auch Kant ausging. Der allgemeine Rahmen der überkommenen europäischen Gesellschaftsordnung, so sehr er ihn auch bürgerlich-aufklärerisch interpretiert, ist ihm doch noch selbstverständlich. Dies vorausgesetzt, konnte er sich mit der philosophischen Entwicklung des Pflichtgebots als der einzig möglichen Richtschnur sozialen Handelns begnügen. Daß aus der unbeachtlichen Minderheit von Menschen dienenden Standes die Masse der modernen Arbeitnehmerschaft werden könnte, lag außerhalb des Kantschen Gesichtskreises.

Heute steht die gesamte Zivilisation bis in ihre Grundlagen hinein zur Disposition der Menschen und verändert sich infolgedessen auch mit zunehmender Geschwindigkeit. *Alle* Menschen nehmen an ihrer Entwicklung teil, *jedes* Handeln ist bedeutsam. So wird die wissenschaftliche Erforschung dieser Zusammenhänge als Voraussetzung ihrer Beherrschbarkeit zu einem Lebenselement unserer Gesellschaft. Wir müssen wissen, um den ungeheuren komplizierten, empfindlichen und unentbehrlichen Apparat unserer Zivilisation lenken zu können, und wir müssen lernen, diesen Erkenntnissen entsprechend zu handeln. Die theoretische Durchdringung sozialen und politischen Handelns ist kein bloß theoretisches Problem, sie ist eine praktische Existenzfrage unserer Gesellschaft.

Dialektik – Allüre oder Methode?

Zu den Modebegriffen der späten sechziger Jahre des 20. Jahrhunderts gehörte unzweifelhaft auch der Terminus »Dialektik«. Dies oder jenes sei »dialektisch« gedacht oder auch – in der Regel abwertend gemeint – »ganz undialektisch«. Bestimmte Philosophen-, Publizisten- und Journalistenschulen haben einen »dialektischen« Stil des Schreibens oder Redens geschaffen, der in einer geistvoll verschlungenen, aus Widersprüchen sich entwickelnden, mit Paradoxien spielenden Führung der Gedanken in Erscheinung tritt.

Diesem Phänomen des geistigen Lebens hat nun der Publizist Jean Améry einen Essay gewidmet, in dem er mit Eleganz, Scharfsinn und nicht ohne einen guten Teil Bosheit gegen das polemisiert, was er den »Jargon der Dialektik« nennt.[1] Eine Reihe teils belustigender, teils ärgerlicher Beispiele (aus höchst illustren Federn übrigens) soll Amérys Behauptung belegen, daß es sich bei dem dialektischen Jargon um eine »aggressiv-arrogante Hochschwätzerei«[2] handele.

Ich gestehe offen, daß ich diese Partien des Essays mit Vergnügen und einer gewissen Schadenfreude gelesen habe, zumal ich dem altväterischen Vorurteil huldige, daß klare Gedanken sich auch klar ausdrücken lassen müssen, und daß eine gespreizte, aufgeblasene und künstlich komplizierte Sprache in der Regel nur die Sprünge eines unklaren Gedankenganges verschleiern soll. Aber Améry begnügt sich nicht mit einer – zugegeben – witzigen und geschliffenen Polemik. Er wünscht keineswegs das gesamte dialektische Denken als leeres eitles Geschwätz zu disqualifizieren. Er verneigt sich respektvoll, wenn auch knapp, vor Hegel und Marx; und dem alten Ernst Bloch widmet er sogar eine kurze Passage aufrichtiger Bewunderung. So kommt Améry also nicht umhin, nach Kriterien zu suchen, die es ihm gestatten, in der Dialektik »Jargon und Authentizität zu unterscheiden«.[3] Er versucht

1 Jean Améry, *Jargon der Dialektik (1967)*. In: Widersprüche. Stuttgart 1971.
2 a. a. O., S. 65.
3 a. a. O., S. 67.

nolens volens, Dialektik wenigstens in einem ganz allgemeinen Sinn zu definieren.

Die Dialektik ist, so meint Améry, »keine Methode im Sinne systematischer wissenschaftlicher Wegbereitung der Erkenntnis. (...) Sie ist auch keine Eigenschaft der Natur (...) Dialektik ist eine Allüre, eine spezifische Gangart des Denkens.« Améry (Anm. 1), S. 68 Zwar gesteht Améry der »dialektischen Gangart des Denkens« trotz der ihr innewohnenden Gefahr, zum Jargon zu verkommen, auch einige nützliche Wirkungen zu; aber man sieht eigentlich nicht recht ein weshalb. Zur Sache der menschlichen Erkenntnis kann eine bloße »Allüre« des Denkens im Grunde doch wohl kaum etwas beitragen.

Es ist schade, daß Améry sich die Antwort auf die entscheidende Frage, was Dialektik eigentlich sei, so leicht gemacht hat. Und es scheint mir kein Zufall zu sein, daß er sich dabei ausführlich mit Adorno und anderen ähnlich Denkenden, schon sehr viel weniger gründlich mit Hegel oder Bloch und gar nicht mit Marx und der marxistischen Sozialwissenschaft auseinandersetzt. Hätte er es getan, wäre ihm vielleicht doch noch rechtzeitig aufgefallen, daß seine Ortsbestimmung der Dialektik schlichtweg falsch ist: Die Dialektik *ist* eine wissenschaftliche Methode; und es *gibt* einen Bereich der Wirklichkeit, der in einem sehr genauen Sinn eine dialektische Struktur hat.

Freilich ist dieser Bereich nicht, wie es der stalinistische »Diamat«, der »Dialektische Materialismus«, behauptet, die Natur, sondern vielmehr die menschliche Gesellschaft. Was ist damit gemeint? Was ist das Besondere des dialektischen Denkens?

Knüpfen wir an die letzte Frage an. Das gemeinhin so genannte logische Denken ist diskursiv, das heißt es schreitet in seinem Gedankengang gewissermaßen gradlinig durchlaufend von einer Vorstellung zur nächsten fort. Voraussetzung für die Fruchtbarkeit eines solchen Denkens ist freilich, daß die gemeinte Wirklichkeit ihm entspricht, das heißt daß die Struktur der Gegenstände des Denkens sich in isolierten gradlinigen Zusammenhängen darstellt, die sich demgemäß auch in diskursiven Gedankengängen erfassen lassen. Diese Voraussetzung trifft (mit gewissen Einschränkungen, die wir hier nicht diskutieren können) auf die außermenschliche Natur zu; sie trifft nicht zu auf die soziale Wirklichkeit. Die wesentlichen Probleme unserer Gesellschaft lassen sich wissenschaftlich nicht erkennen (und praktisch nicht lösen), wenn wir auf einzelne Faktoren zurückgehen. Kein Bereich, keine wirkende Kraft des sozialen Lebens – nicht die Wirtschaft, nicht der Staat, nicht die Religion, nicht der Einzelne und nicht eine soziale Gruppe – ist unabhängig von allen anderen und allein das Bedingende, jede steht mit allen im Zusammenhang und wird durch sie bedingt. Gesellschaftliche Probleme können theoretisch und praktisch nur vom sozialen Gesamtzusammenhang, von der Totalität der Gesellschaft her gelöst werden.

Dies ist der wirkliche Sinn jenes dunklen und oft mißdeuteten Satzes, den der philosophische Begründer des modernen dialektischen Denkens, Georg Wilhelm Friedrich Hegel, in der Vorrede zu seinem Hauptwerk, der »Phänomenologie des Geistes« niedergeschrieben hat: »Das Wahre ist das Ganze.« Die Bedeutung dieser Einsicht wollen wir nun an einigen einzelnen Überlegungen sichtbar machen.

Erstens: In den berühmten Thesen des jungen Marx über den Philosophen Feuerbach findet sich folgender Satz: »Die materialistische Lehre von der Veränderung der Umstände und der Erziehung vergißt, daß die Umstände von den Menschen verändert und der Erzieher selbst erzogen werden muß. Sie (diese irrige materialistische Lehre) muß daher die Gesellschaft in zwei Teile – von denen der eine über ihr erhaben ist – sondieren.« Dies ist eine klassische Einsicht dialektischen Denkens. Die uralte Streitfrage, ob man erst die Menschen oder erst die Umstände ändern müsse, wenn man in der Gesellschaft etwas ändern wolle, enthüllt sich hier als genauso sinnlos, wie die bekannte Scherzfrage: Was war eher da, das Ei oder die Henne? Tatsache ist, daß Verhaltensweisen, Regeln und Institutionen des sozialen Lebens den denkenden und handelnden Menschen prägen, wie sie ihrerseits von ihm geprägt werden. Der Mensch, der bestimmte gesellschaftliche Zustände ändert, ändert sich im Zuge der sozialen und politischen Auseinandersetzungen selbst; und nur wer sich und andere verändert, vermag auch die Zustände zu ändern. Es ist offensichtlich, daß der Versuch, einen weiterreichenden sozialen Wirkungszusammenhang in einem isolierenden diskursiven Gedankengang von einem einzigen sozialen Faktor her zu klären, scheitern müßte. Der Sozialwissenschaftler muß eine Vielzahl sozialer Faktoren, ihre wechselseitige Abhängigkeit, ihre Rückwirkungen aufeinander in seine Analyse einbeziehen; er muß »dialektisch« denken.

Zweitens: Man könnte nun versucht sein, um den angefochtenen Terminus »Dialektik« zu vermeiden, statt dessen von sozialer »Wechselwirkung« zu sprechen. Der Begriff Wechselwirkung verdeckt jedoch eine wesentliche Eigentümlichkeit der menschlichen Gesellschaft. Er ist ein statischer Begriff; die Gesellschaft ist jedoch ein geschichtlicher Prozeß. Jede Änderung eines sozialen Faktors ist zugleich ein Fortschreiten in der Zeit. Niemals kehrt die Gesellschaft zu einem einmal verlassenen Ausgangspunkt zurück. Wer soziale Probleme undialektisch begreift, wer den gesellschaftlichen und geschichtlichen Gesamtzusammenhang vernachlässigt, verkennt in der Regel, daß die Geschichte weitergeht, daß alle soziale Wirklichkeit geschichtlich geworden und folglich auch vergänglich ist. Eigentumsbegriffe, Wirtschaftsordnungen, Staatsformen sind historisch entstanden und können ebenso gut auch wieder vergehen. Diese ihre Entwicklungsmöglichkeiten richtig zu bezeichnen, zutreffende Prognosen zu stellen, ist aber die wichtigste Aufgabe der Sozialwissenschaft.

Drittens: Wenn sozialwissenschaftliche Prognosen ins Bewußtsein der handelnden Menschen dringen und deren Verhalten bestimnen, dann können sie ihre eigene Richtigkeit bestätigen oder widerlegen helfen. Die wirtschaftswissenschaftliche Voraussage einer Krise zum Beispiel kann das menschliche Verhalten so beeinflussen, daß gerade dadurch die Krise wirklich eintritt (oder nicht eintritt). Der amerikanische Soziologe Merton nannte solche Prognosen sich selbst erfüllende beziehungsweise sich selbst zerstörende Voraussagen. Diese merkwürdige Erscheinung verweist auf den Umstand, daß auch Theorie und Praxis in demselben gesellschaftlichen Gesamtzusammenhang stehen und nicht gegeneinander isoliert werden können. Nur das dialektische Denken wird diesem Umstand gerecht.

Zugleich wird deutlich, woher die dialektische Denk- und Darstellungsweise ihren eigentümlich schwebenden, unbestimmten und oftmals verschwommen wirkenden Charakter erhält. Wer in den Zusammenhang der sich entwickelnden gesellschaftlichen Verhältnisse eindringen, wer sie erkennen und zukünftige Möglichkeiten zutreffend bestimmen will, kann nicht von einem außerhalb der Gesellschaft liegenden festen »objektiven« Standpunkt ausgehen. Wer aber das – unbezweifelbare – Risiko des dialektischen Denkens scheut, der läuft Gefahr, das Wesentliche der Gesellschaft, nämlich ihre zukünftigen Möglichkeiten, zu verkennen, und dann von den Konsequenzen einer undurchsichtigen Entwicklung wehrlos überwältigt zu werden.

Überlegungen zum geschichtlichen Ort der Aufklärung

1. Der Kampf gegen »antiaufklärerische Bestrebungen« und für eine »Wissenschaftskultur«, die sich an den »unverzichtbaren Standards von Vernunft« orientiert, hat einige Voraussetzung: Er muß mit den Mitteln der Aufklärung geführt werden, das heißt in vernünftiger Diskussion und argumentativer Kritik (auch Selbstkritik). Die bloße affirmative Behauptung eines aufklärerischen Standpunkts würde dem eigenen Anspruch nicht genügen. Die Gründe des Erstarkens antiaufklärerischer Bestrebungen müssen sorgfältig und kritisch untersucht werden. Ein Erfordernis dabei ist eine systematische und historische Ortsbestimmung der Aufklärung.

2. In der Aufklärung sind die Menschen – wenigstens tendenziell – zum Bewußtsein ihrer selbst, zum Bewußtsein ihrer Stellung in der Welt und zum Bewußtsein ihrer Möglichkeiten gekommen, gleichzeitig damit aber auch in den realen Besitz dieser Möglichkeiten. Zu diesen Möglichkeiten gehört nicht nur die umfassende Befreiung der Menschheit aus Not, Unterdrückung und Unmündigkeit, sondern auch und vor allem die physische oder kulturelle Selbstzerstörung der Menschheit durch Krieg, Umweltvernichtung, Gen-Manipulation, bürokratische und technische Tyrannei.

3. Auch die zerstörerischen Möglichkeiten sind in der historisch-sozialen »Natur« der Menschen ursprünglich angelegt. Es handelt sich bei ihrer Radikalisierung und Entfaltung seit der Aufklärung also nicht bloß um eine antiaufklärerische Reaktion oder einen Irrweg. Die Gefährdung des »Projektes der Moderne« durch die »Entkoppelung von System und Lebenswelt« (Habermas) ist wesentlich mit diesem Projekt selbst verbunden. Sie kann nicht prinzipiell und für immer aufgehoben, sie kann nur historisch-konkret immer wieder aufs Neue überwunden werden. Poetisch ausgedrückt: Die Vertreibung aus dem Paradies ist unwiderruflich.

4. Die Einzigartigkeit der qualitativen Wendung der menschlichen Geschichte in der und durch die Aufklärung darf nicht nur philosophisch postuliert oder erschlossen, sie kann und muß auch empirisch begründet werden – historisch und sozialwissenschaftlich.

5. Die realen (materiellen) Bedingungen und Grundlagen für Entstehung, Fortdauer und Entfaltung dieser neuen Qualität geschichtlich-gesellschaftlichen Lebens finden sich: in einer Rechtstradition, die römische und germanische Elemente, objektive Norm und subjektive Rechte miteinander verknüpft; in der Trennung und gegenseitigen Relativierung von geistlicher und weltlicher Autorität; in der körperschaftlichen Verfassung der mittelalterlichen Städte; in der einfachen Warenwirtschaft des städtischen Bürgertums; in der Herausbildung des Territorialstaates; in der Verbindung von Spekulation und Empirie, von Kopfwerk und Handwerk in der modernen Wissenschaft; im Kapitalismus; in der industriellen Revolution; und schließlich in der Ausbildung einer auf umfassender intensiver Arbeitsteilung und Arbeitszerlegung beruhenden bürokratisch-technokratisch organisierten wissenschaftlich geprägten industriellen Zivilisation. In dieser hier durch ihre wesentlichsten konkreten gesellschaftlich-geschichtlichen Bedingungen umrissenen Epoche der menschlichen Entwicklung gibt es meiner Meinung nach einige konstitutive Elemente.

6. Diese Epoche, die wir als Zeit der Entstehung und Entfaltung der »Moderne« verstehen können, ist das »Zeitalter der Entdecktheit des Menschen« (Plessner). Die Menschen entdecken, daß ihre Geschichte sich dadurch von der Geschichte der Natur unterscheidet, daß sie die erstere gemacht und die letztere nicht gemacht haben (G. Vico). Sie entdecken sich »als die Schausteller und Verfasser ihrer eigenen Geschichte« (Marx); sie entdecken, daß sie ihre Geschichte selbst machen – wenn auch »unter sehr bestimmten Voraussetzungen und Bedingungen« (Engels)[1], die sie freilich ebenfalls selbst historisch hervorgebracht haben – daß sie sie schon immer selbst gemacht haben, ohne es zu wissen und daß sie nun, wo sie es wissen, ihre Geschichte wirklich, das heißt bewußt selbst machen können.

---

1 *Friedrich Engels an Joseph Bloch vom 21. Sept. 1890.* Berlin (Ost) 1967, MEW 37, S. 463.

7. Diesem historischen Prozeß der Bewußtwerdung der Menschen über ihre Subjektrolle in der Geschichte entspricht ein materieller Entwicklungsprozeß der menschlichen Gesellschaft, in welchem nicht nur jenes Bewußtsein hervorgetrieben, sondern gleichzeitig die reale Bedingung dafür geschaffen worden ist, die theoretisch zu Bewußtsein gebrachte Subjektrolle praktisch wahrzunehmen. Der Marxismus interpretierte diesen Prozeß als Entwicklung der sogenannten »Produktivkräfte«: Die Produktivität der menschlichen Arbeit (die Erzeugung von nutzbaren Gütern und Leistungen pro Kopf bzw. pro Arbeitsstunde) wird durch wissenschaftlich geleitete Nutzung neuer Energiequellen, neuer Technologien und verfeinerte Systeme der Arbeitsteilung und Arbeitszerlegung in einem geschichtlich bisher unerhörten Grade gesteigert; die Abhängigkeit der Menschen von ihren natürlichen Lebensgrundlagen wird radikal gelockert; die in der objektiven Armut aller vorindustriellen Gesellschaften wurzelnde sozialökonomische Notwendigkeit privilegierter, wirtschaftlicher, politischer und kultureller Eliten wird prinzipiell aufgehoben; Wohlstand, Bürgerrechte und Bildung, d. h. gleiche Freiheit für alle und für jeden, werden zum ersten Male in der Geschichte der Menschheit wirklich möglich.

8. Mit dieser Entwicklung wird eine Struktur der menschlichen Existenz radikalisiert, die in der Natur des Menschen angelegt ist, eine »Natur«, die freilich nicht bloß natürlich, sondern geschichtlich-gesellschaftlich bestimmt ist. »Die Idee des Menschen in der europäischen Geschichte drückt sich in der Unterscheidung vom Tier aus« (Horkheimer/Adorno).[2] Das Tier lebt schlechthin in einer festumrissenen »Umwelt«, auf die seine psycho-physische Ausstattung abgestimmt ist. Für den Menschen hingegen gilt, daß er »von Haus nicht einfach ist was er ist (...); immer schießt in seinem Gebaren etwas von dem ein, was der Mensch nicht von Natur aus schon ist, wozu er sich selber vielmehr erst macht« (Habermas).[3] Mit Sprache, Denken und vernunftgeleitetem Handeln greift er über das bloße Hier und Jetzt

2 Max Horkheimer und Theodor W. Adorno, *Dialektik der Aufklärung. Philosophische Fragmente*. Band 5, Max Horkheimer, Gesammelte Schriften, Frankfurt am Main 1987, S. 277.

3 Jürgen Habermas, *Anthropologie*. In: Fischer-Lexikon Philosophie. Frankfurt am Main 1958.

hinaus; er erinnert sich seiner Geschichte und antizipiert die Zukunft; er gestaltet die Welt, in der er lebt. Kurz: »Der Mensch schafft sich selbst« (G. Childe).[4] Und: »Die Menschen haben Geschichte, weil sie ihr Leben produzieren müssen« (Marx).

9. Der Mensch existiert nicht wie das Tier durch ein System eingeborener Instinkthandlungen in eine bestimmte natürliche Umwelt eingebunden, sondern die Institutionen und Normen, die Funktionen und Verhaltensmuster, die die gesellschaftlichen Formen seines Lebens bilden, werden von den Menschen selbst geschaffen und verändert, sie können erfüllt, aber auch umgangen werden. Nicht nur die nichtmenschliche Natur, sondern auch die gesellschaftliche »Natur« des Menschen selbst steht zu seiner Disposition. Bis an die Schwelle der Aufklärung freilich hatten die geschichtlich gewordenen, die menschliche Gesellschaft strukturierenden Ordnungen und Autoritäten noch weitgehend einen quasi »naturwüchsigen« Charakter. Religiöse, traditionale und charismatische Legitimation waren menschlicher Verfügung weitgehend entzogen. Die Aufklärung hat diesen naturwüchsigen Charakter im Bewußtsein der Menschen zerstört, und die Entwicklung der Produktivkräfte hat den Menschen die Verfügung über ihre gesellschaftliche Welt auch praktisch in die Hand gelegt. »Kein Gott, kein Kaiser, kein Tribun« stehen den Menschen bei der Wahrnehmung ihrer irdischen Verantwortung zur Seite; nur noch Vernunft und vernünftige Verständigung.

10. Die Herausbildung der Autonomie der Vernunft durch die Aufklärung ist verknüpft mit einer spezifischen sozial-psychischen Entwicklung, dem »Prozeß der Zivilisation«, in welchem – grob vereinfacht – die Bindekraft der gesellschaftlichen Lebensformen von der historisch gewachsenen Autorität sozialer Normen und Institutionen auf die im Prinzip freiwillige Selbstbeschränkung und Selbstkontrolle der Individuen verlagert wird. Denn: »Keine Gesellschaft kann bestehen ohne eine Kanalisierung der individuellen Triebe und Affekte, ohne eine ganz bestimmte Regelung des individuellen Verhaltens« (Elias). Die in der Konsequenz der Aufklärung liegende Tendenz, blinde Herrschaft durch rationale Autorität zu ersetzen, kann und darf nicht verschleiern, daß vernünftige Autorität Autorität ist und nicht zu

4 V. Gordon Childe, *Der Mensch schafft sich selbst*. Dresden u. a. 1959.

haben ohne Versagung und Verdrängung, ohne Sublimierung und Herausbildung einer festen Ich-Identität, ohne Regel, Stil und Form. Die Anarchie ist keine bequeme, sondern eine höchst anspruchsvolle Art des menschlichen Zusammenlebens.

11. Der konkrete historische »Prozeß der Zivilisation«, der in die Aufklärung mündet, entspringt aus und beruht auf spezifischen Formen entwickelter Arbeitsteilung, die nur für Europa charakteristisch und in der Geschichte der menschlichen Hochzivilisationen Singular sind. Ihre Besonderheit ist die Durchbrechung der sozialen Schranken zwischen ständisch oder kastenmäßig privilegierter, spekulativer Theorie und diskriminierter, oft unfreier handwerklicher Praxis (G. Childe/Elias). Hier liegt der historische Ursprung der bürgerlichen Intelligenz und der modernen praxisorientierten Wissenschaft. Insofern ist die autonome Vernunft an eine rationale gesellschaftliche Arbeitsteilung gebunden. Und die Arbeitsteilung ist zwar nicht zureichender Grund, wohl aber notwendige Bedingung der Freiheit. So wie umgekehrt das Bestehen auf dem (noch) nicht eingelösten Versprechen der Freiheit dem Widerstand gegen bürokratische und technokratische Hierarchisierung der Arbeitsteilung seinen vernünftigen Sinn gibt.

12. Die Prägung der menschlichen Zivilisation durch das historische Bewußtsein, durch die Revolution der Produktivkräfte, durch die Entfesselung der geschichtlichen Vernunft und die Beherrschung der Natur, durch Rationalisierung und Arbeitsteilung ist unwiderruflich. Die Rückkehr in die historische Epoche vor dem »Zeitalter der Entdecktheit des Menschen« ist unmöglich. Geschichte läßt sich nicht ungeschehen machen, die geschichtlichen Erinnerungen und Errungenschaften sind nur um den Preis der Zerstörung der menschlichen Zivilisation (oder gar der menschlichen Gattung selbst) wieder auszutilgen. Es führt kein Weg zurück.

13. Der Faschismus (speziell der deutsche Nationalsozialismus) war der Versuch, die Geschichte umzukehren oder anders ausgedrückt, die Weltgeschichte als den »Fortschritt im Bewußtsein der Freiheit« (Hegel) ungeschehen zu machen und an die Stelle des Weltgeistes oder des vernunftfähigen Sozialwesens Mensch die ewige, sich stets gleichbleibende Substanz der Rasse zum Subjekt der »Geschichte« zu machen. Von daher hat – was man auch sonst von seinen historischen Auf-

fassungen im einzelnen denken mag – Ernst Nolte mit guten Gründen das Wesen des Faschismus als »Kampf gegen die Transzendenz« bestimmt, was, wenn wir Nolte des Heideggerschen Kategoriengewandes entkleiden, nichts anderes heißt als: Kampf gegen die Geschichtlichkeit der menschlichen Existenz. (Wohingegen Nolte, ebenfalls zu Recht, den Bolschewismus als eine, wenn auch verzerrte Form von Transzendenz versteht.)

14. Der jüngste spätkapitalistisch-spätbürgerliche Neokonservatismus ist demgegenüber in seinen Theoremen, Programmen und Politikmodellen nicht der Versuch, die Geschichte umzukehren oder ungeschehen zu machen. Diese qualitative Differenz zum Faschismus darf nicht übersehen werden. Hingegen ist die »Wende« der intellektuelle und praktische Versuch, die Geschichte anzuhalten. Ihre »geschichtsphilosophische« Pointe ist die Überzeugung, daß die Geschichte in Reagan, Thatcher und Kohl ihren Höhepunkt erreicht habe und weitere qualitative Entwicklung weder möglich noch nötig sei. »Somit hat es eine Geschichte gegeben, aber es gibt keine mehr.« Die (petit-)Bourgeois können die gegenwärtige Gesellschaft nicht »als eine historische und vorübergehende Form« verstehen und sich »keinen Gesellschaftszustand denken (...), in dem die Menschen aufgehört hätten, Bourgeois zu sein.« (Marx)

15. Was im Faschismus, in den verschiedenen Formen der konservativen oder konservativ-liberalen Reaktion, aber auch und nicht zuletzt in dem allenthalben um sich greifenden religiösen Fundamentalismus zum Ausdruck kommt, ist im Kern nichts anderes als die Furcht vor der »Moderne«. Diese Furcht ist nicht bloß wahnhaft, sie wurzelt in der Wirklichkeit der menschlichen Gesellschaft von heute. Die Möglichkeiten nicht nur der physischen, sondern der sozialen Selbstzerstörung des Menschen sind real. Der Verzicht auf den sozialen Kitt von Religion, Tradition und Charisma und der Versuch, allein die vernünftige Verständigung an ihre Stelle zu setzen – und das heißt Aufklärung –, stellen ein unglaubliches, ungeheuer riskantes Unternehmen dar. Freilich ist der Rückweg in eine »heile Welt« verschlossen, ganz abzusehen davon, daß die Welt der Menschen niemals wirklich heil war noch sein konnte. Der einzige Ausweg ist, die Aufklärung fortzusetzen. Die Wunden, die eine noch nicht aufgeklärte Vernunft geschlagen hat, kann nur die aufgeklärte Vernunft heilen, eine Vernunft,

die die nicht nur vernünftigen (was nicht heißen soll: unvernünftigen) Elemente der menschlichen Existenz mit umgreift. Gefühl und Sinnlichkeit: Glück und Furcht, Liebe und Vergänglichkeit.

Zurück zu Marx oder vorwärts zu Marx?

Persönliches Vorwort

In der Aufforderung zu dieser Debatte schreibt die Redaktion von »Futur Antérieur«: »Les mises à mort de Marx depuis la parution du livre I du ›Capital‹ n'ont jamais manqué … Pourtant le phénix est sans cesse rené de ses cendres. II est important de redemander le pourquoi et le comment de cette résistance«. Ich betrachte mich sozusagen als aktives Mitglied dieser »résistance« und ich will versuchen, die Gründe für diese Haltung zu erklären. Diese Erklärung ist im Grunde sehr unkompliziert, ja banal: Wesentliche Teile der Lehre von Marx sind einfach wahr; sie sind durch die Entwicklung der Gesellschaft – und der Gesellschaftswissenschaften – in den vergangenen hundert Jahren bestätigt, wenigstens aber nicht widerlegt worden. Freilich ist die Behauptung sehr viel leichter aufzustellen als zu begründen.

Zu dieser Begründung will ich einige persönliche Vorbemerkungen machen.

- Ich habe meine Forschungen auf den Gebieten der Geschichtsschreibung, der Soziologie und der Politischen Wissenschaft niemals nur aus theoretischem, sondern immer auch aus praktischem Interesse betrieben. Das Studium der Gesellschaft, ihrer Geschichte, ihrer Struktur, ihrer in die Zukunft gerichteten Tendenzen hat mir dazu gedient, in dieser Gesellschaft Wege zu einer anderen, neuen, besseren Gesellschaftsordnung zu finden: freiheitlicher, humaner, gerechter, solidarischer.

- Ich vertrete also keinen emphatischen philosophischen Begriff der wissenschaftlichen Wahrheit, sondern einen pragmatischen. Wahr ist für mich eine wissenschaftliche Erkenntnis, die es mir gestattet, historische Vorgänge zu verstehen und zu erklären, mich in der Gegenwart zu orientieren und zukünftige Entwicklungen – einigermaßen zutreffend – vorauszusagen. Ich bin im übrigen der Überzeugung, daß dieser Begriff von wahrer Erkenntnis zumindest für die Sozialwissenschaften der einzig mögliche ist. Der konservative deutsche Soziologe Hans Freyer hat 1930 geschrieben: »Nur wer gesellschaftlich etwas will, sieht soziologisch etwas.«[1] Anders ausgedrückt: Wer nicht »interessiert ist« (lateinisch: inter esse, dazwischen sein, mittendrin sein, teilnehmen), versteht die in Gesellschaft lebenden Menschen nicht. Er versteht nicht: die Art und Weise, wie sie ihre Gesellschaft erleben, ihre Erwartungen und Hoffnungen, ihre Ziele und ihr Handeln. Ein solcher Beobachter sieht nur die großen kollektiven Strukturen und das scheinbare Chaos unzähliger individueller Handlungen, aber nicht die lebendige Wirklichkeit des gesellschaftlichen und historischen Prozesses, jenes Prozesses, in dem die Menschen die sozialen Formen ihres Zusammenlebens selbst schaffen, aufrechterhalten und verändern. Im übrigen bin ich der Überzeugung, daß diese Auffassung von wissenschaftlicher Wahrheit dem Manne angemessen ist, der geschrieben hat: »Die Philosophen haben die Welt nur verschieden interpretiert; es kommt darauf an, sie zu verändern.«[2]

- Im Unterschied zu vielen Fachleuten der Erforschung von Marx und Engels bin ich der Überzeugung, daß es in den wesentlichen Inhalten ihrer Lehren keine grundsätzliche Unterschiede oder sogar Gegensätze zwischen Marx und Engels gibt. Zumindest gilt das für die Texte, die Engels vor dem Tode von Marx geschrieben hat. Marx hat alle seine Gedanken mit seinem Freunde Engels diskutiert und Engels die seinen mit Marx. Von seinem gewichtigsten theoretischen Werk aus dieser Zeit, der Kritik an Eugen Dühring, schreibt Engels: »So verstand es sich von selbst, daß diese meine Darstellung nicht ohne seine (Marx') Kenntnis erfolgte. Ich habe ihm das ganze Manuskript vor dem Druck vorgelesen.«[3] Dieser Umstand ist deswegen besonders bedeutungsvoll, weil drei Kapitel aus diesem Buch zusammengefaßt und als kleine selbständige Schrift unter dem berühmt geworde-

---

1 Hans Freyer, *Soziologie als Wirklichkeitswissenschaft*. Leipzig–Berlin 1930, S. 305.
2 Karl Marx und Friedrich Engels, *Die deutsche Ideologie*. Berlin (Ost) 1969, MEW 3, S. 7.
3 Friedrich Engels, *Herrn Eugen Dühring's Umwälzung der Wissenschaft*. Berlin (Ost) 1963, MEW 20, S. 9.

nen Titel »Die Entwicklung des Sozialismus von der Utopie zur Wissenschaft« herausgegeben worden sind. Diese Broschüre ist die einzige populäre Gesamtdarstellung der wissenschaftlichen und der politischen Theorien von Marx und Engels, die noch von ihnen selbst verfaßt worden ist, und sie hat einen ungeheuren geistigen Einfluß auf die gesamte marxistisch orientierte sozialistische Bewegung vor 1914 ausgeübt. Vermutlich ist sie neben dem »Manifest« die meistgelesene Schrift von Marx und Engels. Ich betrachte sie als eine authentische, von ihm selbst gebilligte Interpretation der Marxschen Ansichten. Ich werde mich in einigen wichtigen Fragen auf diese Interpretation berufen.

Im folgenden versuche ich einige der zentralen Lehren von Marx in aller Kürze darzustellen und dabei zu zeigen, daß und inwiefern sie auch heute noch als wahr und als wichtig bewertet werden müssen. Dabei werde ich die Ausdrücke »Marxismus« und »marxistisch« verwenden; damit meine ich jedoch nicht den historischen »Marxismus« der Epoche nach Marx, sondern ausschließlich die Auffassung von Marx (und Engels) selbst.

Mensch und Geschichte: Der »historische Materialismus«

In seinem intellektuellen Kern ist der Marxismus eine wissenschaftliche Theorie der Geschichte, das heißt der Gesellschaft in ihrer geschichtlichen Entwicklung. Die in Gesellschaft miteinander lebenden Menschen sind für Marx die wahren Subjekte der Geschichte, und zwar bewußt und planmäßig handelnde Subjekte.

Was menschliche Tätigkeit, etwa die Arbeit, von äußerlich scheinbar ganz gleichartigen, tierischen Verhaltensweisen unterscheidet, ist die Tatsache, daß – mit einem Wort von Marx aus dem »Kapital« gesagt – »am Ende des Arbeitsprozesses (...) ein Resultat heraus (kommt), das beim Beginn desselben schon in der Vorstellung des Arbeiters, also schon ideell vorhanden war.«[4] Und dementsprechend formuliert Engels: »Wir machen unsere Geschichte selbst, aber«, so fügt er hinzu,

4 Karl Marx, *Das Kapital. Kritik der politischen Ökonomie. Bd. I.* Der Produktionsprozeß des Kapitals, Berlin (Ost) 1962, MEW 23, S. 193.

und das ist ein weiterer Angelpunkt dieses zentralen Gedankenganges, »unter sehr bestimmten Voraussetzungen und Bedingungen.«[5]

Unter diesen – sowohl geschichtlichen als auch gesellschaftlichen – »Voraussetzungen und Bedingungen« spielen die ökonomischen eine besondere Rolle. Diese Rolle ist begründet, wie es Engels in seiner Rede am Grabe von Karl Marx ausgedrückt hat, in der »bisher unter ideologischen Überwucherungen versteckten einfachen Tatsache, daß die Menschen vor allen Dingen zuerst essen, trinken, wohnen und sich kleiden müssen, ehe sie Politik, Wissenschaft, Kunst, Religion usw. betreiben können«.[6]

Freilich sind »Politik, Wissenschaft ... « usw. nicht bedeutungslos. Die Ökonomie – die Erzeugung der für das menschliche Leben notwendigen Güter und Leistungen – ist zwar die unverzichtbare Grundlage des geschichtlichen Handelns der Menschen, insofern also seine »Basis«; aber die Bestandteile des sogenannten »Überbaus«[7], Sitte, Recht und Staat, Kunst, Philosophie und Religion sind ebenfalls reale und wirksame Momente der gesellschaftlichen Existenz des Menschen. Sie alle beeinflussen sein Handeln und stehen – so Engels – in »Wechselwirkung« miteinander und mit der Ökonomie[8].

Dies ist eine der »materiellen«, das heißt der realen »Voraussetzungen und Bedingungen« des gesellschaftlich-geschichtlichen Handelns der Menschen. Die andere liegt in dem gesellschaftlichen Charakter der menschlichen Existenz begründet. Wie Engels besonders klar, deutlich und verständlich formuliert (wenn auch in völliger Übereinstimmung mit Marx) »macht sich die Geschichte so, daß das Endresultat stets aus den Konflikten vieler Einzelwillen hervorgeht, wovon jeder wieder durch eine Menge besonderer Lebensbedingungen zu dem gemacht wird, was er ist: es sind also unzählige einander durchkreuzende Kräfte, eine unendliche Gruppe von Kräfteparallelogrammen, daraus eine Resultante – das geschichtliche Ergebnis – hervorgeht, die selbst wieder als das Produkt einer als Ganzes bewußtlos und willenlos wir-

5 *Friedrich Engels an Joseph Bloch vom 21. Sept. 1890.* Berlin (Ost) 1967, MEW 37, S. 463.

6 Friedrich Engels, *Das Begräbnis von Karl Marx.* Berlin (Ost) 1974, MEW 19, S. 335; vgl. Marx und Engels, *Deutsche Ideologie* (Anm. 2), S. 28.

7 Karl Marx, *Zur Kritik der politischen Ökonomie.* Berlin (Ost) 1961, MEW 13, S. 8 f.

8 *Engels an Bloch vom 21. Sept. 1890* (Anm. 5); vgl. auch Karl Marx, *Thesen über Feuerbach.* Berlin 1969, MEW 3, S. 5 f., Marx und Engels, *Deutsche Ideologie* (Anm. 2), S. 37 ff.

kenden Macht angesehen werden kann. Das was jeder einzelne will, wird von jedem anderen verhindert, und was herauskommt ist etwas, was keiner gewollt hat (...) Aber daraus, daß die einzelnen Willen (...) nicht das erreichen, was sie wollen, sondern zu einem Gesamtdurchschnitt, einer gemeinsamen Resultante verschmelzen, daraus darf doch nicht geschlossen werden, daß sie gleich null zu setzen sind. Im Gegenteil, jeder trägt zur Resultante bei und ist insofern in ihr einbegriffen.«[9]

Der Zusammenhang zwischen dem bewußten menschlichen Handeln, seiner ökonomischen »Basis« und seiner gesellschaftlichen Bindung ist freilich sehr komplex; und er ist nur als ein geschichtlicher Prozeß zu verstehen. Und dieser geschichtliche Prozeß hat ein reales Subjekt: Nicht Gott und nicht der Weltgeist, nicht die »Ideen« und nicht die »Strukturen« (auch nicht die ökonomischen), nicht die Nationen und nicht die einzelnen großen Persönlichkeiten, sondern einzig und allein die in Gesellschaft lebenden konkreten Menschen alle zusammen sind dieses Subjekt.

In dieser Subjektrolle drückt sich das Wesen der menschlichen Gattung aus. Der junge Jürgen Habermas – damals noch sehr stark von Marx beinflußt – hat in einem Essay zur philosophischen Anthropologie die Formulierung geprägt: »Der Mensch (ist) von Haus nicht einfach (...) was er ist«[10], sondern er produziert sich selbst, seine »Natur«, die ideellen und materiellen Bedingungen seines Lebens bewußt, planmäßig, frei und dennoch von den selbstgeschaffenen gesellschaftlichen und geschichtlichen Lebensbedingungen abhängig. Dies ist der Inhalt seiner Geschichte und der Inhalt seines gesellschaftlichen Lebens. Oder wie Marx es formuliert, es ist nötig, »die Menschen als die Schausteller und die Verfasser ihrer eigenen Geschichte«[11] zu begreifen. »Die Menschen haben Geschichte, weil sie ihr Leben produzieren müssen«[12]; sie produzieren dabei die kulturellen und ideellen Formen ihres Lebens genauso wie ihre materiellen Lebensgrundlagen. Es ist nötig zu begreifen, »daß diese bestimmten sozialen Verhältnisse

---

9 *Engels an Bloch vom 21. Sept. 1890* (Anm. 5), S. 464.

10 Jürgen Habermas, *Anthropologie*. In: Fischer-Lexikon Philosophie. Frankfurt am Main 1958, S. 30.

11 Karl Marx, *Das Elend der Philosophie. Antwort auf Proudhon's »Philosophie des Elends«*. Berlin (Ost) 1959, MEW 4, S. 135.

12 Marx und Engels, *Deutsche Ideologie* (Anm. 2), S. 30 Anm.

ebenso gut Produkte der Menschen sind wie Tuch, Leinen usw.«[13] Sie produzieren sie bewußt, aber als gesellschaftliche Wesen. Denn »das Bewußtsein ist (...) von vorneherein (...) ein gesellschaftliches Produkt«. Die gesellschaftlichen Lebensumstände sind ebensosehr Voraussetzung wie Resultat gesellschaftlicher menschlicher Tätigkeit: Die Erkenntnis, »daß (...) die Umstände ebensosehr die Menschen wie die Menschen die Umstände machen«[14], ist ein Grundgedanke der Marxschen Theorie der Geschichte (und der Gesellschaft).

Alle bedeutenden Historiker und Sozialwissenschaftler, die der Geschichte und der Gesellschaft nicht irgendeine Philosophie oder Ideologie unterschieben, sondern das wirkliche Leben wirklicher Menschen zum Objekt ihrer Forschung machen, denken in dieser Weise. Als der britische Prähistoriker V. Gordon Childe vor 60 Jahren seine berühmt gewordene Studie über die Entstehung der ägyptischen und der mesopotamischen Zivilisation veröffentlichte[15], gab er ihr den Titel »Man makes himself«, »Der Mensch schafft sich selbst«. Damit brachte er die Methode und den Grundgedanken seiner Forschung auf eine ebenso kurze wie zutreffende Formel. Es waren die Methode und der Grundgedanke von Marx.

Arbeitsteilung und Klassengesellschaft

Auf die konkrete Analyse der menschlichen Gesellschaft und ihrer geschichtlichen Formen angewendet, ergeben sich aus diesen allgemeinen Erkenntnissen für Marx und Engels folgende Konsequenzen[16]: Jede höhere Zivilisation beruht auf Arbeitsteilung. Erst wenn bestimmte Menschengruppen sich ausschließlich dem Handwerk widmen, andere der Kunst, wieder andere dem Kultus, der Verwaltung, der Regierung oder der Verteidigung, sind wirtschaftlicher Fortschritt, geistige Entwicklung sowie differenzierte soziale und politische Organisation möglich. Das setzt freilich voraus, daß alle gesellschaftlichen Spezialisten von den Urproduzenten, den Bauern und Hirten, mit ernährt

13 Marx, *Elend der Philosophie* (Anm. 11), S. 130.
14 Marx und Engels, *Deutsche Ideologie* (Anm. 2), S. 38.
15 V. Gordon Childe, *Der Mensch schafft sich selbst*. Dresden u. a. 1959.
16 Friedrich Engels, *Die Entwicklung des Sozialismus von der Utopie zur Wissenschaft*. Berlin (Ost) 1974, MEW 19, S. 189 ff., S. 224 ff.; aber auch Marx und Engels, *Deutsche Ideologie* (Anm. 2), S. 31 ff., S. 46 f.

werden können. In allen alten Zivilisationen, bis an die Schwelle der industriellen, war nun die Produktivität der Wirtschaft so niedrig, daß Hunderttausende von Sklaven, Leibeigenen oder Bauern hart arbeiten mußten, um wenige Tausende von Handwerkern, Händlern, Bürokraten, Adligen, Priestern und Fürsten zu unterhalten. Am Wohlstand, an der Macht, an der geistigen Kultur der Privilegierten, der herrschenden Minorität, hatten sie keinen Anteil und konnten sie keinen haben. Alle alten Zivilisationen waren also »Klassengesellschaften«, beruhten auf der wirtschaftlichen Ausbeutung, der politischen Unterdrückung und der geistigen Unmündigkeit der arbeitenden Masse, und zwar notwendigerweise.

»Es ist also«, formulierte Engels, »das Gesetz der Arbeitsteilung, das der Klassenteilung zugrunde liegt. (...) Aber wenn hiernach die Einteilung in Klassen eine gewisse geschichtliche Berechtigung hat, so hat sie eine solche doch nur für einen gegebenen Zeitraum, für gegebene gesellschaftliche Bedingungen. Sie gründet sich auf die Unzugänglichkeit der Produktion, sie wird hinweg gefegt werden durch die volle Entwicklung der modernen Produktivkräfte.«[17] Dieses hier formulierte »materialistische« Strukturprinzip aller entwickelten historischen Gesellschaftsformen haben Marx und Engels im »Kommunistischen Manifest« auf die Formel gebracht: »Die Geschichte aller bisherigen Gesellschaft ist die Geschichte von Klassenkämpfen.«[18] Das sagt in seiner Allgemeinheit freilich noch nichts aus über die konkrete Gestalt der Klassenverhältnisse und insbesondere über den Zusammenhang von ökonomischer »Basis« und sozialem, politischem, ideellem »Überbau«. Marx und Engels haben vier große geschichtliche Gesellschaftsformationen und die ihnen entsprechenden Produktionsweisen zwischen der als klassenlos angenommenen Urgesellschaft und der klassenlosen Gesellschaft der Zukunft zu sehen gemeint: Die asiatische Gesellschaft, die antike Sklavenhaltergesellschaft, den Feudalismus und den modernen Kapitalismus.[19] In jeder dieser Gesellschaftsformationen bedeuten »Klasse« und »Klassenherrschaft« etwas verschiedenes, und die Ökonomie nimmt in

17 Engels, *Entwicklung des Sozialismus* (Anm. 16), S. 225.

18 Karl Marx und Friedrich Engels, *Manifest der Kommunistischen Partei*. Berlin (Ost) 1959, MEW 4, S. 462.

19 Karl Marx, *Zur Kritik der politischen Ökonomie (1859). Vorwort*. Berlin (Ost) 1961, MEW 13, S. 9.

der jeweiligen Gesellschaft eine nur dieser eigentümliche Stellung ein.

Besondere Anstrengung hat dabei der marxistischen Analyse die sogenannte asiatische Produktionsweise bereitet. In allen anderen Gesellschaftsformationen ist die ökonomische »Basis« – die Verfügung über die Produktionsmittel (in den vorindustriellen Gesellschaftsformationen im wesentlichen Grund und Boden) und die Organisation der materiellen Produktion – deutlich als eine eigenständige Sphäre der Gesellschaft zu identifizieren (am wenigsten im Feudalismus und am klarsten im Kapitalismus); und dementsprechend können die gesellschaftlichen Sphären der politisch-sozialen Organisation und der Produktion von Ideen innerhalb der jeweiligen Gesellschaftsformation zur materiellen Produktionsweise als der Grundstruktur der Gesellschaft in Beziehung gesetzt und als deren Ausdruck verstanden werden.

In der asiatischen Produktionsweise hingegen wird der Gesellschaftszusammenhang originär politisch und nicht ökonomisch konstituiert. Das kann derart geschehen, daß wesentliche Teile der materiellen Produktion durch den politischen Verband selbst unmittelbar organisiert werden, wie in den sog. »hydraulischen« Zivilisationen (Ägypten oder China). Es kann aber auch sein, daß die »ökonomischen Grundelemente der Gesellschaft« sich zur »politischen Wolkenregion«, zum Leben und Treiben der politischen und kulturell herrschenden Minoritäten gleichgültig verhalten, oder – wie Marx es ausdrückte – von ihr »unberührt« bleiben. (Es ist kein Zufall, daß die sogenannte »marxistische Wissenschaft« in den Staaten des »real existierenden Sozialismus« die Kategorie der »asiatischen Produktionsweise« kaum oder überhaupt nicht verwendet hat: Die strukturelle Ähnlichkeit zwischen der autoritären oder totalitären politischen Herrschaft der stalinistischen »Nomenklatura« über Wirtschaft, Gesellschaft und Kultur mit den Systemen des asiatischen Despotismus war ebenso unübersehbar wie peinlich).[20]

20 Vgl. Lawrence Krader, *Asiatische Produktionsweise*. In: Historisch-kritisches Wörterbuch des Marxismus. Hrsg. v. Wolfgang Fritz Haug. Band 1. Hamburg 1994. Marx, *Das Kapital I* (Anm. 4), S. 378 ff., hier S. 379; ders., *Das Kapital. Kritik der politischen Ökonomie. Bd. III.* Der Gesamtprozeß der kapitalistischen Produktion, Berlin (Ost) 1964, MEW 25, S. 798 ff.; ders., *Grundrisse der Kritik der politischen Ökonomie*. Berlin (Ost) 1953, S. 375 ff.

Obwohl die sozialökonomischen Strukturen und der politische, soziale und kulturelle Überbau sich zwischen den verschiedenen Herrschaftssystemen innerhalb der großen vorkapitalistischen Gesellschaftsformationen tiefgreifend voneinander unterscheiden, haben sie doch alle einen Grundzug gemeinsam: Ihre Ökonomie beruht auf der Landwirtschaft, und die Produktivität der agrarischen Arbeit war – ungeachtet aller historischen Unterschiede – so niedrig, daß eine entwickelte Arbeitsteilung nur die Formen der Klassenherrschaft annehmen konnte.

Erst die durch den Kapitalismus eingeleitete Industrialisierung hat diese Notwendigkeit wenigstens im Grundsatz aufgehoben. Die Produktivität der menschlichen Arbeit ist derart ungeheuerlich gestiegen, die Fülle der Güter und das Angebot an freier Zeit sind so groß geworden, daß jeder Einzelne zu Wohlstand, Beteiligung am politischen Leben und Bildung gelangen kann, ohne daß das Grunderfordernis einer jeden hochentwickelten Zivilisation, eine komplexe Arbeitsteilung, dadurch berührt wird. Das heißt: Ausbeutung, Unfreiheit und Unmündigkeit, die materiellen Grundlagen der Klassenherrschaft sind also – ökonomisch betrachtet – wenigstens in den industriell fortgeschrittenen Ländern überflüssig geworden.

Die Frage, ob es andere als ökonomische Gründe gibt, in einer hochentwickelten Zivilisation soziale Ungleichheit und Klassenherrschaft für unverzichtbar zu halten, soll hier offen bleiben; die absolute Knappheit an materiellen Gütern und an freier Zeit kann jedenfalls Klassenherrschaft nicht mehr legitimieren.

In diesem Zusammenhang muß ich in aller Kürze auf eine Problematik verweisen, die sowohl in der marxistischen als auch in der nichtmarxistischen Beschäftigung mit dem Phänomen der Klassengesellschaft und der Klassen auftaucht. (Etienne Balibar – im kritischen Wörterbuch des Marxismus – bezeichnet diese Problematik als »heikel« für die marxistische Theorie, ohne sie jedoch zu analysieren, geschweige denn zu lösen.[21]) Es gibt bei Marx und Engels zwei Begriffe von »Klassengesellschaft«, einen weiteren, der sich auf jede Art von struktureller Ungleichheit im Rahmen eines gesellschaftlichen Systems bezieht, und einen engeren, der ausschließlich das Verhältnis

21 Etienne Balibar, *Klassen*. In: Kritisches Wörterbuch des Marxismus. Hrsg. v. G. Labica et al.. Band 4. Berlin (West) 1986, S. 616.

zwischen Besitzern und Nichtbesitzern von Produktionsmitteln im Kapitalismus erfaßt.

In der Regel haben sowohl die Verteidiger als auch die Kritiker von Marx vorwiegend die Klassenstruktur des Kapitalismus im Auge gehabt. Die Marxisten haben ihre Kategorie von Klassenherrschaft von daher entwickelt und versucht, sie auf nichtkapitalistische Gesellschaftsformationen zu übertragen. Die Kritiker des Marxismus haben die Anwendbarkeit der marxistischen Kategorien auf solche Gesellschaften bestritten und oftmals auf diese Weise die marxistische Klassenanalyse überhaupt in Frage gestellt.

Nur wenige Marxisten, wie etwa der frühe Lukács[22], haben die Anwendbarkeit des engeren Klassenbegriffes auf die entwickelte kapitalistische Gesellschaft beschränkt und ihm im Bezug auf nichtkapitalistische Gesellschaften nur die Rolle eines heuristischen Prinzips zugestanden. Ich neige dieser Auffassung zu. Marx' Kritik richtet sich gegen soziale Ungleichheit und Klassenstruktur überhaupt. Die zwar erst bei Engels theoretisch ausgearbeitete, aber auch bei Marx häufig vorkommende Interpretation der Klassenlosigkeit »urtümlicher« Gesellschaften verweist auf die klassenlose Gesellschaft der Zukunft. Die kapitalistische Klassengesellschaft ist insoweit nur ein Sonderfall des historischen Typs Klassengesellschaft überhaupt. Freilich ein qualitativ einzigartiger Sonderfall: Denn erst der Kapitalismus schafft die reale Möglichkeit einer Gesellschaft ohne Ausbeutung, Unterdrückung und geistige Unmündigkeit. Daher konnten die Menschen auch erst im entwickelten Kapitalismus die Klassenlosigkeit als eine mögliche Realität begreifen und nicht bloß wie in der Vergangenheit als eine chiliastische Utopie. Und daher konnten sie auch erst im Kapitalismus sich selbst als Subjekte der gesamten Geschichte entdecken. »Die Anatomie des Menschen ist ein Schlüssel zur Anatomie des Affen«, nicht umgekehrt, wie ein primitiver materialistischer Evolutionarismus meint. Und: »Weltgeschichte existierte nicht immer. Die Geschichte als Weltgeschichte – Resultat.«[23]

---

22 Georg Lukács, *Geschichte und Klassenbewußtsein. Studien über marxistische Dialektik*. Berlin 1923, S. 229 ff.

23 Marx, *Grundrisse* (Anm. 20), S. 30.

Die »Anatomie« der kapitalistischen Gesellschaft

Es scheint ein völlig absurdes Unternehmen zu sein, das riesenhafte und unendlich verzweigte, hoch komplexe, oftmals dunkle und widersprüchliche Werk der Marxschen politischen Ökonomie des Kapitalismus ebenso auf einige wenige Grundgedanken zu reduzieren wie die Marxschen Theorie der Geschichte, der Klassengesellschaft oder der sozialen Revolution. Gleichwohl ist es nicht unmöglich – vorausgesetzt, daß wir entschlossen darauf verzichten, uns auf die subtilen Streitigkeiten der Ökonomen (der marxistischen wie der kapitalistischen) einzulassen und statt dessen die Gesamtheit der sozialökonomischen Verhältnisse und ihrer Entwicklung ins Auge fassen. Diese Gesamtheit stellt sich Marx und Engels so dar[24]: Obwohl in der kapitalistischen Gesellschaft die ökonomisch begründete Notwendigkeit von Klassenstrukturen verschwindet, sorgt das zentrale ökonomische Strukturprinzip des Kapitalismus für ihre Aufrechterhaltung. Es besteht in dem sogenannten »Grundwiderspruch« zwischen gesellschaftlicher Produktion und individueller kapitalistischer Aneignung: Die rasch wachsenden Reichtümer der kapitalistischen Gesellschaft werden in einem riesigen komplizierten, arbeitsteiligen Prozeß von allen Menschen erzeugt; aber nur eine kleine Minderheit, die Klasse der Kapitalisten, verfügt über sie, eignet sie sich an, und entwickelt im Bündnis mit Berufspolitikern, Bürokraten und Militärs abermals eine Klassenherrschaft.

Die bürgerlich-kapitalistische Klassengesellschaft unterscheidet sich jedoch sowohl in ihren ökonomischen Grundlagen als auch in ihren politischen und geistig-kulturellen (Herrschafts-)Formen grundsätzlich von allen vorangegangenen auf Klassenherrschaft beruhenden Zivilisationen. Die Auflösung der überkommenen (genossenschaftlichen, patrimonialen, feudalen, ständischen) Wirtschafts-, Sozial- und Herrschaftsstrukturen, die Trennung von Gesellschaft und Staat, das heißt von wirtschaftlicher Macht und politischer Herrschaft, die Lösung des Individuums aus – einengenden, aber auch schützenden – gesellschaftlichen Bindungen, die formale, rechtliche abgesicherte Freiheit und Gleichheit aller Bürger – dies sind die Existenzbedingungen der bürgerlichen Gesellschaft.

---

24 Engels, *Entwicklung des Sozialismus* (Anm. 16), S. 210 ff.

Ökonomische Ausbeutung und politische Herrschaftsausübung sind nicht unmittelbar sichtbar, sondern zeigen sich als Ergebnis gleichsam naturgesetzlicher, auf der Grundlage rechtlicher Gleichheit aller Menschen ablaufender »objektiver« Prozesse. Auf diese Weise gewinnen sie den Anschein sowohl der Gerechtigkeit als auch der Unvermeidlichkeit. Die ökonomisch herrschende Klasse, die Klasse der Kapitalisten, beutet die arbeitende Klasse nicht direkt durch Einsatz sozialer oder politischer Zwangsmittel aus. Der Lohn des – persönlich freien – Arbeiters bestimmt sich nach den objektiven Gesetzen der freien Konkurrenz auf dem (Arbeits-)Markt. Der Lohnarbeiter erhält den vollen Tauschwert seiner Arbeitskraft vergütet, nämlich den Wert derjenigen Güter, die er benötigt, um seine Arbeitskraft zu erhalten beziehungsweise die verausgabte Arbeitskraft wiederherzustellen. »Der Umstand, daß die tägliche Erhaltung der Arbeitskraft nur einen halben Arbeitstag kostet, obgleich die Arbeitskraft einen ganzen Tag wirken, arbeiten kann, daß daher der Wert, den ihr Gebrauch während eines Tages schafft, doppelt so groß ist als ihr eigener Tageswert (diese Differenz bezeichnet der sogenannte »Mehrwert«, v. Oe.) ist ein besonderes Glück für den Käufer, aber durchaus kein Unrecht gegen dem Verkäufer (den Arbeiter, v. Oe.)«[25]. Auf diese Weise also, in voller Übereinstimmung mit den scheinbar objektiv gültigen und unverbrüchlichen Gesetzen der »kapitalistischen« Ökonomie eignen sich die Kapitalisten das gesellschaftliche »Mehrprodukt« an, das heißt jenen Teil des gesellschaftlichen Gesamtprodukts, der über das für die bloße Wiederherstellung der Arbeitskraft der Arbeitenden und die materielle Erhaltung der Gesellschaftsmitglieder Benötigte hinausgeht.[26]

Nun haben in allen entwickelten Gesellschaften die jeweiligen herrschenden Minoritäten (»Klassen«) ihre Hand auf das Mehrprodukt gelegt, wenn auch auf sehr unterschiedliche Art und Weise – durch Steuern und Abgaben der Urproduzenten, durch direktes Eigentum an Person und Arbeitskraft von Sklaven, durch Einnahmen aus feudalen Lasten usf. Die Verwendung dieses Mehrprodukts war jedoch in allen vorkapitalistischen Produktionsweisen sehr ähnlich: Es diente dem Unterhalt der nicht agrarisch, sondern handwerklich tätigen Klassen, und es diente vor allem dem Unterhalt der Herrschenden: der Soldaten, Rit-

25 Marx, *Das Kapital I* (Anm. 4), S. 208.

26 a. a. O., S. 243 f., 249 ff. Ausführlich Ernest Mandel, *Marxistische Wirtschaftstheorie*. Frankfurt am Main ³1973, S. 19 ff.

ter, Priester, Bürokraten, Adeligen, Fürsten und der ihnen unmittelbar dienstbaren Gruppen. Darüber hinaus wurde das Mehrprodukt zur ökonomischen und politisch-militärischen Aufrechterhaltung der Gesellschaftsordnung verwendet, und schließlich nicht zuletzt zur politischen, kulturellen und religiösen Repräsentation. Aus dieser letzteren Verwendung vor allem entsprangen die ungeheueren Kulturleistungen der alten Hochzivilisationen – ungeheuer insbesondere im Vergleich zur niedrigen Produktivkraft der (agrarischen und handwerklichen) menschlichen Arbeit und zur Armut der arbeitenden Massen.

Grundcharakteristikum der hier skizzierten sozialen Strukturen war ihre relative Stabilität. Zwar hatten auch sie eine Geschichte. Aber sie hat die materielle Basis ihrer Existenz, die Vorherrschaft der Agrarwirtschaft und die niedrige Produktivität der menschlichen Arbeit nicht wesentlich berührt. Auch die Verfeinerung von Handwerk und Technik, die in vielen vorkapitalistischen Produktionsweisen weniger oder mehr entwickelte Geldwirtschaft, die Entfaltung von Markt und Handel[27], die Anhäufung von Reichtum, materiellen Kulturgütern und Wissen änderten im Grundsatz daran nichts.[28]

Erst die Entstehung und Entwicklung der kapitalistischen Produktionsweise hat diese materiellen Schranken durchbrochen, sie hat sozialökonomische Strukturen und Prozesse hervorgebracht, die sich von denen der vorkapitalistischen Gesellschaft radikal unterscheiden.

Die historische Grundlage dieser Strukturen und Prozesse ist der Zerfall und die Zerstörung der alten vorkapitalistischen Gesellschaftszusammenhänge, der genossenschaftlichen und patrimonialen, der feudalen und ständischen. An ihre Stelle treten:

- das Privateigentum an den Produktionsmitteln und die freie Lohnarbeit;
- die Bestimmung von Produktion und Konsumtion durch den Markt und die Konkurrenz;
- die unmittelbare Orientierung der wirtschaftlichen Tätigkeit nicht mehr an konkreten menschlichen Bedürfnissen, sondern am erwarteten Gewinn;

---

27 Marx, *Grundrisse* (Anm. 20), S. 375 ff., bes. S. 404 f., 411 f.; ders., *Das Kapital I* (Anm. 4), S. 167, 379 f., ders., *Das Kapital III* (Anm. 20), S. 839.

28 Mandel, *Marxistische Wirtschaftstheorie* (Anm. 26), S. 63 ff., 74 ff., 79 ff., 88 f.

- die Lösung der gesamten Ökonomie aus allen moralischen, sozialen und politischen Bindungen;
- die formelle Verselbständigung des Staates gegenüber der Gesellschaft;
- die Verwendung des erwirtschafteten, von den Herrschenden und Besitzenden angeeigneten Mehrprodukts (in der Gestalt des Mehrwerts) nicht mehr für den Konsum oder die Schatzbildung, sondern seine Rückführung in den sich quantitativ erweiternden und qualitativ fortentwickelnden Wirtschaftsprozeß, das heißt die Verwandlung des »Mehrproduktss« in »Kapital« und seine ständige Vermehrung (Akkumulation).

Dieser Prozeß der Akkumulation des Kapitals ist die eigentliche Triebkraft der kapitalistischen Entwicklung und der Grund dafür, daß »die Bourgeoisie (...) in ihrer hundertjährigen Klasssenherrschaft massenhaftere und kolossalere Produktionskräfte geschaffen (hat) als alle vergangenen Generationen zusammen«[29].

Trotz dieser bisher unerhörten Entwicklung der Wissenschaften und Naturbeherrschung, der Arbeitsteilung und der Kooperation und damit eines materiellen Reichtums, der Ausbeutung, Unterdrückung und kulturelle Unmündigkeit im Prinzip entbehrlich macht, treibt der Kapitalismus die gesellschaftliche »Entfremdung« der Menschen auf die Spitze.

Nicht mehr wie in den vorindustriellen, überwiegend agrarischen Zivilisationen traditionelle, der bewußten Gestaltung weitgehend entzogene, mit Marx gesprochen: »naturwüchsige«, sondern von den Menschen bewußt selbst geschaffene gesellschaftliche Verhältnisse fesseln die weitere menschliche Entwicklung. Und diese Verhältnisse zwischen den lebenden Menschen – von ihnen selbst geschaffen, und insofern prinzipiell auch von ihnen zu ändern – erscheinen ihnen als objektive Sachgesetzlichkeit, die von ihnen in freier Entscheidung als unabänderlich akzeptiert wird. Dieser »fetischistische«, »verdinglichte«[30] Schein ist der angemessene Ausdruck der realen (kapitalistischen)

---

29 Marx und Engels, *Kommunistisches Manifest* (Anm. 18), S. 467.

30 Lukács (Anm. 22), S. 94 ff. Siehe auch: Jean-Marie Vincent, *Fetichisme et Societe*. Paris 1973; ders., *Abstract Labour. A Critique (Language, Discourse, Society)*. Basingstoke, Hampshire 1991.

gesellschaftlichen Welt und zugleich die Verschleierung ihres wirklichen Wesens in einem. Dieser Doppelcharakter der die Köpfe der Menschen in der kapitalistischen Gesellschaft beherrschenden Vorstellungen ist übrigens der theoretische Kern der marxistischen Kategorie der »Ideologie«.

Die kapitalistische Klassenherrschaft ist also in einem ganz spezifischen Sinne »ideologisch« vermittelt. Das gilt für ihre ökonomischen wie für ihre politischen Herrschaftsformen. Die politisch-soziale Organisation der kapitalistischem Gesellschaft beruht nicht in erster Linie auf formeller Ungleichheit, Willkür und offener Unterdrückung (obgleich alle diese Faktoren in der Geschichte der bürgerlichen Gesellschaft wirksam geworden sind und wirksam bleiben), sondern prinzipiell auf der freiwilligen Zustimmung aller Bürger. Freilich helfen die herrschenden Klassen dieser Zustimmung nach und nutzen dafür ihre gesellschaftlichen Machtpositionen in Wirtschaft, Staat, Justiz, öffentlicher Meinung, kulturellem Leben; aber grundsätzlich wäre die Aufrechterhaltung der Klassenherrschaft zumindest in den Staaten der vollentwickelten bürgerlich-kapitalistischen Gesellschaften nicht möglich, wenn nicht auch große Teile der Ausgebeuteten und Beherrschten, marxistisch gesprochen: der »Arbeiterklasse« den Kapitalismus für die beste oder zumindest für die erträglichste aller möglichen gesellschaftlichen Lebensformen hielten.

Dieser Tatbestand, der seit dem ruhmlosen Untergang des sogenannten »realen Sozialismus« vollends unbestreitbar ist, kann allerdings dem kritischen Beobachter nicht verbergen, daß die gesellschaftliche »Entfremdung« eine historisch unerhörte Zuspitzung erfahren hat. Noch nie zuvor in der Geschichte war der Widerspruch zwischen den schöpferischen Möglichkeiten und den wirklichen gesellschaftlichen Lebensverhältnissen der Menschen so schreiend wie heute. Die alten Plagen der Menschheit: Hunger, Seuchen, Krieg und Tyrannei sind nicht gewichen; hinzugekommen ist die reale Gefahr, daß die menschliche Art sich durch Massenvernichtungsmittel, Naturzerstörung und wahnwitzige wissenschaftliche Experimente physisch selbst zerstört. Die Barbarei als Endergebnis der menschlichen Geschichte ist nicht mehr bloß der Alptraum absurder Prophetien, sondern eine wirkliche Möglichkeit.

Die bewußte Kontrolle der Menschen über die Entwicklung ihrer materiellen Lebensverhältnisse ist zwar nicht an sich bereits die

Lösung dieser Probleme, aber sie ist die notwendige Bedingung für diese Lösung. Es ist hier nicht der Ort, um die unzähligen Entwürfe, Programme und Strategien für eine neue menschlichere Ordnung der Ökonomie zu diskutieren, weder die marxistischen noch die kaum weniger zahlreichen nicht-marxistischen. Aber es scheint mir sicher zu sein, daß kein solcher Versuch – welcher auch immer – erfolgreich sein wird, der nicht das Wesen und die Dynamik des Kapitals begriffen hat.

Der Schlüsselsatz bei Marx lautet: »Die wahre Schranke der kapitalistischen Produktion ist das Kapital selbst, ist dies: daß das Kapital und seine Selbstverwertung als Ausgangspunkt und Endpunkt, als Motiv und Zweck der Produktion erscheint; daß die Produktion nur Produktion für das Kapital ist und nicht umgekehrt die Produktionsmittel bloße Mittel für eine stets sich erweiternde Gestaltung des Lebensprozesses für die Gesellschaft der Produzenten sind.«[31] Und an anderer Stelle heißt es: »Die Zirkulation des Geldes als Kapital ist (...) Selbstzweck (...) Die Bewegung des Kapitals ist daher maßlos.«[32] Oder wie Marx einen englischen Autor seiner Zeit zitiert: »Für 100 Prozent (Profit) stampft es (das Kapital) alle menschlichen Gesetze unter seinen Fuß; 300 Prozent und es existiert kein Verbrechen, das es nicht riskiert«.[33] Ein Blick in die Tageszeitungen und die Wirtschaftszeitschriften unserer Tage belehrt uns darüber, daß dies noch heute die reine grausame Wahrheit ist. (Beiläufig: die Tatsache, daß das – nicht kapitalistische – System des Stalinismus keine geringeren Schandtaten begangen hat, verringert das Gewicht diese Urteils nicht um ein Gran.)

Die entscheidende Bedeutung, die – gemäß Marx – der Ökonomie zukommt, darf nicht die Einsicht verdunkeln, daß Marx die ökonomischen Tendenzen niemals losgelöst von der konkreten sozialen, politischen und kulturellen Entwicklung der gesamten Gesellschaft betrachtet hat. Die von ihm so oft beschworenen »Naturgesetze« der kapitalistischen Ökonomie sind logisch erschlossene »theoretische Vereinfachungen«, die in der geschichtlichen Wirklichkeit nur als »Tendenzen« in Erscheinung treten.[34] Die »Krise« des Kapitalismus ist niemals nur ökonomisch; sie ist eine Gesamtkrise der Gesellschaft. Insofern gibt es auch keine ökonomisch begründete Unausweichlichkeit

31 Marx, *Das Kapital III* (Anm. 20), S. 260.
32 ders., *Das Kapital I* (Anm. 4), S. 167.
33 a. a. O., S. 788, Anm. 250.
34 a. a. O., S. 12; ders., *Das Kapital III* (Anm. 20), S. 184.

und »naturgesetzliche Notwendigkeit« des Sozialismus. Entscheidend ist immer die bewußte Tat der handelnden Menschen.[35] Die Frage ist, wer diese Menschen sein und welche Ziele sie sich setzen können.

Klassenlose Gesellschaft: Chiliastische Utopie oder reale Möglichkeit?

Die klassenlose Gesellschaft als Ziel der Geschichte und als durch den Kapitalismus geschaffene wirkliche Möglichkeit der Menschheit ist oft als eine rein philosophische Idee oder sogar als eine (pseudo-)religiöse Verheißung in Analogie zum »tausendjährigen Reich« der christlichen Tradition verstanden worden. In der Tat ist das weltgeschichtliche Pathos dieser Idee unverkennbar. Es findet seinen klarsten Ausdruck in den berühmt gewordenen Sätzen, mit denen Engels die historische Bedeutung der staats- und klassenlosen Gesellschaft des Sozialismus charakterisiert: Sie »ist der Sprung der Menschheit aus dem Reich der Notwendigkeit in das Reich der Freiheit«.[36]

Die Parallele zur Hegelschen Geschichtsmetaphysik ist unverkennbar. »Die Weltgeschichte ist der Fortschritt im Bewußtsein der Freiheit«, dieser Hegelsche Satz[37] könnte auch von Marx und Engels stammen.

Im Zentrum der Marx/Engelsschen Theorie der Klassengesellschaft steht, wie wir gesehen haben, die Arbeitsteilung. Demgemäß ist die Aufhebung – oder zumindest die Modifikation – der Arbeitsteilung materielle Voraussetzung und Kern der Entwicklung einer klassenlosen Gesellschaft. Dieser Gedanke zieht sich durch das gesamte Werk von Marx und Engels. In der »Deutschen Ideologie« findet sich die berühmt gewordene Formulierung, daß es die kommunistische Gesellschaftsordnung möglich machen werde, »heute dies, morgen jenes zu tun, morgens zu jagen, nachmittags zu fischen, abends Viehzucht zu treiben, nach dem Essen zu kritisieren«. Und es folgt der Kernsatz der »materialistischen« Geschichtstheorie: »Dieses Sichfestsetzen der sozialen Tätigkeit, diese Konsolidation unseres eigenen Produkts zu

---

35 So sehr überzeugend Lukács (Anm. 22), S. 55.

36 Engels, *Entwicklung des Sozialismus* (Anm. 16), S. 226.

37 Georg Wilhelm Friedrich Hegel, *Vorlesungen über die Philosophie der Geschichte*. Band 12, Werke, Frankfurt am Main 1970, S. 32.

einer sachlichen Gewalt über uns, die unserer Kontrolle entwächst, unsere Erwartungen durchkreuzt, unsere Berechnungen zunichte macht, ist eines der Hauptmomente in der bisherigen geschichtlichen Entwicklung.«[38] Und im weiteren folgt die kategorische Feststellung, daß »die kommunistische Revolution (...) die Teilung der Arbeit aufhebt.«[39] Fast dreißig Jahre später findet sich in Marx' »Kritik des Gothaer Programms« die lapidare Feststellung, daß der Kommunismus möglich werde, »nachdem die knechtende Unterordnung der Individuen unter die Teilung der Arbeit, damit auch der Gegensatz geistiger und körperlicher Arbeit verschwunden ist.«[40]

Man mag darüber streiten, ob und in welchem Grade der spätere Marx sich von der Hegelschen Geschichtsphilosophie gelöst hat. Die Forderung nach Aufhebung der Arbeitsteilung wird jedenfalls beibehalten; freilich werden ihre konkreten historischen und ökonomischen Bedingungen nunmehr »materialistisch«, das heißt empirisch bestimmt. Es sind:

- Die Loslösung des Menschen aus den »naturwüchsigen« gesellschaftlichen Verhältnissen der vorkapitalistischen Zivilisation.[41]
- Die Entfaltung des Industriesystems durch den Kapitalismus. Dadurch eine »Entwicklung der gesellschaftlichen Produktivkräfte und (...) Schöpfung von materiellen Produktionsbedingungen, welche allein die reale Basis einer höheren Gesellschaftsform bilden, deren Grundprinzip die volle und freie Entwicklung jedes Individuums ist.«[42] Erst wenn die »Springquellen des genossenschaftlichen Reichtums voller fließen«[43], ist Kommunismus möglich, weil andernfalls »nur der *Mangel* verallgemeinert, also mit der *Notdurft* auch der Streit um das Notwendige wieder beginnen und die ganze alte Scheiße sich herstellen müßte«.[44]

38 Marx und Engels, *Deutsche Ideologie* (Anm. 2), S. 33.
39 a. a. O., S. 364.
40 Karl Marx, *Kritik des Gothaer Programms. Randglossen zum Programm der deutschen Arbeiterpartei*. Berlin (Ost) 1974, MEW 19, S. 21.
41 Z. B. ders., *Das Kapital I* (Anm. 4), S. 93 f.; ders., *Das Kapital III* (Anm. 20), S. 839.
42 ders., *Das Kapital I* (Anm. 4), S. 618, auch S. 93 f.; ders., *Das Kapital III* (Anm. 20), S. 827 f.
43 ders., *Randglossen* (Anm. 40), S. 21.
44 Marx und Engels, *Deutsche Ideologie* (Anm. 2), S. 34 f.

- Das zwingende Erfordernis zu arbeiten, um ihre Bedürfnisse zu befriedigen und ihr Leben zu erhalten, bleibt für die Menschen freilich bestehen. »Die Freiheit in diesem Gebiet kann nur darin bestehen, daß die (...) assoziierten Produzenten (...) ihren Stoffwechsel mit der Natur (...) unter ihre gemeinschaftliche Kontrolle bringen, statt von ihm als von einer blinden Macht beherrscht zu werden; ihn mit dem geringsten Kraftaufwand und unter den ihrer menschlichen Natur würdigsten und adäquatesten Bedingungen vollziehen. Aber es bleibt dies immer ein Reich der Notwendigkeit. Jenseits desselben beginnt die menschliche Kraftentwicklung, die sich als Selbstzweck gilt, das wahre Reich der Freiheit, das aber nur auf jenem Reich der Notwendigkeit als seiner Basis aufblühen kann. Die Verkürzung des Arbeitstages ist die Grundbedingung.«[45]

- Sie schafft jene materiellen und kulturellen Freiheiten für alle Menschen, die sie brauchen, um sich zu bilden, ihre gesellschaftlichen Verhältnisse zu durchschauen und unter ihre Kontrolle zu bringen und sich als Individuen wie als gesellschaftliche Wesen frei zu entfalten.

- Die formelle Teilung der Arbeit, oder anders ausgedrückt: das System der kooperativen industriellen Arbeit wird zwar nicht abgeschafft, wohl aber die »naturgesetzlich« verfestigte Herrschaft der Verhältnisse über die Menschen und die durch sie bedingte »knechtende Unterordnung« der Individuen unter fixierte soziale Rollen: Produktionsmitteleigentümer oder Lohnarbeiter, Kopf- oder Handarbeiter, Mann oder Frau.

Wie eine solche klassenlose »sozialistische/kommunistische« Gesellschaft ökonomisch, sozial und politisch organisiert werden könnte, wird von Marx und Engels nur angedeutet: Ihnen ging es in erster Linie darum darzutun, daß die Fortdauer der Klassengesellschaft materiell nicht mehr nötig und eine neue menschlichere Gesellschaftformation materiell möglich sei. Und ihre Kritik der politischen Ökonomie des Kapitalismus verwies zugleich auf die katastrophalen Konsequenzen, die eintreten würden, wenn die Menschen diese Möglichkeit

45 Marx, *Das Kapital III* (Anm. 20), S. 828.

nicht ergriffen. Angesichts des gegenwärtigen realen Zustands der Menschheit wird es nicht leicht sein, die Aktualität dieser Analyse zu bestreiten.

Staat oder freie Assoziation

In ihrer Einladung zur Marx-Debatte schreibt die Redaktion von »Future Antérieur«: »Marx a mis en avant un certain nombre de thèses sur la politique et sur l'Éat, mais elles sont le plus souvent elliptiques, parfois équivoques.« Das scheint mir unbestreitbar. Eine zusammenhängende und schlüssige Theorie des Staates und der Politik gibt es bei Marx in der Tat nicht. Aber es gibt eine innere Logik des Marxschen Denkens, aus der wir auch diesbezüglich Schlüsse ziehen können.

Ziel und Sinn der sozialistischen Überwindung des Kapitalismus ist es, den Grundwiderspruch zwischen geschäftlicher Produktion und kapitalistischer individueller Aneignung aufzuheben, die Produktion nicht mehr am Automatismus der Marktkonkurrenz und dem Maßstab der Profiterwirtschaftung, sondern an den konkreten Bedürfnissen der Menschen auszurichten und damit die »Naturgesetzlichkeit« des Prozesses der Akkumulation und Verwertung des Kapitals außer Kraft zu setzen – einer Gesetzlichkeit, die, wie wir gesehen haben, Realität und entfremdeter Schein in einem ist.

Zu diesem Zweck ist es nötig, die bürgerlich-kapitalistischen Eigentums- und Herrschaftsformen zu sprengen. Anstelle der Verfügung der Kapitalistenklasse über die Produktionsmittel und der kapitalistischen Regelung von Produktion und Verteilung tritt »eine gesellschaftlich-planmäßige Regelung der Produktion nach den Bedürfnissen der Gesamtheit wie jedes einzelnen.« Dies ist der Sinn der vielberufenen »Sozialisierung« der Produktionsmittel; ihr Ergebnis: »Einerseits direkt gesellschaftliche Aneignung als Mittel zur Erhaltung und Erweiterung der Produktion, andrerseits direk, individuelle Aneignung als Lebens- und Genußmittel.«[46]

Es leuchtet unmittelbar ein, daß die Funktionsweise einer solcherart vergesellschafteten Produktion es erfordert, daß alle Gesellschaftsmitglieder auf der Grundlage freiwilliger Übereinkunft in gleicher Weise an ihr teilhaben. Anderenfalls handelte es sich wieder um die Her-

46 Engels, *Entwicklung des Sozialismus* (Anm. 16), S. 223.

ausbildung einer ausbeutenden und unterdrückenden herrschenden Minorität. Alle über ihr Werk verstreuten gelegentlichen Aussagen von Marx und Engels über die zukünftige »genossenschaftliche« Produktion[47], insbesondere aber über die Stellung des Individuums im Sozialismus bestätigen diese Interpretation. Der Sozialismus ist ihnen »eine Association, worin die freie Entwicklung eines jeden die Bedingung für die freie Entwicklung aller ist.«[48]

Anders ausgedrückt: Die Kooperations- und Organisationsformen des Sozialismus können nur die einer radikalen rechtlich gesicherten »Demokratie« sein. Sozialismus wäre danach vollendete Demokratie, Sozialisierung mit Demokratisierung identisch. In der Tat findet sich diese Konsequenz zwar bei Marx und Engels nur angedeutet, in vielen marxistischen Strömungen jedoch ausdrücklich ausgesprochen und systematisch begründet.[49]

Zu dieser Interpretation scheint die Idee einer »Diktatur des Proletariats« im Widerspruch zu stehen. Daß sie für Marx eine zentrale Bedeutung hat, ist unbestreitbar.[50] Die Leninsche Definition von »Diktatur« als einer »sich unmittelbar auf Gewalt stützenden Macht, die an keinerlei Gesetze gebunden ist«[51] entspricht meiner Meinung nach jedoch nicht den Marxschen Intentionen. Für ihn wie für Engels war etwa die auf breitester demokratischer Grundlage organisierte Pariser Kommune ein historisches Beispiel der »Diktatur des Proletariats«. Und Luxemburg hat die Problematik auf den Punkt gebracht, als sie schrieb: »Jawohl: Diktatur! Aber diese Diktatur besteht in der Art der Verwendung der Demokratie, nicht in ihrer Abschaffung.«[52]

---

47 Marx, *Grundrisse* (Anm. 20), S. 88 f.; ders., *Das Kapital I* (Anm. 4), S. 92 f.; ders., *Das Kapital III* (Anm. 20), S. 267; ders., *Randglossen* (Anm. 40), S. 18 ff., 226, 228.

48 Marx und Engels, *Kommunistisches Manifest* (Anm. 18), S. 482; auch: Marx, *Grundrisse* (Anm. 20), S. 75 f.; Engels, *Anti-Dühring* (Anm. 3), S. 273.

49 Z. B. bei Rosa Luxemburg, *Zur russischen Revolution*. Band 4, Gesammelte Werke, Berlin ³1983, S. S. 332 ff., bes. S. 353 ff. Siehe auch: Friedrich Dorn (Bearb.), *Für Rätedemokratie und Arbeiterselbstverwaltung. Thesen des XII. Weltkongresses der IV. Internationale (1985) über sozialistische Demokratie und Diktatur des Proletariats*. Frankfurt am Main 1985.

50 *Karl Marx an Joseph Weydemeier vom 5. März 1852*. Berlin (Ost) 1963, MEW 28, S. 508; Karl Marx, *Bemerkungen über die neueste preußische Zensurinstruktion*. Berlin (Ost) 1961, MEW 1, S. 9, 28.

51 Wladimir I. Lenin, *Die Proletarische Revolution und der Renegat Kautsky*. Berlin 1946, Ausgewählte Werke in 2 Bänden. Bd. 2, S. 41.

52 Luxemburg, *Zur russischen Revolution* (Anm. 49), S. 363.

Die Marxsche Kategorie der »Diktatur« hat mehr mit dem Gramscischen Begriff der »Hegemonie«[53] zu tun als mit der Vorstellung einer schrankenlosen staatlichen Gewaltherrschaft. So wie die »bürgerliche« Demokratie – der politischen Form nach demokratisch – in ihrer gesellschaftlichen Substanz die Hegemonie der ökonomisch, politisch und ideologisch dominierenden Klassen im Kapitalismus zum Ausdruck bringt, so würde die »Diktatur des Proletariats« – der Form nach ebenfalls demokratisch – in ihrer gesellschaftlichen Substanz die Hegemonie des (arbeitenden) Volkes gegenüber den – noch existierenden – ehemals dominierenden Klassen zum Ausdruck bringen.

Ebenso wie es bei Marx keine ausgearbeitete Theorie von Staat und rechtlicher Ordnung in der Klassengesellschaft gibt, gibt es auch keine – oder nur angedeutete – Vorstellungen über die organisatorischen Strukturen der erstrebten Gesellschaft ohne Staat und Klasse. Jedoch haben Marx und Engels mit Sicherheit nicht an eine spontane Selbstorganisation der Gesellschaft gedacht. Daß auch in einer herrschaftsfreien Gesellschaft »Leitung« und »Autorität« erforderlich bleiben, haben Marx und Engels immer betont, mit besonderer sarkastischer Schärfe gegenüber den Anarchisten.[54]

Aber diese »Autorität« und diese »Leitung« haben nicht mehr den Charakter der dauerhaften Herrschaft einer bestimmten privilegierten Klasse. Kein geringerer als Martin Buber hat dieses Problem auf den Begriff gebracht, als er zwischen »Leitung« und »Herrschaft« unterschied und die Differenz zwischen ihnen als den »politischen Überschuß« bezeichnete, jenes Mehr an Macht, das funktional überflüssig ist und nur der Erhaltung der einmal errungenen eigenen Machtposition dient.[55]

53 Siehe Perry Anderson, *Antonio Gramsci*. Berlin 1978, bes. S. 10 ff.

54 Z. B. *Friedrich Engels an Theodor Cuno vom 24. Jan. 1872*. Berlin (Ost) 1966, MEW 33, S. 389; siehe auch Marx, *Das Kapital I* (Anm. 4), S. 350 ff.; ders., *Das Kapital III* (Anm. 20), S. 396 ff.

55 Martin Buber, *Pfade in Utopia*. Heidelberg 1950; ders., *Zwischen Gesellschaft und Staat*. Heidelberg 1952; siehe auch die anthropologischen Studien von Bronislaw Malinowski und aus ›sozial‹, der Schrift von Alfred Reginald Radcliffe-Brown; Bronislaw Malinowski, *Kultur und Freiheit*. Wien u. a. 1951, bes. S. 212 ff.; ders., *Schriften in vier Bänden*. Frankfurt am Main 1979–1986; dazu auch Peter von Oertzen, *Kultur und Freiheit*. In: Schlüsselwerke der Soziologie. Hrsg. v. Sven Papcke und Georg W. Oesterdieckhoff. Wiesbaden 2001; ferner Fritz Kramer und Christian Sigrist (Hrsg.),

Die Bedeutung und fortdauernde Aktualität der Marxschen Klassenanalyse liegt in der Erkenntnis, daß ökonomische Ausbeutung und politische Herrschaft eine und dieselbe raison d'être haben: die geringe Entwicklung der materiellen Produktivkräfte. Eine Gesellschaft des (relativen) Wohlstands, der freien Zeit und der Bildung für alle hat – wenigstens prinzipiell – herrschende Klassen nicht mehr nötig – weder ökonomisch noch politisch noch ideologisch. Apropos! Ich bin der festen Überzeugung, daß der weitverbreitete und wachsende politisch-soziale Unmut vieler Menschen (und zunehmend nicht mehr nur der objektiv benachteiligten Unterklassen) in den kapitalistischen Demokratien des »Westens« sich unterdessen nicht so sehr gegen Arroganz, Machtmißbrauch und materielle Korruption der Eliten richtet, als viel mehr gegen ihre Inkompetenz. Ein wachsender Teil des Volkes, der selbst an der Macht keinen oder nur einen geringen Anteil hat, gelangt zu der Überzeugung, daß die »Eliten« ihren Job nicht mehr anständig tun und daß sie selbst – die einfachen Bürgerinnen und Bürger – ihre Angelegenheiten besser regeln könnten als »die da oben«. Um 1890 war diese Vorstellung noch eine Utopie; 1945 vielleicht eine schwache Hoffnung; heute nähert sie sich der Realität.[56]

Auf der Suche nach dem verlorenen revolutionären Subjekt

Angenommen Marx habe tatsächlich die reale Möglichkeit einer Gesellschaft ohne Ausbeutung, Unterdrückung und kulturelle Unmündigkeit bewiesen (oder bescheidener: plausibel gemacht), so bleibt trotzdem die Frage: Welche Menschen unter welchen »bestimmten Voraussetzungen und Bedingungen« werden diese Möglichkeit ergreifen und in die Wirklichkeit umsetzen? Der Hinweis auf die »Idee« ist

Gesellschaften ohne Staat. 2 Bde. Frankfurt am Main 1983; Christian Sigrist, *Regulierte Anarchie. Untersuchungen zum Fehlen und zur Entstehung politischer Herrschaft in segmentären Gesellschaften Afrikas.* Frankfurt am Main [2]1979.

56 Ich fühle mich verpflichtet zu erwähnen, wieviel ich bei der Entwicklung dieser Gedanken Cornelius Castoriadis und seinen Freunden von der Zeitschrift »socialisme ou barbarie« (1949–1966) verdanke, deren einer von – wie man mir sagte – vier deutschen Lesern ich gewesen bin. Vgl. Cornelius Castoriadis, *Arbeiterräte und selbstverwaltete Gesellschaft.* Frankfurt am Main 1974; ders., *Sozialismus oder Barbarei.* Berlin 1980.

nicht ausreichend. Schon der junge Marx schrieb: »Es genügt nicht, daß der Gedanke zur Verwirklichung drängt; die Wirklichkeit muß sich selbst zum Gedanken drängen.«[57] Gesucht ist also ein (das) gesellschaftliches Subjekt (das heißt natürlich auch und in erster Linie ökonomisches Subjekt) der antizipierten sozialen Revolution.

Marx und Engels haben dieses Subjekt stets in der »Arbeiterklasse«, vor allem im modernen Industrieproletariat erblickt. Bedeutende bürgerliche Wissenschaftler haben ihnen darin zugestimmt. Werner Sombart schrieb zum Beispiel noch 1919: »Der Sozialismus ist proletarisch, das Proletariat ist sozialistisch geworden. Diese Vereinigung ist die weltgeschichtliche Tat von Karl Marx«[58]. Keine der zentralen Thesen von Marx scheint heute so schlagend durch die geschichtliche Wirklichkeit widerlegt worden zu sein wie diese: Die Arbeiterklasse im engeren Sinne ist minoritär unter den Arbeitnehmern, den Lohnabhängigen insgesamt; und der Sozialismus ist minoritär in der Arbeiterklasse.

Aber bereits in der Theorie von Marx selbst war die Antwort auf die Frage nach dem revolutionären Subjekt »Arbeiterklasse« prekär. Die Passagen über die Entstehung des »revolutionären Proletariats« im 1. Band des »Kapital«[59] haben mehr den Charakter einer alttestamentarischen Prophetie als einer materialistischen wissenschaftlichen Analyse. Es scheint mir auch kein Zufall zu sein, daß das Kapitel »Die Klassen« im 3. Band des »Kapital« unvollendet geblieben ist.[60] Wie aus der streng ökonomischen Definition der drei großen Klassen der kapitalistischen Gesellschaft: Lohnarbeiter, Kapitalisten und Grundbesitzer ein spezifisches gesellschaftlich-politisches Verhalten erklärt werden soll, bleibt offen. »Die unendliche Zersplitterung der Interessen und Stellungen, worin die Teilung der gesellschaftlichen Arbeit (sic!) die Arbeiter, wie die Kapitalisten und Grundeigentümer (...) spaltet«, wird erwähnt, aber nicht näher untersucht. Die zum Teil höchst geistreichen konkret-historischen Klassenanalysen von Marx stehen mit der abstrakten ökonomischen Klassentheorie in keinerlei Zusammenhang.[61]

57 Karl Marx, *Zur Kritik der Hegelschen Rechtsphilosophie. Einleitung*. Berlin (Ost) 1961, MEW 1, S. 386.

58 Werner Sombart, *Sozialismus und soziale Bewegung*. Jena [8]1919, S. V.

59 Marx, *Das Kapital I* (Anm. 4), S. 674 f., S. 790 f.

60 ders., *Das Kapital III* (Anm. 20), S. 892 f.

61 ders., *Der 18. Brumaire des Louis Bonaparte*. Berlin (Ost) 1960, MEW 8, S. 198 ff.

Diese Lücke im Marxschen Werk hat insbesondere den orthodoxen Marxisten immer besondere Beschwerden bereitet (vor allem angesichts des unleugbaren Umstands, daß die historisch-empirische Arbeiterschaft keine rechten Anstalten gemacht habt, die ihr vom Marxismus zugeschriebene historische Rolle auch wirklich wahrzunehmen). Die leninistische Variante der Marxschen Theorie hat den Knoten einfach durchgehauen. Lenin dekretierte, daß die »Arbeiterklasse aus eigenen Kräften« nur zu einem gewerkschaftlichen Bewußtsein gelangen könne, während ihr das wahre sozialistische Bewußtsein – durch die revolutionäre Intelligenz und durch die Avantgardepartei – »von außen gebracht werden« müsse.[62]

Bemerkenswert – und merkwürdig zugleich – ist jedoch der Umstand, daß es im Marxschen Werk sehr wohl eine ausgearbeitete sozialwissenschaftlich-historische Theorie des »historischen Subjekts« gibt und daß diese mit der herkömmlichen marxistischen Klassentheorie keineswegs übereinstimmt: Soziale Revolutionen, das heißt tiefgreifende gesellschaftliche Umwälzungen treten nach Marx dann ein, wenn die *Produktivkräfte* in Widerspruch zu den *Produktionsverhältnissen* geraten, diese umwälzen und neue Produktionsverhältnisse schaffen. Wenn wir die im Marxismus allerdings weithin üblich gewordene ökonomistische Verengung dieser Kategorien vermeiden, dann entdecken wir im Begriff der Produktionsverhältnisse die Gesamtheit der »geltenden gesellschaftlichen Einrichtungen«[63] in Ökonomie, sozialem Leben, Politik und Kultur und im Begriff der Produktivkräfte die Gesamtheit der schöpferischen Kräfte der Gesellschaft in ihrem arbeitsteiligen Zusammenwirken. Diese Kräfte sind nun in der Tat – zumindest objektiv – das *Subjekt* der Geschichte. Dieses Subjekt erscheint als solches auch im Marxschen Werk und zwar unter der Kategorie des »gesellschaftlichen Gesamtarbeiters«. Zu ihm gehören in erster Linie gewiß die Arbeiter, aber ebensogut auch Angestellte, Beamte und selbständig Tätige, sofern sie keine parasitären Existenzen sind, sondern gesellschaftlich notwendige und daher nützliche Arbeit leisten, zu ihm gehören Manager, Wissenschaftler, Ärzte, Pflegekräfte, Lehrende und Erziehende, Journalisten und Künstler.[64]

---

62 Lenin, *Die Proletarische Revolution* (Anm. 51), S. 199, 240.

63 Marx, *Zur Kritik der politischen Ökonomie* (Anm. 7), S. 8 f.; vgl. auch ders., *Elend der Philosophie* (Anm. 11), S. 181.

64 ›Zum Konzept des Gesamtarbeiters‹ vor allem: ders., *Resultate des unmittelbaren*

Hieraus erhellt, daß die Leninsche Frage, woher die Arbeiterklasse ihr sozialistisches Bewußtsein erhalte, ein Scheinproblem erzeugt. Wenn die Intelligenz selbst Bestandteil des gesellschaftlichen Gesamtarbeiters ist, handelt es sich bei dem Austausch von Erkenntnissen und Erfahrungen zwischen ihr und der empirischen Arbeiterschaft nicht um eine Einwirkung »von außen«, sondern um eine funktionale Kooperation innerhalb des arbeitsteilig organisierten Gesamtarbeiters.

Das historische Subjekt bei Marx ist also nicht unmittelbar materiell gegeben. Das »revolutionäre Bewußtsein« ist nach der originären Marxschen Theorie weder der Reflex einer fest umrissenen sozialökonomisch determinierten gesellschaftlichen Gruppe auf ihre »Klassenlage« noch auch das Ergebnis der Führung durch die »revolutionäre Avantgarde«. Das »revolutionäre Bewußtsein«, das den gesellschaftlichen Gesamtarbeiter überhaupt erst im eigentlichen Sinne des Wortes zum historischen Subjekt der Revolution macht, kann sich vielmehr nur in einem komplexen widersprüchlichen Prozeß historisch konstituieren, in dem die arbeitsteilig zusammenwirkenden Menschen ihre gesellschaftliche Lage erkennen, ihre Interessen – kurzfristige und langfristige – formulieren, sich zusammenschließen und schließlich ihre Kooperation derart neu organisieren, daß am Ende eine »Assoziation« entsteht, »worin die freie Entwicklung eines jeden die Voraussetzung für die freie Entwicklung aller« ist.

Das hier entwickelte Konzept unterscheidet sich, wie ich zugebe, radikal von jenem Begriff des Klassenbewußtseins, wie er im traditionellen Marxismus vorgeherrscht hat. Dieser bezog sich im wesentlichen auf den sozialen Antagonismus von Lohnarbeit und Kapital und enthielt kaum Vorstellungen von den aktuellen und vor allem potentiellen Kooperationsformen innerhalb des gesellschaftlichen Gesamtarbeiters. (Allerdings gilt dies nicht für das gewerkschaftlich-politische Bewußtsein der »libertären«, der anarchistischen, syndikalistischen und rätesozialistischen Strömungen der Arbeiterbewegung, in dem der kollektive Kampf gegen das Kapital und die ideell-organisatorische Vorwegnahme der zukünftigen genossenschaftlichen Organisation der

Produktionsprozesses. Frankfurt am Main 1969, bes. S. 45 ff.; Marx, *Das Kapital I* (Anm. 4), S. 350 ff., 442 ff., 531 f.; ders., *Das Kapital III* (Anm. 20), S. 91 f., 396 ff. Marx' und Engels' aktuelle Kritik an der ›Bürgerlichen Intelligenz‹: Karl Marx und Friedrich Engels, *[Zirkularbrief an Bebel, Liebknecht, Bracke u. a.]*. Berlin (Ost) 1974, MEW 19, S. 150 ff., bes. S. 159 ff.

Arbeit stets eng miteinander verknüpft waren.) Auf jeden Fall bedeutet der Verzicht auf das traditionelle marxistische Klassenkonzept keine Abkehr vom originärem Marx, sondern eine Rückkehr zu ihm.

Quae est veritas

Vermutlich haben Marx und Engels mit keinem Teil ihrer Lehren eine so leidenschaftliche Ablehnung erfahren wie mit ihrem anmaßenden Anspruch, die reine wissenschaftliche Wahrheit zu vertreten, verbunden mit einer teilweise brutalen Kritik an widersprechenden wissenschaftlichen Auffassungen, ganz zu schweigen von ihrem höchst abschätzigen Urteil über philosophische oder gar religiöse Doktrinen. Diese Haltung hat bis auf den heutigen Tag bei nicht wenigen der sogenannten »orthodoxen« Marxisten ihre Spuren hinterlassen. Sie war um so anstößiger, als Teile des organisierten Marxismus selbst Züge eines quasi religiösen philosophischen Dogmatismus entwickelt haben – die Diskriminierung oder gar Unterdrückung freier wissenschaftlicher Diskussionen miteingeschlossen.

Marx und Engels selbst waren freilich Wissenschaftler genug, um die tatsächliche Bedeutung ideeller Faktoren in Geschichte und Gesellschaft zu erkennen, einschließlich der »in den Köpfen der Menschen spukenden Tradition«, »philosophischer Theorien« und »religiöser Anschauungen«[65]; und dies ungeachtet der Tatsache, daß sie beide unbestreitbar Atheisten und philosophische Materialisten waren. Den Ansprüchen einer wissenschaftlichen Theorie der Religion genügt ihre materialistische Religionskritik sicherlich nicht; ihre oft geübte Rede vom »Blödsinn« der »in der Luft schwebenden ideologischen Gebiete«[66] war auch mehr politische Polemik als eine ernsthafte wissenschaftliche Analyse.

Freilich: Die berühmt gewordenen Worte des jungen Marx: »Der Mensch *macht die Religion,* die Religion macht nicht den Menschen« und »Das *religiöse* Elend ist in einem der *Ausdruck des* wirklichen Elendes und in einem die *Protestation* gegen das wirkliche Elend. Die Religion ist der Seufzer der bedrängten Kreatur«[67] sprechen ganz ge-

65 *Engels an Bloch vom 21. Sept. 1890* (Anm. 5), S. 463.
66 *Friedrich Engels an Conrad Schmidt vom 27. Okt. 1890*. Berlin (Ost) 1967, MEW 37, S. 492.
67 Marx, *Einleitung* (Anm. 57), S. 378.

wiß eine wesentliche Wahrheit über die Bedeutung der Religion für das Leben der Menschen aus, ebenso wie die Engelsschen Bemerkungen über den Klassencharakter von Religionen.[68] Aber es ist nicht die ganze Wahrheit. Die marxistische Religionskritik trifft nur die positive historische Religion im Sinn einer transzendenten spirituellen Gegenwelt zum irdischen Dasein; am Glauben, der keiner Mythen, keiner Dogmen, keiner Riten und keiner Kirche bedarf, geht sie vorbei.[69] Albert Camus hat einmal gesagt, das einzige philosophische Problem, mit dem es sich zu beschäftigen lohne, sei der Selbstmord. In der Tat! Die Frage, warum ich mich nicht selbst umbringe, geht allen anderen Fragen vor. Und keine Wissenschaft kann sie beantworten, auch nicht der Marxismus. Aber dieser Umstand berührt in gar keiner Weise die Marxschen Analysen und Theorien unserer Gesellschaft.

Ich halte diese Theorien und Analysen im Wesentlichen für wahr in einem strikt wissenschaftlichen Sinne – wobei zu bedenken ist, daß die historischen und sozialwissenschaftlichen Disziplinen jene spezifische Exaktheit der experimentiellen Naturwissenschaften nicht haben und nicht haben können. Marxistisch inspirierte Forschungen auf dem Gebiet der Geschichte oder der Politik, der Anthropologie oder der Psychologie, der Soziologie oder der Ökonomie sind genauso wissenschaftlich wie andere Forschungen; sie sind auf dieselbe Weise beweisbar oder widerlegbar. Ich habe bei einigen exemplarischen Problemen versucht, solche Argumente vorzutragen.

Der Marxismus als Ganzes läßt sich allerdings auf diese Weise nicht diskutieren. Er enthält eine Theorie des Gesamtzusammenhanges der menschlichen Geschichte und der menschlichen Gesellschaft. Er analysiert einen Prozeß, der nicht abgeschlossen ist und er ist selbst – als ein ideeller und sozialer Faktor unter anderen – ein Bestandteil dieses Prozesses. Er enthält unvermeidlicherweise eine Prognose über den Fortgang des besagten historischen Prozesses; und die Wahrheit seiner Analysen und Theorien erweist sich in dem Grade, in dem seine Prognosen verifiziert oder falsifiziert werden.

68 Friedrich Engels, *Ludwig Feuerbach und der Ausgang der klassischen deutschen Philosophie*. Berlin (Ost) 1972, MEW 21, S. 259 ff., bes. 302 ff.

69 Dietrich Bonhoeffer, ein 1945 als Widerstandskämpfer von den Nazis ermordeter radikaler evangelischer Theologe, hat den Begriff eines »religionslosen Christentums« entwickelt. Dietrich Bonhoeffer, *Widerstand und Ergebung. Briefe und Aufzeichnungen aus der Haft*. München [14]1990, S. 138–144.

Der Kern der marxistischen Analyse/Prognose ist die Behauptung, daß eine Gesellschaft ohne Ausbeutung, Unterdrückung und kulturelle Unmündigkeit möglich sei. Rosa Luxemburg hat diese Analyse/Prognose auf die Alternative zugespitzt: Socialisme ou barbarie. Über die Wahrheit dieses Satzes entscheiden nicht die Professoren der Geschichte oder der Ökonomie und nicht noch so kluge Debatten in Zeitschriften oder auf wissenschaftlichen Kongressen, sondern die handelnden Menschen in der wirklichen geschehenden Geschichte. Im Deutschland des Jahres 1930 schrieb ein junger marxistischer Intellektueller in der Auseinandersetzung mit Karl Mannheim: »Solange es Menschen gibt, die ihr Handeln nach der Marxschen Überzeugung ausrichten, so lange ist Marx nicht widerlegt – denn eben dies war ja seine Erwartung, daß es solche Menschen geben werde.«[70] Das gilt auch noch heute.

70 Ernst Lewalter, *Wissenssoziologie und Marxismus*. Band 64, Archiv für Sozialwissenschaft und Sozialpolitik, Tübingen 1930, S. 623. Siehe auch Rosa Luxemburg, *Karl Marx (1903)*. Band 1/2, Gesammelte Werke, Berlin [5]1983, S. 377.

Historisch-politische Möglichkeit bei Max Weber und Karl Marx

Theorie und Praxis

Der von Marx und Engels begründete sogenannte »wissenschaftliche Sozialismus« hat sich ungeachtet seines Anspruchs, wirkliche kritische, empirisch begründete, streng logisch argumentierende Wissenschaft zu sein, nie als bloße Analyse oder Theorie verstanden. Die theoretische »Kritik der politischen Ökonomie« war immer auch eine praktische Kritik, ein Moment der auf die Umwälzung der gesellschaftlichen Verhältnisse, auf die »Revolution« gerichteten sozialistischen Bewegung. Mit diesem Anspruch war aber zugleich das Problem des Verhältnisses von Theorie und Praxis zu einem theoretischen Problem der Marxschen wissenschaftlichen Lehren selbst geworden. Dem traditionellen historisch-politischen Idealismus, für den die großen historischen Individuen – sei es als Agenten des Weltgeistes, sei es als Repräsentanten der Völker – die Rolle der historischen Subjekte spielen, mag die Lösung dieses Problems relativ einfach erscheinen; für den historischen Materialismus ist dies anders. Denn »die Produktionsweise des materiellen Lebens bedingt den sozialen, politischen und geistigen Lebensprozeß überhaupt. Es ist nicht das Bewußtsein der Menschen, das ihr Sein, sondern umgekehrt ihr gesellschaftliches Sein, das ihr Bewußtsein bestimmt.«[1] Die »reale Basis«, »die ökonomische Struktur der Gesellschaft« ist demgemäß auch der Hauptgegenstand der Marxschen wissenschaftlichen Kritik, ihrer Analysen und Prognosen.

Wie dieser reale, im wesentlichen ökonomische Gesellschaftsprozeß, dessen »Naturgesetzlichkeit« Marx oft genug betont hat, mit der empirisch feststellbaren »Rolle der Persönlichkeit in der Geschichte«, mit der Freiheit menschlicher Entscheidung und mit der unleugbaren Bedeutsamkeit von Ideen und ideellen Überzeugungen für die sozialen

---

1 Karl Marx, *Zur Kritik der politischen Ökonomie (1859). Vorwort.* Berlin (Ost) 1961, MEW 13, S. 8f.

und politischen Verhaltensweisen der Menschen theoretisch in Übereinstimmung zu bringen sei, oder anders ausgedrückt: welche Rolle der »subjektive Faktor« im »objektiven«, von den ökonomischen Bedingungen »in letzter Instanz«[2] bestimmten Geschichtsprozeß zu spielen habe, hat die marxistische Theorie selbst und ihre Kritiker demgemäß seit eh und je beschäftigt. Die herkömmliche »bürgerliche« antimarxistische Polemik hat sich die Lösung einfach gemacht, indem sie in Marx den Forscher und den Revolutionär und im Marxismus »Wissenschaft« und »Eschatologie« auseinandersortiert und für miteinander unvereinbar erklärt hat. Aber auch ein so profunder Marx-Kenner wie Iring Fetscher hat noch kürzlich wieder einmal den »geschichtsphilosophischen Determinismus« im Marxismus diagnostiziert und kritisiert (wobei er in bezug auf viele traditionsreiche und weitverbreitete marxistische Strömungen nicht einmal unrecht hat).

Marx selbst hat freilich von der »Deutschen Ideologie« und den »Feuerbachthesen« an bis zum »Kapital« stets auf dem untrennbaren – dialektischen – Zusammenhang von Theorie (Anschauung) und Praxis, von zu verändernden gesellschaftlichen Umständen und verändernder menschlicher Tätigkeit insistiert.[3] Und der alte Engels hat allen ökonomistischen und deterministischen Mißverständnissen die zwar grobschlächtige, aber doch deutliche Rede von der »Wechselwirkung« zwischen den materiellen und den ideellen Faktoren in der Geschichte entgegengesetzt; und er hat mit Nachdruck auf das eigentliche Subjekt der Geschichte verwiesen, auf den handelnden Menschen: »Wir machen unsere Geschichte selbst«, aber, so fügt Engels hinzu, »unter sehr bestimmten Voraussetzungen und Bedingungen.«[4]

Unter diesen spielen die ökonomischen eine besondere Rolle. Diese Rolle wurzelt nicht etwa in einem höheren Grade der »Realität«, in einem metaphysischen oder ontologischen Vorrang der ökonomischen Struktur. Sondern die ausschlaggebende Rolle der Ökonomie in Gesellschaft und Geschichte ist schlicht und einfach, wie es Engels in seiner Rede am Grabe von Karl Marx ausgedrückt hat, in der »bisher unter

---

2 *Friedrich Engels an Joseph Bloch vom 21. Sept. 1890.* Berlin (Ost) 1967, MEW 37, S. 463.

3 Wer das in bezug auf den Marx des »Kapital« nicht glauben mag, der lese im 5. Kapitel des 1. Bandes die Passage über den spezifisch menschlichen Charakter der Arbeit als einer von Ideen bestimmten, Zwecke verwirklichenden Tätigkeit.

4 *Engels an Bloch vom 21. Sept. 1890*, S. 463.

ideologischen Überwucherungen versteckten einfachen Tatsache« begründet, »daß die Menschen vor allen Dingen zuerst essen, trinken, wohnen und sich kleiden müssen, ehe sie Politik, Wissenschaft, Kunst und Religion usw. betreiben können«.[5]

Die »objektive Möglichkeit«

In groben Umrissen ist das Problem von Theorie und Praxis im Marxismus damit klargestellt: Die Wissenschaft des historischen Materialismus und der kritischen politischen Ökonomie analysiert jene »bestimmten Voraussetzungen und Bedingungen«, insbesondere die ökonomischen, und umschreibt insoweit den Spielraum und die Möglichkeiten individuellen und kollektiven menschlichen Handelns; wobei die Erkenntnis dieser Möglichkeiten, z. B. in Gestalt des wissenschaftlich geklärten »proletarischen Klassenbewußtseins«, Motive und Richtung des menschlichen Handelns wesentlich beeinflußt. Das Marxsche wissenschaftliche Denken, insbesondere wenn es Prognosen über die zukünftige gesellschaftliche Entwicklung enthält, ist insofern eine klassische Ausprägung jener sozialwissenschaftlichen Denkfigur, die von Merton als »sich selbst erfüllende« oder »sich selbst zerstörende Prophetie« bezeichnet worden ist.[6] Der damals marxistische Schriftsteller Ernst Lewalter hat vor über 50 Jahren diesen Sachverhalt auf die einprägsame Formel gebracht: »Solange es Menschen gibt, die ihr Handeln nach der Marxschen Überzeugung einrichten, solange ist Marx nicht ›widerlegt‹ – denn eben dies war ja seine Überzeugung, daß es solche Menschen geben werde.«[7]

Diese Erkenntnis ist freilich bei Marx und Engels nur ansatzweise formuliert und nie ausführlich dargestellt worden; und aus dem Denken des Nach-Marxschen Marxismus ist sie für lange Zeit fast vollständig verdrängt worden. Erst Georg Lukács hat in seinen Studien über marxistische Dialektik[8] – zusammen mit Karl Korsch und anderen – das Problem der Dialektik von Theorie und Praxis als theoretisches

5 Friedrich Engels, *Das Begräbnis von Karl Marx*. Berlin (Ost) 1974, MEW 19, S. 335.

6 Robert K. Merton, *Social Theory and Social Structure*. Glencoe, Ill. ²1951, S. 179 ff.

7 Ernst Lewalter, *Wissenssoziologie und Marxismus*. Band 64, Archiv für Sozialwissenschaft und Sozialpolitik, Tübingen 1930, S. 623.

8 Georg Lukács, *Geschichte und Klassenbewußtsein. Studien über marxistische Dialektik*. Berlin 1923.

Problem wieder in aller Schärfe gestellt: Für »die Gewißheit des Untergangs des Kapitalismus, die Gewißheit der – am Ende – siegreichen proletarischen Revolution (...) kann es keine ›materielle‹ Gewähr geben. Sie ist uns nur methodisch – durch die dialektische Methode – garantiert. Und auch diese Garantie kann nur durch die Tat (...) erprobt und erworben werden. Einen Marxisten der Gelehrtenstubenobjektivität kann es ebensowenig geben, wie eine ›naturgesetzlich‹ garantierte Sicherheit des Sieges der Weltrevolution.«

Diese pathetische Bekräftigung der dialektischen Einheit von Theorie und Praxis hat auf den ersten Blick eine gewisse strukturelle Ähnlichkeit mit der existenzphilosophischen Kategorie der »Entschlossenheit«, oder mit jener Grundlosen Aktion, jener aus dem Nichts heraus sich selbst schaffenden Tat, mit der zu allen Zeiten heroische Revolutionäre versucht haben, sich selbst – und zugleich die Verdammten dieser Erde – am eigenen Zopf aus dem Sumpf der Ausbeutung und der Unterdrückung herauszuziehen. Die Marxsche Dialektik von Theorie und Praxis dieser Ähnlichkeit wegen als eine Variante des Existentialismus zu begreifen, wäre jedoch ein grobes Mißverständnis. Die Situation, in welcher der Marxist entschlossen handelt, die Möglichkeit, die er handelnd ergreift (oder verfehlt – auch die Barbarei statt des Sozialismus ist eine Möglichkeit), ist eine »objektive Möglichkeit«. Die marxistische Kategorie der »objektiven Möglichkeit« bezeichnet keinen abstrakten Handlungsspielraum, sondern eine konkrete gesellschaftlich-geschichtliche Lage, die in ihrer Gestalt und in ihren Chancen, die in ihren »sehr bestimmten Voraussetzungen und Bedingungen« wissenschaftlich analysiert werden kann und muß. Die objektive Möglichkeit für eine Gesellschaftsordnung ohne Ausbeutung, Unterdrückung und Entmündigung aufzufinden und nachzuweisen und damit zugleich dem Kampf für die Verwirklichung dieser Möglichkeit seine Richtung zu geben, ist die theoretische Pointe des wissenschaftlichen Sozialismus.

Die geschichtliche Komponente

Es scheint mir kein Zufall zu sein, daß an jener Stelle seines Buches, an der Lukács die marxistische Kategorie der »objektiven Möglichkeit« zu entfalten beginnt, sich ein kurzer Hinweis auf das wissenschaftliche Werk seines großen Lehrers Max Weber findet. In der Tat hat dieser bedeutendste bürgerliche Sozialwissenschaftler des 20. Jahrhunderts nicht nur viele konkrete Anregungen von Marx aufgenommen, sondern steht auch in Ansatz und Richtung seines Denkens der universal-historischen Gesellschaftstheorie Marxens viel näher, als es den Anschein hat. Seine Auseinandersetzung mit der Kategorie der historisch-politischen Möglichkeit scheint mir daher durchaus geeignet zu sein, die Diskussion dieser Kategorie im Marxismus zu vertiefen und weiterzuführen. Max Weber hat unser Thema vor allem im Rahmen seiner Auseinandersetzung mit dem großen Historiker Eduard Meyer behandelt, besonders in dem zweiten Teil seines Aufsatzes über »Objektive Möglichkeit und adäquate Verursachung in der historischen Kausalbetrachtung«. Dabei brauchen wir uns mit der expliziten historischen und sozialwissenschaftlichen Methodologie Webers nicht ausdrücklich zu beschäftigen. Weber hat sich in seiner konkreten Forschungsarbeit niemals durch seine methodologischen Überlegungen einengen lassen. Auch in unserem Falle gewinnt er, sowie er auf die Sache kommt, sofort einen Ausgangspunkt, den wir ohne weiteres akzeptieren können: Die Geschichtsschreibung geht darauf aus, den Strom der geschichtlichen Ereignisse in ihrer ursächlichen Verknüpfung, als eine Folge von verursachenden und verursachten Momenten zu begreifen und darzustellen. Freilich, den gesamten unendlich verzweigten Kausalnexus zu erfassen, ist unmöglich. Der Historiker muß sich auf die historisch »bedeutenden« Ereignisse und ihre ursächliche Verknüpfung beschränken. Was aber ist »bedeutend«?

Webers Antwort lautet: »Bedeutend« ist eine historische Tatsache dann, wenn ihr Fortfallen oder ihre Abänderung nach unserem Urteil einen wesentlich anderen Verlauf der geschichtlichen Ereignisse zur Folge gehabt hätte. Oder anders ausgedrückt: Ein historisches Ereignis ist dann »bedeutend«, wenn in einer bestimmten geschichtlichen Situation auch noch andere »Möglichkeiten« als die schließlich Wirklichkeit gewordenen bestanden haben, und wenn das besagte Ereignis den Ausschlag für diese Möglichkeit und gegen jene anderen gegeben hat. (Weber bedient sich dabei dreier von Eduard Meyer beigebrachter geschichtlicher Beispiele und fragt mit ihm nach der historischen »Bedeutung« der Schlacht bei Marathon für die hellenische Kulturentwicklung, des Bismarckschen Entschlusses zum Krieg von 1866 für die deutsche Einigung und der vielberufenen zwei Schüsse vor dem Berliner Schloß am 18. 3. 1848 für den Ausbruch der Revolution.) Den deterministischen Einwand, Geschichte kenne keine Möglichkeiten, weist Weber unter Hinweis auf die Praxis aller wirklichen Geschichtsschreibung ohne ausführlichere Begründung, aber trotzdem überzeugend zurück: »In jeder Zeile jeder historischen Darstellung (...) stecken ›Möglichkeitsurteile‹ oder richtiger: müssen sie stecken, wenn die Publikation ›Erkenntniswert‹ haben soll.«[9]

Wahrscheinlichkeit, Möglichkeit und Verursachung

Was aber ist eine Möglichkeit, und wie können wir sie feststellen? Jener vage Begriff der »Möglichkeit«, den wir verwenden, wenn wir unser subjektives Nichtwissen ausdrücken wollen (»Ist der Zug schon weg?« »Es ist möglich!«), ist für die historische Kausalbetrachtung unbrauchbar. Es muß sich um »objektive Möglichkeiten« handeln. Zur Klärung dieses Problems bezieht Weber sich auf die Arbeiten des Physiologen Johannes von Kries über Wahrscheinlichkeit, Möglichkeit und Verursachung, die vor allem für die Statistik und für das Strafrecht Bedeutung gewonnen hatten. Ich skizziere im folgenden ganz kurz die von Kriesschen Ergebnisse in den Grundzügen und in der vereinfachten Form, in der Weber sich ihrer bedient.

Von Kries geht von dem Axiom aus, daß jedes tatsächliche Ereignis »durch die Gesamtheit der zuvor bestehenden Verhältnisse mit Notwendigkeit herbeigeführt« werde. Demgegenüber scheint jede Aussage über eine Wahrscheinlichkeit oder Möglichkeit nur eine subjektive Ungewißheit, niemals aber eine objektive Möglichkeit bezeichnen zu können. Dieser Einwand gilt indes nur, wenn wir die einzelnen konkreten Bedingungen des fraglichen Erfolges, nicht jedoch, wenn wir »irgendwelche allgemeinen, generell bezeichneten Bedingungen« ins Auge fassen.[10] Das Wissen von der ersteren Art von Bedingungen nennt von Kries »ontologisch«, das von der zweiten Art »nomologisch«. Bei Beschränkung auf einen »nomologischen« Inhalt ist eine Aussage über objektive Möglichkeiten also sinnvoll. Schlagendes Bei-

9 Max Weber, *Objektive Möglichkeit und adäquate Verursachung der historischen Kausalbetrachtung (1906)*. In Weber, *Gesammelte Aufsätze zur Wissenschaftslehre*, S. 275.

10 Von Kries und auch Weber verwenden die Begriffe »Ursache« und »Bedingung« als gleichbedeutende, und ich folge ihnen darin.

spiel für einen solchen Sachverhalt ist das Würfeln. Aufgrund unserer genauen Kenntnis der allgemeinen Bedingungen (zentrischer Schwerpunkt des Würfels, kubische Form, gleichmäßige Oberfläche usf.) und bei völliger Unkenntnis der konkreten Bedingungen des jeweiligen einzelnen Wurfes können wir sagen, es sei das Fallen jeder Zahl von »eins« bis »sechs« »objektiv möglich«. Da unser ontologisches Wissen (außer in der isolierenden naturwissenschaftlichen Versuchsanordnung) fast immer lückenhaft ist, liegt die praktische Bedeutung solcher »nomologisch« begründeten Möglichkeitsurteile für unsere Erwartungen und Einschätzungen auf der Hand. Nur in den seltensten Fällen freilich lassen sich die generellen Bedingungen eines Erfolges so genau erfassen wie beim Glücksspiel, »dessen Möglichkeiten« sich dementsprechend auch nach den Methoden der Wahrscheinlichkeitsrechnung quantitativ bestimmen lassen. Im allgemeinen bleibt das Möglichkeitsurteil vage und darf nur sehr behutsam gefällt werden. Bei der Erhellung des Begriffs »Verursachung« geht es von Kries mit Hinblick auf die Problematik strafrechtlicher Verantwortlichkeit um die Frage, wann eine bestimmte Wirkung einer bestimmten Ursache (in der Regel einer handelnden Person) »zugerechnet« werden könne. Die Frage, ob eine Bedingung für eine bestimmte Folge überhaupt kausal gewesen sei, kann relativ einfach durch die Überlegung beantwortet werden, ob der fragliche Erfolg auch ohne die besagte Bedingung eingetreten wäre. Damit ist freilich das Problem der Zurechnung einer Folge zu einem einzelnen ursächlichen Moment noch nicht gelöst; denn der Komplex der kausalen Bedingung ist prinzipiell unbegrenzt. Hier tritt die Unterscheidung von »zufälliger« und »adäquater« Verursachung ein. Ein betrunkener Kutscher, der vom Wege abkommt, mit dem Wagen in ein Gewitter gerät, wobei der Reisende vom Blitz erschlagen wird, war unzweifelhaft kausal für den Tod des Passagiers, denn ohne die Trunkenheit wäre er am Gewitter vorbeigefahren. Dennoch ist diese Art der Verursachung eine gänzlich andere, als wenn der Kutscher in angetrunkenem Zustand in den Graben gefahren wäre und der Reisende sich dabei den Hals gebrochen hätte. Denn generell, nach allgemeinen Erfahrungsregeln, schließt das fahrlässige Verhalten des Kutschers zwar die Möglichkeit eines Unfalls ein, nicht aber die Möglichkeit eines Blitzschlages; denn der Blitz »hätte« den Wagen auch auf seinem gewöhnlichen Wege treffen können. Anders ausgedrückt, wir beurteilen also eine bestimmte Bedingung danach, ob sie generell

»geeignet sei« (wie die Juristen sagen), ob sie die »Tendenz« habe, einen bestimmten Erfolg herbeizuführen. Im Falle der Bejahung sprechen wir von »adäquater«, im entgegengesetzten Falle von »zufälliger« Verursachung. Soweit von Kries.

Der Prozeß der gedanklichen Abstraktion

Wie verwendet Weber nun in seiner Auseinandersetzung mit Eduard Meyer die durch von Kries erarbeiteten Kategorien? Ausgangspunkt seiner Überlegungen ist, wie bereits erwähnt, die Behauptung, daß die »Bedeutung eines historischen Ereignisses« davon abhänge, in welchem Grade sie zwischen verschiedenen »objektiven« geschichtlichen Möglichkeiten entscheidet.[11] Solche Möglichkeiten können nicht an den geschichtlichen Tatsachen und ihrem gegebenen Zusammenhang als solchen abgelesen werden; ihre Konzipierung erfordert einen Prozeß der gedanklichen Abstraktion, die sich in Isolierung und Generalisierung der kausalen Einzelkomponenten vollzieht. Das uns auf Grund unseres – »ontologischen« – historischen Tatsachenwissens Gegebene wird in seine »Bestandteile« zerlegt. Diese Bestandteile werden nun nach »allgemeinen Erfahrungsregeln« (die »aus der eigenen Lebenspraxis und Erkenntnis von dem Verhalten anderer« geschöpft sind), d. h. auf Grund unseres »nomologischen« Wissens dahin beurteilt, ob sie dazu »tendierten« oder »geeignet gewesen« wären, eine andere als die tatsächlich eingetretene Folge herbeizuführen, wenn wir uns die in Frage stehenden historischen Fakten wegdenken oder verändert denken.

Den naheliegenden Einwand, daß eine solche – doch rein abstraktgedankliche – Ermittlung von »Möglichkeiten« allzu leicht in das Gebiet der bloßen Phantasterei abgleiten könne, weist Weber entschieden zurück. Die Feststellung der kausalen Bedeutungslosigkeit eines historischen Faktums sei durch den Nachweis, daß die objektive

11 So entscheidet – nach den von Weber wiedergegebenen Beispielen Eduard Meyers – die Schlacht bei Marathon neben anderen Faktoren zwischen der uns bekannten »diesseitig gewendeten, freien hellenischen Geisteswelt« und der objektiven Möglichkeit der »Entfaltung einer theokratisch-religiösen Kultur«, der Entschluß Bismarcks zum Kriege gegen Österreich 1866 zwischen der Einigung Deutschlands und der objektiven Möglichkeit des Fortbestehens der Vielstaaterei; und in dieser Entscheidung liegt die historische »Bedeutung« jener Ereignisse.

Möglichkeit einer anderen Entwicklung als der tatsächlichen auch bei seiner Eliminierung oder Veränderung *nicht* bestanden habe, verhältnismäßig einfach zu treffen. Aber auch das positive Möglichkeitsurteil kann, Webers Meinung nach, durchaus auf den – in der Tat prekären – Versuch verzichten, das, was geworden »wäre«, in allen Einzelheiten zu konstruieren. Es ist trotzdem verschiedener Grade der Bestimmtheit fähig. Es kommt nur darauf an, den in Frage stehenden Komplex historischer Bedingungen, um dessen »mögliche« Folgen es geht, sorgfältig zu isolieren. Danach ist dann zu prüfen, wie groß der Kreis der »möglicherweise hinzutretenden denkbaren weiteren Bedingungen« ist, der jenen Effekt unberührt gelassen hätte, und wie groß der Kreis jener Bedingungen, bei deren Hinzutreten uns ein anderer Erfolg als wahrscheinlich gelten würde.

Bis hier folgt Weber eindeutig und in voller sachlicher Übereinstimmung den von Kriesschen Bestimmungen des Begriffs der objektiven Möglichkeit, und seine Darlegungen sind, wenn auch nicht gerade immer sehr flüssig und leicht verständlich, so doch in sich widerspruchslos. Kurz vor dem Abschluß seiner Studie – etwas unvermittelt anmutend – führt er nun auch noch das von Kriessche Begriffspaar von »adäquater« und »zufälliger« Verursachung ein. Die daran anknüpfenden Erwägungen Webers sind jedoch – auch und gerade von seinen eigenen sowie von den durch von Kries definierten Voraussetzungen her – nicht sehr schlüssig, und auch das von Weber in diesem Zusammenhang herangezogene historische Beispiel ist eher verwirrend als klärend. Wir können diesen Teil des Weberschen Gedankenganges also auf sich beruhen lassen. Andererseits spielt aber die Kategorie der »Adäquatheit« menschlichen Handelns im Denken Webers ganz allgemein eine bedeutende Rolle. Ihr müssen wir daher noch etwas nachgehen.

Die Rolle des Zufalls

Wir wollen zu diesem Zweck noch einmal kurz zu der von Kriesschen Unterscheidung zwischen »adäquater« und »zufälliger« Verursachung zurückkehren. Was ist ihr objektiver Sinn? Weshalb rechnen wir dem betrunkenen Kutscher die Folgen seines Handelns in dem einen Falle zu, in dem anderen aber nicht? Doch wohl deshalb, weil sie in dem einen Falle voraussehbar waren und in dem anderen nicht. Denn nur »adäquate« Folgen sind voraussehbar; oder anders ausgedrückt: Der Handelnde kann von seinem Tun nur jene Ergebnisse sinnvollerweise erwarten, die dieses sein Tun – gemäß seinem nomologischen Wissen, gemäß allgemeinen Erfahrungsregeln – hervorzubringen »geeignet« ist. Zufällig verursacht ist demgemäß also ein Ereignis, das *vom Handelnden her* nicht voraussehbar gewesen ist. Dieser Gesichtspunkt spielt in der Weberschen Auseinandersetzung mit Meyer keine Rolle, obwohl die von Kriesschen Erörterungen das eigentlich nahelegen. Webers Behandlung der Differenz zwischen »adäquater« und »zufälliger« Verursachung bleibt – so scheint mir – aber unter anderem gerade deswegen unzulänglich, weil Weber zuerst das historische Ereignis und erst danach seine kausalen Bedingungen ins Auge faßt. Zugespitzt ausgedrückt: Die Kategorie der Möglichkeit dient ihm zur Erhellung des historischen Ursachenzusammenhangs, nicht die Kategorie der Verursachung zur Erhellung des Spielraums der historisch-politischen Möglichkeiten. Diese Sicht ist für den kausal erklärenden Historiker durchaus legitim; aber sie birgt die Gefahr in sich, daß die eigentliche und einzige causa der Geschichte, nämlich der handelnde Mensch, nicht in ihrer ganzen Wirklichkeit in den Blick kommt.[12]

Kehren wir zum Problem der Möglichkeit zurück und betrachten wir es nicht so sehr unter dem Gesichtspunkt des nach kausalen Bedeutungen forschenden Historikers als vielmehr unter dem des handelnden historischen Subjekts, des politischen Menschen also. Unter diesen Umständen gewinnen die Kategorien der »adäquaten« und der »zufälligen« Verursachung eine neue und veränderte Bedeutung. Ergebnisse, die dem Historiker»adäquat« verursacht erscheinen, d. h. von Bedingungen verursacht, die nach allgemeinen Erfahrungsregeln – des Historikers – geeignet waren, jene Ergebnisse hervorzurufen, brauchen, ja werden dem Handelnden selbst keineswegs immer so erschienen sein. Und: zwischen den »objektiven Möglichkeiten« der Handelnden von Marathon und denen Bismarcks bestanden offenbar qualitative Differenzen, die, so meine ich, in dem Grade der Voraussehbarkeit der Ergebnisse ihres Handelns wurzeln.

12 Die Art und Weise, in der Weber alle denkbaren Faktoren des Geschehens unterschiedslos unter dem Begriff der »Bedingung« zusammenfaßt, zeigt diese Gefahr deutlich.

Zur Klärung dieses hier angedeuteten Problems bietet das Webersche Werk weitere wesentliche Ansätze. Der Begriff »adäquat verursacht« kommt bei Weber – schon in dem Aufsatz über Roscher und von Kries[13] – noch in einer anderen Bedeutung vor als in der Abhandlung über Meyer. Besagt er hier, daß ein Ergebnis menschlichen Handelns auf Grund unseres nomologischen Wissens kausal zu erwarten gewesen sei, so dort, daß es sich um ein nach den Maßstäben rationaler Deutung »zureichend« motiviertes Verhalten gehandelt habe. In der entwickelten soziologischen Theorie Webers finden sich diese beiden Begriffe dann in der Unterscheidung zwischen »kausaladäquaten« und »sinnhaft-adäquaten« Vorgängen wieder. Da nun aber – auch und gerade für Weber – das menschliche, und zwar das soziale, am Verhalten anderer orientierte Handeln die causa des gesellschaftlich-geschichtlichen Prozesses ist, so bleibt ihm die enge faktische Verflochtenheit der beiden Sachverhalte bei aller prinzipiellen Trennung der Begriffe nicht verborgen. Die Möglichkeit kausal-adäquater Zurechnung des Handelns ist direkt von dem Grade sinn-adäquater Motivierung bei den Handelnden abhängig. Oder ganz banal ausgedrückt: Ich kann meine Erwartungen, meine Möglichkeiten desto genauer bestimmen, je mehr ich die Handlungen der anderen vorhersehen kann; dies aber kann ich desto mehr, je mehr deren Handeln »zureichend« motiviert und ihre Motivation infolgedessen meiner Deutung zugänglich ist.

Daß diese Implikationen der Weberschen Kategorien nicht nur methodologische Bedeutung haben, sondern das Webersche Werk in seinem inhaltlichen Kern berühren, haben vor mehr als 50 Jahren bereits Siegfried Landshut und Karl Löwith festgestellt[14]. Danach hat Weber seine gesamte historische und soziologische Forschungsarbeit bis in die Methodologie und theoretische Kategorienlehre hinein unter dem Gesichtspunkt vollzogen, die Wurzeln des von ihm für zentral gehaltenen Prozesses der gesellschaftlichen Rationalisierung

13 Max Weber, *Roscher und Kries und die logischen Probleme der historischen Nationalökonomie*. In Weber, *Gesammelte Aufsätze zur Wissenschaftslehre*.

14 Der erstere in seinem Buch »Kritik der Soziologie« und der letztere in seiner meiner Meinung nach noch heute grundlegenden Untersuchung über »Max Weber und Karl Marx« (Siegfried Landshut, *Kritik der Soziologie*. München–Leipzig 1929; Karl Löwith, *Max Weber und Karl Marx (1932)*. In: Gesammelte Abhandlungen zur Kritik der geschichtlichen Existenz. Stuttgart 1960).

aufzudecken. Genauso wie das Werk von Marx ist auch das Werk von Weber nicht nur empirisch begründete historisch-soziologisch-ökonomische Einzelwissenschaft, sondern darüber hinaus eine umfassende universal-historische Gesellschaftstheorie, ein Versuch, die soziale Existenz des Menschen von seiner gegenwärtigen Situation her, von seinem Leben in der kapitalistischen Wirtschaft und im modernen bürokratischen Staat her zu interpretieren. Marx freilich wollte sich nicht damit begnügen, die Welt nur zu interpretieren, ihm kam es darauf an, sie zu verändern. Weber hingegen fragt – auch in seinem Umgang mit der Kategorie der historischen Möglichkeit – eben nicht vom Standpunkt des Handelnden aus: Was ist mir möglich? Und so kommt ihm eine fundamentale Unterscheidung, nämlich die zwischen variablen und – relativ – konstanten historischen Bedingungen, zwischen Bedingungen, deren Veränderung dem Handelnden möglich ist, und solchen, die der Veränderung durch menschliches Handeln weitgehend entzogen sind, gar nicht in den Blick. Dabei ist die Dialektik von Theorie und Praxis in seinem Denken objektiv durchaus mit angelegt. In dem Verhältnis von »kausal-adäquaten« und »sinnhaft-adäquaten« sozialen Vorgängen, in dem Zusammenhang von Rationalität, Verstehbarkeit und Beeinflußbarkeit menschlichen Handelns ist der Hinweis auf die praktische Bedeutung seiner eigenen und einer jeden anderen kritischen Gesellschaftstheorie sichtbar enthalten: Der Prozeß fortschreitender gesellschaftlicher Rationalisierung, wenn er denn der Leitfaden ist, vermittels dessen die Weltgeschichte begriffen werden kann, ist auch ein Prozeß zunehmender, immer planmäßiger genutzter gesellschaftlicher Handlungsmöglichkeiten; und die Erkenntnis dieses Prozesses ist demgemäß gleichzeitig eine notwendige praktische Vorbedingung für die Ausschöpfung dieser Möglichkeiten.

Von der Veränderbarkeit der Welt

Wirklich thematisiert hat Weber diesen Zusammenhang freilich nicht, und er hat ihn schon gar nicht zum Ausgangspunkt seiner Betrachtungen zur praktischen Politik gemacht. Im Angesicht der fühllosen Ratio der (kapitalistischen) arbeitsteiligen Industriewirtschaft, des »stählernen Gehäuses« einer allbeherrschenden Bürokratie und einer entgötterten Welt blieb Weber als letzter Schild gegen die aufkommende Verzweiflung nur die stoische Haltung einer illusionslosen Pflichterfüllung. Marx und der Marxismus hingegen interpretierten und interpretieren die Gesellschaft, wie Landshut es treffend ausgedrückt hat, »unter dem Aspekt ihrer möglichen Veränderbarkeit«. Aber diese Veränderbarkeit ist keine idealistisch durch Wille und Vorstellung gesetzte, und die Möglichkeiten der Veränderung sind keine abstrakten subjektiven, sondern konkrete objektive Möglichkeiten, deren Inhalte und Grenzen durch die empirisch begründete, wissenschaftliche Gesellschaftskritik festgestellt werden. Diese Feststellung beansprucht der Marxismus zu leisten. Die Frage nach den objektiven geschichtlichen Möglichkeiten, besser: nach der objektiven geschichtlichen Möglichkeit, nämlich nach der Möglichkeit der »Revolution« ist sein Ausgangs- und sein Zielpunkt. Er stellt, wie wir gesehen haben, den handelnden Menschen, und zwar den bewußten, zwecksetzenden, vernünftig handelnden Menschen in den Mittelpunkt der Geschichte. Die Menschen sind »Schausteller und Verfasser ihrer eigenen Geschichte«; sie, und sie allein, »produzieren«, nicht nur ihren Lebensunterhalt, sondern auch ihre Ideen, ihre gesellschaftlichen Verhältnisse und ihre Geschichte.[15] Aber wie wir im Anschluß an die Engelsschen Aussagen in seinem Brief an Bloch bereits festgestellt haben, tun diese Menschen das jeweils nicht frei, sondern unter bestimmten gesellschaftlichen Bedingungen, Bedingungen, die dadurch nicht weniger objektiv sind, daß die Menschen selbst sie im Laufe des gesellschaftlichen Prozesses hervorgebracht haben. Diese Objektivität hat – nach Engels – zwei Aspekte: erstens den Vorrang des Ökonomischen, der in dem grundlegenden Charakter der materiellen Lebenserhaltung begründet ist, und zweitens den Vorrang des »Ensembles« der gesellschaftlichen Verhältnisse, des »Ganzen« der Gesellschaft gegenüber dem einzelnen. Der Spielraum der jeweiligen historisch-politischen Möglichkeiten, das heißt immer: die Handlungsfreiheit der tätigen Menschen, ist durch die objektiven gesellschaftlichen Verhältnisse begrenzt, und deren harten Kern stellt die jeweilige ökonomische Struktur dar.

Es ist wieder Engels gewesen, der diesen Sachverhalt verdeutlicht und am historischen Objekt plastisch sichtbar gemacht hat.[16] Zusammengefaßt verläuft der Engelssche Gedankengang folgendermaßen: Je-

15 So hat es Marx im »Elend der Philosophie« plastisch formuliert.
16 In seiner berühmten Schrift »Die Entwicklung des Sozialismus von der Utopie zur Wissenschaft«.

de höhere Zivilisation beruht auf Arbeitsteilung. Erst wenn bestimmte Menschengruppen sich ausschließlich dem Handwerk widmen, andere der Kunst, wieder andere dem Kultus, der Verwaltung, der Regierung oder der Verteidigung, sind wirtschaftlicher Fortschritt, geistige Entwicklung sowie differenzierte soziale und politische Organisation möglich. Das setzt freilich voraus, daß alle gesellschaftlichen Spezialisten von den Urproduzenten, den Bauern und Hirten mit ernährt werden können. In allen alten Zivilisationen bis an die Schwelle der industriellen war nun die Produktivität der Wirtschaft so niedrig, daß Hunderttausende von Sklaven, Leibeigenen oder Bauern hart arbeiten mußten, um wenige Tausende von Handwerkern, Händlern, Bürokraten, Adligen, Priestern und Fürsten zu unterhalten. Am Wohlstand, an der Macht, an der geistigen Kultur der privilegierten herrschenden Minorität hatten sie keinen Anteil und konnten sie keinen haben. Alle alten Zivilisationen waren also »Klassengesellschaften«, beruhten auf der wirtschaftlichen Ausbeutung, der politischen Unterdrückung und der geistigen Unmündigkeit der landarbeitenden Massen, und zwar notwendigerweise. Erst die vom Kapitalismus in die Wege geleitete industrielle Revolution hat diese Notwendigkeit im Grundsatz aufgehoben. Die Produktivität der menschlichen Arbeit ist derart ungeheuerlich gestiegen, die Fülle der Güter und das Angebot an freier Zeit sind so groß geworden, daß jeder einzelne heute zu Wohlstand, Beteiligung am politischen Leben und Bildung gelangen kann. Ausbeutung, Unfreiheit und Unmündigkeit, d. h. die materiellen Grundlagen der Klassenherrschaft sind – wenigstens ökonomisch betrachtet – heute in den industriell fortgeschrittenen Ländern überflüssig geworden. Die reale Freiheit und Gleichheit aller Menschen, die klassenlose Gesellschaft, ist zum ersten Mal in der menschlichen Geschichte wirklich möglich. Oder anders gesagt: Bisher mußte die Idee einer neuen, der sozialistischen Gesellschaftsordnung eine Utopie bleiben, war das Streben nach ihr dazu verurteilt, an der unübersteigbaren Schranke der materiellen Verhältnisse zu scheitern. Erst jetzt ist der Sozialismus eine »objektive Möglichkeit« – freilich nur, wenn und insofern die materiellen Verhältnisse ihr eine tatsächliche Grundlage geben.

Sozialismus oder Barbarei

Der historische Prozeß, der hier von Engels unter dem Gesichtspunkt der gesellschaftlichen Arbeitsteilung, der Klassenbildung und der wachsenden Produktivität der menschlichen Arbeit betrachtet wird, hat aber nun nicht nur die objektive Möglichkeit des Sozialismus geschaffen, sondern gleichzeitig auch die objektive Möglichkeit der Erkenntnis dieser Möglichkeit. Diesen Zusammenhang aufzudecken und einsichtig zu machen ist das eigentliche Ziel der Lukácsschen Studie. Ihm ist der Marxismus »die Selbsterkenntnis der kapitalistischen Gesellschaft«[17]. Oder, wie Karl Korsch es ausgedrückt hat, das Prinzip der materialistischen Dialektik besteht in der Einsicht, »daß alle wissenschaftliche Theorie nur das Erzeugnis der historischen Bewegung selber ist«.

»So kam die bürgerliche Ökonomie erst zum Verständnis der feudalen, antiken, orientalen, sobald die Selbstkritik der bürgerlichen Gesellschaft begonnen«, schreibt Marx selbst in seinem wissenschaftstheoretischen Haupttext, der »Einleitung zur Kritik der politischen Ökonomie«. Denn »die sogenannte historische Entwicklung beruht überhaupt darauf, daß die letzte Form die vergangenen als Stufen zu sich selbst betrachtet«[18]; und schließlich: »Weltgeschichte existierte nicht immer; die Geschichte als Weltgeschichte Resultat«[19]. Der gesellschaftlich-geschichtliche Prozeß hat nicht nur den Kapitalismus in allen seinen materiellen Möglichkeiten geschaffen, einschließlich der Möglichkeit, ihn zu überwinden, sondern auch und in einem die Möglichkeit der Erkenntnis dieses Prozesses und seines Resultates. In der »Selbsterkenntnis der kapitalistischen Gesellschaft« entdecken die Menschen, die »an sich« schon seit je ihre Geschichte selbst gemacht haben, nun auch »für sich« ihre Rolle als »Schausteller und Verfasser ihrer eigenen Geschichte«. Und indem sie dies entdecken, vermögen sie ihre Rolle neu zu schreiben und zu spielen. Dies ist, wie Engels sagte, »der Sprung aus dem Reich der Notwendigkeit in das Reich der Freiheit«[20]. So hegelsch das auch klingt – und es ist

---

17 Lukács (Anm. 8), S. 237.

18 Karl Marx, *Einleitung zur Kritik der politischen Ökonomie*. Berlin (Ost) 1961, MEW 13, S. 636 f.

19 a. a. O., S. 640 f.

20 Friedrich Engels, *Die Entwicklung des Sozialismus von der Utopie zur Wissenschaft*.

Hegel, wenngleich vom Kopf auf die Füße gestellt –, so ist es doch alles andere als eine metaphysische Setzung, sondern vielmehr das Ergebnis empirischer historisch-sozialwissenschaftlicher Forschung. Nicht allein die wachsende Produktivität der menschlichen Arbeit, welche die bisherige Arbeitsteilung und Klassenspaltung der Gesellschaft überflüssig macht, sondern auch die veränderte Form der gesellschaftlichen Organisation, begründet – wissenschaftlich prüfbar – die »objektive Möglichkeit« einer Gesellschaft ohne Ausbeutung, Unterdrückung und Unmündigkeit. Waren alle vergangenen Stufen der gesellschaftlichen Entwicklung, auch die alten Hochkulturen, noch beherrscht von der »Naturwüchsigkeit« der Verhältnisse zwischen den Menschen und zwischen Mensch und Natur, so herrscht im Kapitalismus – zum ersten Male in der Geschichte – »das gesellschaftlich, historisch geschaffene Element«[21]. Der Prozeß der »Rationalisierung« der Zivilisation hat nicht nur die Beherrschbarkeit, sondern auch die Erkennbarkeit der Welt durch die Menschen real geschaffen. Freilich auch die Möglichkeit ihrer totalen Zerstörung. Bei Max Weber ist dies nur angedeutet, im Marxismus ist es ausformuliert: »Sozialismus oder Untergang in der Barbarei«, beides sind objektive Möglichkeiten. Die Menschen müssen sich entscheiden.

Berlin (Ost) 1974, MEW 19, S. 226.

21 Marx, *Einleitung zur Kritik der politischen Ökonomie* (Anm. 18), S. 638.

Karl Marx und das Recht auf freie Assoziation der Individuen

Daß Karl Marx »streitbar war«, wird niemand ernstlich in Abrede stellen wollen, aber ob man ihn als »Juristen« bezeichnen kann, mag man mit guten Gründen bezweifeln. Unzweifelhaft ist, daß Marx auf die Universität ging, um – dem Wunsche seines Vaters entsprechend – Jurisprudenz zu studieren. Ebenso unbezweifelbar ist aber auch, daß er sich nach kurzer Zeit ausschließlich der Philosophie widmete (auch wenn darunter die Hegelsche Rechtsphilosophie war) und schließlich über ein rein philosophisches Thema promovierte. Und wenn die politischen Verhältnisse im Preußen des Vormärz dem jungen radikalen Demokraten Karl Marx nicht den Weg auf das Katheder der Universität versperrt hätten, dann wäre er vermutlich Philosophieprofessor geworden.[1]

Nichtsdestoweniger spielen Recht und Rechtswissenschaft – zumindest indirekt – im Denken Marxens und im Marxismus durchaus eine bedeutsame Rolle; und der Einfluß der Marxschen und der marxistischen Gedanken auf Rechtswissenschaft und Rechtstheorie, weit mehr natürlich noch auf die praktische politische Gestalt von Staats- und Rechtsordnung ist vollends nicht zu übersehen. Von diesen Feststellungen unberührt bleibt freilich der Umstand, daß es eine eigentliche systematisch entwickelte marxistische Rechtstheorie und eine definierte marxistische Rechtswissenschaft im strengen Sinne nicht gibt (wenn wir von der in Rechtfertigungsideologie und Positivismus auseinanderfallenden marxistisch-leninistischen Rechtswissenschaft unter der Herrschaft des »real existierenden Sozialismus« absehen).

In der Tat ist bei Marx (und Engels) selbst wie auch im Marxismus die wissenschaftliche Behandlung des Verhältnisses zwischen der Gesellschaft als Ganzem und der gesellschaftlichen Sphäre des Rechtes komplex und von mancherlei schwierigen theoretischen histo-

1 Werner Blumenberg, *Karl Marx in Selbstzeugnissen und Bilddokumenten*. Reinbek bei Hamburg 1962, S. 21 ff., 39 ff.

rischen und praktisch-politischen Problemen verdunkelt. An einigen Schlüsselfragen des Marxschen und des marxistischen Denkens soll das verdeutlich werden.

Marxismus, Sozialisierung und Demokratie

Eine auch nur halbwegs zulängliche Gesamtdarstellung der Marxschen Ideen ist im Rahmen dieser skizzenhaften Überlegungen natürlich nicht möglich. Der Grundgedanke der marxistischen Kapitalismuskritik jedoch, der zugleich den Ansatzpunkt für die Überwindung des Kapitalismus und den Übergang zur sozialistischen Gesellschaft bezeichnet, läßt sich in äußerster Verknappung ohne wesentliche Verkürzung des Inhalts wiedergeben.[2]

Der »Grundwiderspruch« der kapitalistischen Ökonomie und damit der kapitalistischen Gesellschaft ist der Widerspruch zwischen gesellschaftlicher Produktion und kapitalistischer privater Aneignung. In der modernen, auf der Basis der großen Industrie entwickelten Wirtschaft erzeugen alle Menschen die Fülle der Güter und Leistungen in einem komplizierten, arbeitsteiligen, die gesamte Gesellschaft umfassenden Prozeß. Die Aneignung erfolgt jedoch durch eine Minderheit von einzelnen, den Kapitaleignern, nach den Grundsätzen der Kapitalverwertung. Diese kapitalistischen »Produktionsverhältnisse« prägen die Form sowohl der Produktion als auch der Verteilung. Aus ihnen entspringen alle ökonomischen, sozialen, politischen und ideellen Krisen und Probleme der kapitalistischen Gesellschaft. Der Kern dieses Grundwiderspruchs und die eigentliche Verkehrung der gesellschaftlichen Verhältnisse durch den Kapitalismus liegt darin, daß der unmittelbare Zweck der Produktion nicht die Befriedigung menschlicher Bedürfnisse ist, sondern die Profitmaximierung, die durch das Gesetz der Kapitalverwertung erfordert wird.[3] Demgemäß ist die Aufhebung dieses kapitalistischen »Grundwiderspruchs« auch der entscheidende Schritt zur Überwindung der kapitalistischen Gesellschaftsordnung. Anstelle der kapitalistischen privaten Aneignung und

2 Friedrich Engels, *Die Entwicklung des Sozialismus von der Utopie zur Wissenschaft*. Berlin (Ost) 1974, MEW 19, S. 239 ff., 604 ff.

3 Vgl. Marx über »Die wahre Schranke der kapitalistischen Produktion«, in: Karl Marx, *Das Kapital. Kritik der politischen Ökonomie. Bd. III.* Der Gesamtprozeß der kapitalistischen Produktion, Berlin (Ost) 1964, MEW 25, S. 260.

der Regelung von Produktion und Verteilung durch das blinde anarchische Walten des Marktes tritt »eine gesellschaftlich-planmäßige Regelung der Produktion nach den Bedürfnissen der Gesamtheit wie jedes einzelnen«.[4]

Dies ist der Sinn der vielberufenen »Vergesellschaftung« oder »Sozialisierung« der Produktionsmittel; ihr Ergebnis soll sein: »Einerseits direkt gesellschaftliche Aneignung als Mittel zur Erhaltung und Erweiterung der Produktion, andererseits direkt individuelle Aneignung als Lebens- und Genußmittel«.[5]

Es leuchtet unmittelbar ein, daß die Funktionsweise einer solchermaßen vergesellschafteten Produktion identisch sein muß mit der Funktionsweise einer demokratisch verfaßten politischen Organisation oder eines demokratisch verfaßten Staates. Wenn die private Aneignung der gesellschaftlichen Produktion durch eine kleine Minderheit durch die Vergesellschaftung aufgehoben werden soll, dann müssen an der vergesellschafteten Produktion alle Gesellschaftsglieder in gleicher Weise teilhaben. Und alles das, was über die freiwillige Mitwirkung freier Menschen in der politischen Demokratie gesagt werden könnte, gilt auch hier. Zentrale Aussagen von Marx und Engels über die Rolle des Individuums im Sozialismus bestätigen diese Interpretation. Der Sozialismus ist ihnen »eine Association, worin die freie Entwicklung eines jeden die Bedingung für die freie Entwicklung aller ist« (Kommunistisches Manifest).[6] Sozialismus im marxistischen Sinne ist vollendete Demokratie, Sozialisierung ist mit Demokratisierung identisch.

Dabei ist hier mit »Demokratie« die historische, in Europa entstandene, rechts- und verfassungsstaatliche, auf Volkssouveränität, Mehrheitsprinzip und Minderheitenschutz beruhende demokratische Form des politischen Zusammenlebens gemeint.[7] Allerdings gibt es in der Marxschen und der marxistischen Gesellschaftstheorie Denkansätze, die eine Anwendung des traditionellen Demokratiebegriffes in Frage stellen.

4 Engels, *Entwicklung des Sozialismus* (Anm. 2), S. 261.

5 ebd.

6 Vgl. auch Karl Marx, *Grundrisse der Kritik der politischen Ökonomie*. Berlin (Ost) 1953, S. 75 f.

7 Vgl. Peter von Oertzen, *Sozialismus, Demokratie, Rechtsstaat*. In: Reform in der Demokratie. Festschrift für Willy Strzelewicz. Hrsg. v. Wolfgang Schulenberg. Hamburg 1976.

Bürger – Bourgeois – Citoyen[8]

Zentral für diese Problematik des Marxschen Denkens sind der unterschiedliche Gebrauch des Begriffs »Bourgeois« bei Marx und seine Folgen in der konkreten Umsetzung der Marxschen Theorie. J. Seifert hat diese Problematik mit großer Klarheit herausgearbeitet: »Marx übernimmt die durch die politische Revolution in Amerika und Frankreich konstituierte Trennung zwischen Bourgeois und Citoyen. Bourgeois heißt dabei soviel wie Privatmensch als Mitglied der bürgerlichen Gesellschaft; Citoyen ist der politische (Staats-)Bürger als Mitglied des politischen Gemeinwesens Staat. Neben dieser Gegenüberstellung gibt es bei Marx das Verhältnis zwischen Bourgeois und Proletarier, den Gegensatz zwischen der Bourgeoisie als den Besitzern von Produktionsmitteln und dem Proletariat als den Verkäufern der Ware Arbeitskraft. Diese unterschiedliche Bedeutung des Begriffes Bourgeois – einmal als Mitglied der bürgerlichen Gesellschaft (im Gegensatz zum Citoyen), zum anderen als Besitzer von Produktionsmitteln (im Gegensatz zum Proletarier) – ist bisher nicht in seinen Konsequenzen durchdacht worden. Die Nichtbeachtung hat Folgen gehabt. Im Osten wird versucht, nach der Abschaffung der Bourgeoisie sowohl den Begriff des Privatmenschen als auch den des Staatsbürgers zu eliminieren. Im Westen wird der Citoyen häufig realitätsfremd überbewertet. Der Bourgeois-Begriff wird dadurch zum Tabu. Das führt zu der Frage: Wenn die Abschaffung der Bourgeoisie bisher nirgends die Aufhebung der Entzweiung des Menschen als Privatmensch und Staatsbürger mit sich brachte und wenn es richtig ist, daß nach der Marxschen Theorie weder der Staatsbürger noch der Privatmensch durch staatliche Maßnahmen eliminiert werden kann, muß dann auch nach der Marxschen Theorie nicht nur die politische, sondern auch die persönliche Freiheit gegenüber öffentlicher Gewalt rechtlich geschützt werden?«[9] Diese Frage versucht Seifert durch genauere Untersuchung insbesondere des Zusammenhangs von Beseitigung der kapitalistischen Klassenherrschaft und Beseitigung des Staates in der Marxschen

8 Jürgen Seifert, *Karl Marx und die Freiheitsrechte*. In: Karl Marx heute. Hrsg. v. Ossip Kurt Flechtheim. Hamburg 1983

9 ders., *Der unterschiedliche Gebrauch des Begriffes »Bourgeois« bei Marx*. In: Recht, Justiz, Kritik. Festschrift für Richard Schmid. Hrsg. v. Hans-Ernst Böttcher. Baden-Baden 1985, S. 451 ff.

Theorie zu beantworten. Sein Ergebnis ist: »Für Marx gehört die Abschaffung der Bourgeoisie als Kapitalbesitzer und die Aufhebung der Trennung zwischen Citoyen und Bourgeois zusammen. Die Befreiung des Proletariats als ›menschliche Emanzipation‹ erfolgt für Marx sowohl durch die ›Aufhebung des Privateigentums an Produktionsmitteln als durch die Aufhebung des Staates als politische Gewalt‹, d. h. ›organisierte Gewalt einer Klasse zur Unterdrückung einer anderen‹ (MEW 4, S. 482).«[10] Insofern hat Marx also in der Tat die unterschiedliche Bedeutung des Bourgeois-Begriffes im staatsrechtlichen und im ökonomischen Sinne nicht besonders betont – wenn auch durchaus nicht verwischt.

Die historische Erfahrung, daß im sogenannten »real existierenden Sozialismus« zwar der Kapitalismus und die Bourgeoisie abgeschafft worden waren, der Staat und somit auch die Trennung von Staatsbürger (Citoyen) und Privatmensch (Bourgeois) jedoch fortbestanden, erinnert sehr nachdrücklich daran, daß »für Marx (...) die Abschaffung der Bourgeoisie nicht automatisch die Aufhebung der Trennung zwischen Staat und Gesellschaft sowie zwischen Citoyen und Privatmensch«[11] bedeutet. Die im »real existierenden Sozialismus« praktizierte Lösung, die sozialistische Einheit von Staat und Bürger – durch ideologische Setzung und praktischen Zwang vermittels des Staates – bewußt herzustellen, kann sich jedenfalls auf Marx nicht berufen. Solange es den Staat noch gibt, muß es den Staatsbürger und – vor allem – staatsbürgerliche Rechte geben. Wenn dies so ist, dann geht es aber auch nicht an, das Komplement des Staatsbürgers, den Privatmenschen zu vernachlässigen, seine persönlichen Rechte und Freiheiten prinzipiell anders zu bewerten als die von Marx stets verteidigten politischen Rechte und Freiheiten des Staatsbürgers. Zwar ist richtig, daß der wahre, der »wirkliche individuelle Mensch« erst nach Aufhebung von Bourgeoisie und Citoyen sich entfalten kann; aber solange diese Aufhebung objektiv noch nicht möglich ist, gibt es keinen Grund, bürgerliche und politische Rechte prinzipiell unterschiedlich zu behandeln.

Mit Recht stellt Seifert fest: »Auf Grund der geschichtlichen Erfahrungen mit Menschen- und Bürgerrechten wissen wir heute, daß

---

10 a. a. O., S. 453.
11 a. a. O., S. 456.

die Wahrnehmung von Staatsbürgerrechten persönliche Freiheiten des Privatmenschen voraussetzt – so beispielsweise die habeas corpus-Rechte, die Unverletzlichkeit der Wohnung und des Brief-, Post- und Fernmeldegeheimnisses sowie den Schutz personenbezogener Daten. Die Abschaffung oder Einschränkung persönlicher Freiheiten beeinträchtigt die Wahrnehmung von Staatsbürgerrechten. Solange es den Citoyen und seine Rechte gibt, dürfen auch die Freiheiten des Privatmenschen und seine Privatinteressen nicht negiert werden.«[12]

Und er zieht daraus die Schlußfolgerung: »Im Rahmen der Marxschen Theorie bedarf es somit einer Rehabilitierung des diskreditierten, Eigeninteressen wahrnehmenden Privatmenschen.«[13] Und man kann hinzufügen: Insofern ist eine Rechtsordnung, die die Stellung und die Freiheiten des Privatmenschen und des Staatsbürgers in der Gesellschaft normiert, zwingend erforderlich. Eine marxistische Rechtstheorie ist also sowohl möglich als auch nötig.

Die Diktatur des Proletariats

Der soeben gezogenen Schlußfolgerung scheint das Marxsche Konzept einer »Diktatur des Proletariats« zu widersprechen. Daß dieses Konzept unter theoretischen wie unter praktischen Aspekten in der Marxschen Theorie eine zentrale Stellung einnimmt, kann kaum geleugnet werden. Schon 1852 bezeichnete Marx in einem Brief die Einsicht in die ausschlaggebende Bedeutung der Diktatur des Proletariats als eine Quintessenz seines Denkens.[14] Und in seiner berühmten »Kritik des Gothaer Programms« schreibt er der Diktatur des Proletariats die entscheidende politische Rolle beim Übergang von der kapitalistischen zur kommunistischen Gesellschaft zu.[15]

Wenn wir diese Aussagen mit Lenins Definition der Diktatur kombinieren: »eine sich unmittelbar auf Gewalt stützende Macht, die an keinerlei Gesetze gebunden ist«[16], dann scheint die Bedeutung des Rechts

12 Seifert, Der unterschiedliche Gebrauch (Anm. 9), S. 459.

13 a. a. O., S. 460.

14 *Karl Marx an Joseph Weydemeier vom 5. März 1852.* Berlin (Ost) 1963, MEW 28, S. 508.

15 Karl Marx, *Kritik des Gothaer Programms. Randglossen zum Programm der deutschen Arbeiterpartei.* Berlin (Ost) 1974, MEW 19, S. 28.

16 Wladimir I. Lenin, *Die Proletarische Revolution und der Renegat Kautsky.* In: Aus-

in der menschlichen Gesellschaft auf die eines bloßen Instruments der Machtausübung reduziert worden zu sein und eine marxistische Rechtstheorie eine Unmöglichkeit.

Näheres Zusehen erweist dieses Urteil freilich als vorschnell und irrig. Schon allein der berühmte Schlußsatz von Engels in seiner Einleitung zu Marx' »Der Bürgerkrieg in Frankreich« von 1891 sollte stutzig machen: »Der deutsche Philister ist neuerdings wieder in heilsamen Schrecken geraten bei dem Wort: Diktatur des Proletariats. Nun gut, Ihr Herren, wollt Ihr wissen, wie diese Diktatur aussieht? Seht Euch die Pariser Kommune an, das war die Diktatur des Proletariats.«[17] Wenn man bedenkt, daß die Pariser Kommune als auf allgemeinen und freien Wahlen beruhende breiteste Demokratie organisiert war, dann zeigt sich hier bereits ein sehr eigenwilliger Begriff von »Diktatur«. Es ist wieder Seifert, der das Problem präzise formuliert hat, indem er zwischen einem staatsrechtlichen – bei Lenin durchschlagenden – und einem soziologischen Begriff der Diktatur unterscheidet (wie ihn übrigens natürlich auch Lenin verwendet, so wenn er von der »revolutionär-demokratischen Diktatur« der Arbeiter und Bauern redet[18]). Im soziologischen Sinne bedeutet Diktatur hier nichts anderes als Klassenherrschaft – sei es der Bourgeoisie, sei es des Proletariats. Über die politisch-rechtliche Form dieser Klassenherrschaft ist damit noch nichts ausgesagt. Sie kann demokratisch, sie kann aber auch diktatorisch im staatsrechtlichen Sinne sein. Die letztere Form ergibt sich unter Umständen aus den Notwendigkeiten eines zum offenen Bürgerkrieg zugespitzten Klassenkampfes (von daher und aufgrund der vorausgegangenen Erfahrungen der Revolutionen von 1640–60, 1789–95 und 1848–49 ist das Konzept der Übergangsdiktatur wohl auch in das Marxsche Denken eingegangen). Im Grunde ist aber mit Diktatur das gemeint, was beim späteren Gramsci als »Hegemonie« erscheint.[19]

Daß eine solche Hegemonie des Proletariats beim Übergang vom Kapitalismus zum Sozialismus auch und gerade in demokratischen (und damit rechtlich geordneten und gesicherten) Formen ausgeübt

gewählte Schriften. Hrsg. v. Hermann Weber. München 1963, S. 902.

17 Friedrich Engels, *Einleitung von 1891 zu: Karl Marx, Der Bürgerkrieg in Frankreich.* Berlin (Ost) 1964, MEW 17, S. 625.

18 Lenin, Die Proletarische Revolution (Anm. 16), S. 584 f., 591 ff., 606 ff.

19 Perry Anderson, *Antonio Gramsci.* Berlin 1978, bes. S. 10 ff.

werden kann und muß, haben nach Engels noch andere Marxisten betont. Berühmt geworden ist die Analyse Rosa Luxemburgs[20], wobei ihr vielzitiertes Wort von der »Freiheit der Andersdenkenden« nicht einmal der systematische Kern ihrer streng marxistischen Darlegungen ist. Es geht ihr nicht um den »Fanatismus der Gerechtigkeit«. Ganz nüchtern – »materialistisch« – argumentiert sie: »Ohne allgemeine Wahlen, ungehemmte Presse- und Versammlungsfreiheit, freien Meinungskampf erstirbt das Leben in jeder öffentlichen Institution (...) Einige Dutzend Parteiführer (...) dirigieren und regieren, unter ihnen leitet in Wirklichkeit ein Dutzend hervorragender Köpfe (...) im Grunde also eine Cliquenwirtschaft – eine Diktatur allerdings, aber nicht die Diktatur des Proletariats, sondern die Diktatur einer Handvoll Politiker, d. h. Diktatur im rein bürgerlichen Sinne.« Und: »Es ist die historische Aufgabe des Proletariats, wenn es zur Macht gelangt, anstelle der bürgerlichen Demokratie sozialistische Demokratie zu schaffen, nicht jegliche Demokratie abzuschaffen (...) Sozialistische Demokratie (...) ist nichts anderes als Diktatur des Proletariats. Jawohl: Diktatur! Aber diese Diktatur besteht in der Art der Verwendung der Demokratie, nicht in ihrer Abschaffung.« Und dem naheliegenden Hinweis auf die Fatalitäten des Bürgerkrieges begegnet sie mit der Warnung, nicht aus der Not eine Tugend zu machen. Die Logik des Luxemburgschen Gedankengangs unterscheidet sich im übrigen von der Logik der Gorbatschowschen »Perestroika« nicht sehr wesentlich. Eine systematische, auf streng marxistischer Grundlage argumentierende Konzeption der von Luxemburg umrissenen »sozialistischen Demokratie« findet sich im übrigen auch im Programm einer der traditionellen orthodox-marxistischen Strömungen der Gegenwart, der trotzkistischen IV. Internationale, das sich innerhalb der »Diktatur des Proletariats« für freie Wahlen, Mehrparteiensystem, uneingeschränkte geistige Freiheit und rechtsstaatliche Sicherung auf der Basis »geschriebener Gesetze« ausspricht.[21]

20 Rosa Luxemburg, *Zur russischen Revolution*. Band 4, Gesammelte Werke, Berlin ^{3}1983, S. 332 ff.. – Hier: ders., *Die russische Revolution. Hrsg. und eingel. von Ossip K. Flechtheim*. Frankfurt am Main 1963, S. 73, 75, 78, 79.

21 Friedrich Dorn (Bearb.), *Für Rätedemokratie und Arbeiterselbstverwaltung. Thesen des XII. Weltkongresses der IV. Internationale (1985) über sozialistische Demokratie und Diktatur des Proletariats*. Frankfurt am Main 1985.

Staat und Recht

Wir kehren noch einmal zur Marxschen sozialphilosophischen Reflexion auf die Differenz von Staat und Gesellschaft, von Staatsbürger und Privatmensch zurück, einer Differenz, die prinzipiell erst aufgehoben werden könne, wenn die Klassengesellschaft und der Staat abgeschafft bzw. »abgestorben« seien. Wir haben gesehen, daß beides nach Marx nicht uno actu zu erfolgen braucht und historisch in der Tat bisher nicht erfolgt ist. Hier wäre übrigens die Stelle, sich mit der nur rudimentären Staatstheorie von Marx auseinanderzusetzen; denn die Existenz eines verselbständigten gesellschaftlichen Subsystems »Recht« im Unterschied zu den Systemen allgemeiner gesellschaftlicher Normen – Moral, Sitte, Konvention – hängt unzweifelhaft mit der Herausbildung der verselbständigten Herrschaftsorganisation »Staat« zusammen. Daß der historische und systematische Zusammenhang von Gesamtgesellschaft, »Staat« und »Recht« wesentlich komplexer ist als es in vielen marxistischen Staats- und Rechtstheorien erscheint, ist offensichtlich. Weder können der Staat und das von ihm gesetzte oder zumindest garantierte Recht als bloße Zwangsapparate und Instrumente der herrschenden Klassen zulänglich begriffen werden, noch ist es möglich, sie unmittelbar aus dem Zusammenhang der kapitalistischen Gesellschaft »abzuleiten«.[22] Richtig ist, daß Form und Funktion von Staat und Recht aus dem Gesamtzusammenhang einer bestimmten Gesellschaft erklärt werden können und müssen – dies ist die methodische Pointe der materialistischen marxistischen Gesellschaftstheorie. Aber, die gesellschaftlichen Formen »Staat« und »Recht« sind älter und umfassender als die kapitalistische Gesellschaft, wenngleich der moderne Staat und das moderne Recht nach Form und Funktion durch die moderne Gesellschaft, die sehr wesentlich durch die kapitalistische Industrialisierung geschaffen worden ist, geprägt werden. Das gilt insbesondere für das Recht. Im modernen Recht fallen Form- und Funktionsbestimmung weitgehend zusammen. Die spezifische Form sozialer Regelung, die wir »Recht« nennen – seine Allgemeinheit, Abstraktheit, Inhaltsleere, Absonderung von den konkreten sozialen Verhältnissen –, begründet zugleich seine wesentliche gesellschaftliche Funktion: die Begrenzung und Berechenbarkeit

22 Peter von Oertzen, *Der Rechtsstaat und die Linke*. In: Kritik, Jg. 6 1978, Nr. 16. Im vorl. Band S. 380–383.

sozialer Verhältnisse in extrem arbeitsteiligen und technisierten Gesellschaften zu ermöglichen. In einer sehr konzentrierten Studie zur marxistischen Rechtstheorie hat Oskar Negt »das Recht als Inbegriff von Gleichheit und Ungleichheit, von Emanzipation und Gewalt« begriffen, das die »Herrschaft der toten über die lebendige Arbeit« bezeichnet, das »ein Stadium der Vorgeschichte ausdrückt«, daher also »aufhebbar« sein müsse.[23] Über weite Strecken läßt Negts Analyse dabei den Eindruck entstehen, als wolle er die Rechtsform ausschließlich aus dem Verwertungsprozeß des Kapitals ableiten (mit dessen Aufhebung sie dann auch selbst aufgehoben werde). Damit steht Negt übrigens in der besten Tradition der orthodoxen marxistischen Rechtstheorie etwa eines Paschukanis.[24] Gleichzeitig aber entwickelt Negt eine gegenläufige Argumentation. Er verweist darauf, daß nach Marx in der ersten Phase des Kommunismus der Horizont des formalen Rechts noch nicht überschritten werden könne, obwohl in ihr der Kapitalismus bereits abgeschafft ist und die assoziierten Produzenten in einer klassenlosen Gesellschaft frei über den erwirtschafteten Reichtum verfügen.[25] Und mit guten Gründen behauptet Negt nun, daß die entwickelte gesellschaftliche Form »Recht« dort entsteht, wo die lebendigen und tätigen Menschen aus der Einheit ihres Lebenszusammenhanges herausgelöst werden.[26]

Dies freilich geschieht im Ansatz auch schon in vorkapitalistischen Gesellschaften – und wird auch in nachkapitalistischen Gesellschaften fortdauern. Insoweit kann Negt überzeugend darlegen, daß die Rechtsform eben nicht vollständig in ihrem bürgerlichen Klasseninhalt aufgehe, sondern fortwirken müsse, »solange es (...) Arbeitszwang in irgendwelcher Form gibt«.[27]

Dabei ist zu fragen, ob der Hinweis auf den »Arbeitszwang« allein genügt. Wesentliche gesellschaftliche Folgen der kapitalistischen »Revolution« würden – wenn auch in verwandelter Form und Funktion – nach der Abschaffung des Kapitalismus fortwirken: Technisierung, Rationalisierung, Industrialisierung, Verwissenschaftlichung, Arbeits-

23 Oskar Negt, *Thesen zur marxistischen Rechtstheorie*. In: Kritische Justiz, 1973, Nr. 1, S. 19.
24 Eugen Paschukanis, *Allgemeine Rechtslehre und Marxismus*. Berlin 1929.
25 Marx, *Randglossen* (Anm. 15), S. 11 ff., 20 f.
26 Negt, Kritische Justiz 1973 (Anm. 23), S. 14.
27 a. a. O., S. 3.

teilung. Große gesellschaftliche Aufgaben blieben zu lösen. Es ist nicht zu sehen, wie das ohne eine gesonderte gesellschaftliche Organisationsform und ohne formale Regeln, also ohne »Staat« und ohne »Recht« möglich sein sollte. Das gilt selbst dann, wenn der heutige – unleugbare – Zwangscharakter von Staat und Recht schrittweise durch freiwilligen Konsens und Selbstregulierung ersetzt werden sollte. Recht und Rechtsgehorsam im Sinne der Geltung verpflichtender Regeln – entformalisiert, individualisiert, vermenschlicht, weitgehend freiwillig beachtet – müßten fortbestehen. Auch diese Überlegungen führen uns zu dem schon einmal ausgesprochenen Schluß: Eine marxistische Rechtstheorie ist und bleibt nicht nur möglich, sondern auch nötig.

Karl Marx (1818–1883)

Dem Andenken an Ursula
von Oertzen (1920–1989)

I. Mensch und Geschichte: Der historische Materialismus

Der Marxismus versteht sich als Lehre vom geschichtlichen Handeln des Menschen. Der Mensch ist das Subjekt der Geschichte, und zwar ein bewußt und planmäßig handelndes Subjekt. Was menschliche Tätigkeit, etwa die Arbeit, von äußerlich scheinbar ganz gleichartigen, tierischen Verhaltensweisen unterscheidet, ist die Tatsache, daß – mit einem Wort von Marx aus dem Kapital gesagt – »am Ende des Arbeitsprozesses (...) (ein Resultat herauskommt), das beim Beginn desselben schon in der Vorstellung des Arbeiters, also schon ideell vorhanden war«.[1] Und entsprechend formuliert Engels (den ich als authentischen Interpreten der Gedanken von Marx betrachte): »Wir machen unsere Geschichte selbst, aber«, so fügt er hinzu, und das ist der andere Angelpunkt dieses zentralen Gedankenganges, »unter sehr bestimmten Voraussetzungen und Bedingungen.«[2]

Unter jenen – sowohl geschichtlichen als auch gesellschaftlichen – »Voraussetzungen und Bedingungen« spielen die ökonomischen eine besondere Rolle. Diese Rolle ist begründet, wie es Engels in seiner Rede am Grab von Karl Marx ausgedrückt hat, in der »bisher unter ideologischen Überwucherungen versteckten Tatsache, daß die Menschen vor allen Dingen zuerst essen, trinken, wohnen und sich kleiden müssen, ehe sie Politik, Wissenschaft, Kunst, Religion usw.

1 Karl Marx, *Das Kapital. Kritik der politischen Ökonomie. Bd. I.* Der Produktionsprozeß des Kapitals, Berlin (Ost) 1962, MEW 23, S. 193.

2 *Friedrich Engels an Joseph Bloch vom 21. Sept. 1890.* Berlin (Ost) 1967, MEW 37, S. 463.

betreiben können.«[3] Aus diesen Feststellungen geht zweierlei hervor:

1. Das menschliche Handeln ist für Marx (und Engels) nicht bloßes Produkt materieller oder ökonomischer Prozesse. Menschliches Tun ist bewußtes Tun und wird durch Ideen geleitet. (Auch die Befriedigung der materiellen und biologischen Bedürfnisse des Menschen vollzieht sich »natürlich« durch den Kopf.)[4]

2. Die Ökonomie – die Erzeugung der für das menschliche Leben notwendigen Güter und Leistungen – ist zwar die unverzichtbare Grundlage des geschichtlichen Handelns der Menschen, insofern also seine »Basis«; aber die Bestandteile des sogenannten »Überbaus«[5] – Sitte, Recht und Staat, Kunst, Philosophie und Religion – sind ebenfalls reale und wirksame Momente der gesellschaftlichen Existenz des Menschen. Sie alle beeinflussen sein Handeln und stehen – so Engels – in »Wechselwirkung« miteinander.[6]

Die oft – und gegenüber bestimmten Strömungen des Marxismus nicht ohne Grund – erhobenen Vorwürfe des »Materialismus« und des »Ökonomismus« richten sich bei Marx und Engels selbst an die falsche Adresse. Auch die Kritik an dem angeblich »geschichtsphilosophischen Determinismus,«[7] am Glauben an eine scheinbar naturgegebene unaufhaltsame Entwicklung trifft vielleicht die marxistische Theorie und Programmatik nach 1890, also August Bebel oder Karl Kautsky, nicht aber Marx und Engels. Der ursprüngliche Marxismus ist eine durchaus aktivistische Theorie, weit mehr »idealistisch« als »materialistisch« im umgangssprachlichen Sinn dieser Begriffe.

Die Auseinandersetzung mit der Philosophie ihrer Zeit war für Marx und Engels kein Selbstzweck, sie diente dem »Hauptzweck«

---

3 Friedrich Engels, *Das Begräbnis von Karl Marx*. Berlin (Ost) 1974, MEW 19, S. 335; vgl. auch Karl Marx und Friedrich Engels, *Die deutsche Ideologie*. Berlin (Ost) 1969, MEW 3, S. 28.

4 Karl Marx, *Grundrisse der Kritik der politischen Ökonomie*. Berlin (Ost) 1953, S. 82; ferner Marx und Engels, *Deutsche Ideologie* (Anm. 3), S. 13 ff. und passim.

5 Karl Marx, *Zur Kritik der politischen Ökonomie*. Berlin (Ost) 1961, MEW 13, S. 8 f.

6 *Engels an Bloch vom 21. Sept. 1890* (Anm. 2), S. 463; vgl. auch die differenzierten Aussagen des jungen Marx in Marx und Engels, *Deutsche Ideologie* (Anm. 3), S. 51; 37 ff.

7 So Iring Fetscher, *Hat der Sozialismus noch eine Zukunft?* In: Neue Rundschau, 1979, Nr. 4, S. 507 ff.

der »Selbstverständigung«; die schriftlichen Ergebnisse überließ man – so Marx – der »nagenden Kritik der Mäuse«.[8] Nichtsdestoweniger läßt sich aus den veröffentlichten und den nachgelassenen Werken von Marx und Engels der deutliche Umriß einer dialektischen Anthropologie und (Geschichts-)Philosophie erkennen.[9] Nichts am Menschen ist schlechthin »natürlich«, nichts ist entweder nur »ideell« oder nur »materiell«. Der Mensch ist kein fertig gegebenes Wesen, er »schafft sich selbst« in seiner Geschichte:[10] »Die Menschen haben Geschichte, weil sie ihr Leben produzieren müssen«; dabei produzieren sie ihre materiellen Lebensgrundlagen ebenso wie die kulturellen und ideellen Formen ihres Lebens. Sie produzieren sie bewußt, aber »das Bewußtsein ist von vorneherein (...) ein gesellschaftliches Produkt« und »die Umstände (machen) ebenso so sehr die Menschen wie die Menschen die Umstände«.[11]

2. Geschichte, Arbeitsteilung und Klassengesellschaft

Auf die konkrete Analyse der menschlichen Gesellschaft und ihrer geschichtlichen Formen angewendet, ergeben sich aus diesen allgemeinen Erkenntnissen für Marx und Engels folgende Konsequenzen: Jede höhere Zivilisation beruht auf Arbeitsteilung. Erst wenn bestimmte Menschengruppen sich ausschließlich dem Handwerk widmen, andere der Kunst, wieder andere dem Kultus, der Verwaltung, der Regierung oder der Verteidigung, sind wirtschaftlicher Fortschritt, geistige Entwicklung sowie differenzierte soziale und politische Organisation möglich. Das setzt freilich voraus, daß alle gesellschaftlichen Spezialisten von den Urproduzenten, den Bauern und Hirten, mit ernährt werden können. In allen alten Zivilisationen bis an die Schwelle der

8 Marx, *Zur Kritik der politischen Ökonomie* (Anm. 5), S. 10.

9 Vgl. hierzu Erich Fromm, *Das Menschenbild bei Marx.* Frankfurt am Main 1963; Helmut Fleischer, *Sozialphilosophische Studien.* Berlin 1973; Walter Euchner, *Karl Marx.* München 1983, S. 48 ff.

10 Besonders Marx, *Grundrisse* (Anm. 4), S. 6; ferner Marx und Engels, *Deutsche Ideologie* (Anm. 3), S. 13 ff. – Vgl. dazu die empirische Bekräftigung durch einen bedeutenden Prähistoriker: V. Gordon Childe, *Der Mensch schafft sich selbst.* Dresden u. a. 1959.

11 Marx und Engels, *Deutsche Ideologie* (Anm. 3), S. 38.

industriellen war nun die Produktivität der Wirtschaft so niedrig, daß Hunderttausende von Sklaven, Leibeigenen oder Bauern hart arbeiten mußten, um wenige Tausende von Handwerken, Händlern, Bürokraten, Adligen, Priestern und Fürsten zu unterhalten. Alle alten Zivilisationen waren also »Klassengesellschaften«, beruhten auf der wirtschaftlichen Ausbeutung, der politischen Unterdrückung und der geistigen Unmündigkeit der land- und handarbeitenden Massen, und zwar notwendigerweise.[12] Das hier formulierte »materialistische« Strukturprinzip aller entwickelten historischen Gesellschaftsformen – das Marx und Engels im Kommunistischen Manifest auf die Formel gebracht haben: »Die Geschichte aller bisherigen Gesellschaft ist die Geschichte von Klassenkämpfen«[13] – sagt in seiner Allgemeinheit freilich noch nichts aus über die konkrete Gestalt der Klassenverhältnisse und insbesondere über den Zusammenhang von ökonomischer »Basis« und sozialem, politischem, ideellem »Überbau«. Marx und Engels haben vier große geschichtliche Gesellschaftsformationen und die ihnen entsprechendenen Produktionsweisen zwischen der als klassenlos angenommenen Urgesellschaft und der klassenlosen Gesellschaft der Zukunft zu sehen gemeint: die asiatische Gesellschaft, die antike Sklavenhaltergesellschaft, den Feudalismus und den modernen Kapitalismus.[14]

In jeder dieser Gesellschaftsformationen bedeuten »Klasse« und »Klassenherrschaft« etwas verschiedenes, und die Ökonomie nimmt in der jeweiligen Gesellschaft eine nur dieser eigentümliche Stellung ein.

Erst die durch den Kapitalismus eingeleitete Industrialisierung hat die Notwendigkeit der Klassenherrschaft wenigstens im Grundsatz aufgehoben. Die Produktivität der menschlichen Arbeit ist derart ungeheuerlich gestiegen, die Fülle der Güter und das Angebot an freier Zeit sind so groß geworden, daß jeder einzelne zu Wohlstand, Beteiligung am politischen Leben und zu Bildung gelangen kann. Ausbeutung, Unfreiheit und Unmündigkeit, das heißt die materiellen Grundlagen

---

12 Friedrich Engels, *Die Entwicklung des Sozialismus von der Utopie zur Wissenschaft*. Berlin (Ost) 1974, MEW 19, S. 189 ff., 224 ff. Daß dies auch Marx' Auffassung war, ersieht man aus Marx und Engels, *Deutsche Ideologie* (Anm. 3), S. 31 ff., 46 f, 540. In der zentralen Bedeutung der Arbeitsteilung stimmen beide völlig überein.

13 dies., *Manifest der Kommunistischen Partei*. Berlin (Ost) 1959, MEW 4, S. 462.

14 Marx, *Zur Kritik der politischen Ökonomie* (Anm. 5), S. 9.

der Klassenherrschaft, sind – wenigstens ökonomisch betrachtet – in den industriell fortgeschrittenen Ländern überflüssig geworden. Die reale Freiheit und Gleichheit aller Menschen, die klassenlose Gesellschaft, ist zum ersten Mal in der menschlichen Geschichte wirklich möglich.[15]

3. Klassenlose Gesellschaft: Das Ende der Entfremdung?

Diese Idee, deren weltgeschichtliches Pathos vielfach kritisiert worden ist, findet ihren klarsten Ausdruck in den berühmt gewordenen Sätzen, mit denen Engels die historische Bedeutung der staats- und klassenlosen Gesellschaft des Sozialismus charakterisiert: »Damit erst scheidet der Mensch in gewissem Sinn endgültig aus dem Tierreich, tritt aus tierischen Daseinsbedingungen in wirklich menschliche. (...) Die objektiven, fremden Mächte, die bisher die Geschichte beherrschten, treten unter die Kontrolle der Menschen selbst. Erst von da an werden die Menschen ihre Geschichte mit vollem Bewußtsein selbst machen. (...) Es ist der Sprung der Menschheit aus dem Reich der Notwendigkeit in das Reich der Freiheit.«[16]

Die Parallele zur Hegelschen Geschichtsmetaphysik ist unverkennbar.[17] »Die Weltgeschichte ist der Fortschritt im Bewußtsein der Freiheit«, dieser Hegelsche Satz könnte auch von Marx und Engels stammen.[18] Die Aufhebung – oder zumindest Modifikation – der Arbeitsteilung ist materielle Voraussetzung und Kern der Entwicklung einer klassenlosen Gesellschaft. In deutlicher Parallele zum sich selbst entfremdeten Geist Hegels, der im Gang der Weltgeschichte zu sich selbst kommt, ist es im Kommunismus der in Gesellschaft lebende Mensch, der in der Geschichte in den Besitz seines wahren Wesens gelangt.

Dieser Gedanke zieht sich durch das gesamte Werk von Marx und Engels. In der Deutschen Ideologie findet sich die berühmt geworde-

15 Vgl. Engels, *Entwicklung des Sozialismus* (Anm. 12), S. 226.

16 ebd. – Vgl. auch Marx, *Zur Kritik der politischen Ökonomie* (Anm. 5), S. 9. Zur Kritik Euchner, *Karl Marx* (Anm. 9), S. 133.

17 Dazu Karl Löwith, *Von Hegel bis Nietzsche*. Zürich–New York 1941, S. 47 ff.; Helmut Fleischer, *Marxismus und Geschichte*. Frankfurt am Main 1969.

18 Georg Wilhelm Friedrich Hegel, *Vorlesungen über die Philosophie der Geschichte*. Band 12, Werke, Frankfurt am Main 1970, S. 32.

ne Formulierung, daß die kommunistische Gesellschaftsordnung es möglich machen werde, »heute dies, morgen jenes zu tun, morgens zu jagen, nachmittags zu fischen, abends Viehzucht zu treiben, nach dem Essen zu kritisieren.« Und es folgt der Kernsatz der materialistischen Geschichtstheorie: »Dieses Festsetzen der sozialen Tätigkeit, diese Konsolidation unseres eigenen Produkts zu einer sachlichen Gewalt über uns, die unserer Kontrolle entwächst, unsere Erwartungen durchkreuzt, unsere Berechnungen zunichte macht, ist eines der Hauptmomente in der bisherigen geschichtlichen Entwicklung.« Und im weiteren folgt die kategorische Feststellung, daß »die kommunistische Revolution (...) die Teilung der Arbeit aufhebt«.[19] Fast dreißig Jahre später findet sich in Marx' Kritik des Gothaer Programms die lapidare Feststellung, daß der Kommunismus möglich werde, »nachdem die knechtende Unterordnung unter die Teilung der Arbeit, damit auch der Gegensatz geistiger und körperlicher Arbeit verschwunden ist«[20], das heißt:

- Loslösung des Menschen aus den »naturwüchsigen« gesellschaftlichen Verhältnissen der vorkapitalistischen Zivilisation.[21]
- Entfaltung des Industriesystems durch den Kapitalismus. Dadurch eine »Entwicklung der gesellschaftlichen Produktivkräfte und (...) Schöpfung von materiellen Produktionsbedingungen, welche allein die reale Basis einer höheren Gesellschaftsform bilden, deren Grundprinzip die volle und freie Entwicklung jedes Individuums ist«.[22] Erst wenn die »Springquellen des gesellschaftlichen Reichtums voller fließen«, ist Kommunismus möglich,[23] weil andernfalls »nur der Mangel verallgemeinert« werde, »also mit der Notdurft auch der Streit um das Notwendige wieder beginnen und die ganze alte Scheiße sich herstellen müßte«.[24]

19 Marx und Engels, *Deutsche Ideologie* (Anm. 3), S. 33, 364.

20 Karl Marx, *Kritik des Gothaer Programms. Randglossen zum Programm der deutschen Arbeiterpartei.* Berlin (Ost) 1974, MEW 19, S. 21.

21 ders., *Das Kapital I* (Anm. 1), S. 93 f.; ders., *Das Kapital. Kritik der politischen Ökonomie. Bd. III.* Der Gesamtprozeß der kapitalistischen Produktion, Berlin (Ost) 1964, MEW 25, S. 839.

22 ders., *Das Kapital I* (Anm. 1), S. 93 f., 619; ders., *Das Kapital III* (Anm. 21), S. 827 f.

23 ders., *Randglossen* (Anm. 20), S. 21.

24 Marx und Engels, *Deutsche Ideologie* (Anm. 3), S. 34 f.

- Die Bindung der Menschen an die materiellen Notwendigkeiten ihrer Existenz kann freilich nicht gelöst werden. Die Notwendigkeit, zu arbeiten, um ihre Bedürfnisse zu befriedigen und ihr Leben zu erhalten, bleibt für sie bestehen. »Die Freiheit in diesem Gebiet kann nur darin bestehen, daß der vergesellschaftete Mensch, die assoziierten Produzenten diesen ihren Stoffwechsel mit der Natur rationell regeln, unter ihre gemeinschaftliche Kontrolle bringen, statt von ihm als von einer blinden Macht beherrscht zu werden, ihn mit dem geringsten Kraftaufwand und unter den ihrer menschlichen Natur würdigsten und adäquatesten Bedingungen vollziehen. Aber es bleibt dies immer ein Reich der Notwendigkeit. Jenseits desselben beginnt die menschliche Kraftentwicklung, die als Selbstzweck gilt, das wahre Reich der Freiheit, das aber nur auf jenem Reich der Notwendigkeit als seiner Basis aufblühen kann. Die Verkürzung des Arbeitstages ist die Grundbedingung.«[25] – Die »Verkürzung des Arbeitstages« schafft jene materiellen und kulturellen Freiheiten für alle Menschen, die sie brauchen, um sich zu bilden, ihre gesellschaftlichen Verhältnisse zu durchschauen und unter ihre Kontrolle zu bringen und sich als Individuen wie als gesellschaftliche Wesen frei zu entfalten.[26]
- Die formelle Teilung der Arbeit, oder anders ausgedrückt: das System der kooperativen industriellen Arbeit wird zwar nicht abgeschafft, wohl aber die im Kapitalismus »naturgesetzlich« verfestigte Herrschaft der Verhältnisse über die Menschen und die durch sie bedingte »knechtende Unterordnung der Individuen« unter fixierte soziale Rollen: Mann oder Frau, Kopf- oder Handarbeiter, Produktionsmitteleigentümer oder Lohnarbeiter.

Wie eine solche klassenlose Gesellschaft ökonomisch, sozial und politisch organisiert werden könnte, wird von Marx und Engels nur angedeutet: umfassende Bildung und persönliche Entfaltung für alle, Planung, genossenschaftliche Organisation der Arbeit, Jobrotation, Dezentralisierung der politischen Organisationen, Abschaffung aller ökonomischen, sozialen und politischen Privilegien bestimmter

25 Marx, *Das Kapital III* (Anm. 21), S. 828.
26 Vgl. Oskar Negt, *Lebendige Arbeit, enteignete Zeit*. Frankfurt am Main–New York 1987; ders., *Arbeit und menschliche Würde*. Göttingen 2001.

Klassen oder Schichten, radikale Demokratie.[27] In erster Linie aber ging es ihnen darum, darzutun, daß die bestehende kapitalistische Gesellschaftsordnung umgewälzt werden müsse und daß die materiellen Möglichkeiten für eine neue, höhere Gesellschaftsordnung bestünden. Diese Möglichkeit zu realisieren, war Sache einer sozialen Revolution.

4. Die allgemeine Theorie der sozialen Revolution

Die allgemeine Revolutionstheorie von Marx entspringt unmittelbar seiner Geschichts- und Gesellschaftstheorie. In jener berühmt gewordenen Textstelle, in der Marx im Jahre 1859 selbst das »allgemeine Resultat« seiner bisherigen Studien zusammengefaßt hat, folgt unmittelbar auf die Darlegung des Verhältnisses von materieller Basis, politischem Überbau und gesellschaftlichem Bewußtsein, von »ökonomischen Produktionsbedingungen« und »ideologischen Formen« die zentrale Aussage: »Auf einer gewissen Stufe ihrer Entwicklung geraten die materiellen Produktivkräfte der Gesellschaft in Widerspruch mit den vorhandenen Produktionsverhältnissen oder, was nur die juristische Ausdrucksweise dafür ist, mit den Eigentumsverhältnissen, innerhalb derer sie sich bisher bewegt hatten. Aus Entwicklungsformen der Produktivkräfte schlagen diese Verhältnisse in Fesseln derselben um. Es tritt dann eine Epoche sozialer Revolution ein.«[28]

Die hier – und im gesamten Werk von Marx und Engels – verwendeten zentralen Kategorien »Produktivkräfte« und »Produktionsverhältnisse« (ebenso wie die beide miteinander verknüpfende Kategorie »Produktionsweise«) sind nirgendwo im Marxismus zweifelsfrei definiert worden und waren daher stets höchst unterschiedlichen Interpretationen unterworfen.[29] Es ist jedoch sicher, daß sie nicht im

27 Zur Bildung Marx, *Grundrisse* (Anm. 4), S. 593; dazu zusammenfassend Horst Erich Wittig (Bearb.), *Karl Marx: Bildung und Erziehung. Studientexte zur Marxschen Bildungskonzeption*. Paderborn 1968. Zu den anderen Stichworten Marx, *Grundrisse* (Anm. 4), S. 88 f.; ders., *Der Bürgerkrieg in Frankreich*. Berlin (Ost) 1964, MEW 17, S. 336 ff.; Engels, *Entwicklung des Sozialismus* (Anm. 12), S. 226, 228; ders., *Herrn Eugen Dühring's Umwälzung der Wissenschaft*. Berlin (Ost) 1963, MEW 20, S. 272 f.; ders., *Zur Kritik des sozialdemokratischen Programmentwurfs 1891*. Berlin (Ost) 1963, MEW 22, S. 226; Marx, *Das Kapital I* (Anm. 1), S. 92 f, 381, 443 f, 512.

28 ders., *Zur Kritik der politischen Ökonomie* (Anm. 5), S. 8 f.

29 Vgl. die einschlägigen Stichworte in: Georges Labica (Hrsg.), *Kritisches Wörterbuch*

Sinne einer abstrakten sozialwissenschaftlichen Begrifflichkeit verstanden werden dürfen, sondern als theoretische Annäherung an reale geschichtliche Entwicklungen.

Es ist offensichtlich, daß Marx bei seinem theoretischen Konzept von »sozialer Revolution« die Epoche der bürgerlichen Revolutionen vor Augen gehabt hat, die die unproduktive, parasitär gewordene Gesellschaftsordnung der feudal-ständischen Monarchie stürzte. Diese Erinnerung an die Wirklichkeit der bürgerlichen Revolutionen macht deutlich, daß Kategorien wie »Produktionsverhältnisse«, »Produktivkräfte«, »Widerspruch«, »soziale Revolution« nur die eine, die von der theoretischen Analyse formulierte »objektive« Seite der gesellschaftlich-geschichtlichen Entwicklung bezeichnen. Die konkrete historische Entwicklung vollzieht sich jedoch im Zusammenarbeiten oder im Gegeneinanderkämpfen lebender Menschen: von einzelnen oder Gruppen, von Kommunen oder Nationen, von Ständen oder Klassen; das ist die »subjektive« Seite des Geschichtsprozesses. Nicht die abstrakten, bürgerlichen »Produktivkräfte« sprengten die Form der feudal-monarchischen »Produktionsverhältnisse«, sondern sehr konkrete Bourgeois, Kleinbürger, Proletarier und Bauern entmachteten Monarchie, Bürokratie, Feudalaristokratie und Klerus und errichteten in Gestalt der bürgerlichen Gesellschaft unter der Hegemonie der Bourgeoisie eine neue Klassenherrschaft.

Die »objektive« Möglichkeit dafür, daß der »subjektive« revolutionäre Faktor – die kämpfenden Menschen – eine »Gesellschaftsformation« stürzen und eine neue errichten, wird freilich durch die materielle Entwicklung der Produktivkräfte geschaffen. Objektive gesellschaftliche Entwicklung und subjektives politisch-soziales Handeln sind Momente einer dialektischen Einheit. Oder wie der junge Marx es in seiner Einleitung zur Kritik der Hegelschen Rechtsphilosophie 1844 formulierte: »Es genügt nicht, daß der Gedanke zur Verwirklichung drängt, die Wirklichkeit muß sich selbst zum Gedanken drängen.«[30]

Allen möglichen Zweifeln, ob die hier skizzierten Grundsätze der Marxschen Revolutionstheorie auch auf die kommende sozialistische

des Marxismus. Band 6, Pariser Kommune bis Romantik, Berlin (West) 1987.

30 Karl Marx, *Zur Kritik der Hegelschen Rechtsphilosophie. Einleitung*. Berlin (Ost) 1961, MEW 1, S. 386.

Revolution Anwendung finden sollen, begegnet der zentrale Satz aus der schon 1847 erschienen Polemik gegen Proudhon, »Das Elend der Philosophie«; dort spricht Marx ganz unmißverständlich nicht nur über soziale Revolutionen ganz allgemein, sondern über die »Befreiung der arbeitenden Klasse«: »Soll die unterdrückte Klasse sich befreien können, so muß eine Stufe erreicht sein, auf der die bereits erworbenen Produktivkräfte und die geltenden gesellschaftlichen Einrichtungen nicht mehr nebeneinander bestehen können. Von allen Produktionsinstrumenten ist die größte Produktivkraft die revolutionäre Klasse selbst. Die Organisation der revolutionären Elemente als Klasse setzt die fertige Existenz aller Produktivkräfte voraus, die sich überhaupt im Schoße der alten Gesellschaft entfalten konnten.«[31]

In diesem Zusammenhang wird zugleich klar, daß »Revolution« im Marxschen Sinne nicht in erster Linie den gewaltsamen Umsturz einer politischen Ordnung, Aufruhr und Bürgerkrieg bedeutet. Soziale Revolution heißt gesellschaftliche Umwälzung, sie ist ein langer, historischer Prozeß, der sowohl auf revolutionärem Weg (im Sinne des üblichen Sprachgebrauchs) als auch evolutionär, als eine im wesentlichen friedliche Entwicklung vor sich gehen kann.

5. Die »Anatomie« der bürgerlichen Gesellschaft. Kritik der politischen Ökonomie

Obgleich in der bürgerlich-kapitalistischen Gesellschaft die ökonomisch begründete Notwendigkeit von Klassenstrukturen beginnt zu verschwinden, entfalten sich auch in ihr Widersprüche. Der Grundwiderspruch entwickelt sich zwischen gesellschaftlicher Produktion und individueller kapitalistischer Aneignung: Die rasch wachsenden Reichtümer der kapitalistischen Gesellschaft werden in einem komplizierten, arbeitsteiligen Prozeß von allen Menschen erzeugt, aber nur eine kleine Minderheit, die Klasse der Kapitalisten, verfügt über sie, eignet sie sich an und entwickelt im Bündnis mit Berufspolitikern, Bürokraten und Militärs abermals eine Klassenherrschaft.

31 Karl Marx, *Das Elend der Philosophie. Antwort auf Proudhon's »Philosophie des Elends«*. Berlin (Ost) 1959, MEW 4, S. 181.

Die bürgerlich-kapitalistische Klassenherrschaft unterscheidet sich jedoch sowohl in ihren ökonomischen Grundlagen als auch in ihren politischen und geistig-kulturellen (Herrschafts-)Formen grundsätzlich von allen vorangegangenen auf Klassenherrschaft beruhenden Zivilisationen. Die Auflösung der überkommenen (genossenschaftlichen, patrimonialen, feudalen, ständischen) Wirtschafts-, Sozial- und Herrschaftsstrukturen, die Trennung von Gesellschaft und Staat, das heißt von wirtschaftlicher Macht und politischer Herrschaft, die Lösung des Individuums aus (einengenden, aber auch schützenden) gesellschaftlichen Bindungen, die formale, rechtlich abgesicherte Freiheit und Gleichheit aller Bürger – das sind die Existenzbedingungen der bürgerlichen Gesellschaft.

Ökonomische Ausbeutung und politische Herrschaftsausübung sind nicht unmittelbar sichtbar, sondern zeigen sich als Ergebnis gleichsam naturgesetzlicher, auf der Grundlage rechtlicher Gleichheit aller Menschen ablaufender »objektiver« Prozesse; auf diese Weise gewinnen sie den Anschein sowohl der Gerechtigkeit als auch der Unvermeidlichkeit. Die ökonomisch herrschende Klasse, die Klasse der Kapitalisten, beutet die arbeitende Klasse nicht direkt durch Einsatz sozialer oder politischer Zwangsmittel aus. Der Lohn des – persönlich freien – Arbeiters bestimmt sich nach den objektiven Gesetzen der Konkurrenz auf dem (Arbeits-)Markt. Der Lohnarbeiter erhält den vollen Tauschwert seiner Arbeitskraft vergütet, nämlich den Wert derjenigen Güter, die er benötigt, um seine Arbeitskraft zu erhalten bzw. die verausgabte Arbeitskraft wiederherzustellen. »Der Umstand, daß die tägliche Erhaltung der Arbeitskraft nur einen halben Arbeitstag kostet, obgleich die Arbeitskraft einen ganzen Tag wirken, arbeiten kann, daß daher der Wert, den ihr Gebrauch während eines Tages schafft, doppelt so groß ist als ihr eigener Tageswert (diese Differenz bezeichnet der sog. »Mehrwert«, v. Oe.), ist ein besonderes Glück für den Käufer, aber durchaus kein Unrecht gegen den Verkäufer« (den Arbeiter).[32] Auf diese Weise also, in voller Übereinstimmung mit den scheinbar objektiv gültigen und unverbrüchlichen Gesetzen der »kapitalistischen« Ökonomie, eignen sich die Kapitalisten – in Gestalt des »Mehrwerts« – das gesellschaftliche »Mehrprodukt« an, das heißt jenen Teil des gesellschaft-

32 Marx, *Das Kapital I* (Anm. 1), S. 208.

lichen Gesamtprodukts, der nicht für die bloße Wiederherstellung der Arbeitskraft der Arbeitenden und für die materielle Erhaltung der Gesellschaft wie der Gesellschaftsmitglieder auf einem einmal gegebenen ökonomischen, sozialen und kulturellen Niveau benötigt wird.[33]

Grundcharakteristikum der vorkapitalistischen sozialen Strukturen war ihre relative Stabilität. Zwar hatten sie eine Geschichte, aber sie kannten keine wirklich fortschreitende, qualitative Entwicklung, das heißt eine Entwicklung, die die materielle Basis ihrer Existenz, die Vorherrschaft der Agrarwirtschaft und die niedrige Produktivität der menschlichen Arbeit, wesentlich berührt hätte. Auch die Verfeinerung von Handwerk und Technik, die in allen vorkapitalistischen Produktionsweisen weniger oder mehr entwickelte Geldwirtschaft, die Entfaltung von Markt und Handel, die Anhäufung von Reichtum, materiellen Kulturgütern und Wissen änderten im Grundsatz daran nichts.[34] Erst die Entstehung und Entwicklung der kapitalistischen Produktionsweise hat diese materiellen Schranken durchbrochen, sie hat sozioökonomische Strukturen und Prozesse hervorgebracht, die sich von denen der vorkapitalistischen Gesellschaften radikal unterscheiden: Die produktiv Tätigen, die »Arbeiter«, werden von ihren Produktionsmitteln getrennt; es entsteht eine rechtlich freie, aber eigentumslose Lohnarbeiterklasse.

- Das private Eigentum an den Produktionsmitteln setzt sich gegenüber früheren, gemeinschaftlich, genossenschaftlich, staatlich, feudal gebundenen Eigentumsformen durch und konzentriert sich in den Händen einer Minderheit, der Klasse der Bourgeois oder Kapitalisten.[35]

---

33 Zum Begriff des »Mehrprodukts« vgl. Ernest Mandel, *Marxistische Wirtschaftstheorie*. Frankfurt am Main ³1973, S. 19 ff., Werner Hofmann, *Ideengeschichte der sozialen Bewegung*. Berlin–New York ⁶1979, S. 102 f. – Zu der hier vertretenen Auffassung kritisch: Martin Henkel, *Zunftmißbräuche*. Frankfurt am Main–New York 1989, S. 125 f. M. E. ist die von Henkel kritisierte Auffassung implizit in dem Begriffspaar »Notwendige Arbeit – Mehrarbeit« enthalten. Vgl. Marx, *Das Kapital I* (Anm. 1), S. 243, 249 ff.

34 ders., *Grundrisse* (Anm. 4), S. 375 ff., besonders S. 404 f., 411 f.; ders., *Das Kapital I* (Anm. 1), S. 167, 379 f.; ders., *Das Kapital III* (Anm. 21), S. 839. Dazu Mandel, *Marxistische Wirtschaftstheorie* (Anm. 33), S. 63 ff., und ders., *Entstehung und Entwicklung der ökonomischen Lehre von Karl Marx*. Frankfurt am Main 1969, S. 113 ff.

35 Die von Marx betonte Rolle der Klasse der Grundeigentümer wird hier vernachlässigt.

- Die Verfügung über die Produktionsmittel unterliegt nicht mehr moralischen, sozialen, politischen Bindungen, sondern richtet sich ausschließlich auf ökonomische Zwecke.

- Die Produktion erzeugt nützliche Güter nicht mehr unmittelbar für konkrete, menschliche Bedürfnisse, sondern als »Waren« für den anonymen Markt.

- Die kapitalistische Produktion orientiert sich am Tauschwert und dem auf dem Markt erzielbaren Profit der erzeugten Waren, nicht (wie noch in der vorkapitalistischen einfachen Warenwirtschaft begrenzter und überschaubarer »Märkte«) an ihrem Gebrauchswert.

- Die Konkurrenz der Kapitalisten auf dem Markt zwingt sie dazu, permanent die Produktionsmittel zu erneuern und zu vermehren sowie Produktion und Zirkulation der Waren auszudehnen.

- Zu diesem Zweck wird der von den Arbeitern erwirtschaftete und ihnen von den Kapitalisten abgenommene Mehrwert von letzteren überwiegend nicht konsumiert, sondern in den Produktionsprozeß zurückgeleitet, »akkumuliert«.

- Der Prozeß der Akkumulation gewinnt den Charakter eines »Selbstzwecks«: »(...) das Kapital und seine Selbstverwertung (erscheinen) als Ausgangspunkt und Endpunkt, als Motiv und Zweck der Produktion«; die Produktion ist »nur Produktion für das Kapital (...) und die Produktionsmittel sind nicht umgekehrt bloße Mittel für eine sich stets erweiternde Gestaltung des Lebensprozesses«. »Die Bewegung des Kapitals ist daher maßlos«.[36]

- Der kapitalistische Produktionsprozeß beginnt auf einem quantitativ erweiterten und qualitativ verbesserten Niveau stets aufs neue: Der räumliche Wirkungsbereich der kapitalistischen Produktionsweise wird auf die ganze Erde ausgedehnt, Wissenschaft, Technik, Arbeitsorganisation und gesellschaftliche Arbeitsteilung werden entfaltet und verfeinern sich, die Produk-

Marx, *Das Kapital III* (Anm. 21), S. 892 f.

36 ders., *Das Kapital I* (Anm. 1), S. 166 f.; ders., *Das Kapital III* (Anm. 21), S. 260.

tivkraft der menschlichen Arbeit steigert sich, der – zumindest potentielle – materielle Reichtum der menschlichen Gesellschaft erreicht eine zuvor ungeahnte Höhe: »Die Bourgeoisie hat in ihrer hundertjährigen Klassenherrschaft massenhaftere und kolossalere Produktionskräfte geschaffen als alle vergangenen Generationen zusammen«.[37] Gleichzeitig treibt der Kapitalismus die gesellschaftliche Entfremdung der Menschen auf die Spitze: Nicht mehr wie in den vorindustriellen, überwiegend agrarischen Zivilisationen traditionelle, der bewußten Gestaltung weitgehend entzogene, mit Marx gesprochen: »naturwüchsige«, sondern von den Menschen bewußt selbst geschaffene gesellschaftliche Verhältnisse fesseln die weitere menschliche Entwicklung. Die Verhältnisse erscheinen ihnen als objektive Sachgesetzlichkeit, die von ihnen in freier Entscheidung als Unabänderlichkeit akzeptiert wird. Dieser »fetischistische«, »verdinglichte«[38] Schein ist der angemessene Ausdruck der realen (kapitalistischen) gesellschaftlichen Welt und zugleich die Verschleierung ihres wirklichen Wesens in einem. Der Doppelcharakter der die Köpfe der Menschen in der kapitalistischen Gesellschaft beherrschenden Vorstellungen ist übrigens der theoretische Kern der marxistischen Kategorie der »Ideologie«; die kapitalistische Klassenherrschaft ist also in einem ganz spezifischen Sinne »ideologisch« vermittelt. Das gilt für ökonomische wie für politisch-soziale Herrschaftsformen: Auch die politisch-soziale Organisation der kapitalistischen Gesellschaft beruht nicht in erster Linie auf formeller Ungleichheit, Willkür und offener Unterdrückung (obgleich alle diese Faktoren in der Geschichte der bürgerlichen Gesellschaft wirksam geworden sind und wirksam bleiben), sondern prinzipiell auf der freiwilligen Zustimmung ihrer Bürger, auch großer Teile der Arbeiterklasse.

Der Widerspruch zwischen den ungeheuerlich entwickelten Produktivkräften und den – den realen Bedürfnissen und Möglichkeiten der

37 Marx und Engels, *Kommunistisches Manifest* (Anm. 13), S. 467; vgl. ferner Engels' Zusammenfassung in Engels, *Entwicklung des Sozialismus* (Anm. 12), S. 210 ff., sowie Hofmann (Anm. 33), S. 102 ff.

38 Marx, *Das Kapital I* (Anm. 1), S. 85 ff. Dazu Georg Lukács, *Geschichte und Klassenbewußtsein. Studien über marxistische Dialektik*. Berlin 1923, S. 94 ff.

Menschen extrem entfremdeten – Produktionsverhältnissen entwickelt sich vor allem in der Ökonomie selbst. Diesen Prozeß zu analysieren, zu begreifen und seine Entwicklungstendenzen zu erfassen, ist der Gegenstand der Marxschen Kritik der politischen Ökonomie, des Kapitals, der »Anatomie der bürgerlichen Gesellschaft«.[39] – Daß die kapitalistische Ökonomie in ihrer Entwicklung zu krisenhaften Schwankungen neigt, wird auch von vielen Nichtmarxisten anerkannt. Ob diese Krisentendenzen mit Wahrscheinlichkeit oder sogar unausweichlich zum »ökonomischen Zusammenbruch« des Kapitalismus führen werden, bleibt bei Marx und Engels offen. Die von Marx und vielen (wenn auch nicht allen) Marxisten behauptete Tendenz zum Fall der Profitrate würde freilich in der Tat bedeuten, »daß die durch das Kapital selbst in seiner historischen Entwicklung herbeigeführte Entwicklung der Produktivkräfte auf einem gewissen Punkt angelangt, die Selbstverwertung des Kapitals aufhebt«.[40] Aber ob diese theoretisch aus der Analyse des Kapitals abgeleitete Tendenz sich in der geschichtlichen Wirklichkeit durchsetzen wird oder sogar muß, ist umstritten. Kaum mehr bestritten wird, daß Marx und Engels nicht von einer absoluten »Verelendung« der Arbeiterklasse ausgingen. Hingegen nahmen sie eine Tendenz zur sogenannten relativen Verelendung des Arbeiters an, das heißt zur Verschlechterung seiner Gesamtlage in der kapitalistischen Gesellschaft, »welches immer seine Zahlung, hoch oder niedrig«.[41]

Von theoretisch wie praktisch entscheidender Bedeutung im Marxismus ist freilich, daß er die ökonomischen Tendenzen niemals loslöst vom konkreten (durch die historische Entwicklung mitbedingten gesellschaftlichen und politischen) Handeln der Menschen. Der Konkurrenzkampf der nationalstaatlich organisierten kapitalistischen Systeme und die durch ihn verursachten oder zumindest mitbedingten Konflikte, also jene Prozesse, die die spätere marxistische Theorie als »Imperialismus« bezeichnet hat[42], haben auf die Entwicklung des Kapitalismus zurückgewirkt und tun es noch – ebenso wie seit 1917 die

39 Marx, *Zur Kritik der politischen Ökonomie* (Anm. 5), S. 8.

40 ders., *Grundrisse* (Anm. 4), S. 635; dazu Roman Rosdolsky, *Zur Entstehungsgeschichte des Marxschen »Kapital«*. Frankfurt am Main 1968, S. 330 ff., 467 ff., 523 ff.

41 Marx, *Das Kapital I* (Anm. 1), S. 675; Engels, *Kritik des 1891er Programmentwurfs* (Anm. 27), S. 231; Mandel, *Marxistische Wirtschaftstheorie* (Anm. 33), S. 174 ff.; Rosdolsky (Anm. 40), S. 351 ff.; Hofmann (Anm. 33), S. 146 ff.

42 Vgl. a. a. O., S. 172, 216; Mandel, *Marxistische Wirtschaftstheorie* (Anm. 33), S. 549 ff.

Existenz eines Lagers nichtkapitalistischer Gesellschaftssysteme oder die nationalen und sozialen Befreiungsbewegungen der Dritten Welt. Innerhalb der bürgerlichen Gesellschaft und im Rahmen, ja im wohlverstandenen Eigeninteresse der kapitalistischen Klassengesellschaft haben politisch-soziale Reformen die Entwicklungsbedingungen des Kapitalismus verändert. Marx selbst hat eine der frühesten politischen Eingriffe dieser Art, die Durchsetzung des Zehn-Stunden-Tags in der britischen Industrie, als eine im eigentlichen Sinne des Wortes revolutionäre Veränderung betrachtet, als den »Sieg eines Prinzips«, den Sieg »der politischen Ökonomie der Arbeiterklasse«.[43] Die wahrhaft revolutionäre, die Existenzbedingungen des Kapitalismus berührende gesellschaftliche Kraft aber war und ist für den Marxismus das sich entfaltende Bewußtsein der arbeitenden Menschen über ihre wirkliche Lage, über die Widersprüche der kapitalistischen Gesellschaft und über die objektive Notwendigkeit und Möglichkeit, sie in einer sozialen Revolution zu überwinden.

Dreierlei politisch ungemein bedeutsame Konsequenzen folgen aus dieser Struktur des Marxschen Denkens:

- Die von ihm so oft beschworenen »Naturgesetze« der kapitalistischen Produktion, »diese mit eherner Notwendigkeit wirkenden und sich durchsetzenden Tendenzen«, sind keine Naturgesetze im naturwissenschaftlichen Sinne, sondern aus der Logik des reinen Kapitalismus erschlossene »theoretische Vereinfachungen«, die in der historisch-sozialen Wirklichkeit eben nur als »Tendenzen« in Erscheinung treten.[44]

- Die oft von Marxisten beschworene »Todeskrise« des Kapitalismus ist daher auch kein aus rein ökonomischen Ursachen erklär- und vorhersehbarer Zusammenbruch, sondern eine Gesamtkrise der kapitalistischen Gesellschaft in allen ihren ökonomischen, sozialen, politischen und ideellen Aspekten.[45]

- Insofern gibt es auch keine ökonomisch begründete Unausweichlichkeit und »naturgesetzliche Notwendigkeit« des Sozia-

---

43 Karl Marx, *Inauguraladresse der Internationalen Arbeiter-Assoziation*. Berlin (Ost) 1964, MEW 16, S. 11.

44 ders., *Das Kapital I* (Anm. 1), S. 112; ders., *Das Kapital III* (Anm. 21), S. 184.

45 So Ernest Mandel, *Der Spätkapitalismus*. Frankfurt am Main ^{2}1973, S. 499 ff.

lismus. Entscheidend ist immer die bewußte Tat der handelnden Menschen.[46] In der Geschichte der Revolution war der Kampf gegen die herrschenden Ideen (die nach Marx »stets nur die Ideen der herrschenden Klasse« sind[47]) immer von großer Bedeutung, wie man an der Rolle der Aufklärung für die bürgerlichen Revolutionen erkennen kann. Die feudalständische Gesellschaft beruhte im letzten doch auf direkter politisch-militärischer Herrschaft, die als solche erkannt und in Frage gestellt werden konnte. Die kapitalistische Klassenherrschaft hingegen ist in einer nur ihr spezifischen Weise »ideologisch« strukturiert. Sie beruht ihrem Wesen nach auf einer »Verdinglichung« des Denkens, die die Einsicht in die wirklichen Mechanismen des Kapitalismus verstellt, sowie auf tief im Unterbewußtsein verankerten und längst habitualisierten sozialen Einstellungen und Verhaltensweisen, die es den Menschen verwehren, sich eine andere Gesellschaftsordnung vorzustellen als die auf Konkurrenz und Profitstreben beruhende. So ist die Frage nach den ideellen Bedingungen für die Konstituierung des »Subjekts« der sozialistischen Revolution von ausschlaggebender Bedeutung.

6. Das »Proletariat«: das gesellschaftliche Subjekt der Revolution

Das gesellschaftliche Subjekt der kommenden sozialistischen Revolution, das die durch den Kapitalismus geschaffenen objektiven materiellen Möglichkeiten ergreift und auf ihrer Basis den Kommunismus errichtet, ist für Marx das Proletariat. Lange bevor seine intensiven Studien zur Kritik der politischen Ökonomie des Kapitalismus zu einem Ergebnis geführt hatten, proklamierte er die historische Rolle des Proletariats als Subjekt der kommenden deutschen Revolution, der »Emanzipation der Deutschen«, die zugleich »die Emanzipation des Menschen« sei.[48]

46 So sehr plastisch Lukács (Anm. 38), S. 55.

47 Marx und Engels, *Deutsche Ideologie* (Anm. 3), S. 46; vgl. auch Friedrich Engels, *Der Status Quo in Deutschland*. Berlin (Ost) 1959, MEW 4, S. 40.

48 Marx, *Einleitung* (Anm. 30), S. 390 f.

Fünfundzwanzig Jahre später, im ersten Band des »Kapital«, wird die revolutionäre Rolle des Proletariats strikt empirisch-historisch begründet, und es wird die Umsetzung des objektiven ökonomisch-sozialen Prozesses in das subjektive politisch-soziale Potential der revolutionären Arbeiterklasse scheinbar bruch- und problemlos abgeleitet: Im kapitalistischen System wird der Arbeiter verstümmelt und entwürdigt, »die geistigen Potenzen des Arbeitsprozesses« werden ihm entfremdet. Zugleich mit Elend, Druck, Knechtschaft, Entartung, Ausbeutung wächst »aber auch die Empörung der stets anschwellenden und durch den Mechanismus des kapitalistischen Produktionsprozesses selbst geschulten vereinigten und organisierten Arbeiterklasse«. Die »kapitalistische Hülle (...) wird gesprengt«.[49]

Bei näherem Zusehen ist auch bei Marx selbst das Problem der revolutionären Rolle des Proletariats keineswegs gelöst. Streng ökonomisch leitet er die Existenz der drei großen Klassen der kapitalistischen Gesellschaft aus ihrer Stellung im Produktionsprozeß und ihren »respektiven Einkommensquellen: Arbeitslohn, Profit und Grundrente« ab.

Indessen sieht Marx Schwierigkeiten, die konkrete gesellschaftliche Gruppierung der Klassen und damit die Basis ihres subjektiven politischen Handelns aus diesen Grundeinsichten abzuleiten. Und er reflektiert auf »die unendliche Zersplitterung der Interessen und Stellungen, worin die *Teilung der gesellschaftlichen Arbeit* (Hervorhebung vom Verf.) die Arbeiter wie die Kapitalisten und Grundeigentümer (...) spaltet.«[50]

An dieser Stelle muß man sich erinnern, daß Marx die Arbeiterklasse nicht bloß als Objekt der kapitalistischen Ausbeutung, sondern ebensosehr auch als kollektiven Produzenten, als Träger der arbeitsteiligen und kooperativen modernen Industriewirtschaft, als »größte Produktivkraft« begriffen hat. Nur unter dieser Voraussetzung ist seine These sachlich begründet, daß die Arbeiterklasse in der Lage sein würde, die Gesellschaft auf genossenschaftlicher, kommunistischer Basis zu reorganisieren und die vom Kapitalismus geschaffenen Produktivkräfte im Interesse aller zu nutzen. In der Tat erscheint die »Arbeiterklasse« im Werk von Marx und Engels auch unter diesem Gesichtspunkt,

49 Marx, *Das Kapital I* (Anm. 1), S. 674 f., 790 f.
50 ders., *Das Kapital III* (Anm. 21), S. 892 f.

und zwar in der Gestalt des »gesellschaftlichen Gesamtarbeiters«.[51] Er ist der Inbegriff aller schöpferischen Kräfte, die im Kapitalismus entwickelt worden sind: das wahre Subjekt der modern technisierten, arbeitsteilig-kooperativen Produktion, der wahre Eigentümer der in ihrer Produktivität ins Unermeßliche gesteigerten gesellschaftlichen Arbeitskraft.

Das bedeutet freilich, daß die Industriearbeiterklasse, an die Marx und Engels ihre Analysen und Strategien im wesentlichen adressierten, zwar ein wesentlicher Bestandteil des revolutionären Subjekts »Proletariat« ist, aber nicht der einzige. Vom Begriff her gehören Wissenschaftler, Lehrer, Techniker, Organisatoren, Manager mit dazu – so abschätzig sich Marx und Engels auch in der konkreten politischen Auseinandersetzung über die bürgerliche Intelligenz geäußert haben.[52]

Die systematische Voraussetzung dafür, daß die so verstandene »Arbeiterklasse« (= »gesellschaftlicher Gesamtarbeiter«) der ihr vom Marxismus zugeschriebenen »revolutionären« Aufgabe gerecht wird, ist das zureichende Bewußtsein ihrer Rolle als arbeitsteiliger, kollektiver Produzent; denn nur auf dieser Grundlage wäre sie imstande, eine von der Herrschaft des Kapitals befreite Gesellschaft neu zu organisieren. Der vom nach-Marxschen »Marxismus« entwickelte Begriff des »Klassenbewußtseins« erfüllt diese Voraussetzung nur teilweise. Er bezieht sich im wesentlichen auf den sozialen Antagonismus der Lohnarbeiter zum Kapital, auf die Erfahrung ihrer gemeinsamen Interessen und auf ihre Bereitschaft zum Klassenkampf, die sie aus diesen Erfahrungen entwickeln. Die konkrete Vorstellung von der »Teilung der gesellschaftlichen Arbeit« und von den aktuellen oder potentiel-

---

51 Die Elemente dieses Konzeptes sind über das gesamte Marxsche Werk verstreut. Eine zusammenhängende Darstellung in Karl Marx, *Resultate des unmittelbaren Produktionsprozesses*. Frankfurt am Main 1969, besonders S. 454 ff. Vgl. ferner ders., *Das Kapital I* (Anm. 1), S. 350 ff., 442 ff., 531 f.; ders., *Das Kapital III* (Anm. 21), S. 91 f., 396 ff.

52 Vgl. vor allem den berühmten Zirkularbrief von Marx und Engels aus dem Jahre 1879, Karl Marx und Friedrich Engels, *[Zirkularbrief an Bebel, Liebknecht, Bracke u. a.]*. Berlin (Ost) 1974, MEW 19, S. 150 ff. Zusammenfassend zum Thema »Intelligenz«: Oskar Negt und Ernst Theodor Mohl, *Marx und Engels*. In: Pipers Handbuch der politischen Ideen. Hrsg. v. Iring Fetscher und Herfried Münkler. Band 4. Neuzeit – von der Französischen Revolution bis zum europäischen Nationalismus, München–Zürich 1986.

len Kooperationsformen innerhalb der Arbeiterklasse ist in diesem »Klassenbewußtsein« kaum enthalten. Am ehesten war diese Vorstellung in den anarchistisch-syndikalistischen und rätesozialistischen Strömungen der Arbeiterbewegung lebendig.

7. Sozialismus und Demokratie

Ziel der sozialistischen Revolution ist es, den kapitalistischen Grundwiderspruch zwischen gesellschaftlicher Produktion und individueller Aneignung aufzuheben, die Produktion nicht mehr am Automatismus der Marktkonkurrenz und dem Maßstab der Profiterwirtschaftung, sondern an den konkreten Bedürfnissen der Menschen auszurichten und damit die »Naturgesetzlichkeit« des Prozesses der Akkumulation und Verwertung des Kapitals außer Kraft zu setzen. Anstelle der Verfügung der Kapitalistenklasse über die Produktionsmittel und anstelle der kapitalistischen Regelung von Produktion und Verteilung soll »eine gesellschaftlich-planmäßige Regelung der Produktion nach den Bedürfnissen der Gesamtheit wie jedes einzelnen« treten. Das ist der Sinn der vielberufenen »Vergesellschaftung« oder »Sozialisierung« der Produktionsmittel; ihr Ergebnis: »einerseits direkte gesellschaftliche Aneignung als Mittel zur Erhaltung und Erweiterung der Produktion, andererseits direkte, individuelle Aneignung als Lebens- und Genußmittel«.[53]

Es leuchtet unmittelbar ein, daß die Funktionsweise einer solcherart vergesellschafteten Produktion es erfordert, daß alle Gesellschaftsmitglieder auf der Grundlage freiwilliger Übereinkunft in gleicher Weise an ihr teilhaben. Andernfalls handelte es sich wieder um die Herausbildung einer ausbeutenden und unterdrückenden herrschenden Minorität. Alle über ihr Werk verstreuten gelegentlichen Aussagen von Marx und Engels über die zukünftige »genossenschaftliche« Produktion, insbesondere aber über die Stellung des Individuums im Sozialismus, bestätigen diese Interpretation. Der Sozialismus ist ihnen »eine Association, worin die freie Entwicklung eines jeden die Bedingung für die freie Entwicklung aller ist.«[54] Anders ausgedrückt: Die

53 Engels, *Entwicklung des Sozialismus* (Anm. 12), S. 223.

54 Marx und Engels, *Kommunistisches Manifest* (Anm. 13), S. 484; Marx, *Grundrisse* (Anm. 4), S. 75 f.; Engels, *Anti-Dühring* (Anm. 27), S. 273.

Kooperations- und Organisationsformen des Sozialismus können nur die einer radikalen, rechtlich gesicherten »Demokratie« sein.

Daß die Idee einer »Diktatur des Proletariats« als der politischen Form des Übergangs von der kapitalistischen zur sozialistischen Gesellschaft in der Marxschen Theorie eine zentrale Stellung einnimmt, ist unbestreitbar.[55] Und gar im Lichte der Leninschen Definition von »Diktatur« als einer »sich unmittelbar auf Gewalt stützenden Macht, die an keinerlei Gesetze gebunden ist«,[56] scheint diese Idee jede Demokratie auszuschließen. Aber schon der berühmte Engelssche Satz: »Seht euch die Pariser Kommune an, das war die Diktatur des Proletariats«, erweist ein solches Urteil als voreilig; war doch die Pariser Kommune auf der Basis breitester Demokratie organisiert und wurde von Marx in diesem Sinne interpretiert.[57] Es scheint, daß Marx eher einen soziologischen als einen staatsrechtlich-politischen Begriff von Diktatur im Auge gehabt hat, der nichts anderes bedeutete als Klassenherrschaft oder auch – mit Gramsci gesprochen – »Hegemonie«, entweder der Bourgeoisie oder der Arbeiterklasse. Auf einer vergleichbaren Mehrdeutigkeit der verwendeten Begriffe beruht auch die von Marx und Engels häufig geübte Kritik an Staat, Recht und »Demokratie«. Eine einheitliche Staats- und Rechtstheorie gibt es bei ihnen nicht. Auf der einen Seite steht der Begriff von Staat und Recht als der politischen Form der Klassenherrschaft; und auch die »Demokratie« ist insofern ein Instrument der Klassenherrschaft – erst das der Bourgeoisie, danach im Übergang zum Sozialismus eines des Proletariats. Freilich wird bei Marx auch ein weiterer Begriff von »Staat« angedeutet, wenn er von ihm als der »bürgerlichen Gesellschaft in ihrer Aktion« spricht und die »Staatsmacht« als »die konzentrierte und organisierte Gewalt der Gesellschaft« bezeichnet.[58] Als Inbegriff der genossenschaftlichen Organisation der Gesellschaft, der immer noch nötigen »Verwaltung von Sachen und Leitung von Produktionsprozes-

---

55 *Karl Marx an Joseph Weydemeier vom 5. März 1852*. Berlin (Ost) 1963, MEW 28, S. 508; Marx, *Randglossen* (Anm. 20), S. 28.

56 Wladimir I. Lenin, *Was tun?* In: Ausgewählte Schriften. Hrsg. v. Hermann Weber. München 1963, S. 902.

57 Friedrich Engels, *Einleitung von 1891 zu: Karl Marx, Der Bürgerkrieg in Frankreich*. Berlin (Ost) 1964, MEW 17, S. 625; Marx, *Bürgerkrieg in Frankreich* (Anm. 27), S. 313 ff.

58 Marx und Engels, *Deutsche Ideologie* (Anm. 3), S. 37; Marx, *Das Kapital I* (Anm. 1), S. 779.

sen«, würde ein solcher »Staat« anstelle der in der Klassengesellschaft praktizierten »Regierung über Menschen« auch im Sozialismus erforderlich bleiben – einschließlich der damit verknüpften verbindlichen Regelungen, die man als »Recht« bezeichnen könnte. Daß selbst in einer herrschaftsfreien Gesellschaft »Leitung« und »Autorität« erforderlich bleiben, haben Marx und Engels immer wieder betont, mit besonderer sarkastischer Schärfe gegenüber den Anarchisten.[59]

8. Marxismus, Wissenschaft und Arbeiterbewegung – oder: Ist Marx überholt?

Ein besonders drastisches Beispiel für die Auflösung der einstigen »weltgeschichtlichen Vereinigung«[60] von Marxismus und realer Arbeiterbewegung ist die geschichtlich wirksamste und machtvollste Gestalt des »Marxismus«: der »Leninismus«. Er ist nichts anderes als die Anwendung des Marxismus auf ein unterentwickeltes Land. Die marxistisch-leninistische Bewegung entfaltete sich nicht als die »selbständige Bewegung der ungeheuren Mehrzahl im Interesse der ungeheuren Mehrzahl«,[61] das heißt als Bewegung einer radikalen Demokratisierung, sondern als eine elitäre, autoritäre und sich rasch bürokratisierende Organisation – nicht Diener und Ausdruck, sondern Herr und Vormund der Arbeiterklasse. Der Widerspruch zwischen Produktivkräften und Produktionsverhältnissen wurde im »real existierenden Sozialismus« nicht aufgehoben, sondern im Gegenteil zugespitzt: Die Produktionsverhältnisse dieses »marxistischen« Gesellschaftssystems – die zentralistisch autoritäre Herrschaft privilegierter bürokratischer, kastenähnlich strukturierter Gruppen über Wirtschaft, Staat, soziales Leben und Kultur – sind in eine »Fessel« für die schöpferischen Kräfte der Gesellschaft umgeschlagen. Logischerweise rebellierten dort auch die »Produktivkräfte« (Arbeiter, Bauern, Techniker, Wissenschaftler, Kulturschaffende) gegen die von der Bürokratie beherrschten vorgeblich sozialistischen »Produktionsverhältnisse«. Rückblickend betrachtet, hat sich damit die »materialistische« These

59 Engels, *Entwicklung des Sozialismus* (Anm. 12), S. 223 f.; *Friedrich Engels an Theodor Cuno vom 24. Jan. 1872*. Berlin (Ost) 1966, MEW 33, S. 389.

60 Werner Sombart, *Sozialismus und soziale Bewegung*. Jena [8]1919, S. 5.

61 Marx und Engels, *Kommunistisches Manifest* (Anm. 13), S. 472.

von Marx als zutreffend erwiesen, daß die ökonomische (aber auch die soziale, politische und kulturelle) »Reife« der gesellschaftlichen Entwicklung, wie sie unter dem voll entfalteten Kapitalismus erreicht wird, die unverzichtbare Voraussetzung für den Übergang zu einer höheren Gesellschaftsformation ist. Dementsprechend haben sich auch alle Hoffnungen, die »revolutionäre« Erneuerung des Marxismus werde aus den antikolonialen und antifeudalen nationalen Revolutionen der Dritten Welt hervorgehen, als Illusion erwiesen.

In den entwickelten kapitalistischen Industriegesellschaften hat sich die Verbindung zwischen Marxismus und historischer Arbeiterbewegung aus ganz anderen Gründen und unter völlig verschiedenen Bedingungen aufzulösen begonnen. Die auf eine Interessenvertretung der industriellen Arbeitnehmerschaft reduzierte »sozialistische Arbeiterbewegung« hat nirgendwo mehr erreicht und nur selten mehr erstrebt als die Umgestaltung des klassischen Kapitalismus zum modernen demokratischen und sozialen – wenn auch immer noch kapitalistischen – Wohlfahrtsstaat.[62] Die marxistische Erkenntnis, daß es keine ökonomische, »naturgesetzliche« Notwendigkeit für den Zusammenbruch des Kapitalismus gibt, ist durch die Geschichte bestätigt worden.

Die gesellschaftlichen Probleme sind im Laufe dieser Entwicklung freilich nicht geringer geworden, die materiellen Möglichkeiten ihrer Lösung hingegen größer. Der objektive Widerspruch zwischen Produktiv- (und Destruktiv-)Kräften und Produktionsverhältnissen hat sich zugespitzt. Weniger als je zuvor kann die Lösung dieser Probleme vom Automatismus des kapitalistischen Akkumulations- und Verwertungsprozesses erwartet werden. Die von der drohenden Umweltzerstörung dringend erforderte »Kritik der politischen Ökologie« ist allerdings von Marx selbst nicht geleistet worden (obwohl er mit Nachdruck darauf hingewiesen hat, daß nicht nur die Arbeit, sondern auch die Natur ein Quell des gesellschaftlichen Reichtums sei). Aber sie kann zwanglos aus der Marxschen Kritik entwickelt werden.[63]

62 Die beste Charakterisierung dieses Prozesses m. E. immer noch Arthur Rosenberg, *Demokratie und Sozialismus. Zur politischen Geschichte der letzten 150 Jahre*. Amsterdam 1938.

63 Marx, *Randglossen* (Anm. 20), S. 15; vgl. dazu Wolfgang Mehte, *Ökologie und Marxismus*. Hannover 1981.

Ist der Marxismus wissenschaftlich, und wenn ja, worin wurzelt sein Wahrheitsanspruch? Einzelwissenschaftliche Begründungen oder Widerlegungen bestimmter marxistischer Thesen lösen das Problem nicht.

Georg Lukács hat einmal geschrieben, man könne »orthodoxer« Marxist bleiben, auch wenn die »neuere Forschung (...) die sachliche Unrichtigkeit sämtlicher einzelner Aussagen von Marx einwandfrei nachgewiesen« hätte. Orthodoxie in Sachen des Marxismus beziehe sich vielmehr »ausschließlich auf die Methode«.[64]

Angelpunkt dieses Anspruchs ist der historische Materialismus. Er entdeckt in der Produktion und Reproduktion des materiellen Daseins, also in der ökonomischen Struktur der Gesellschaft den Leitfaden, an dem entlang sich der Gang der Menschheitsgeschichte erklären läßt, und er entdeckt gleichzeitig den vergesellschafteten Menschen als Verfasser und Schausteller seiner eigenen Geschichte. Erst im Kapitalismus tritt die Ökonomie rein hervor, herrscht zum ersten Mal »das gesellschaftlich, historisch geschaffene Element« und wird deshalb die Geschichte als vom Menschen gemachte erkennbar. Die materialistische Geschichtsinterpretation ist nur sinnvoll und möglich von der Gegenwart aus, und die Produktionsverhältnisse vergangener Gesellschaftsformen sind nur von der bürgerlichen Gesellschaft her zu begreifen: »Die Anatomie des Menschen ist ein Schlüssel zur Anatomie des Affen«. »Die sogenannte historische Entwicklung beruht überhaupt darauf, daß die letzte Form die vergangenen als Stufen zu sich selbst betrachtet.« »Weltgeschichte existierte nicht immer. Die Geschichte als Weltgeschichte-Resultat.«[65]

Das geschichtsphilosophische Konzept Hegels vom Geist, der in der Weltgeschichte zu sich selbst kommt, schimmert deutlich wieder durch. Nur freilich begreift Marx nicht den Weltgeist, sondern die gesellschaftlich lebenden und handelnden Menschen als Subjekt der Geschichte, und deren konkrete Lebensumstände lassen sich empirisch – das heißt verifizierbar und falsifizierbar – erforschen und darstellen. Insoweit ist der Marxismus – wenn seriös vertreten – immer auch streng fachliche Wissenschaft. Nur – der Gesamtzusammenhang des Marxschen Denkens läßt sich auf diese Weise nicht als wahr begründen.

64 Lukács (Anm. 38), S. 13.
65 Marx, *Grundrisse* (Anm. 4), S. 25 ff.

Die Zirkelstruktur des Marxismus ist unabweisbar: Der historische Materialismus erklärt einen Geschichtsprozeß, der seinerseits den historischen Materialismus begründet.

Freilich: Der Marxismus ist keine bloße Theorie. Marx wollte die Welt nicht bloß interpretieren, er wollte sie verändern. 1930 schrieb ein junger marxistischer Intellektueller in der Auseinandersetzung mit Karl Mannheim: »Solange es Menschen gibt, die ihr Handeln nach der Marxschen Überzeugung ausrichten, so lange ist Marx nicht ›widerlegt‹ – denn eben dies war ja seine Erwartung, daß es solche Menschen geben werde«.[66] Das gilt noch heute.

66 Ernst Lewalter, *Wissenssoziologie und Marxismus*. Band 64, Archiv für Sozialwissenschaft und Sozialpolitik, Tübingen 1930, S. 623. Vgl. die fast wortgleichen Formulierungen von Rosa Luxemburg, *Karl Marx (1903)*. Band 1/2, Gesammelte Werke, Berlin [5]1983, S. 377.

Die Arbeiterklasse als Träger der sozialistischen Bewegung

Zur Korrektur eines Mißverständnisses

Wenn heute auf breiter Front die Idee des Sozialismus und insbesondere die Theorien des Marxismus infragegestellt werden, dann steht dabei immer auch eine bestimmte These im Mittelpunkt der Kritik: Daß die »Arbeiterklasse« und in ihr insbesondere die industrielle Arbeiterschaft das »Subjekt« des Kampfes gegen den Kapitalismus und der Träger der erstrebten neuen sozialistischen Gesellschaftsordnung sei.

In der Tat hat diese Auffassung den historischen Marxismus nach Marx beherrscht, auch in den Augen der nichtmarxistischen Wissenschaft. Werner Sombart hat in seiner berühmten Studie über »Sozialismus und soziale Bewegung« die schlagende Formulierung dafür gefunden: »Der Sozialismus ist proletarisch, das Proletariat sozialistisch geworden: Diese Vereinigung ist die weltgeschichtliche Tat von Karl Marx.«[1] Sogar in der sozialdemokratischen Arbeitnehmerbewegung der Gegenwart, die weder marxistisch noch auch sozialistisch im traditionellen Sinne ist, wirkt diese Auffassung nach. Der Vorsitzende der Arbeitsgemeinschaft für Arbeitnehmerfragen in der SPD, Rudolf Dressler, erklärte noch kürzlich, das »Facharbeitermilieu« sei der Kernbereich der SPD, ohne dessen Unterstützung die Partei keine Mehrheitschancen habe.

Daß zumindest in den fortgeschrittenen kapitalistischen Industriegesellschaften des »Westens« historisch die moderne sozialistische Idee (wir reden hier nicht von den sozialistischen Utopien vergangener Jahrhunderte) mit der aufstrebenden Bewegung der industriellen Arbeiter verwachsen und mit ihr zusammen groß geworden ist, steht außer Frage. Ebenso unstrittig ist aber, daß sich in den letzten 50 Jahren in den

1 Werner Sombart, *Sozialismus und soziale Bewegung*. Jena [8]1919, S. V.

modernen kapitalistischen Industriegesellschaften Zusammensetzung und Charakter der »Arbeiterklasse«, d. h. der lohnabhängig Erwerbstätigen tiefgreifend verändert hat. Nach Schulbildung, Berufsausbildung, Stellung im Beruf (Arbeiter, Angestellte, Beamte) und Berufsfeld (z. B. Produktions- und Dienstleistungsberufe) unterscheidet sich die Arbeiterklasse von heute radikal von der um 1950, und deren Zusammensetzung wiederum unterschied sich erheblich von der des Jahres 1910 oder des Jahres 1880. Im übrigen muß – ohne die Einzelheiten hier auszubreiten – daran erinnert werden: Der Idealtyp des »klassenbewußten Proletariers«, der (Fach-)Arbeiter mit Volksschule und Lehre oder qualifizierter Anlernausbildung, der in einem mechanisierten größeren oder Großbetrieb arbeitete und im Arbeiterquartier einer Stadt wohnte, hat niemals mehr als eine begrenzte Minderheit von 15–25 % der gesamten »Arbeiterklasse« umfaßt. Die Entwicklungen in Bildungs- und Berufsstruktur der Arbeitnehmerschaft seit 1950 sind jedoch darüber hinaus im Begriffe, eine von Grund auf veränderte »Arbeiterklasse« hervorzubringen: Angestellte und Beamte überwiegen zahlenmäßig die Arbeiter, Absolventen von weiterführenden Schulen, von Fachschulen, Fachhochschulen und Hochschulen überwiegen die Hauptschüler mit einfacher Lehre; der einstmals vorherrschende Typ des Arbeiters (und auch Angestellten) ist bereits jetzt, am Ende des 20. Jahrhunderts in der Minderheit und wird am Anfang des nächsten Jahrhunderts nur noch eine Randerscheinung der Arbeitnehmerschaft sein. Diese Entwicklung ist so rasant, daß sie sich bereits in der Gegenwart in drastischen Unterschieden zwischen der jüngeren und der älteren Arbeitnehmergeneration ausdrückt: Ist unter den über 45 Jahre alten Arbeitnehmern das Verhältnis Angestellte zu Arbeitern noch etwa 1:1, so hat es sich bei den unter 45 Jahre alten bereits auf 2:1 verändert.

Es scheint also wirklich so, als ob die traditionelle marxistisch-sozialistische Vorstellung von der Arbeiterschaft als dem Hauptträger der sozialistischen Bewegung, ja als dem Hauptträger des gesellschaftlichen Fortschritts überhaupt, durch die Geschichte selbst widerlegt und zu den Akten getan worden sei. Denn es besteht kein Zweifel, daß Marx und Engels ihr ganzes Leben lang im »Proletariat« das historische Subjekt der »Revolution« erblickt haben und daß der Marxismus ihnen, wie schon gesagt, darin gefolgt ist.

Trotzdem ist gegenüber vorschnellen Urteilen Vorsicht geboten. Der Marx/Engelsschen Auffassung von der geschichtlichen Rolle des

»Proletariats« liegt ja nicht nur eine philosophische Vision und historisch-politische Parteinahme für die Enterbten und Unterdrückten zugrunde, sondern auch eine durchdachte wissenschaftliche Theorie der gesellschaftlichen Umwälzung, der sozialen Revolution. Es lohnt sich, sie näher zu betrachten. Die Kernsätze dieser Theorie aus dem Vorwort zur »Kritik der Politischen Ökonomie« lauten: »Auf einer gewissen Stufe ihrer Entwicklung geraten die materiellen Produktivkräfte der Gesellschaft in Widerspruch mit den vorhandenen Produktionsverhältnissen oder – was nur ein juristischer Ausdruck dafür ist – mit den Eigentumsverhältnissen, innerhalb deren sie sich bisher bewegt hatten. Aus Entwicklungsformen der Produktivkräfte schlagen diese Verhältnisse in Fesseln derselben um. Es tritt eine Epoche sozialer Revolution ein (...) Eine Gesellschaftsformation geht nie unter, bevor alle Produktivkräfte entwickelt sind, für die sie weit genug ist, und neue, höhere Produktionsverhältnisse treten nie an die Stelle, bevor die materiellen Existenzbedingungen derselben im Schoße der alten Gesellschaft selbst ausgebrütet worden sind.«[2] Dabei ist deutlich, daß Kategorien wie »Produktionsverhältnisse«, »Produktivkräfte«, »Widerspruch«, »soziale Revolution« nur die eine, die von der theoretischen Analyse formulierte »objektive« Seite der gesellschaftlich-geschichtlichen Entwicklung bezeichnen. Die konkrete historische Entwicklung vollzieht sich jedoch im Zusammenarbeiten oder im Gegeneinanderkämpfen lebender Menschen: Von einzelnen oder Gruppen, von Kommunen oder Nationen, von Ständen oder Klassen; dies ist die »subjektive« Seite des Geschichtsprozesses. In den großen bürgerlichen Revolutionen etwa, an deren geschichtlichem Beispiel Marx und Engels unzweifelhaft ihre Theorie der Revolution orientiert haben, wird deutlich sichtbar: Nicht die abstrakten bürgerlichen »Produktivkräfte« haben die Form der feudal-monarchischen »Produktionsverhältnisse« gesprengt, sondern sehr konkrete Bourgeois, Kleinbürger, Proletarier und Bauern haben Monarchie, Bürokratie, Feudalaristrokatie und Klerus gestürzt, haben sie ökonomisch-sozial entmachtet und in der bürgerlichen Gesellschaft unter der Hegemonie der Bourgeoisie eine neue Klassengesellschaft errichtet. Dem denkbaren Zweifel, ob die hier skizzierten Grundsätze der Marxschen

2 Karl Marx, *Einleitung zur Kritik der politischen Ökonomie.* Berlin (Ost) 1961, MEW 13, S. 8f.

Revolutionstheorie auch auf die proletarische Revolution Anwendung finden sollen, begegnet der zentrale Satz aus dem letzten Kapitel des »Elends der Philosophie«; dort spricht Marx ganz unmißverständlich nicht nur über soziale Revolutionen ganz allgemein, sondern über die »Befreiung der arbeitenden Klasse«: »Soll die unterdrückte Klasse sich befreien können, so muß eine Stufe erreicht sein, auf der die bereits erworbenen Produktivkräfte und die geltenden gesellschaftlichen Einrichtungen (»Produktionsverhältnisse«, v. Oe.) nicht mehr nebeneinander bestehen können. Von allen Produktionsinstrumenten ist die größte Produktivkraft die revolutionäre Klasse selbst. Die Organisation der revolutionären Elemente als Klasse setzt die fertige Existenz aller Produktivkräfte voraus, die sich überhaupt im Schoß der alten Gesellschaft entfalten können.«[3]

An dieser Stelle wird deutlich sichtbar, daß Marx die Arbeiterklasse nicht bloß als Objekt der kapitalistischen Ausbeutung, sondern ebensosehr auch als kollektiven Produzenten, als Träger der arbeitsteiligen und kooperativen modernen Industriewirtschaft, als »größte Produktivkraft« begriffen hat. Nur unter dieser Voraussetzung ist auch die Marxsche Erwartung sachlich begründet, daß die »Arbeiterklasse« – von der anonymen Herrschaft des Kapitals befreit – in der Lage sein würde, die Gesellschaft auf genossenschaftlicher Basis zu reorganisieren und die vom Kapitalismus geschaffenen Produktivkräfte im Interesse aller und jedes einzelnen zu nutzen. In der Tat erscheint die »Arbeiterklasse« in dem Werk von Marx und Engels auch unter diesem Gesichtspunkt, und zwar in der Gestalt des »gesellschaftlichen Gesamtarbeiters«. Er ist der Inbegriff aller schöpferischen Kräfte, die im Kapitalismus entwickelt worden sind: Er ist das wahre Subjekt der modernen verwissenschaftlichten, technisierten, arbeitsteiligen, kooperativen Produktion, der wahre Eigentümer der in ihrer Produktivität ins Unermeßliche gesteigerten gesellschaftlichen menschlichen Arbeitskraft. Dies bedeutet freilich, daß die historische Industriearbeiterklasse, an die Marx und Engels politisch ihre Analysen und Strategien im wesentlichen adressiert haben, zwar ein wesentlicher Bestandteil des revolutionären Subjekts »Proletariat« ist, aber nicht der einzige. Vom Begriff her gehören Wissenschaftler, Lehrer, Techni-

3 Karl Marx, *Das Elend der Philosophie. Antwort auf Proudhon's »Philosophie des Elends«*. Berlin (Ost) 1959, MEW 4, S. 181.

ker, Organisatoren, Manager mit dazu – so abschätzig sich Marx und Engels auch in der konkreten politischen Auseinandersetzung über die »bürgerliche« Intelligenz geäußert haben. In der gegebenen politischen Situation mögen sie gute Gründe gehabt haben, Menschen aus Partei und Gewerkschaft fernzuhalten, die nicht durch den Druck des »proletarischen« Lebensschicksals zur Arbeiterbewegung gekommen waren und bei ihr gehalten wurden. In der Sache aber stand diese Haltung in krassem Widerspruch zu ihren theoretischen Einsichten. Denn daß Wissenschaftler, Techniker, Organisatoren, aber auch die Teile des Staatsapparats, die sich dem Aufbau und der Erhaltung der – wie wir heute sagen würden – »Infrastruktur« der kapitalistischen Industrialisierung widmeten, unverzichtbarer Bestandteil der kapitalistischen »Produktivkräfte« waren, hätte ihnen deutlich sein müssen. Und in der Tat finden sich über das riesige Werk verstreut bei Marx und Engels genügend Hinweise darauf, daß sie sich in der Theorie dieses Problems sehr wohl bewußt waren. Das klarste Beispiel dafür sind Marxens Aussagen im »Kapital« über die Funktion der Unternehmens- bzw. Betriebsleitung. Da jede Kooperation eine Leitung brauche – so wie ein Orchester einen Dirigenten –, brauche auch die moderne arbeitsteilige Produktion »Manager«. Diese leisteten produktive Arbeit und hätten Anspruch auf einen »Arbeitslohn« – der von ihrem eventuellen Anteil am Unternehmerprofit begrifflich streng unterschieden werden müsse. Und was für die Funktion des Managements gilt, muß auch für die übrigen produktiven Funktionen der Disposition, Organisation, Kommunikation und Verteilung sowie der Erarbeitung und Verbreitung von nützlichem Wissen und nützlichen Kenntnissen – also für die Funktionen der sog. »Intelligenz« gelten. Insofern greift auch die von Lenin in »Was tun?« aufgebrachte Fragestellung, ob die Arbeiterklasse aus eigenen Kräften ein sozialdemokratisches (in der Sprache der Zeit vor dem 1. Weltkrieg dasselbe wie heute »sozialistisches«) Bewußtsein entwickeln könne oder ob ihr ein solches Bewußtsein »von außen gebracht werden« müsse, im Lichte der wirklichen Marxschen Theorie viel zu kurz, ja sie entpuppt sich als ein irreführendes Scheinproblem. Denn wenn die produktive technische und wissenschaftliche Intelligenz von vorneherein ein Bestandteil des revolutionären Subjekts, nämlich des »gesellschaftlichen Gesamtarbeiters« ist, dann bedeutet die Vermittlung intellektuell erarbeiteter Einsichten unter werktätigen Arbeitern und Angestellten, bedeutet der ganze historische Prozeß der Bildung und Organisierung unter den Lohnabhängigen nicht eine Einwirkung »von außen«, sondern nicht mehr – aber auch nicht weniger – als die Herstellung einer sinnvollen Kooperation zwischen den verschiedenen Schichten, Gruppen und Funktionsträgern innerhalb des »gesellschaftlichen Gesamtarbeiters«.Auf eine kurze vorsätzlich zugespitzte Formel gebracht: Die Einengung der sozialistischen Bewegung auf die »Arbeiter«-bewegung war immer ein Irrtum; nur ist heute dieser Irrtum offensichtlich. Marx und Engels haben diesen Irrtum zwar selbst in ihrer konkreten politischen und organisatorischen Tätigkeit mit befördert; aber sie haben in ihrer Theorie gleichzeitig auch das wissenschaftliche Instrumentarium für die Überwindung dieses Irrtums geliefert. Es mag Gründe geben, die Marxsche Theorie und das gesellschaftliche Ziel einer solidarischen, von Ausbeutung, Unterdrückung und Unmündigkeit befreiten Gesellschaft in Zweifel zu ziehen, die Frage nach dem »Subjekt« der sozialistischen Bewegung gehört nicht dazu. Alle Menschen, die eine sinnvolle, gesellschaftlich notwendige oder zumindest nützliche Tätigkeit ausüben – bezahlt oder unbezahlt, in der Produktion von Gütern oder von Dienstleistungen, in Werkstatt, Büro oder im Hause, mehr mit der Hand oder mehr mit dem Kopf –, sind Adressaten der sozialistischen Idee und potentielle Mitkämpfer der sozialistischen Bewegung. Es geht lediglich um das »Wie?« ihres Zusammenwirkens.

Eine marxistische Grundlegung des Demokratischen Sozialismus?

I. Zur politischen Strategie des »Marxismus«

1. Sozialismus und Demokratie[1]

Zur Verwirklichung der sozialistischen Gesellschaft ist es nötig, die bürgerlichen Eigentums- und Herrschaftsformen zu beseitigen, die parasitären Machteliten der kapitalistischen Gesellschaft abzuschütteln, die scheinbare Naturgesetzlichkeit des Kapitalverwertungsprozesses zu durchbrechen, die Produktion nicht mehr am Automatismus der Marktkonkurrenz und dem Maßstab der Gewinnerzielung auszurichten, sondern an den konkreten Bedürfnissen der Menschen, und insgesamt die riesenhaften ständig wachsenden materiellen und geistigen Möglichkeiten der Gesellschaft planmäßig und auf demokratische Art und Weise, d. h. durch die Gesamtheit für die Gesamtheit weiterzuentwickeln. Dies ist der soziale Inhalt der sozialistischen Revolution: die Sozialisierung oder Vergesellschaftung. Ihr Träger ist die große Masse des arbeitenden Volkes, das sogenannte »Proletariat«, worunter Marx übrigens niemals nur die Handarbeiter verstanden hat, sondern alle Menschen, die – ohne unmittelbar zur herrschenden Klasse zu gehören – produktive Arbeit leisten, wie Angestellte, Techniker, Organisatoren, Wissenschaftler, Künstler usf. Die sozialistische Bewegung ist, wie Marx im »Kommunistischen Manifest« schrieb, »die selbständige Bewegung der ungeheuren Mehrzahl im Interesse der ungeheuren Mehrzahl«. Das besagt, daß sie notwendigerweise eine demokratische Bewegung sein muß und daß der Prozeß der Sozialisierung nur als ein Prozeß zunehmender Demokratisierung verstanden werden kann, als ein Prozeß, dessen Ziel, wie es ebenfalls im »Kommunistischen Manifest« heißt, eine Gesellschaft ist, »worin die freie

1 Zur Theorie des »Marxismus« vgl. die ausführliche Darstellung im Kapitel »Karl Marx« im vorl. Band S. 120–144, aus der hier nur die wesentlichen Gesichtspunkte für den demokratischen Sozialismus zusammengefaßt sind.

Entwicklung eines jeden die Bedingung für die freie Entwicklung aller ist«.

Der von Marx und Engels hier vorausgesetzte Begriff der Demokratie ist übrigens in der Sache kein anderer als der von der bürgerlichen Verfassungsbewegung entwickelte Begriff der politischen Demokratie. Daran ändert auch die Tatsache nichts, daß das von Marx und Engels entworfene Konzept einer »Diktatur des Proletariats« für die Übergangsphase vom Kapitalismus zum Sozialismus den dargelegten Konsequenzen ihrer eigenen Theorie widerspricht (und daß eine breite Strömung des Marxismus das Theorem von der »Diktatur des Proletariats« zusätzlich dogmatisiert hat). Ohne die traditionellen Elemente der Demokratie: geistige und politische Freiheit, Rechtssicherheit, politischer und sozialer Pluralismus, freie Wahlen, Minderheitenschutz usf. sind die von Marx und Engels erstrebte gesellschaftliche Selbstverwaltung und Selbstregierung sowie insbesondere die Befreiung und Selbstverwirklichung jedes einzelnen nicht möglich.[2]

2. Der Leninismus: Die Anwendung des Marxismus auf ein unterentwickeltes Land

Verblüffend, ja geradezu schockierend ist der Umstand, daß trotz weltweiter Proklamierung des Marxismus noch nirgendwo die Bedingungen der Marxschen Prognosen für die gesellschaftliche Entwicklung erfüllt und die Ziele seines Wollens tatsächlich verwirklicht worden sind.

Besonders deutlich wird das am Beispiel der geschichtlich wirksamsten und machtvollsten Gestalt des Marxismus, am Beispiel des sogenannten »Leninismus«. Der Bolschewismus knüpfte nicht an die Errungenschaften einer vollentwickelten kapitalistischen Gesellschaft an, die ihre Möglichkeiten erschöpft hatte und ihre überlebten Formen von sich abschüttelte; die kommunistische Bewegung entfaltete sich nicht als die »selbständige Bewegung der ungeheuren Mehrzahl im Interesse der ungeheuren Mehrzahl«, sondern als eine elitäre, autoritäre und sich rasch bürokratisierende Organisation der sogenannten »Avantgarde«; und der erste »kommunistische« Staat verwirklichte

---

2 Hierzu Peter von Oertzen, *Sozialismus, Demokratie, Rechtsstaat*. In: Reform in der Demokratie. Festschrift für Willy Strzelewicz. Hrsg. v. Wolfgang Schulenberg. Hamburg 1976.

nicht *mehr,* sondern *weniger* Demokratie als die bürgerliche Gesellschaft. Diese Umstände liegen im wesentlichen in der wirtschaftlichen und sozialen Rückständigkeit Rußlands vor und nach der Revolution begründet: Der Leninismus ist im Grunde nichts anderes als die Anwendung des Marxismus auf ein unterentwickeltes Land. Die merkwürdige Tatsache, daß der Marxismus in einem solchen Land aufgenommen werden und siegreich bleiben konnte, erklärt sich aus gesellschaftlichen und geschichtlichen Bedingungen, die in den Grundzügen für jedes unterentwickelte Land gelten. (Weswegen denn auch »marxistische« Revolutionen in allen diesen Ländern trotz tiefgreifender Unterschiede zwischen ihnen zu ähnlichen Ergebnissen geführt haben.)

Die Gründe für die merkwürdige und höchst ambivalente Rolle des Marxismus in diesen Ländern liegt darin: Jedes unterentwickelte Land steht vor der Aufgabe der Industrialisierung und Modernisierung seiner Gesellschaft. Diesen notwendigen Prozeß angesichts des Beispiels der fortgeschrittenen westlichen Länder jedoch auf dem – übrigens höchst opferreichen und grausamen – Wege der klassischen kapitalistischen Entwicklung zu vollziehen, sind die vorwärts treibenden Kräfte eines solchen Landes aber weder imstande noch gewillt. Sie wollen die schmerzliche Phase des Früh- und Hochkapitalismus überspringen und verwandeln den Marxismus auf diesem Wege in die Ideologie einer Bewegung und – wenn zur Macht gekommen – eines Herrschaftssystems, die die Aufgaben der antifeudalen bürgerlichen Revolution, der Industrialisierung und der Grundlegung des Sozialismus *in einem* lösen wollen. So verschieden die Staaten des sogenannten »real existierenden Sozialismus« und die revolutionären Bewegungen in der Dritten Welt auch sind, so scharf ihre Ideologen und ihre politischen Führer einander auch kritisieren mögen, eines haben alle diese Gestalten des »Marxismus« gemeinsam: die innere Widersprüchlichkeit, die aus dem Nebeneinander jener drei unterschiedlichen Aufgaben entspringt. Antifeudales Revolutionsprogramm, Rechtfertigungsideologie eines autoritären Industrialisierungsprozesses und sozialistische Verheißung liegen miteinander im Streit. Aus diesem Grunde muß auch jeder Versuch scheitern, Antworten auf die vom Marxismus offen gelassenen Fragen durch Rückgriff auf diese marxistischen Ideologien zu gewinnen.

3. Marxismus im Spätkapitalismus

Tiefere Ursache, Hintergrund und fortdauerndes Problem der geschilderten Situation ist freilich der Umstand, daß der Marxismus dort keine Fortschritte gemacht hat, wo er nach Marx' und Engels' ursprünglicher Prognose eigentlich hätte siegen müssen, in den entwickelten kapitalistischen Ländern. Schon die Entartung der bolschewistischen Revolution in Rußland zum Terrorsystem des Stalinismus hätte vermutlich vermieden werden können, wenn 1918/19 auch in Teilen Westeuropas der Sozialismus gesiegt hätte. Und heute hängt ganz gewiß sowohl das Schicksal der sozialrevolutionären Bewegung in der Dritten Welt (ihre Bewahrung vor stalinistischen und maoistischen Irrwegen) als auch die Befreiung der Gesellschaften des »real existierenden Sozialismus« aus ihrer bürokratisch-autoritären Erstarrung davon ab, ob, wie überzeugend und wie schnell es der sozialistischen Bewegung gelingt, die spätkapitalistische Gesellschaft des Westens in Richtung auf eine Gesellschaftsordnung hin zu überwinden, die der ursprünglichen sozialistischen Verheißung des Marxismus nahekommt.

Von einem solchen Sieg in den entwickelten kapitalistischen Ländern ist der von Marx und Engels geprägte Sozialismus freilich weit entfernt. Im Gegenteil: In den Reihen der unabhängigen sozialistischen Bewegung (ja sogar bei einem Teil der sogenannten »Eurokommunisten«) wird zunehmend von einer »Krise des Marxismus« gesprochen.[3] Diese Krise ist Ausdruck und Ergebnis jener Erfahrungen, die der Marxismus des Westens seit dem Ende des Zweiten Weltkrieges gemacht hat.

In den letzten 35 Jahren hat es der Marxismus in keinem der entwickelten kapitalistischen Länder vermocht, mehr als eine – teils größere, teils nur sehr kleine – Minderheit der Bevölkerung (aber auch der »Arbeiterklasse« selbst) von der Möglichkeit, der Notwendigkeit oder auch nur der Wünschbarkeit einer tiefgreifenden gesellschaftlichen Umwälzung, einer wirklichen »sozialen Revolution« im Marxschen Sinne zu überzeugen. Es wäre eine – gemessen an den Prinzipien des historischen Materialismus – höchst unmarxistische Erklärung dieser Entwicklung, sie in erster Linie auf eine Mischung aus politischer Repression, geschicktem Volksbetrug und »Arbeiterverrat« der sozial-

3 Als ein Beispiel unter vielen sei hier die Nr. 36 (1979, Nr. 3) der Zeitschrift »Probleme des Klassenkampfs« erwähnt.

demokratischen (und/oder auch kommunistischen) Massenparteien zurückzuführen, wie es viele dogmatische Strömungen des Marxismus getan haben und noch tun.

4. Der demokratische Wohlfahrtsstaat

Es besteht kein Zweifel daran, daß es der kapitalistischen Gesellschaft gelungen ist, in dieser Zeit einen steigenden materiellen und kulturellen Lebensstandard für die meisten (wenn auch bei weitem nicht für alle) arbeitenden Menschen sowie relative soziale und politische Stabilität zu erreichen, wie problematisch diese Fortschritte und diese Stabilität im einzelnen auch immer waren oder sind.

Dieses System des – nennen wir es einmal so – demokratischen kapitalistischen »Wohlfahrtsstaates« ist von nicht dogmatischen kritischen Marxisten sorgfältig untersucht und plausibel erklärt worden. Trotz tiefgreifender Unterschiede zwischen ihren jeweiligen wirtschaftlichen, sozialen und politischen Verfassungen gibt es in allen entwickelten, demokratisch regierten kapitalistischen Industriestaaten gewisse strukturelle Übereinstimmungen (die ihrerseits dann in einer relativen Einheitlichkeit der kapitalistischen Gesamtentwicklung seit 1945 zum Ausdruck kommen).

Ökonomisch beruht dieses wohlfahrtsstaatliche System auf der seit den dreißiger Jahren neu entwickelten Fähigkeit des Staates und der ihn tragenden Klassen, durch zielbewußte Finanz-, Haushalts- und Sozialpolitik die innewohnende Krisentendenz der kapitalistischen Wirtschaftsordnung zu dämpfen und bis heute die Wiederkehr katastrophaler Weltwirtschaftskrisen wie der von 1929–1939 zu verhindern. Zugleich übernimmt der Wohlfahrtsstaat zunehmend die »Gemeinkosten einer immer weiter vergesellschafteten Produktion« (Habermas)[4], d. h. die Kosten für die außenpolitische Absicherung, die erforderliche Infrastruktur und die sozialen Folgen der kapitalistischen Wirtschaft. Die relative soziale und politische Stabilität des Systems wurde erzeugt und nach Störungen immer wieder hergestellt durch eine staatliche Politik der »Reformen« und eine dementsprechende auf solche Reformen abzielende, d. h. »reformistische« Haltung der großen Mehrheit

---

4 Jürgen Habermas, *Legitimationsprobleme im Spätkapitalismus.* Frankfurt am Main 1973, S. 88.

der Arbeiterklasse und der sozialistischen Bewegung.[5] Marxistisch gesprochen handelt es sich beim »Wohlfahrtsstaat« um einen asymmetrischen Klassenkompromiß und eine Teilintegration der Arbeiterbewegung in die kapitalistische Gesellschaft. (»Asymmetrisch«, weil die gesellschaftliche Interessenvertretung der kapitalistischen Klassen der Interessenvertretung der Arbeiterklasse strukturell überlegen ist; »Teilintegration«, weil die Arbeiterbewegung selbst unter einer betont nicht »revolutionären« ideellen Führung dennoch immer auch über die kapitalistische Gesellschaft hinausstrebt.)[6]

5. Zur Funktionsweise des demokratischen Wohlfahrtsstaates

Im einzelnen ruht (und entwickelt sich) dieser Klassenkompromiß auf der Grundlage eines eng miteinander verflochtenen Systems ökonomisch-sozialer, politischer und soziokultureller Institutionen und Handlungsstrategien: Es sind dies im wesentlichen die Anerkennung der organisierten Arbeiterbewegung durch kollektives Arbeitsrecht, Betriebsverfassungsrecht und – gegebenenfalls – Mitbestimmung; ein mehr oder weniger umfassendes »Netz sozialer Sicherheit« durch staatlich geförderte Sozialversicherung und staatliche Sozialpolitik; gleichberechtigte politische Partizipation der Arbeiterklasse und der sozialistischen Bewegung auf der Grundlage des allgemeinen Wahlrechts und einer repräsentativen Demokratie; die Relativierung ökonomisch-sozial bedingter Schranken für die gesellschaftliche Teilhabe der Unterschichten durch Bildungsreform und Kulturpolitik. Die Struktur des wohlfahrtsstaatlichen Klassenkompromisses, vor allem die ihm entsprechende »reformistische« Haltung der sozialistischen Bewegung ist im übrigen sehr wesentlich durch das prägende Übergewicht staatlicher Regelungen bestimmt. Man kann den Standpunkt

5 Zu den folgenden Überlegungen sei hier aus der Vielzahl der marxistischen »Reformismustheorien« die scharfsinnige Analyse von Bernhard Blanke erwähnt: Bernhard Blanke, *Sozialdemokratie und Gesellschaftskrise*. In: Sozialdemokratische Arbeiterbewegung und Weimarer Republik. Hrsg. v. Wolfgang Luthardt. Frankfurt am Main 1978.

6 Ein geradezu klassischer ideologischer Ausdruck dieser »Teilintegration« sind die Aussagen des Godesberger Programms über den »einst schutz- und rechtlosen Proletarier«, der einerseits jetzt seinen Platz einnimmt »als Staatsbürger mit anerkannten gleichen Rechten und Pflichten«, während er andererseits immer noch »aus einem Wirtschaftsuntertan zu einem Wirtschaftsbürger werden« muß.

vertreten, daß Arbeiterklasse und sozialistische Bewegung als Ganzes (Partei, Gewerkschaft und Sozial- bzw. Kulturorganisationen) desto stärker in das System integriert werden, je stärker ihre Fixierung auf den Staat und je schwächer die »Autonomie« ihrer Organisationen gegenüber dem Staat sei.[7] (Freilich paßt die Verhaltensweise der US-amerikanischen Gewerkschaftsbewegung nicht ohne weiteres in dieses Modell; zumindest ist ihre Form der »Staatsfixierung« – ohne eine eigene Arbeiterpartei – eine prinzipiell andere als die der westeuropäischen Arbeiterbewegung.)

Der Zusammenhalt des wohlfahrtsstaatlichen Systems wird freilich nicht allein durch institutionelle Sicherung und dauernden Interessenausgleich gesichert. Er setzt gleichzeitig einen – zumindest von einer sehr großen Mehrheit getragenen – gesellschaftlichen Konsens in grundlegenden Wertvorstellungen und verhaltensregulierenden Normen voraus. Dieser Konsens kann sich nicht auf die Verfassungspolitik im engeren Sinne, die vielstrapazierte »Solidarität der Demokraten« bei der Verteidigung der FdGO (»Freiheitlich demokratische Grundordnung«), beschränken. Er muß, wenn er wirksam sein will, weitere, das ökonomische und soziale Leben prägende Verhaltensweisen umfassen.

Einen solchen Konsens gibt es, und er schließt auch die überwiegende Mehrheit der Arbeiterklasse und der sozialistischen Bewegung mit ein. Er wird sehr wesentlich durch die funktionalen Erfordernisse der kapitalistischen Wirtschaftsordnung beeinflußt. Dieser Konsens umfaßt unter anderem:

- Die Meinung, daß menschliches Verhalten hauptsächlich durch das Streben nach persönlichem Vorteil (Besitz und Einkommen, Macht und Prestige) bestimmt werden, und zwar notwendigerweise und für alle Zukunft.

- Die Vorstellung, daß insbesondere ohne die auf den Zuwachs wirtschaftlichen Wohlstandes gerichteten Antriebskräfte die menschliche Tätigkeit in unheilvoller Weise erschlaffen müsse (Prinzipien der »Gewinnerzielung« im Westen, der »materiellen Interessiertheit« im Osten).

---

7 So a. a. O.

- Die Überzeugung, daß die gesellschaftlich notwendigen Leistungen der Menschen nur in hartem Wettbewerb miteinander erzielt werden könnten.

- Die als selbstverständlich unterstellte Voraussetzung, daß dieser Leistungswettbewerb sich wesentlich nur im *Kampf* der Einzelnen *gegen* andere Einzelne und nicht auch in der Form des Kräftemessens bei der *Zusammenarbeit mit* anderen vollziehen könne.

- Die Vorstellung, daß der materielle Ertrag der Arbeit, daß Erwerb und Verbrauch materieller Güter nicht nur unverzichtbare Voraussetzungen sinnvollen menschlichen Lebens seien, sondern dieser Lebenssinn selbst.

- Die Überzeugung, daß die durch die Leistungskonkurrenz tagtäglich vor Augen geführte Ungleichheit der Leistungsergebnisse nicht nur die unleugbare Verschiedenheit, sondern auch eine natürliche Ungleichwertigkeit der Menschen zum Ausdruck bringe und daß daher privilegierte Eliten für eine »gesunde« Gesellschaft unentbehrlich seien.

- Die Unterstellung, daß man gesellschaftliche Leistung an abstrakten und unter allen Umständen in gleicher Weise gültigen Maßstäben messen müsse und daß dafür nur der Grad der Effizienz bei der Erzeugung käuflicher Güter oder Leistungen in Frage komme, daß daher die Befriedigung konkreter menschlicher Bedürfnisse als solche noch keine gesellschaftlich anerkannte Leistung darstelle (es sei denn, sie werde auf dem Markt honoriert; der klassische Fall: das ökonomische Verhältnis von Hausfrau und Haushälterin).

Daß die hier skizzierten sozialen Wertvorstellungen und Normen unser alltägliches Leben weitgehend bestimmen, kann – so meine ich – ebensowenig geleugnet werden, wie daß sie die Motivationsstruktur für eine funktionierende auf dem privaten Eigentum beruhende Wettbewerbswirtschaft darstellen. Und insoweit blockieren diese Wertvorstellungen und Verhaltensnormen bei jedem Menschen, der sie sich zu eigen gemacht (internalisiert) hat, die Fähigkeit, sich eine nichtkapitalistische Gesellschaft vorzustellen, d. h. eine Gesellschaft, in der menschliches Verhalten durch andere Wertvorstellungen und Normen bestimmt würde.

Die sozialistische Bewegung hat stets versucht, den herrschenden Wertvorstellungen und Normen der kapitalistischen Gesellschaft eigene entgegenzusetzen[8]: die Idee der »freien Entwicklung eines jeden einzelnen‹ (Kommunistisches Manifest) oder der »freien Selbstbestimmung« (Leonard Nelson) dem Profit als dem Leitstern menschlichen Handelns, die Idee menschlicher Gleichheit der Klassengesellschaft, die Idee der Solidarität dem Konkurrenzkampf aller gegen alle. Auch in den nicht mehr entscheidend vom Marxismus bestimmten neueren sozialistischen Programmschriften finden sich Ansätze einer alternativen »sozialen Moral«.[9]

Die marxistische Auffassung, daß der Zusammenhalt einer Gesellschaft nicht nur durch ihre ökonomischen und Herrschaftsstrukturen, sondern auch durch die sie legitimierenden Werte und Normen hergestellt wird, lebt hier fort. (NB: Die »wertphilosophische« Deduktion von politischen Programmen aus »Grundwerten«, die als außerhalb von Geschichte und Gesellschaft gültig vorausgesetzt werden, ist mit dieser Feststellung nicht gemeint.)

6. Krisenphänomene im Spätkapitalismus

Ungeachtet seiner Analyse, die die relative Stabilität des Spätkapitalismus zu erklären versucht, konstatiert der Marxismus jedoch – insbesondere in den letzten Jahren – das Wiederhervortreten von altbekannten und das Auftauchen von neuen Formen kapitalistischer Krisen, oder besser: von gesellschaftlichen Krisen, die sich historisch und systematisch auf die Funktionsweise der kapitalistischen Gesellschaft zurückführen lassen:

- Kleinere Konjunkturschwankungen (Rezessionen) verstärken

8 »Die herrschenden Ideen sind die Ideen der Herrschenden« (Kommunistisches Manifest), oder etwas distanzierter bei Ralf Dahrendorf, der nüchtern feststellt, »daß die geltenden oder herrschenden Werte einer Gesellschaft von ihrer Oberschicht ablesbar sind«; Ralf Dahrendorf, *Über den Ursprung der Ungleichheit unter den Menschen*. Tübingen 1961, S. 28.

9 Grundwerte und Grundforderungen im Godesberger Programm; Peter von Oertzen, Horst Ehmke und Herbert Ehrenberg (Hrsg.), *Orientierungsrahmen '85. Text u. Diskussion*. Bonn-Bad Godesberg ³1979, Abschnitt 1.7, Kritik am herrschenden (kapitalistischen) Leistungsbegriff.

sich, kehren regelmäßiger wieder und vereinheitlichen sich über den nationalen Rahmen hinaus zur weltweiten Rezession (1974/75). Regionale und branchenspezifische Strukturkrisen treten hervor; der »Sockel« struktureller Arbeitslosigkeit nimmt zu.

- Das ökonomische Mengenwachstum verlangsamt sich; die dem Kapitalismus von Anbeginn an innewohnende »säkulare Inflation« (Werner Hofmann) verstärkt sich.

- Der demokratische Wohlfahrtsstaat gerät in eine Finanzkrise. Der Versuch des Staates, die objektiv erforderliche weitere Erhöhung der Steuer- und Sozialqoute durchzusetzen, stößt auf den ökonomischen Widerstand des Kapitals und auf den politischen Widerstand seiner Steuer und Abgaben zahlenden Bürger.

- Der Staat, der sich dem Kapital gegenüber als Garant ungestörten Wachstums (marxistisch gesprochen: eines ungestörten kapitalistischen Akkumulations- und Verwertungsprozesses) und seinen Bürgern gegenüber als Garant sozialer Wohlfahrt nicht mehr genügend legitimieren kann, gerät in eine »Legitimationskrise« (Habermas).

- Die Verallgemeinerung der – oben skizzierten – vom Kapitalismus geprägten Sozialmoral zersetzt ältere überwiegend noch vorkapitalistisch begründete soziale, politische und ideelle Ordnungen (Staatsethos, Kirche, Familie, Schule). Individuelle Sinnkrisen und zunehmende gesellschaftliche Desintegration sind die Folge.

- Die Probleme gesellschaftlicher Minoritäten spitzen sich zu. Schwache, weil nicht ökonomisch konkurrenzfähige Minderheiten werden ökonomisch und sozial an den Rand der Gesellschaft gedrängt (Kinder, Alte, Behinderte); benachteiligte, aber aktionsfähige Minderheiten beginnen, ihre Identität im Kampf *gegen* die herrschende gesellschaftliche Ordnung zu suchen (emanzipierte Frauen, Jugendliche, Lesben und Schwule).

- Es droht ein reduziertes Modell des demokratischen Wohlfahrtsstaates sich durchzusetzen, in dem Oberklassen und privilegierte Teile der Arbeiterbewegung ihre Kompromisse unter Ausschluß und auf Kosten eines wachsenden unterprivilegierten Bevölkerungsteils abschließen (Minderheiten, Gastarbeiter, Dauerarbeitslose, unterqualifizierte Arbeitnehmer). In den USA ist dieses Modell teilweise bereits verwirklicht, in Westeuropa zeichnet es sich ab.[10]

- In der Folge und als Reaktion auf die Zuspitzung der genannten Krisenerscheinungen tendieren die herrschenden Klassen dazu, den Klassenkompromiß des Wohlfahrtsstaates zu ihren Gunsten zu verschieben. Sie stützen sich dabei auf die Mobilisierung zum Teil sehr unterschiedlicher Teile der Unterklassen (relativ privilegierte, aber auch besonders unterprivilegierte und abhängige) und auf die Intensivierung der staatlichen Zwangsgewalt in ideeller, rechtlicher und materieller Hinsicht. (Dies ist auf eine vereinfachte Formel gebracht das »Modell Strauß«.) Diese Verstärkung der politischen Repression verschärft aber wiederum die genannten Krisenphänomene.

Der Reflex fast aller dieser Krisenphänomene sammelt sich in der Bundesrepublik derzeit wie in einem Brennspiegel im Bewußtsein der »grünen« ökologischen Protestbewegung. Die Absage an die kapitalistische Konkurrenz- und Wachstumswirtschaft, an den (bürokratisierten und scheinbar immer autoritärer werdenden) Wohlfahrtsstaat[11], an die herrschenden gesellschaftlichen Werte und Normen, an die Diskriminierung der Minoritäten kulminiert in dem Kampf gegen die die menschliche Rasse, wie man meint, mit Ausrottung bedrohende Kernenergie. Im marxistischen Verständnis repräsentiert die ökologische Bewegung freilich eher einen *Ausdruck* der Krise des Spätkapitalismus als ihre mögliche *Überwindung*. Die ökologische Bewegung umgeht in ihrem politischen Bewußtsein die zentralen Probleme der kapitalistischen Ökonomie und steht in ihrer politischen

10 Hierzu die brillanten Studien von Josef Esser, Wolfgang Fach u. a. über das »Modell Deutschland«, Frankfurter Rundschau vom 14. 12. 1979, ferner Josef Esser, Wolfgang Fach und Georg Simonis, *Öffnung oder Spaltung der Gesellschaft – Grenzprobleme des »Modells Deutschland«*. In: Politikfeld-Analysen 1979. Hrsg. v. Thomas Ellwein. Köln–Opladen 1980.

11 Siehe die Studie von Martin Jänicke, *Wie das Industriesystem von seinen Mißständen profitiert*. Opladen 1979, in der er nachzuweisen versucht, daß dieses System mehr Probleme schafft als löst.

Praxis der sozialistischen und der Arbeiterbewegung (noch) sehr ferne. Sie ist ideell und sozial eine »Überbaubewegung«. Insofern repräsentiert sie das schon von Marcuse konstatierte und für den originären Marxismus fatale Fehlen des »Subjekts« der »sozialen Revolution«.

(Die Veränderung der internationalen Lage sei nur am Rande registriert. Die iranische und die nicaraguanische Revolution einerseits, der afghanische Konflikt andererseits haben sowohl das Lager des Imperialismus als auch das ihm spiegelbildlich zugeordnete Lager des »real existierenden Sozialismus« tief erschüttert und eine – für beide – höchst labile, veränderte weltpolitische Kräftekonstellation geschaffen.)

II. Zum »Demokratischen Sozialismus«

Wenn ich nun zur Ausgangsfrage zurückkehre, ob sich Programm und Praxis des demokratischen Sozialismus marxistisch begründen ließen, muß vorweg – um alle möglichen Mißverständnisse auszuräumen – betont werden, daß mit »marxistischer Grundlegung« selbstverständlich nur eine Argumentation gemeint ist, die sich in inhaltlicher Übereinstimmung mit Theorie und Zielsetzung des Marxismus befindet, so wie diese in den beiden vorangegangenen Abschnitten dargestellt worden sind. Der Begriff »Marxismus« bezeichnet meiner Meinung nach einen theoretischen Gesamtzusammenhang, der zwar nicht dogmatisch abgeschlossen ist, aus dem aber nicht einzelne Momente willkürlich herausgelöst werden können. Man kann natürlich isolierte Teilelemente des Marxismus (historisch-materialistische, klassentheoretische, politökonomische) zur Begründung des »demokratischen Sozialismus« verwenden; dies wäre jedoch keine marxistische Argumentation im Sinne der hier zugrundegelegten Definition (und da die Möglichkeit einer solchen Begründung außer Zweifel steht, wäre die Frage danach überdies theoretisch und praktisch uninteressant).

Was bedeutet nun der Begriff »demokratischer Sozialismus« – im Unterschied zum Marxismus? Er kann nicht eine demokratische Form des Sozialismus im Gegensatz zu einer undemokratischen bedeuten; denn der originäre marxistische Sozialismus ist, wie wir gesehen haben, der Logik seiner Theorie nach wesensmäßig demokratisch. Zwar verstehen viele Verfechter des »demokratischen Sozialismus« diesen in der Tat als den Widerspruch zu einem angeblich undemokratischen Marxismus; aber diese Auffassung beruht auf einem grundlegenden Mißverständnis. Ein prinzipiell undemokratischer »marxistischer Sozialismus« wäre weder marxistisch noch sozialistisch. Dabei liegt die Betonung auf »prinzipiell«. Eine prinzipiell demokratische Bewegung kann durch die konkreten Umstände ihres Wirkens durchaus genötigt werden, teilweise oder vorübergehend von ihren Prinzipien abzuweichen. So haben alle großen demokratischen Revolutionen der Geschichte zu Zeiten die Pfade der demokratischen Tugend verlassen müssen (und in der gegenwärtigen Internationale des demokratischen Sozialismus sind z. B. auch einige regierende Parteien vertreten, deren Staaten in ihrem Verfassungszustand keineswegs allen Anforderungen der FdGO entsprechen). Es kommt jedoch entscheidend darauf an, daß das demokratische Prinzip nicht verdunkelt oder verleugnet und nicht »aus der Not eine Tugend« gemacht wird.[12]

I. »Demokratischer Sozialismus« ist Reformismus

Die einzige sinnvolle Definition des Begriffs »demokratischer Sozialismus« besteht darin, ihn auf die Wirklichkeit der historisch-politischen Bewegung zu beziehen und mit dem Begriff des »Reformismus« in der Arbeiterbewegung gleichzusetzen. Ich verstehe unter »demokratischem Sozialismus« im folgenden also »reformistischen« Sozialismus. Der Begriff »Reformismus« ist nun freilich kaum weniger umstritten als der Begriff »demokratischer Sozialismus«. Man kann jedoch einige theoretisch-strategische Elemente herauskristallisieren, die ungeachtet aller Auseinandersetzungen über den Begriff »Reformismus« einigermaßen unbestritten sind und die darüber hinaus in allen, zum Teil voneinander erheblich unterschiedenen politischen Ausprägungen des Reformismus eine zentrale Bedeutung besitzen[13]:

Der Reformismus ist jene Form der sozialistischen Bewegung, die das Ziel des Sozialismus auf dem Wege demokratischer, gesetzlicher

12 Siehe Rosa Luxemburgs Kritik an den Bolschewiki 1918 »Das Gefährliche beginnt dort, wo sie aus der Not die Tugend machen, ihre von diesen fatalen Bedingungen aufgezwungene Taktik nunmehr theoretisch in allen Stücken fixieren (...) wollen.« (Rosa Luxemburg, *Die russische Revolution. Hrsg. und eingel. von Ossip K. Flechtheim.* Frankfurt am Main 1963, S. 79).

13 Hierzu Peter von Oertzen, *Die Aufgabe der Partei.* Bonn-Bad Godesberg 1974.

(legaler), friedlicher und schrittweiser Veränderungen der Gesellschaft zu erreichen versucht.

Demokratisch: d. h. die sozialistische Bewegung kämpft im freien offenen Meinungskampf unter Respektierung der Freiheiten und Rechte aller Bürger – auch ihrer schärfsten politischen Gegner – um die freiwillige Zustimmung der Mehrheit des Volkes; sie lehnt es ab, ihre Ziele durch Täuschung, Druck oder Zwang zu erreichen.

Gesetzlich (legal): d. h. die sozialistische Bewegung respektiert die Grundwerte und Normen der geltenden – demokratischen – Verfassung; sie läßt sich freilich nicht durch blinden Legalismus entwaffnen, wenn ihre Gegner den Boden der Verfassung verlassen.

Friedlich: d. h. die sozialistische Bewegung verzichtet auf Gewalt als Mittel des politischen Kampfes; sie verteidigt jedoch mit allen Mitteln die Demokratie, wenn deren Gegner sie angreifen.

Schrittweise: d. h. die sozialistische Bewegung will die gesellschaftlichen Verhältnisse nicht auf einen Schlag verändern, sondern in einem andauernden Prozeß aufeinanderfolgender einzelner Reformen; sie rechnet daher mit einer langen Periode des Übergangs von der gegenwärtigen zu einer neuen Wirtschafts- und Sozialordnung.

2. Einige Probleme definitorischer Reformismuskritik

Wenn wir die Vereinbarkeit dieses – nennen wir es so – strategischen Konzepts mit dem Marxismus untersuchen, dann müssen wir einige Definitionen des Reformismus prüfen, die von marxistischen Reformismuskritikern häufig und gerne verwendet werden.

Eine von ihnen behauptet, der Reformismus erstrebe gesellschaftliche Reformen *anstelle* der für die Verwirklichung des Sozialismus notwendigen gesellschaftlichen Umwälzung. Damit ist der Reformismus von vornherein als nicht-sozialistisch definiert und die Frage der Vereinbarkeit mit dem Marxismus auf dem denkbar simpelsten Wege, nämlich durch logische Erschleichung – negativ – beantwortet.

(Die große Streitschrift Rosa Luxemburgs gegen Eduard Bernstein »Sozialreform oder Revolution« beruht – trotz vieler tiefer Einsichten – letztlich auf dieser »Logik«.) Obwohl es unzweifelhaft »reformistische« Bewegungen gibt, die empirisch dieser Definition entsprechen, ist damit doch nicht die Frage beantwortet, ob es nicht auch einen Reformismus geben könne, der Reformen nicht *anstelle,* sondern *zum Zwecke* des Sozialismus erstrebe. Ein anderer, sehr viel ernsthafterer – und auch empirisch besser belegbarer – Ansatz definiert den Reformismus als eine Strategie der sozialistischen Bewegung, die ihre Ziele vor allem durch ein spezifisches *Mittel,* nämlich staatliche Reformpolitik in der parlamentarischen Demokratie zu erreichen versuche. Diese ideologische und organisatorische Fixierung auf den Staat und den parlamentarischen Kampf beschränke jedoch die Fähigkeit der sozialistischen Bewegung zur autonomen Organisation ihrer Kräfte und zur außerparlamentarischen gesellschaftlichen Mobilisierung gegen den Kapitalismus. Da nun aber der Staat der parlamentarischen Demokratie seinen Traditionen und seiner rechtlichen Verfassung nach sowie auf Grund des starken Einflusses der herrschenden Klassen strukturell den Kapitalismus begünstige, seien auch und gerade politische Reformen ohne parallele »Massenmobilisierung« nicht möglich. Ein auf den Staat fixierter Reformismus sei also fast zwangsläufig dazu verurteilt, das Ziel des Sozialismus zu verfehlen. (Ich habe hier einen vor allem von B. Blanke sehr viel differenzierter vorgetragenen Gedankengang grob vereinfacht.) So sehr diese Reformismusdefinition und -analyse die empirische Wirklichkeit auch treffen mag, die Staatsfixierung ist nicht begriffsnotwendig mit dem Reformismus verbunden. Das zu Zeiten von den Jungsozialisten vertretene Konzept der »antikapitalistischen Strukturreformen« in Verbindung mit der vielberufenen »Doppelstrategie« von parlamentarischem und außerparlamentarischem Kampf z. B. entspricht jener Definition nicht. Diese und andere definitorische Lösungsversuche zeigen allenfalls, daß *bestimmte* Formen des Reformismus mit dem Marxismus unvereinbar sind, nicht aber prinzipiell der Reformismus als solcher.

3. Formen des Reformismus

In der Tat gibt es verschiedene Formen des Reformismus, deren Verhältnis zum Marxismus demgemäß ebenfalls verschieden ist. Freilich sind die ideellen, politischen und organisatorischen Grenzen zwischen diesen Formen fließend. Dennoch lassen sich einige charakteristische, gewissermaßen idealtypische Gestalten des Reformismus klar erkennen.

- *Der Reformismus als Träger eines sozialen und demokratischen Wohlfahrtsstaates:* Diese Form des Reformismus hat jeden Gedanken an eine tieferreichende Veränderung der kapitalistischen Wirtschafts- und Gesellschaftsordnung aufgegeben. Das Privateigentum an den Produktionsmitteln und die Marktwirtschaft, die parlamentarische Demokratie und der bürokratische Staat, die bürgerliche Gesellschaft und ihre Werte in Erziehung, Kultur und sozialem Leben werden nicht in Frage gestellt. Innerhalb dieser gesellschaftlichen Ordnung kämpfen die sozialistische und die Arbeiterbewegung um das »gesamtwirtschaftliche Gleichgewicht«[14], d. h. um Vollbeschäftigung, Wirtschaftswachstum und Geldwertstabilität, um einen »angemessenen Anteil« der Arbeiterklasse am Sozialprodukt, um soziale Sicherheit, um die Erhaltung und den Ausbau der politischen Demokratie und des Rechtsstaates, und schließlich um Chancengleichheit für alle Bürger im Bildungswesen und im kulturellen Leben.

  Die entscheidenden institutionellen Felder der Gesellschaft, auf denen sich die Auseinandersetzung um Erhaltung und Ausbau des Wohlfahrtsstaates abspielt, sind: die rechtlich gesicherte Tarifautonomie, unter deren Schutz die Gewerkschaften um den Einkommensanteil der Arbeiterklasse kämpfen; der parlamentarisch-demokratische Willensbildungsprozeß, innerhalb dessen die reformistische Partei um einen möglichst großen politischen Einfluß ringt; und der staatliche Planungs- und Verteilungsapparat, durch den wirtschaftliche Stabilität und soziale Sicherung erreicht werden sollen. Vom marxistischen Standpunkt aus hat dieser Reformismus mit Sozialismus nichts zu tun; er federt den Kapitalismus lediglich »sozialstaatlich« ab, indem er seine Krisen mildert, ohne jedoch die wesentlichen Strukturen des Kapitalismus dabei zu berühren.

14 GG Art. 104a (4), 109 (2) und (4), Gesetz zur Förderung der Stabilität und des Wachstums der Wirtschaft (StWG). Stabilitätsgesetz. Vom 8. Juni 1967, § 1.

Es muß indes gesagt werden, daß in marxistischer Sicht ein derartiger »sozialstaatlicher« Kapitalismus im Prinzip unbegrenzte Zeit funktionsfähig bleiben kann, solange die Arbeiterklasse und ihre Organisationen sich mit ihrer relativ abhängigen gesellschaftlichen Position (asymmetrischer Klassenkompromiß) abfinden und auch bereit sind, die unvermeidlichen Krisenfolgen des Kapitalismus zu ertragen, ohne diesen prinzipiell in Frage zu stellen.

- *Der Reformismus mit dem Ziel der »sozialen Demokratie«:* Diese Form des Reformismus erstrebt im Gegensatz zu der vorgenannten eine tieferreichende Veränderung des Kapitalismus und »eine neue und bessere Ordnung der Gesellschaft«, den »demokratischen Sozialismus« (Godesberger Programm). Zwar stellt auch diese Form des Reformismus die ökonomischen Grundstrukturen des Kapitalismus – Privateigentum an den Produktionsmitteln und Marktwirtschaft – nicht in Frage, will jedoch ihre gesellschaftliche Bedeutung durch strikte öffentliche Kontrolle wirtschaftlicher Macht (einschließlich der Vergesellschaftung von Schlüsselindustrien) und durch ökonomisch-soziale Planung einschränken. Die Prinzipien der Demokratie sollen in der ganzen Gesellschaft Geltung erhalten. Die gleichberechtigte Mitbestimmung der Arbeitnehmer in der Wirtschaft, gleichmäßigere Verteilung von Vermögen und Einkommen, die Schaffung gleicher Lebenschancen für alle Gruppen der Gesellschaft sowie eine Veränderung der gesellschaftlichen Verhaltensweisen weg von der »Ellbogengesellschaft« hin zu mehr Solidarität bezeichnen die Schwerpunkte des Programms der »sozialen Demokratie«.[15]

In dem Grade, in dem die Veränderung der ökonomischen Grundstrukturen des Kapitalismus (weitreichende Vergesellschaftung der Schlüsselindustrien, demokratische Planwirtschaft, umfassende Mitbestimmung auf allen Ebenen der Wirtschaft) im reformistischen Programm betont wird, tritt der gesellschaftsverändernde Charakter der Zielvorstellung »soziale Demokratie« deutlicher hervor. Es zeichnet sich ein Bild der gesamtgesell-

15 Hierzu von Oertzen, Ehmke und Ehrenberg (Anm. 9), bes. Abschnitt 1.

schaftlichen Verhältnisse ab, das als Situation eines gleichgewichtigen (symmetrischen) Klassenkompromisses beschrieben werden kann, eine Situation, die sich zu einem asymmetrischen Klassenkompromiß mit einem strukturellen Übergewicht der Arbeiterklasse hin entwickeln könnte.[16]

Auf jeden Fall sind Arbeiterklasse und sozialistische Bewegung in der hier geschilderten Form des Reformismus nicht wie in der wohlfahrtsstaatlichen Form fast vollständig in das System der kapitalistischen Gesellschaft integriert, sondern zielen in ihrem Bewußtsein und ihrem praktischen Verhalten über die Grenzen dieser Gesellschaft hinaus. Vom marxistischen Standpunkt aus muß der Reformismus der »sozialen Demokratie« als eine labile Zwischenform beurteilt werden. Er bedeutet eine so ernsthafte Herausforderung für die bisher herrschenden Klassen (und eine so tiefgreifende »Störung« des »normalen« Funktionierens der kapitalistischen Ökonomie), daß scharfe Klassenauseinandersetzungen unvermeidlich sind. In diesen Auseinandersetzungen muß die sozialistische Bewegung über kurz oder lang die Grenze der »sozialen Demokratie« überschreiten oder aber sie wird in den Rahmen des kapitalistischen Wohlfahrtsstaates zurückgedrängt.

- *Der sozialistische Reformismus:* Er ist nicht mehr und nicht weniger als die Verfolgung der vom Marxismus formulierten Ziele des Sozialismus auf dem spezifisch »reformistischen« Wege: demokratisch, gesetzlich, friedlich, schrittweise. Die marxistische Kritik an dieser Form des Reformismus kann sich unter diesen Umständen nicht mehr einfach gegen das Konzept insgesamt richten, sondern muß bestimmte theoretische Voraussetzungen und praktische Implikationen ins Auge fassen.

Nach der parteipolitischen Zuordnung betrachtet, bewegt sich die Sozialdemokratie zwischen den ersten beiden Formen des Reformismus, während linkssozialistische und (euro-)kommunistische Strömungen oder Parteien darüber hinaus auch zur letzten Form tendieren. Die Charakterisierung dieser Richtung

16 Der hier entwickelte Begriff des »asymmetrischen Klassenkompromisses« hat Parallelen zu dem von Antonio Gramsci entwickelten Begriff der »Hegemonie«.

der sozialistischen Bewegung als »reformistisch« hängt in der innermarxistischen Diskussion freilich vom Standpunkt des Urteilenden ab. Betrachten etwa der linke Flügel der französischen Sozialistischen Partei (CERES) oder die Kommunistische Partei Italiens (PCI) sich selbst als authentisch marxistisch, ihre linken Kritiker aber als »Ultraradikale«, so erscheinen sie selbst vom Standpunkt des »revolutionären« Kommunismus aus als »Reformisten«.[17]

4. Marxistische Kritik am sozialistischen Reformismus

Die übliche marxistische Kritik am Reformismus betrifft sehr häufig entweder Formen des Reformismus, die wie wir eben gesehen haben, gar nicht beanspruchen, sozialistisch im marxistischen Sinne zu sein oder definiert sich den Reformismus so zurecht, daß der Nachweis seines nichtsozialistischen Charakters sich bereits mehr oder weniger aus der Definition ergibt (siehe oben Abschnitt II, 2). Nimmt marxistische Kritik den sozialistischen Anspruch eines reformistischen Konzepts jedoch ernst, dann richtet sich die Spitze ihrer Argumentation in der Regel gegen zwei zentrale Schwächen des Reformismus, nämlich gegen seine behauptete Unfähigkeit, den »Strukturcharakter« a) der kapitalistischen Produktionsweise und b) des bürgerlichen Staates richtig zu erkennen und einzuschätzen. D. h. die marxistische Kritik vertritt den Standpunkt, daß jede reformistische Variante des Sozialismus entscheidende Einsichten der Marxschen Theorie an diesen beiden Punkten revidiere, also notwendigerweise eine Form des »Revisionismus« sei.[18] Dies ist zu prüfen.

---

17 Zum CERES: Renate Kiesekamp, *Sozialismus in Frankreich. Die sozialistische Partei und ihr marxistischer Flügel CERES im Bündnis mit den Kommunisten.* Göttingen 1976, Beiträge zur marxistischen Theorie und Praxis 2; Michel Charzat, Ghislaine Toutain und Jean-Pierre Chevènement, *CERES, Strategie für den Sozialismus.* Hamburg–Berlin (West) 1977; zur PCI: Detlev Albers, *Demokratie und Sozialismus in Italien. Der »historische Kompromiß« und die Strategie der Parteien und Gewerkschaften.* Frankfurt am Main 1978; eine »revolutionäre«, hier trotzkistische Kritik: Ernest Mandel, *Kritik des Eurokommunismus.* Berlin 1978.

18 Besonders klar a. a. O., S. 131 ff., bes. 184 ff.; ferner ders., *Die Strategie der Übergangsforderungen.* In: Wege zur veränderten Gesellschaft. Politische Strategien. Hrsg. v. Hendrik Bussiek. Frankfurt am Main 1971. – Ferner zur allgemeinen Theorie des Übergangs zum Sozialismus, ders., *Marxistische Wirtschaftstheorie.* Frankfurt am Main [3]1973 sowie ders., *Zehn Thesen zur sozialökonomischen Gesetzmäßigkeit der*

Der »revolutionäre« Marxismus wirft dem politischen Reformismus und theoretischen Revisionismus vor, er verkenne »die Klassennatur der Staatsmaschinerie«[19]. Der bürgerliche Staat könne nicht »erobert«, er könne nur »zerschlagen« werden, da er seiner ganzen Struktur nach auf die kapitalistische Gesellschaft bezogen sei. Selbst wenn man bestimmte marxistische Formen abstrakter »Ableitung« des bürgerlichen Staates aus der Struktur der kapitalistischen Gesellschaft (die damit natürlich den Staat als prinzipiell unreformierbar definieren) von einem marxistischen Standpunkt aus kritisieren muß[20], so bleibt doch unbestreitbar:

- Das Verfassungs- und Rechtssystem ist in der Regel darauf eingerichtet, die grundlegende Institution der kapitalistischen Gesellschaft zu schützen (z. B. das Privateigentum).

- Der komplizierte Mechanismus der repräsentativen Demokratie ist geeignet, den Staatsapparat der Arbeiterklasse (und allen Unterklassen) zu entfremden und deren demokratische Teilhabe zu behindern.

- Hierarchie, Disziplin und Professionalisierung des staatlichen Verwaltungsapparates tun dieselbe Wirkung.

Alle diese und ähnliche Strukturen ließen sich jedoch prinzipiell auf dem Wege demokratischer, gesetzlicher, friedlicher, schrittweiser Reformen in Richtung auf mehr Demokratie und mehr direkte Teilhabe des ganzen Volkes verändern. (Meiner Überzeugung nach ist z. B. das Rätesystem mit der vielberufenen »freiheitlichen demokratischen Grundordnung« unseres Grundgesetzes verfassungsrechtlich vereinbar[21], freilich nicht mit dem geltenden Text des Grundgesetzes, der zur Einführung eines Rätesystems tiefgreifend verändert werden müßte, aber eben auch könnte.) Eine solche Veränderung wäre prinzipiell

Übergangsgesellschaft zwischen Kapitalismus und Sozialismus. In: Probleme des Sozialismus und der Übergangsgesellschaften. Hrsg. v. Peter Hennicke. Frankfurt am Main 1973

19 Mandel, Eurokommunismus a. a. O., S. 212.

20 Hierzu Peter von Oertzen, *Der Rechtsstaat und die Linke,* vorl. Band S. 380–383.

21 Peter von Oertzen, *Freiheitliche demokratische Grundordnung und Rätesytem,* vorl. Band S. 384–401.

möglich – wenn die sozialistische Bewegung die Macht hätte, ihre Vorstellungen auch tatsächlich durchzusetzen. Der Marxismus bezweifelt nun jedoch, daß der bürgerliche Staatsapparat eine solche einschneidende Reform zulassen würde, wie demokratisch, gesetzmäßig und friedlich sie auch immer sein möge; deshalb müsse er »zerschlagen« werden.

Selbst wenn wir alle dogmatischen, utopischen und ressentimentbestimmten Elemente einer solchen Argumentation vernachlässigten, bliebe doch ein überlegenswerter Kern zurück: Das ganze umfangreiche, komplizierte und differenzierte System des bürgerlichen Staates ist nicht einheitlich; und seine unterschiedlichen Elemente haben eine sehr verschiedene Bedeutung. Unzweifelhaft spielt dabei der eigentliche staatliche Machtapparat – Heer und Polizei, Justiz und hoheitliche Verwaltung – gegenüber dem ganzen übrigen der Daseinsvorsorge der Bürger dienenden staatlichen Apparat eine besondere und in politischen Krisensituationen unter Umständen ausschlaggebende Rolle. Die ökonomische, politische und soziale Situation, in der eine Mehrheit des Volkes darauf drängt, den Weg vom Kapitalismus zum Sozialismus einzuschlagen, kann aber gar nicht anders als eine solche Krisensituation, also als eine Situation schwerer ökonomisch-sozialer und politischer Konflikte vorgestellt werden. In einer solchen Situation beruft sich ein Teil des Volkes auf die legitimierenden Werte des demokratischen und sozialen Rechtsstaats, um die Struktur der bestehenden Gesellschaft radikal zu verändern, der andere beruft sich auf dieselben Werte, um diese Strukturen zu verteidigen. Die Angehörigen des staatlichen Machtapparates neigen jedoch dazu, den bestehenden staatlichen (und gesellschaftlichen) Zustand als Ganzen zu bejahen und zu verteidigen. Für diese Aufgabe sind sie ausgebildet und erzogen worden. Die Überlegung, die konkreten Strukturen von Staat und Gesellschaft zu verändern, liegt ihrer »normalen« Funktion fern. Heer und Polizei, Justiz und hohe Bürokratie sind wesensmäßig »strukturkonservativ« (Eppler). In einer gesamtgesellschaftlichen Krise, in der der normalerweise unangefochtene Konsens über die Auslegung der Verfassungsgrundsätze in Frage gestellt wird, neigen sie dazu, für die Erhaltung und gegen die Veränderung, für die »Ordnung« und gegen das »Chaos«, d. h. für die Herrschenden und gegen die Rebellierenden Stellung zu beziehen. Ihre funktional bedingte hierarchische Denk- und Verhaltensweise, die soziale Prägung durch die Oberschicht (zu der zumindest ihre Kommandohöhen selbst gehören) sowie konservative Traditionen tun ein übriges.

Diese Reflexion auf die *Struktur* des staatlichen Machtapparates berührt nicht die demokratisch-rechtsstaatliche Gesinnung und persönliche Ehrenhaftigkeit des einzelnen Soldaten, Polizisten, Richters oder Beamten. Wenn sie in einer Krise Partei ergreifen, werden sie es in ihrer überwiegenden Mehrheit in der aufrichtigen und festen Überzeugung tun, nur ihre Pflicht als Bürger und Beamte zu erfüllen. Daß Ehrenhaftigkeit und Pflichttreue der Staatsdiener jedoch noch keine Garantie gegen politische Fehlentwicklungen darstellen, lehrt uns freilich die Geschichte. Vor kaum mehr als 20 Jahren, im Mai 1958, wurde die Verfassung einer der ältesten Demokratien Europas, die der 4. französischen Republik in einer politischen Krise durch einen Militärputsch gestürzt, die Masse der Armee, die Polizei, die Justiz, die Bürokratie (und freilich auch das Volk) sahen wie gelähmt zu. Es war im Grunde nur ein historischer Zufall gewesen, daß mit dem General de Gaulle ein zwar extrem konservativer, aber rechtsstaatlich gesonnener Mann die auf der Straße liegende Macht aufgriff und nicht ein faschistischer Abenteurer vom Schlage der chilenischen Generäle oder der griechischen Obristen. Das offizielle politisch-historische Bewußtsein der Bundesrepublik hat diesen bedeutsamen Vorgang allerdings vollständig verdrängt.

Die kapitalistische Produktionsweise ist nach marxistischem Verständnis ungeachtet aller Modifikationen ein zusammenhängendes System von einheitlicher Struktur. Der Übergang von dieser Struktur zu der ganz andersartigen einer sozialistischen Produktionsweise wirft außerordentlich schwierige Probleme auf. Ernest Mandel hat vom Standpunkt eines strikt antireformistischen »revolutionären« Marxismus diese Problematik formuliert: »Die Wirtschaftsordnung der Übergangsgesellschaft ist (...) beherrscht von dem Konflikt zweier antagonistischer Wirtschaftslogiken: der Logik des Plans und der Logik des Marktes (Verteilung der Wirtschaftsressourcen nach den von der Gesellschaft bewußt gesetzten Prioritäten oder Verteilung nach objektiven, sich hinter dem Rücken der Produzenten durchsetzenden Marktgesetzen) (...) Haupttriebkraft für die mögliche Durchsetzung des Planprinzips (das letzten Endes nur in der Form des Assoziationsprinzips, wie Marx es formuliert hat, endgültig siegen kann) ist das Interesse des Proletariats an maximaler Einsparung seines Arbeitseinsatzes bei gleichzeitig wachsender Selbstverwirklichung seiner *menschlichen* Bedürfnisse (nicht bloß der Befriedigung des Bedarfs an materiellen Gütern, v. Oe.), Haupttriebkräfte für den möglichen Triumph des Wertgesetzes sind der ungenügende Entwicklungsgrad der Produktivkräfte (d. h. weit verbreiteter Mangel), der Druck des kapitalistischen Weltmarkts, die Rückwirkungen der Ware-Geld-Beziehungen auf die Gesamtorganisation der Wirtschaft, die Folgen der damit verbundenen gesellschaftlichen Ungleichheit für das Bewußtsein des Proletariats einerseits, der kleinbürgerlichen Intelligenz anderseits, usw.«[22]

Auf unsere Fragestellung angewendet, bedeutet diese Analyse: Ein betont »reformistisches«, also schrittweises Vorgehen der sozialistischen Bewegung auf dem Weg zum Sozialismus kann dazu führen, daß die Vergesellschaftung der Industrie, der Aufbau der Planwirtschaft, die Mitwirkung der Arbeiterklasse an der Leitung der Wirtschaft, die Zurückdrängung des Konkurrenzprinzips, der Abbau der ökonomischen und sozialen Ungleichheit, die Verkürzung des Arbeitstages und die Hebung des kulturellen Niveaus des ganzen Volkes nicht radikal, nicht umfassend und nicht rasch genug fortschreiten. Die Fortgeltung des Wertgesetzes in weiten Bereichen der Wirtschaft – in der Konsumgüterindustrie, in Handel, Handwerk und Dienstleistung, in der Verteilung ganz allgemein, in der (ungleichen) Entlohnung nach Leistung – kann die bereits »sozialistischen« Sektoren der Wirtschaft beeinflussen: Gewinnstreben und Konkurrenz verdrängen wieder Bedürfnisbefriedigung und Solidarität als Maßstäbe und Triebkräfte wirtschaftlichen Handelns. Dies umso mehr, als das Verhalten der großen Mehrheit der Menschen – auch der Arbeiterklasse – noch von den typischen Anschauungen und Normen der kapitalistischen Gesellschaft bestimmt wird.

Der bewußte – ökonomische und politische – Kampf der ehemals herrschenden Klassen gegen die neue Gesellschaftsordnung, der sowohl im Inneren als auch von außen geführt werden wird, verschärft die objektive Problematik. Und einer sozialistischen Bewegung, die aus prinzipiellen Gründen den Weg uneingeschränkter demokratischer Meinungs- und Willensbildung unter gar keinen Umständen verlassen will, steht überdies das Mittel der staatlichen Repressionen gegenüber

22 a. a. O., S. 21 f., vgl. auch ders., Übergangsforderungen (Anm. 18)

der »Konterrevolution« nicht zu Gebote. Demgemäß erscheint der »reformistische« Weg zum Sozialismus in den Augen des Marxismus zwar nicht prinzipiell unmöglich, aber doch mühselig, umwegig und stets von Rückschlägen bedroht.

Angesichts dieser objektiven politischen und ökonomischen Probleme gewinnt die Veränderung der das menschliche Verhalten bestimmenden Werte und Normen besonderes Gewicht. Zunehmend betont der Marxismus in seiner Vorstellung von der »sozialen Revolution« neben dem politischen und ökonomischen Moment das soziokulturelle und hat dabei den Begriff (oder zumindest die Sache) der »Kulturrevolution« entwickelt, so etwa Rudolf Bahro in seiner »Kritik des real existierenden Sozialismus«[23]. Auch hier hat Ernest Mandel die grundlegenden Erfordernisse knapp und treffend formuliert, wenn er von »einer kontinuierlichen Revolution der Gewohnheiten, der Sitten, der Ideologie und der Kultur« spricht, durch die »systematisch die Tendenzen des individuellen ›Kampfes ums Dasein‹. der individuellen Bereicherung, der Konkurrenz zurückgedrängt und die Triebkräfte freiwilliger Kooperation, Solidarität gefördert werden, jedoch nicht durch staatlichen Zwang, sondern durch Überzeugung, Erziehung und vor allem durch Veränderung der gesellschaftlichen Bedingungen«. Unter diesen Bedingungen sind für Mandel ausschlaggebend:

- volle uneingeschränkte politische Freiheit und Demokratie;
- Arbeiterselbstverwaltung, d. h. Entwicklung der Arbeitenden zu der Bereitschaft und der Fähigkeit, die Wirtschaft selbst zu leiten;
- steigende Produktivität der Arbeit und Verkürzung der Arbeitszeit, um allen Menschen die Möglichkeit qualifizierter Bildung zu geben und in der Folge die gesellschaftliche Arbeitsteilung einschränken zu können;
- Versorgung der Menschen zumindest mit den grundlegenden Dienstleistungen und Konsumgütern nach dem Prinzip der Bedürfnisbefriedigung und nicht nach dem Prinzip unterschiedlicher Einkommen.[24]

23 Rudolf Bahro, *Die Alternative*. Frankfurt am Main 1977, bes. Kap. 10, 13 und 14.
24 Mandel, Übergangsforderungen (Anm. 18), S. 35 ff.

Idee und Praxis einer solchen »Kulturrevolution« sind freilich dem Reformismus nicht fremd und mit seiner Strategie auch nicht prinzipiell unvereinbar. Iring Fetscher, gewiß ein »Reformist«, fordert in seiner Kritik am traditionellen Marxismus (die freilich Marxisten wie Mandel kaum trifft) eine »grundlegende Veränderung des Alltagslebens«, nur sie »kann eine wirkliche Befreiung von entfremdeter Arbeit und verdinglichten Beziehungen zwischen den Menschen bringen. Ohne diese Befreiung aber kann die zur Krise führende Entwicklung der lebensbedrohend werdenden Konsum- und Wachstumsgesellschaft nicht aufgehalten werden«[25]. Mit dieser Aussage bezeichnet Fetscher übrigens die Stelle, an der sozialistische und ökologische »grüne« Bewegung sich berühren. Die »Kritik der politischen Ökologie« richtet sich im Letzten gegen das natur- und lebensbedrohende ökonomische Wachstum um jeden Preis. Historischer Ursprung und systematische Triebkraft dieses Wachstums aber ist der kapitalistische Akkumulations- und Verwertungsprozeß (die nicht kapitalistischen »realsozialistischen« Staaten haben diese Dynamik in ihre bürokratischen Systeme übernommen und werden nicht zuletzt durch die Weltkonkurrenz mit dem Kapitalismus gezwungen, sie weiterzutreiben). Für beide – Sozialisten und Ökologen – indes ist der Angelpunkt einer gesellschaftlichen Neuordnung eine neue »soziale Moral«: Wohlstand als Mittel zum Leben, nicht als Zweck des Lebens; Triebkraft der Arbeit die Befriedigung menschlicher Bedürfnisse, nicht der Gewinn; Brüderlichkeit statt des Konkurrenzkampfes aller gegen alle; Solidarität statt Herrschaft; nicht »Haben« als Lebenssinn, sondern »Sein« (Erich Fromm).

5. Schlußfolgerungen

So ernst diese kritischen Fragen des Marxismus an den sozialistischen Reformismus genommen werden müssen, so nahe liegt es doch auch, ähnliche Fragen an den Marxismus zurückzugeben.[26] Es scheint mir kein Zufall zu sein, daß die sich als »revolutionär« verstehenden marxistischen Tendenzen – linkssozialistische, linkskommunistische, an-

---

25 Iring Fetscher, *Hat der Sozialismus noch eine Zukunft?* In: Neue Rundschau, 1979, Nr. 4, S. 505 f.

26 Einige solcher Fragen habe ich formuliert in: von Oertzen, *Die Aufgabe der Partei* (Anm. 13), S. 73 ff.

archosozialistische – kleine, meist ziemlich einflußlose Minderheiten in der sozialistischen Bewegung geblieben sind. Die marxistischen Massenparteien hingegen, wie etwa die Kommunistische Partei Italiens, ähneln einer linksreformistischen Massenpartei wie ein Ei dem anderen und werden demgemäß von der marxistischen Orthodoxie nicht zu Unrecht als »reformistisch« und »revisionistisch« charakterisiert. (Ich sehe hier von dem besonderen Phänomen der stalinistischen Massenpartei ab, deren autoritär-bürokratischer Führungsapparat »revolutionären« Dogmatismus mit hemmungslosem politischem Opportunismus verbindet, wie das Beispiel der französischen Kommunisten deutlich zeigt.)

Wenn wir die Marxsche Revolutionstheorie ernst nehmen, dann stellt sich uns die gegen die kapitalistischen »Produktionsverhältnisse« rebellierende »Produktivkraft« dar als eine demokratische Massenbewegung, deren Kern die Arbeiterklasse ist und die die wichtigsten schöpferischen Kräfte der Gesellschaft in sich vereinigt. Eine solche Bewegung kann und muß zur gleichen Zeit in der Gegenwart, d. h. in der kapitalistischen Gesellschaft arbeiten und über diese Gesellschaft *hinaus* streben, sie darf im eigenen Interesse und um ihres sozialistischen Zieles willen die Errungenschaften der bürgerlichen Demokratie nicht in Frage stellen; sie muß für die Alltagsinteressen ihrer Mitglieder hier und heute kämpfen; und sie muß trotzdem in der Lage und bereit sein, den »revolutionären« Schritt zum Sozialismus hin zu tun. Mir scheint, daß ein »demokratischer Sozialismus«, ein sozialistischer Reformismus, der seine sozialistischen Ziele ernst nimmt und ein Marxismus, der die Lehren der Geschichte und seine eigene kritische, realistische Theorie ernst nimmt, sich zum Verwechseln ähnlich sehen würden.

Der »Aufstieg der Begabten«. Zur Kritik einer Parole

I.

Westdeutschland ist seit mehreren Jahren das Feld einer an Umfang und Intensität unaufhörlich zunehmenden Debatte über Struktur und Funktion unseres Bildungswesens. In der Wissenschaft wie in der Praxis steht »Bildungspolitik« im Mittelpunkt der Auseinandersetzungen. Ausgehend von dem propagandistisch höchst wirkungsvollen (und politisch auch sehr nützlichen) Schlagwort der »deutschen Bildungskatastrophe«[1] hat sich eine allgemeine politische Tendenz entwickelt, die Leistungsfähigkeit des deutschen Bildungssystems zu verbessern. Das besondere Interesse der Öffentlichkeit gilt dabei den wissenschaftlichen Hochschulen und dem System des allgemeinbildenden Schulwesens. Vor allem dem letzteren, der Diskussion über Reform und Fortentwicklung der Schule, sollen die folgenden knappen Überlegungen gelten.

Sosehr die öffentliche Diskussion über das Schulwesen auch von konkreten Nöten – Lehrermangel, unzulängliche Schulbildung von Lehrlingen oder auch von Studenten, für Westdeutschland negative Zahlen- oder Leistungsvergleiche mit anderen Staaten usw. – ausgegangen ist, so hat sie doch unvermeidlicherweise immer wieder zu den grundsätzlichen Fragen, insbesondere zu der Frage nach den ausschlaggebenden Zielsetzungen des Schul- und Bildungssystems geführt. Die landläufige und in der Öffentlichkeit vorherrschende Formulierung dieser Zielsetzungen findet sich zum Beispiel in dem 1965 bekanntgegebenen »Schulentwicklungsplan« des Landes Baden-Württemberg ausgesprochen, wonach die Entwicklung des Schulwesens dazu beitragen soll: »1. den (...) Anspruch jedes jungen Menschen auf eine seiner Begabung entsprechende Erziehung und Ausbildung (...) zu

1 Georg Picht, *Die deutsche Bildungskatastrophe*. Freiburg 1964.

erfüllen und 2. den langfristigen Bedarf der modernen Gesellschaft an qualifizierten Fachkräften zu befriedigen.«[2]

Das gegenwärtige deutsche Schulsystem erfüllt nach fast übereinstimmender Auffassung aller Beurteiler die oben formulierten Ansprüche nicht. Die Notwendigkeit, die Schule weiterzuentwickeln und zu reformieren, wird – wenn auch mit unterschiedlichem Nachdruck – überall anerkannt. Als die unmittelbare Hauptaufgabe dieser Reformen wird dabei im allgemeinen – so auch in dem erwähnten baden-württembergischen »Schulentwicklungsplan« – die »Erschließung von Begabungsreserven« betrachtet.[3] In größerem Umfang als bisher sollen »begabte« Kinder, die unter den gegenwärtigen Bedingungen auf der Volksschule bleiben, die sogenannten »höheren« oder »weiterführenden« Schulen besuchen.[4] Dadurch werden die beiden oben bezeichneten Ziele erreicht: 1. Mehr Schüler mit mittlerer Reife und Abitur, und das bedeutet mehr mittlere Fachkräfte und Akademiker, werden der Gesellschaft zur Verfügung gestellt, und 2. die Bildungschancen jedes einzelnen Kindes, d. h. die Chancen jedes einzelnen Kindes, eine »seiner Begabung entsprechende« »höhere« Schulbildung zu erhalten, werden verbessert.

Die Voraussetzung einer solchen »Erschließung von Begabungsreserven« ist der Abbau der bestehenden technisch-organisatorischen, wirtschaftlichen und sozialen Bildungshemmungen, durch die vor allem die Kinder bestimmter Bevölkerungsgruppen (zum Beispiel Landbevölkerung oder Arbeiter) daran gehindert werden, die ihrer Begabung entsprechenden Schulen zu besuchen. Oder anders ausgedrückt: Die bestehende formale Gleichberechtigung im Zugang zur »höheren« Schulbildung muß zu einer realen Gleichstellung erweitert werden. Auch über die Notwendigkeit dieser Forderung besteht weitgehend Einigkeit. Es ist Ralf Dahrendorf gewesen, der mit be-

2 Nach Ralf Dahrendorf, *Bildung ist Bürgerrecht*. Hamburg 1965, S. 12.

3 ebd.

4 Die in der offiziellen Sprache der Lehrer und der Schulverwaltungen üblich gewordene Bezeichnung »weiterführende« statt »höhere« Schule ist der klassische Fall eines sogenannten Euphemismus mit ideologischem Charakter, eines Beschwichtigungswortes, das Redner und Zuhörer über den unbestreitbaren Sachverhalt hinwegtäuschen soll, daß die »weiter« führenden Bildungswege in der Tat zu den »höheren« Positionen in unserer Gesellschaft führen, zu den Positionen mit größerer Macht, besserem Einkommen und höherem Prestige. Und aus eben diesem Grunde erstreben Eltern und Kinder eine »weiter« führende Schulbildung.

sonderem Nachdruck die Modernisierung unseres Schulwesens und den Abbau aller sozialen Bildungsschranken gefordert und dieser Forderung mit der Parole »Bildung ist Bürgerrecht« eine überzeugende Begründung gegeben hat.[5] Es könnte den Anschein haben, daß mit diesen Zielsetzungen zugleich auch die oftmals berufene »Demokratisierung« unseres Bildungswesens anvisiert werde. Gegen eine solche Annahme sind freilich von Seiten gesellschaftskritischer Theoretiker und Praktiker immer wieder Bedenken angemeldet worden. Insbesondere das aus dem leidenschaftlichen Reformeifer der letzten Jahre erwachsene Projekt der sogenannten »Bildungswerbung« hat höchst kritische Überlegungen ausgelöst. In der Tat liegt die Frage nahe, welche psychischen, sozialen und politischen Ergebnisse es haben müßte, wenn durch intensive Werbung Kinder aus bisher der »höheren« Schulbildung fernstehenden Bevölkerungsgruppen bewogen werden, in größerer Zahl als vordem Gymnasium oder Realschule zu besuchen, und zwar ein Gymnasium und eine Realschule, die sich nach Arbeitsweise und Bildungsziel gegenüber dem überlieferten Zustand nicht oder nicht einschneidend geändert haben.[6] Angesichts der Tatsache zum Beispiel, daß der oben erwähnte Schulentwicklungsplan des Landes Baden-Württemberg für 15 Prozent eines Altersjahrganges das Abitur und für weitere 40 Prozent die mittlere Reife als Schulabschluß vorsieht, wonach bei bis zu 10 Prozent sonderschulbedürftigen Kindern nurmehr 35 Prozent für den bisherigen Volksschulabschluß übrigblieben, wird die kritische Frage verständlich, ob dieses Ziel überhaupt erreichbar, und wenn tatsächlich erreichbar, unter der Voraussetzung, daß die bisherigen Schultypen unverändert fortbestehen, wirklich wünschenswert sei.[7]

Im Rahmen solcher kritischen Überlegungen ist es vielleicht nicht unnütz, die prinzipiellen Voraussetzungen zu überprüfen, die in den allgemein gebilligten Zielsetzungen der Bildungspolitik und insbesondere der geplanten Schulentwicklung enthalten sind und die nicht

5 a. a. O.

6 Vgl. hierzu *das argument. Bd. 31.* 1964, ferner die Beiträge von Carl-Heinz Evers und Horst Mastmann in *bildung und politik. Heft 12.* 2. Jg., 1966, und den Sammelband *Sicherheit und Aufstieg. Materialien zum Berliner Modell der Bildungswerbung. Schriftenreihe Arbeit und Leben.* Düsseldorf 1967.

7 Vgl. hierzu Hans-Peter Widmaier, *Bildungspolitik in einer wachsenden Wirtschaft.* In: Die Neue Gesellschaft, 14. Jg., 1967, Nr. 1 und Hans-G. Rolff, *Sinn und Unsinn der Bildungswerbung.* In: Die Neue Gesellschaft, 14. Jg., 1967, Nr. 1.

sosehr offen proklamiert und diskutiert, als vielmehr stillschweigend unterstellt und mitgedacht werden. Diese stillschweigend vorausgesetzten Prinzipien hängen im Grunde alle miteinander zusammen, wodurch der Versuch, sie in gesonderten Thesen zu formulieren, etwas Willkürliches erhält; trotzdem soll er hier unternommen werden.

Die vorherrschenden bildungspolitischen Zielsetzungen enthalten, so scheint mir, die folgenden theoretischen Annahmen:

1. Die moderne Industriegesellschaft ist hierarchisch gegliedert; sie kennt ein »Oben« und »Unten«; sie ist nach Schichten oder gar Klassen strukturiert.[8] Diese Struktur steht in einem Spannungsverhältnis zu den herrschenden (und überdies verfassungsrechtlich verankerten) Grundsätzen der politischen und sozialen Demokratie. Der freie Aufstieg von »unten« nach »oben« (und weniger laut gefordert: der mögliche Abstieg von »oben« nach »unten«), das heißt im Fachjargon: eine hohe Rate vertikaler Mobilität, bedeutet demgegenüber eine Milderung der Schichten- und Klassengegensätze und damit ein Element gesellschaftlicher »Demokratisierung«.

2. Für die Besetzung der »oberen« Positionen in der Gesellschaft soll ausschließlich die Leistung der Bewerber maßgebend sein. Auslese und Aufstieg der Begabten, das heißt der Leistungsfähigsten, entspricht der sozialen Gerechtigkeit und verbürgt damit zugleich eine gerechte Gesellschaftsordnung.

3. Es gibt erhebliche natürliche Begabungsunterschiede zwischen den Menschen. Hohe Begabung, das heißt die Fähigkeit, den Leistungsanforderungen der »oberen« Positionen in der Gesellschaft gerecht zu werden, ist verhältnismäßig selten. Sie muß daher sorgfältig gesucht, gefördert und in die ihr entsprechenden »oberen« Positionen gebracht werden. Daß diese Thesen tatsächlich als stillschweigende Voraussetzungen den vorherrschenden bildungspolitischen Vorstellungen zugrunde liegen, ist, so scheint mir, offensichtlich und bedarf keiner ausführlichen Begründung. An der Notwendigkeit einer hierarchischen Gesellschaftsordnung, an der »demokratisierenden« Wirkung hoher

8 Vgl. etwa Ralf Dahrendorf, *Soziale Klassen und Klassenkonflikt*. Stuttgart 1957, S. 213: »Wie die frühe ist auch die entwickelte Industriegesellschaft eine Klassengesellschaft.«

vertikaler Mobilität, an der Gerechtigkeit freier Leistungskonkurrenz, an den Begabungsunterschieden zwischen den Menschen und an der Knappheit »hoher« Begabungen zweifelt – mit Ausnahme der winzigen sozialistischen Minderheit in Wissenschaft und Politik – kaum jemand. Und die landläufigen Bildungsreformbestrebungen setzen die Wünschbarkeit von Aufstieg, Leistungskonkurrenz und Begabtenauslese – trotz mancher pädagogischen, humanitären oder politischen Einschränkungen – im Grunde ohne weiteres voraus.

Diesen Annahmen sollen hier nun folgende Hypothesen kritisch gegenübergestellt werden:

1. Abgesehen davon, daß auch in sehr »freien« Gesellschaften die vertikale Mobilitätsrate oftmals nicht so hoch ist, wie öffentlich proklamiert, ist es ein Irrtum, anzunehmen, daß lebhafter sozialer Auf- und Abstieg als solcher »Demokratisierung« bedeute. Ein in Deutschland lange mißachteter und auch heute noch kaum nach Gebühr gewürdigter soziologischer und ökonomischer Schriftsteller des neunzehnten Jahrhunderts hat das entscheidende Problem sehr genau bezeichnet: »Je mehr eine herrschende Klasse fähig ist, die bedeutendsten Männer der beherrschten Klassen in sich aufzunehmen, desto solider und gefährlicher ist ihre Herrschaft.«[9]

2. Der Grundsatz der freien Leistungskonkurrenz und der Auslese der Leistungsfähigsten läßt die Frage offen, an welchen Maßstäben die Leistungsfähigkeit gemessen werden soll. Eine Gesellschaft, die Positionen, Einkommen und Prestige etwa ausschließlich auf Grund intellektueller Leistungsfähigkeit verteilte, könnte höchst inhuman sein.

3. Der Begriff der Begabung als eines angeborenen natürlichen Vermögens ist sehr zweifelhaft. Weder nach Richtung noch nach Höhe der »Begabung« lassen sich die »natürlichen« Veranlagungen von den gesellschaftlichen Entwicklungsbedingungen exakt trennen. Es gibt freilich unzweifelhaft gewisse »natürliche«

9 Karl Marx, *Das Kapital. Kritik der politischen Ökonomie. Bd. III*. Der Gesamtprozeß der kapitalistischen Produktion, Berlin (Ost) 1964, MEW 25, S. 614.

»Höchst«-Begabungen; und es gibt sie in der Tat nur in relativ geringer Zahl. Aber es ist weder erforderlich noch auch praktisch der Fall, daß alle »höheren« Positionen der Gesellschaft nur von jenem kleinen Prozentsatz wirklich von Natur aus »Hochbegabter« eingenommen werden. Herkunft und Erziehung spielen hierbei eine ungleich größere Rolle als die »Begabung«. Diese Antithesen können im Rahmen einer knappen Skizze natürlich nicht ausführlich theoretisch und empirisch begründet, sondern allenfalls ein wenig verdeutlicht werden.

II.

Im Jahre 1957 erschien die deutsche Ausgabe der amerikanischen Untersuchung »Big Business Leaders in America« von W. Lloyd Warner und James Abegglen.[10] Das Vorwort der deutschen Ausgabe – geschrieben von dem bekannten Unternehmerpublizisten Herbert Gross – enthält ein begeistertes Loblied der »neuen technischen Gesellschaft« in den USA. Diese betone »die Gleichheit der Chancen im Sinne der freien Bahn für jeden Tüchtigen«. Die Vorherrschaft einer kleinen Gruppe von »Schlotbaronen«, die Herrschaft der »sechzig Familien« sei »längst vorbei«. Die gesamte Gesellschaftsstruktur sei in Bewegung. »Tüchtigkeit und Wettbewerb sind die Motoren dieser Mobilität und nur wenig basiert auf Privilegien.« Es handele sich bei den amerikanischen Männern der Wirtschaft um eine Führungsschicht, »die von allen bejaht werden kann, weil sie sich immer wieder aus allen Schichten verjüngt«. Mag sein, daß dieses Vorwort Leser von Geschmack und Urteilsvermögen von der Lektüre abgehalten hat; das Buch ist kaum gewürdigt worden. Das ist bedauerlich; denn in der Studie selbst steht ganz etwas anderes als im Vorwort. Weit entfernt davon, die amerikanische Sozialstruktur verklären zu wollen, enthält das Buch eine gründliche, von nüchternen und kritischen Fragen geleitete empirische Untersuchung. Rund 8 000 Wirtschaftsführer wurden befragt; eine repräsentative Auswahl von ihnen wurde zusätzlich intensiven Interviews und psychologischen Tests unterworfen. Nicht nur soziale Herkunft, Bildungsgang und Berufsweg, sondern auch typische Einstellungen und Verhaltensweisen werden analysiert. Vergleiche

10 W. Lloyd Warner und James Abegglen, *Karriere in der Wirtschaft*. Düsseldorf 1957.

mit älteren Untersuchungen geben ein Bild von der geschichtlichen Entwicklung der amerikanischen Wirtschaftselite. Die soziale Stellung der Wirtschaftsführer in ihrem Verhältnis zu den anderen Klassen und zu den ausschlaggebenden Institutionen der amerikanischen Gesellschaft wird bei jeder Gelegenheit sichtbar gemacht. Auf diese Weise – und wohl nicht zuletzt auf Grund der für europäische Vorstellungen ungewöhnlich großzügigen Anlage der Untersuchung – entsteht nicht eine der bekannten, häufig etwas dürren Mobilitäts- oder Elitestudien, sondern ein plastisches Gesamtbild der amerikanischen Gesellschaftsstruktur, betrachtet unter dem Gesichtspunkt einer ihrer – wie die Verfasser meinen[11] – mächtigsten Führungsgruppen.

Zu Beginn untersuchen Warner/Abegglen den Zusammenhang von sozialer Herkunft und Führungsposition. Die Väter der Wirtschaftsführer des Jahres 1952 (dem Zeitpunkt der Erhebungen) waren im Jahre 1920, als ihre Söhne ins Berufsleben eintraten, zu 66 Prozent Großunternehmer, leitende Angestellte, kleinere Unternehmer und Gewerbetreibende, Angehörige freier Berufe und mittlere Angestellte, und zu 34 Prozent untere Angestellte, Arbeiter, Farmer und Sonstige, also zu zwei Drittel »Oberschicht« und zu einem Drittel »Unterschicht«. Im Jahre 1920 gehörten aber 85 Prozent der Gesamtbevölkerung zu diesen »Unterschichten«[12]. Der Vergleich mit einer Untersuchung der Wirtschaftsführer des Jahres 1928 ergibt, daß damals 71 Prozent aus der Oberschicht und nur 29 Prozent aus der Unterschicht stammten. Eine gewisse Vergrößerung der vertikalen Mobilität ist also Tatsache. Nichtsdestoweniger stellen die Verfasser fest: »Stärker als die Tatsache des freien sozialen Aufstiegs sind in Wirklichkeit Vorrechte und Vorteile. In der überwiegenden Mehrheit sind die Wirtschaftsführer Söhne von Angehörigen höherer Berufe (...) Die amerikanische Gesellschaftsordnung ist keineswegs ›offen‹; denn der soziale Aufstieg ist eng an Herkunft und Ansehen der Familie gebunden.«[13] Der Vergleich der beiden Wirtschaftsführergenerationen von 1952 und 1928 sowie die Heranziehung der noch älteren Generationen beleuchtet freilich noch eine andere Erscheinung: Die abnehmende Bedeutung der selbständigen Farmer und Geschäftsleute und die zunehmende Bedeutung

11 a.a.O., S. 9f.
12 a.a.O., S. 25ff.
13 a.a.O., S. 33f.

der neuen Mittelschichten.[14] Der Typ des kleinen Geschäftsmannes, der aus Eigenem eine große Firma aufbaut, fehlt heute nach Warner/Abegglen »in der amerikanischen Wirtschaft nahezu völlig«. Die typische Karriere ist »bürokratisch, wie die typische Betriebsorganisation primär bürokratisch ist«[15]. In diesem Zusammenhang erscheint es nicht verwunderlich, daß Schul- und Hochschulbildung an Bedeutung für die Karriere in der Wirtschaft gewonnen haben.[16] Dadurch wird einerseits in gewisser Hinsicht der soziale Aufstieg erleichtert, aber andererseits auch wieder im Unternehmen selbst die Kluft zwischen akademisch gebildetem Management und Belegschaft vertieft.[17] Denn, das geht aus der Untersuchung klar hervor, die relativ lebhafte vertikale Mobilität vermindert die soziale Distanz zwischen den Klassen keineswegs. Mit verblüffender Offenheit schildern Warner/Abegglen den oft grausamen und unmenschlichen Prozeß der Anpassung an die Oberschichten, dem der aufsteigende Mann sich unterwerfen muß.[18] »Ohne Schuldgefühl und Bedauern« muß er seine Herkunft, sein Elternhaus, seine Freunde und Kollegen, ja sogar seine ursprüngliche Konfession hinter sich zurücklassen können. Die Hochschulbildung, die ihn seiner bisherigen sozialen Welt entfremdet, ist ihm dabei ein wesentliches Hilfsmittel.

»Um seinen Platz in den oberen Rängen unserer Gesellschaft wirklich zu festigen, muß man nicht nur in Stellung und Einkommen aufsteigen, sondern diesen neuen Zustand auch in der ganzen Art der Lebensführung und der gesellschaftlichen Beziehungen, wie sie der jeweiligen höheren gesellschaftlichen Schicht entsprechen, zum Ausdruck bringen. Um wirklich und endgültig den Rang zu erreichen, den diese Männer anstreben, müssen sie und ihre Familien von dieser hochstehenden und einflußreichen Schicht anerkannt und ein Teil von ihr werden.«[19] Angesichts der exemplarischen Bedeutung der amerikanischen Gesellschaft für die westliche »Industriegesellschaft« und angesichts der zentralen Stellung der Wirtschaftselite in den USA sind diese Ergebnisse für unsere erste Hypothese illustrativ genug.

---

14 Warner und Abegglen (Anm. 10), S. 45 ff.
15 a. a. O., S. 240, 249.
16 a. a. O., S. 47 ff.
17 a. a. O., S. 253, 265.
18 a. a. O., S. 80 ff., 111 f.
19 a. a. O., S. 111.

III.

Eine weitere Studie, deren grundlegende Bedeutung bisher bei uns kaum gewürdigt worden ist, ist die satirische Utopie des Engländers Michael Young »The Rise of the Meritocracy«[20]. In einer verblüffenden Mischung von Nüchternheit, Konsequenz und hintergründiger Ironie entwirft sie in Gestalt eines fingierten wissenschaftlichen Berichtes aus dem Jahre 2033 das furchterregende und faszinierende Bild der perfekten (britischen) Leistungsgesellschaft. Ausgehend von der Schulreformgesetzgebung des Jahres 1944, ist es im Laufe des zwanzigsten Jahrhunderts in Großbritannien gelungen, ohne entscheidende Änderung des herkömmlichen Schulsystems – im wesentlichen durch eine Verfeinerung und Verallgemeinerung des Intelligenztestverfahrens – alle überdurchschnittlich intelligenten Kinder frühzeitig auszulesen und auf den Weg der akademischen Karriere zu bringen. Um 2000 befinden sich in den führenden Positionen der Gesellschaft nur noch Menschen mit hohen Intelligenzquotienten (IQ); und umgekehrt gelangt jeder Mensch mit einem hohen IQ mit Sicherheit in eine führende Position. Der Grundsatz: Freie Bahn dem Tüchtigen, ist restlos verwirklicht. Das Ergebnis ist die unbestrittene Herrschaft der Leistungselite, der »Meritokratie«.

Die sozialen Folgen dieses scheinbar so wünschenswerten und einleuchtenden Prozesses sind freilich – nach Youngs kaum widerlegbarer Beweisführung – höchst merkwürdig, ja geradezu erschreckend: »Die neue Gesellschaftsordnung hat (...) die Trennung zwischen den Klassen gegenüber früher verschärft; der Status der oberen Schichten ist höher, der der unteren niedriger als einst.«[21] Zum erstenmal in der Geschichte der menschlichen Zivilisation muß eine beherrschte Klasse – die Masse der Menschen mit einem mittleren oder niedrigen IQ – die Herrschaft der »Elite« nicht nur dulden, sondern als berechtigt anerkennen; denn sie beruht ja auf einer objektiv nachweisbaren, durch wissenschaftliche Tests feststellbaren »natürlichen« Überlegenheit. Die Interessenvertretungen der unteren Gesellschaftsklassen – Gewerk-

20 In England 1958. Die deutsche Ausgabe: Michael Young, *Es lebe die Ungleichheit*. Düsseldorf 1961. Eine der wenigen mir bekannten Auseinandersetzungen mit Young in deutscher Sprache findet sich in dem Aufsatz von Lothar Hack, *Was heißt schon Leistungsgesellschaft?* In: neue kritik, April 1966, Nr. 35.

21 Young (Anm. 20), S. 166.

schaften und Arbeiterpartei – sind machtlos, weil ihrer Intelligenz beraubt. Die Demokratie wird zur Fiktion, denn die Volksvertreter mit ihrem durchschnittlichen IQ sind den Intelligenzbestien der leitenden Behörden und wissenschaftlichen Institutionen hoffnungslos unterlegen. Die Meritokratie weiß sich überdies – im Interesse ihrer unentbehrlichen, gesellschaftlich nützlichen Tätigkeit natürlich – weitreichende materielle Privilegien zu verschaffen.

Die einzigen Kräfte, die die Meritokratie schließlich in Frage stellen, sind – nach Youngs ironischer Analyse – die intelligenten Frauen, denen Schönheit und Kraft bei den Männern wichtiger sind als Intelligenz, und ein paar alte Sozialisten, die an ihrem ursprünglichen Ideal menschlicher Gleichheit festhalten. Ihnen legt Young seine eigene Widerlegung der von ihm entworfenen absurden Utopie in den Mund[22]: Wer nötigt die Gesellschaft dazu, Macht, Prestige und Einkommen ausschließlich nach dem Grade der intellektuellen Leistungsfähigkeit zu verteilen? In einem Zeitalter härtesten wirtschaftlichen und politischen Konkurrenzkampfes – wie in der Mitte des zwanzigsten Jahrhunderts – mag das vertretbar gewesen sein. Aber könnte die befriedete Überflußgesellschaft des einundzwanzigsten Jahrhunderts sich nicht eine reichere Wertskala leisten? Könnte sie nicht Mut, Phantasie, Empfindsamkeit und menschliche Großzügigkeit genauso hoch schätzen wie Intelligenz? Eine solche Auffassung würde auch dem Ausbildungssystem eine ganz andere Funktion zuweisen als bisher: Es ginge nicht mehr bloß »um gleiche Aufstiegsmöglichkeiten auf der sozialen Leiter, sondern um gleiche Gelegenheiten für alle Menschen, ohne Rücksicht auf ihre ›Intelligenz‹ die Tugenden und Talente zu entwickeln, die ihnen in die Wiege gelegt worden sind.«[23]

Wir wollen nicht überprüfen, ob die Youngsche Utopie in jeder Hinsicht auf realen Voraussetzungen beruht.[24] Aber sicher ist, daß Young die herrschenden Auffassungen über die Existenz unveränderlicher natürlicher Hochbegabungen beim Wort genommen und die Forderung nach der »Leistungsgesellschaft« auf eine ebenso elegante wie schlagende Weise ad absurdum geführt hat.

22 Young (Anm. 20), S. 228 ff.
23 a. a. O., S. 231.
24 Sie tut es mit Sicherheit nicht; vgl. die Kritik von Hack (Anm. 20).

IV.

Der entscheidende Einwand gegen die von Young ironisch kritisierten Bildungstheorien – und damit auch gegen seine eigene negative Utopie – liegt in der Kritik an dem landläufigen Begabungsbegriff. Die wissenschaftliche Diskussion dieses Begriffes ist kaum übersehbar, der Strom der Literatur uferlos. Ich beschränke meine Bemerkungen daher auf einige grundsätzliche Thesen.[25]

Die grundlegende Schwäche des herkömmlichen Begabungsbegriffes liegt in dem Sachverhalt, daß die einer bestimmten Leistung – notwendigerweise – unterstellte Leistungsfähigkeit als solche nicht empirisch feststellbar ist. Wir messen und beurteilen nie »Begabungen«, sondern stets nur Leistungen. Der so oft gezogene Schluß, daß jemand, der in einer konkreten Situation – Examen, Klassenarbeit, Test – mehr leistet als ein anderer, nun auch »begabter« sei, ist logisch unzulässig. Wir reden dabei gar nicht von den methodisch unzulänglichen, notorisch irrationalen Verfahren unserer in Schule, Hochschule und Beruf üblichen »Prüfungen«, »Beurteilungen« und »Zeugnisse«. Noch der wissenschaftlich exakteste Intelligenztest mißt nicht die »wirkliche Intelligenz«, sondern eine spezifische Intelligenzleistung. Die empirische Forschung hat ergeben, daß der auf Grund von Testleistungen ermittelte IQ eines Menschen sich bei Veränderung seiner Lebensumstände ebenfalls, und zum Teil nicht unerheblich, verändern kann. Die konkrete Leistungsfähigkeit eines Menschen – auch seine

25 Dementsprechend sind auch meine Literaturhinweise nur sehr fragmentarisch. Zur psychologischen Problematik: Heinrich Roth, *Das Problem der Bildsamkeit und Erziehungsfähigkeit in der psychologischen Forschung*. In: Handbuch der Psychologie. Band 10. Pädagogische Psychologie, Göttingen 1959 Einige wichtige Fragen der schulischen »Begabung« diskutieren u. a. Karl Mierke, *Begabung, Bildung und Bildsamkeit*. Bern–Stuttgart 1963; Carl-Ludwig Furck, *Das Leistungsbild der Jugend in Schule und Beruf*. München 1965 und Josef Hitpass, *Einstellungen der Industriearbeiterschaft zu höherer Bildung*. Ratingen 1965; siehe auch die bei den drei Autoren reichlich angegebene Literatur. Der größte Teil der europäischen Literatur zum Thema der Milieubedingtheit schulischer Leistungen wird angeführt und diskutiert bei Dahrendorf, *Bildung ist Bürgerrecht* (Anm. 2), und bei Franz Hess, Fritz Latscha und Willi Schneider, *Die Ungleichheit der Bildungschancen*. Freiburg 1966. Vgl. auch den Sammelband Sicherheit und Aufstieg (Anm. 6). Über den prekären Zusammenhang von Schulleistung und Studienerfolg siehe den jüngsten Untersuchungsbericht von G. Brinkmann, *Die Prognose des Studienerfolges*. In: Kölner Zeitschrift für Soziologie, Jg. 19, 1967, Nr. 2.

Testleistungsfähigkeit (= IQ) – ist also stets ein Produkt aus dem x der angenommenen natürlichen »Begabung« und einer Vielfalt historischer und sozialer Bedingungen, die die Entfaltung der »Begabung« hemmen oder fördern.

Die einzelnen Faktoren dieses Produkts aufzuschlüsseln, ist kaum möglich. So bleibt die menschliche Leistungsfähigkeit, zu der auch die kindliche Lernfähigkeit gehört, eine nie genau fixierbare Größe, die stets aufs neue erprobt werden muß. Die methodisch wichtigste Frage, die bei der Überprüfung der menschlichen Leistungsfähigkeit gestellt werden kann, ist die Frage nach der prognostischen Validität, nach dem Voraussagewert einer Leistungsprüfung: Bewährt sich die auf Grund einer Prüfung festgestellte »Leistungsfähigkeit« bei den folgenden Leistungsanforderungen? Konkret gesprochen: Bewähren sich die von der Volksschule empfohlenen Kinder auf Realschule und Gymnasium; bewähren sich die guten Abiturienten im Studium; bewähren sich die guten Studenten im Leben? Die Forschung auf diesem Gebiet ergibt – kurz und sehr vergröbert – folgendes: Der Voraussagewert der uns zur Verfügung stehenden Prüfungsmethoden ist beschränkt. Manche – wie etwa das Lehrerurteil beim Übergang von der Volksschule zu den weiterführenden Schulen – sind fast völlig wertlos; andere – zum Beispiel moderne Schulleistungstests – erbringen brauchbarere Ergebnisse. Immer aber findet sich ein erheblicher Anteil, der in der Prüfung gut und in der Folge schlecht, oder aber umgekehrt, der in der Prüfung schlecht und in der Folge gut abschneidet. Die Plastizität und Milieuabhängigkeit der menschlichen Leistungsfähigkeit ist außerordentlich groß.

Mag in der menschlichen Gesellschaft auch vielleicht stets je ein geringer Prozentsatz Hoch- und Minderbegabter existieren; zahlenmäßig weit überwiegend ist die Masse der durchschnittlich gut Begabten, deren konkrete Leistungsfähigkeit durch Herkunft und Erziehung, nicht aber durch ihre »natürlichen« Anlagen bestimmt wird. Die politisch-soziologische Anschauung der Vergangenheit wie der Gegenwart lehrt uns übrigens, daß auch die Führungspositionen der Gesellschaft in der Mehrheit von Durchschnittsbegabungen besetzt werden, die freilich durch Herkunft und Erziehung besonders sorgfältig auf ihre Funktion vorbereitet worden sind. (Die ruhmreichen Herrenklassen der Geschichte, wie etwa Adel und Gentry in England oder das Junkertum in Preußen, bestanden unzweifelhaft in ihrer großen Mehrheit auch nur aus durchschnittlich oder gar mäßig begabten Individuen. Erziehung und Tradition verliehen ihnen trotzdem eine große soziale Leistungsfähigkeit.)

Dies bedeutet, daß »Auslese und Aufstieg der Begabten« in unserem herkömmlichen Bildungssystem nicht zuletzt eine soziale Auslese bedeuten. Für unser Gymnasium zum Beispiel ist das eindeutig nachgewiesen. Das Lehrerurteil über die »Oberschulfähigkeit«, die Elternentscheidung über die tatsächliche Anmeldung zur höheren Schule und schließlich der Gymnasialbesuch selbst sind Stufen eines sozialen Selektionsprozesses, der zugunsten der Oberklassen und zuungunsten der Unterklassen abläuft und die ersteren dazu befähigt, trotz formaler Chancengleichheit ihren Nachwuchs überwiegend aus den eigenen Reihen zu rekrutieren. Von der schlichten Armut und Unkenntnis über Bildungsscheu und sogenannten »fehlenden Bildungswillen« der Unterklassen bis zur Sprachbarriere und bis zur Privilegierung bestimmter Begabungsrichtungen – etwa der historisch-philologischen – durch unser Bildungssystem reicht die Kette der wirkenden Faktoren und läßt den immer wieder vorgenommenen Rückgriff auf die »Begabung« als den Auswahlmaßstab für den sozialen Aufstieg als fragwürdig erscheinen.

V.

Aus diesen Gründen verfechten demokratische Schulreformer denn auch die Idee einer Schule, die den Einfluß des häuslichen Milieus auf die Leistungsfähigkeit verringert, eine zu frühzeitige Auslese (und damit Benachteiligung der Nicht-Auserlesenen) verhindert und die Privilegierung bestimmter Begabungsrichtungen abbaut. Unter allen Demokraten, so meint Carl-Heinz Evers, müßte es ein Einvernehmen geben, »daß soziale Integration und nicht Separierung, bestmögliche Förderung des einzelnen statt frustrierende Auslese der Kern einer demokratischen Erziehung ist.[26]

Die differenzierende Gesamtschule scheint das Schulmodell zu sein, das jene Anforderungen erfüllen könnte. Die Erfahrungen der schwedischen und der britischen Gesamtschule[27] lehren jedoch, daß es nicht

26 bildung und politik (Anm. 6), S. 226.
27 Vgl. Helga Thomas-Monzen in: Sicherheit und Aufstieg (Anm. 6), S. 125 ff. und

so einfach ist, ein egalitäres demokratisches Schulmodell in einer elitären hierarchisch strukturierten Gesellschaft durchzusetzen. In beiden Fällen sind die grundsätzlich aus der Schule verbannten Gesichtspunkte der sozialen Auslese im Begriffe, auf Umwegen wiedereinzudringen und das Prinzip der »bestmöglichen Förderung« zu beeinträchtigen. Vorurteile der Lehrer, aber auch und vor allem der soziale Aufstiegsdrang der Eltern führen dazu, daß nicht nur gefragt wird: Welche Form der Ausbildung fördert dieses bestimmte Kind am besten, sondern: Welche gibt ihm die größten sozialen Aufstiegschancen? Und diese Haltung ist nicht ein Fehlurteil unaufgeklärter Individuen, sondern ein – menschlich im übrigen sehr verständlicher – Reflex höchst realer gesellschaftlicher Klassenstrukturen. Solange bestimmte Formen der Schulbildung – ob im vertikal gegliederten Schulsystem oder in der Gesamtschule, ist dabei unerheblich – eine mehrfach größere Chance bieten, zu Macht, Geld und Ansehen zu gelangen, werden sie bevorzugt werden, was auch immer der Pädagoge dazu sagen mag.

Die Kritik unseres Bildungssystems ist gewiß ein wesentliches Stück Gesellschaftskritik, und Bildungspolitik ist notwendiger Bestandteil der Gesamtpolitik. Aber die Reform des Bildungswesens kann die Reform der Gesellschaft nicht ersetzen; sie kann sie nur ergänzen.

Bernard Trouillet, *Die schwedischen Schulreformen*. Frankfurt am Main 1966.

Klasse und Milieu als Bedingungen gesellschaftlich-politischen Handelns

I. Zur Problemstellung

Mein Beitrag ist eine Skizze. Mehr kann und will er auch nicht sein. Wenn man denn – mit Max Weber – die Soziologie als die Wissenschaft vom sozialen Handeln begreift[1], berührt die Frage nach den Rahmenbedingungen, den verstehbaren Gründen und den erklärenden Ursachen menschlichen Verhaltens – auf welchem Teilgebiet gesellschaftlichen Lebens auch immer – die zentrale Problematik der Sozialwissenschaften.[2] Das gilt insbesondere dann, wenn jenes kollektive Handeln in Rede steht, das die gesellschaftlichen Strukturen und Lebensverhältnisse verändert und insofern die Entwicklung der Gesellschaft in einem qualitativ erheblichen Grade beeinflußt (in einem nicht meßbaren Umfang beeinflußt natürlich jede menschliche Handlung die gesellschaftliche Entwicklung), d. h. wenn dieses Handeln in einem weiteren Sinne »politisches« Handeln ist.[3]

Anders ausgedrückt: Ich berühre die Frage nach dem vielberufenen »historischen Subjekt«. Eine solche Fragestellung schließt – zumindest im Rahmen eines nicht allzu umfangreichen Aufsatzes – jeden Versuch einer systematischen und umfassend begründeten Antwort aus und läßt nur eine Skizze zu. Es scheint mir aber nichtsdestoweniger möglich und auch sinnvoll zu sein, bestimmte grundsätzliche Aspekte des Problems zu umreißen, die Kerngedanken einiger Lösungsansätze knapp zu charakterisieren und vor allem bestimmte Querverbindungen zwischen den verschiedenen Ansätzen sichtbar zu machen. Insgesamt kann auf diese Weise trotz aller Skizzenhaftigkeit mit einigen Markierungen das Feld abgesteckt werden, auf dem sich die Diskussi-

1 Max Weber, *Wirtschaft und Gesellschaft*. Tübingen 1921, S. 1.

2 Peter von Oertzen, *Überlegungen zur Stellung der Politik unter den Sozialwissenschaften*. In: KZSS, 17. Jg. 1965, Nr. 3, vorl. Band. S. 16–38.

3 a. a. O.; Jörg Miehe, *Krise des Marxismus und subjektive Vergesellschaftung*. In: Z – Zeitschrift für Marxistische Erneuerung, 1992, Nr. 10

on unserer Frage bewegt. Und das gilt auch dann, wenn dabei manche differenzierten theoretischen Überlegungen, wertvolle Darstellungen und interessante Einzelheiten unberücksichtigt bleiben müssen.

Es ist mit Recht festgestellt worden, daß in einem ganz strikten Sinne des Begriffs nur Individuen »handeln« können. »Freilich handeln Individuen nur im Extremfall rein individuell.«[4] Die Vorstellung »historischer Subjekte« oder weniger emphatisch ausgedrückt »kollektiver Akteure« ist unabweisbar, wenn wir geschichtliche und gesellschaftliche Prozesse verstehen und erklären wollen. Andernfalls würden wir »im Vorverständnis eines individualistischen Menschenbildes« verharren und uns in letzter Konsequenz dem Mythos »Männer machen Geschichte« (bzw. Politik) ausliefern.

Das Entstehen, Agieren und Zerfallen »kollektiver Akteure« ist freilich ein sehr komplizierter Vorgang, der selbst des deutenden Verstehens und der ursächlichen Erklärung durch die Sozialwissenschaft bedarf: Verfestigte, dem Anschein nach so gut wie unveränderliche soziale Strukturen und langsamerer oder rascherer sozialer Wandel; vorgefundene ökonomische, politische und soziokulturelle Gegebenheiten für das Verhalten der Einzelnen und ihre Reaktionen darauf; kollektive Aktionen und individuelles Verhalten bilden einen komplexen Gesamtzusammenhang, dessen geschichtliche und gesellschaftliche Dimensionen dem denkenden, planenden, handelnden Individuum nicht unmittelbar zugänglich sind.

Die umfassendste und zugleich konkreteste Theorie dieser gesellschaftlich-geschichtlichen Strukturen menschlicher Existenz findet sich m. E. immer noch im Rahmen eines undogmatischen, von starren kategorialen Schemata und geschichtsphilosophischen Mythen freien »historischen Materialismus«.[5] In ebenso klarer und einfacher wie prägnanter Form hat Friedrich Engels die Grundpositionen dieser Geschichts- und Gesellschaftstheorie formuliert: »Wir machen unsere Geschichte selbst, aber erstens unter sehr bestimmten Voraussetzungen und Bedingungen. Darunter sind die ökonomischen die schließlich entscheidenden. Aber auch die politischen usw., ja die in den Köpfen der Menschen spukende Tradition, spielen eine Rolle, wenn auch nicht

4 Reinhard Kreckel, *Politische Soziologie der sozialen Ungleichheit*. Frankfurt am Main–New York 1992, S. 142.

5 Peter von Oertzen, *Karl Marx*. In: Klassiker des Sozialismus. 2 Bde. 1. Bd. Hrsg. v. Walter Euchner. München 1991.

die entscheidende. Zweitens aber macht sich die Geschichte so, daß das Endresultat stets aus den Konflikten vieler Einzelwillen hervorgeht, wovon jeder wieder durch eine Menge besonderer Lebensbedingungen zu dem gemacht wird, was er ist: es sind also unzählige einander durchkreuzende Kräfte, eine unendliche Gruppe von Kräfteparallelogrammen, daraus eine Resultante – das geschichtliche Ergebnis – hervorgeht, die selbst wieder als das Produkt einer als Ganzes bewußtlos und willenlos wirkenden Macht angesehen werden kann. Das was jeder einzelne will, wird von jedem anderen verhindert, und was herauskommt, ist etwas, was keiner gewollt hat (...) Aber daraus, daß die einzelnen Willen (...) nicht das erreichen, was sie wollen, sondern zu einem Gesamtdurchschnitt, einer gemeinsamen Resultante verschmelzen, daraus darf doch nicht geschlossen werden, daß sie gleich Null zu setzen sind. Im Gegenteil, jeder trägt zur Resultante bei und ist insofern in ihr einbegriffen.«[6]

Zu dieser Problematik kommt hinzu, daß – selbst wenn es möglich ist und unmittelbar einleuchtend erscheint, bestimmte historisch-soziale Phänomene als »Subjekte« oder »kollektive Akteure« zu identifizieren – damit noch nichts über die Bedingungen ihrer Wirksamkeit ausgesagt ist. Die Frage, wieso soziale und politische Bewegungen, Organisationen und Parteien, Institutionen, Herrschaftsverbände und Staaten sowie vor allem die in ihrem Rahmen machthabenden und Herrschaft ausübenden Gruppierungen und Personen in der Vergangenheit so gehandelt haben, ob sie so handeln mußten oder ob sie vielleicht auch anders hätten handeln können, ist von zentraler Bedeutung fur das Verständnis von unserer Vergangenheit. Die Frage wie alle diese Akteure künftig handeln können, müssen oder voraussichtlich werden, ist von zentraler Bedeutung für die Gestaltung unserer Zukunft. Die Problematik der Bedingungen gesellschaftlich-politischen Handelns verbindet beide Fragenkomplexe.[7] Die politische und die Sozialgeschichte, die historische Soziologie und die historische

6 *Friedrich Engels an Joseph Bloch vom 21. Sept. 1890.* Berlin (Ost) 1967, MEW 37, S. 463 f.; vgl. auch Karl Marx, *Der 18. Brumaire des Louis Bonaparte.* Berlin (Ost) 1960, MEW 8, S. 115; zu dem vorangegangenen auch von von Oertzen, Karl Marx (Anm. 5), sowie Walter Sprondel, *Die Kategorie der Sozialstruktur und das Problem des sozialen Wandels.* In: Maurice Merleau-Ponty und das Problem der Struktur in den Sozialwissenschaften. Hrsg. v. Richard Garthoff und Demselben. Stuttgart 1976.
7 von Oertzen, Zur Stellung der Politik (Anm. 2).

Politikwissenschaft bzw. die politisch orientierte Zeitgeschichte gehen der ersten Frage nach, die kritische Gesellschaftsanalyse – und in ihr speziell die Bewegungs- und Wahlforschung – der zweiten.

In der Vergangenheit geht es um die entscheidenden Weichenstellungen der gesellschaftlich-geschichtlichen Entwicklung, vor allem um die sog. historischen »Entscheidungssituationen«[8]. Ihre Ergebnisse wollen wir verstehen und erklären. Und je näher wir selbst zeitlich diesen Weichenstellungen und Entscheidungssituationen sind, desto unabweisbarer ist unser Streben nach Verständnis und Erklärung: Die kapitalistische »industrielle Revolution« und die Entstehung der »Arbeiterbewegung«, der »Sonderweg« der deutschen Gesellschaft im 19. Jahrhundert und die Novemberrevolution 1918/19, der Untergang der ersten deutschen Republik und das Aufkommen faschistischer Massenbewegungen in Deutschland und Europa sind – fast wahllos herausgegriffen – solche Problemkomplexe.

Es scheint mir kein Zufall zu sein, daß diese Problemkomplexe sich mit solchen Fragen verbinden, die sich uns bei der Analyse der gegenwärtigen Gesellschaft aufdrängen und die für die Erkenntnis zukünftiger Entwicklungstendenzen und Entwicklungsalternativen von Bedeutung sind: Wie werden sich die gegenwärtigen »Individualisierungstendenzen« in unserer Gesellschaft auswirken; ist der weltweite »Sieg« der kapitalistischen Wirtschaftsweise und der parlamentarischen Demokratie das »Ende der Geschichte«; sind die Traditionen und Ideenbestände der Arbeiterbewegung und des Sozialismus aufgezehrt; kehrt der massenhafte Rechtsradikalismus der 20er und 30er Jahre (wenn auch vielleicht nicht mehr in der Form des originären Faschismus) wieder in die Gesellschaften der »ersten Welt« zurück; sind die »Volksparteien«, der »Parteienstaat« oder gar die verfassungsstaatliche Demokratie selbst am Ende usf. usf.

In der historischen wie der gegenwartsbezogenen in die Zukunft gerichteten Sichtweise geht es im Grunde um ein und dasselbe Problem: um die Menschen als »historische Subjekte«, als »kollektive Akteure«, als »Schausteller und Verfasser ihrer eigenen Geschichte«.[9]

Auf zwei Probleme der Sicht auf das »historische Subjekt« muß noch hingewiesen werden:

---

8 von Oertzen, Zur Stellung der Politik (Anm. 2).

9 Karl Marx, *Das Elend der Philosophie. Antwort auf Proudhon's »Philosophie des Elends«*. Berlin (Ost) 1959, MEW 4, S. 181.

1. In allen differenzierteren Zivilisationen der Vergangenheit haben immer auch die Massen der Bevölkerung durch Tun und Unterlassen, durch Reaktionen und Aktionen, gelegentlich auch durch mehr oder weniger strukturierte soziale und politische Bewegungen den Gang der gesellschaftlichen Entwicklung mitbestimmt. Aber als eigentliche »kollektive Akteure« erscheinen uns doch die jeweils herrschenden theokratischen, bürokratischen, aristokratischen Minoritäten, die dominierenden Kasten, Stände und Klassen, die in diesem Rahmen handelnden Clans, Gefolgschaften und Machteliten. Erst im Zuge der revolutionären ökonomischen, sozialen, politischen und ideellen Wandlungsprozesse der neueren Zeit nimmt die große Mehrheit der Menschen – wie gelegentlich und wie desinteressiert im Einzelnen auch immer – an der Gestaltung ihres eigenen sozialen Schicksals dauerhaft und in institutionell gesicherter Art und Weise teil. Die moderne verfassungsstaatliche Demokratie ist die politische Form dafür; und der moderne Wohlfahrtsstaat, die »soziale Demokratie« oder der »Demokratische Sozialismus« sind im Grunde nichts anderes als der Versuch, diese Teilnahme von dem Felde der Politik aus auch auf das wirtschaftliche, soziale und kulturelle Leben auszudehnen. Karl Mannheim hat vor mehr als 50 Jahren – wie mir scheint sehr zutreffend – diesen Prozeß als »Fundamentaldemokratisierung« bezeichnet.[10]

2. Dieser Prozeß – zusammen mit den ihn bedingenden, ihn begleitenden und von ihm selbst induzierten Entwicklungen – scheint sich von Jahrzehnt zu Jahrzehnt zu beschleunigen: Die Bedingungen gesellschaftlichen Wandels ändern sich immer rascher, die »Inkubationszeit« für die Virulenz ökonomischer, technischer, sozialer, ideeller Innovationen verkürzt sich ebenso wie die geschichtliche »Halbwertzeit« für den Zerfall gesellschaftlicher Institutionen und Ideensysteme.

Wer diese Umstände verkennt, gerät in eine doppelte Versuchung: entweder die Stabilität des Bestehenden und Überlieferten zu überschätzen und zu übersehen, daß die Entwicklung es bereits überholt

10 Karl Mannheim, *Mensch und Gesellschaft im Zeitalter des Umbaus*. Darmstadt 1958, S. 52–57.

hat, oder aber – zutiefst unsicher geworden durch den Fortfall altgewohnter Beurteilungskategorien – nur noch »Unübersichtlichkeit« oder »Anomie« zu erblicken.

II. Klassen und Klassenbewußtsein

Den ersten Versuch, in der neueren Gesellschaftsgeschichte einen »kollektiven Akteur«, ein wahrhaftes »historisches Subjekt« dingfest zu machen, die Ursachen seiner Entstehung, die Struktur seines Handelns und die Konsequenzen seines Wirkens wissenschaftlich zu analysieren, finden wir in der Theorie der Klassen und des Klassenbewußtseins. Insbesondere das Theorem über die historische Rolle der »Arbeiterklasse« hat diese Diskussion bestimmt und bestimmt sie im Grunde noch heute – wenn auch zunehmend mit der Tendenz, es zu widerlegen oder zumindest zu modifizieren.[11]

1. Die Arbeiterklasse als »revolutionäres Subjekt«: Marx und der Marxismus

Karl Marx hat weder in Anspruch genommen, »die Existenz der Klassen in der modernen Gesellschaft noch ihren Kampf unter sich entdeckt zu haben.« Dieses »Verdienst« komme der bürgerlichen Geschichtsschreibung und der bürgerlichen Ökonomie zu. Was er getan habe, sei nachzuweisen, »daß die Existenz der Klassen (...) an bestimmte historische Entwicklungsphasen der Produktion gebunden ist (...) daß der Klassenkampf notwendig zur Diktatur des Proletariats führt (...) daß diese (...) selbst nur den Übergang zur Aufhebung aller Klassen und zu einer klassenlosen Gesellschaft bildet.«[12] D. h. Marx reklamiert für sich nicht mehr, aber auch nicht weniger, als die historische Rolle von Klassenkampf und Arbeiterklasse bei der Überwindung der kapitalistischen und der Schaffung der kommunistischen (sozialistischen) Gesellschaftsordnung zuerst und am klarsten erkannt zu haben.

11 Zwei Beispiele dafür sind Klaus Eder (Hrsg.), *Klassenlage, Lebensstil und kulturelle Praxis*. Frankfurt am Main 1989 und Kreckel (Anm. 4).

12 *Karl Marx an Joseph Weydemeier vom 5. März 1852*. Berlin (Ost) 1963, MEW 28, S. 507f.

Es hätte in der Konsequenz dieses Anspruchs gelegen, den notwendigen Zusammenhang zwischen sozialökonomisch bedingter gesellschaftlicher Klassenstruktur und gesellschaftlich veränderndem »politischem« Klassenhandeln theoretisch und empirisch einsichtig zu machen. Das haben Marx und Engels nicht getan – ungeachtet vieler konkreter, z. T. höchst geistvoller Randbemerkungen zum Thema.[13] Es scheint mir keine biographische Zufälligkeit zu sein, daß das Kapitel »Die Klassen« im dritten Band des »Kapital« unvollendet geblieben ist. Streng ökonomisch leitet Marx dort die Existenz der drei großen Klassen der kapitalistischen Gesellschaft: Lohnarbeiter, Kapitalisten und Grundbesitzer aus ihrer Stellung im Produktionsprozeß und ihren »respektiven Einkommenquellen: Arbeitslohn, Profit und Grundrente« ab. Indessen scheint er Schwierigkeiten zu sehen, die konkreten – für die Erklärung des realen sozialen und politischen Verhaltens ausschlaggebenden – internen Gruppierungen der Klassen ebenfalls aus diesen Grundeinsichten herzuleiten. Dabei reflektiert er auf »die unendliche Zersplitterung der Interessen und Stellungen, worin die Teilung der Arbeit die Arbeiter wie die Kapitalisten und Grundeigentümer (...) spaltet.«[14] Weiter gelangt die Analyse nicht. Die berühmten Passagen aus dem ersten Band des »Kapital«, in denen Marx die revolutionäre Rolle des Proletariats mit seiner immer unerträglicher werdenden objektiven Lage begründet, sind mehr prophetischer Appell als ursächliche wissenschaftliche Erklärung.[15] Mit einigem Recht hat daher die wissenschaftliche Kritik bei Marx zwei nur unzulänglich miteinander verbundene Klassenbegriffe konstatiert, einen wissenschaftlich auf die sozioökonomische Struktur bezogenen »abstrakten« und einen politischen »konkreten«.[16] Diese Lücke im Marxschen Werk hat insbesondere den orthodoxen Marxisten immer

---

13 Z. B. in: Marx, *18. Brumaire* (Anm. 6), S. 198–202.

14 ders., *Das Kapital. Kritik der politischen Ökonomie. Bd. III.* Der Gesamtprozeß der kapitalistischen Produktion, Berlin (Ost) 1964, MEW 25, S. 892 f.

15 ders., *Das Kapital. Kritik der politischen Ökonomie. Bd. I.* Der Produktionsprozeß des Kapitals, Berlin (Ost) 1962, MEW 23, S. 674 f.; 790 f.; hierzu auch die erklärte Selbstkritik ehemals orthodoxer Marxisten: IMSF, *6. Tagung der AG Marx-Engels-Forschung. Das historische Subjekt im Werk von Marx und Engels (Henning Böke).* In: Z – Zeitschrift Marxistische Erneuerung, 1992, Nr. 11.

16 Anthony Giddens in der Interpretation von Hans-Peter Müller, *Sozialstruktur und Lebensstile.* Frankfurt am Main 1992, S. 196–201; Kreckel (Anm. 4), S. 52–66, 120–149, bes. S. 147

besondere Beschwerden bereitet (vor allem angesichts des unleugbaren Umstands, daß die historisch-empirische Arbeiterschaft keine rechten Anstalten gemacht hat, die ihr vom Marxismus zugeschriebene historische Rolle auch wirklich wahrzunehmen). Die Diskussion über die wissenschaftliche Begründung und – insbesondere – die empirische Entstehung bzw. die praktische Erzeugung des »wahren proletarischen Klassenbewußtseins« füllt ganze Bibliotheken. Die leninistische Variante der Marxschen Theorie hat den Knoten einfach durchgehauen. Lenin dekretierte, daß die Arbeiterklasse »aus eigenen Kräften« nur zu einem gewerkschaftlichen Bewußtsein gelangen könne, während ihr das wahre sozialistische Bewußtsein durch die revolutionäre Intelligenz und durch die Avantgardepartei »von außen gebracht werden« müsse.[17] George Lukács hat später dieser Flucht aus der wissenschaftlichen sozialökonomischen Analyse und Erklärung in die politische Dezision die höheren philosophischen Weihen gegeben, indem er vermittels der »Kategorie der objektiven Möglichkeit« das Klassenbewußtsein als »rationell angemessene Reaktion« definiert, die »einer bestimmten typischen Lage im Produktionsprozeß zugerechnet wird«, d. h. als jene Gedanken und Empfindungen, die die Menschen »in einer bestimmten Lebenslage haben würden, wenn sie diese Lage (...) vollkommen zu erfassen fähig wären.«[18]

Bemerkenswert – und merkwürdig zugleich – ist jedoch der Umstand, daß es im Marxschen Werk sehr wohl eine ausgearbeitete sozialwissenschaftlich-historische Theorie des »historischen Subjekts« gibt und daß diese mit der herkömmlichen marxistischen Klassentheorie keineswegs übereinstimmt.[19] Soziale Revolutionen, d. h. tiefgreifende gesellschaftliche Umwälzungen treten nach Marx dann ein, wenn die »Produktivkräfte« in Widerspruch zu den »Produktionsverhältnissen« geraten, diese umwälzen und neue Produktionsverhältnisse schaffen. Wenn wir die im Marxismus allerdings weithin üblich gewordene ökonomistische Verengung dieser Kategorien vermeiden, dann entdecken wir im Begriff der Produktionsverhältnisse die Gesamtheit

17 Lenin in seiner Programmschrift »Was tun?«, in: Wladimir I. Lenin, *Ausgewählte Werke. 2 Bände*. Berlin 1946, Bd. 1, S. 199.

18 Georg Lukács, *Geschichte und Klassenbewußtsein. Studien über marxistische Dialektik*. Berlin 1923, S. 63, 62.

19 von Oertzen, Karl Marx (Anm. 5).

der »geltenden gesellschaftlichen Einrichtungen«[20] in Ökonomie, sozialem Leben, Politik und Kultur und im Begriff der Produktivkräfte die Gesamtheit der schöpferischen Kräfte der Gesellschaft in ihrem arbeitsteiligen Zusammenwirken. Diese Kräfte sind nun in der Tat – zumindest objektiv – das »Subjekt« der Geschichte. Dieses Subjekt erscheint als solches auch im Marxschen Werk und zwar unter der Kategorie des »gesellschaftlichen Gesamtarbeiters«. Zu ihm gehören in erster Linie gewiß die Arbeiter, aber ebensogut auch Angestellte, Beamte und selbständig Tätige, sofern sie keine parasitären Existenzen sind, sondern gesellschaftlich notwendige und daher nützliche Arbeit leisten; zu ihm gehören Manager, Wissenschaftler, Ärzte, Pflegekräfte, Lehrende und Erziehende, Journalisten und Künstler.[21]

Hieraus erhellt, daß die Leninsche Frage, woher die Arbeiterklasse ihr sozialistisches Bewußtsein erhalte, ein Scheinproblem erzeugt. Wenn die Intelligenz selbst Bestandteil des »gesellschaftlichen Gesamtarbeiters« ist, handelt es sich bei dem Austausch von Erkenntnissen und Erfahrungen zwischen ihr und der empirischen Arbeiterschaft nicht um eine Einwirkung »von außen«, sondern um eine funktionale Kooperation innerhalb des arbeitsteilig organisierten »Gesamtarbeiters«.

Das »historische Subjekt« bei Marx ist also nicht unmittelbar materiell gegeben. Das »revolutionäre Bewußtsein« ist nach der originären Marxschen Theorie weder der Reflex einer fest umrissenen sozialökonomisch determinierten gesellschaftlichen Gruppe auf ihre »Klassenlage«, noch auch das Ergebnis der Führung durch eine »revolutionäre Avantgarde«. Das »revolutionäre Bewußtsein«, das den gesellschaftlichen Gesamtarbeiter überhaupt erst im eigentliche Sinne des Wortes zum historischen Subjekt der Revolution macht, kann sich vielmehr nur in einem komplexen widersprüchlichen Prozeß historisch konstituieren, in dem die arbeitsteilig zusammenwirkenden Menschen ihre gesellschaftliche Lage erkennen, ihre Interessen – kurzfristige und langfristige – formulieren, sich zusammenschließen und schließlich ihre Kooperation derart neu organisieren, daß am Ende eine »Assozia-

20 Marx, *Elend der Philosophie* (Anm. 9), S. 181.

21 von Oertzen, Karl Marx (Anm. 5); ders., *Die Arbeiterklasse als Träger sozialistischer Bewegung. Zur Korrektur eines Mißverstädnisses.* In: »Wer in der Politik Verantwortung trägt, kann nicht bequem sein.« Festschrift für Georg Benz. Hrsg. v. Manfred Heckenauer et al.. Marburg 1994. Siehe vorl. Band S. 145– 150.

tion« entsteht, »worin die freie Entwicklung eines jeden Einzelnen die Voraussetzung für die freie Entwicklung aller« ist.[22]

In diesem Prozeß der gesellschaftlichen Selbstorganisation bildet die Ökonomie, »die Produktion und Reproduktion des wirklichen Lebens« zwar die »Basis« und den notwendigen Rahmen der gesellschaftlichen Entwicklung, die sozialen, soziokulturellen, politischen und ideellen Momente bilden jedoch mit der Ökonomie einen Gesamtzusammenhang (den Engels etwas mechanistisch als »Wechselwirkung« bezeichnet), aus dem allein der historische Prozeß deutend verstanden und ursächlich erklärt werden kann.[23] Die übergeordnete und zentrale Kategorie dieses Gesamtzusammenhangs ist übrigens nicht der Klassengegensatz, sondern die Arbeitsteilung, wie denn überhaupt von den Frühschriften an bis zum späten Werk die kritische Auseinandersetzung mit der »knechtenden Unterordnung unter die Teilung der Arbeit«[24] die eigentliche theoretische Pointe der Marxschen Analyse und des Marxschen Sozialismus-Konzeptes darstellt. Von daher erklärt sich auch der scheinbar paradoxe Umstand, daß unter vorkapitalistischen Produktionsverhältnissen, d. h. unter bestimmten relativ unentwickelten Formen der gesellschaftlichen Arbeitsteilung, die ökonomisch-soziale Lage von »Klassen« – ihre »Klassenlage« also – ein wirkliches »Klassenbewußtsein« und damit ein bewußtes Klassenhandeln ausschließt. Ebenso wie die »uraltertümlichen indischen Gemeinwesen« »von den Stürmen der politischen Wolkenregionen unberührt« bleiben, so sind auch die voneinander isolierten französischen »Parzellenbauern« des 19. Jahrhunderts zur bewußten kollektiven Aktion außerstande und bedürfen zur Vertretung ihrer Interessen des abgehobenen bonapartistischen Staates.[25]

22 Karl Marx und Friedrich Engels, *Manifest der Kommunistischen Partei*. Berlin (Ost) 1959, MEW 4, S. 482.

23 Vgl. oben, Anm. 6.

24 Karl Marx, *Kritik des Gothaer Programms. Randglossen zum Programm der deutschen Arbeiterpartei*. Berlin (Ost) 1974, MEW 19, S. 21; dreißig Jahre früher schreibt er in der »deutschen Ideologie« exakt dasselbe: »die kommunistische Revolution« wird »die Teilung der Arbeit« aufheben: Karl Marx und Friedrich Engels, *Die deutsche Ideologie*. Berlin (Ost) 1969, MEW 3, S. 364.

25 Marx, *Das Kapital I* (Anm. 15), S. 397; ders., *18. Brumaire* (Anm. 6), S. 198–202.

2. Die Klassen im Kampf um die Führung der Nation – Max Weber

Im Frühjahr 1895 hielt der frisch nach Freiburg berufene Professor der Nationalökonomie Max Weber – gerade 31 Jahre alt – seine Antrittsvorlesung: »Der Nationalstaat und die Volkswirtschaftspolitik.«[26] Das leidenschaftliche Plädoyer des jungen Gelehrten für »die soziale Einigung der Nationen«[27] mündet in die Frage nach dem »Beruf zur politischen Leitung der Nation«[28]. Und in völliger Übereinstimmung mit Marx[29] richtet Weber diese Frage an die großen sozialökonomischen Klassen. »Die Erlangung ökonomischer Macht ist es zu allen Zeiten gewesen, welche bei einer Klasse die Vorstellung ihrer Anwartschaft auf die politische Leitung entstehen läßt.«[30] Der »Stand« der preußischen Junker, in deren Händen die politische Herrschaft bisher lag, ist »eine ökonomisch sinkende Klasse«[31]. Das Bürgertum hingegen, obzwar ökonomisch mächtig, ist weder in seinen großbürgerlichen noch gar seinen kleinbürgerlichen Teilen »heute reif (...) die politisch leitende Klasse der Nation zu sein«[32]. Der Grund dafür liegt »in seiner unpolitischen Vergangenheit«[33] – ganz ungleich der französischen oder gar der englischen Bourgeoisie, darf man hinzufügen, obwohl Weber es nicht ausspricht. Und »die Herrschaft eines großen Mannes« ist »nicht immer ein Mittel der politischen Erziehung«.[34] (Zwanzig Jahre später – gegen Ende des ersten Weltkriegs – fällt die Kritik Webers an den entpolitisierenden Wirkungen des erdrückenden Bismarckschen Regimes und des konstitutionellen Halbparlamentarismus noch sehr viel schärfer aus.[35])

Wie steht es nun aber mit dem aufstrebenden Proletariat und »seiner Anwartschaft auf die politische Leitung der Nation«? »Ökonomisch sind die höchsten Schichten der deutschen Arbeiterklasse weit reifer,

26 Max Weber, *Gesammelte politische Schriften*. Tübingen ²1958, S. 1–25.
27 a. a. O., S. 23.
28 a. a. O., S. 18.
29 Vgl. Marx, *Das Kapital III* (Anm. 14).
30 Weber, *Gesammelte politische Schriften* (Anm. 26), S. 19.
31 ebd.
32 a. a. O., S. 20.
33 a. a. O., S. 22.
34 ebd.
35 a. a. O., S. 307 f.

als der Egoismus der besitzenden Klassen zugeben möchte«.[36] Aber politisch ist die deutsche Arbeiterklasse »unendlich unreifer«, als die »deklassierten Bourgeois« ihrer führenden »Journalistenclique« sie glauben machen wollen. Sie spielen mit den Reminiszenen aus der großen Französischen Revolution; »allein sie sind unendlich harmloser (...) es lebt in ihnen kein Funke jener katilinarischen Energie der Tat, aber freilich auch kein Hauch der gewaltigen nationalen Leidenschaft, die in den Räumen des Konvents wehten. Kümmerliche politische Kleinmeister sind sie, – es fehlen ihr die großen Machtinstinkte einer zur politischen Führung berufenen Klasse.«[37] Das könnte anders werden, »gelänge es in der Tat eine ›Arbeiteraristokratie‹ zu schaffen, welche Trägerin des politischen Sinnes wäre, den wir heute an der Arbeiterbewegung vermissen«; aber »bis dahin scheint es noch ein weiter Weg«.[38]

Es ist bemerkenswert, daß die zu Zeiten immer wieder einmal recht lebhafte Diskussion um und über Weber, soweit ich sehe, die Frage: Klasse und politische Führung bei Weber kaum beachtet hat. Auch in den originellen und tiefschürfenden Analysen von Wilhelm Hennis, der sich sonst mit der herkömmlichen Weber-Rezeption erfreulich kritisch auseinandersetzt, kommt sie nicht vor. Dies ist umso erstaunlicher, als der politische Analytiker und Publizist Weber dieses Hauptthema seines Engagements sein Leben lang nie verlassen hat. Zwar enthalten die Äußerungen zur deutschen Gesellschaft und zur deutschen Politik neue zusätzliche Akzente; aber die Grundtendenz der Freiburger Rede ist erhalten geblieben: über die gelegentlichen politischen Diskussionsbeiträge im Verein für Sozialpolitik bis zu den Artikeln und den großen Memoranden der Jahre 1917 und 1918.[39] Nach wie vor spielt für Weber die durch den Kapitalismus erzeugte sozialökonomische Strukturierung der Gesellschaft in Grundbesitzer (Junker), Bürgertum und Proletariat die entscheidende Rolle; nach wie vor geht es ihm um die »Nation«, um ihre politische Führung, um ihre »weltpolitische Geltung«.[40] Daß Weber kein weltanschaulicher

36 Weber, *Gesammelte politische Schriften* (Anm. 26), S. 22.

37 ebd.

38 a. a. O., S. 23 f.

39 a. a. O., S. 173–434; ders., *Gesammelte Aufsätze zur Soziologie und Sozialpolitik. Gesammelte Aufsätze zur Soziologie*. Tübingen 1924, S. 394–430.

40 ders., *Gesammelte politische Schriften* (Anm. 26), S. 394.

»Nationalist« war, hat Hennis mit Baumgarten zurecht festgestellt[41]; aber unbestreitbar ist, daß für Weber in seiner Zeit die Nation die entscheidende historische Realität ist, der gegenüber sich die Politik bewähren muß – eine Haltung, die in einem gänzlich anderen Kontext Marx und Engels, aber in gewissem Grade auch Lenin oder ganz sicher ein Mann wie Arthur Rosenberg mit ihm geteilt haben.[42]

Nach wie vor – und mit zunehmender Schärfe – bestreitet Weber der »Aristokratie« und dem »feigen« Bürgertum den Beruf zur Leitung der Nation; nach wie vor zweifelt er an den politischen Führungsfähigkeiten der Arbeiterklasse und ihrer Funktionäre, deren Kleinbürgerlichkeit er verachtungsvoll geißelt[43], obgleich er »die schlichte Sachlichkeit der einfachen Leute von den Gewerkschaften« in den Novembertagen 1918 respektvoll würdigt[44], wie Weber denn überhaupt stets in den Gewerkschaften den eigentlichen Kern der deutschen Arbeiterbewegung erblickt hat.[45]

Dasjenige Element, das seit 1895 bei Weber zu seiner – nennen wir es einmal so – politischen Soziologie der kollektiven Akteure hinzugetreten ist, ist die Analyse des Verhältnisses zwischen Führung und Masse in einer gegebenen gesellschaftlichen Lage. Sowohl der kapitalistische Betrieb als auch der moderne anstaltliche Staat erfordern eine komplexe arbeitsteilige bürokratische Organisation. Die Bürokratie selbst ist jedoch wesensmäßig zur politischen Führung außerstande.[46] Weber stand sowohl dem bürokratisierten Kapitalismus als auch dem bürokratisierten Staat mit tiefer Skepsis gegenüber; aber er war sich ihrer historischen Unausweichlichkeit bewußt. Angesichts dessen wählte und begründete Weber das Modell der auf dem allgemeinen Wahlrecht beruhenden, von politischen Massenparteien

41 Wilhelm Hennis, *Max Webers Fragestellung*. Tübingen 1987, S. 223; Otto Stammer (Hrsg.), *Max Weber und die Soziologie heute. Verh. des 15. Dt. Soziologentages*. Tübingen 1965, S. 146–149.

42 Peter von Oertzen, *Arthur Rosenberg als Propagandist einer revolutionären Realpolitik*. In: Klassische Antike und moderne Demokratie. Arthur Rosenburg zwischen Alter Geschichte und Zeitgeschichte, Politik und politischer Bildung. Hrsg. v. Rudolf Wolfgang Müller und Gert Schäfer. Göttingen 1986, S. 106–114; hier wird die Rosenbergsche Interpretation der Haltung von Marx und Engels beleuchtet.

43 Weber, *Gesammelte Aufsätze zur Soziologie und Sozialpolitik* (Anm. 39), S. 410.

44 Marianne Weber, *Max Weber, ein Lebensbild*. Tübingen 1926, S. 645.

45 Weber, *Gesammelte Aufsätze zur Soziologie und Sozialpolitik* (Anm. 39), S. 398 f., 405 f.

46 ders., *Gesammelte politische Schriften* (Anm. 26), S. 309–338.

getragenen parlamentarischen Demokratie. Im öffentlich zwischen den Parteien ausgetragenen politisch-parlamentarischen Machtkampf wird sich – so hofft Weber – vielleicht eine »Berufspolitikerschicht«[47] entwickeln, die mit Leidenschaft, Sachlichkeit, Augenmaß und Verantwortungsgefühl[48] der Nation die nötige politische Führung gibt. Zusammenfassend: Die entscheidenden kollektiven Akteure dieser Gesellschaft sind also politische Organisationen, die prinzipiell auf der Basis der sozialökonomischen Klassenstruktur und damit auch in Vertretung der von ihnen jeweils repräsentierten Klasseninteressen agieren, und die vermittels bürokratischer Strukturen durch eine Berufspolitikerschicht geführt werden.

3. Von der Klassenlage zum politischen Bewußtsein: Die Rolle der Mentalitäten

Als erster und soweit ich sehe einziger vor 1933 in Deutschland hat von einem streng marxistischen Ausgangspunkt her Theodor Geiger versucht, die sozialökonomische Klassenlage mit schichtenspezifischen gesellschaftlichen Grundeinstellungen und politischem Verhalten systematisch und methodisch reflektiert in Beziehung zu setzen.[49]

Geiger stand als marxistisch geprägter Wissenschaftler und politisch aktiver Sozialist in der Weimarer Republik am Rande der etablierten Sozialwissenschaften; innerhalb der sozialistischen Arbeiterbewegung nahm er freilich mit seiner empirisch-kritischen Haltung gegenüber traditionellen marxistischen Denkkategorien ebenfalls eine Außenseiterposition ein.[50]

In einer Vielzahl von politischen Artikeln und wissenschaftlichen Aufsätzen, vor allem aber in seinem 1932 erschienenen »soziografischen Versuch auf statistischer Grundlage«: »Die soziale Schichtung des deutschen Volkes« hat er es unternommen, die politisch relevante

47 Weber, *Gesammelte politische Schriften* (Anm. 26), S. 522.

48 a. a. O., S. 533 f., 548.

49 Diese kurze Geiger-Interpretation stützt sich weitgehend auf die hervorragende Arbeit von Dagmar Müller, *Soziale Lagen und Mentalitäten in der Schichtungsanalyse Theodor Geigers*. Unveröff. soz.wiss. Diplomarbeit, Hannover 1988.

50 Heinrich August Winkler, *Arbeiter und Arbeiterbewegung in der Weimarer Republik. 3 Bde*. Band 2, Der Schein der Normalität, Berlin–Bonn 1985, S. 165–167, 169–171; ders., *Arbeiter und Arbeiterbewegung in der Weimarer Republik. 3 Bde*. Band 3, Der Weg in die Katastrophe, Berlin–Bonn 1987, S. 106–108, 111–115.

gesellschaftliche Struktur Deutschlands zu beschreiben, zu verstehen und zu erklären und zwar auf streng empirischem Wege. Geiger geht dabei von einer sozialstatistisch ermittelten am Marxschen Klassenbegriff orientierten Gliederung in fünf soziale Lagen aus. Diesen »Klassen«lagen ordnet er dann bestimmte konkret beschreibbare »Mentalitäten« zu. Erst in Bezug auf diese Mentalitäten analysiert er die Disposition der sozialökonomischen Gruppierungen zu bestimmten Wirtschaftsgesinnungen, Ideologien und politischen Verhaltensweisen.

Schlüsselkategorie ist für Geiger also die »Mentalität«. Sie wird definiert als ein lage- und milieubedingte »geistig-seelische Disposition«, die die Menschen für eine bestimmte Ideologie »empfänglich« macht.[51] Methodisches Schlüsselproblem ist dabei, »die soziale Gesamtsituation der jeweiligen Zielgruppe zu rekonstruieren, d. h. es müssen die Spezifika der sozialstrukturellen Lage, der Arbeitstätigkeit, des Berufsmilieus, der Privatsphäre, der Vergemeinschaftungs- und Vergesellschaftungsformen, der Konsumgewohnheiten, Lebensstilpraktiken usw. erarbeitet werden. Dazu ist eine Kombination quantitativer und qualitativer Erhebungsmethoden (...) notwendig.«[52] Die Methoden der heutigen empirischen Sozialforschung standen Geiger noch nicht zur Verfügung. Um die tatsächlichen Einstellungen und Verhaltensweisen der sozialen Schichten auf der Basis ihrer sozialen Lage zu verstehen und zu erklären, mußte Geiger sich auf Einzelbeobachtungen und plausible empirische Hypothesen stützen. Im einzelnen sind die Ergebnisse seiner Analysen sicherlich anfechtbar. Aber die grundlegende methodische Frage, wie von einer konstatierbaren strukturierten sozialen Lage auf subjektive Verhaltensdispositionen geschlossen werden könne, hat Geiger einer Antwort näher gebracht. Die neueren Konzepte des gesellschaftlichen »Habitus« (Bourdieu) oder des sozialen Milieus können an seine Arbeiten anschließen und tun es.

4. Die Entstehung von Klassen als historischer Lernprozeß

Auf einem völlig anderen Weg als Geiger nähert sich der britische Historiker Edward P. Thompson den Problemen der Klasse, des Klassenbewußtseins und des historischen Subjekts. Politisch engagiert und

---

51 Müller (Anm. 49), S. 130.
52 a. a. O., S. 163.

in die theoretischen Auseinandersetzungen innerhalb der Arbeiterbewegung involviert war Thompson ebensosehr wie Geiger. Aber im Zentrum seines Interesses stehen nicht ökonomische Strukturen und soziale Lagen, sondern historische Prozesse. Ausgangspunkt auch seiner theoretischen Überlegungen sind für ihn reale historische Subjekte, insbesondere die Verhaltensweisen und Bewegungen der britischen Unterklassen im 18. und 19. Jahrhundert. Thompson ist tief von Marx geprägt worden; aber er hat sich stets geweigert, Marxens Denken anders als ein radikal historisches zu verstehen. Den Kapitalismus etwa modellhaft als eine »statische Struktur«[53] zu begreifen, erscheint ihm abwegig. Und dies gilt noch ausgeprägter für die »Klasse« als den zentralen kollektiven historischen Akteur im Kapitalismus.

»Produktionsbeziehungen in modernen Gesellschaften finden in der Bildung und im Kampf (gelegentlich im Gleichgewicht) von Klassen ihren Ausdruck. Aber Klasse ist nicht (...) eine statische Kategorie (...) In der marxistischen Tradition ist bzw. sollte Klasse eine historische Kategorie sein, die die Menschen in ihrer Beziehung sowie die Art und Weise beschreibt, in der sie sich ihrer Beziehungen bewußt werden, sich trennen, sich vereinigen, Kämpfe beginnen, Institutionen bilden und Werte in klassenmäßiger Weise weitergeben.«[54] Und im Vorwort seines historisch-theoretischen Hauptwerks »The Making of The English Working Class« pointiert er noch deutlicher: »Unter Klasse verstehe ich ein historisches Phänomen; (...) Ich sehe Klasse nicht als eine ›Struktur‹ oder gar einen ›Begriff‹, sondern als etwas, was in menschlichen Beziehungen tatsächlich geschieht (...) Und Klasse geschieht, wenn einige Menschen infolge gemeinsamer (überlieferter oder geteilter) Erfahrungen die Identität der Interessen zwischen sich selbst wie gegenüber anderen Menschen (...) fühlen und artikulieren. Die Klassenerfahrung ist weithin bestimmt durch die Produktionsverhältnisse, in die die Menschen hineingeboren sind – oder freiwillig eintreten. Klassenbewußtsein ist die Weise, in der diese Erfahrungen kulturell gehandhabt, d. h. in Traditionen, Wertsystemen, Ideen und institutionellen Formen verkörpert werden. Während die Erfahrung als determiniert erscheint (nämlich durch die objektive sozialökonomische »Klassenlage«, v. Oe.) ist es das Klassenbewußtsein nicht. Wir

53 Interview in: Aesthetik und Kommunikation, H. 33/1978, S. 29.

54 Edward P. Thompson, *Plebejische Kultur und moralische Ökonomie*. Frankfurt am Main–Berlin 1980, S. 315.

können eine Logik in der Reaktion ähnlicher Berufsgruppen, die ähnliche Erfahrungen durchmachen, erkennen, aber wir können nicht irgendein Gesetz behaupten. Klassenbewußtsein entsteht auf dieselbe Weise an verschiedenen Orten und zu verschiedenen Zeiten, aber nie auf genau dieselbe Weise.«[55] Die Übereinstimmung des Thompsonschen Klassenkonzepts mit den Grundeinsichten des »historischen Materialismus« in der originären Fassung durch Marx und Engels ist offensichtlich: Zwar bestimmt die sozialökonomische »Klassenlage« die Rahmenbedingungen gesellschaftlichen Handelns, aber seine konkreten Motivationen, Formen und Ergebnisse werden durch den sozialen Gesamtzusammenhang, der zugleich den Charakter eines historischen Prozesses hat, erklärt. Wer behauptete, »das ökonomische Moment sei das einzig bestimmende« in der Geschichte, würde die Grundthese des historischen Materialismus »in eine nichtssagende, abstrakte, absurde Phrase« verwandeln (Engels).[56] Klassen existieren, indem Menschen sich unter bestimmten objektiven ökonomischen und sozialen Verhältnissen mit ihren Lebensbedingungen auseinandersetzen, sie erkennen, gemeinsame Verhaltensweisen entwickeln, sich organisieren, aus Erfahrung und Erkenntnis lernen und auf diese Weise wieder ihre Lebensbedingungen und sich selbst verändern. Klassen wie etwa die historische Arbeiterklasse werden nicht »erzeugt, sie erzeugen sich (...) selbst«. Der Doppelsinn des Wortes »Making« im Titel des Thompsonschen Hauptwerks drückt diesen Sachverhalt aus.[57]

Klassisches Beispiel für die Thompsonsche Sichtweise ist die von ihm entwickelte Kategorie der »moralischen Ökonomie«. Die englischen Unterklassen legitimieren im Kampf gegen die Auswirkungen des Frühkapitalismus auf ihre Lebenslage ihre Aktionen sehr wesentlich durch Berufung auf vorkapitalistische soziale und moralische Standards; Standards, welche nicht durch die Gesetze des freien Markts bestimmt waren, sondern durch Vorstellungen einer paternalistischen Gesellschaftsordnung, in der – dem Ideal nach – alle Menschen einen ihnen angemessenen Platz und Lebensunterhalt fanden. Erst allmäh-

55 Zitiert nach Edward P. Thompson, *Das Elend der Theorie*. Frankfurt am Main–New York 1980, S. 24 f.

56 Vg. oben Anm. 6.

57 Michael Vester, *Edward Thompson als Theoretiker der »New Left« und als historischer Forscher*. In: Aesthetik und Kommunikation, 1978, Nr. 33, S. 37.

lich entdeckten sie im Kampf die »antagonistischen Interessen« der Klassen im Kapitalismus und damit sich selbst als Klasse. »Klassen und Klassenbewußtsein sind immer die letzte, nicht die erste Stufe im realen historischen Prozeß«.[58]

Ohne die historischen moralischen und sozialen Traditionen der plebejischen und der frühen Arbeiterbewegungen wäre das konkrete »Solidaritätsbewußtsein« der modernen Arbeiterklasse nie entstanden. Der orthodoxe ökonomistische Traditionsmarxismus hat das freilich nie wahrhaben wollen. 1903 z. B. rügte Karl Kautsky in der Attitüde des marxistischen Schulmeisters die reale historische Klassenbewegung der Arbeiter, nämlich die Gewerkschaften: »Die gewerkschaftliche Bewegung« sei »gar keine Klassenbewegung«, »sondern das Gegenteil einer Klassenbewegung«. »Sie organisiert den Arbeiter (...) nicht als Glied seiner Klasse, sondern (...) als Glied seines Standes.« »An die Stelle des Solidaritätsgefühls mit dem (Klassen-)Genossen setzt sie das Solidaritätsgefühl mit dem Kollegen.«[59] Von dieser Auffassung ist der Weg zu einer Ansicht, wonach den Arbeitern das wahre Klassenbewußtsein »von außen« beigebracht werden müsse, nicht allzuweit. Und in der Tat ist Lenin in dieser Hinsicht von Kautsky offensichtlich beeinflußt worden.

III. Politische Orientierung und gesellschaftliche Milieus

In dem Maße, in dem die Wissenschaft den Versuch unternimmt, das reale gesellschaftliche und vor allem das politische Verhalten konkret zu analysieren, rücken die Hauptakteure der Politik in der modernen Gesellschaft, die Parteien, in den Mittelpunkt des Interesses.

Das gilt für den historischen Rückblick, in welchem Parteigeschichtsschreibung und historische Parteisoziologie bestrebt sind, Entstehungen und Entwicklung des Parteiensystems zu verstehen und zu erklären. Das gilt noch deutlicher für die prognostische Voraussicht, in der versucht wird, ausgehend von den kurz zurückliegenden politischen Ereignissen und Vorgängen die Möglichkeit oder Wahrscheinlichkeit

58 Thompson, *Plebejische Kultur* (Anm. 54), S. 69 f., 80, 88, 267.

59 Zitiert nach von Peter von Oertzen, *Betriebsräte in der Novemberrevolution*. Berlin–Bonn-Bad Godesberg 1976, S. 42 Anm. 3.

zukünftiger Prozesse – Wahlergebnisse, Veränderungen im politischen System – näher zu bestimmen.

Die meisten dieser wissenschaftlichen Ansätze haben gewisse methodische Besonderheiten gemeinsam. Sie gehen in der Regel nicht von einer zusammenhängenden Theorie der gesellschaftlichen Struktur (z. B. dem Theorem der »Klassengesellschaft« o. ä.) aus; vielmehr identifizieren sie ganz pragmatisch offensichtlich bedeutsame kollektive Akteure – Parteien, Gewerkschaften, andere Verbände oder Bewegungen – und suchen auf empirischem Wege nach den wesentlichen Bestimmungsgründen für das Verhalten ihrer Führer, Mitglieder und Anhänger. Häufig – wenn auch nicht immer – werden dann als wichtig betrachtete »Faktoren« zu Syndromen oder Strukturarrangements zusammengefaßt, vermittels derer sich politisch-soziales Handeln erklären oder prognostizieren lassen soll.

In der historisch-soziologischen Forschung erfolgt die Konstruktion solcher Syndrome auf der Grundlage verstehender Quelleninterpretation in der Form plausibler Hypothesen. In der empirischen Sozialforschung liegen ihnen mit z. T. höchst differenzierten statistischen Methoden gewonnene komplexe Korrelationen zwischen gesellschaftlichem Verhalten (z. B. Wahlverhalten) und als relevant identifizierten sozialen Faktoren zugrunde. Nichtsdestoweniger spielen aber im Grunde auch hier Plausibilitätsannahmen eine große Rolle. Thomas von Winter hat in seinem »Beitrag zur Theorie des Wählerverhaltens«, wie mir scheint, zu Recht festgestellt: »Von einer ganzheitlichen Betrachtungsweise politischer Verhaltensformen und ihrer Bestimmungsgründe (...) ist man in der gängigen Praxis der Wahlforschung weit entfernt.«[60] Einigen der hier angeschnittenen Probleme soll im folgenden in aller Kürze nachgegangen werden.

1. Politische »Lager« und »sozialmoralische Milieus«

1966 hat M. R. Lepsius in die deutsche historische Parteiforschung die Kategorie des »sozialmoralischen Milieus« eingeführt.[61] Er stand dabei – ob er sich dessen bewußt war, bleibe dahingestellt – in der

60 Thomas von Winter, *Politische Orientierungen und Sozialstruktur. Ein Beitrag zur Theorie des Wählerverhaltens*. Frankfurt am Main–New York 1987, S. 219.

61 M. Rainer Lepsius, *Parteiensystem und Sozialstruktur*. In: Die deutschen Parteien vor 1918. Hrsg. v. Gerhard A. Ritter. Köln 1973, S. 56–80.

Tradition der Soziologie und Politikwissenschaft der Weimarer Republik. Heinz Marr und – in seiner Nachfolge – Siegmund Neumann haben damals die Kategorien der »Repräsentations-« und der »Integrationspartei« entwickelt, die in der Zuordnung der Parteitypen zu gesellschaftlichen Strukturen und Strukturveränderungen wesentliche Momente der Milieukategorie bereits in sich enthalten.[62] Ein wenig später als Lepsius haben Oskar Negt und Bernd Rabe für den spezifischen Zusammenhang zwischen proletarischer Lebenslage und sozialistischen Partei- bzw. Politikformen die Kategorie des »Lagers« verwendet, die – wenn auch speziell auf Lage und Verhaltensweise der sozialistischen Arbeiterbewegung zugeschnitten – mit der Kategorie des »sozialmoralischen Milieus« weitgehend identisch ist.[63]

Der Ausgangspunkt der Lepsiusschen Überlegungen ist historisch: Lepsius stellt das deutsche Parteisystem in den Rahmen eines geschichtlichen Prozesses, der Demokratisierung der deutschen Gesellschaft zwischen Reichsgründung und Ende der Weimarer Republik, und er tut es ganz bewußt. Die »Einführung des Zeitfaktors als einer eigenständigen sozialen Komponente ist zweifellos von erheblicher Bedeutung und impliziert eine Historisierung sozialer Forschung«.[64] Im internationalen Vergleich fällt Lepsius am deutschen Parteisystem »zunächst seine bemerkenswerte Stabilität und geradlinige Entwicklung von 1871 bis 1928 auf«.[65] Konservative, Liberale, das Zentrum und – neu entstehend – die Sozialisten bilden – ungeachtet parteipolitischer Spaltungen und Neugründungen – »vier große Gruppierungen (...), die das Grundmuster der politischen Organisation der deutschen Gesellschaft darstellen«. Grundlage dieser relativen Stabilität über 60 Jahre hinweg waren »in sich höchst komplex strukturierte sozialmoralische Milieus«.[66]

62 Heinz Marr, *Die Massenwelt im Kampf um ihre Form*. Hamburg 1934, S. 313–355, bes. S. 348; Sigmund Neumann, *Die Parteien der Weimarer Republik*. Berlin–Köln–Mainz [4]1977, bes. S. 96–110.

63 Oskar Negt und Alexander Kluge, *Öffentlichkeit und Erfahrung*. Frankfurt am Main [2]1973; Bernd Rabe, *Der sozialdemokratische Charakter*. Frankfurt am Main–New York 1978; in Karl Mannheim, *Ideologie und Utopie*. Frankfurt am Main [3]1952, S. 169–225 findet sich in der Erörterung über die Gestalten des utopischen Bewußtseins ein ähnlicher Ansatz.

64 Lepsius (Anm. 61), S. 59.

65 a. a. O., S. 62.

66 a. a. O., S. 67.

Die Kategorie des Milieus kann eine »gewisse Enge der klassentheoretischen Analyse« überwinden. »Gerade dies ist aber für die Analyse der politischen Integration und Organisation der deutschen Gesellschaft notwendig, die charakteristischerweise nicht nur nach Klasseninteressen erfolgte, sondern durch eine komplexe Konfiguration religiöser, regionaler, sozialer und wirtschaftlicher Faktoren bestimmt wurde. Keine der großen Parteigruppierungen war in einem strengen Sinn klassenhomogen.«[67] »Der Begriff des sozialmoralischen Milieus hat gegenüber dem Klassenbegriff den Vorteil eines explizit weiter gesteckten Bezugsrahmens. Ich verwende ihn hier als Bezeichnung für soziale Einheiten, die durch eine Koinzidenz mehrerer Strukturdimensionen wie Religion, regionale Traditionen, wirtschaftliche Lage, kulturelle Orientierung, schichtspezifische Zusammensetzung der intermediären Gruppen gebildet wurden. Das Milieu ist ein soziokulturelles Gebilde, das durch eine spezifische Zuordnung solcher Dimensionen auf einen bestimmten Bevölkerungsteil bestimmt wird.«[68]

»Die Parteien waren der politische Aktionsausschuß dieser (...) sozialmoralischen Milieus.« »Das Parteisystem brach zusammen, als sich im Zuge der fortschreitenden Industrialisierung, der wachsenden Mobilität und sozialen Differenzierung diese Milieus langsam auflösten.«[69] Bemerkenswert ist, wie nahe – trotz aller Differenzen – die Lepsiussche Definition des Milieus dem Thompsonschen Begriff der Klasse kommt. Freilich zielt der Lepsiussche Begriff, obgleich mit historischer Anschauung gesättigt, weniger auf den geschichtlichen Prozeß und mehr auf die gesellschaftliche Struktur. Und die Beobachtung, daß Klassen (Milieus) sich selbst erzeugen (können), fehlt gänzlich.

2. Milieupartei und Volkspartei

Ende der 70er Jahre hat Karl-Heinz Naßmacher – parallel zu ähnlichen Ansätzen bei Herbert Kühr und Karl Rohe – den Lepsiusschen Ansatz wieder aufgegriffen. Er und andere haben in detaillierten Studien, welche parteihistorische, parteisoziologische und wahlsoziologische Methoden miteinander verbinden, für eine begrenzte Region (Olden-

---

67 a. a. O., S. 67 f.
68 a. a. O., S. 68.
69 a. a. O., S. 67.

burg) Struktur und Entwicklung des Parteisystems analysiert und dabei insbesondere die Verhältnisse auf Gemeindeebene, d. h. im unmittelbaren lokalen Zusammenhang mit einbezogen.[70] Auch sie gehen dabei – wie Lepsius – von der Hypothese aus, daß nicht sosehr der Wandel als vielmehr die relative Stabilität der grundlegenden Partei Präferenzen das eigentlich wichtige und erklärungsbedürftige Phänomen sei. Jedoch gelangen Naßmacher und seine Kolleginnen auf Grund ihres konkreteren Ansatzes teilweise zu anderen Ergebnissen als Lepsius. Insbesondere bestätigen die Oldenburger Studien nicht die Lepsiussche Auffassung, daß die alten »sozialmoralischen Milieus« sich gegen Ende der Weimarer Republik infolge des gesellschaftlichen Strukturwandels (und unter dem Ansturm der NSDAP) aufgelöst hätten. Ihnen zufolge haben – zumindest in Oldenburg – die alten Milieus das »Dritte Reich« überlebt, sich weitgehend wiederhergestellt und sind erst Ende der 60er, Anfang der 70er Jahre allmählich einem Wandlungsprozeß unterlegen, der dann auch der Änderung der parteipolitischen Landschaft in dieser Zeit zugrundegelegen habe.

Die Fülle der Einzelergebnisse, auch und gerade auf methodischem Gebiet, kann hier nicht ausgebreitet werden. Jedenfalls gewinnt die Kategorie des »politisch-sozialen Milieus« – wie sie im Unterschied zur Lepsiusschen Formulierung vom »sozial-moralischen Milieu« genannt wird – eine bisher kaum irgendwo sonst erreichte konkrete Anschaulichkeit und Plausibilität.

Die wesentlichsten Resultate der Oldenburger Studien unter dem Gesichtspunkt unserer Fragestellung sind:

70 Karl-Heinz Naßmacher, *Zerfall einer liberalen Subkultur*. In: Vom Milieu zur Volkspartei. Hrsg. v. Herbert Kühr. Königstein/Ts. 1979; ders., *Regionale Tradition als Bestimmungsfaktor des Parteiensystems*. In: Sozialer und politischer Wandel in Oldenburg. Hrsg. v. Wolfgang Günther. Oldenburg 1981; ders., *Kontinuität und Wandel eines regionalen Parteiensystems*. In: Sozialer und politischer Wandel in Oldenburg. Hrsg. v. Wolfgang Günther. Oldenburg 1981; ders., *Parteien im Abstieg*. Opladen 1989; Herbert Kühr (Hrsg.), *Vom Milieu zur Volkspartei*. Königstein/Ts. 1979; Dorothea Buchhass und Herbert Kühr, *Von der Volkskirche zur Volkspartei*. In: Vom Milieu zur Volkspartei. Hrsg. v. Denselben. Königstein/Ts. 1979; Karl Rohe, *Vom alten Revier zum heutigen Ruhrgebiet*. In: Politik und Gesellschaft im Ruhrgebiet. Hrsg. v. Demselben und Herbert Kühr. Königstein i. Ts. 1979, ders., *Die »verspätete« Region*. In: Probleme politischer Partizipation im Modernisierungsprozeß. Hrsg. v. Peter Steinbach. Stuttgart 1982. Vgl. auch die Rezension von Naßmacher, *Parteien im Abstieg* (Anm. 70) durch Richard Stoess, *Literaturbesprechung von Karl-Heinz Naßmacher, Parteien im Abstieg*. In: Politische Vierteljahresschrift, 32. Jg. 1991, Nr. 2.

- Bei der Konstruktion »politisch-sozialer Milieus« auf der Ebene der Gesamtgesellschaft erhält die Kategorie den Charakter eines von der sozialen Wirklichkeit abgehobenen idealtypischen Modells, dessen Plausibilität fraglich sein kann. Der Versuch einer empirischen Verifizierung mit den Methoden der Statistik führt zu Stukturarrangements diverser ökonomischer, sozialer, politischer und soziokultureller »Variablen«, deren qualitative Relevanz letzten Endes doch auch der Überprüfung durch die historische Anschauung bedarf. Auf der lokalen Ebene hingegen kann die statistische Analyse durch das in teilnehmender Beobachtung und Befragung gewonnene deutende Verstehen der konkreten Lebensverhältnisse und der in ihnen agierenden Gruppen und Personen ergänzt werden: Ökonomische Struktur und soziale Schichtung, das Handeln politischer Eliten und Parteien, Gesellungsformen und Kommunikationsstrukturen, soziale und ideelle, z. B. religiöse Prägungen etc. erscheinen nicht als »Korrelationen« sozialstatistischer »Daten«, sondern als der verstehbare Lebenszusammenhang konkreter Menschen. Das im ersten Zugriff nur als Typus konstruierte »Milieu« wird in seiner Anschaulichkeit unmittelbar einsichtig. Eine solche im strengen Sinn des Begriffs »ganzheitliche Betrachtungsweise«[71] entgeht damit in gewissem Sinne methodischen Problemen, die bei der mit den Mitteln der Sozialstatistik vorgenommenen empirischen Konstruktion von »Milieu« oder ähnlichen sozialen Zusammenhängen unausweichlich sind.

Die weiteren Resultate der Oldenburger Studien können nur sehr kurz referiert werden:

- Die wechselseitigen Beziehungen zwischen lokalem Milieu und überlokalen – regionalen und nationalen – Einflüssen werden sichtbar gemacht. So wie die lokalen Verhältnisse als »Basis« die überlokale Politik durchaus mitbestimmen, so prägen ihrerseits überlokale Strukturen (Parteien, Verbände, Gewerkschaften, Kirchen) und Prozesse (Wahlen, aber auch ökonomisch-soziale Strukturveränderungen) die lokalen Verhältnisse.

71 von Winter (Anm. 60).

- Zwischen dem jeweiligen politischen (Partei-)Lager und dem ihm korrespondierenden »politisch-sozialen Milieu« sind die Vermittlungsformen unterschiedlich.[72] Während z. B. die »bürgerlichen« Parteien (»Repräsentationsparteien« nach Marr und Neumann) das Leben der einzelnen Menschen im Milieu nur oberflächlich berührten, trug bei der Sozialdemokratie die Partei selbst mit ihrem Netz von Nebenorganisationen das soziale Milieu (»Integrationspartei«).

- Aus der Differenz zwischen lokalen »politisch-sozialen Milieus« und überlokalem politischen Lager (Parteien) ergibt sich die empirisch nachweisbare Möglichkeit,

  - daß ein Milieu als solches relativ stabil bleibt, die Parteiorientierung aber wechselt,
  - daß ein Milieu von mehreren Parteien repräsentiert wird,
  - daß aber auch eine Partei mehrere Milieus umgreifen kann. Dies wäre dann die exakte soziologische Definition von »Volkspartei« im Unterschied zur »Milieupartei« im engeren Sinne. Unter dem Dach einer »modernen« Volkspartei können insofern ältere Milieus durchaus fortbestehen, sie können sich aber auch umstrukturieren – oder sogar auflösen.[73]

- Angesichts der fortdauernden lebensweltlichen Bedeutung von »Primärumwelten«, wie sie z. B. im klassischen lokalen Milieu sichtbar geworden sind, wie sie aber auch in anderer Form existieren, erscheint es als durchaus möglich, daß sich auch neue milieuförmige »politisch-soziale Subkulturen« bilden, die ihrerseits Träger neuer politischer Orientierungen werden. So hat z. B. Rudzio im Zusammenhang der Oldenburger Studien völlig zutreffend die Entstehung eines neuen links-alternativen politisch-sozialen Milieus diagnostiziert.[74]

---

72 Naßmacher, Regionale Tradition (Anm. 70), S. 167.

73 ders., Zerfall einer liberalen Subkultur (Anm. 70); ders., Regionale Tradition (Anm. 70); ders., *Parteien im Abstieg* (Anm. 70), bes. S. 230–247

74 Wolfgang Rudzio, *Wahlverhalten und kommunalpolitisches Personal in ausgewählten Oldenburger Gemeinden*. In: Sozialer und politischer Wandel in Oldenburg. Hrsg. v. Wolfgang Günther. Oldenburg 1981, S. 296 f.

3. Ein Milieu – mehrere Lager: Das Ruhrrevier

Mit den Methoden der »Oral History« zugleich aber unter umfassender und intensiver Auswertung vorliegender Literatur haben Lutz Niethammer und andere den Versuch unternommen, den Zusammenhang von (individueller) Lebensgeschichte und Sozialkultur im Ruhrgebiet von 1930 bis 1960 darzustellen.[75] Ausgangspunkt war die Frage nach der Kontinuität der deutschen Geschichte in diesen ereignisreichen Jahren und damit die »Erforschung des Volkes als des zweifellos auffälligsten Kontinuitätsfaktors« – war doch »das Volk« vor Hitler, unter Hitler und nach Hitler unzweifelhaft dasselbe.[76]

Zur »Erforschung der Volkserfahrung« hat sich als die wichtigste, ja als die einzige Methode, die einen wirklichen Zugang zum Leben der Durchschnittsmenschen eröffnen konnte, die lebensgeschichtliche Exploration der »Oral History« an. Im Zusammenhang der allgemeinen Fragen nach der gesellschaftlichen Kontinuität zwischen 1930 und 1960 stellten sich dann auch spezielle Fragen zur Entwicklung der Region, die angesichts der ökonomischen und sozialen Schlüsselfunktion des »Reviers« für die Struktur der Bundesrepublik ganz allgemein von Bedeutung sind. So z. B. die Frage nach dem Aufbau einer »sozialdemokratischen Vorherrschaft« an der Ruhr. Dieser Prozeß ist besonders erklärungsbedürftig, weil er sich in der Phase bundesrepublikanischer Hegemonie der CDU vorbereitete und »weil die Sozialdemokratie in dieser größten Industrieregion Europas vor dem Faschismus erstaunlich schwach war: sie hatte sich im Kaiserreich erst spät entwickelt und war in der Weimarer Republik auf einen dritten Platz hinter Zentrum und Kommunisten zurückgefallen«.[77]

Ich darf im Vorgriff auf die Skizzierung der Ergebnisse der Untersuchung hinzufügen, daß dabei beiläufig auch noch Erklärungsansätze für einen bemerkenswerten Umstand geliefert werden, der von den Verfassern selbst nicht mehr thematisiert worden ist, weil er jenseits des von ihnen gezogenen zeitlichen Rahmens liegt. Ich meine die Fra-

---

75 Lutz Niethammer (Hrsg.), *»Die Jahre weiß man nicht, wo man die heute hinsetzen soll«. Faschismuserfahrungen im Ruhrgebiet*. Berlin–Bonn 1983; Lutz Niethammer und Alexander von Plato (Hrsg.), *»Wir kriegen jetzt andere Zeiten«*. Berlin–Bonn 1985; Alexander von Plato, *»Der Verlierer geht nicht leer aus«. Betriebsräte geben zu Protokoll*. Berlin–Bonn 1984.

76 Niethammer (Anm. 75), S. 7.

77 ebd.

ge, wieso und weshalb die »Vorherrschaft« einer Partei, die sich selbst (im Ruhrgebiet in höherem Grade als anderswo) als »Arbeiterpartei« verstand und in erheblichem Umfang real auch als solche fungierte, in einer Periode errichtet, ausgebaut und bewahrt werden konnte, in der – von der zweiten Hälfte der 60er Jahre an – das Ruhrrevier einem dramatischen Prozeß des ökonomischen Strukturwandels unterlag: Die traditionellen Schlüsselbranchen des Reviers, Bergbau und Stahlerzeugung, schrumpften drastisch, die Dienstleistungssektoren dehnten sich aus und der Arbeiteranteil an der lohnabhängigen Bevölkerung verringerte sich einschneidend.

Die Niethammerschen Untersuchungen haben in ihren parteigeschichtlichen und parteisoziologischen Partien (die allerdings nur einen kleinen Teil des monumentalen Gesamtwerks ausmachen) einen ganz ähnlichen Ausgangspunkt wie die Oldenburger Studien. Sie führen in den grundlegenden Fragen auch zu ganz ähnlichen Ergebnissen, was angesichts der tiefgreifenden sozialstrukturellen Differenzen zwischen den beiden Regionen besonders bemerkenswert ist.

Auch hier skizziere ich wie bei den Oldenburger Studien die im Lichte meiner Fragestellung wesentlichen Resultate nur in aller Kürze:

- Noch schärfer als bei Naßmacher u. a. wird die qualitative Differenz zwischen lebensweltlichem Milieu und organisatorisch-politischem Lager herausgearbeitet.[78]

- In der Konsequenz dieser Differenzierung wird sichtbar gemacht, daß und inwiefern das relativ homogene lebensweltliche »Arbeitermilieu« des Ruhrreviers durch mehrere politische Lager (Zentrum, KPD, SPD) vertreten werden konnte. Dabei kam allerdings der katholischen Kirche als einer sowohl politisch-orgnisatorischen als auch sozial-kulturell (Wohlfahrtsverbände, Konfessionsschule, Gemeindearbeit) wirksamen Kraft eine besondere Bedeutung für die Konstituierung des christlichsozialen Lagers im Arbeitermilieu zu.[79]

78 Alexander von Plato, *»Ich bin mit allen gut ausgekommen«. Oder: War die Ruhrarbeiterschaft vor 1933 in politische Lager zerspalten? Faschismuserfahrungen im Ruhrgebiet.* In Lutz Niethammer (Hrsg.), *Faschismuserfahrungen*, S. 31–65.

79 a. a. O., S. 54.

- Ein besonderer Faktor im spannungsreichen Verhältnis zwischen »Milieu« und »Lager« – ein Faktor, der in den Oldenburger Studien nur andeutungsweise sichtbar wird – war und ist die engagierte organisierte untere Funktionärsschicht der politischen Lager: Gewerkschaftler, Betriebsräte, Parteifunktionäre. Diese Schicht vermittelt zwischen Milieu und Lager, trägt aber gleichzeitig auch trennende politische Einflüsse in das einheitliche Milieu hinein.[80]

- Außerdem wird sichtbar, auf welchen Grundlagen die Ablösung der politischen Hegemonie von Zentrum und KPD vor 1933 durch die Hegemonie der Sozialdemokratie nach 1945 beruhte. Dieses Modell »basiert weniger auf einer Politik mit Programm als vielmehr auf einem professionellen Netzwerk mit dem Ziel pragmatischer Entwicklung des Lebensstandards und sozialstaatlicher Absicherung; es besteht aus einer engen Verknüpfung betrieblicher, gewerkschaftlicher, kommunaler, politischer und sozialstaatlicher Funktionen und Verbindungen über eine stattliche Anzahl von Berufs-Politikern, -Gewerkschaftlern und -Betriebsräten. In der Weimarer Republik (zumal im Bergbau) konnte die zahlenmäßig kleinere Gruppe von Berufsfunktionären noch direkt in die Arbeiter- und Angestellten-Milieus hineinwirken; heute fehlt ihnen das alte Vereins- und Verbindungswesen als ›Unterbau‹ in den Milieus mit den alten Arbeitersport-, Wander- und Freidenkervereinen oder den Konsum- und Einkaufsgenossenschaften; ihnen fehlt auch weithin das politisch-programmatische Instrumentarium«.[81] Es handelt sich hier, so scheint mir, nicht einfach nur um den Zerfall traditioneller weltanschaulicher Bindungen (Katholizismus, Kommunismus bzw. Marxismus) oder parallel dazu um die Auflösung des alten lebensweltlichen Arbeitermilieus, sondern vielmehr um eine Umstrukturierung von Lager-Milieubeziehungen und um die Rekonstruktion eines politisch-sozialen Milieus neuen Typs.

80 a. a. O., S. 49.

81 ders., »*Der Verlierer...*« (Anm. 75), S. 201; ferner Niethammer (Anm. 75), S. 16; Niethammer und von Plato (Anm. 75), S. 12; sowie Ulrich Herbert, *Zur Entwicklung der Ruhrarbeiterschaft 1930 bis 1960*. In Niethammer und von Plato, »*Wir kriegen jetzt andere Zeiten*«, S. 19–52, bes. S. 41–42.

4. Organisierte politisch-soziale Milieus: Aufbau und Untergang sozialistischer »Hochburgen« in Sachsen

Eine ganz bestimmte zentrale Frage für das Verhältnis von gesellschaftlichem Milieu und politischem Lager ist in den bisher diskutierten Studien zwar auch gestellt worden, aber doch nur unter anderem. Und sie ist jedenfalls nicht Gegenstand einer systematischen und umfassenden Behandlung gewesen. Ich meine die Frage nach den konkreten organisatorischen, sozialen und ideellen Vermittlungsformen zwischen politischem Lager und lebensweltlichem politisch-sozialem Milieu.

Aufgestört durch die von niemandem ernsthaft vorhergesehenen Niederlagen der SPD in ihren alten Hochburgen in der ehemaligen DDR, vor allem in ihrem »Stammland« Sachsen, bei den Wahlen des Jahres 1990 ist Franz Walter den historischen und strukturellen Bedingungen für Aufbau und Untergang der »roten Hochburg« Sachsen nachgegangen.[82] Grundlage dafür waren unter anderem Untersuchungen, die Walter schon vor dem Ende der DDR zusammen mit Peter Lösche über die »Organisationskultur der sozialdemokratischen Arbeiterbewegung in der Weimarer Republik« angestellt hatte.[83]

Ausgangspunkt der Walterschen Analysen ist die These, daß die Erosion der politischen Hegemonie von SPD (und KPD) in Sachsen schon gegen Ende der Weimarer Republik eingesetzt habe. Neben Regionen, in denen die Stellung der sozialistischen Parteien durch den Ansturm der NSDAP nach 1929 kaum erschüttert wurde, standen andere, in denen den Nationalsozialisten tiefe Einbrüche in die ehemals sozialistische (Arbeiter-)Wählerschaft gelangen. Die spezifische Differenz entdeckt Walter nun nicht in der ökonomischen Struktur allein, sondern vielmehr in der Existenz, der Stärke oder Schwäche eines »sinnstiftenden« »in der Mentalität der Arbeiterbevölkerung vertäuten

82 Franz Walter, *Sachsen – ein Stammland der Sozialdemokratie?* In: Politische Vierteljahresschrift, 32. Jg. 1991, Nr. 2; eine Parallelstudie über Thüringen findet sich mit gleichlaufenden Ergebnissen in ders., *Thüringen – eine Hochburg der sozialistischen Arbeiterbewegung?* In: Internationale wissenschaftliche Korrespondenz zur Geschichte der deutschen Arbeiterbewegung (IWK), 28. Jg. 1992, Nr. 2. Franz Walter, Tobias Dürr und Klaus Schmidtke, *Die SPD in Sachsen und Thüringen zwischen Hochburg und Diaspora*. Bonn 1993, mit umfassenden Lokalstudien, konnte vor Abschluß dieses Ms. großenteils nicht mehr berücksichtigt werden.

83 Peter Lösche und Franz Walter, *Zur Organisationskultur der sozialdemokratischen Arbeiterbewegung in der Weimarer Republik*. In: Geschichte und Gesellschaft, 15. Jg. 1989, Nr. 4.

Vereinsmilieus«. »Stabil blieb das sozialistische Lager (...) dort, wo es sich seit der Jahrhundertwende zu einem komplexen, dabei eng zusammenhängenden Kultur- und Vereinsmilieu hatte verdichten können.« Diese politisch-organisatorische »Milieuverdichtung« ist also die eigentliche Klammer zwischen lebensweltlichem (Arbeiter-)Milieu und (politischem) Lager. Dabei meint Walter am Beispiel Leipzig nachweisen zu können, »daß die sozialistische Arbeiterbewegung als Milieu den Strukturwandel in einer modernen Großstadtgesellschaft und die Binnendifferenzierung innerhalb der Arbeitnehmerschaft (hier: Die Zunahme der Angestellten, v. Oe.) mit bemerkenswertem Erfolg nach vollzogen und politisch verarbeitet hatte«.[84]

Demgemäß sieht dann Walter den Hauptgrund für das Scheitern des sozialdemokratischen Versuchs, 1990 die alte Arbeiterwählerschaft wiederzugewinnen, in dem Umstand, daß das alte sozialistische »Vereinsmilieu« durch 45 Jahre SED-Herrschaft vereinnahmt, korrumpiert, diskreditiert und im Ergebnis als lebensweltlicher Zusammenhang zerstört worden ist. Zurück blieb eine werktätige Bevölkerung, die sich aus ihrer ökonomisch-sozialen Lage heraus ohne jede historische, soziokulturelle, ideelle und organisatorische Vermittlung, wie sie das alte politisch-soziale »Milieu« dargestellt hatte, unmittelbar für die – wie ihr schien – wirksamste Vertretung ihrer Interessen, die CDU entschied.[85]

Über Binnenstruktur, Ausdehnung und gesellschaftliche Wirkungsweise dieses »in der Mentalität der (...) Arbeiterbevölkerung vertäuten Vereinsmilieus« – das wie wir gesehen haben, gleichzeitig die politische Arbeitermentalität geprägt und stabilisiert hat -gibt die bereits erwähnte Studie von Lösche und Walter Auskunft. Bemerkenswert ist dabei vor allem die qualitative und quantitative Strukturierung dieses Vereinsmilieus und seines Wirkungsfeldes, die die Verfasser vornehmen. Historisch-soziologische plausibel und empirisch überzeugend begründet unterscheiden sie zwischen einem relativ kleinen Kern, der weltanschaulich geprägten und politisch aktiven von ihnen sog. sozialistischen »Solidargemeinschaft«, der Arbeiterkulturbewegung im

84 Walter, Sachsen (Anm. 82), S. 228–229.

85 Walter selbst deutet in a. a. O., S. 229–230, diese Konsequenz nur sehr behutsam an. In Walter, Dürr und Schmidtke (Anm. 82), vor allem in der Zusammenfassung S. 27–37 vertreten die Autoren dann allerdings eine der meinen sehr nahekommende Ansicht.

Ganzen mit ihren Großorganisationen und schließlich einem Umfeld von Sympathisanten – und Wählern. Wenngleich die Geschichte der Zeit zwischen der Reichsgründung und 1933 in ihren ökonomischen, sozialen, kulturellen und politischen Entwicklungen und Strukturen nicht wieder (ge-)holt werden kann, bleiben bestimmte gesellschaftliche Gegebenheiten offenbar auch unter radikal veränderten historischen Bedingungen für das gesellschaftlich-politische Handeln bedeutungsvoll: lebensweltliche Milieus bzw. Subkulturen in ihren Wechselbeziehungen mit organisierten politisch-sozialen Einflußstrukturen; weltanschaulich-programmatisch geprägte Minderheiten als Vermittlung zwischen beiden: Aufbau und Erhaltung ökonomischer, sozialer und ideeller Hegemonieverhältnisse als Ergebnis und gleichzeitig als Rahmenbedingung des Wirkens »kollektiver Akteure«. Die politische und soziale Umstrukturierung des Ruhrreviers, die Entstehung eines neuen links-alternativen gesellschaftlich-politischen Milieus[86] und schließlich (wenn man so will) auch der Aufbau einer strukturellen CSU-Hegemonie in Bayern[87] sind konkrete Beispiele aus den letzten 35 Jahren der BRD.

Es muß allerdings darauf hingewiesen werden, daß kürzlich Christopher Hausmann und Karsten Rudolf[88] die Thesen von Franz Walter über die »rote Hochburg Sachsen« einer scharfen methodischen Kritik unterzogen haben. Obwohl diese Kritik z. T. durchschlägt, entwertet sie m. E. jedoch nicht den Ansatz als solchen und stellt auch die Ergebnisse nicht grundsätzlich in Frage. Hausmann/Rudolf wenden gegen Walter u. a. ein: Walter habe seine Milieukategorie nicht genau genug definiert; er habe die Frage, ob die von ihm ausgewählten Beispiele seines Aufsatzes repräsentativ für Sachsen seien, weder gestellt noch beantwortet; seine Aggregatdatenanalysen seien nicht konsistent; er berücksichtige bei der Wahlentwicklung nicht die unterschiedliche Wahlbeteiligung, d. h. die sog. »Partei der Nichtwähler«; er beschränke sich auf die Reichstagswahlen und blende die Landtags- und Kom-

---

86 Rudzio (Anm. 74), S. 286 f.; ausführlicher Michael Vester, *Das Janusgesicht sozialer Modernisierung*. In: Aus Politik und Zeitgeschichte, 26–27 1993.

87 Alf Mintzel, *Die CSU. Anatomie einer konservativen Partei 1945–1972*. Opladen 1975; ders., *Volkstümliche Technokraten: Das Management der CSU*. In: Transfer, 1976, Nr. 2.

88 Christopher Hausmann und Karsten Rudolf, *Trotz allem: Sachsen die rote Hochburg*. In: Politische Vierteljahresschrift, 34. Jg. 1993, Nr. 1.

munalwahlergebnisse aus. Ihr zentraler Einwand richtet sich jedoch gegen die Zusammenfassung von SPD- und KPD-Wählerschaft zu einem »sozialistischen« politischen Lager. Richtig ist, daß Walter für diese Kritik selbst Ansatzpunkte geliefert hat; insbesondere hat er das Verhältnis zwischen SPD und KPD (sowie die Rolle der ausschließlich in Sachsen tätigen Altsozialdemokraten) nur unzureichend beleuchtet. Aber die Einwände von Hausmann/Rudolf werden gleichfalls nicht näher begründet; und gerade an dem von ihnen besonders in den Vordergrund gerückten Beispiel Freital[89] zeigen sich auch die Schwächen ihrer Kritik. Wenn man – wie sie es tun – das Augenmerk vorwiegend auf das Abschneiden der SPD richtet, erscheint sie. einigermaßen plausibel: Wenn man aber in erster Linie die Widerstandskraft der Arbeiterwähler gegenüber der NSDAP betrachtet, überzeugt die Waltersche Interpretation. Auch Hausmann/Rudolf müssen einräumen, daß in Freital die NSDAP »unterrepräsentiert« war; und ihre eigenen Zahlen zeigen, daß das »sozialistische« Lager, d. h. SPD und KPD zusammen, zwischen 1924 und 1933 quantitativ weitgehend stabil geblieben ist.[90]

5. Sozialstruktur und Wählerverhalten. Theoretische Implikationen der Wahlforschung

Schon allein die deutschsprachige Literatur zu diesem Thema ist fast unübersehbar -von der ausländischen gar nicht zu reden. Eine mehr als punktuelle und damit einigermaßen willkürliche Auswahl und Erörterung einzelner Probleme ist hier daher nicht möglich.[91] Was die Gesamtproblematik einer sozialwissenschaftlichen Theorie des Wählerverhaltens anbetrifft, sei auf die schon erwähnte Studie von Thomas von Winter verwiesen.

Im Zusammenhang unserer Fragestellung interessieren einige Beispiele von Erklärungen des Wählerverhaltens, die sich endweder ausdrücklich auf die Milieukategorie beziehen oder deren sozialstruktu-

89 a. a. O., S. 93, 96 f.

90 Bei den Reichstagswahlen zwischen 1924 und 1932 schwankte die Stimmenzahl von SPD und KPD zusammen zwischen 66,6 % und 69,5 % der gültigen Stimmen; sogar 1933 erhielten beide Parteien zusammen noch 65,7 %.

91 Einen Überblick über Literatur und Problemlage bieten von von Winter (Anm. 60); Matthias Metje, *Die Wählerschaft im Wandel.* unveröff. Diss. rer. pol. Hannover o. J. (1992).

reller Ansatz sich auf Arrangement von Variablen stützt, die objektiv Ähnlichkeit mit Milieustrukturen haben. Dabei werden gewisse – oben bereits angedeutete – methodische Probleme sichtbar.

Im Rahmen der behandelten Oldenburger Studien weist Rudzio auf den Kern dieser Probleme hin: »So wenig umstritten (...) der Einfluß eines Faktors ›Milieu‹ auf das politische Verhalten ist, so große Schwierigkeiten stehen einer adäquaten Operationalisierung entgegen. Die volle Komplexität des Milieubegriffs jedenfalls läßt sich in empirisch quantifizierenden Untersuchungen nicht einsetzen«.[92] In der Oldenburger Untersuchung werden daher bei der statistischen Analyse die Parteidominanz und einige wenige bestimmte herausgehobene sozialstatistische Merkmale zur Konstruktion einer handhabbaren, d. h. empirisch identifizierbaren Milieukategorie verwendet. Damit wird aber das zu Erklärende – die Parteineigung – bereits in die Konstruktion des Erklärenden – des politisch-sozialen Milieus aufgenommen. Wenn es nur um die beschreibende Verdeutlichung einer unterstellten Hypothese – hier der langfristigen Kontinuität des Parteiensystems – geht, mag das ausreichen: wenn es sich aber um die Erklärung oder Prognose von vergangenen oder zukünftigen Veränderungen des Parteisystems handelt, reicht eine solcherart konstruierte Milieukategorie nicht aus.

Zu einer vergleichbaren Problematik führt ein Erklärungsmodell der österreichischen Wahlforscher Herbert Berger und Kurt Traas.[93] Sie unterscheiden unter den verschiedenen Faktoren, bei denen ein Einfluß auf das Wahlverhalten unterstellt werden kann (und durch die statistische Analyse einsichtig gemacht wird), kurzfristige, mittelfristige und langfristige. »Die langfristig wirkenden Faktoren befinden sich außerhalb der Reichweite« von politischer Beeinflussung (»Bildungsarbeit«) und aktueller Wahlwerbung: d. h. hier handelt es sich um strukturelle Bedingungen, die nicht in kurzen Zeiträumen willentlich geändert werden können.

Aus den als wesentlich identifizierten langfristigen Faktoren konstruieren Berger/Traas sodann Typen, die den Kategorien »Lager« oder »politisch-soziales Milieu« sehr nahe kommen. Wesentliche Elemente dieser Syndrome sind aber Faktoren, die ihrerseits die Zuge-

92 Rudzio (Anm. 74), S. 255.

93 Herbert Berger und Kurt Traar, *Grundlegende Faktoren des Wahlverhaltens*. In: Österr. Z. f. Politikwiss. Jg. 12 1983, Nr. 3.

hörigkeit zu ebendiesem Typ (»Milieu«, »Lager«) ausdrücken: Z. B. soziale Kontakte des Befragten innerhalb des fraglichen Lagers oder die Herkunft von Eltern, die diesem Lager angehörten bzw. angehören. In noch höherem Grade gehen in die Gruppe der mittel- bzw. kurzfristig wirksamen Faktoren solche ein, die vorgängige Kontakte mit der schließlich gewählten Partei oder vorhandene Sympathien mit ihr ausdrücken. Für kurzfristige Erklärungen und Prognosen, vor allem des Verhaltens von Grenz- und Wechselwählern, ist dieses differenzierte und sorgfältig konstruierte Modell höchst plausibel und mit Sicherheit sehr brauchbar. Die grundlegenden und längerfristigen politischen Orientierungen – die wie es scheint in historisch geprägten sozialen Milieus wurzeln – werden in diesem Modell jedoch nicht mehr erfaßt. Auf diesem Felde nähern sich die vom Modell angebotenen Erklärungen annähernd tautologischen Feststellungen etwa derart, daß ein Angehöriger eines definierten »sozialistischen Lagers« in der Regel auch sozialistisch wählt. (Nun tut er das freilich keineswegs immer, wie wir wissen; und insofern behält das Modell für kurzfristige Analysen durchaus seinen Erklärungswert.).

Das Infas-Institut hat seit langem größere strukturierte Wählergruppen identifiziert, die einen nachweisbaren Erklärungswert für die Parteineigungen der deutschen Wähler haben.[94] Aber auch in diese einem Milieu ähnlichen Faktorensyndrome geht mit der Gewerkschaftszugehörigkeit eine Variable ein, die ihrerseits der Erklärung bedürfte, insofern sie nur aus einem komplexen Lern- und Organisationsprozeß oder aber Desorganisationsprozeß verstanden werden kann. Freilich hat Infas kürzlich seine alte Typologie durch berufsklassenspezifische Faktoren, etwa des Branchencharakters ergänzt, die es u. U. gestatten würden, die Änderungen gesellschaftlich-politischer Verhaltensweisen durch objektive sozialökonomische Tendenzen zu erklären.[95]

Diese kurze Musterung bestätigt jedenfalls das Urteil von Winters, daß man in der »gängigen Praxis der Wahlforschung« – auch bei

94 Eine ausführliche zusammenfassende Darstellung findet sich bei Naßmacher, Regionale Tradition (Anm. 70), S. 171–175.

95 Ursula Feist und Klaus Liepelt, *Was die Dynamik des Arbeitsmarktes für das Wählerverhalten bedeutet*. In: Wahlen und Wähler. Hrsg. v. Max Kaase und Hans-Dieter Klingemann. Opladen 1990; Ursula Feist und H. Krieger, *Alte und neue Scheidelinien des politischen Verhaltens*. In: Aus Politik und Zeitgeschichte. Beilage zur Wochenzeitung Das Parlament, 12/87 1987.

Anwendung höchst differenzierter Erklärungsmodelle – »von einer ganzheitlichen Betrachtungsweise politischer Verhaltensformen und ihrer Bestimmungsgründe« noch »weit entfernt« sei.[96]

IV. »Jenseits von Stand und Klasse«. Milieus in der »pluralisierten Klassengesellschaft«[97]

1. Klassengesellschaft ohne Klassen. Die Milieukategorie in der neueren Sozialstrukturforschung

Im letzten Jahrzehnt hat sich die deutsche Soziologie – deutlicher als die deutsche Politikwissenschaft, wie mir scheint – zunehmend wieder der Frage zugewandt, ob und inwiefern vertikale Differenzierungen die Struktur der Gesellschaft prägen, wie sie sich »konkret bei einzelnen Menschen niederschlagen, und welche Konsequenzen sich damit für das Leben der Betroffenen und vor allem für den Umgang der Menschen miteinander ergeben«, wie es der Doyen der deutschen Sozialstrukturforschung K. M. Bolte behutsam ausgedrückt hat.[98] Im Titel seines kleinen Aufsatzes sagt Bolte es noch etwas prägnanter: Es war dies der Weg »von sozialer Schichtung zu sozialer Ungleichheit« als zentralem gesellschaftlichem Problem.

In der Tat hat in der Sozialstrukturforschung so etwas wie ein »Paradigmenwechsel« stattgefunden. Nach zweijähriger Vorlaufzeit als »Arbeitsgruppe« ist Ende 1991 formell die Sektion »Soziale Ungleichheit und Sozialstrukturanalyse« der Deutschen Gesellschaft für Soziologie gegründet worden; damit ist gewissermaßen offiziell die deutsche Soziologie zu einem der klassischen Themen ihrer eigenen Geschichte seit Weber (und Marx) zurückgekehrt.[99] Verständlicherweise hat damit auch die Frage nach Klassenstrukturen und Klassen als »kollektiven Akteuren« eine neue Aktualität gewonnen. Noch 1984 hat Bolte selbst im Resümee der Neubearbeitung seines Buches über soziale

96 von Winter (Anm. 60).

97 Vgl. Ulrich Beck, *Jenseits von Klasse und Stand?* In: Soziale Ungleichheiten, Soziale Welt. Sonderband 2. Hrsg. v. Reinhard Kreckel. Göttingen 1993; Michael Vester et al., *Soziale Milieus im gesellschaftlichen Strukturwandel. Zwischen Integration und Ausgrenzung*. Köln 1993

98 Karl Martin Bolte, *Von sozialer Schichtung zu sozialer Ungleichheit in der BR Deutschland*. In: Z. f. Soziologie, 15. Jg. 1986, Nr. 4, S. 299.

99 Stefan Hradil (Hrsg.), *Zwischen Bewußtsein und Sein*. Opladen 1992, S. 9–12.

Ungleichheit aus dem Jahre 1966 die Bundesrepublik als eine vielfach »differenzierte, mittelschicht-dominante Wohlstandsgesellschaft« charakterisiert. Sie sei zwar keine »nivellierte Mittelstandsgesellschaft« (Schelsky), aber auch keine »Klassen-, Stände- oder eindeutig geschichtete Gesellschaft«.[100] Knapp ein Jahrzehnt später erklärt Reinhard Kreckel, einer der jüngeren Kollegen Boltes, er wolle an dem Begriff der Klasse festhalten, weil »das kritische Potential nicht aufgegeben werden sollte, das in der strukturtheoretischen Vorstellung und dem ungleichheitsbegründenden Klassengegensatz zwischen Lohnarbeit und Kapital aufbewahrt ist«.[101]

Freilich bedeutet diese Feststellung keine einfache Rückkehr zu Marx und schon garnicht zu den Vorstellungen eines traditionellen Marxismus, der sich überdies nicht einmal mehr auf der Höhe der originären Marxschen Theorie befindet. Darüber, daß aus der Existenz »abstrakter« Klassen nicht umstandslos auf das Wirken »konkreter« sozialer Klassen als kollektiver Akteure geschlossen werden kann, herrscht in der Sozialwissenschaft heute Übereinstimmung – bis weit in die Reihen der erklärten »Marxisten« hinein.

Hingegen ist »denkmöglich geworden, daß fortgeschrittene kapitalistische Staatsgesellschaften einerseits Klassengesellschaften sind, weil ihre Ungleichheitsstruktur nach wie vor ihn hohem Maße von dem ›abstrakten‹ Klassenverhältnis zwischen Lohnarbeit und Kapital geprägt ist, daß sie andererseits aber keine Klassengesellschaften mehr sind, weil die Integration der Bevölkerung in ›konkrete‹ soziale Klassen an Bedeutung verloren hat«.[102]

Kreckel bezeichnet diese Struktur sehr treffend als »Klassenverhältnis ohne Klassen«[103] und argumentiert damit in fast völliger Übereinstimmung mit Ulrich Beck, der nicht selten als Theoretiker einer individualistischen Entstrukturierung unserer Gesellschaft mißverstanden wird.[104] Im Rahmen einer politisch-programmatischen Diskussion hat Beck aber seinen Standpunkt eindeutig formuliert: »Die traditionellen Vorstellungen von Benachteiligung und Problemgrup-

100 Karl Martin Bolte und Stefan Hradil, *Soziale Ungleichheit in der BR Deutschland.* Opladen [5]1984, S. 359.

101 Kreckel (Anm. 4), S. 149.

102 ebd.

103 a. a. O., S. 141–149.

104 a. a. O., S. 139–140.

pen stimmen nicht mehr. Und es sind vor allem keine Gruppen – Klassen oder Schichten – im Sinne der Industriegesellschaft, d. h. soziale Handlungseinheiten mit gleichsam natürlicher politischer Repräsentanz (...) Darauf kann man nach altem Muster reagieren (...) Oder sich dem Tatbestand stellen, daß auch die Klassengesellschaft historisch eine vorübergehende Gestalt des Kapitalismus war, und wir mehr und mehr in einem Kapitalismus ohne (soziale) Klassen leben.«[105]

In einer solchen Situation stellt sich mit besonderer Dringlichkeit die Frage nach der Vermittlung zwischen den objektiven gesellschaftlichen Strukturen und den subjektiven sozialen Handlungspotentialen oder abstrakter ausgedrückt: nach der Vermittlung von Strukturtheorie und Handlungstheorie in der Soziologie. Stefan Hradil[106] spricht sich angesichts dieser Problematik für eine Einbeziehung der »Milieu«-Kategorie in die Sozialstrukturanalyse aus, insofern »man milieuspezifische Lebensstile als Vermittlungskategorie zwischen ›objektiven‹ äußeren Lebensbedingungen (Strukturen) und ›subjektiven‹ inneren Einstellungen und Verhaltensweisen der Individuen (Präxis)«[107] begreifen kann. Der handlungstheoretische Ansatz, dem »subjektiv als sinnvoll erachteten Tun der Menschen«[108] nachzuforschen, erfordert es, »der Wirkungsweise ungleicher Lebensbedingungen bis hin ins Alltagsleben nachzugeben und wenn möglich, verallgemeinbare Strukturen solcher Wirkungsprozesse in die Modellvorstellung einzubeziehen. Das Milieukonzept ist imstande, diese Anforderungen zu erfüllen und einem Strukturmodell sozialer Ungleichheit zu mehr Lebensnähe zu verhelfen«.[109] »Das Milieukonzept erreicht diese Lebensnähe vor allem deshalb, weil es den Blick auf eine mittlere Untersuchungsebene der Lebenswelt lenkt, die zwischen gesamtgesellschaftlichen Strukturen und individueller Betroffenheit vermittelt«.[110] Kreckel plädiert ebenfalls für eine Einbeziehung des Milieukonzepts in die Sozialstrukturanalyse, mahnt aber eine sogfältige empirische Erforschung und

105 Ulrich Beck, *»Wie spieße ich einen Pudding auf?«*. In: Perspektiven des Demokratischen Sozialismus, 4. Jg. 1987, Nr. 2–3, S. 93.

106 Stefan Hradil, *Sozialstrukturanalyse in einer fortgeschrittenen Gesellschaft*. Opladen 1987, S. 139–177.

107 a. a. O., S. 168.

108 a. a. O., S. 145.

109 a. a. O., S. 169 f..

110 a. a. O., S. 170.

Erklärung des Auftretens »ungleichheitsrelevanter Großgruppen« an.[111]

2. Lebensstilmilieus als Rahmenbedingungen gesellschaftlichen Verhaltens

Ein umfassendes Modell der Milieustruktur unserer Gesellschaft ist von der SINUS-Lebenswelt GmbH in Heidelberg entwickelt worden. Die Faszination dieses Modells beruht vor allem auf der methodischen Strenge seiner Konstruktion und auf der außerordentlichen Breite seiner empirischen Grundlage.[112] Auf der Basis zahlreicher ausführlicher Explorationen über Wertorientierung und Alltagsbewußtsein der Befragten ist eine Statementbatterie entwickelt worden, die dann in standardisierten Umfragen eingesetzt werden konnte. Vermittels multivarianter Verfahren wurden acht (seit 1991 neun) relativ homogene Typen unterschiedlicher lebensweltlicher Einstellungen ermittelt. Diese wurden dann mit einigen grundlegenden Indizes des sozialen Status (Schulbildung, Beruf, Einkommen) korreliert. Das Ergebnis waren die unterdessen viel berufenen »Sinus-Milieus«[113].

Obwohl wie gesagt von der Methode der Konstruktion her diese Milieus als Typen lebensweltlicher Einstellungen angelegt sind, stellte sich eine relativ deutliche soziale Strukturierung heraus, die übrigens auch in den Namen der Milieus ihren Niederschlag gefunden hat; (nur zwei der neun Milieus beziehen sich in ihren Bezeichnungen nicht auf Klassen- oder Schichtstrukturen.) In ein zweidimensionales Schema der Gesellschaftstruktur eingetragen, zeigt sich in der Horizontalen eine Dimension der »Grundorientierung« – von traditionellen bis zu postmateriellen moderneren Weiten. Diese Dimension enthält andeu-

111 Kreckel (Anm. 4), S. 140 f.

112 Ulrich Becker und Horst Nowak, *Lebensweltanalyse als neue Perspektive der Meinungs- und Marktforschung*. In: E. S. O. M. A. R. Kongreß 1982. Bd. 2. 1982; SINUS, *Lebensweltforschung, ein kreatives Konzept*. Heidelberg: als Ms. gedruckt [ca. 1989]; SPD-Parteivorstand, *Planungsdaten für die Mehrheitsfähigkeit der SPD*. Bonn: als Ms. gedruckt 1984; Ulrich Becker, Horst Becker und Walter Ruhland, *Zwischen Angst und Aufbruch. Das Lebensgefühl der Deutschen in Ost und West nach der Wiedervereinigung*. Düsseldorf–Wien–New York–Moskau 1992.

113 Vorher acht, seit zwei Jahren neun Milieus: Gehoben konservatives M., Technokratischliberales M., Alternatives M., Kleinbürgerliches M., Aufsteigermilieu, Hedonistisches M., Traditionelles Arbeitermilieu, Traditionsloses Arbeitermilieu, und seit 1991: Neues Arbeitnehmermilieu.

tungsweise auch die zeitliche Richtung eines Wertemantels und drückt insofern in gewissem Grade damit auch die Zuordnung zu jüngeren oder älteren Bevölkerungsgruppen (Gernerationen) aus. In der Vertikalen erscheint mit großer Deutlichkeit eine Dimension des höheren oder niederen sozialen Status. Je drei Milieus können der Ober- und oberen Mittelschicht, der mittleren und unteren Mittelschicht und der Unterschicht (Arbeiterschicht) zugeordnet werden.[114]

Obwohl ursprünglich für die Verwertung in der kommerziellen Konsumentforschung entwickelt – und auf großer Breite mit Erfolg eingesetzt – ist das SINUS-Milieu-Modell sehr bald auch auf die grundlegenden politischen Einstellungen und parteipolitischen Präferenzen der Gesellschaft bezogen worden.[115] In jüngster Zeit wurde es auch auf die Adressatengruppen der demokratischen politischen Bildung angewendet.[116] Außerdem ist unterdessen ein eigenes – von der BRD (alt) verschiedenes – Milieumodell für die Gesellschaft der ehemaligen DDR entwickelt worden.[117]

Bemerkenswert ist, daß sich bei der Einbeziehung politischer Grundeinstellungen und Parteisympathien – ebenso wie bei der allgemeinen sozialen Strukturierung – deutliche politische Profile der einzelnen Milieus ergeben haben, die die Umrisse von großen Gruppierungen mit dem Charakter politischer »Lager« erkennen lassen.[118] In den Untersuchungen von Vester u. a.[119] sind diese Strukturen noch deutlicher hervorgetreten. Auf jeden Fall lassen die SINUS-Untersuchungen den Schluß zu, daß zwischen lebensweltlichen Einstellungen, Generationszugehörigkeit, sozialem Status und politischer Grundeinstellung signifikante Beziehungen bestehen. Dieses Beziehungsnetz näher zu erforschen, war die Absicht einer Projektgruppe an der Universität Hannover, die unter der Leitung von Michael Vester seit 1987 tätig

114 Das Alternative Milieu (im Sinne von SINUS – nicht zu verwechseln mit dem alltagssprachlichen Begriff der »Alternativen«, die sich in mehreren SINUS-Milieus finden.) ist eindeutig als ein Milieu der oberen Mittelschichten zu charakterisieren; das Hedonistische Milieu zeigt die größte vertikale Erstreckung, hat seinen Schwerpunkt aber in den unteren Mittelschichten.

115 SPD-Parteivorstand (Anm. 112).

116 Politische Akademie Friedrich-Ebert-Stiftung, *Lernen für Demokratie*. Bonn: 3 Bde., als Ms. gedruckt o. J. (1992).

117 Becker, Becker und Ruhland (Anm. 112), S. 104–113.

118 SPD-Parteivorstand (Anm. 112).

119 Vester et al. (Anm. 97).

ist. Ansatz und erste Ergebnisse sollen im letzten Kapitel dieses Abschnitts kurz dargestellt werden.

3. Der Wandel der Sozialstruktur und die Entstehung neuer gesellschaftlichpolitischer Milieus

Ausgangspunkt der Untersuchungen von Vester u. a. waren die offensichtlichen Veränderungen in Gesellschaft und Politik der BRD (alt) seit Anfang der 70er Jahre. Die sogenannten »Neuen Sozialen Bewegungen« und das Entstehen der – trotz vielfacher gegenteiliger Prognosen offenbar dauerhaft etablierten – neuen Partei der GRÜNEN waren neben anderen relevanten gesellschaftlichen Entwicklungen dafür die wesentlichen Indizien. Von Anfang an hat die Projektgruppe parallel zur Analyse der qualitativen sozialen Verhaltensänderungen auch die objektive Entwicklung der Sozialstruktur in den letzten 40 Jahren in ihr Forschungsprogramm mit einbezogen. Außerdem hat sie die historische Dimension in ihren empirischen Untersuchungen (narrative Interviews zur Erkundung des Problemfelds, themazentrierte Interviews mit standardisiertem Teil und umfassende standardisierte Repräsentativbefragung) in den Mittelpunkt ihres Interesses gerückt, indem sie der Erforschung von Sozialisationsprozessen und der Ermittlung der sozialen Herkunft – weit über das in der politischen Umfrageforschung übliche hinaus – breiten Raum gegeben hat.

Im Zentrum der theoretischen Vorüberlegungen der Projektgruppe standen die Arbeiten von Pierre Bourdieu. Neben der von Bourdieu vorgenommenen Rekonstruktion des sozialen Raums, stand sein Konzept des »Habitus« im Mittelpunkt. »Habitus« ist der Inbegriff der »grundlegenden Prinzipien, nach denen die Menschen die Sozialwelt aktiv konstruieren und bewerten«. Ausgehend von diesen von den Akteuren selbst praktizierten Mustern der Selbst- und Fremdwahrnehmung kann überprüft werden«, ob es nicht doch neben der vermuteten Differenzierung und Pluralisierung von Lebensstilen ausgeprägte Milieu- und Gruppenzusammenhänge gibt. Als Vermittlungskategorie zwischen den ›objektiven‹ sozialen Positionen und Lagen und den subjektivem Kulturpraktiken und Weltanschauungsmustern erlaubt der Habitusbegriff zudem eine ideologie- und herrschaftskritische Analyse sozialer Beziehungen, d. h. bestimmte soziale Verhaltensweisen können im Hinblick auf ihre Funktion für die Reproduktion sozialer Ungleichheit hinterfragt werden.«[120]

Die Nähe des Bourdieuschen Habitusbegriffes zu den Grundmustern der von SINUS entwickelten Lebensweltmilieus ist offensichtlich. Bekräftigt wird diese Feststellung durch die frappierende Übereinstimmung zwischen der Darstellung des sozialen Raums bei Bourdieu und der entsprechenden Einordnung der SINUS-Milieus.[121] Die beiden Strukturbilder der französischen und der BRD-(alt-)Gesellschaft decken sich in allen wesentlichen Dimensionen: Der horizontalen (ökonomisches Kapital -kulturelles Kapital bzw. traditionale und postmaterielle Wertorientierung), der vertikalen nach Ober-, Mittel- und Unter-(Arbeiter-)Schicht, und schließlich auch in der nur angedeuteten Zeitdimension der gesellschaftlichen Entwicklung. Nicht zuletzt dieser Umstand hat die Projektgruppe dazu bewogen, bei ihren empirischen Untersuchungen die SINUS-Milieus »als eine Art Basistypologie oder Hintergrundvariable«[122] zu benutzen.

Im einzelnen haben die hannoverschen Untersuchungen in drei Regionalstudien (Hannover, Oberhausen, Reutlingen) die Existenz und Handlungsrelevanz eines neuen alternativen gesellschaftlich-politischen Milieus plausibel gemacht und gleichzeitig Erkenntnisse über Entstehung und Entwicklung dieser Milieus gewonnen. Dabei haben diese regionalen Milieustudien den hypothetisch unterstellten Zusammenhang zwischen objektiven sozialstrukturellen Entwicklungen (z. B. drastische Veränderungen der Bildungs- und Berufsstruktur) und den konstatierten sozialen und soziokulturellen Einstellungsveränderungen verstehbar und erklärbar gemacht.[123]

In der abschließenden Repräsentativbefragung ist dann der Versuch unternommen worden, auf der Grundlage der in den vorangegangenen qualitativen Untersuchungen gewonnenen Erkenntnisse ein Gesamtbild der typischen Einstellungs- und Verhaltensstile und ihrer objektiven sozialen Verortung zu gewinnen. Neben der Erhebung der SINUS-Lebensstil-Milieus sind in Anlehnung an früherer SINUS-Untersuchungen typische Stile politischer und geselliger Grundeinstel-

120 Vester, Janusgesicht (Anm. 86), S. 175.

121 ders., *Neue soziale Milieus und pluralisierte Klassengesellschaft*. Hannover: Forschungsbericht, als Ms. gedruckt 1992, S. 180.

122 a. a. O., S. 225; außerdem zu SINUS, S. 14–15, 72–73, 197, 244

123 Vester et al. (Anm. 97).

lung ermittelt worden; das Instrument für die Gesellungsstile wurde neu entwickelt. Zusammen mit weiteren Fragen über tatsächliches soziales und politisches Verhalten, sowie einer umfassenden sozialstatistischen Fragenbatterie waren damit die Grundlagen für den Versuch vorhanden, ein skizzenhaftes Gesamtbild des sozialen Raums der BRD (alt) zu entwerfen. (Entsprechende Untersuchungen über Teilaspekte der Gesellschaft der Neuen Bundesländer sind im Gange.) Allerdings stehen weitere Auswertungen des gewonnenen Materials, sowie Nachfolgestudien über einzelne wichtige Teilprobleme noch aus. Gewisse Grundstrukturen zeichnen sich nichtsdestoweniger bereits ab.

Die nach Meinung der Gruppe zentrale Charakterisierung unserer Gesellschaft ist in die Formel »pluralisierte Klassengesellschaft« gefaßt worden. Zwar kann von einer direkten Ableitung oder Erklärung gesellschaftlich-politischer Milieus oder gar gesellschaftlich-politischen Handelns aus der ökonomisch-sozialen Lage nicht gesprochen werden (wie wir gesehen haben, war dieses Modell schon zu Marxens Lebzeiten fragwürdig). Jedoch ist die Ungleichheitsstruktur der Gesellschaft unverkennbar; sie hängt mit Beruf und beruflicher Stellung, mit – in Bourdieuschen Kategorien – »ökonomischem«, »kulturellem« und »sozialem« Kapital zusammen (allerdings auch mit sog. »askriptiven« Merkmalen wie Geschlecht, Alter bzw. Jugend, Ethnie usf.). Die lebensweltlichen Milieu-Typen lassen sich relativ eindeutig in die vertikale Gliederung der Gesellschaft: Oberschicht, Mittelschicht, Unterschicht (Arbeiterschicht) einordnen. Vor allem bei der Prägung der Kindergeneration im Prozeß der Sozialisation erweist sich der soziale Status der Eltern als überaus wichtig.

Jedoch durchkreuzen andere Dimensionen die Ungleichheitsstruktur. Bei den Politikstilen kristallisieren sich vier etwa gleichgroße Lager heraus: Das der Reformorientierung, das der Ambivalenz, das der Status-Quo-Orientierung und das des Ressentiments.[124] Schwerpunkte der sog. »Politikverdrossenheit« finden sich sowohl unter enttäuschten Reformorientierten, als auch bei Ambivalenten, im erheblichem Umfang natürlich im Lager des Ressentiments. Eine andere Dimensi-

124 In der 2001er Neuauflage des Buches ist diese Darstellung in weiter entwickelter und differenzierterer Form enthalten. Es werden sechs gesellschaftspolitische Lager unterschieden, das traditionell-konservative, das gemässigt-konservative, das sozialintegrative, das skeptisch-distanzierte, das radikaldemokratische und das enttäuscht-autoritäre.

Tabelle 14.1.: Die Sozialmilieus der pluralisierten Klassengesellschaft
(Anordnung der SINUS-Lebensstil-Milieus für Westdeutschland nach Bourdieus Konzept des sozialen Raums und des Habitus der Klassenfraktionen. Die Prozentzahlen markieren die Veränderung von 1982–1992.)

Habitus	modernisiert (14 % → 20 %)	teilmodernisiert (38 % → 45 %)	traditionell (46 % → 35 %)
Oberklassen-Habitus (22 % → 19 %)	ALT Alternatives Milieu (4 % → 2 %)	TEC Technokratisch-liberales Milieu (9 % → 9 %)	KON Konservativ-gehobenes Milieu (9 % → 8 %)
Mittelklassen-Habitus (58 % → 59 %)	HED Hedonistisches Milieu (10 % → 13 %)	AUF Aufstiegsorientiertes Milieu (20 % → 24 %)	KLB Kleinbürgerliches Milieu (28 % → 22 %)
Arbeiter-Habitus (18 % → 22 %)	NAT Neues Arbeitnehmermilieu (0 % → 5 %)	TLO Traditionsloses Arbeitermilieu (9 % → 2 %)	TRA Traditionelles Arbeitermilieu (9 % → 5 %)

aus: Vester, Michael, *Das Janusgesicht sozialer Modernisierung*[125]

on – am Lebensstil ebenso wie am Gesellschaftsstil abzulesen – drückt eine Skala von offenen modernisierten bis hin zu traditionalen, z. T. eng begrenzten Lebensformen aus. Eine weitere Dimension – in der Gruppe noch nicht bis zuende diskutiert – macht m. E. die Festigkeit der sozialen Identität bzw. den Grad der sozialen Integration sichtbar. Auf jeden Fall gibt es verstehbare Zusammenhänge zwischen sozialer Integration und bejahender Einstellung – entweder kritisch oder status-quo-orientiert – zur gesellschaftlich-politischen Ordnung.

Vier große politische Lager: ein liberal-konservatives, ein konservativ-soziales, ein sozialliberales und ein links-alternatives scheinen der parteipolitischen Sympathiestruktur zugrundezuliegen. (Dabei schienen sich zum Zeitpunkt unserer Erhebung im Sommer 1991 die Sympathisanten der Republikaner und anderer rechtsradikaler oder

125 Vgl. Michael Vester, *Soziale Milieus im gesellschaftlichen Strukturwandel*. Frankfurt am Main 2001.

rechtsextremer Formationen noch nicht zu einer lagerähnlichen Struktur zusammengefunden zu haben.)[126]

Von entscheidender Bedeutung sind offenbar: Die Generationszugehörigkeit, die Auswirkungen des sozialstrukturellen Wandels der letzten 30 Jahre und die durch die familiäre Sozialisation vermittelten und veränderten elterlichen Traditionen. Insgesamt ergibt sich also vor dem Hintergrund einer eindeutigen Ungleichheitsstruktur eine Pluralität von Lebensstilen, Politikstilen, Gesellungsformen und generationsspezifischer Prägungen in unterschiedlichen Syndromen. Von durchgehenden Strukturen der Individualisierung, der Atomisierung oder gar der Anomie kann nicht die Rede sein. Die Bedeutung des jeweiligen durchaus milieuspezifischen lebensweltlichen Umfelds für das Verhalten der Menschen kann überhaupt nicht überschätzt werden.

In Bezug auf unsere Fragen nach den Bestimmungsgründen und Rahmenbedingungen gesellschaftlichen und politischen Handelns zeichnet sich eine Situation ab, die weder durch überwiegend situationsbedingte Verhaltensweisen isolierter Einzelner, noch durch klar identifizierbare kollektive Akteure bestimmt wird. Es könnte sich vielmehr eine Art von »Feld-«Struktur herausgebildet haben.[127] Aktive minoritäre Kerne von relativer Homogenität in Lebensstil, Politikstil, Gesellungsstil, generationsspezifischer Erfahrung und sozialem Status – je für sich oder in gesellschaftlichpolitischen Bündnissen bzw. »Lagern« zusammengeschlossen – könnten vermittels überkommener oder erneuerter politisch-sozialer Organisationsformen wie in einem Kraftfeld gesellschaftliche Tendenzen beeinflussen, bündeln oder sogar zu wirkungsvollen Bewegungen zusammenfassen. Aber es zeichnen sich in einer Art von Gegenbild auch gewissermaßen

---

126 Peter von Oertzen, *Die Wählerschaft in Westdeutschland*. In: spw – Zeitschrift für sozialistische Politik und Wirtschaft, 1992, Nr. 4; Peter Alheit und Michael Vester, *Individualisierung und neue Assoziation*. Düsseldorf 1993.

127 Unter Anknüpfung an Bourdieu haben Beate Krais, *Soziales Feld, Macht und kulturelle Praxis*. In: Klassenlage, Lebensstil und kulturelle Praxis. Hrsg. v. Klaus Eder. Frankfurt am Main 1989 und Lutz Raphael, *Klassenkämpfe und politisches Feld*. In: Klassenlage, Lebensstil und kulturelle Praxis. Hrsg. v. Klaus Eder. Frankfurt am Main 1989, die Kategorie des sozialen und des politischen »Feldes« entwickelt, bes. a. a. O., S. 101 f.. Unter Anknüpfung an den sozialpsychologischen »Feld«-Begriff von K. Lewin hat jedoch schon vor über 50 Jahren Mannheim, *Mensch und Gesellschaft* (Anm. 10), S. 345–349 von einem »Soziologischen Feld« gesprochen.

»negative« Feldstrukturen ab, in denen sich milieuförmige Konzentrationen von Isolierung, realer oder vorgestellter Gefährdung des sozialen Status und Ressentiments bilden.

Die zuletzt angestellten – freilich nurmehr rein hypothetischen – Überlegungen führen, so scheint mir, zum Ausgangspunkt dieser wissenschaftlichen Skizze zurück, zum Marxschen Konzept des »gesellschaftlichen Gesamtarbeiters«. Reale historische Subjekte, wirkliche kollektive Akteure können nicht unmittelbar aus gesellschaftlichen Strukturen abgeleitet werden. Sie werden konstituiert oder besser: konstituieren sich selbst in geschichtlichen (Lern-)Prozessen, in denen überkommene soziale Gegebenheiten und soziales Handeln, Reaktion und Aktion, Führer und Geführte, lebensweltliche Milieus und politische Organisation, Alltagserfahrung und Ideologie, Interessenvertretung und Wertorientierung als Momente eines komplexen dynamischen Zusammenhangs in Erscheinung treten. Etwas davon hat Engels ausgedrückt, als er sagte: »Wir machen unsere Geschichte selbst, aber (...) unter sehr bestimmten Voraussetzungen und Bedingungen.«[128]

128 *Engels an Bloch vom 21. Sept. 1890* (Anm. 6), S. 465.

Teil II.

Arbeiterbewegung

Der Mitbestimmungsgedanke in der deutschen Arbeiterbewegung

Wenn man die geschichtliche Entwicklung des Mitbestimmungsgedankens in der deutschen Arbeiterbewegung in knappen Umrissen darstellen will, dann ist es zum besseren Verständnis nötig, drei grundlegende Einsichten vorweg auszusprechen.

1. Der Gedanke der Mitbestimmung ist nicht ein beliebiger Gedanke unter vielen anderen gleichbedeutenden in der gesellschaftspolitischen Vorstellungswelt und Programmatik der Arbeiterbewegung, sondern er ist ein zentraler Gedanke.

2. Der Mitbestimmungsgedanke kann nur in engstem Zusammenhang mit der großen geistigen Bewegung begriffen werden, die – sei sie nun sozialistischen oder sei sie christlich-sozialen Ursprungs – in der Arbeiterschaft auf eine grundlegende Umgestaltung der bestehenden Gesellschaftsordnung hinwirkt. Und

3. der Mitbestimmungsgedanke darf nicht nur in einem *der* beiden organisatorischen Zweige der Arbeiterbewegung, dem parteipolitischen oder dem gewerkschaftlichen, aufgesucht werden, sondern wir müssen sein Werden durch den Entwicklungsgang der gesamten Arbeiterbewegung hindurch verfolgen.

Was ist Mitbestimmung?

Der Versuch, diese knappen Thesen zu begründen und zu erläutern, führt uns bereits mitten hinein in den Prozeß der Entstehung und der Entwicklung des Mitbestimmungsgedankens. Zuvor muß ich freilich mit einigen Worten noch näher bezeichnen, was gemeint sein soll, wenn hier von Mitbestimmung die Rede ist.

Der von mir verwendete Begriff wird nämlich mehr umfassen als der gemeinhin seit 1945 gebrauchte und uns allen aus der gewerkschaftlichen Praxis geläufige, rechtlich fixierte Begriff der Mitbestimmung.

Diese Erweiterung ist jedoch keine Willkür, sondern liegt in der Sache selbst, im Problem der Mitbestimmung und im Gang ihrer geschichtlichen Entwicklung begründet.

Mit den Begriffen Mitbestimmung oder Wirtschaftsdemokratie – beide meinen den selben Sachverhalt und sollen deshalb hier als gleichbedeutend verwendet werden – bezeichne ich eine Wirtschaftsverfassung, in der die Arbeitnehmer nicht nur als Staatsbürger über Parlament, Regierung und Verwaltung, sondern unmittelbar in der Wirtschaft selbst einen bestimmenden Einfluß auf den Gang des Wirtschaftens ausüben. Dabei ist es gleichgültig, ob dieser Einfluß am Arbeitsplatz selbst, im Betrieb, im Unternehmen, im Industriezweig, in der Wirtschaftsregion oder in bezug auf die gesamte Volkswirtschaft oder aber in einigen oder mehreren dieser Bereiche ausgeübt wird. Kurz zusammengefaßt: Mitbestimmung oder Wirtschaftsdemokratie bedeuten die unmittelbare Beteiligung der Arbeitnehmer an der Leitung des Wirtschaftsprozesses auf allen seinen Ebenen.

Grundlage: Der denkende Mensch

Es gibt nun einige häufig auftauchende, nicht gerade falsche, aber doch mißverständliche Vorstellungen von Mitbestimmung, die wir in diesem Zusammenhang kurz streifen müssen. Eine davon ist die Rede von der Partnerschaft zwischen Arbeitnehmern und Arbeitgebern, eine andere liegt in dem Begriff einer Zusammenarbeit der sogenannten Wirtschaftsfaktoren Kapital und Arbeit.

Die Rede von den Faktoren Kapital und Arbeit hat selbstverständlich in der Volkswirtschaftslehre einen guten Sinn. Soziologie und Geschichtswissenschaft hingegen können sich mit sogenannten »Faktoren« nicht begnügen. Sie müssen ihren Aussagen die lebenden Menschen, d. h. also die einzeln oder in Gemeinschaft denkenden und handelnden Menschen zugrunde legen. Und so verstanden bezieht sich Mitbestimmung also – sinnvoll gedacht – nicht auf sogenannte Faktoren, sondern auf Gruppen von Menschen, und zwar, genauer gesagt, auf das Verhältnis zwischen den Inhabern leitender Funktionen und den Inhabern ausführender Funktionen in der Wirtschaft.

Wenn hier also von Arbeitnehmern und Unternehmern – das ist unvermeidlich – die Rede ist, so sind damit die wirtschaftenden Menschen vorwiegend ausführender und vorwiegend leitender Tätigkeiten gemeint. Die Einschränkung »vorwiegend« bezieht sich auf den allgemein bekannten Sachverhalt, daß sich in der Hierarchie der modernen Unternehmensverfassung und Betriebsorganisation, zwischen der breiten Basis der Arbeiterschaft unten und dem Spitzenmanagement oben, eine ganze Reihe von Funktionen eingeordnet haben, die sowohl leitend als auch ausführend tätig werden.

In unserer auf dem Privateigentum an den Produktionsmitteln beruhenden Wirtschaftsordnung sind freilich Eigentümer und Unternehmer, Kapitalfunktion und Leitungsfunktion noch weitgehend identisch, zum mindesten hängen sie sehr eng zusammen, wenn auch eine gewisse Neigung im modernen Management, sich gegenüber dem Eigentümer zu verselbständigen, nicht verkannt werden darf. Aber dieser Zusammenhang von Kapital und Leitung auf der einen Seite und von Arbeit und Ausführung auf der anderen ist weder sachlich noch geschichtlich eine unbedingte Notwendigkeit. Das heißt: In einer Wirtschaftsordnung, in der das Privateigentum an Produktionsmitteln und das Kapital im herkömmlichen Sinne abgeschafft wären – in einer zentral gelenkten Staatswirtschaft etwa –, stellt sich das Problem der Mitbestimmung oder der Wirtschaftsdemokratie mit genau derselben Schärfe – vermutlich sogar mit noch größerer – wie in einer privatwirtschaftlichen Ordnung.

Partnerschaft: eine Form muß nicht Grundlage sein

Genau wie die Rede von Kapital und Arbeit, so hat auch die von der Partnerschaft nur in einer privatwirtschaftlichen Ordnung Sinn. Partnerschaft meint im Grunde folgendes: Die Gruppe der Kapitaleigentümer hat bisher gegenüber der Gruppe der Nicht-Eigentümer und Nur-Lohnempfänger alle wirtschaftlichen Leitungsbefugnisse für sich in Anspruch genommen. Nunmehr treten die ersteren an die letzteren einen Teil ihrer Befugnisse ab, behalten aber einen anderen (den wichtigeren und eigentlich ausschlaggebenderen, wie die Kritiker des Gedankens der Partnerschaft behaupten). Insofern ist Partnerschaft tatsächlich eine bestimmte Form der Mitbestimmung. Aber es wäre auch durchaus denkbar und hat im Programm der sogenannten Arbeiterselbstverwaltung seinen Ausdruck gefunden, daß die bisherigen

Kapitaleigentümer aller ihrer Leitungsbefugnisse entkleidet und die leitenden Funktionen nur noch durch gewählte und abhängige Beauftragte der gesamten Arbeitnehmerschaft ausgeübt würden. Dies wäre ohne Zweifel eine ganz eindeutige, ja sogar besonders weitreichende Form von Mitbestimmung oder Wirtschaftsdemokratie, aber der Begriff der Partnerschaft hätte in einer solchen Ordnung keinen Sinn mehr.

Also, noch einmal kurz zusammengefaßt: Partnerschaft von Kapital und Arbeit kann, aber muß nicht unbedingt die Grundlage einer auf Mitbestimmung aufgebauten Wirtschaftsverfassung bilden.

Ich meine, daß mit diesen Überlegungen ohne weiteres auch deutlich geworden ist, in welcher Hinsicht und aus welchem Grunde der Mitbestimmungsgedanke in der Arbeiterbewegung von zentraler Bedeutung ist.

Die moderne Arbeitnehmerschaft, vor allem natürlich ihre geschichtlich früheste und bis heute bedeutendste Teilgruppe, die industrielle Arbeiterschaft, ist in die Geschichte unserer Gesellschaft eingetreten als eine Klasse von Menschen ohne Eigentum an ihren Produktionsmitteln und ohne den geringsten Einfluß auf die Gestaltung des wirtschaftlichen Prozesses. Die notwendigen Folgen dieser Ausgangslage waren wirtschaftliche Not und soziale Abhängigkeit. Diese Lage zu verändern und damit ihre Folgen zu beseitigen, war das gesellschaftspolitische Ziel der Arbeiterbewegung und ist es noch heute.

Es ist leicht einzusehen, daß die Forderung, den Arbeitnehmern teilweise, überwiegende oder gar vollständige Bestimmungsrechte bei der Gestaltung des wirtschaftlichen Prozesses einzuräumen, das große gesellschaftliche Problem der abhängigen Arbeit in seinem Kern trifft; dies besonders, da im Zuge der modernen wirtschaftlichen Entwicklung die Probleme wirtschaftlicher Not und im Zuge der Demokratisierung unseres öffentlichen Lebens auch die Probleme der politischen Abhängigkeit für die Arbeitnehmer zwar bei weitem noch nicht gelöst worden sind, aber doch offensichtlich an Schärfe zu verlieren beginnen. Um so deutlicher steht nunmehr die soziale Abhängigkeit des Arbeitnehmers in seiner Arbeit selbst mit allen ihren weitreichenden wirtschaftlichen, kulturellen und nicht zuletzt politischen Folgen vor unseren Augen, als ein zentrales Problem, das noch seiner Lösung harrt.

Mitbestimmung – Sozialisierung

Mit dieser letzten Bemerkung sind wir bereits mitten in der Erörterung der zweiten meiner eingangs ausgesprochenen Thesen über den Zusammenhang von Mitbestimmung und – sagen wir es kurz und zugegebenermaßen etwas einseitig – von Sozialismus, oder, wenn wir den Weg und nicht das Ziel ins Auge fassen, von Mitbestimmung und Sozialisierung. Denn Sozialisierung heißt ja in der ursprünglichen und wörtlichen Bedeutung nichts weiter als die Verwirklichung des Sozialismus.

Wenn wir nun in die politische Frühzeit der deutschen Arbeiterbewegung, in der sie ihre entscheidende Prägung erfahren hat, in die Jahrzehnte nach dem Fall des Sozialistengesetzes im Jahre 1890, zurückgehen, dann werden wir ein sehr merkwürdiges geistiges Verhältnis der Bewegung zu ihren Zukunftszielen vorfinden. Es bestand – kurz gesagt – darin, daß man sich mit ihnen gar nicht beschäftigte. Sozialismus wurde dürr als gesellschaftliche Produktion und Sozialisierung als Vergesellschaftung der Produktionsmittel bestimmt. Aber Näheres wurde darüber nicht gesagt.

Dieser uns heute sehr merkwürdig verkommende Zustand der sozialistischen Zukunftsvorstellung vor 1914 hing nun mit dem damals die sozialistische Arbeiterbewegung beherrschenden sogenannten Marxismus oder wissenschaftlichen Sozialismus zusammen. Sein wissenschaftlicher Charakter verbot es nämlich der Bewegung angeblich, sich um die praktischen Fragen der Zukunft zu kümmern: Sie blieben der Entwicklung überlassen. Karl Kautsky, unbestritten der Kopf dieser theoretischen Richtung, meinte, »daß es nicht unsere Aufgabe ist, Rezepte für die Garküche der Zukunft auszuspintisieren«, und begründete diese Enthaltsamkeit mit dem angeblich marxistischen Argument: »Da die Revolution nicht von uns willkürlich gemacht werden kann, können wir auch nicht das mindeste darüber sagen, wann, unter welchen Bedingungen und in welchen Formen sie eintreten wird.«[1]

Und August Bebel, der ebenso unbestritten als der politische Führer der deutschen sozialistischen Arbeiterbewegung galt wie Kautsky als ihr ideologischer, gab derselben Haltung den praktisch-volkstümli-

1 Karl Kautsky, *Die soziale Revolution*. Band 2, Am Tage nach der sozialen Revolution, Berlin ²1907, S. 3.

chen Ausdruck, wenn er – wie auf dem Dresdener Parteitag von 1903 – den möglichen Zweiflern versicherte: »Wenn wir morgen durch irgendeinen Umstand unsere Gegner von ihren Sitzen verdrängen und uns selbst hinsetzen könnten, so macht euch darüber keine Sorgen; wir würden schon wissen, was wir zu tun hätten.«[2] Daß dem nicht so war, hat sich dann allerdings im November 1918 mit schmerzhafter Deutlichkeit herausgestellt.

Vor 1914 nur Ansätze

Daß unter der Herrschaft derartiger Auffassungen eine notwendigerweise so praktische und ins einzelne gehende Vorstellung wie die von der Mitbestimmung der Arbeitnehmer nicht gedeihen konnte, versteht sich fast von selbst. Und überdies waren in Deutschland diejenigen Strömungen innerhalb der Arbeiterbewegung, die an sich dem Mitbestimmungsgedanken besonders nahestehen, wie die Anarchisten und Syndikalisten, nur verschwindende, einflußlose Minderheiten. Einzig und allein auf den beiden Flügeln der sozialistischen Arbeiterbewegung, also bei den sogenannten Revisionisten rechts und bei den Linksradikalen, die beide, wenn auch von ganz verschiedenen Standpunkten ausgehend, den Marxismus Kautskyscher Prägung wegen seiner Entwicklungsgläubigkeit und wegen seiner Passivität kritisieren, zeigten sich Ansätze in dieser Richtung. Freilich, mehr als Ansätze waren es vor 1914 nicht. Trotzdem muß und kann hierbei noch etwas bemerkt werden, was für das Verständnis der Entwicklung nach 1918 sehr wichtig ist.

Keine Verstaatlichung

So wenig genau und so unbestimmt die Vorstellungen von Sozialismus und Sozialisierung – von Mitbestimmung ganz zu schweigen – vor dem ersten Weltkrieg auch waren: Man wußte ziemlich genau, was die berufene Vergesellschaftung der Produktionsmittel nicht bedeuten durfte. Sie bedeutete nämlich auf keinen Fall Verstaatlichung.

---

2 *Protokoll über die Verhandlungen des Parteitages der Sozialdemokratischen Partei Deutschlands. Abgehalten zu Dresden vom 13. Bis 20. September 1903*. Berlin 1903, S. 319.

Die sozialistische Arbeiterbewegung hat wenigstens in ihren herrschenden Strömungen – das sei einschränkend gesagt – niemals auf dem Standpunkt der Verstaatlichung der Produktionsmittel gestanden. Es ist heute bei Gegnern der Arbeiterbewegung, aber auch in ihren eigenen Reihen üblich, ja sozusagen eine Mode, die Einsicht, daß Sozialisierung und Verstaatlichung nicht dasselbe seien, als eine umstürzende neue Erkenntnis zu proklamieren. So nützlich es natürlich sein mag, alte Wahrheiten immer wieder neu zu predigen: Es ist eine alte Wahrheit! Und wer daran zweifelt, der möge in den Protokollen der Parteitage und in den wissenschaftlichen Organen der alten Sozialdemokratie die Debatten nachlesen, die bereits vor 1900 über das Thema »Staatssozialismus« geführt wurden, und ich nehme an, Argumente und Ergebnisse werden ihm höchst modern vorkommen.

Wenn ich diese Darlegungen noch einmal kurz zusammenfassen darf: Der Mitbestimmungsgedanke spielte in der gesellschaftspolitischen Vorstellungswelt der sozialistischen Arbeiterbewegung vor 1914 so gut wie gar keine Rolle.

Arbeiterausschüsse, Kammern

Hier mag man mir nun einwenden, es habe doch auch die Forderung auf betriebliche Arbeiterausschüsse und auf überbetriebliche Arbeits- bzw. Arbeiterkammern gegeben. Das ist richtig. Diese Forderungen gab es. Sie wurden im übrigen im wesentlichen von den Gewerkschaften erhoben, und sie enthalten auch ohne Zweifel Bestandteile des Mitbestimmungsgedankens so, wie ich ihn vorhin formuliert habe. Aber dazu muß zweierlei gesagt werden:

Erstens: Diese Forderungen standen durchaus am Rande des Programms der Arbeiterbewegung. Die Einrichtung von betrieblichen Arbeiterausschüssen z. B. war vorwiegend ein Programmpunkt der fortschrittlichen bürgerlichen Sozialreform von der Paulskirche 1848/49 über den Verein für Sozialpolitik bis zur Nationalsozialen und zur evangelisch-sozialen Bewegung und nicht so sehr eine Forderung der Arbeiterbewegung selbst.

Das ist natürlich kein Zufall. Die wirtschaftlichen, sozialen und politischen Machtverhältnisse im Deutschland vor dem Ersten Weltkrieg waren derart unfrei und die Verhältnisse in den Betrieben selbst oft noch so drückend, ganz besonders in der Schwerindustrie, daß solche Ausschüsse nur als ein sehr fragliches Instrument der Arbeitnehmer erscheinen konnten. Das Schwergewicht der gewerkschaftlichen Interessenvertretung und Organisation lag außerhalb des Betriebes, auf der Ebene der lohn- und tarifpolitischen Auseinandersetzungen, und mußte notwendigerweise dort liegen.

Und damit bin ich bei einem zweiten Gesichtspunkt: Ausschüsse und Kammern wurden nur unter rein sozialpolitischen Gesichtspunkten betrachtet. An eine wirtschaftspolitische Einflußnahme auf Betriebs- und Unternehmensleitung wurde in diesem Zusammenhange nicht gedacht. Und Ausschüsse oder Kammern gar mit dem sozialistischen Endziel in Verbindung zu bringen, wäre niemandem eingefallen. Ein kleiner Beleg nur: Das von Sozialdemokraten und Gewerkschaftlern in gleicher Weise mit Recht sehr hoch geschätzte Werk von Adolf Braun über die Gewerkschaften aus dem Jahre 1913 enthält in seinem überaus gründlichen, viele Seiten umfassenden Sachregister das Stichwort »Arbeitskammern« überhaupt nicht, »Arbeiterkammern« einmal und »Arbeiterausschüsse« zweimal, und diese Erwähnungen haben im Text nur eine ganz untergeordnete Bedeutung.

Gewerkschaften – Partei

Hierbei wird eine Tatsache sichtbar, die für die gesamte Entwicklung des Mitbestimmungsgedankens in der deutschen Arbeiterbewegung von ausschlaggebender Bedeutung ist, nämlich die Arbeitsteilung zwischen Gewerkschaften und Partei. So sehr freie Gewerkschaften und Sozialdemokratie auch durch Personalunion ihrer Funktionäre miteinander verbunden waren, ihre praktische Arbeit vollzog sich doch auf ganz verschiedenen Ebenen. Die Gewerkschaften widmeten sich der unmittelbaren wirtschaftlichen Interessenvertretung der Arbeitnehmer mit dem Ziel, wie es Carl Legien einmal auf dem Frankfurter Gewerkschaftskongreß im Jahre 1899 formulierte: »in der Gegenwart die Lage der Arbeiter zu heben, ihre Löhne aufzubessern und dadurch auf ihre geistigen und physischen Kräfte einzuwirken.«[3]

3 Paul Barthel, *Handbuch der deutschen Gewerkschaftskongresse*. Dresden 1916, S. 473.

Die Partei hingegen vertrat die Arbeitnehmer in politischer Hinsicht und pflegte zugleich die Theorie und die Lehre vom sozialistischen Endziel. Diese Trennung der Arbeitsgebiete wurde im Grunde von beiden Seiten anerkannt und über ihre Einhaltung wurde streng gewacht. Genauso wie die Gewerkschaftsführer sehr ungemütlich werden konnten, wenn die, wie sie meinten, ganz und gar unzuständigen Parteitheoretiker und Parteipolitiker über einem vermeintlich rein gewerkschaftlichen Gegenstand, wie etwa den Generalstreik, diskutierten, so waren die Theoretiker der Partei sehr ungnädig, wenn die angeblichen Nur-Praktiker der Gewerkschaftsbewegung sich ihre höchst unzuständigen Köpfe über so grundsätzliche Fragen wie den Aufbau des Sozialismus in der Wirtschaft zu zerbrechen versuchten.

Praktiker – Theoretiker

Der Sozialismus ist aber doch nun, und gerade nach der damals fast unbestritten anerkannten Marxschen Lehre eine Gesellschaftsordnung, in der die Gestaltung der Wirtschaft eine zentrale Stellung einnimmt. Auf Grund der geschilderten Arbeitsteilung ergab sich aber das sonderbare Ergebnis, daß die Praktiker der Wirtschaft, die Gewerkschafter, sich in ihrer Tätigkeit mit dem Sozialismus nicht beschäftigten, während die Theoretiker des Sozialismus zur wirtschaftlichen Praxis keine Beziehungen hatten, zumal – das muß noch am Rande vermerkt werden – die SPD im alten Reich auch noch von jeder verantwortlichen Regierungsarbeit ausgeschlossen war, eine ganz widersinnige und, wie sich in der Revolution von 1918 zeigen sollte, auch höchst bedenkliche Situation.

Der Mitbestimmungsgedanke aber bedeutet ja gerade die praktische Verknüpfung von wirtschaftlicher Tagesarbeit und Endziel. Hier und heute die überkommenen Herrschaftsrechte der Unternehmer durch die Mitbestimmung der Arbeitnehmer einzuschränken oder gar zu ersetzen, heißt doch nichts anderes, als hier und heute den ersten Schritt zu einer Umwälzung der gesellschaftlichen Verhältnisse zu tun, heißt, das Endziel in den Tageskampf hineinzustellen und den Tageskampf auf das Endziel auszurichten. Eine solche Auffassung aber lag, wie wir gesehen haben, nicht nur aus ideologischen, sondern auch aus organisatorisch-politischen Gründen völlig außerhalb der

Vorstellungswelt der alten deutschen Arbeiterbewegung vor 1914.

Dieser Zustand wurde durch die Ereignisse und Ergebnisse der deutschen Revolution von 1918 von Grund auf verändert. Es ist leider ganz unmöglich, an dieser Stelle auch nur in groben Umrissen die Geschichte der November-Revolution anzudeuten, so nötig das auch wäre; denn es gibt kaum eine Zeit in der Geschichte der deutschen Arbeiterbewegung, deren Begebnisse im Urteil der Nachwelt so umstritten sind wie die der Revolution von 1918. Ich werde mich daher also auf einige Feststellungen beschränken müssen.

Eines steht dabei unzweifelhaft fest: Als nach dem Ende der eigentlichen Revolution, nach dem Ende ihrer Nachwehen und späten Zuckungen, die in der Katastrophe der Inflation ihren Höhepunkt fanden, sich die deutsche sozialistische Arbeiterbewegung auf dem Boden der Weimarer Demokratie wieder sammelte und auf sich selbst besann, da waren Mitbestimmung und Wirtschaftsdemokratie zu zentralen Begriffen ihres gesellschaftspolitischen Denkens geworden. Das ist ganz unstreitig für die Gewerkschaften, weniger eindeutig, aber doch unverkennbar auch für die deutsche Sozialdemokratie.

Dieser außerordentliche und – für die kurze Frist, in der er sich vollzog – erstaunliche Wandel in der Vorstellungswelt der deutschen Arbeiterbewegung ist durch die Rätebewegung in der November-Revolution bewirkt worden. Über die große Rolle, welche die Rätebewegung in der inneren Entwicklung der deutschen Arbeitnehmerschaft gespielt hat, wie auch über die geschichtlichen Tatsachen ihres Verlaufes selbst herrschen noch heute, nicht nur in der Praxis, sondern auch in der Wissenschaft, nur sehr unbestimmte Vorstellungen; und nur einige wenige der landläufigsten Fehlurteile kann ich hier auszuräumen versuchen.

Die Rolle der Rätebewegung

Für viele erscheint in ihrem Geschichtsbild die Rätebewegung nur in ihrer politischen Gestalt, also als der Versuch, die vielberufene Räterepublik in Deutschland zu errichten. Und diese Versuche stellen sich, wenn man etwa an Ereignisse wie die Münchener Räteherrschaft vom März/April 1919 denkt, als utopische, nicht ernst zu nehmende Experimente einer winzigen, irregeleiteten Minderheit in der deutschen Arbeitnehmerschaft dar. Tatsächlich aber hat die Rätebewegung eine mindest ebenso bedeutsame, auf jeden Fall aber ungleich breitere und länger anhaltende Wirksamkeit auf wirtschaftlichem Gebiet entfaltet. Die großen Streikbewegungen, die sich zwischen Januar und April 1919 im Ruhrgebiet, in Mitteldeutschland und auch in Berlin abspielten, waren nicht so sehr politischen als wirtschaftlich-sozialen Inhalts und hatten die Rechte der Betriebsräte zum unmittelbaren Ziel.

Fast alle Gewerkschaftskongresse dieser Zeit wurden vom Streit um Betriebs- und Wirtschaftsräte, um Betriebsdemokratie und Mitbestimmung erfüllt. Ja, sogar und gerade die bisher gewerkschaftlich wenig hervorgetretenen Angestellten wurden vom Rätegedanken erfaßt. Nur die wenigsten wissen heute noch, daß damals die Angestellten der Metallindustrie und des Bankgewerbes lange, umfassende und erbitterte Streikkämpfe um das Recht der Mitbestimmung bei Einstellung, Beförderung und Entlassung geführt haben. Die Bediensteten der Deutschen Eisenbahn schließlich, und zwar Arbeiter und Beamte in gleicher Weise, entwarfen auf mehreren Kongressen im Jahre 1919 ein vollständiges Rätesystem, das, wäre es verwirklicht worden, auf die fast vollkommene Selbstverwaltung der Eisenbahnen durch die Arbeitnehmer hinausgelaufen wäre.

Eine andere, ebenso weit verbreitete wie hartnäckig festgehaltene irrige Vorstellung setzt Rätebewegung, Sowjetsystem im russischen Verständnis, Spartakismus und Bolschewismus ohne weiteres in eins und vermutet dort, wo das Wort »Räte« fällt, sofort Terror, Diktatur und Einparteienherrschaft.

Nichts kann falscher sein als dies, wenigstens was die deutsche Rätebewegung nach 1918 anbetrifft; denn erstens waren sogar die tatsächlichen Spartakisten jener Jahre zwar teilweise ziemlich abenteuerliche und utopische Politiker, aber doch gewiß keine Bolschewisten – Stalinisten im heutigen Sinne. Ich nenne nur die Namen Karl Liebknecht, Rosa Luxemburg und Paul Levi.

Zum zweiten bildeten jene Spartakisten auch nur eine kleine Minderheit. Die führende politische Richtung in der Rätebewegung war die der unabhängigen Sozialdemokratie, aber auch viele Mehrheitssozialdemokraten gehörten ihr an.

Und drittens liefen die Grundgedanken der Rätebewegung jeder Diktatur und jedem Streben nach staatlicher Allmacht, wie es den

Sowjetkommunismus kennzeichnete, geradewegs zuwider. Auf die Selbsttätigkeit und Selbstbestimmung der arbeitenden Menschen gerichtet, die vollständige Demokratisierung aller Lebensbereiche einschließlich der Wirtschaft fordernd, zielten die Gedanken der Rätebewegung gegen jegliche bürokratisch-autoritäre Bevormundung der Arbeitnehmer, erfolge sie nun durch den Staatsapparat, durch die Parteien oder durch die Gewerkschaften.

Ja, man könnte eher – und dieser Einwand ist vor allem von gewerkschaftlicher Seite erhoben worden – den damaligen Plänen ein Zuwenig als ein Zuviel an Sinn für Autorität, Disziplin und Ordnung vorhalten. Das Zügellose, das unverantwortlich Erscheinende, das Anarchische in der Bewegung ist es schließlich wohl auch gewesen, das eine Zusammenarbeit zwischen ihr und den alten bewährten Führern der Gewerkschaften und der Sozialdemokratie verhindert und das schließliche Scheitern aller weiterreichenden Pläne verursacht hat; denn als einzige greifbare Errungenschaft neben dem unsäglichen »Vorläufigen Reichswirtschaftsrat« ist nur das ja nicht gerade umstürzende Betriebsrätegesetz vom Februar 1920 übriggeblieben. Die historische Schuldfrage jenes tragischen Konflikts kann ich hier weder stellen noch beantworten. Sicher aber ist, daß es ganz falsch wäre, in der Rätebewegung nur einen Aufstand der Ungeschulten, nur einen ziellosen Aufruhr ohne schöpferische Kräfte zu erblicken. Die Rätebewegung und die Räteidee haben vielmehr eine ganze Reihe wichtiger und bisher ungelöster Probleme der Arbeiterbewegung aufgegriffen und einer Lösung nähergebracht.

Sozialismus als Tagesaufgabe

Entscheidend wichtig dabei ist, daß die Trennwand zwischen politischer und gewerkschaftlicher Tätigkeit durchstoßen und die Verwirklichung des Sozialismus von einer festtäglichen Glaubenserwartung zu einer Tagesaufgabe der Arbeitnehmer gemacht wurde.

Und gleichbedeutsam steht daneben die Einsicht, daß ohne Selbstverwaltung der Arbeitnehmer, ohne ihre unmittelbare Teilnahme an der Leitung der Wirtschaft, also ohne wirtschaftliche Demokratie, jede Sozialisierung nur zu einem großen bürokratisierten staatskapitalistischen Gefängnis führen müßte.

Einige der damals von Theoretikern und Praktikern der Rätebewegung in allen ihren politischen Richtungen entwickelten einzelnen Erkenntnisse möchte ich nun noch kurz herausgreifen.

Erstens: Es ist nötig, daß neben die demokratische Staatsverfassung auch eine demokratische Wirtschaftsverfassung tritt. Der Begriff der Wirtschaftsverfassung ist vor allem von Hugo Sinzheimer entwickelt worden, die mit dem Begriff gemeinte Einsicht selbst war aber Allgemeingut der gesamten Rätebewegung.

Zum zweiten: Sozialisierung ist nicht nur Enteignung der bisherigen kapitalistischen Eigentümer, sondern auch Demokratisierung der Wirtschaftsleitung und Verwaltung. In einem Artikel in der theoretischen Zeitschrift der Rätebewegung »Der Arbeiterrat« – daß es so etwas überhaupt gegeben hat, wird den wenigsten wahrscheinlich heute noch gegenwärtig sein – hat 1919 Karl Korsch diese allgemeine Erkenntnis formuliert: »Die Klasse der werktätigen Arbeiter wird als solche nicht freier, ihre Lebens- und Arbeitsweise nicht menschenwürdiger dadurch, daß an die Stelle des von den Besitzern des privaten Kapitals eingesetzten Betriebsleiters ein von der Staatsregierung (...) eingesetzter Beamter tritt.«[4]

Das ist – ich bitte, das zu beachten – 1919 geschrieben und nicht 1949 oder 1959, also noch vor den bitteren Erfahrungen mit der russischen Entwicklung und im übrigen von einem Mann, der Marxist und Revolutionär war, also des Utopismus, der Staatsgläubigkeit und sonstiger Sünden dringend verdächtig ist, und der außerdem sogar eine Zeitlang der Kommunistischen Partei angehört hat. Und diese Einsicht war wirklich Allgemeingut aller politischen Richtungen in der Rätebewegung: der Sozialdemokraten wie der Unabhängigen und sogar der damaligen – ich betone das ausdrücklich – Kommunisten. Wer also den Titoismus in Jugoslawien oder die Arbeiterräte in Ungarn und Polen für eine umstürzende neue Sache hält, irrt sich. Diese Ideen waren 1919 in Deutschland bereits ausgesprochen und weit verbreitet.

Die Rätebewegung hatte eine sehr klare Vorstellung davon, daß die Entstehung einer allmächtigen Partei- und Staatsbürokratie ein Hauptproblem für eine sozialistische Gesellschaftsordnung werden würde.

---

4 Karl Korsch, *Die Sozialisierungsfrage vor und nach der Revolution*. Frankfurt am Main 1980, Gesamtausgabe. Hrsg. von M. Buckmiller. Bd. 2, S. 163.

In den Forderungen der überall spontan gebildeten Betriebsräte nach Arbeiterkontrolle oder Demokratisierung der Betriebe finden wir alle Elemente der heutigen betrieblichen Mitbestimmung bereits entwickelt. Das Betriebsrätegesetz von 1920 und damit auch die ganzen Auseinandersetzungen um die Betriebsverfassung nach 1945 bauen unmittelbar auf den von der Rätebewegung entwickelten Vorstellungen auf.

Und wenn ich einige Einzelheiten zum Beleg dieser Behauptung herausgreifen darf, so ist z. B. die Vertretung der Arbeitnehmer im Aufsichtsrat größerer Unternehmungen eine Forderung der Rätebewegung aus dem Frühjahr 1919. Ebenso findet sich die Einrichtung eines Arbeitnehmervertreters im Vorstand großer Unternehmungen bereits damals als Forderung. Die besondere Beauftragung des Vorstandsmitgliedes mit sozialen und personellen Fragen, also die eigentliche Einrichtung des Arbeits- oder Sozialdirektors, wurde sogar für einige Monate praktiziert, und zwar bei der Frankfurter Eisenbahndirektion. Allerdings sollte dieser Sozialdirektor sich damals jährlich zur Neuwahl durch die Arbeitnehmer stellen müssen; er und ebenso auch die Arbeitnehmervertreter im Aufsichtsrat sollten keine Unternehmergehälter und keine Unternehmertantiemen beziehen. Aber das waren natürlich nur die längst ausgetretenen Kinderschuhe der Mitbestimmung.

Wandel zum Industrieverband

Auch die tatsächliche Verfassung der Arbeiterbewegung selbst wurde durch die Ratebewegung verändert. Mit den Betriebsräten entstand eine völlig neue Schicht gewerkschaftlicher Funktionäre, welche die gesamte Gewerkschaftsarbeit einschneidend veränderte, und die Umformung der alten gewerkschaftlichen Berufsverbände zu neuen großen Industrieverbänden hat ohne Zweifel durch die Rätebewegung einen entscheidenden Anstoß erhalten. Und nicht zuletzt sind damals die Worte »Mitbestimmung« und »Wirtschaftsdemokratie« in die Begriffswelt der deutschen Arbeiterbewegung eingegangen und darin heimisch geworden. Die wenigsten werden wohl wissen, daß sich sogar im Heidelberger Aktionsprogramm der SPD von 1925 die Forderung nach Milbestimmung findet.

Der Ausgang der Revolution und die folgende Inflation hatten die sozialistische Arbeiterbewegung Deutschlands dazu genötigt, die theoretischen Grundlagen ihrer Politik neu zu durchdenken. Das Ergebnis dieser Bemühungen war eine teilweise Wiederaufnahme der in der Rätebewegung gewonnenen Einsichten.

Auf dem allgemeinen Kongreß der Gewerkschaften vom August/September 1925 in Breslau formulierten sie ihre wirtschaftspolitischen Ziele unter der Parole »Wirtschaftsdemokratie« neu, und wenige Wochen später verkündete die Sozialdemokratie in Heidelberg ihr neues Parteiprogramm, in dessen Vorstellung die Sozialisierung, nach den Worten des Programmredners Rudolf Hilferding, »zugleich ein Prozeß der wirtschaftlichen Demokratisierung« sein sollte, der in engster Zusammenarbeit zwischen Partei und Gewerkschaft sich vollziehen würde.[5]

Die Gründe dieser betonten Neuformulierung des sozialistischen Wirtschaftsprogramms habe ich bereits angedeutet. In Krieg, Revolution und Inflation war für die Arbeiterbewegung Deutschlands eine Welt zusammengebrochen. 1924/25 fand sie sich, politisch gespalten, durch die Massenflucht der Arbeiter aus den Gewerkschaften geschwächt (die Gewerkschafter verloren zwischen 1923 und 1924 50 Prozent ihrer Mitglieder) und um fast alle ihre Hoffnungen betrogen. Die Gewerkschaftsführer waren sich über die neue Lage vollkommen klar. Der Vorsitzende des Holzarbeiterverbandes, Fritz Tarnow, hat es auf dem Breslauer Kongreß besonders klar ausgesprochen. Die Arbeitermassen seien durch die Entwicklung der letzten Jahre tief enttäuscht worden.

»Eine Illusion ist geplatzt (...) Auch unsere Gewerkschaftsbewegung hat darunter gelitten. Es ist schon notwendig zu fragen, ob das so bleiben muß, ob wir nicht in unsere Arbeiterbewegung eine Ideologie hineinbringen können, an die die Massen glauben können, ein Ideal.«

Und dann, zu dem neuen Begriff der »Wirtschaftsdemokratie« gewendet: »Das ist die ungeheure Werbekraft, die in der Idee liegt, daß wir das Endziel, die Umformung der Wirtschaft und damit der Gesellschaft, im täglichen Kampf Schritt für Schritt erreichen können.«[6]

Seine endgültige Ausgestaltung fand das neue Programm dann nach

5 *Protokoll über die Verhandlungen des sozialdemokratischen Parteitages 1925 in Heidelberg*. Berlin–Bonn-Bad Godesberg 1974.

6 ADGB (Hrsg.), *Protokoll der Verhandlungen des zwölften Kongresses der Gewerkschaften Deutschlands. Abgehalten in Breslau 1925*. Band 6, Berlin 1925, S. 231.

mancherlei Auseinandersetzungen in dem bekannten Buche Fritz Naphtalis. Danach muß zwischen Wirtschaftsdemokratie und Demokratisierung der Wirtschaft unterschieden werden. Der erste Begriff bezeichnet das Ziel, der zweite den Weg dorthin. Das Ziel ist dasselbe wie je in der Arbeiterbewegung. Vollendete Wirtschaftsdemokratie ist gleichbedeutend mit sozialistischer Gesellschaft. Sie bedeutet Planwirtschaft, Gemeineigentum an den Produktionsmitteln und klassenlose Gesellschaft. Trotzdem ist die neue Formulierung für das alte Ziel nicht nur eine Äußerlichkeit. »Sie ist vielmehr hervorgegangen aus dem Bedürfnis der Konkretisierung der Vorstellung von dem Wege unserer wirtschaftlichen Entwicklung, wie wir sie im Interesse der Arbeiterklasse anstreben.«

Das Schwergewicht der theoretischen Arbeit Naphtalis und seiner Freunde liegt auf dieser Konkretisierung. Die Arbeiterbewegung kann nicht warten, bis sie die Macht zu hundert Prozent erobert hat, sondern sie muß schon heute anfangen, die wirtschaftlichen und gesellschaftlichen Verhältnisse in ihrem Sinne zu ändern und zugleich sich selbst für ihre neue Aufgabe in der sozialistischen Gesellschaft schulen. Der Kampf um die sofortige Neugestaltung der sozialen Verhältnisse ist im Gegensatz zu den Behauptungen eines dogmatischen Marxismus sogar möglich, »denn es hat sich herausgestellt, daß die Struktur des Kapitalismus selbst veränderlich ist und daß der Kapitalismus, bevor er gebrochen wird, auch gebogen werden kann«.[7]

Dieses Werden der Wirtschaftsdemokratie vollzieht sich nach den Naphtalischen Vorstellungen auf allen Gebieten des sozialen Lebens, und auf allen kämpft die Arbeiterbewegung um neue Rechte und um mehr Demokratie. Der Ausbau wirtschaftlicher Selbstverwaltungskörper, die Förderung der öffentlichen Betriebe, der Konsumgenossenschaften und der gewerkschaftlichen Eigenbetriebe, die Demokratisierung der Organe staatlicher Wirtschaftspolitik, die Ausgestaltung des kollektiven Arbeitsrechts, die sozialpolitische Selbstverwaltung, die Kräftigung der Betriebsräte und schließlich die Durchbrechung des Bildungsmonopols sind Stationen auf diesem Wege. Insbesondere forderten die Gewerkschaften die Schaffung und den Ausbau von wirtschaftlichen Selbstverwaltungskörperschaften, wie sie in den Artikeln

7 Fritz Naphtali, *Wirtschaftsdemokratie. Ihr Wesen, Weg und Ziel. (1928) Hrsg. und eingeleitet von Rudolf F. Kuda*. Köln 1977, S. 28.

156 und 165 der Weimarer Reichsverfassung vorgesehen waren, und sie forderten die paritätische Besetzung aller solchen und ähnlichen Organe.

Es könnte nun den Anschein haben, als wäre die Wirtschaftsdemokratie der Jahre 1925 bis 1930 nichts anderes gewesen als die Wiederaufnahme der damals ja ebenfalls gelegentlich als wirtschaftsdemokratisch bezeichneten Politik der Zentralen Arbeitsgemeinschaft von 1918, jener auf dem Gedanken der Partnerschaft aufgebauten Interessengemeinschaft zwischen den Spitzenverbänden der Arbeitgeber und der Arbeitnehmer, die ja noch im Laufe der Inflation wegen der Nichtübereinstimmung der beiderseitigen Interessen auseinandergebrochen war.

Und ein Teil der Fürsprecher der Wirtschaftsdemokratie legte in der Tat das Hauptgewicht auf die gleichberechtigte Zusammenarbeit mit den Unternehmern in der Gegenwart, auf den von uns genannten Gedanken der Partnerschaft, der die Grundlage der Arbeitsgemeinschaft gewesen war, und verzichtete damit auf nicht absehbare Zeit auf jegliche Sozialisierungsforderung. Andere – meistens ausgesprochene Praktiker – betonten den Weg und die auf ihm errungenen Erfolge des Tageskampfes so nachdrücklich, daß das Ziel darüber zu einer bloßen rhetorischen Floskel verblaßte.

Hätte sich nun das Programm der Wirtschaftsdemokratie, wie es seine Kritiker behaupteten, in einer zeitgerechten Erneuerung des Gedankens der Arbeitsgemeinschaft erschöpft, so würden wir nach Auswirkungen der Rätebewegung in ihm vergeblich fragen müssen; denn der Gedanke der Arbeitsgemeinschaft enthält zwar in dem paritätischen Zusammenwirken von Arbeitnehmern und Unternehmern in den wirtschaftlichen Selbstverwaltungsorganen ein Element der Mitbestimmung, aber doch nur sehr abgeschwächt, und ist von einer wirklichen Selbsttätigkeit der Arbeitnehmer selbst weit entfernt.

Aber die Idee der Wirtschaftsdemokratie bringt doch mehr zum Ausdruck als nur den Gedanken der Arbeitsgemeinschaft. Das tritt nicht so sehr in ihrer konkreten Ausgestaltung zutage als vielmehr in den allgemeinen Beweggründen und den theoretischen Überlegungen, die in der Diskussion hervortraten. In ihnen ist die Auswirkung der Rätebewegung unverkennbar. Entscheidend dabei ist vor allem die Tatsache, die übrigens von allen Verfechtern der Wirtschaftsdemokratie gesehen wird, daß sich die Gewerkschaften nunmehr selbst und selbständig neben der Partei als Träger des Sozialismus auffassen. Die alte Vorstellung von der Trennung der Funktionen zwischen Partei und Gewerkschaften ist – wenigstens in der Theorie – überwunden. Es wird anerkannt, daß die Arbeiter als Arbeiter und nicht bloß als Parteimitglieder an der Verwirklichung des Sozialismus mitarbeiten müssen.

Damit im Zusammenhang steht ein weiteres: Die von allen Seiten betonte Konkretisierung des Weges zum Sozialismus. Die Sozialisierung, d. h. die Aufhebung der Klassenherrschaft über die Arbeiter, ist nicht mehr das Ergebnis des großen Kladderadatsches, der irgendwann einmal kommen wird, sie ist auch nicht das Werk des Staates, der von oben her alles regelt, sondern sie wird zum unmittelbaren Inhalt des sozialen und politischen Kampfes. Die Selbsttätigkeit der Arbeiterbewegung ist die Grundlage dieses Prozesses, die Teilnahme der Arbeiter an der Wirtschaftsleitung ist sein Inhalt.

Sozialisierung – Verstaatlichung

Das wichtigste Erbe der Rätebewegung im Programm der Wirtschaftsdemokratie aber ist die Konkretisierung des Begriffs der Sozialisierung selbst. Daß Sozialisierung nicht mit bloßer Verstaatlichung gleichgesetzt werden dürfe, hatte schon die Sozialisierungskommission der Jahre 1919 und 1920 erkannt. Dieser Gedanke wird jetzt aufgenommen und vertieft. Hatte man damals noch vorwiegend den Schutz der sozialisierten Wirtschaft vor der staatlichen Bürokratie im Auge gehabt, so tritt nun die Selbstverwaltung der Wirtschaft durch die Arbeitnehmer als positiver Inhalt hervor. Betonte der alte Begriff der Sozialisierung einseitig nur die Änderung der Eigentumsverhältnisse, also die Aufhebung des Privateigentums an den Produktionsmitteln, so rückt der Begriff der Wirtschaftsdemokratie zusätzlich eine andere Seite der Neuordnung in den Vordergrund, wie Fritz Naphtali betont, »nämlich die mit der Wandlung der Eigentumsordnung verbundene oder zu verbindende Wandlung der Art der Wirtschaftsführung. An die Stelle der Autokratie einer Minderheit von Kapitalisten tritt in der Wirtschaftsführung die Demokratie der Gesamtheit der Arbeitenden«.

Und an einer anderen Stelle sagt er: »Wenn wir von der Wirtschaftsdemokratie sprechen, so klären wir, daß der an die Sachen anknüpfenden Vergesellschaftung des Eigentums an den Produktionsmitteln die veränderte Struktur des menschlichen Gesellschaftskörpers entsprechen muß.« Und das Ziel ist die »organisierte und von den Gewerkschaften kontrollierte Wirtschaft, die auch den einzelnen Unternehmer zum beauftragten und gebundenen Führer eines Betriebes macht.«

So Naphtali und so das offizielle Programm der freien deutschen Gewerkschaften aus dem Jahre 1928. Aber auch bei Fritz Naphtali bleibt trotzdem die Frage unbeantwortet, wie und auf welche Weise die Demokratisierung der Wirtschaft nun wirklich praktisch in die Wirtschaftsdemokratie übergehen werde. Und ganz wie früher Kautsky, warnt auch er vor der Utopie, vor dem Versuch, diese künftige Wirtschaft im Detail auszumalen, und sagt: »Ein neues Wirtschaftssystem, ein neuer sozialer Aufbau, wie es der Sozialismus sein wird, wächst organisch aus der Entwicklung heraus, die geformt werden kann, die aber nicht von vornherein in ihren Einzelheiten vorgestellt werden kann.«

Hier werden die entscheidenden Unterschiede zwischen dem Programm der Wirtschaftsdemokratie und der Rätebewegung sichtbar. Der wichtigste ist, daß in der Forderung nach Demokratisierung der Wirtschaft eben keine Bewegung zum Ausdruck kam. Die neue Idee ergriff im Gegensatz zu den Hoffnungen Fritz Tarnows die Massen nicht, und die Diskussionen um sie spielten sich vorwiegend zwischen den Gewerkschaftsspitzen und den Theoretikern ab. Man kann das ohne Schwierigkeiten aus den Verhandlungsprotokollen der damaligen Gewerkschaftstagungen und Gewerkschaftskongresse ablesen. Die Demokratisierung der Wirtschaft hing gewissermaßen in der Luft, ihr fehlte das Fundament der praktischen Betätigung in den Betrieben und Unternehmungen, die es für eine kurze Zeit – 1918/19 – in der Rätebewegung gegeben hat. Dort, in den Betrieben und Unternehmungen, ging die Arbeit der Betriebsräte im Grunde nicht über die sozialpolitische Interessenvertretung der Arbeiter hinaus, und auch die übrige praktische Tätigkeit der Gewerkschaften unterschied sich nicht grundsätzlich von der Tätigkeit vor 1914. Und mit dieser gesellschaftlichen und politischen Lage steht auch die Tatsache im Zusammenhang, daß das Schwergewicht der Wirtschaftsdemokratie in den großen gemeinwirtschaftlichen Organisationen und der Arbeit der Gewerkschaften als Ganzes gesehen wird, während den Betriebsräten selbst nur eine untergeordnete Rolle zugedacht ist.

Dieser Sachverhalt muß, so meine ich, ebenso wie die partnerschaftliche Tendenz und das betonte Vertrauen auf die organische Entwicklung vor dem Hintergrund der verhältnismäßigen wirtschaftlichen und gesellschaftlichen Stabilität zwischen 1924 und 1929 gesehen werden.

Angesichts einer gleichmäßig voranschreitenden kapitalistischen Entwicklung schien der Gewerkschaftsbewegung ein revolutionärer Angriff auf die bestehende Gesellschaftsordnung weder möglich noch auch nötig zu sein. Die Gefahr krisenhafter Erschütterungen wurde mit zum Teil erstaunlicher Selbstsicherheit einfach geleugnet. Nur wenige sahen weiter, unter ihnen der leider zu früh verstorbene Vorsitzende des Deutschen Metallarbeiterverbandes, Robert Dissmann. Einer der klarer blickenden Gewerkschaftsführer, Peter Zimmer vom Bergarbeiterverband, definierte einmal die Wirtschaftsdemokratie sehr treffend als »die Theorie der zur Zeit politisch und organisatorisch starken deutschen Gewerkschaften«. – Der zur Zeit politisch und organisatorisch starken deutschen Gewerkschaften! Aber damit sprach er ihr natürlich für den Fall der Krise ein vernichtendes Urteil.

Neuer Anfang 1945: Im Kern keine Veränderung

Die große Krise und der aus ihr erwachsene Nationalsozialismus zerschlugen dann mit der deutschen Arbeiterbewegung auch das Programm der Wirtschaftsdemokratie und das ganze Erbe der Rätebewegung. Aber als nach 1945 die Arbeiterbewegung aus dem Untergrund des Dritten Reiches auftauchte und sich neu organisierte, da stiegen mit ihr auch die Gedanken der Wirtschaftsdemokratie und der Mitbestimmung wieder empor. (...) In der gegenwärtigen Problematik der Mitbestimmung sind einige Punkte zu bezeichnen, an denen die Auseinandersetzungen der Vergangenheit wieder aufzuleben scheinen und an denen die Geschichte unmittelbar in die Gegenwart hineinwirkt.

Eine Feststeilung dabei vorweg! Verblüffend und – wenn man will – auch bedrückend ist die Übereinstimmung zwischen der allgemeinen gesellschaftlichen und politischen Entwicklung nach 1918 und nach 1945, ungeachtet der wesentlichen Unterschiede, die in gar keinem Fall geleugnet werden sollen. In beiden Fällen war durch den Ausgang eines Weltkrieges und seine politisch umstürzenden Folgen die wirtschaftliche, soziale und politische Machtstellung der alten Unternehmerschaft erschüttert worden, ihr Ansehen war gesunken, ihre Autorität gegenüber der Arbeitnehmerschaft gebrochen, die Überzeugung von der Zweckmäßigkeit der freien Marktwirtschaft war zerstört. Sozialistische oder doch radikal-sozialreformerische Ideen herrschten vor, und die organisierte Arbeitnehmerschaft trug die Hauptlast und die Hauptverantwortung beim Aufbau einer deutschen Demokratie. In beiden Fällen schienen sich endlich lange gehegte Erwartungen der Arbeiterschaft zu erfüllen, und in beiden Fällen wurden diese Erwartungen durch die folgende Entwicklung enttäuscht.

Rätebewegung, Sozialisierung und Wirtschaftsdemokratie in der Weimarer Republik, Kampf um Mitbestimmung und Betriebsverfassung in der Bundesrepublik führten nicht zu den erhofften Ergebnissen. Die freie Unternehmerwirtschaft erstand wieder, und die gesellschaftliche Lage der Arbeitnehmer wurde – trotz mancher unleugbarer wertvoller Errungenschaften im einzelnen – im Kerne doch nicht verändert. Auf dem Hintergrunde dieser Gleichläufigkeit müssen die übrigen Verbindungsglieder zwischen Gegenwart und Geschichte des Mitbestimmungsgedankens in der deutschen Arbeiterbewegung betrachtet werden. Von entscheidender Bedeutung scheint mir dabei zu sein, daß im Gegensatz zur Zeit vor 1914 und auch noch weitergehend als vor 1933 die Gewerkschaften heute vor der Partei als die wichtigsten Träger einer einschneidenden gesellschaftlichen Strukturveränderung erscheinen – ganz abgesehen davon, daß die einzige wirklich bedeutsame Veränderung dieser Art, die Wirklichkeit wurde, nämlich die Montanmitbestimmung, eben nicht auf dem politischen, sondern im wesentlichen auf dem gewerkschaftlichen Felde erkämpft wurde. Es hat fast den Anschein, daß in völliger Umkehr der überkommenen Verhältnisse von traditionell gemäßigten Gewerkschaften und traditionell radikaleren Parteipolitikern heute die Gewerkschaften wenigstens teilweise – mit aller Vorsicht gesagt! – in diesem Sinne den radikaleren Flügel der Arbeiterbewegung darstellen.

Das ist freilich kein bloßer absonderlicher Zufall. Die Sozialdemokratie hat nach 1945 ausdrücklich auf die vollständige Sozialisierung aller Produktionsmittel verzichtet. Auch eine restlose Verwirklichung des gegenwärtigen sozialdemokratischen Programms also würde in dem größten Teil der Wirtschaft – außerhalb gewisser Schlüsselindustrien – die überkommenen Eigentumsverhältnisse nicht antasten. Die einzige gesellschaftliche Strukturveränderung folglich, die dann noch alle Arbeitnehmer berühren könnte, wäre die Mitbestimmung, und deren hauptsächlicher Träger ist – nach der Natur der Sache unvermeidlicherweise – die Gewerkschaft und nicht die politische Partei.

Entscheidend: Die Betriebsverfassung

Wiederaufgenommen worden ist auch die enge Verknüpfung von Sozialisierung und Demokratisierung der Wirtschaft. Das sozialdemokratische Aktionsprogramm von 1954 sagt kurz und bündig: »Betriebe werden nicht schon dadurch demokratisch, daß sie in Gemeineigentum übergehen. Entscheidend ist ihre Betriebsverfassung.«

Und einen gewerkschaftlichen Standpunkt hat Otto Brenner in seinem Referat auf dem Verbandstag der IG Metall von 1958 ausgesprochen, als er formulierte: »Demokratisierung der Wirtschaft bedeutet immer zweierlei: Überführung der Schlüsselindustrien in Gemeinwirtschaft und volle Mitbestimmung der Arbeitnehmer in der Wirtschaft.«

Bemerkenswert ist auch, daß die im Jahre 1958 der Öffentlichkeit vorgetragenen gewerkschaftlichen Überlegungen zur Vergesellschaftung des Bergbaues auf eine enge Verknüpfung von Gemeineigentum und Ausbau der Mitbestimmung hinausliefen. Während die im glei chen Jahre von der Sozialdemokratie auf dem Stuttgarter Parteitag entwickelten Pläne zur Sozialisierung des Bergbaues hingegen eine Einschränkung der bisherigen Mitbestimmung zur Folge haben mußten.

Durch diese Verbindung von Sozialisierung und Mitbestimmung ist auch wieder wie vor 35 Jahren der Alltagskampf der Arbeiterbewegung mit ihren weitreichenden Zielen verknüpft worden.

In gewisser Hinsicht ergeben sich allerdings charakteristische Unterschiede zwischen dem Mitbestimmungsgedanken heute und dem Rätegedanken bzw. dem Gedanken der Wirtschaftsdemokratie damals. Im Gegensatz zur radikalen Strömung der Rätebewegung enthält das gewerkschaftliche Mitbestimmungsprogramm etwa in seiner Münchener Fassung von 1949 als wesentliches Element den Gedanken der

Partnerschaft von Kapital und Arbeit. Ob dieser Gedanke seit 1949 seine Bewährungsprobe bestanden hat, ist in der heutigen Arbeiterbewegung freilich umstritten.

Rückgriff auf die Räteidee

Ein wesentlicher Unterschied zur Naphtalischen Wirtschaftsdemokratie liegt in der starken Betonung der betrieblichen Mitbestimmung in wirtschaftlichen Fragen, ein Gedanke, der ganz offensichtlich in die Rätebewegung zurückgreift. Wer z. B. einmal in die ersten Jahre nach 1945 zurückblickt, sich Protokolle, Broschüren und Gesetze dieser Zeit betrachtet oder eigene Erinnerungen an diese Zeit besitzt, wird finden, daß von den Betriebsräten vor allem größerer Unternehmungen, aber auch von den Gewerkschaften in dieser Hinsicht Forderungen erhoben und zum Teil sogar durchgesetzt worden sind, die noch über das im Mitbestimmungsgesetz für Kohle und Stahl Verankerte hinausgehen, vom Betriebsverfassungsgesetz natürlich ganz zu schweigen!

Aber auch einer der die gesamte Gesellschaftsordnung betreffenden Grundgedanken der Rätebewegung ist nach 1945 zum Teil wiederaufgenommen worden, nämlich die Vorstellung von einer eigenen, selbständig neben der politischen Verfassung stehenden Wirtschaftsverfassung. Diesem Gedanken hat 1919 gerade einer der maßvollsten Vertreter der Räteidee, der sozialdemokratische Politiker Max Cohen-Reuss, seine Kraft gewidmet. Mit allem Nachdruck ist er dafür eingetreten, daß in einer Gesellschaft, in der die Wirtschaft zu einem machtvollen Reich eigener Gesetzlichkeit neben der Politik geworden sei, der Mensch sich zweifach demokratisch organisieren müsse: Als Staatsbürger und als Produzent, als Wirtschaftsbürger, wie wir heute sagen würden.

Dieser Gedanke, daß die Wirtschaft nicht einfach vom Parlament, von Regierung und Verwaltung beherrscht und vor allem demokratisiert werden könne, liegt offensichtlich auch jenen gewerkschaftlichen Mitbestimmungsvorstellungen heute zugrunde, die eine eigenständige Selbstverwaltungsorganisation der Wirtschaft mit echten Kompetenzen fordern, aufgebaut vom Betriebsrat über die regionalen Wirtschaftsräte bis zum Bundeswirtschaftsrat.

Es ist nun freilich wieder die neueste sozialdemokratische Programmatik, die hiervon in gewissem Sinne abweicht. In einem sehr eingehenden Aufsatz über Wirtschaftsdemokratie in der »Neuen Gesellschaft« hat Heinrich Deist die Idee eines vom Betrieb aus nach oben durchgehenden Wirtschaftsrätesystems ausdrücklich als mit der Demokratie unvereinbar verworfen.[8]

Juniorpartner oder bestimmende Kraft?

Damit ist nun der Bereich meines Themas abgeschritten. Politische Prognosen oder Werturteile auszusprechen, ist nicht die Aufgabe des Wissenschaftlers. Nur eine abschließende Bemerkung sei mir noch gestattet, mit der ich, wie ich hoffe, die selbst gesteckte Grenze noch nicht überschreite, denn ich spreche einen historischen und soziologischen Erfahrungssatz aus. Die Mitbestimmung kann nicht auf der Stelle stehenbleiben: entweder sie weitet sich aus, oder sie schrumpft zusammen. Es ist die Frage, welchen Weg die deutsche Arbeiterbewegung einschlagen will: entweder den eines partnerschaftlichen Ausgleichs mit den herrschenden gesellschaftlichen Kräften, der ihr wohl doch nach aller historischer Erfahrung bestenfalls die Rolle eines Juniorpartners eröffnen würde, oder aber den Weg zur bestimmenden Kraft unserer wirtschaftlichen und politischen Entwicklung, den Weg also, den ihr ihre sozialistische Überlieferung vorgezeichnet hat. In diesem zweiten Falle würde ohne Zweifel der Mitbestimmungsgedanke für die deutsche Arbeiterbewegung von großer und stetig wachsender Bedeutung sein. In einem solchen Falle müßte die deutsche Arbeiterbewegung den Bereich ihrer Erfahrungen aber noch sehr viel weiter ausdehnen, als ich es heute mit diesem Vortrage habe tun können. Die wirklichen Vorgänge der Revolution von 1918/19 und die halbvergessenen Ereignisse der Jahre nach 1945, die englischen Shop-Stewarts der zwanziger Jahre und die katalonischen Arbeiter von 1936/37 (die in der Abwehr des Franco-Faschismus eine sozialistische Rüstungsproduktion auf genossenschaftlicher Basis aus dem Boden stampften), französische Produktivgenossenschaften und israelitische Kibbuzim oder Gewerkschaftsbetriebe, jugoslawische, ungarische und polnische

8 Heinrich Deist, *Wirtschaftsdemokratie*. In: Die neue Gesellschaft, Jg. 4/1957, Nr. 2, S. 107.

Arbeiterräte: ihrer aller Erfahrungen müßten sehr sorgfältig geprüft werden. Die Entscheidung darüber freilich, welchen Weg sie gehen will, liegt bei der deutschen Arbeiterbewegung selbst. Der Wissenschaftler kann nur hoffen, daß es ihr trotz aller Enttäuschungen in der Vergangenheit vergönnt sein möge, aus ihrer eigenen Geschichte zu lernen.

Betriebliche Mitbestimmung – eine gesellschaftspolitische Aufgabe

Mit dem Ausdruck »Mitbestimmung« bezeichnen wir einen gesellschaftlichen Zustand, in dem die Arbeitnehmer das Recht und die Möglichkeit haben, unmittelbar auf die Leitung und Gestaltung des Wirtschaftsprozesses Einfluß zu nehmen.

Im Zusammenhang mit dieser allgemeinen Begriffsbestimmung nun gleich eine grundsätzliche Bemerkung über die gesellschaftliche Funktion der Mitbestimmung überhaupt, die, wie ich meine, zur Klärung des Problems notwendig ist. Mitbestimmung bedeutet, wie ich eben gesagt habe, Teilnahme der Arbeitnehmer an der Leitung des Wirtschaftsprozesses. Die Forderung nach Mitbestimmung, das heißt also das Verlangen nach einer solchen Teilnahme, muß, wenn diese Forderung irgendeinen Sinn haben soll, von einer doppelten Voraussetzung ausgehen: einmal nämlich, daß die Arbeitnehmer bisher eine solche Teilnahme an den Leitungsfunktionen der Wirtschaft noch nicht oder noch nicht in genügendem Umfange besitzen und zum anderen, daß sie ein begründetes Interesse haben, danach zu streben.

In einer Wirtschaftsordnung gänzlich ohne Mitbestimmung stehen die leitenden Funktionen, wie wir wissen, ausschließlich einem begrenzten Kreise von führenden Personen der Wirtschaft zu, Kapitaleignern, Unternehmern bzw. in einer Staatswirtschaft – und wir wollen eine reine Staatswirtschaft durchaus nicht ausschließen – staatlichen Wirtschaftsfunktionären, Managern, Betriebsleitern und sonstigen leitenden Angestellten der Betriebe und Unternehmen. Ich will diese Gruppe insgesamt der Einfachheit halber im weiteren Verlauf dieses Vortrages abkürzend als die »Unternehmer« bezeichnen, möchte aber noch einmal darauf hinweisen, daß in diesen Begriff sowohl die Kapitaleigner, als auch die leitenden Angestellten und selbstverständlich auch, im Falle, daß ein Unternehmen sich in öffentlicher Hand befindet, die vom Staat eingesetzten staatlichen Wirtschaftsfunktionäre eingeschlossen sind.

Die Arbeitnehmer hingegen sind den aus der Leitungsfunktion sich ergebenden Entscheidungen unterworfen und haben auf sie keinen Einfluß. Ja, der Begriff des Arbeitnehmers ist mit den Worten des bekannten und verdienstvollen gewerkschaftlichen Arbeitsrechtlers und Gewerkschaftspolitikers Erich Bührig gerade bestimmt durch »die Leistung abhängiger Arbeit im Dienste eines anderen«[1]. Diese Sachlage hat gewisse Konsequenzen, die ich nicht besser ausdrücken kann, als mit den Sätzen, die Harald Koch in einem Grundsatzartikel zur Mitbestimmungsfrage formuliert hat. »Die Mitbestimmung soll die Arbeitnehmer in die Lage versetzen, an den betrieblichen und unternehmenspolitischen Entscheidungen, denen sie schließlich unterworfen sind, mitzuwirken. Das aber bedeutet (und diese Feststellung scheint besonders wichtig zu sein – v. Oe.), daß diejenigen, die diese Entscheidungsgewalt bisher allein besaßen, sie künftig im Sinne der Mitbestimmung zu teilen haben. Für sie ist ein partieller Machtverlust die Folge. Es wäre unredlich, diesen Sachverhalt verdecken zu wollen«.[2]

In der Tat, es wäre unredlich, und außerdem wäre es unlogisch. Es ist in der letzten Zeit auch von gewerkschaftlicher Seite viel von »Integration« die Rede, oder genauer, von der »gesellschaftspolitischen Integration« der Arbeitnehmer[3]. Das heißt zu deutsch, es ist die Rede von ihrer Einordnung in die Wirtschaft und in die Gesellschaft.

Wenn mit diesem Begriff nur die alte gewerkschaftliche Forderung nach Demokratisierung der Wirtschaft und der Gesellschaft und nach gleichberechtigter Teilnahme aller Bürger an der wirtschaftlichen, kulturellen und politischen Willensbildung, wie es die Präambel des DGB-Grundsatzprogrammes ausdrückt, gemeint sein sollte, wäre gegen diesen Ausdruck wenig zu sagen. Aber gelegentlich klingen bei der Forderung nach Integration auch noch andere Vorstellungen mit, Vorstellungen von einer grundlegenden Übereinstimmung der Interessen zwischen den Unternehmern und den Arbeitnehmern, der gegenüber die unleugbaren Interessengegensätze nur zweitrangig seien und jedenfalls kein Hindernis für eine dauerhafte, feste, sogenannte soziale Partnerschaft darstellten.

---

1 Erich Bührig, *Handbuch der Betriebsverfassung*. Köln 1953, S. 198.

2 Harald Koch, *Mitbestimmung als gesellschaftspolitische Aufgabe*. In: Die Neue Gesellschaft, 1966, Nr. 4, S. 279 f.; Nachdruck in: *Das Mitbestimmungsgespräch,* 1966 Nr. 8/9, S. 140.

3 DGB (Hrsg.), *Mitbestimmung – eine Forderung unserer Zeit*. Düsseldorf 1971, S. 34.

Nun wäre es ohne Zweifel völlig unsinnig, sich die Wirklichkeit der Wirtschaft, die Wirklichkeit des betrieblichen Lebens als einen Kriegsschauplatz dauernder, bitterer, ausschließlicher sozialer Konflikte vorzustellen. Ohne Zusammenarbeit und sozialen Frieden, oder sagen wir vorsichtiger, ohne einen sozialen Waffenstillstand auch zwischen gesellschaftlichen Gruppen mit widerstreitenden Interessen ist gesellschaftliches, wirtschaftliches und betriebliches Leben einfach nicht möglich. Aber diese Einsicht heißt in gar keiner Weise, vor der Bedeutung gesellschaftspolitischer Gegensätze und der aus ihnen notwendigerweise entstehenden sozialen Konflikte die Augen zu verschließen. Das wäre, um mit Harald Koch zu sprechen, einfach unredlich.

Um es noch einmal mit aller Deutlichkeit zu sagen: Voraussetzung für die Forderung nach Mitbestimmung ist ein Interessengegensatz, und zwar der notwendige und unausweichliche Gegensatz zwischen Leitenden und Ausführenden, zwischen Befehlenden und zum Gehorsam Verpflichteten, kurz und deutlich, zwischen Unternehmern und Arbeitnehmern.

Bestünde dieser Interessengegensatz nicht, das heißt wären die Interessen der Arbeitnehmer natürlicherweise bei ihrem Chef am besten aufgehoben, dann wäre die Mitbestimmung in der Tat vollständig überflüssig. Und tatsächlich gehen die Argumente der schroffen Mitbestimmungsgegner in den konservativen Unternehmerkreisen auch mehr oder weniger deutlich genau in diese Richtung. Sie sagen einfach: Was wollen die Arbeitnehmer denn; ihre eigentlichen Interessen liegen im Betrieb, im Wohl des Gesamtbetriebes. Die Interessen des Betriebes aber werden durch die Unternehmer am besten vertreten; also ist Mitbestimmung überflüssig.

Wer aber die Mitbestimmung will, weil er eine »wirkungsvollere Interessenvertretung«[4] der Arbeitnehmer will als bisher, der muß auch die Tatsache in Kauf nehmen, daß die Unternehmer den ihnen durch die Mitbestimmung drohenden »partiellen Machtverlust«, um noch einmal Harald Koch zu zitieren, nicht widerstandslos hinnehmen. Keine soziale Gruppe verzichtet nach unserer geschichtlichen und sozialwissenschaftlichen Erfahrung freiwillig auf Machtpositionen. Keine soziale Gruppe duldet kampflos das Vordringen einer ihr ent-

4 a.a.O., S 35.

gegengesetzten Interessengruppe – es sei denn, eine gesellschaftliche und politische Übermacht nötige sie dazu.

Diese Feststellung entspricht nicht in erster Linie der gesellschaftspolitischen Erfahrung, obwohl der erbitterte Widerstand gegen die gewerkschaftliche Mitbestimmungsforderung eine unbestreitbare Erfahrungstatsache ist, sondern sie folgt aus der Einsicht in Wesen und Funktion der Mitbestimmung selbst. Die Überzeugung von der Notwendigkeit der Mitbestimmung auf der einen Seite und der Glaube an die mehr oder weniger weitgehende natürliche Interessenharmonie zwischen Unternehmern und Arbeitnehmern auf der anderen Seite sind miteinander unvereinbar. Man kann redlicher- und logischerweise nur eine der beiden Auffassungen vertreten. Doch von diesen allgemeinen Überlegungen zurück zu unserem konkreten Thema, der betrieblichen Mitbestimmung.

Grundlage für ihre genaue Abgrenzung und für das Verständnis ihrer besonderen Probleme ist die sorgfältige Unterscheidung zwischen den verschiedenen Ebenen oder Bereichen der Mitbestimmung. Der Wirtschaftsprozeß vollzieht sich auf einer ganzen Reihe unterschiedlicher Ebenen, angefangen vom einzelnen Arbeitsplatz ganz unten über die Arbeitsgruppe, die Werkstatt oder Abteilung, den Betrieb, die Unternehmung, die Wirtschaftsregion, die nationale Volkswirtschaft bis hin zu den übernationalen Wirtschaftsorganisationen. In jedem dieser Bereiche wird zu seinem Teil der Wirtschaftsprozeß geleitet oder gestaltet, in jedem dieser Bereiche kann diese Leitung oder Gestaltung durch die Arbeitnehmer unmittelbar beeinflußt werden, in jedem dieser Bereiche ist Mitbestimmung möglich. Bei dem in Deutschland herrschenden Sprachgebrauch kommt der geschilderte Sachverhalt in der Unterscheidung von betrieblicher und überbetrieblicher Mitbestimmung zum Ausdruck. Mit der überbetrieblichen Mitbestimmung, einem wichtigen und komplizierten Sachgebiet, können wir uns heute hier nicht beschäftigen. Aber einige Bemerkungen sind nötig über den Zusammenhang von Mitbestimmung im Unternehmen und Mitbestimmung im Betrieb, ein Zusammenhang, der sich hinter der oftmals ungenauen Rede von der betrieblichen Mitbestimmung verbirgt.

Unternehmen und Betrieb sind zwei ihrem Wesen nach durchaus verschiedene, wenn auch in der Praxis aufs engste zusammenhängende Bereiche des Wirtschaftslebens, die gerade unter dem Gesichtspunkt der Mitbestimmung sorgfältig voneinander unterschieden werden müssen. Der Betrieb ist die technisch-organisatorische Einheit des Wirtschaftslebens. Er umfaßt die materiellen Grundlagen des Wirtschaftslebens, den Baugrund, die Gebäude, die Anlagen, die Energiequellen und die arbeitenden Menschen, die in bestimmten Formen der arbeitsteiligen Zusammenarbeit den Betrieb in Gang halten. Der Zweck des Betriebes ist die Erzeugung von Gütern oder Dienstleistungen, und der Maßstab seiner Tätigkeit ist der technische und organisatorische Wirkungsgrad. Das Unternehmen hingegen ist eine rein wirtschaftliche Einheit. Es ist der Inbegriff eines wirtschaftlich tätigen Vermögens, des Kapitals, und genießt als solches eine eigene rechtliche Persönlichkeit. Der Zweck des Unternehmens ist die Erzeugung von Waren, das heißt von Gütern und Dienstleistungen, die unter dem Gesichtspunkt ihrer wirtschaftlichen Verwertbarkeit oder Verkäuflichkeit betrachtet werden. Sein Maßstab ist die Erwirtschaftung von Gewinn, die Rentabilität. Bei nichtprivatwirtschaftlichen Unternehmungen, gemeinnützigen, karitativen usw. treten neben oder sogar vor die wirtschaftlichen Zwecke andere, sittliche, religiöse, politische. Aber der Unterschied zum Betrieb bleibt trotzdem grundsätzlich bestehen.

In der Praxis lassen sich Betrieb und Unternehmen freilich nicht immer leicht auseinanderhalten. Trotzdem muß an der scharfen begrifflichen Trennung festgehalten werden. Bei fast allen größeren Unternehmungen treten beide auch in der Wirklichkeit deutlich auseinander. In der Regel werden von allen großen Unternehmen, mehrere verschiedene, räumlich voneinander getrennte Betriebe unterhalten. Die wirtschaftliche Leitung vollzieht sich dabei auf der Ebene des Unternehmens, die technisch-organisatorische im wesentlichen auf der Ebene der Betriebe. Die betriebliche Mitbestimmung hat hier nicht nur begrifflich, sondern jedermann sichtbar auch räumlich und personell einen anderen Wirkungsbereich als die Mitbestimmung im Unternehmen. Daran ändert auch die Tatsache nichts, daß zumindest in jenen Unternehmungen und Betrieben, die dem Betriebsverfassungsgesetz allein unterliegen, diese Mitbestimmungsfunktion von demselben Organ, oder sagen wir besser, von den Mitgliedern desselben Organs, nämlich des Betriebsrates, wahrgenommen wird.

Diese begriffliche Unterscheidung ist nicht nur von rein theoretischem Interesse, wie man wohl meinen könnte, sondern sie ist auch von praktischem, gesellschaftspolitischem Interesse. Die Gestaltung des Unternehmens ist von der jeweiligen Rechts- und Wirtschaftsordnung abhängig. Das Unternehmen kann sich im Privateigentum oder in Gemeineigentum befinden. Es kann in einer Marktwirtschaft oder in einer Planwirtschaft tätig sein. Es kann seinen Umfang, seinen Eigentümer, seine wirtschaftliche Funktion wechseln. Es ist ganz klar, daß je nachdem auch die Mitbestimmung im Unternehmen ihre Gestaltung und ihre Bedeutung verändern müßte. Der technisch-organisatorische Betrieb hingegen könnte unter grundverschiedenen Eigentums- und Wirtschaftsformen dennoch weitgehend unverändert bleiben. Einen gleichen technischen und allgemein wissenschaftlichen Entwicklungs- und Bildungsstand vorausgesetzt, sind die betriebstechnischen und betriebsorganisatorischen Probleme – etwa der Endmontage in einer Automobilfabrik oder des Kohlenabbaues in einer Steinkohlenzeche oder der vollelektronischen Lohnbuchhaltung in einer großen Unternehmung oder Verwaltung – in der Sowjetunion die ähnlichen wie in den USA, in Frankreich oder in der Bundesrepublik.

Natürlich prägen die Besonderheiten der politischen und der wirtschaftlichen Verfassung auch die betrieblichen Verhältnisse. Natürlich hängen die technischen und organisatorischen Entscheidungen der Betriebsleitungen von den wirtschaftlichen Entscheidungen der Unternehmenspolitik ab. Aber viele Probleme bleiben wenigstens im Grundsatz davon doch verhältnismäßig unberührt. Die Regelung der Bandgeschwindigkeit oder der Einsatz von Springern, die Fragen der Arbeitsplatzbewertung und des Leistungslohnes, Auswahl und Arbeitsstil der betrieblichen Vorgesetzten und die soziale Betreuung der Belegschaft, um nur eine kleine Auswahl möglicher Probleme hier herauszugreifen, das alles sind Fragen, die unter den verschiedensten Unternehmens- und Wirtschaftsverfassungen in ganz ähnlicher Form auftauchen und beantwortet werden müssen und die infolgedessen auch vergleichbaren Formen der betrieblichen Mitbestimmung unterliegen können und im übrigen oftmals auch praktisch unterliegen.

Diese Unterscheidung zwischen der Mitbestimmung im Unternehmen und der Mitbestimmung im Betrieb gewinnt unter der geltenden deutschen Rechtsordnung noch eine ganz besondere Bedeutung. Die Mitbestimmung im Unternehmen berührt nämlich unmittelbar die wirtschaftliche Verfügungsmacht des Eigentümers und reibt sich deshalb an der herrschenden Privateigentumsordnung, insbesondere an den Bestimmungen des Handels- und des Gesellschaftsrechts. Für die betriebliche Mitbestimmung gilt das in dieser Form nicht. Das ist ein bedeutsamer Umstand, auf den wir noch einmal zurückkommen werden, wenn die Frage nach den rechtlichen Realisierungsmöglichkeiten der betrieblichen Mitbestimmung zur Debatte steht.

Leider hat die hier getroffene notwendige klare Unterscheidung in den Gesetzestexten unseres Betriebsverfassungsrechtes und auch in den programmatischen Forderungen der Gewerkschaftsbewegung keinen ganz eindeutigen Niederschlag gefunden. Üblich ist die Formulierung »Mitbestimmung in allen wirtschaftlichen, sozialen und personellen Fragen«. Aber damit ist nicht gesagt, was im einzelnen unter diese verschiedenen Begriffe fällt. Daß die im eigentlichen Sinne kaufmännisch-finanziellen Entscheidungen auf der Ebene des Unternehmens getroffen werden und der wirtschaftlichen Mitbestimmung zuzuordnen sind, steht außer Frage. Nicht so eindeutig ist die Frage der Zuordnung aber etwa bei den Problemen der technischen Gestaltung des Betriebes und vor allem bei den Problemen der Arbeitsorganisation zu beantworten. Gerade diese beiden Fragen sind aber im Zeitalter der Automation und des raschen technischen Fortschritts von großer und wachsender Bedeutung. Völlig zu Recht hat daher der letzte Gewerkschaftstag Ihrer Organisation in seiner Entschließung zu diesen Fragen die »Mitbestimmung in der Arbeitsorganisation« und außerdem eine »Berücksichtigung des Menschen bei der Gestaltung neuer Arbeitsplätze und bei der Konstruktion neuer Maschinen« gefordert. Es besteht kein Zweifel daran, daß der Sache nach beide Probleme in den Bereich des Betriebes als der technisch-organisatorischen Produktionseinheit gehören und damit auch der betrieblichen Mitbestimmung unterliegen müssen. Es mag rein gewerkschaftspolitische Zweckmäßigkeitsgründe geben, die es nahelegen, an der alten Forderung »Paritätische Mitbestimmung der Arbeitnehmer bei allen wirtschaftlichen, sozialen und personellen Entscheidungen« festzuhalten. Aber wenigstens zur Selbstverständigung und zur internen Diskussion über die Ausgestaltung der betrieblichen Mitbestimmung könnte die überkommene, etwas grobe Gliederung des betrieblichen Geschehens und der möglichen Gegenstände der Mitbestimmung in soziale und personelle Fragen differenziert und ergänzt werden. Zumindest müßte meiner Meinung nach die Forderung nach Mitbestimmung in der technischen Gestaltung des Betriebsablaufs, soweit er die Arbeitnehmer betrifft – aber welcher Teil des technischen Betriebs betrifft die Arbeitnehmer nicht –, und nach Mitbestimmung in der Arbeitsorganisation gesondert erhoben und im Rahmen der gewerkschaftlichen Zielsetzung ausdrücklich diskutiert werden.

Mit welchen Argumenten begründet die Gewerkschaftsbewegung nun ihre Forderung nach betrieblicher Mitbestimmung? Welches sind die Ziele, die sie dadurch erreichen will? Die allgemeine Begründung für die Forderung nach Mitbestimmung schlechthin, wie sie im Grundsatzprogramm und im Aktionsprogramm des DGB ausgesprochen ist, beruft sich auf das »Wesen des demokratischen und sozialen Rechtsstaates« (Grundsatzprogramm) und auf die Notwendigkeit, die politische Demokratie durch die Mitbestimmung in der Wirtschaft zu ergänzen, oder, wie das Wilhelm Haferkamp in einem längeren Aufsatz über die »Mitbestimmung in den Grundsatzprogrammen der deutschen Gewerkschaften« ausgedrückt hat: »Der Sinn der Mitbestimmung ist die Konkretisierung der formalen Demokratie in einem entscheidend wichtigen Lebensbereich.«[5] Soweit der große Rahmen der gewerkschaftlichen Mitbestimmungsforderung. Angesichts der höchst unterschiedlichen Bedingungen und Anforderungen auf den verschiedenen Ebenen der Mitbestimmung ist es freilich nötig, die gewerkschaftlichen Forderungen noch genauer zu bezeichnen und im einzelnen zu begründen. Auf der Ebene des Unternehmens ist das, ausgehend von den langjährigen Erfahrungen mit der Montan-Mitbestimmung, einigermaßen ausreichend geschehen. Für den Betrieb wird man das allerdings, trotz einer unzweifelhaft vorhandenen Fülle praktischer Erfahrungen und vieler beachtlicher Meinungsäußerungen zu diesem Thema, nicht so ohne weiteres mit gutem Gewissen sagen können.

Ludwig Rosenberg hat in einer programmatischen Rede als das Ziel der betrieblichen Mitbestimmung »die Vermenschlichung des Betriebes« bezeichnet.[6] Wilhelm Haferkamp hat in seinem Aufsatz von der »Sicherung der Arbeitnehmerinteressen in den Betrieben« und von der erforderlichen »Neuordnung der Arbeitgeber/Arbeitnehmer-

---

5 Wilhelm Haferkamp, *Mitbestimmung in den Grundsatzprogrammen der deutschen Gewerkschaften*. In: Das Mitbestimmungsgespräch, 1964, Nr. 5–7, S. 72.

6 Ludwig Rosenberg, *Die Mitbestimmung in Gegenwart und Zukunft*. In: Das Mitbestimmungsgespräch, 1961, Nr. 11, S. 13.

Beziehungen« gesprochen.[7] Die konkreteste Formulierung und die ausführlichste Begründung der gewerkschaftlichen Vorstellung von der betrieblichen Mitbestimmung hat jedoch Otto Brenner in seinem Referat über »Fortschrittliche Betriebsverfassung – Prüfstein der Demokratie« vor der Hans-Böckler-Gesellschaft gefunden. In einer knappen Analyse hat er die noch herrschende monarchische Betriebsverfassung und die auf strengster Über- und Unterordnung beruhende sogenannte »hierarchische Betriebsorganisation« gekennzeichnet und als Ziel der betrieblichen Mitbestimmung formuliert: »Wir müssen uns mit allen Kräften darum bemühen, die bestehende Herrschaftsstruktur aufzulösen und an ihre Stelle Formen der Kooperation zu setzen, das heißt der gleichberechtigten Zusammenarbeit.«[8]

In diesen Worten und in den übrigen Ausführungen jener Rede ist mit aller Knappheit angedeutet, was betriebliche Mitbestimmung wirklich sein könnte und sein sollte: Nicht nur, wie weithin gemeint und praktiziert wird, ein wirkungsvoller Schutz der Belegschaft und des einzelnen Arbeitnehmers gegen Willkür, gegen Ungerechtigkeit und materielle Benachteiligung (obwohl dies natürlich von größter Bedeutung und das erste Ziel jeder betrieblichen gewerkschaftlichen Arbeit ist und bleiben muß), nicht nur ein Druck auf die bestehende Betriebsleitung und ihre Organe zur bereitwilligeren Berücksichtigung der Arbeitnehmerinteressen (obwohl auch das unzweifelhaft nötig und wichtig ist), sondern das Ziel muß sein eine grundlegende Umgestaltung der herkömmlichen Betriebsorganisation selbst: Die weitgehende Ablösung der Hierarchie, das heißt der starren Über- und Unterordnung im Betrieb durch neue Formen der Kooperation, das heißt der gleichberechtigten Zusammenarbeit aller Belegschaftsmitglieder.

Daß diese Anforderungen – von allen anderen Mängeln einmal ganz abgesehen – durch das geltende Betriebsverfassungsgesetz nicht erfüllt werden, versteht sich von selbst. Die gewerkschaftliche Kritik am Betriebsverfassungsgesetz ist so alt wie das Gesetz selbst. Wissenschaftliche Untersuchungen wie die von Otto Blume haben die aus der Praxis gewonnenen gewerkschaftlichen Einwendungen bestätigt. Auf der vorigen Betriebsrätekonferenz Ihrer Organisation in Kassel

---

7 ebd.

8 Otto Brenner, *Fortschrittliche Betriebsverfassung – Prüfstein der Demokratie*. In: Das Mitbestimmungsgespräch, 1962, Nr. 11/12, S. 158.

hat mein Kollege, Professor von Friedeburg, seine wissenschaftliche Kritik sogar in die Forderung nach einem völlig neuen Betriebsverfassungsgesetz ausmünden lassen.

Auf der anderen Seite wissen wir natürlich sehr wohl, daß Umfang und Wirksamkeit der betrieblichen Mitbestimmung in der Praxis nicht nur vom Text des Gesetzes abhängen. So, wie es leider viele Betriebe gibt, in denen die Belegschaft und ihre Vertreter nicht einmal die bescheidenen Möglichkeiten des Betriebsverfassungsgesetzes wirklich ausnutzen, so gibt es andererseits ebenso Betriebe, in denen Betriebsrat und Vertrauenskörper aufgrund ihrer vorbildlichen Arbeit und aufgrund ihrer tatsächlichen Machtstellung Rechte besitzen, von denen Gesetze und Tarifverträge vorerst noch nicht einmal zu träumen wagen.

Diese alte Auseinandersetzung um das Betriebsverfassungsgesetz will ich hier heute nicht erneuern. Nur ein einziges Argument will ich aufgreifen, weil es nach meiner vielleicht beschränkten persönlichen Erfahrung mit tödlicher Sicherheit in jeder Diskussion über die betriebliche Mitbestimmung auftaucht (und ich habe im Laufe meiner Tätigkeit an einer ganzen Reihe solcher Diskussionen teilgenommen), und weil es nötig ist, dieser Argumentation von vornherein die Spitze abzubrechen. Sie lautet etwa, und es sind in der Regel alte, erfahrene, in harter Arbeit skeptisch gewordene Praktiker, die das vorbringen: Ach, Kollegen, es hat doch gar keinen Zweck, über eine Verbesserung der betrieblichen Mitbestimmungsrechte auch nur zu reden, solange die meisten Betriebsräte nicht einmal die Rechte ausnutzen, die sie haben. Und dann folgt der Hinweis auf die verbreiteten und wohlbekannten Mängel in der gewerkschaftlichen Arbeit vieler Betriebe.

Kolleginnen und Kollegen, diese Argumentation stützt sich unzweifelhaft auf nicht zu leugnende Tatsachen. Sie gibt sich darüber hinaus ungeheuer realistisch und nüchtern, und sie ist trotzdem meiner Meinung nach von Grund auf falsch und schädlich. Wie gut oder wie schlecht die Gesetze und die sonstigen Arbeitsbedingungen für die Gewerkschaftsbewegung auch immer sein mögen, es wird stets einen Teil geben, der glänzend damit fertig wird, und einen anderen Teil, der seine Aufgaben nicht löst und versagt; das liegt in der menschlichen Natur. Der durchschnittliche Gewerkschaftsfunktionär wird eben auch nur durchschnittlich mit den gegebenen Verhältnissen zurechtkommen. Je ungünstiger und schwieriger aber die Verhältnisse, je undurchsichtiger und unbestimmter die gesetzlichen Bestimmungen, je schwächer die Rechts- und Machtpositionen der Arbeitnehmer sind, desto eher wird gerade die Masse der durchschnittlichen Vertreter resignieren oder gar versagen. Das spricht zwar gewiß auch gegen die betreffenden Personen; aber es ist nicht in erster Linie, wie oft gesagt wird, eine Personenfrage, sondern dieser Umstand spricht in erster Linie gegen die bestehenden Verhältnisse.

Es ist nun einmal kein Zweifel daran, daß gute, klare, für die Arbeitnehmer günstige Rechtspositionen sich leichter verteidigen lassen, als schwache und zweideutige. Wenn, wie oft behauptet wird, so viele Betriebsfunktionäre mit dem Betriebsverfassungsgesetz nicht genügend anzufangen wissen, dann ist das ganz und gar kein Grund zur Resignation, sondern es müßte eigentlich ein Ansporn sein, neue Rechte zu erobern, die so klar, so eindeutig, so stark sind, daß nicht nur der besonders Befähigte, sondern auch der Durchschnittsmensch erfolgreich mit ihnen arbeiten kann. (Starker Beifall.)

Aus diesem Grunde, liebe Kolleginnen und Kollegen, ist es auch nicht überflüssig, die Frage nach Möglichkeiten und Bedeutung der betrieblichen Mitbestimmung ganz grundsätzlich zu stellen, auch wenn die Ergebnisse einer solchen Überlegung dem Praktiker unter den gegenwärtigen politischen und gesellschaftlichen Machtverhältnissen völlig utopisch vorkommen müssen. Wer vorwärts strebt, muß wissen, und zwar je genauer, desto besser, was überhaupt möglich ist, auch wenn er es im Augenblick noch nicht verwirklichen kann. Wer es nicht weiß, der wird letzten Endes auch dasjenige, was im Augenblick möglich ist, nicht erreichen.

Ich hatte es als den eigentlichen Kern- und Zielgedanken der betrieblichen Mitbestimmung bezeichnet, die vorherrschende hierarchische Betriebsstruktur zu demokratisieren, sie so weit wie möglich durch Formen der Kooperation, der gleichberechtigten Zusammenarbeit zu ersetzen, oder, um es noch einmal etwas deutlicher auszudrücken, aus der bloßen Redensart vom lieben Mitarbeiter Wirklichkeit werden zu lassen.

Diese Forderung stößt nun freilich, wenn sie ernsthaft vorgetragen wird, in der Regel sofort auf erbitterten Widerspruch. Die Unternehmerseite verficht – und man muß einräumen: von ihrem Standpunkt aus verständlich – unnachgiebig die These von der »sachnotwendig hierarchischen Betriebsstruktur«[9]. Aber auch auf gewerkschaftlicher Seite wird an diesem Punkt häufig eine gewisse Zurückhaltung sichtbar. Ich kann nicht verhehlen, daß ich in dem Referat des Kollegen Brenner gestern abend an einer Stelle auch diese Zurückhaltung zu spüren geglaubt habe.

Harald Koch zum Beispiel stellt fest, daß es in den Betrieben nicht darum gehe, jede Über- und Unterordnung abzuschaffen. »Das funktionale Erfordernis einer kleinen Zahl vorwiegend anordnender und einer großen Zahl vorwiegend ausführender Positionen kann auch die Mitbestimmung nicht übergehen.«

Freilich läßt sich Harald Koch in seiner nachdrücklichen Verteidigung der Mitbestimmung durch jene Feststellung nicht irre machen und schränkt sie im übrigen unmittelbar darauf auch wesentlich ein. Aber das Dogma von der Unentbehrlichkeit der Betriebshierarchie erweist sich doch zuweilen als eine Fessel der gewerkschaftlichen Argumentation. Daß dieses Dogma im übrigen weiteste Verbreitung besitzt und als die herrschende Auffassung in der Öffentlichkeit betrachtet werden muß, steht außer Zweifel. Wir brauchen uns über diese Tatsache nicht lange zu wundern, sondern nur einen kurzen Blick in die Standardliteratur der Betriebswissenschaft, insbesondere der Betriebssoziologie, zu werfen.

Bei einem der bekanntesten deutschen Industriesoziologen, bei Ralf Dahrendorf, findet sich z. B. über die Notwendigkeit der Betriebshierarchie und über die Funktion der Arbeiter in ihr folgende Aussage – und es wäre ein leichtes, bei anderen Autoren viele übereinstimmende Äußerungen aufzufinden: »Nun gilt in der Tat, daß die Arbeiter in der Pyramide betrieblicher Über- und Unterordnung die ›Basis der bloß Ausführenden‹ darstellen. Durch den Einstellungsvertrag unterwerfen sie sich der Autorität ihrer Vorgesetzten. Sie sind verpflichtet, den ihnen gegebenen Anordnungen Folge zu leisten. Nur wenn sie dieser Verpflichtung nachkommen, kann die Integration des Sozialsystems im Betrieb funktionieren. Die Arbeiter sind im Rahmen der Betriebsstruktur die Beherrschten, Abhängigen, Untergebenen.«[10]

Diese Feststellung hat, was man auch immer im einzelnen dazu

---

9 Arbeitskreis Mitbestimmung der Bundesvereinigung der deutschen Arbeitgeberverbände (Hrsg.), *Wirtschaftliche Mitbestimmung und freiheitliche Gesellschaft. Eine Stellungnahme zu den gewerkschaftlichen Forderungen*. o. O. Oktober 1965, S. 55.

10 Ralf Dahrendorf, *Sozialstruktur des Betriebes*. Wiesbaden 1959, S. 36.

sagen mag, den großen Vorzug absoluter Unmißverständlichkeit. Sie verzichtet vor allem dankenswerterweise darauf, die proklamierte harte Notwendigkeit bedingungsloser Unterordnung der Arbeiter mit rosiger Human-Relations-Watte zu umpolstern. Fassen wir die besagte These noch einmal kurz zusammen. Nur wenn ein Betrieb ganz straff von oben nach unten durchorganisiert wird und nur, wenn die Arbeiter den Anordnungen der Leitung strikt gehorchen, kann der Betrieb richtig funktionieren. Unter solchen Umständen sind der betrieblichen Mitbestimmung der Arbeitnehmer in der Tat ganz feste und sehr enge Grenzen gezogen.

Diese Beweisführung ist – das müssen wir einräumen – absolut zwingend. Sie hat nur einen einzigen kleinen Schönheitsfehler. Die ihr zugrunde liegende These ist leider falsch. Ich kann mich zur Begründung auf den Göttinger Industriesoziologen Konrad Thomas beziehen, dessen Untersuchungen über die betriebliche Situation der Arbeiter den großen Vorzug haben, daß sie auf ausgedehnten eigenen Erfahrungen beruhen; denn Thomas hat fünf Jahre lang als Angelernter in verschiedenen mittleren und größeren Betrieben der Metallindustrie gearbeitet und auf diese Art und Weise die Wirklichkeit der industriellen Arbeit nicht nur von oben und von außen, sondern auch von unten und innen kennengelernt. Sein Kommentar lautet ganz kurz: »Ein Betrieb, in dem ab morgen die Arbeiter nur noch das täten, wozu sie nach der Ordnung verpflichtet sind, würde aufhören, zu funktionieren.«[11]

Diese auf den ersten Blick zumindest für den Außenstehenden verblüffende, ja geradezu unsinnig klingende Behauptung gewinnt an Wahrscheinlichkeit, wenn wir uns daran erinnern, daß es eine Streikform gibt, die gerade diesen Sachverhalt benutzt, nämlich das sogenannte Arbeiten nach Vorschrift. Es gibt, so wissen wir aus der daraus gewonnenen Erfahrung, kaum eine sicherer wirkende Methode, einen Betrieb lahmzulegen, als die, daß die Arbeitnehmer alle nur das tun, was Betriebsordnung und Vorgesetzte von ihnen verlangen. Wie erklärt sich diese anscheinend doch sehr merkwürdige Erfahrung? Die These von der Notwendigkeit der Betriebshierarchie beruht im Grunde auf einer einzigen grundlegenden Voraussetzung, nämlich dieser: Jeder Vorgesetzte kann mehr, besitzt bessere Informationen

11 Konrad Thomas, *Die betriebliche Situation der Arbeiter*. Stuttgart 1964, S. 47.

und hat einen größeren Überblick als sein Untergebener. Träfe diese Voraussetzung in vollem Umfange zu, dann gäbe es tatsächlich keine wirkungsvollere und schnellere Koordinierung aller Tätigkeiten, das heißt, dann gäbe es keine bessere Organisation als die der strikten Durchordnung von oben nach unten.

Nun ist jene Voraussetzung zwar nicht gänzlich falsch, aber sie ist auch nicht vollkommen richtig. Wäre sie richtig, dann müßte die oberste Spitze der Betriebshierarchie alles können, alles wissen und alles übersehen. Jeder weiß, daß es einen solchen Chef allenfalls, wenn überhaupt, in einem Kleinbetrieb geben kann. In einem normalen Industriebetrieb ist er eine praktische Unmöglichkeit. Und wenn so etwas von dem Direktor oder dem Vorstand eines Groß- oder Riesenunternehmens behauptet wird, dann handelt es sich bei diesem Mann offenbar um ein ganz abenteuerliches Fabelwesen.

Selbstverständlich wissen die Angehörigen der Hierarchie in gewisser Hinsicht desto mehr, je weiter oben sie stehen. Aber in mancher anderen Hinsicht wissen sie auch wieder desto weniger.

Das beginnt mit einem ganz simplen Umstand. Alle Betriebsorganisation, Planung, Kalkulation arbeitet unter der stillschweigenden Voraussetzung mehr oder weniger reibungslosen Funktionierens des Betriebes. Aber, wie Konrad Thomas an einer Stelle sehr richtig feststellt, »kein Betrieb funktioniert so wie geplant«[12]. Die Störungsquellen sind unzählig und schlechterdings unvorhersehbar: Wechsel in der Materialqualität, Störung in der Materialanlieferung und der Bereitstellung der Werkzeuge, plötzliche Veränderungen in der Zuweisung der Arbeit und in der Zeitplanung, dazu die unumgänglichen und unvermeidlichen technischen Störungen und die sich daraus ergebenden Reparaturen usw. Sie begleiten die tägliche Arbeit unvermeidlicherweise. Und die Behebung dieser Störungen ist in der Regel nicht so sehr die Leistung der Hierarchie, als vielmehr die ungeplante, dabei nicht selten gegen die Betriebsordnung verstoßende und vor allem oft genug unbezahlte Leistung des einzelnen Arbeiters oder Angestellten oder der Arbeitsgruppe auf der untersten Ebene. Würde wegen jeder Störung erst der betriebliche Dienstweg beschritten werden, so käme die Produktion bald ins Stocken.

Dieser Sachverhalt beruht natürlich in erster Linie darauf, daß nicht

12 Thomas (Anm. 11), S. 44.

jedes einzelne Ereignis vorhersehbar und damit planbar ist und daß es viel zeitsparender ist, sofort am Ort darauf zu reagieren, wo man die näheren Umstände vor Augen hat, als eine höhere Instanz zu bemühen, die erst einmal doch nicht Bescheid weiß. Hierzu treten aber zwei grundsätzlich wichtige Faktoren.

1. Jeder Arbeiter oder Angestellte, außer vielleicht den auf ganz wenige Handgriffe beschränkten Maschinen- oder Bandarbeitern, und auch dort bin ich nicht ganz sicher, ob man sie ohne weiteres ausnehmen darf, verfügt über konkrete Kenntnisse und Erfahrungen an seinem Arbeitsplatz, über die schon sein Meister oftmals nicht mehr ohne weiteres verfügt, von der Arbeitsvorbereitung oder gar vom Betriebsleiter ganz zu schweigen. Das sind Reserven, die der einzelne im Hintergrund hält, und auf die er in der Regel nur dann zurückgreift, wenn es gilt, im Kampf mit dem immer schärfer werdenden Leistungsanspruch der Betriebsleitung, wie man so sagt, auf sein Geld zu kommen, ohne sich dabei bis zur Erschöpfung auszupumpen. Ich will auf das bekannte und weitverbreitete Problem der individuellen und der kollektiven Leistungszurückhaltung nicht näher eingehen. Jedenfalls steht fest, daß der von der Arbeitsvorbereitung kalkulierte, der von oben geplante Arbeitsablauf, um es vorsichtig auszudrücken, keineswegs immer der rationellste und der effektivste ist. Bei dem schon erwähnten Soziologen Konrad Thomas finden sich einige sehr eindrucksvolle Beispiele dafür detailliert dargestellt, daß die Arbeiter manches besser wissen als ihre Vorgesetzten[13].

2. Der Arbeitnehmer wird zwar als einzelner auf Einzelarbeitsvertrag eingestellt und zur Arbeit verpflichtet, praktisch vollzieht sich moderne industrielle Arbeit jedoch fast immer in irgend einer Art von Kooperation, das heißt von Zusammenarbeit zwischen mehreren. Ob es sich dabei nur um gelegentliche Aushilfe zwischen getrennten Arbeitsplätzen handelt (ohne die der einzelne an seinem Arbeitsplatz oft genug einfach nicht weiter könnte), oder um echte, räumlich zusammenwirkende Gruppen, um Arbeiter, die durch technische Anlagen über große Entfernungen

13 a. a. O., S. 10 f., 22 ff.

miteinander verbunden sind oder um die Abstimmung ganzer Abteilungen aufeinander, in keinem Fall ist eine solche Kooperation ganz und klar planbar. Stets existiert die Notwendigkeit der Initiative und der eigenen zusätzlichen Leistung durch die Arbeitnehmer.

Der Umstand, daß die Betriebsleitung, jedenfalls bisher, nie die gesamte Leistungsfähigkeit ihrer Belegschaft unter ihre Kontrolle bringen und damit ihrer Planung verfügbar machen konnte, spiegelt sich vor allem in der, man ist fast geneigt zu sagen, sogenannten Leistungsentlohnung wider – nicht freilich in der Theorie der verschiedenen, angeblich wissenschaftlichen Arbeitsbewertungssysteme, wohl aber in der in jüngster Zeit viel erforschten Praxis dieser Systeme.

Ich glaube, ich brauche in diesem Kreise nicht viel Worte zu verlieren über das ganze Geflecht von Praktiken und Kompensationsgeschäften, von Manipulationen mit »Töpfen« und »Minuten«, die mit der Anwendung des Leistungslohns verbunden sind.

Jedenfalls gibt es eine Reihe ernsthafter wissenschaftlicher Untersuchungen (ich denke da vor allem an die Studien von Burkart Lutz[14], die nicht wenige Betriebe nachgewiesen haben, in denen die Spitze der Hierarchie zwar noch an das Funktionieren ihres Leistungslohnsystems glaubt, wo die Arbeiter und auch die Meister im unteren Arbeitsbereich aber viel besser Bescheid wissen. Freilich darf man nicht übersehen, daß die Unternehmerseite mit den modernen Arbeitsbewertungssystemen vorbestimmter Zeiten sich wieder einmal bemüht, jene Leistungsreserven ihrer Arbeitnehmer unter ihre Kontrolle zu bringen. Mir scheint aber, daß es ihr damit im besten Falle gelingen wird, Initiative und Verantwortung in der ausführenden Arbeit – wenigstens an gewissen Arbeitsplätzen – restlos abzutöten. Ob damit jedoch die höchstmögliche Produktivität der menschlichen Arbeitskraft erreicht werden kann, erscheint mir freilich sehr fraglich.

Zu diesen Bedingungen treten im Zuge des technischen Fortschritts weitere, die Professor von Friedeburg auf der vorigen Betriebsrätekonferenz bereits analysiert hat und die ich hier nur noch kurz erwähne, zum Beispiel das Überflüssigwerden, ja geradezu die Schädlichkeit her-

14 Burkart Lutz, *Krise des Lohnanreizes. Ein empirisch-historischer Beitrag zum Wandel der Formen betrieblicher Herrschaft am Beispiel der deutschen Stahlindustrie.* Frankfurt am Main 1975.

kömmlicher betrieblicher Autoritätsformen, dort wo der Produktionsprozeß zunehmend von den Erfordernissen der technischen Anlage geprägt ist, und vor allem der schon seit längerem und von verschiedenen Seiten festgestellte Wandel in der Stellung der Meister vom allmächtigen betrieblichen Vorgesetzten zum Spezialisten oder zum Koordinator oder zum bloßen Verwaltungsangestellten, der nicht mehr so sehr über als vielmehr zwischen und hinter seinen Leuten steht.

Zu diesen soziologischen Einsichten dürfen wir nun noch einige wenige psychologische Erkenntnisse hinzufügen, nämlich, daß Menschen lieber, ergiebiger und schneller arbeiten, daß sie weniger krank sind und weniger Ausschuß produzieren, wenn sie nicht als gleichgültige, faule, dumme und interessenlose Arbeitstiere, sondern als mündige, verantwortliche, urteilsfähige, vernünftige Wesen, kurz wenn sie als Menschen behandelt werden.

Dies ist eine Erkenntnis, die unterdessen auch in das Lager der Arbeitgeber eingedrungen ist, wie zum Beispiel die Studie über neue Schwerpunkte der betrieblichen Sozialpolitik von Paulssen und Flender aus dem Jahre 1963 beweist. Diese Bestrebungen werden freilich, genau so wie die sehr viel älteren amerikanischen Human-Relations-Praktiken dadurch blockiert, daß die Unternehmer in der Regel den Kuchen gleichzeitig essen und behalten wollen. Das heißt, sie wollen die Verantwortung gleichzeitig an ihre Mitarbeiter delegieren und doch selbst in der Hand behalten.

Hier nur noch eine ergänzende Bemerkung. Ich habe in den Beispielen und in den Überlegungen, die ich hier vorgetragen habe, vorwiegend von den Arbeitern und ihrer Arbeit im engeren Sinne gesprochen. Dieselben Feststellungen gelten grundsätzlich, wenn auch natürlich mit einigen Variationen, für die Funktionen und Tätigkeiten der Angestellten. Ich meine, daß es notwendig ist zu betonen, daß mehr als jemals zuvor bei dem Problem der betrieblichen Mitbestimmung grundsätzlich erforderlich ist, die Angestellten und ihre Tätigkeit in die gewerkschaftliche Arbeit einzubeziehen. Eine betriebliche Mitbestimmung ohne die von allen Vorurteilen freie, gleichberechtigte und kollegiale Zusammenarbeit zwischen Arbeitern und Angestellten im Rahmen der Gewerkschaft eines Betriebes ist schlechterdings nicht möglich.

Indessen gibt es seit vielen Jahrzehnten zunehmend eine ganze

Reihe von Beispielen, wo die herkömmliche Betriebshierarchie zum Teil auf gesetzlichem Wege, zum Teil mehr oder weniger freiwillig, einen Teil ihrer Herrschaftsrechte verlor und wo den Belegschaften beträchtliche Rechte der Mitbestimmung, wo nicht teilweise sogar der Selbstbestimmung in betrieblichen Fragen eingeräumt wurden – ohne, und das ist wichtig, daß die Produktivität der Arbeit darunter gelitten hätte. Im Gegenteil. Ich will in diesem Zusammenhang nicht auf das vielleicht berühmteste Beispiel dieser Art, auf die sogenannte Arbeiterselbstverwaltung in Jugoslawien eingehen, dessen politische, soziale und wirtschaftliche Verhältnisse den unsrigen vielleicht doch allzu ferne stehen, obwohl ich betonen möchte, daß meiner Meinung nach eine intensive Beschäftigung mit diesem höchst faszinierenden und interessanten Experiment außerordentlich lohnend ist.

Aber es gibt, und das ist für uns wichtiger, weil die Beispiele überzeugender sind, auch aus westlichen, das heißt aus in der politischen Verfassung demokratischen und im Wirtschaftssystem kapitalistischen Industriesystemen genügend aufschlußreiche Erfahrungen.

In der Regel handelt es sich dabei um Formen der Betriebsorganisation, in denen den Arbeitnehmern, und zwar vorwiegend in ihrer Organisation in Arbeitsgruppen, ein Einfluß auf die Arbeitsorganisation, auf das Arbeitstempo, auf die Zusammensetzung der Arbeitsgruppe, auf die Auswahl der unteren betrieblichen Vorgesetzten und auf die Gestaltung des Leistungslohnes eingeräumt wird – und im Zusammenhang damit auch nicht selten auf die Fragen der technischen und organisatorischen Planung.

Das vielleicht berühmteste Beispiel ist das einer großen Fahrzeug- und Motorenfabrik in der englischen Industriestadt Coventry, das der amerikanische Betriebswissenschaftler Seymour Melman gründlich analysierte. Dort organisiert die in sogenannte gangs oder Mannschaften – so müssen wir das übersetzen – gegliederte Belegschaft den gesamten Arbeitsablauf auf der untersten Ebene praktisch selbst. Sie wählt sich gruppenweise Vertrauensleute, die die Meisterfunktionen wahrnehmen, und sie vereinbart ihren Lohn mit der Werksleitung in einer Form von Gruppenakkord, der praktisch einschließt, daß die Gestaltung der Entlohnung an den einzelnen Arbeitsplätzen völlig der Entscheidung der Belegschaft selbst überlassen bleibt[15].

---

15 Seymour Melman, *Decision Making and Productivity*. Oxford 1958.

Und wer das moderne industriesoziologische Schrifttum durchblättert, etwa bei Männern wie Peter Drucker oder Whyte, bei Wolfgang Kellner oder Georges Friedmann, um nur einige bekannte Namen zu nennen, wird eine Fülle weiterer Beispiele von geringerem oder größerem Umfang finden. Drucker und Friedmann berichten zum Beispiel von Fabriken, in denen die Arbeiter mit gutem Erfolg an der Konstruktion und natürlich damit auch an der Arbeitsplanung für bestimmte komplizierte Apparate beteiligt wurden. Im übrigen ist das ein Beispiel, das man nach meinem Dafürhalten ohne Schwierigkeiten auch in einem gut funktionierenden deutschen Betrieb auffinden könnte. Ich habe selbst einmal in einem kleinen Werk für die Herstellung von Prüfgeräten beobachten können, wie sich die Entwicklung eines völlig neuen Gerätes in einer durchaus gleichberechtigten kollegialen Zusammenarbeit zwischen den entwerfenden Konstrukteuren und den ausführenden Werkzeugmachern, die ihre praktischen Erfahrungen beisteuerten, vollzog. Kellner, Whyte und andere Autoren berichten aus verschiedenen Industriezweigen von Arbeitsgruppen, die mit gutem Erfolg die Organisation ihrer Tätigkeit, die Zusammensetzung ihrer Gruppe, das Tempo ihrer Arbeit usw. ohne Eingriffe ihrer betrieblichen Vorgesetzten selbst regelten.[16]

Aber wir brauchen, glaube ich, gar nicht so weit zu greifen. Wir wissen alle sehr wohl, daß es auch hier bei uns und sogar unter der Herrschaft des Betriebsverfassungsgesetzes Betriebe gibt, in denen Betriebsrat und Vertrauenskörper zumindest in der Praxis eine sehr weitgehende Kontrolle über die betrieblichen Verhältnisse ausüben – einschließlich eines gewichtigen Mitspracherechts etwa bei neuen betrieblichen Planungen oder bei der Auswahl der betrieblichen Vorgesetzten und vielen anderen entscheidenden Fragen. Und die Betriebe fahren dabei nicht schlecht. So wenig es auch möglich war, ein so schwieriges und wichtiges Problem hier im Rahmen dieses Vertrages erschöpfend zu behandeln – soviel kann doch abschließend gesagt werden: Eine Ausdehnung der betrieblichen Mitbestimmung würde nicht nur demokratischere und humanere Verhältnisse in den Betrie-

16 Peter F. Drucker, *Die Praxis des Managements*. Düsseldorf 1956; Georges Friedmann, *Der Mensch in der mechanisierten Produktion*. Köln 1952; ders., *Grenzen der Arbeitsteilung*. Frankfurt am Main 1959; Wolfgang Kellner, *Der moderne soziale Konflikt*. Stuttgart 1961; William F. Whyte, *Lohn und Leistung*. Köln–Opladen 1958.

ben schaffen, sie würde darüber hinaus auch die Leistungsfähigkeit der Betriebe eher verbessern, als – wie so oft befürchtet wird – verschlechtern.

Wir leben in einer Zeit und in einer Gesellschaft, in der – das lehren unsere täglichen Erfahrungen – auf die Dauer nur harte, nüchterne Zweckmäßigkeitsargumente zählen. Zum mindesten wissen wir, daß überall dort, wo schöne, menschliche, soziale, idealistische Forderungen gegen die Anforderungen der harten technischen und ökonomischen Wirklichkeit prallen, die idealistischen Forderungen unterliegen. Es ist zwar gut und richtig zu sagen, daß betriebliche Mitbestimmung sozialer, menschlicher und demokratischer ist, daß sie eine gute, eine mit dem Wesen der Demokratie übereinstimmende Forderung darstellt. Aber es ist mindestens genau so gut, und ich glaube, als ein zusätzliches, ergänzendes Argument unschätzbar, wenn man außerdem mit nüchternen wissenschaftlichen Argumenten nachweisen kann, daß Mitbestimmung nicht nur eine gute, sondern daß sie außerdem noch eine nützliche Sache ist.

Diese und ähnliche Vorstellungen nun – so wird vielleicht der eine oder andere denken – mögen so gut und so richtig sein, wie sie wollen, solange wir keine Möglichkeit haben, sie zu verwirklichen, sind sie einfach – grob gesprochen – für die Katz. In der Tat wäre es – jedenfalls unter den gegenwärtigen politischen Bedingungen in der Bundesrepublik – wohl allzu optimistisch, wollte man eine Novellierung des Betriebsverfassungsgesetzes im Sinne der gewerkschaftlichen Vorstellungen erhoffen. Eher, so scheint mir, wäre noch unter Einfluß bestimmter gewerkschaftlicher Minderheitsgruppen eine negative Veränderung dieses Gesetzes zu befürchten. Aber sind die Gewerkschaften tatsächlich allein auf die Gesetzgebung angewiesen? Otto Brenner hat in seiner schon einmal erwähnten Rede, wie mir scheint, sehr zu Recht darauf hingewiesen, daß die Gewerkschaften gerade auf dem Gebiet der Betriebsverfassung manches erreichen könnten, »ohne erst auf die Gesetzgebung warten zu müssen«[17].

Der bisher in der Praxis am häufigsten beschrittene Weg, um der Belegschaft zusätzliche Rechte im Betrieb zu sichern, war zweifellos der der Betriebsvereinbarung. Aber diese rechtliche Form hat unter dem Gesichtspunkt einer wirkungsvollen und nachhaltigen Interes-

17 Brenner (Anm. 8), S. 159.

senvertretung auch ihre Schwächen. Als eine freiwillige Vereinbarung im Schatten der durch die Betriebsverfassung gesetzlich auferlegten Friedenspflicht kann sie nicht Gegenstand von Arbeitskämpfen sein und ist deswegen immer gefährdet. Ich glaube, ich tue den aktiv tätigen Betriebsräten kein Unrecht, wenn ich feststelle, daß es da und dort gerade besonders tüchtige und besonders um das Wohl ihrer Belegschaft und die Sicherung ihrer Stellung bemühte Betriebsräte gibt, die, indem sie sich in jahrelanger Arbeit ein kunstvolles Netzwerk von Betriebsvereinbarungen aufgebaut haben, die zum Teil einen außerordentlich guten und richtigen Inhalt besitzen, damit doch zugleich sich auch ein Netzwerk von Fesseln an den Gliedern geschaffen haben. In jeder kritischen Situation, in der nun übergreifende betriebliche oder gewerkschaftliche Konflikte drohen, stehen diese Betriebsräte und stehen die mit ihnen durch das Band gegenseitigen Vertrauens gebundenen Belegschaften vor der heiklen Frage, ob sie nicht bei einer gewerkschaftlichen Aktion riskieren, daß ihre kostbaren, aber ebenso gefährdeten und ungesicherten betrieblichen Errungenschaften wieder verlorengehen. Das ist der Nachteil der rechtlichen Form der Betriebsvereinbarung.

Die festeste und bewährteste rechtliche Form, um neue Rechte der Arbeitnehmer sicher zu verankern und erfolgreich zu verteidigen, ist unzweifelhaft der Tarifvertrag. Aber, so müssen wir fragen: Läßt er sich auch auf betriebsverfassungsrechtliche Gegenstände anwenden und damit für eine Ausdehnung der betrieblichen Mitbestimmung nutzbar machen?

Der Arbeitsrechtler Wolfgang Spieker hat diese Frage vor einiger Zeit in einer sehr gründlichen, klaren und überzeugend durchgearbeiteten Abhandlung mit einem eindeutigen Ja beantwortet.[18]

Im übrigen würde, wenn ich es recht verstehe, ein solcher Versuch wohl auch auf der Linie der von der IG Metall seit langem geforderten betriebsnahen Tarifpolitik liegen. Man wird sich freilich keine Illusionen über die Hindernisse machen dürfen, die auf diesem Wege aufgetürmt sind. Der erbitterte Widerstand der Arbeitgeber ist sicher. Schon allein der erste aus rechtlichen Gründen erforderliche Schritt – nämlich die Öffnung der regionalen Tarife für betriebliche Verträ-

18 Wolfgang Spieker, *Tarifautonomie und Mitbestimmung*. In: Das Mitbestimmungsgespräch, 1962, Nr. 11/12.

ge und Zusatzverträge – wirft unendliche juristische, politische und organisatorische Probleme auf. Aber im Grundsatz ist hier ein Weg vorhanden, der beschritten werden könnte.

Mit dieser letzten Überlegung habe ich bereits einen Fragenkreis im Rahmen unseres Themas berührt, den zu umgehen mir sowohl unredlich als auch unklug vorkäme; nämlich die Schwierigkeiten und Probleme, die mit einer Ausdehnung der betrieblichen Mitbestimmung verbunden sind und die Einwendungen, die mit guten Gründen dagegen erhoben werden können. Angesichts so weitreichender Möglichkeiten betrieblicher Mitbestimmung, wie ich sie vorhin skizzierte, könnte zum Beispiel ein Betriebsrat oder ein Gewerkschaftsfunktionär die Befürchtung haben – ich selbst bin nicht selten solchen Befürchtungen begegnet –, daß ihm als Arbeitnehmervertreter hier eine zu weit gehende Mitverantwortung für das Unternehmen und für das Funktionieren der gesamten gegenwärtigen Wirtschaft aufgeladen werden würde und daß die geradlinige Interessenvertretung seiner Kollegen dadurch Schaden erleiden könnte.

Nun besitzen zwar die betrieblichen Verhältnisse, wie wir zu Beginn gesehen haben, eine verhältnismäßige Unabhängigkeit gegenüber dem Unternehmen und der gesamten Wirtschaftsordnung. Aber letzten Endes sind es doch die gesamtwirtschaftliche Entwicklung und die in einer Privateigentumsordnung durch den oder die Kapitalseigner oder ihre Vertreter bestimmte Unternehmensverfassung, die auch das Schicksal des Betriebes in letzter Instanz bestimmen. Wer der herrschenden Wirtschafts- und Eigentumsordnung also kritisch gegenübersteht, könnte eine Betriebsverfassung wie etwa die des von mir vorhin kurz skizzierten Mannschaftssystems jener Fabrik in Coventry etwas boshaft so charakterisieren: Früher haben im Interesse des Kapitals die betrieblichen Vorgesetzten die Arbeiter kontrolliert und angetrieben, heute treiben sich die Arbeiter selbst an, aber auch im Interesse des Kapitals.

Wie auch immer man die bestehende Gesellschafts- und Wirtschaftsordnung beurteilen mag, soviel ist unbestreitbar, daß zwischen Unternehmern und Arbeitnehmern Interessengegensätze bestehen und daß aus diesen Gegensätzen soziale Konflikte entspringen, handelt es sich nun um den Lohnkonflikt oder um den Entscheidungskonflikt über die mehr oder weniger soziale Zielsetzung der Unternehmenspolitik oder um den Autoritätskonflikt zwischen Befehlenden und Gehorchenden im Betriebsverband. Die Forderung nach Mitbestimmung geht ja, wie wir zu Beginn klargestellt haben, gerade von der Tatsache solcher Konflikte aus. Zugleich aber bedeutet die mit jeder Form der Mitbestimmung untrennbar verknüpfte Zusammenarbeit mit dem Interessengegner unzweifelhaft auch die Möglichkeit einer Milderung des Konflikts und einer Neigung zum Kompromiß und Ausgleich, die nicht nur den eigenen, sondern auch den gegnerischen Interessen zugute kommt, was im übrigen das Wesen eines jeden wirklichen Kompromisses darstellt. Diese Situation ist aber unvermeidlich, und sie ist im Grunde mit jeder Form erfolgreicher Gewerkschaftsarbeit verknüpft. Jede wirksame Interessenpolitik erfordert Machtpositionen. Jede Machtposition eröffnet positive Gestaltungsmöglichkeiten. Jede Gestaltungsmöglichkeit bringt unvermeidlicherweise auch Mitverantwortung mit sich.

Unzweifelhaft ist freilich, daß jede Form der Mitbestimmung, nicht allein die betriebliche, wenn sie den Interessen der Arbeitnehmer wirklich dienen will, bestimmte Bedingungen erfüllen muß.

Einmal: Der einzelne Arbeitnehmer darf niemals irgendwelchen verantwortlichen Mitbestimmungsorganen wehr- und schutzlos unterworfen sein. Auch ein Vertrauensmann der Arbeitnehmer kann Unrecht tun, auch eine von der Belegschaft selbst gefällte Entscheidung kann einen einzelnen in seinen Rechten kränken. Deshalb muß – und das ist eine allgemeine und gut begründete Überzeugung – die Gewerkschaftsorganisation als solche stets unabhängig von den etwaigen Mitbestimmungsorganen bleiben, um notfalls auch ihnen gegenüber dem einzelnen Arbeitnehmer und den Interessen der Arbeitnehmerschaft Schutz gewähren zu können.

Zum Zweiten: Arbeitnehmervertreter sollten keine Positionen übernehmen, die ihnen zwar eine äußere Mitverantwortung, aber keine wirkliche Macht, zwar Arbeit und Last, aber keine echten Entscheidungsrechte gewähren. Die Grenze ist in der Praxis sicherlich nicht immer leicht zu ziehen. Aber es ist ja nicht unbekannt, daß besonders geschickte Unternehmer es verstehen, immer dann ihre Betriebsräte einzuspannen, wenn es gilt, der Belegschaft unangenehme Entscheidungen, Entlassungen, Kürzungen schmackhaft zu machen, oder aber, wenn es darum geht, ihnen lästige Betreuungsarbeit abzunehmen, etwa in der Sozialverwaltung des Unternehmens, daß aber dieselben Unternehmer wieder sehr zurückhaltend und kühl sein können, wenn eine wirkliche Beteiligung der Belegschaftsvertretung an wichtigen Fragen zur Debatte steht.

Zum Dritten ist es wichtig, daß die Arbeitnehmervertreter in den Mitbestimmungsorganen sich des objektiven Interessengegensatzes zwischen Unternehmern und Arbeitnehmern, zwischen Betriebsleitung und Belegschaft bewußt bleiben und ihn weder vor sich selbst, noch vor den Unternehmern, noch, was wahrscheinlich das Wichtigste ist, vor ihren Kollegen zu verschleiern versuchen. Die erforderliche sachliche Zusammenarbeit wird dadurch nicht beeinträchtigt, ja, sie wird meiner Meinung nach dadurch überhaupt erst wirklich ermöglicht. Hingegen kennen wir Beispiele von Betriebsräten, die sich voll bester Absichten, aber doch ein wenig zu naiv, zum verlängerten Arm der Personal- oder Sozialabteilung ihrer Geschäftsleitung haben machen lassen und die dann manchmal sehr unangenehme Überraschungen von Seiten ihrer Kollegen in den Betrieben und in den Werkstätten haben erleben müssen.

Und zum Letzten: Die Mitbestimmungsorgane müssen im lebendigen Kontakt mit der Belegschaft und mit der Arbeitnehmerschaft insgesamt, das heißt mit der Gewerkschaftsbewegung bleiben, weil sie sonst isoliert und ohne Rückhalt nicht auf die Dauer wirksam tätig werden können.

In diesem Zusammenhang ist es nun unvermeidlich, wenigstens mit einigen Worten die Mitbestimmung im Unternehmen, insbesondere die Montanmitbestimmung, zu streifen, weil die Mitbestimmung auf Unternehmensebene die betrieblichen Mitbestimmungsmöglichkeiten tiefgehend beeinflußt.

Es ist hier nicht der Ort, die sogenannte qualifizierte Mitbestimmung in vollem Umfange zu würdigen oder gar die dabei möglicherweise auftauchenden Differenzen in den Auffassungen auszutragen. Einigkeit müßte meiner Meinung nach aber darin bestehen, daß die Montanmitbestimmung weder beabsichtigt noch geeignet ist, die Wirtschaftsordnung selbst in ihren Grundlagen zu verändern, und daß die Mitbestimmungstätigkeit in den Vorständen und Aufsichtsräten der Montanunternehmungen, unbeschadet ihrer großen Erfolge für die Arbeitnehmer, sich im Rahmen dieser unserer Wirtschaftsordnung bewegt. Wie auch immer man dieser Wirtschaftsordnung gegenübersteht – wohlwollend, skeptisch oder ablehnend, das soll hier ganz offen bleiben –, die wirtschaftliche Entwicklung der Montanunternehmungen ist in letzter Instanz (bei allen anzuerkennenden Modifikationen zugunsten der Arbeitnehmer und im Interesse einer rationellen verantwortlichen Unternehmenspolitik ganz allgemein) von den Gesetzen eben jener Wirtschaftsordnung und nicht von der wirtschaftlichen Mitbestimmung bestimmt gewesen.

Wenn wir die Ergebnisse der qualifizierten Mitbestimmung für die Belegschaften zusammenfassen, und ich beziehe mich hier ausschließlich auf das auf dem letzten DGB-Bundeskongreß vorgelegte Dokument, so kommen wir zu folgenden Resultaten:

Ein Ergebnis war eine wesentlich stärkere Berücksichtigung der sozialen Interessen in der Unternehmenspolitik, ein weiteres Ergebnis eine wirkungsvollere Kontrolle der Unternehmensleitung, insbesondere durch eine verbesserte Information über alle Fragen des Unternehmens; und schließlich war das, wie mir scheint, wichtigste Ergebnis eine wesentlich verstärkte Stellung der Betriebsvertretung und ein vergrößerter Freiheitsspielraum für den einzelnen Arbeitnehmer.[19]

Ob dieses Gesamtbild da und dort der Korrektur durch die konkreten Erfahrungen im einzelnen Mitbestimmungsbetrieb unterworfen werden müßte, mag der Diskussion in dem zuständigen Arbeitskreis überlassen bleiben. Wichtig ist jedenfalls, daß sehr wesentliche Ergebnisse der qualifizierten Mitbestimmung gerade auf der betrieblichen Ebene erzielt worden sind. Weiter scheint mir, daß die vorhin formulierten vier Bedingungen effektiver und erfolgreicher Mitbestimmung auch für die Montanmitbestimmung volle Geltung haben. Wenn diese Bedingungen gegeben sind, das heißt, kurz gesagt, wenn die vorhandenen und die fortbestehenden Interessengegensätze nicht überspielt werden und wenn die qualifizierte Mitbestimmung nicht mit unerfüllbaren gesellschaftspolitischen Hoffnungen befrachtet wird, dann kann sie eine wesentliche Ergänzung und Stärkung auch und gerade der betrieblichen Mitbestimmung bedeuten.

In diesem Zusammenhang erhebt sich nun freilich eine Frage, die zwar vor allem von Seiten der Mitbestimmungsgegner und damit aus deutlich sichtbaren Gründen erhoben wird, die aber deswegen allein noch nicht als unberechtigt abgewiesen werden kann. Es ist die Frage nach der Haltung des einfachen Arbeitnehmers zur Mitbestimmungsforderung. Die Frage ist erst kürzlich wieder akut geworden, als das

---

19 DGB (Anm. 3), S. 31 ff..

Emnid-Institut seine vom Arbeitgeberverband in Auftrag gegebene Untersuchung zum Problem Integration und Mitbestimmung veröffentlichte. Die Tatsache, daß die Ergebnisse dieser Untersuchung auf den ersten Blick den gewerkschaftlichen Forderungen nicht unbedingt günstig zu sein scheinen, sollte die Gewerkschaftsbewegung nicht abhalten, die dabei sichtbar gewordenen Probleme sorgfältig zu prüfen.

Die Studie enthält unzweifelhaft gewisse methodische Mängel, aber sie erbringt unzweifelhaft auch gesicherte wichtige Ergebnisse. Wir können die Gesamtheit dieser Ergebnisse hier heute nicht diskutieren. Aber eines davon, das für unser Thema eine große Bedeutung besitzt und das uns im übrigen schon aus anderen vorausgegangenen Untersuchungen bekannt war, muß doch kurz gestreift werden, nämlich dieses: Die Probleme und die Möglichkeiten der betrieblichen Mitbestimmung stehen den einfachen Arbeitnehmern in den Betrieben wesentlich näher als die Probleme und Möglichkeiten der Mitbestimmung im Unternehmen. Oder, um es simpel auszudrücken, das Hemd ist ihnen näher als der Rock. Gesellschaftliches Bewußtsein fällt nicht vom Himmel. Es muß durch zielstrebige Information und Aufklärung immer neu geschaffen werden. Wenn aber der Mitbestimmungsgedanke in Zukunft noch tiefer und fester in der Arbeitnehmerschaft verankert werden soll, dann ist gerade aus dieser Untersuchung eine Konsequenz jedenfalls klar: Der am besten geeignete Ansatzpunkt für eine solche Information und Aufklärung über die Probleme der Mitbestimmung, für eine tiefere Verankerung des Mitbestimmungsgedankens in den Köpfen unserer Kollegen ist dort, wo der einzelne dem Problem unmittelbar begegnet, am Arbeitsplatz und im Betrieb.

Die Gewerkschaftsbewegung braucht sich davon auch nicht durch die in dieser und im übrigen auch in anderen Studien weitgehend geäußerte »Zufriedenheit« der Arbeitnehmer mit den gegenwärtigen Verhältnissen abhalten zu lassen. Zufriedenheit ist ein sehr relativer Begriff. Daß allzu viele Industriesoziologen ihn ganz und gar unkritisch verwenden, ist eine meiner Haupteinwände gegen diese Art von Arbeiten. Zufriedenheit, kann auch Resignation bedeuten, sie kann bedeuten, daß man sich zufrieden gegeben hat, weil man doch nichts mehr ändern kann, obwohl man es im Grunde gerne täte, wenn man es könnte. Es ist nun einmal so, daß kaum ein Mensch dauernd im Zustand der Opposition, des Widerstandes gegen seine gegebenen

Lebensbedingungen zu existieren vermöchte. Zufriedenheit wird ausdrücklich geäußert auf Fragen wie: Sind Sie mit dem Betriebsklima Ihres Betriebes zufrieden? Sind Sie mit Ihrer Arbeit zufrieden? Sind Sie mit Ihrem Lohn zufrieden? Aber eine solche »Zufriedenheit« – und wir wollen voraussetzen, daß die Antworten subjektiv ehrlich sind –, schließt die Bereitschaft, die gegebenen Verhältnisse zu ändern und für solche Veränderungen auch etwas zu tun, keineswegs aus.

Diese Bereitschaft freilich muß erschlossen, sie muß mobilisiert und organisiert werden. Deswegen kann man die gewerkschaftliche Zielvorstellung der betrieblichen Mitbestimmung nicht trennen von den organisatorischen Mitteln, mit denen allein sie erreicht werden kann. Über die Bedeutung des Vertrauenskörpers im Betrieb und über das Verhältnis von Vertrauensleuten und Betriebsräten im Rahmen der Industriegewerkschaft Metall ist von Berufeneren schon so oft das Nötige gesagt worden, daß ich mich hier kurz fassen kann. Die offiziellen Organe der betrieblichen Mitbestimmung, die Betriebsräte, und zwar um so mehr, je weiter die betriebliche Mitbestimmung ausgedehnt werden würde, bedürfen des Rückhalts durch die Gewerkschaften außerhalb des Betriebes, und sie bedürfen eines festen Unterbaues durch den Vertrauenskörper im Betrieb. Insbesondere in Groß- und Riesenbetrieben ist das Arbeitsgebiet viel zu umfassend und die Zahl der Betriebsräte demgegenüber viel zu gering, als daß sie allein alle Verhältnisse selbst übersehen, alle Informationen selbst einholen und alle Kontrollen selbst ausüben könnten. Auch wenn die Vertrauensleute selbst nicht als direkte Organe der Mitbestimmung betrachtet werden sollten, so stellen sie doch die unentbehrliche Basis für eine funktionierende betriebliche Mitbestimmung dar.

Aus diesem Grunde ist es auch sinnvoll und notwendig, den Vertrauensleuten eine eindeutige und gesicherte Stellung im Betrieb zu verschaffen. Am besten geschieht das vermutlich durch eine tarifvertragliche Absicherung der gesamten gewerkschaftlichen Arbeit im Betrieb, von der die Arbeit des Vertrauenskörpers ja den wesentlichen Teil darstellt. Ich möchte allerdings hier eine persönliche Bemerkung noch hinzufügen, die vielleicht ein Gegenstand der Diskussion sein wird, weil nicht alle mir zustimmen. Ich meine, daß man, wenn man vor der Wahl steht, entweder nur etwa in Gestalt eines tarifvertraglich vereinbarten Kündigungsschutzes die Stellung der Vertrauensleute zu sichern oder aber die gesamte Gewerkschaftsarbeit als solche in entsprechender Weise tarifvertraglich zu verankern, dann die zweite Lösung wählen müßte.

Ich habe angesichts solcher Möglichkeiten keine ernsten Besorgnisse darüber, daß tarifvertragliche Regelungen, in denen die Gewerkschaft sich die Freiheit ihrer Betätigung im Betrieb ausbedingt, zu einer Fessel dieser gewerkschaftlichen Arbeit im Betrieb werden könnten.

Angesichts der zentralen Rolle der betrieblichen Arbeit für die Gewerkschaften und angesichts der Tatsache, daß der Vertrauenskörper praktisch die Gewerkschaftsorganisation im Betrieb repräsentiert, erhebt sich nun noch eine andere, innerorganisatorische Frage, ob, wenn die betriebliche Arbeit von so zentraler Bedeutung für die Gewerkschaftsorganisation ist, nicht Vertrauenskörper und Vertrauenskörperleitung als eigene Organisationsstufen in der gewerkschaftlichen Satzung verankert werden müßten.

Mindestens ebenso wichtig jedoch ist die Frage, welche sonstigen organisatorischen Vorbedingungen erfüllt sein müssen, wenn die Gewerkschaften einen erfolgreichen Versuch zur Erweiterung der betrieblichen Mitbestimmung unternehmen wollen.

Wenn wir uns über die organisatorischen Vorbedingungen für einen erfolgreichen Kampf um die Ausweitung der betrieblichen Mitbestimmungsrechte Gedanken machen, dann müssen wir uns dabei einige grundsätzliche Einsichten vor Augen halten.

1. Mitbestimmung bedeutet wesensnotwendig Verantwortungsbewußtsein, Urteilsfähigkeit und die Bereitschaft zur Initiative auch auf der unteren Ebene. Betriebliche Mitbestimmung kann notwendiger- und unvermeidlicherweise nicht die Sache von einigen Tausend Funktionären und Vertrauensleuten in der Spitze der Organisation sein, sondern sie lebt nur von der Tätigkeit von Zehntausenden von einfachen Mitgliedern und Vertrauensleuten auf der unteren Ebene der gewerkschaftlichen Arbeit. Die betriebliche und gerade die betriebliche Mitbestimmung ist eine in ihrem Wesen urdemokratische Sache. Hier ergibt sich nun ein Problem, dem die Politik und dem insbesondere führende Politiker und Organisatoren auf anderen sozialen Gebieten immer wieder begegnen. Die Demokratie, die eine gute und notwendige Sache ist, hat eine unangenehme Eigenschaft. Sie kann nämlich nicht mit undemokratischen Methoden eingeführt und verwirklicht werden.

Es ist wesensmäßig unmöglich, Menschen durch Befehle und durch bürokratische Anweisung von oben dazu zu bewegen, Verantwortungsgefühl, Urteilsfähigkeit und Initiative zu entwickeln. Das heißt, die Gewerkschaftsorganisation ist genötigt, wenn sie den Gedanken und die praktischen Verhaltensweisen der betrieblichen Mitbestimmung in den Betrieben in Zukunft noch fester verankern will als bisher, diesen Erfordernissen auch in ihrer eigenen Organisation Rechnung zu tragen. Das heißt, sie muß versuchen, gewisse, mit einer großen Organisation unvermeidlich verbundenen Züge des bürokratischen von oben herab Regierens abzulegen und zu überwinden.

2. Es gibt notwendigerweise in jeder Gewerkschaftsorganisation gewisse Hemmungen gegenüber einer Intensivierung der betrieblichen Arbeit und insbesondere etwa gegenüber einer Umstellung der Tarifpolitik auf eine betriebsnähere Form. Ich darf diese einzelnen Hemmnisse ohne Umschweife eines nach dem anderen skizzieren. Erstens einmal bedeutet die Verlagerung der Organisationsarbeit und der tarifpolitischen Arbeit in die einzelnen Betriebe hinein für die davon betroffenen Vertrauensleute und Funktionäre der Gewerkschaft eine erhebliche Vermehrung ihrer bisherigen Arbeit. Zum Zweiten: Es gibt unvermeidlicherweise in jeder einmal eingespielten und gut laufenden Organisation, insbesondere bei den Leitern und dort wieder bei den hauptamtlichen Leitern dieser Organisation, eine gewisse Scheu vor den Möglichkeiten spontaner Regungen und Bewegungen in ihrem Organisationsbereich. Eine spontane Aktion in einem Betrieb, eine plötzlich entstehende Bewegung in einem Bereich der Organisation, die nicht vorhersehbar war, bringt in der Regel den eingefahrenen organisatorischen Arbeitsablauf durcheinander. Zum Dritten: Eine stärkere Verlagerung der Tätigkeit in die einzelnen Betriebe hinein stärkt unvermeidlicherweise auch das Selbstbewußtsein derjenigen Kollegen, Mitglieder und Vertrauensleute, die diese Arbeit nun tagtäglich tun. Selbstbewußte Mitglieder sind aber unter Umständen nicht nur nützliche und wertvolle Mitarbeiter, sondern auch sehr unbequeme Partner und Kritiker der eigenen Tätigkeit.

Und als letzten Punkt: Die Verlagerung gewisser Schwerpunkte der Gewerkschaftsarbeit in den betrieblichen Bereich – etwa der Tarifarbeit – bedeutet unter Umständen eine Beschränkung der bisher innegehabten Zuständigkeiten anderer Teile der Gewerkschaftsorganisation. Die Verantwortung, die beispielsweise eine lokale oder betriebliche Tarifkommission in Zukunft mehr haben würde, hätte der bisher ausschließlich für die Tarifkommission zuständige Bezirksleiter vergleichsweise weniger, und es ist entsprechend der menschlichen Natur unvermeidlich, daß nicht jeder, sei er auch der verantwortungsbewußteste und selbstkritischste Funktionär, eine Beschneidung der eigenen Kompetenzen gerne hinnimmt. Dasselbe gilt natürlich auch für andere Instanzen, Tarifkommissionen, Ortsverwaltungen usw. Und ganz allgemein muß noch dazu bemerkt werden, daß diese kritischen Betrachtungen über gewisse Verhaltensweisen der Organisation nicht allein für die eigentliche Gewerkschaftsorganisation im engeren Sinne Geltung haben, sondern – abgewandelt – natürlich auch für das Verhalten von Betriebsratsvorsitzenden, Betriebsausschüssen und Vertrauenskörperleitungen.

Und nun die dritte grundsätzliche Bemerkung: Jede bürokratisch, notwendigerweise bürokratisch aufgebaute größere Organisation hat gewisse allgemeine Gefahren und Schwächen in ihrer Arbeit. Sie neigt dazu, sich abzukapseln, an den Bedürfnissen des einzelnen Menschen vorbeizuorganisieren, ihre eigene laufende Arbeit als Selbstzweck zu betrachten. Ich sage: Es besteht die Gefahr. Das heißt: Es muß nicht so sein; aber die Tendenz dazu ist immer da. Sie muß gesehen und bewußt bekämpft werden.

So gibt es z. B. die Gefahr, daß sich gerade in großen und sehr wohlhabenden lokalen Gewerkschaftsorganisationen aus dem Kreise nicht nur der hauptamtlichen, sondern auch der ehrenamtlichen Funktionäre heraus der Typ des redlichen, nüchternen, aber doch ein wenig phantasielosen bloßen Verwalters entwickelt, der zufrieden ist, wenn die Listen und Karteikarten stimmen und wenn alle projektierten Terminpläne auch wirklich eingehalten werden (starker Beifall), der aber, um es etwas grob und polemisch auszudrücken, es für viel wichtiger hält, mit allem Fleiß und aller Gewissenhaftigkeit seine Bürostunden in der Ortsverwaltung abzusitzen, als einmal außerhalb der Arbeitszeit durch die Betriebe zu gehen.

Weiter gibt es noch ein sehr ernstes Problem, das vor allem diejenigen Kolleginnen und Kollegen wahrscheinlich am eigenen Leibe haben kennenlernen müssen, die aus der Betriebsarbeit in die hauptamtliche Gewerkschaftsarbeit übergewechselt sind. Es besteht ein grundsätzlicher Unterschied zwischen dem Arbeitsstil des werktätigen Arbeitnehmers in den Betrieben (außer er ist Büroangestellter) und der neuen verantwortlichen Büro- und Organisationstätigkeit in der Verwaltung; es besteht ein Unterschied zwischen der Werkstatt auf der einen Seite und der Schreibtischarbeit auf der anderen. Nicht jeder Funktionär entgeht der Gefahr, bei dem Überwechseln von der einen in die andere Tätigkeit jene Erfahrungen einzubüßen, die er sich in der praktischen Betriebsarbeit einmal erworben hat.

Hinzu kommen nun noch bestimmte alte Überlieferungen, die im wesentlichen gerade in Deutschland den Schwerpunkt der gewerkschaftlichen Arbeit oberhalb und außerhalb der Betriebe sehen. Wir bemerken das in der in Deutschland tief verwurzelten Tradition, die Tarifpolitik auf regionaler oder gar nationaler Ebene zu betreiben, während wir wissen, daß es beispielsweise im Ausland Gewerkschaftsbewegungen gibt, wie etwa die amerikanische, die in ihrer ganzen Geschichte vorwiegend nur den Werks- oder Betriebstarifvertrag und die Werks- oder Betriebsgewerkschaftsorganisation gekannt haben. Auch solche durchaus berechtigten und wertvollen Traditionen können dort, wo sie einmal bestehen und fest verankert sind, Hemmnisse sein, wenn es notwendig ist, die bisherige Gewerkschaftsarbeit in gewissen Hinsichten umzustellen und zu erneuern.

Wenn die Gewerkschaftsorganisation wirklich ernsthafte Versuche machen will, die Mitbestimmung in den Betrieben auszuweiten, dann liegt es in der Natur der Sache, daß solche Vorstöße nur im Rahmen bestimmter Betriebe und ausgehend von bestimmten betrieblichen Verhältnissen unternommen werden können. Da überdies mit solchen Vorstößen auch inhaltlich Neuland betreten werden würde, scheint es mir klar zu sein, daß die erforderlichen Aktionen nicht ausschließlich im Rahmen und mit den Methoden der herkömmlichen, laufenden Organisationsarbeit durchgeführt werden können. Sie müssen erst einmal als besondere Aktionen begonnen werden, die eine eigene deutliche Zielsetzung besitzen, die in einem festen Zeitplan ablaufen und die einer eindeutigen Erfolgskontrolle unterliegen. Das Letzte scheint mir besonders wichtig zu sein.

Es liegt natürlich nahe, derartige Aktionen von der politischen und organisatorischen Zentrale der Gewerkschaft aus anzuregen. Dabei besteht aber – und das gilt für jede Organisation – die Gefahr, daß solche von der Zentrale geplanten Aktionen nur eine – ich will einmal sagen – vorübergehende Aufwallung der Tätigkeit am Ort zur Folge haben, daß sie mehr oder weniger darauf hinauslaufen, nach oben zu dokumentieren, daß unten etwas geschieht. Nach Ablauf der gestellten

Frist versinkt dann die Organisation wieder in das Gleichmaß der gewohnten laufenden Tätigkeit (die man im übrigen natürlich nicht gering schätzen darf).

Große gewerkschaftliche Aktionen müssen zentral angeregt werden. Wenn sie aber tatsächlich Wirkung haben sollen, dann müssen meiner Meinung nach mehrere Voraussetzungen erfüllt werden.

Zunächst müssen diese Aktionen konkrete, aus den lokalen und betrieblichen Gegebenheiten heraus entwickelte inhaltliche und nicht nur allgemeine Ziele haben. Ferner: Um solche Aktionen zum Erfolg zu führen, müssen alle organisatorischen Kräfte zusammengefaßt und mobilisiert werden, alle, sage ich, ohne Rücksicht auf Tabus; handele es sich dabei nun um die Unversehrtheit des Lokalkassenbestandes, um die Machtbefugnisse eines Bevollmächtigten oder Bezirksleiters oder um die Zuständigkeitsabgrenzung zwischen Vorstandsabteilungen. Die Organisation, Kolleginnen und Kollegen, ist kein Selbstzweck, sondern ein Mittel zur Erreichung bestimmter Ziele.

Die im Verlauf solcher Aktionen hoffentlich neu erarbeiteten und erprobten Arbeitsformen sollten nach Abschluß dieser Aktionen beibehalten und weiterentwickelt und nicht mit einem tiefen Aufatmen beiseitegeschoben und vergessen werden.

Das sind, wie ich wohl weiß, sehr anspruchsvolle Forderungen, und sie können vermutlich nicht überall sofort erfüllt werden. Aus diesem Grunde würde ich sagen, daß im Zweifelsfall ein halbes Dutzend gut vorbereiteter und deshalb wirklich erfolgreicher Vorstöße für die gesamte Organisation mehr hergibt, als eine große Zahl von Schema-F-Aktionen.

Ganz allgemein betrachtet, bedürfte der Kampf um die Ausweitung der betrieblichen Mitbestimmung einer gründlichen geistigen und propagandistischen Vorbereitung. Dazu gehört u. a. ein gründliches Studium der rechtlichen, soziologischen und organisatorischen Vorbedingungen; dazu gehört ferner die Erarbeitung von konkreten Modellen funktionierender betrieblicher Mitbestimmung. Zu diesem Zweck ist die Sammlung der bereits vorliegenden Erfahrungen sowie – und das scheint mir sehr wichtig zu sein – ihre offene und umfassende Diskussion in der gesamten Gewerkschaftsbewegung erforderlich. Und schließlich muß der Versuch unternommen werden, die erarbeiteten konkreten Zielvorstellungen in der eigenen Mitgliedschaft und in der Öffentlichkeit wirksam zu propagieren.

In diesem Zusammenhang noch eine Randbemerkung. Zwar sind zur Zeit die Industriegewerkschaften unzweifelhaft die treibenden Kräfte in der deutschen Gewerkschaftsbewegung. Aber nichtsdestoweniger ist die Mitbestimmung nicht das Problem nur einer Gewerkschaft oder eines Industriezweiges allein. Auch andere und sogar kleinere Gewerkschaften, auch lokale und regionale DGB-Organisationen, von den außenstehenden Sachkennern ganz zu schweigen, haben Erfahrungen gemacht und Vorstellungen entwickelt, die zu kennen unter Umständen wertvoll ist. Wenn die erforderlichen Kontakte nicht gleich offiziell und auf Vorstandsebene zustande kommen, dann sind sie doch möglicherweise auch schon einmal eine Etage tiefer ganz nützlich. Selbstsicherheit und das berechtigte Gefühl der eigenen Stärke, so gut und richtig sie auch sind, können doch auch gelegentlich einen gewissen – ich will es einmal so sagen – Scheuklappeneffekt haben.

Die Forderung nach und der Kampf um betriebliche Mitbestimmung der Arbeitnehmer – welche gesellschaftspolitische Wirkung könnte davon ausgehen? Man könnte vielleicht meinen, daß damit doch nur sehr begrenzte Interessen berührt werden würden. Aber ich glaube, das ist nicht der Fall. Die Forderung nach Erweiterung der betrieblichen Mitbestimmung, und zwar nicht nur die allgemeine Parole, sondern das begründete, erläuterte, konkrete, in langen Diskussionen erarbeitete Programm würde unzweifelhaft das gesellschaftliche Bewußtsein der Arbeitnehmer bilden und ihren Blick für die Wirklichkeit der sozialen Verhältnisse stärken.

Im Kampf errungene Erfolge müssen darüber hinaus ihr Selbstgefühl stärken. Jeder Schritt vorwärts wäre zugleich ein Schritt auf dem Wege zum mündigen Bürger auch in der Wirtschaft.

Von entscheidender Bedeutung aber könnte gerade die Forderung nach Ausweitung der betrieblichen Mitbestimmung für das Verhältnis der Arbeitnehmerschaft zu ihrem hauptsächlichen sozialen Gegenspieler, zur Unternehmerschaft, werden.

Wir haben gesehen, daß die Forderung nach betrieblicher Mitbestimmung doppelt gerechtfertigt ist. Sie ist gerechtfertigt durch die Maßstäbe der Menschlichkeit und der Demokratie. Sie ist aber zugleich gerechtfertigt durch die Erfordernisse einer modernen, fortschrittlichen Produktionsorganisation.

Nicht nur die menschlich-sozialen, sondern auch die technisch-ökonomischen Gesichtspunkte stützen diese Forderung. Und mir scheint, daß es möglich sein müßte, von dieser Sachlage, wenn auch vielleicht erst in einem langen mühseligen Prozeß der Aufklärung auch die Öffentlichkeit allmählich zu überzeugen. Sogar die Unternehmer haben ja, wenigstens gelegentlich und teilweise, eingeräumt, daß Veränderungen der betrieblichen Verhältnisse möglich und auch nötig seien. Gerade für diese Unternehmer wäre die Forderung nach betrieblicher Mitbestimmung und die Auseinandersetzung mit ihr ein Prüfstein. Darüber hinaus wäre sie ein Prüfstein für das Wesen und die Entwicklungsmöglichkeit dieser unserer gegenwärtigen Wirtschafts- und Gesellschaftsordnung, der sogenannten sozialen Marktwirtschaft.

Ist sie wirklich, wie ihre Vertreter und Verteidiger behaupten, die Gesellschaftsordnung der Freiheit, der Partnerschaft und des sozialen Ausgleichs? Die Unternehmerseite jedenfalls behauptet es. Sie könnte diese Behauptung durch nichts besser beweisen, als dadurch, daß sie die berechtigten Forderungen nach betrieblicher Mitbestimmung akzeptierte.

Die Unternehmer könnten also selbst wählen: Wollen sie wirklich die Gleichberechtigung, die wahre Partnerschaft und den sozialen Frieden, auch unter Verzicht auf objektiv überholte Vorrechte, oder wollen sie bloß die Macht und damit den offenen Konflikt? Die Gewerkschaftsbewegung aber könnte gerade am Problem der betrieblichen Mitbestimmung und jenseits aller fruchtlosen ideologischen Streitigkeiten über den Charakter unserer Gesellschaftsordnung sich darüber Klarheit verschaffen, auf welchem Wege sie ihr Ziel ansteuern muß – auf dem Wege des Ausgleichs und der Versöhnung oder auf dem Wege des harten Kampfes. Das Ziel bleibt davon freilich unberührt. Es ist und bleibt die soziale Demokratie, die auf den Grundlagen der Freiheit, der Gerechtigkeit und der Solidarität beruhende demokratische Gesellschaft.

Politische Fraktionen in der Gewerkschaftsbewegung

Vorgeschichte, Geschichte und Ergebnis der politischen Fraktionsbildung in den freien deutschen Gewerkschaften 1914 bis 1924, unter besonderer Berücksichtigung des Deutschen Metallarbeiter-Verbandes

Vorbemerkung

Nach langen Jahren scheinbarer Übereinstimmung zeichnen sich in den Reihen des DGB wieder etwas deutlicher gewerkschaftspolitische oder sogar allgemeinpolitische Meinungsverschiedenheiten ab. Hauptgegenstände dieser Diskussionen waren und sind dabei z. B. der angebliche Einfluß parteikommunistischer (DKP-)Strömungen im DGB und seinen Gewerkschaften sowie – in einem gewissen Zusammenhang damit – Differenzen über Ziele und Methoden der gewerkschaftlichen Jugendarbeit. Fast unvermeidlicherweise ist im Zuge dieser Diskussionen auch das im DGB an und für sich unbestrittene Prinzip der weltanschaulich und politisch unabhängigen Einheitsgewerkschaft zur Sprache gekommen. Die Stellungnahmen gehen dabei sehr weit auseinander. Auf der einen Seite werden politische Differenzierungen im DGB kritisiert und als Gefährdung des Prinzips der Einheitsgewerkschaft bewertet[1]; auf der anderen Seite wird im schroffen Gegensatz dazu die politische Differenzierung in Form von gewerkschaftspolitischen »Meinungsgruppen« oder »Tendenzen« geradezu als Grundlage einer wirklichen Einheitsgewerkschaft betrachtet[2]

Ganz gleich, wie hoch man das gewerkschaftspolitische Gewicht

1 So z. B. Willi Bleicher, *Die Einheit hüten wie einen Augapfel. Ein Gespräch*. In: druck und papier, 1979, Nr. 12; Detlev Hensche, *Kommunistisch unterwandert?* In: druck und papier, 1979, Nr. 12.

2 Vom christlich-sozialen Standpunkt aus: Norbert Blüm, *Gewerkschaften zwischen Allmacht und Ohnmacht*. Bonn 1979; von einem sozialistischen Standpunkt aus: Jakob Moneta, z. B. in Jakob Moneta, *»Wenn jeder sich selbst regiert, überläßt man die Herrschaft den Herrschenden«*. In: express, 1979, Nr. 12.

dieser Frage einschätzt und welche Auffassung man in der Sache vertritt – es kann kein Zweifel daran bestehen, daß das Vorhandensein mehrerer unterschiedlicher politischer Strömungen in einer Einheitsgewerkschaft unvermeidlich ist und daß dieser »Pluralismus« gewisse Probleme aufwirft. (Niemand im DGB und seinen Gewerkschaften hat je daran gezweifelt, daß die Existenz und – stillschweigende – Anerkennung einer CDU-nahen christlich-sozialen Tendenz die Voraussetzung einer funktionierenden Einheitsgewerkschaft ist.) Unter diesen Umständen ist es vielleicht gerade in der gegenwärtigen Situation der deutschen Gewerkschaften nicht ganz unnütz, sich der Erfahrungen zu erinnern, die die deutsche Gewerkschaftsbewegung in der Vergangenheit mit einem ausgeprägten politischen Pluralismus in ihren eigenen Reihen gemacht hat. Waren die freien deutschen Gewerkschaften – »freie« im Unterschied zu den christlichen und den liberalen Hirsch-Dunckerschen Gewerkschaften – vor 1914 offiziell und eindeutig nur auf eine Partei, nämlich die Sozialdemokratie, ausgerichtet, so veränderte sich dieses scheinbar unproblematische Verhältnis von Politik und Gewerkschaftsarbeit mit der Spaltung der Sozialdemokratie im Jahre 1917 von Grund auf. Von der Gründung des ADGB im Jahre 1919 an standen sich in seinen Reihen Mehrheitssozialdemokraten und Unabhängige Sozialdemokraten gegenüber. Nach der Spaltung der USPD und der Vereinigung ihres linken Flügels mit der KPD im Jahre 1920 gab es bis zur Wiedervereinigung der Rest-USPD mit der SPD 1922 sogar drei sozialistische Richtungen im ADGB nebeneinander.

Mit der Linkswendung der KPD 1923/24 freilich und – nach einigen wenigen Jahren einer realistischeren Haltung – endgültig mit der RGO-Politik ab 1928/29 schrumpfte der kommunistische Einfluß in den Gewerkschaften derart zusammen, daß am Ende der Weimarer Republik der ADGB praktisch wieder zu einer mehr oder weniger einheitlich sozialdemokratischen Richtungsgewerkschaft geworden war.

In den Jahren zwischen dem Ende des Ersten Weltkriegs und 1924 jedoch ist das innere Leben des ADGB und seiner Gewerkschaften sehr weitgehend durch das Vorhandensein ausgeprägter und teilweise wohlorganisierter (partei-politischer) Fraktionen geprägt gewesen. Wie diese Struktur sich auf Selbstverständnis und Tätigkeit der Gewerkschaften ausgewirkt hat, soll im folgenden dargestellt werden. Dabei kann es sich im Rahmen dieses Beitrags und angesichts der vielfältigen Entwicklungen jener Jahre nur um eine grobe Skizze handeln. Die ausführliche, unmittelbar auf die historischen Quellen zurückgehende Geschichte der inneren gewerkschaftlichen Auseinandersetzungen jener Jahre bleibt noch zu schreiben[3].

Die sozialdemokratische Arbeiterbewegung vor dem Ersten Weltkrieg

Die in der »Generalkommission« zusammengeschlossenen deutschen Gewerkschaften standen vor 1914, wie bereits erwähnt, in enger Verbindung mit der Sozialdemokratischen Partei. Grundlage dieser Beziehung war das nach der ersten sogenannten »Massenstreikdebatte« im Jahre 1906 abgeschlossene Mannheimer Abkommen. Es verpflichtete Partei und Gewerkschaften auf den Kampf für die Interessen der Arbeiterklasse und für die Errichtung der »sozialistischen Gesellschaft.« Bei Aktionen, die die Interessen beider berührten (etwa bei einer Massenstreikbewegung), sollten »die Zentralleitungen der beiden Organisationen sich zu verständigen suchen«, um »ein einheitliches Vorgehen herbeizuführen.« Um die »Einheitlichkeit des Denkens und Handelns« beider zu sichern, sei »es unbedingt notwendig, daß die gewerkschaftliche Bewegung von dem Geist der Sozialdemokratie beherrscht werde«[4]. Innerhalb der durch das Abkommen begründeten gleichberechtigten Zusammenarbeit herrschte freilich eine klare Arbeitsteilung zwischen Partei und Gewerkschaft, durch welche der Partei – wie schon die Mannheimer Formulierung von dem die Gewerkschaft »beherrschenden« »Geist der Sozialdemokratie« zum Ausdruck bringt – zumindest grundsätzlich eine politisch führende Rolle eingeräumt wurde.

Im Rahmen dieser Arbeitsteilung widmeten sich die Gewerkschaften der Arbeit auf wirtschaftlichem Gebiet mit der Aufgabe, »in der Gegenwart die Lage der Arbeiter zu heben, ihre Löhne aufzubessern, ihre Arbeitszeit zu kürzen und dadurch auf ihre geistigen und physischen Kräfte einzuwirken«[5], während die Partei die politischen

---

3 Ich beschränke daher auch Quellenbelege und Literaturhinweise auf das Nötigste

4 Nach: *Verhandlungen des 10. Kongresses der Gewerkschaften Deutschlands zu Nürnberg 1919. Protokoll.* Band 6, Berlin–Bonn 1980, S. 328.

5 So der Vorsitzende der Generalkommission Carl Legien auf dem Frankfurter Gewerkschaftskongreß von 1899, Paul Barthel, *Handbuch der deutschen Gewerkschaftskongresse.* Dresden 1916, S. 473.

Aufgaben wahrnahm und gleichzeitig die Theorie und die Lehre vom sozialistischen Endziel pflegte. Der den Gewerkschaften eng verbundene sozialdemokratische Publizist Adolf Braun hat Inhalt und Bedeutung dieser Arbeitsteilung in einem vor 1914 erstmals erschienenen programmatischen Buch mit aller denkbaren Klarheit formuliert: »Die Gewerkschaftsbewegung ist und bleibt eine Gegenwartsbewegung, begrenzt durch die kapitalistische Ordnung und ihre Gesetze. Die Sozialdemokratie kennzeichnet das Hinausstreben über die Ordnung des Kapitalismus, ihr Ziel ist, an die Stelle dieser kapitalistischen Ordnung, innerhalb derer die Gewerkschaften nisten müssen, die sozialistische Gesellschaftsordnung zu setzen.«[6]

Diese Arbeitsteilung stand freilich im Widerspruch zur marxistischen Theorie, die – der offiziellen Programmatik und Sprachregelung nach – die sozialdemokratische Arbeiterbewegung vor 1914 beherrschte. Nach Marx sollte ja die sozialistische Umwälzung von den Produktionsverhältnissen ihren Ausgang nehmen und die Arbeiterklasse als durch ihre Stellung im Produktionsprozeß bestimmte Klasse diese Umwälzung bewirken. Demgemäß hätte die Lehre vom sozialistischen Endziel auch im Zusammenhang mit der wirtschaftlichen und nicht nur mit der politischen Praxis der Arbeiterbewegung entwickelt werden müssen, auf gar keinen Fall aber eine so strikte Trennung von Partei und Gewerkschaft Platz greifen dürfen.[7]

Einer solchen Überwindung der schroffen Arbeitsteilung von Partei und Gewerkschaft stand allerdings die geschichtlich gewordene Struktur der Arbeiterorganisationen entgegen, und diese wieder hatte ihre Wurzeln in den objektiven gesellschaftlichen, ökonomisch-sozialen und politischen Verhältnissen Deutschlands vor dem Ersten Weltkrieg[8].

Die obrigkeitsstaatliche Verfassung des deutschen Kaiserreiches

6 Adolf Braun, *Die Gewerkschaften vor dem Kriege*. Berlin ³1925, S. 354.

7 Vgl. hierzu die scharfe Kritik, die Rosa Luxemburg in ihrer berühmten Streitschrift »Massenstreik, Partei und Gewerkschaften« aus dem Jahre 1906 übte, wobei sie freilich das Problem allzu einfach durch schlichte Unterordnung der Gewerkschaften unter die politische Führung der Partei zu lösen versuchte. Rosa Luxemburg, *Massenstreik, Partei und Gewerkschaften*. Band I, Politische Schriften. Hrsg. v. Ossip K. Flechtheim, Frankfurt am Main 1966, S. 135 ff., bes. 208 ff.

8 Eine ausführliche Darstellung dieser im folgenden nur knapp skizzierten Verhältnisse findet sich in: Peter von Oertzen, *Betriebsräte in der Novemberrevolution*. Berlin–Bonn-Bad Godesberg 1976, S. 27–50.

schloß den politischen Flügel der Arbeiterbewegung, die Sozialdemokratische Partei, trotz ihrer zahlenmäßigen Stärke von über einer Million Mitgliedern und trotz ihrer Wahlerfolge von jedem wirklichen Einfluß auf die Politik, auch und gerade auf die Wirtschaftspolitik, aus. Ihre Tätigkeit beschränkte sich weitgehend auf die organisatorische Stärkung der Partei, die allgemeine politische Agitation, die Führung von Wahlkämpfen und allenfalls – zusammen mit den Gewerkschaften – auf die Teilnahme an der sozialpolitischen Selbstverwaltung. Die freien Gewerkschaften stellten zwar mit 2 1/2 Millionen Mitgliedern vor 1914 eine imponierende Massenorganisation dar, waren aber ebenfalls in ihrer gesellschaftspolitischen Machtentfaltung durch die ökonomischen und politischen Verhältnisse beschränkt. Der Schwerpunkt ihrer Organisation und ihrer gewerkschaftlichen Erfolge lag auch nicht so sehr im Bereich der modernen Großindustrie, sondern vielmehr im Bereich des noch handwerklich geprägten mittleren und kleinen Gewerbes. Dieser Umstand prägte Organisationsform und Kampfmethode, Führerauslese und gesellschaftspolitisches Bewußtsein der Gewerkschaften.

Dieser mehr am Typ des Handwerksgesellen als an dem des modernen Industriearbeiters orientierte Zustand der Gewerkschaften veranlaßte z. B. Karl Kautsky, den Gewerkschaften überhaupt den Charakter einer »Klassenbewegung« abzusprechen, weil diese den Arbeiter »nicht als Glied seiner Klasse«, sondern als Glied eines Berufs-»Standes« organisierten.[9] Der Idealtyp des klassenbewußten sozialdemokratischen Proletariers spaltete sich also in der Praxis in zwei gänzlich verschiedene Personen auf, die in organisatorisch und ideell weitgehend voneinander getrennten Welten lebten: Auf der einen Seite stand das auf das allgemeine Wahlrecht und die politische Aufklärung der Massen vertrauende radikaldemokratische und – der abstrakten marxistischen Programmatik entsprechend – sozialistische Parteivereinsmitglied; auf der anderen Seite stand der berufsstolze, dem Gewerkschaftsverband unverbrüchlich treue Gewerkschaftskollege.

Unter diesen Umständen bestand so gut wie kein Bedürfnis, aber auch keine organisatorische oder politische Möglichkeit, über die – ja durchaus vorhandenen – ideellen Differenzen innerhalb der sozialdemokratischen Arbeiterbewegung im Rahmen der Gewerkschaften und

9 a. a. O., S. 42, Anm. 3.

auf Grund originärer gewerkschaftlicher Probleme eine eigenständige Meinungsbildung herbeizuführen oder gar politische Maßstäbe an die Lösung gewerkschaftlicher Probleme anzulegen. Darüber hinaus herrschte in der sozialdemokratischen Arbeiterbewegung weithin ein Glaube an den anscheinend unaufhaltsamen Fortschritt des bisherigen gemeinsamen Aufstiegs von Partei und Gewerkschaften, dem der Gedanke an eine kritische Überprüfung der bewährten organisatorischen und politischen Traditionen ganz fern lag. Freilich wurde diese Entwicklungsgläubigkeit im letzten Jahrzehnt vor 1914 allmählich erschüttert. Das Beispiel der russischen Revolution von 1905, die drohend am Horizont aufsteigende Gefahr eines imperialistischen Weltkrieges, die Verlangsamung des ökonomisch-sozialen Aufstiegs der Arbeiterbewegung und die offensichtliche Erfolglosigkeit des Strebens nach friedlichen politischen und sozialen Reformen im Deutschen Reich trugen dazu bei. Es war ein bemerkenswertes Zeichen, daß ein so konservativer Gewerkschaftsführer wie der Bauarbeiter-Redakteur August Winnig auf dem Kongreß der Gewerkschaften Deutschlands zu München im Mai 1914 meinte, die herrschenden Klassen warnen zu müssen: »Wir, die Gewerkschaften wie überhaupt die deutsche Arbeiterbewegung, sind sicherlich für eine Entwicklung durch soziale Reformen (...) die deutsche Arbeiterbewegung [steht] auf dem Boden des parlamentarischen Kampfes. Was an uns liegt, haben wir nicht die Absicht, diesen Boden zu verlassen. Aber es hängt nicht von uns, sondern von den herrschenden Klassen ab. Wenn die herrschenden Klassen den Massen des werktätigen Volkes alle Wege nach vorwärts und aufwärts verrammeln, wenn sie ihnen jede Möglichkeit des sozialen Aufstiegs verstellen, dann muß schließlich auch der stärkste Damm brechen[10].«

Aber auch innerhalb der Arbeiterbewegung selbst wirkten ökonomische und soziale Veränderungen in dieselbe Richtung. Vor allem in den Zentren der sich entwickelnden modernen kapitalistischen Industrie, die im wesentlichen durch die Metallindustrie repräsentiert wurde, entstand ein neuer Typus radikaler gewerkschaftlicher Aktivität, der die Autorität der bewährten Organisation und damit auch die überkommene Arbeitsteilung von Partei und Gewerkschaft in Frage zu

10 10. Gewerkschaftskongreß 1919 (Anm. 4), S. 413; ferner von Oertzen, *Betriebsräte* (Anm. 8), S. 46 ff.

stellen begann. Der Zusammenhang mit dem harten Kern der linken Opposition in der Sozialdemokratie vor 1914 ist dabei unübersehbar[11].

Die Spaltung der sozialdemokratischen Arbeiterbewegung im Ersten Weltkrieg

Der Kriegsausbruch 1914 ließ die schon seit Jahrzehnten in der deutschen Sozialdemokratie umkämpften politischen Meinungsverschiedenheiten offen ausbrechen. Die Frage, ob die Arbeiterbewegung den von ihr bisher geführten ökonomischen und politischen Klassenkampf für die Dauer des Krieges einstellen, d. h. einen sogenannten »Burgfrieden« abschließen und überdies durch Bewilligung der Kriegskredite sowie des Staatshaushaltes die Kriegsführung des Deutschen Reiches offiziell unterstützen sollte, erschütterte die Partei. Knapp zwei Jahre konnten die Differenzen noch im Rahmen der alten Parteiorganisation ausgetragen werden, dann wurde die Parteispaltung unvermeidlich: Im April 1917 gründeten die Kriegsgegner innerhalb der Sozialdemokratie die Unabhängige Sozialdemokratische Partei. (Im übrigen wäre die Parteispaltung gleichfalls und vermutlich sogar noch eher eingetreten, wenn die sozialdemokratische Parteiführung und die sozialdemokratische Reichstagsfraktion mehrheitlich eine kriegsgegnerische Haltung eingenommen hätten. Weder der rechte Parteiflügel noch die überwiegende Zahl der Gewerkschaftsführer hätte eine solche Mehrheitsentscheidung hingenommen[12])

---

11 Es ist interessant, die oppositionellen Delegierten auf den Generalversammlungen des DMV 1911 und 1913, die aus den Ergebnissen der namentlichen Abstimmungen erschlossen werden können, geografisch zuzurechnen. Vgl. die *Protokolle der Generalversammlung des Deutschen Metallarbeiterverbands zu Mannheim*. 1911, S. 158, 162; zu Breslau 1913, S. 141; zu Berlin (außerordentliche) 1913, S. 89/90. Vgl. ferner Fritz Opel, *Der Deutsche Metallarbeiterverband*. Hannover–Frankfurt am Main 1957, S. 26 ff., bes. 31 ff. und von von Oertzen, *Betriebsräte* (Anm. 8), S. 47, 281 f.

12 Vgl. hierzu insbesondere die auf eigenem Erleben beruhende materialreiche Darstellung von Eugen Prager, *Geschichte der USPD*. Berlin 1921. Ferner Jutta von Freyberg, Georg Fülberth und Jürgen Harrer, *Geschichte der deutschen Sozialdemokratie 1863–1975*. Köln [2]1977, S. 51 ff., bes. 52.

Die Haltung der Gewerkschaften zur Kriegspolitik

Die Führung der deutschen Gewerkschaften hatte sich von vornherein, ohne auf die Entscheidung der Partei zu warten, auf den Boden der Politik des Burgfriedens und der Kreditbewilligung gestellt. Der tiefere Grund war natürlich ihre innere politische Übereinstimmung mit dem rechten Flügel der Partei; führende Gewerkschaftsvertreter waren in der Reichstagsfraktion die entschiedensten Verfechter einer Politik des Burgfriedens und der Kriegskreditbewilligung.

Zugleich aber konnte die Gewerkschaftsführung ihre Haltung durchaus als konsequente Fortsetzung ihrer bisherigen Arbeit rechtfertigen. Wenn es die – in Arbeitsteilung mit der Partei wahrgenommene – Hauptaufgabe der Gewerkschaften sein sollte, auf wirtschaftlich-sozialem Gebiet die Gegenwartsinteressen der Arbeiterklasse wahrzunehmen, dann war die Erhaltung der Organisation und ihrer Arbeitsfähigkeit dafür die erste Vorbedingung. Diese konnte aber nur durch eine Politik der Zusammenarbeit mit Regierung und Staatsapparat, d. h. durch die Politik des Burgfriedens, garantiert werden. Die eigentliche politische Streitfrage, ob die Sozialdemokratie einen imperialistischen Krieg unterstützen dürfe und ob sie nicht vielmehr im offenen Kampf gegen die eigene Regierung und gegen die herrschenden Klassen auf das rasche Ende des Krieges (und auf den Sturz der kapitalistischen Gesellschaft) hinwirken müsse, lag nach der traditionellen Aufgabenverteilung außerhalb der gewerkschaftlichen Zuständigkeit[13]

Burgfrieden oder Klassenkampf?

Solange die Lebenslage der Arbeiterklasse durch den Krieg und seine Folgen nicht allzu tiefgreifend berührt wurde und solange die ökonomischen, sozialen und politischen Verhältnisse es den Gewerkschaften in der Tat erlaubten, die Interessen ihrer Mitglieder (und deren Fa-

13 Siehe hierzu vor allem die 10. Gewerkschaftskongreß 1919 (Anm. 4), S. 90 ff. Rechenschaftsbericht der Generalkommission, bes. S. 201 ff. »Differenzen in der Arbeiterbewegung«. Ferner den Rechenschaftsbericht von Carl Legien S. 314 ff. und das Korreferat von Robert Dissmann (DMV, USPD), S. 327 ff., sowie die nachfolgende Diskussion. Die Literatur zur Spaltung der sozialdemokratischen Arbeiterbewegung im allgemeinen ist unübersehbar. Hier sei nur erwähnt: Hartfried Krause, *Die USPD*. Frankfurt am Main 1975, S. 47 ff.

milienangehöriger) im Rahmen des Burgfriedens wirkungsvoll zu vertreten, konnte die Haltung der Gewerkschaftsführung auf breite Zustimmung rechnen. Von dem Augenblick an aber, in dem die allgemeinen Kriegsfolgen, die sich verschlechternde Versorgungslage und die Fortdauer der obrigkeitsstaatlichen Unterdrückung (verschärft durch den Belagerungszustand) immer schwerer auf der arbeitenden Bevölkerung zu lasten begannen, mußte die kriegsgegnerische Politik der Opposition in der Sozialdemokratischen Partei auch in den Gewerkschaften und bei den einfachen Kollegen in den Betrieben Gehör finden. Und in dem Maße, in dem die Gewerkschaftsvorstände (die »Instanzen«) sich außerstande sahen, zum offenen Kampf für die Interessen ihrer Mitglieder zurückzukehren, die Opposition vielmehr mit härtesten Mitteln zu unterdrücken versuchten, begann die Opposition eine Schärfe anzunehmen, die weit über die bisher übliche innergewerkschaftliche Kritik hinausging und den Zusammenhalt der Organisation selbst in Frage stellte. Ohne diese Vorgeschichte ist die Bitterkeit, ja Gehässigkeit, die der politische Fraktionskampf in den Gewerkschaften in den folgenden Jahren oftmals angenommen hat, nicht zu verstehen[14]. Einer der Hauptstreitpunkte war das Gesetz über den vaterländischen Hilfsdienst, durch das die Kriegsanstrengungen in der Rüstungsindustrie verstärkt werden sollten. Die »Instanzen« rechtfertigten ihre Mitarbeit bei der Entstehung und ihre schließliche Zustimmung mit bestimmten unleugbaren sozialpolitischen Fortschritten und insbesondere mit der offiziellen Anerkennung der Gewerkschaftsorganisationen durch dieses Gesetz. Die Opposition kritisierte die verstärkte Einordnung der Arbeiterbewegung in den militärisch beherrschten Zwangsapparat der Kriegswirtschaft[15].

Besonders verbitternd wirkte jedoch der folgende Umstand: Unentbehrliche Facharbeiter, aber auch Gewerkschaftsfunktionäre, waren häufig vom Kriegsdienst freigestellt, jedenfalls, solange sie auf dem Boden der Burgfriedenspolitik standen. Gerieten sie jedoch bei den Militärbehörden in den Verdacht kriegsgegnerischer Tätigkeit, so war nicht selten die sofortige Einberufung und Versetzung an die Front die Folge, was praktisch in vielen Fällen die Verurteilung zum Tode oder zu schwerer Verwundung bedeutete. Die Denunziation opposi-

14 von Oertzen, *Betriebsräte* (Anm. 8), S. 61 ff.

15 Hierzu Frank Deppe, Georg Fülberth und Jürgen Harrer, *Geschichte der deutschen Gewerkschaftsbewegung*. Köln ²1978, S. 120 ff.

tioneller Gewerkschafter an die Militärbehörden war also eine höchst wirksame, um nicht zu sagen: tödliche Waffe im innergewerkschaftlichen Kampf. Gewerkschaftsinstanzen und Mehrheitssozialdemokratie haben daher verständlicherweise nach dem Kriege stets jeden Anteil an diesem schmutzigen Geschäft geleugnet. Die geschichtlichen Quellen bestätigen jedoch die oft vorgebrachten Verdächtigungen der Opposition. So hat das sozialdemokratische Mitglied im Vorstand des Kriegsernährungsamtes, Dr. August Müller (vor dem Kriege Spitzenfunktionär der Konsumgenossenschaftsbewegung, ab 1917 Unterstaatssekretär und von November 1918 bis Februar 1919 Staatssekretär im Reichswirtschaftsamt, d. h. Reichswirtschaftsminister), offenbar regelmäßig den Militärbehörden Listen von »Hetzern«, d. h. oppositionellen Gewerkschaftern zugänglich gemacht. Ohne die zumindest stillschweigende Duldung von Partei- und Gewerkschaftsführern wäre das wohl kaum möglich gewesen[16].

Reform oder Revolution

Ein weiterer Streitpunkt innerhalb der sozialdemokratischen Arbeiterbewegung, der im Laufe des Krieges immer erbitterter ausgekämpft wurde und der schließlich sogar die Reihen der kriegsgegnerischen Opposition selbst erfaßte, entspann sich um die Frage, ob Massenaktionen zur Verteidigung der Arbeiterinteressen, zur Beendigung des Krieges und zur Änderung des wirtschaftlichen und politischen Systems erlaubt, möglich oder sogar wünschenswert seien. Dies war nun eine Frage, die nicht mehr in erster Linie die Arbeiter in ihrer Eigenschaft als Sozialdemokraten, sondern als Gewerkschafter betraf. Eine bejahende Antwort mußte die alte Arbeitsteilung von Partei und Gewerkschaft, die strikte Trennung von politischer und gewerkschaftlicher Aktion hinfällig machen und eine typische gewerkschaftliche Aktivität, nämlich den Streik, in eine unmittelbar politische Aktion verwandeln. Dies geschah in den Massenstreiks der Jahre 1916, 1917 und 1918, die im wesentlichen von der Metallarbeiterschaft getragen

16 von Oertzen, *Betriebsräte* (Anm. 8), S. 63 und Anm. 2, sowie S. 185 und Anm. 2, ferner Freyberg, Fülberth und Harrer (Anm. 12), S. 55 ff., bes. 57. Über Müller: *Verhandlungen des 9. Kongresses der Gewerkschaften Deutschlands zu München 1914. Protokoll.* 1914, S. 18, 149 ff.; ferner: Susanne Miller, *Die Bürde der Macht.* Düsseldorf 1978, S. 47 und Anm. 17; 155, Anm. 9; 162, Anm. 42.

und von einer Gruppe oppositioneller Funktionäre des DMV organisiert worden sind. Diese Gruppe, deren Kern die später so genannten »revolutionären Obleute« waren, wurde eine der treibenden Kräfte der Novemberrevolution und der Rätebewegung sowie später ein wesentlicher Faktor in den unabhängig-sozialistischen und kommunistischen Gewerkschaftsfraktionen. Diese oppositionelle Tendenz innerhalb der Arbeiterbewegung knüpfte an die Vorkriegsopposition in den Hauptindustriezentren Berlins, der Wasserkante, Mitteldeutschlands, Westdeutschlands und der süddeutschen Großstädte an und vereinigte in sich sowohl die radikale Linke der alten Sozialdemokratie, als auch die innergewerkschaftliche Opposition, vor allem aus den Reihen des DMV[17]. Mit der Entstehung dieser Strömung in der deutschen Arbeiterbewegung war das Modell der lediglich an den wirtschaftlich-sozialen Gegenwartsinteressen der Arbeiterklasse orientierten Gewerkschaftsarbeit fürs erste zerstört und die Grundlage für eine politische Fraktionierung in den Gewerkschaften geschaffen worden.

Politische Strömungen im Allgemeinen Deutschen Gewerkschaftsbund (ADGB) 1918/20

Es ist vollkommen unmöglich, im Rahmen dieses Aufsatzes die dramatischen Ereignisse seit dem November 1918 und die Rolle der Arbeiterbewegung in ihnen auch nur in den gröbsten Umrissen nachzuzeichnen. Ich habe den Versuch einer Gesamtdarstellung vor beinahe 20 Jahren selbst unternommen und muß auf die Ergebnisse meiner damaligen Untersuchungen sowie auf die seitdem weiter fortgeschrittene wissenschaftliche Diskussion verweisen[18]. In diesem und dem folgen-

17 Die eindrucksvollste Schilderung dieser Entwicklung aus der Sicht eines Beteiligten ist immer noch Richard Müller, *Geschichte der deutschen Revolution*. Band 1.2, Vom Kaiserreich zur Republik, Berlin ²1979 (siehe auch die Einleitung von Frank Dingel zu dieser Neuausgabe), ferner von Oertzen, *Betriebsräte* (Anm. 8), insbes. S. 51 ff., 71 ff.; Opel (Anm. 11), S. 46 ff. Siehe auch oben, Anm. 11

18 Siehe von Oertzen, *Betriebsräte* (Anm. 8), sowie die Literturhinweise im Vorwort dieser Auflage. Zur neuesten Forschung die Sammelrezension von Frank Dingel, *Revolutionäre Illusion oder revolutionäre Chance?* In: Internationale wissenschaftliche Korrespondenz zur Geschichte der deutschen Arbeiterbewegung (IWK), Jg. 15 1979, Nr. 3; sowie die interessante Literaturarbeit: Arbeitsgemeinschaft der Jungsozialisten (Hrsg.), *Literaturarbeit*. In: »Arbeitshefte«, Beiträge zur Arbeit der Juso-

den Abschnitt kann ich lediglich versuchen, die politischen Kernprobleme und die organisatorische Struktur der Fraktionsbildung im nach dem Kriege neuformierten Dachverband der freien Gewerkschaften, dem ADGB, zwischen 1918 und 1924 skizzenhaft darzustellen.

Der Streit um die Kriegspolitik der Gewerkschaften

Obgleich sich, wie wir gesehen haben, die politischen Differenzen innerhalb der sozialdemokratischen Arbeiterbewegung schon im Verlauf des Krieges herausbildeten, traten sie in den Gewerkschaftsorganisationen im allgemeinen erst nach Kriegsende offen in Erscheinung. Der Grund dafür war nicht zuletzt die Tatsache, daß die meisten Gewerkschaften während des Krieges keine Generalversammlungen abhielten. Außer einigen kleinen Verbänden veranstalteten nur die Schneider, die Schuhmacher und – vor allem – die Metallarbeiter in regelmäßigen Abständen ihre statutenmäßig erforderlichen Kongresse[19]. Daß es sich in allen Fällen um Verbände handelte, in denen die Opposition nach dem Kriege einen erheblichen Einfluß – bei Schuhmachern und Metallarbeitern sogar die Mehrheit – erlangte, ist wohl kein Zufall. Außerdem wurde die Politisierung der innergewerkschaftlichen Auseinandersetzung nach dem Kriege durch die revolutionären Ereignisse, durch die tiefgreifende ökonomische und soziale Umstrukturierung der Arbeiterklasse und durch den ungeheuren Mitgliederzustrom erheblich gefördert[20]. Im Vordergrund stand dabei die politische Polarisierung zwischen Mehrheitssozialdemokraten und Unabhängigen Sozialdemokraten über die Streitfragen der Kriegspolitik. Im DMV hatte diese Auseinandersetzung im Ansatz schon auf der Generalversammlung 1915 begonnen und 1917 bereits zu einer festen politischen Fraktionierung geführt[21]. In den meisten anderen Verbänden des ADGB,

Hochschulgruppen, 13 Mai 1978. In diesen Zusammenfassungen sind nicht berücksichtigt das oben (Anm. 16) erwähnte Buch von Susanne Miller sowie die parallele Studie von Heinrich Potthoff, *Gewerkschaften und Politik zwischen Revolution und Inflation*. Düsseldorf 1978. Beide Bücher mit umfassenden Literatur- und Quellenangaben.

19 10. Gewerkschaftskongreß 1919 (Anm. 4), S. 237.

20 Hierzu vor allem von Oertzen, *Betriebsräte* (Anm. 8), S. 271 ff., sowie Jürgen Kocka, *Klassengesellschaft im Krieg*. Göttingen 1973.

21 Opel (Anm. 11), S. 48 ff., 65 ff., sowie die Protokolle. Vgl. insbesondere das *Protokoll der 13. Generalversammlung des Deutschen Metallarbeiterverbands zu vom Juni*

darunter in allen größeren, vollzog sich die gleiche Entwicklung ab 1919[22]. Eine gewisse Sonderstellung nahmen die Bauarbeiter ein; in ihren Reihen begann die Auseinandersetzung bereits auf ihrem Verbandstag 1918 noch während des Krieges; überdies lag die Führung der Opposition hier von Anfang an in den Händen von Kommunisten (der beiden erfahrenen Gewerkschaftssekretäre Heinrich Brandler und Fritz Heckert), während sonst in der Opposition überall die USPD das Feld beherrschte.

Der Streit um die Kriegspolitik der Gewerkschaften vollzog sich in allen Verbänden in typischer Gleichförmigkeit und konzentrierte sich auf einige wenige immer wiederkehrende Fragen. Die Opposition warf den »Instanzen« Verrat an den Prinzipien des sozialdemokratischen Programms und des Klassenkampfes vor; die »Instanzen« verwiesen auf ihre Verdienste bei der Erhaltung der Organisation und in der Vertretung der Arbeiterinteressen unter den gegebenen Umständen. Die »Instanzen« ihrerseits beschuldigten die Opposition, rein »parteipolitische« Streitfragen in die Organisation hineinzutragen; die Opposition wies diese Kritik als heuchlerisch zurück, da die scheinbar rein gewerkschaftliche Arbeit der »Instanzen« in Wirklichkeit die politische Parteinahme für die Mehrheitssozialdemokratie bedeutet habe. Die Vertreter der »Instanzen« klagten über die politische »Maßregelung« ihrer Anhänger, d. h. über die Abwahl mehrheitssozialdemokratischer Gewerkschaftsfunktionäre und ihre Ersetzung durch Unabhängige; die Opposition antwortete mit Vorwürfen über die politische Verfolgung von linken Gewerkschaftern während des Krieges.

Für sich betrachtet, waren die Auseinandersetzungen wenig ergiebig und brachten in der Tat kaum mehr als eine formal politische, im wesentlichen parteiorientierte Polarisierung innerhalb der Gewerkschaften zum Ausdruck. Daneben traten allerdings sehr rasch inhaltliche politische Differenzen hervor, die sich unmittelbar aus den Problemen der gewerkschaftlichen Arbeit entwickelten.

1917 Köln. 1917. Zum erstenmal in der Geschichte der freien deutschen Gewerkschaften wurde – mit knapper Mehrheit – einer politischen Opposition ein Korreferat zum Vorstandsbericht zugebilligt, S. 38, das dann von Robert Dissmann gehalten wurde, S. 57 ff.

22 von Oertzen, *Betriebsräte* (Anm. 8), S. 181 ff.

Die Aktualität des Sozialismus

Wenn auch der Vorwurf der Instanzen, die Opposition versuche, »die Gewerkschaften in den Parteienstreit hineinzuziehen«[23], taktische Funktionen hatte, so steckte in dieser Argumentation doch auch ein berechtigter Kern. In der bisherigen Gewerkschaftsarbeit als dem Bemühen, »in der Gegenwart die Lage der Arbeiter zu heben«, hatten politische Gegensätze wenig Sinn. Die Opposition warf in der Tat den alten Führern auch nicht so sehr vor, daß sie ihre Gewerkschaftsarbeit nicht verständen, als daß sie daneben nichts anderes im Kopf hätten. Sie war der Ansicht, daß die sozialistische Umwälzung der Gesellschaft auf der Tagesordnung stünde und die Gewerkschaften die bisherige Begrenztheit ihrer Aufgabenstellung durchbrechen, sich also politisieren müßten. Dies bedeutete unter Umständen die Vernachlässigung der gewerkschaftlichen Kleinarbeit oder sogar ein Risiko für die Existenz der Organisation selbst. Demjenigen, der die revolutionären Hoffnungen der Opposition nicht teilte, mußte die Umorientierung und Politisierung der Gewerkschaftsarbeit als ein Angriff auf die gewerkschaftliche Organisation als solche erscheinen. Seinen klarsten Ausdruck fand dieser Konflikt im Streit um die sogenannte »Arbeitsgemeinschaft«, um die Sozialisierung und vor allem um die Rolle der Betriebsräte.[24]

Die »Arbeitsgemeinschaft«

Als sich das Kriegsende abzeichnete, gaben die Unternehmer, die einen revolutionären Angriff auf ihre ökonomische und soziale Position fürchteten, ihre bisherige ablehnende Haltung gegenüber den Gewerkschaften auf. Wenige Tage nach der Revolution, am 15. November 1918, wurde zwischen Gewerkschaften und Arbeitgebern eine Vereinbarung abgeschlossen, die u. a. die Errichtung einer zentralen, institutionalisierten Arbeitsgemeinschaft zwischen beiden vorsah. Die Gewerkschaften wurden als die berufenen Vertreter der Arbeiterschaft und als gleichberechtigte Partner der Arbeitgeber anerkannt, ihnen wurden außerdem der Achtstundentag, die obligatorische Errichtung

23 So Carl Legien auf dem Nürnberger Gewerkschaftskongreß 1919, 10. Gewerkschaftskongreß 1919 (Anm. 4), S. 319.

24 Zu den folgenden drei Abschnitten, von Oertzen, *Betriebsräte* (Anm. 8) allerorten.

von Arbeiterausschüssen in den Betrieben und die paritätische Mitwirkung bei der Gestaltung der Wirtschaftspolitik zugestanden. Gemessen an den Verhältnissen vor dem Kriege war die »Arbeitsgemeinschaft« ein außerordentlicher Fortschritt, darüber hinaus erblickten die Vertreter der traditionellen Gewerkschaftspolitik in ihr – nicht ohne Grund – »die konsequente Fortführung der Tarifvertragspolitik der Gewerkschaften«[25]. Auf der anderen Seite bedeutete die »Arbeitsgemeinschaft«, daß die Gewerkschaften die Stellung der Unternehmer in der Wirtschaft prinzipiell unangetastet ließen, sofern ihnen nur die »Parität« mit diesen zugestanden wurde, d. h., die »Arbeitsgemeinschaft« bedeutete den Verzicht auf die sofortige Verwirklichung des Sozialismus, sofern darunter die Beseitigung des Privateigentums an den Produktionsmitteln verstanden wurde.

Die Sozialisierung

Trotz ihrer Zustimmung zur Politik der »Arbeitsgemeinschaft« wollte jedoch ein erheblicher Teil der sozialdemokratischen Verfechter einer traditionellen Gewerkschaftsarbeit keineswegs auf die Verwirklichung des Sozialismus verzichten. Zum Beispiel der ADGB-Redakteur Umbreit, der Bergarbeiterführer Hue und der Bauarbeiterführer Paeplow waren entschiedene Anhänger einer zum Teil sehr weitgehenden Überführung von Produktionsmitteln in Gemeineigentum.[26] Bei den Bergarbeitern war die Forderung nach der Sozialisierung des Bergbaus gänzlich unumstritten; die Bauarbeiter unternahmen sogar praktische Schritte auf dem Weg der Sozialisierung in der Gestalt der mit produktivgenossenschaftlichen Ideen durchsetzten sogenannten »Bauhüttenbewegung«. Die sozialisierungsfreundliche mehrheitssozialdemokratische Gewerkschaftsrichtung wollte allerdings die Durchführung der Sozialisierung der staatlichen Gesetzgebung, d. h. den politischen Parteien und dem Parlament, überlassen. Die revolutionäre Sozialisierungsbewegung hingegen verknüpfte die Idee der Vergesellschaftung mit der Idee einer direkten Kontrolle der Unternehmungen durch Ar-

25 So die auf dem Nürnberger Gewerkschaftskongreß 1919 von der Mehrheit angenommene Grundsatzresolution, 10. Gewerkschaftskongreß 1919 (Anm. 4), S. 62.

26 Vgl. hierzu von Oertzen, *Betriebsräte* (Anm. 8), vor allem Anhang: Die Probleme der wirtschaftlichen Neuordnung und der Mitbestimmung in der Revolution von 1918, S. 378 ff.

beiterräte; auf diese Weise machte sie die Sozialisierung zum unmittelbaren Ziel des Handelns der Arbeiter und ihrer Organisationen selbst und durchbrach so die traditionelle Trennung von gewerkschaftlicher und politischer Aktion. Die Haltung der mehrheitssozialdemokratischen Gewerkschafter hingegen spiegelte deutlich die überkommene Vorstellung von der Arbeitsteilung zwischen Partei und Gewerkschaft wider.

Betriebsräte und Gewerkschaften

In dem Verhältnis zwischen den betrieblichen Arbeiterräten und der gewerkschaftlichen Organisation begegnet uns in den Jahren 1919 und 1920 der wichtigste Streitgegenstand in der innergewerkschaftlichen Auseinandersetzung zwischen den »Instanzen« und der Opposition. Betrachteten die Vertreter der traditionellen Gewerkschaftsarbeit die Betriebsräte als ein im wesentlichen sozialpolitischen Aufgaben dienendes innerbetriebliches Organ der Gewerkschaftsorganisation, so sahen die Verfechter des Rätegedankens in den Räten eine neue revolutionäre Organisationsform der Arbeiterklasse und die Struktur der zukünftigen sozialistischen Gesellschaft. In der Gegenwart, in der auch die Mehrheit der Rätebewegung noch nicht auf die Gewerkschaften verzichten konnte und wollte, sollten die Räte in Gestalt einer unabhängigen Räte- oder Betriebsräteorganisation zumindest gleichberechtigt neben den Gewerkschaften stehen; in der Zukunft sollten sie in den Augen vieler – wenn auch nicht aller – Anhänger des Rätegedankens die Gewerkschaften überflüssig machen.

Da auch in der sozialen und organisatorischen Wirklichkeit die in den Betriebsräten sich neu entwickelnde Schicht von Arbeitervertretern in unmittelbare Konkurrenz zur alten Schicht der außerbetrieblichen Gewerkschaftsfunktionäre trat, wurde die Betriebsrätebewegung zur größten Herausforderung der Gewerkschaften. Die Fronten in der Rätefrage liefen daher innerhalb der Gewerkschaften häufig auch ganz anders als bei den stärker politisch geprägten Streitfragen zwischen »Instanzen« und Opposition. Der Einfluß der Räteidee und des Machtanspruchs der Betriebsräte reichte über den politischen Einflußbereich der Opposition von USPD und KPD weit hinaus. Zu Zeiten konnte man in einigen Verbänden geradezu von einer allen Parteien gegenüber unabhängigen (Betriebs-)Rätetendenz oder -fraktion sprechen.

Der erste Reichsbetriebsrätekongreß des ADGB im Oktober 1920 und noch ausgeprägter der erste Betriebsrätekongreß der Metallindustrie im Dezember 1921 zeigten eine vom politischen Meinungsbild der Gewerkschaftsorganisation, wie es sich auf den Kongressen zeigte, weit abweichende rätesozialistische Tendenz. Aber sogar auf dem Kongreß des ADGB selbst wurde 1922 – gegen den Willen des Bundesvorstands – eine Resolution zur Betriebsrätefrage angenommen, die weit über das ursprüngliche Programm von 1919 hinausging, obwohl die SPD auf diesem Kongreß gegenüber USPD und KPD eine klare Zweidrittelmehrheit besaß. Erst nach schweren innerorganisatorischen Konflikten gelang es der Gewerkschaftsorganisation schließlich, eine wirksame Kontrolle über die Betriebsrätebewegung zu erlangen und die Betriebsräte in das erweiterte Aufgabenfeld betrieblicher Gewerkschaftsarbeit einzubeziehen.[27]

Zur organisatorischen Struktur der Fraktionsbildung

Die gewerkschaftlichen Fraktionen waren je nach Verband bzw. Industriezweig und nach politischem Charakter von ganz unterschiedlicher Struktur. In der Regel war bei der SPD die Fraktionsdisziplin am lockersten und bei der KPD am festesten, eine Sonderstellung nahm die unabhängige sozialistische Rätetendenz ein, obwohl sie parteipolitisch überwiegend der USPD angehörte. Häufig bildeten sich jedoch je nach dem Charakter des Gegenstandes in der innergewerkschaftlichen Auseinandersetzung ganz unterschiedliche und die politischen Fraktionen durchkreuzende Fronten. Im Grunde kann nur beim DMV davon gesprochen werden, daß (zwischen 1917 und 1924) das innergewerkschaftliche Leben vollständig fraktionell durchorganisiert gewesen wäre.

Am deutlichsten traten die Fraktionen bei Vorbereitung und Durchführung der Verbandstage oder Kongresse in Erscheinung. Die Wahlen der Delegierten erfolgten – zumindest in den größeren Ortsorganisa-

27 a. a. O., S. 194 ff., 247 ff. Zum Konflikt zwischen den Vertretern der »reinen« Räteidee und der stärker gewerkschaftlich orientierten Richtung der Opposition, vgl. auch Opel (Anm. 11), S. 110 ff.

tionen – nach fraktionellen Gesichtspunkten, häufig in geschlossenen Fraktionslisten; und sie wurden durch eine fraktionelle politische Wahlagitation begleitet. Gerade das letztere führte zu Beginn der Fraktionsbildung häufig zu bitteren Auseinandersetzungen, da ursprünglich – z. B. ganz ausdrücklich beim DMV – jede Wahlagitation durch die Wahlordnung verboten worden war[28].

Auf den Kongressen selbst beanspruchten – und erhielten in der Regel – die Fraktionen verlängerte Redezeiten bzw. Korreferate zum Vorstandsbericht oder zu anderen wichtigen Tagesordnungspunkten. Häufig wurden auch die Präsidien und die Kommissionen der Kongresse aus Vertretern aller Fraktionen zusammengesetzt.

Eine proportionale Beteiligung der verschiedenen Fraktionen an den Vorständen war jedoch die Ausnahme. Im DMV setzte die USPD-Mehrheit der Generalversammlung von 1919 den neugewählten hauptamtlichen Vorstand (Vorsitzende, Kassierer, Sekretäre) im Verhältnis 6 USPD- und 3 SPD-Vertreter zusammen. Als die SPD auf der Generalversammlung 1921 wieder die Mehrheit erlangt hatte, veränderte sie das Verhältnis auf 6 SPD- und 5 USPD-Vertreter. Die starke, etwa 15 Prozent betragende KPD-Minderheit wurde jedoch nicht berücksichtigt. Auch auf der Generalversammlung von 1924 gelangte die nunmehr rund 35 Prozent der Delegierten umfassende KPD-Minderheit nicht in den Vorstand. In beiden Fällen hatten die Kommunisten Kandidaten aufgestellt, die nicht gewählt wurden. In anderen Verbänden, z. B. bei Eisenbahnern, Schuhmachern und Textilarbeitern, ergab sich eine Zusammensetzung der Vorstände aus SPD- und USPD-Vertretern ohne ausdrückliche fraktionelle Absprache. Bei den Bauarbeitern, Fabrikarbeitern, Holzarbeitern und Transportarbeitern – traditionsreichen Verbänden mit klaren sozialdemokratischen Mehrheiten – wurden zwischen 1920 und 1922 gelegentlich die alten, bewährten mehrheitssozialdemokratischen Vorstände ohne Gegenkandidaturen einstimmig oder gegen wenige Stimmen wiedergewählt, obwohl auf den Verbands-

28 Vgl. hierzu *Protokolle der Generalversammlung des Deutschen Metallarbeiterverbands zu Breslau.* 1913, S. 106 ff., bes. 129 ff., die Diskussion über die Wahl der Delegierten in der Ortsverwaltung Leipzig, an deren Ende den acht – auf der Linken der Sozialdemokratie stehenden – Delegierten das Mandat aberkannt wurde. Hier wurden die ersten Vorzeichen gewerkschaftspolitischer Fraktionierung sichtbar. Das zeigt sich auch in der Namensliste der Delegierten, die der Aberkennung der Mandate widersprachen. a. a. O., S. 141.

tagen starke USPD- oder KPD-Minderheiten auftraten, die teilweise sogar unter prominenter kommunistischer Führung standen (Brandler bei den Bauarbeitern, Thälmann bei den Transportarbeitern). Was die Ortsorganisation der Verbände anbetraf, so wurden zumindest im DMV und in den größeren Verwaltungsstellen auch bei anderen Verbänden die haupt- und ehrenamtlichen Vorstände oftmals nach fraktionellen Gesichtspunkten gewählt und abgewählt.

Politische Gewerkschaftsopposition 1921–1924

Kapp-Putsch, Ruhraufstand und das Scheitern des Projektes einer Arbeiterregierung im April 1920; die Wahlniederlage der SPD und der Stimmenrückgang für alle Arbeiterparteien bei den Reichstagswahlen im Sommer 1920; die sich zuspitzende Inflation, das Ende der selbständigen Rätebewegung; die Spaltung der USPD, die Vereinigung des linken Flügels mit der KPD und die Unterwerfung der neuen Partei unter die straffe leninistische Disziplin der kommunistischen 3. Internationale; alle diese Faktoren bezeichneten – jeder auf seinem Felde – das Ende der ersten revolutionären Nachkriegsphase. Auch die Gewerkschaften mußten von den letzten Hoffnungen auf eine nahe bevorstehende sozialistische Umwälzung der Gesellschaft Abschied nehmen und sich auf die Arbeit unter einer bürgerlichen Regierung in einer zunehmend von schweren Krisen geschüttelten kapitalistischen Wirtschaft einrichten. Die überlieferte gewerkschaftliche Hauptaufgabe: Vertretung der unmittelbaren wirtschaftlich-sozialen Gegenwartsinteressen der Arbeiterklasse, trat wieder in den Vordergrund.

Die fortbestehenden politischen Fraktionen mußten ihre Arbeit und ihre gegenseitigen Auseinandersetzungen dieser Sachlage anpassen. Da eine grundsätzliche, aus den Problemen der Gewerkschaftsarbeit selbst erwachsende gesellschaftspolitische Alternative zur herkömmlichen Gewerkschaftsarbeit nur schwer zu entwickeln war, nahmen die Fraktionsgegensätze zunehmend einen rein parteipolitischen und von der Gewerkschaftspraxis abgehobenen ideologischen Charakter an. Die linke Opposition nahm für sich in Anspruch, politisch klarer, entschlossener und kämpferischer zu sein als die sozialdemokratischen Gewerkschaftsführer, kurz, eine mehr an den Erfordernissen des entschiedenen Klassenkampfes orientierte Taktik zu verfolgen. Dabei konnte die KPD diese Linie noch einigermaßen konsequent vertreten, während die USPD, zwischen SPD und KPD eingezwängt, die allergrößten Schwierigkeiten hatte, eine eigenständige programmatische Haltung einzunehmen.[29]

Ab 1921 bemühte sich die durch die Vereinigung mit dem linken Flügel der USPD zur Massenpartei gewordene KPD um eine realistische Arbeiterpolitik, die auch ein ernst zu nehmendes Aktionsprogramm für die Tätigkeit der Gewerkschaften umfaßte. Neben allgemeinen wirtschaftlichen, sozialen und politischen Forderungen enthielt dieses Programm auch Zielsetzungen, die unmittelbar Gegenstand gewerkschaftlichen Kampfes sein konnten und an die Tagesarbeit anknüpften, wie: Kontrolle der Produktion durch die Betriebsräte. Gleichzeitig mit einer zielbewußten Fraktionsarbeit in den Gewerkschaften bemühte sich die KPD auch um verstärkten Einfluß unter den Betriebsräten und um eine Wiederbelebung der selbständigen Betriebsrätebewegung (wenn auch unter strikter kommunistischer Führung)[30]. Ursprünglich und im ersten Jahr nach ihrer Gründung 1918/19 hatte die KPD in der Arbeiterschaft eine extrem antizentralistische und antiautoritäre, ultraradikale, auf die revolutionäre Rätebewegung ausgerichtete und in der Konsequenz weitgehend antigewerkschaftliche politische Linie verfolgt, die die Kommunisten von der gewerkschaftlich organisierten Arbeiterbewegung weitgehend isolierte[31]. In dem Maße, in dem die KPD sich zunehmend an dem großen Beispiel der russischen Kommunisten orientierte, verließ sie diesen ultraradikalen Kurs, geriet aber in die Gefahr, sich vom russischen Beispiel abhängig zu machen und damit die neu gewonnene Aktions- und Bündnisfähigkeit wieder zu verlieren. Diese ganze, an sich plausibel wirkende Politik der KPD ab 1921 litt unter einer unaufhebbaren Zweideutigkeit und inneren Widersprüchlichkeit, zumindest was die Tätigkeit der Kommunisten in Gewerkschaften und Betriebsrätebewegung anbetraf. Die Ursache dieses Problems war der innewohnende »leninistische« Zentralismus

---

29 Vgl. hierzu *ADGB-Kongreß zu Leipzig 1922. Protokoll.* 1922, S. 324 ff., den Geschäftsbericht und die nachfolgende Diskussion, insbesondere die Korreferate von Walcher (KPD), S. 336 ff., und Dißmann (USPD), S. 346 ff.

30 Ossip Kurt Flechtheim, *Die KPD in der Weimarer Republik.* Offenbach 1948, S. 76 f., 82 f., 90 ff., 112 ff.; von Oertzen, *Betriebsräte* (Anm. 8), S. 224 ff.

31 a. a. O., S. 220 ff.

der internationalen und nationalen kommunistischen Organisationsstruktur. Die Spaltung der USPD und die Vereinigung ihres linken Flügels im Herbst 1920 mit der KPD war verursacht und im einzelnen bestimmt worden durch die Forderung nach dem Anschluß an die kommunistische 3. Internationale. Schon auf Parteiebene hatte der – in den berühmt-berüchtigten »21 Punkten« formulierte – zentralistische Führungsanspruch der Internationale nicht wenige USPD-Mitglieder von der Vereinigung mit der KPD abgehalten. Für die aktiven Gewerkschafter der USPD war die Politik der KPD noch problematischer: verlangte doch die kommunistische Parteilinie die Bekämpfung der als »gelb« denunzierten sozialdemokratisch beherrschten Amsterdamer Gewerkschaftsinternationale und die Überführung aller von Kommunisten eroberten Gewerkschaftsverbände in die neu gegründete »rote« kommunistische Gewerkschaftsinternationale. Jeder im ADGB arbeitende Kommunist konnte also insofern mit wirksamen Argumenten als potentieller Gewerkschaftsspalter hingestellt werden. Hinzu kam, daß die in der KPD von Gründung an wirksame ultraradikale gewerkschaftsgegnerische Tendenz immer wieder durchschlug und die Arbeit der KPD in den Gewerkschaften beeinträchtigte.

Darüber hinaus stand das leninistische Organisationsprinzip in der KPD selbst ihrer Glaubwürdigkeit in der Arbeiterschaft im Wege. In der alten USPD hatten die Gewerkschaftsfraktionen vollkommene Selbständigkeit gegenüber der Parteiführung besessen; überdies lebte in ihnen ein aus der Rätebewegung übernommenes, basisdemokratisch begründetes Mißtrauen gegen jede Zentralisierung und gegen Parteipolitik überhaupt fort[32]. Diese basisdemokratischen Elemente der linken USPD-Tradition wurden in der KPD sehr rasch abgebaut. Das neue Organisationsprinzip lautete: Die Betriebsräte sind den Gewerkschaften, die Gewerkschaften der Partei und die Parteifunktionäre der Zentrale untergeordnet.

Solange die Zentrale – bis 1923 – unter der Leitung von erfahrenen Arbeiterführern wie Heinrich Brandler stand, konnte die hierin liegende Problematik verdeckt bleiben, ein Kurswechsel der Partei jedoch mußte die kommunistischen Gewerkschafter in unüberbrückbare Loyalitätskonflikte zwischen Parteidisziplin und Gewerkschaft-

32 Hierzu die drastischen Aussagen des Rätetheoretikers und linken USPD-Führers Ernst Däumig, von Oertzen, a. a. O., S. 96 ff.

streue stürzen. Ein solcher Kurswechsel – mit einer zeitweiligen Neigung zu antigewerkschaftlichen Auffassungen – fand in der KPD 1923/24 statt[33]. Er führte zu einer tiefreichenden Vergiftung der innergewerkschaftlichen Fraktionsgegensätze und schwächte den kommunistischen Einfluß in den Gewerkschaften erheblich[34]. Schon vor 1923 hatte der kommunistische Zentralismus manchen erfahrenen USPD-Gewerkschafter vom Übertritt zur KPD abgehalten oder rasch wieder aus ihr vertrieben. Der endgültige Sieg des institutionalisierten Parteiegoismus über jede gewerkschaftliche Kollegialität und Loyalität hat schließlich die KPD-Position in den Gewerkschaften gänzlich zerstört und damit auch der politischen Fraktionsbildung in den Gewerkschaften ein Ende gemacht. Nur einige wenige linkssozialistische und unabhängige kommunistische Splittergruppen überlebten bis 1933[35].

Die Problematik politischer Gewerkschaftsfraktionen

Wenn wir die Strukturproblematik innergewerkschaftlicher Fraktionsbildung im Lichte der geschichtlichen Erfahrung aus den Jahren 1914 bis 1924 betrachten, fällt die zentrale Rolle ins Auge, die die Frage der Arbeitsteilung zwischen politischer Organisation (Partei) und Gewerkschaftsorganisation gespielt hat.

Solange die Gewerkschaften sich auf die – in der Tat nicht eigentlich politische – Vertretung wirtschaftlich-sozialer Gegenwartsinteressen in Beruf und Betrieb beschränkten und ihre Mitglieder ihre gesamtgesellschaftlichen, d. h. politischen Interessen von einer anderen Organisation (Partei) vertreten sahen, bestand offensichtlich kein Bedürfnis nach politischer Gruppen- oder Fraktionsbildung in den Gewerkschaften.

Dies wurde anders, als die Gewerkschaften selbst gezwungen waren, von ihren eigenen Problemen ausgehend in eigenständiger Meinungs- und Willensbildung längerfristige gesellschaftspolitische Perspekti-

33 Flechtheim (Anm. 30), S. 112 ff.

34 Vgl. hierzu das *Protokoll des 16. Verbandstages des Deutschen Metallarbeiterverbands zu Kassel.* 1924, besonders die teilweise überaus polemische Debatte zum Geschäftsbericht, S. 154 ff., darin besonders der Streit über die zahlreichen Wahlproteste wegen unfairer und verleumderischer Wahlagitation, S. 226 ff.

35 von Oertzen, *Betriebsräte* (Anm. 8), S. 225, bes. S. 286 und Anm. 2.

ven (Programme) zu entwickeln und politisch bedeutsame Entscheidungen zu treffen. Ein solcher Fall konnte eintreten, als nicht mehr eine einzige Partei die politische Interessenvertretung der Gewerkschaftsmitglieder wahrnahm, sondern mehrere darum konkurrierten. Er konnte eintreten, als an sich rein gewerkschaftliche Aktionen auf Grund der allgemeinen politischen Umstände einen politischen Charakter annahmen, z. B. die Streikaktionen während des »Burgfriedens« im Weltkrieg; (es besteht für mich im übrigen kein Zweifel, daß die politischen Meinungsverschiedenheiten innerhalb der Vorkriegssozialdemokratie schon damals auf die Gewerkschaften übergegriffen haben würden, wenn diese zur Verteidigung der Koalitionsfreiheit oder des Reichstagswahlrechts hätten zu gewerkschaftlichen Kampfmaßnahmen greifen wollen; solange der »Massenstreik« ein bloß hypothetischer Streitpunkt blieb, konnte die Gewerkschaftsführung ihn aus der innergewerkschaftlichen Diskussion heraushalten). Vollends zur politischen Stellungnahme wurden die Gewerkschaften gezwungen, als in Krisenzeiten und tiefgreifenden Konfliktsituationen gesellschaftliche Veränderungen zugunsten der Arbeiterbewegung mit dem Mittel gewerkschaftlicher Aktionen erreichbar schienen (Sozialisierung, vor allem Mitbestimmungsrechte der Betriebsräte 1919/20). Als im Falle einer solchen Politisierungstendenz die Gewerkschaftsorganisationen und ihre Führungen versuchten, an ihrer politisch »neutralen« und »abstinenten« Haltung festzuhalten, liefen sie Gefahr, daß die politischen Spannungen sich verstärkten und im Extremfall sogar die Organisation sprengten. Das Festhalten an der Burgfriedenspolitik und die Unterdrückung der politischen Opposition während des Krieges haben im Endergebnis nicht – wie beabsichtigt – den »Parteienstreit« von den Gewerkschaften ferngehalten, sondern ihn vielmehr verschärft.

Ein weiteres Ergebnis dieser geschichtlichen Betrachtung ist, daß Politisierung politischen Meinungsstreit bedeutete und offenbar ein Mindestmaß an institutionalisiertem gewerkschaftlichem »Pluralismus« voraussetzte, wenn die Organisation nicht Schaden leiden sollte. Es hat sich z. B. als unmöglich erwiesen, politisch beeinflußte Delegierten- und Funktionärswahlen zu verhindern und diese Wahlen von politischen Diskussionen und politischer Agitation freizuhalten.

Ein solcher innergewerkschaftlicher »Pluralismus« bedeutete jedoch sogar in der damaligen Zeit politischer Bewegung und intensiven Parteienstreits nicht unbedingt eine durchorganisierte parteipolitische

Fraktionsbildung in der gesamten Gewerkschaftsbewegung. In vielen Verbänden ging die Fraktionsbildung über relativ lockere politische »Tendenzen« nicht hinaus; die Meinungsbildung über konkrete gewerkschaftliche Probleme oder über die geleistete Arbeit amtierender Vorstände erfolgte häufig quer zu den Frontlinien der politischen Gruppenbildung.

In großstädtischen Ortsorganisationen und in den großen Verbänden, vor allem im DMV, beobachten wir jedoch eine ziemlich strikte politische Fraktionierung. Sie hat unzweifelhaft dazu beigetragen, gesellschaftspolitische Alternativen klar hervortreten zu lassen und unter angemessener Berücksichtigung von Minderheitsmeinungen zu diskutieren und zu entscheiden. Unter den im engeren Sinne politischen Gewerkschaftsfraktionen kann man – grob gesprochen – drei Grundtypen unterscheiden:

- straff organisierte, von außen geleitete Parteifraktionen, wie bei der KPD; diese zerstörten in letzter Instanz den gewerkschaftlichen Zusammenhalt;

- relativ straff organisierte, aber kaum oder gar nicht von außen geleitete Parteifraktionen, wie bei SPD und USPD. In diesen beeinflußten nicht so sehr die Parteiführungen die Politik der Gewerkschafter, als diese vielmehr die Politik ihrer Parteien.

- Besonders interessant sind die Ansätze zur Bildung politischer Fraktionierungen, die zumeist von originären Gewerkschafts- und Arbeiterinteressen ausgingen und ihre parteipolitischen Präferenzen an gewerkschaftlichen Problemen orientierten, nicht umgekehrt. Solche Ansätze finden sich z. B. bei den Vertretern des Rätesystems, vor allem auf dem linken Flügel der USPD und ganz allgemein bei solchen Tendenzen, die auf Basisdemokratie und Betriebsarbeit hin orientiert waren.

Die Fraktionsbildung hat zum Teil beträchtliche Probleme für Zusammenhalt und Arbeitsfähigkeit der Gewerkschaften aufgeworfen: Konflikte zwischen der Loyalität zur Partei und zur Gewerkschaft, Nichtübereinstimmung zwischen konkreter betrieblicher und gewerkschaftlicher Praxis und von außen herangetragenen politischen Programmen, verstärkte Zentralisierung der politischen Meinungsbildung durch Verlagerung in die Fraktionsspitzen und Übergehen der Meinungsbildung an der Basis, negativer Einfluß auf die Personalauslese bei Wahlen und Anstellungen (»Parteibuch statt Qualität«). Zu allen diesen Problemen lassen sich aber auch praktikable Lösungen und gegenläufige Tendenzen erkennen.

So ist das Gesamtbild nicht eindeutig, das wir aus den Erfahrungen dieser so überaus bewegten Periode der deutschen Gewerkschaftsgeschichte gewinnen können.

Arbeiterbewegung, Arbeiterräte und Arbeiterbewußtsein in der Deutschen Revolution 1918/19

Sozialismus und Arbeiterbewegung

»Sozialismus (...) ist der geistige Niederschlag der modernen sozialen Bewegung. Diese aber ist der Inbegriff aller Emanzipationsbestrebungen des Proletariats«, mit diesen Worten beginnt die berühmt gewordene Studie Werner Sombarts über Theorie und Geschichte der modernen sozialistischen Arbeiterbewegung.[1] In der Tat ist bis zum heutigen Tage die Idee und die Hoffnung, die bürgerlich-kapitalistische Gesellschaftsordnung von Grund auf umgestalten und eine neue Gesellschaftsordnung, den Sozialismus, an ihre Stelle setzen zu können, mit der sozialen Bewegung des »Proletariats«, der industriellen Arbeitnehmerschaft verbunden geblieben.

Der wichtigste (wenn auch nicht der einzige) theoretische Ausdruck dieser Verbindung ist und war der Marxismus. Es ist wieder Sombart in der genannten Studie, der diese Bedeutung des Marxismus auf eine kurze treffende Formel gebracht hat: »Es gibt nur *einen* lebendigen Sozialismus in unserer Zeit: den Marxismus (...) *alle* sozialistischen Bewegungen der Gegenwart sind (...) insofern vom marxistischen Geist erfüllt als sie auf dem Wege des Klassenkampfe die Vergesellschaftung der Produktionsmittel anstreben und vom Proletariat getragen werden: Der Sozialismus ist proletarisch, das Proletariat sozialistisch geworden: Diese Vereinigung ist die weltgeschichtliche Tat von Karl Marx«.[2]

Insofern prägt der Marxismus auch heute noch die soziale Bewegung der industriellen Arbeitnehmerschaft – wie sehr sich auch deren Organisationen und Programme gewandelt haben mögen und wie weit ihre Praxis sich unterdessen auch vom ursprünglichen Marxis-

1 Werner Sombart, *Sozialismus und soziale Bewegung*. Jena [8]1919, S. I.
2 a. a. O., S. V.

mus entfernt haben mag. Unübersehbar ist freilich, daß niemals zu irgendeinem Zeitpunkt seit den Anfängen der sozialistischen Arbeiterbewegung der ernsthafte Versuch unternommen worden ist, die von Marx prognostizierte »soziale Revolution« (= gesellschaftliche Umwälzung des Kapitalismus) in einem fortgeschrittenen kapitalistischen Lande tatsächlich ins Werk zu setzen, und daß auch niemals die wirkliche ökonomische, soziale und politische Chance dafür bestanden hat.

Die kurzen parlamentarischen Regierungsperioden der Labour-Party in Großbritannien seit 1945 und die längeren Regierungszeiten der Sozialdemokratie in Skandinavien haben die Abschaffung des Kapitalismus und die Entwicklung einer sozialistischen Gesellschaft zu keiner Zeit auf die Tagesordnung ihrer Politik gesetzt; und sozialdemokratisch-bürgerliche Koalitionsregierungen waren und sind wesensmäßig unfähig, die Marxsche Verheißung zu erfüllen. Die hybriden Gesellschaftssysteme des sogenannten »real existierenden Sozialismus« hingegen, die entstehen, wenn eine »kommunistische« Partei in einem ökonomisch unterentwickelten Land die Macht ergreift und sie danach bürokratisch-autoritär ausübt, haben mit dem authentischen Marxschen Sozialismus kaum mehr als den Namen gemein; sie brauchen uns hier nicht zu interessieren.

Nur zwei Ausnahmen von der oben getroffenen Feststellung hat es gegeben, zwei kurze Perioden, in denen jeweils in einer weniger oder mehr entwickelten kapitalistischen Gesellschaft eine sozialistische Arbeiterschaft den ersten Schritt über die Grenzen des Kapitalismus hinaus hätte wirklich tun können, Perioden, in denen – vielleicht – die objektive Möglichkeit und – zumindest teilweise – der subjektive Wille dafür bestanden hat: In der Spanischen Revolution 1936/37 und in der Deutschen Revolution 1918/19. Und es ist kein Zufall, daß bis zum heutigen Tage der wissenschaftliche und der politische Streit über die vorhandenen und nicht ergriffenen Möglichkeiten dieser beiden Revolutionen nicht verstummt ist.

Insbesondere die deutsche »Novemberrevolution«[3] war unzweifelhaft ein Kreuzweg in der geschichtlichen Entwicklung Deutschlands

3 Der Ausdruck »Novemberrevolution« für die Deutsche Revolution 1918/19 ist gelegentlich moniert worden, da der revolutionäre Prozeß sich mindestens bis in das Jahr 1919 – nach Meinung mancher Autoren sogar bis 1920 oder 1923 – hingezogen habe. Ich benutze beide Ausdrücke in gleicher Bedeutung.

und – entsprechend seiner Bedeutung für die kapitalistische Welt – in der geschichtlichen Entwicklung des Kapitalismus überhaupt. Insoweit ist die Deutsche Revolution von 1918/19 so etwas wie eine historische »Fallstudie«, wie das einzige historische Exempel, das über die Tragweite des Marxschen Konzeptes einer proletarischen sozialistischen »Revolution« Auskunft geben kann.

Der Streit um den Charakter der »Novemberrevolution«

Bei allen sonstigen Unterschieden der Beurteilung hat in der Diskussion über die Deutsche Revolution von 1918/19 nie in Zweifel gestanden, daß starke sozialistische Arbeiterströmungen in ihr eine bedeutende Rolle gespielt haben. Während der Weimarer Republik – und dann noch einmal wieder in den ersten Jahrzehnten der Bundesrepublik Deutschland – standen sich zwei Auffassungen vom Charakter der Novemberrevolution gegenüber: Beide gingen davon aus, daß eine starke revolutionär-sozialistische Bewegung im Kampf gegen die bürgerliche Demokratie unterlegen sei. Der Unterschied zwischen ihnen bestand darin, daß die eine Auffassung, die konservativ-liberal-sozialdemokratische, in diesem Ergebnis der Revolution den Sieg der »Demokratie« über den »Bolschewismus« erblickte, die anderen hingegen – die linkssozialistisch-kommunistische – die Niederlage der »Revolution« gegen die »Konterrevolution«.

Noch in den fünfziger Jahren hat K. D. Erdmann diese Auffassung als die damals herrschende wissenschaftliche Ansicht formuliert: das »konkrete Entweder–Oder« der Revolution habe gelautet: »die soziale Revolution im Bunde mit den auf eine proletarische Diktatur hindrängenden Kräften oder die parlamentarische Republik im Bund mit konservativen Elementen« und an anderer Stelle noch schärfer auf das »Subjekt« der Revolution, die sozialistische Bewegung, zugespitzt: »Deutschland (...) stand vor der Frage, ob sich in der sozialistischen Gesamtbewegung die westeuropäische Idee des Parlamentarismus und der Demokratie oder die Leninsche Idee des Rätestaates als die stärkere erweisen würde«.[4]

4 Karl Dietrich Erdmann, *Die Geschichte der Weimarer Republik als Problem der Wissenschaft*. In: Vierteljahreshefte für Zeitgeschichte, 3 1955, S. 7; Bruno Gebhardt,

Freilich ist diese Interpretation schon in der Zeit der Weimarer Republik von A. Rosenberg angefochten worden. 1928 charakterisierte er die November-Revolution als »eine bürgerliche Revolution, die von der Arbeiterschaft gegen den Feudalismus erkämpft wurde«;[5] damit durchbrach er die starre Alternative: bürgerliche Demokratie oder proletarische Revolution. In den folgenden, in der Emigration verfaßten historischen Arbeiten hat Rosenberg diese Analyse dann weiter ausgeführt: Der authentische Sozialismus war in Deutschland 1918/19 unter den gegebenen ökonomischen und politischen Bedingungen weder objektiv möglich, noch wurde er von der Arbeiterschaft wirklich gewollt. Aber eine breite Strömung in der sozialistischen Arbeiterbewegung erstrebte doch mehr als die bloße formale bürgerliche Demokratie: Von vielen Arbeitern gewünscht und objektiv erreichbar war eine »aktive Selbstregierung der Massen«, eine »neue volkstümliche Demokratie«, eine »soziale Demokratie«. Vor allem die neu entstandenen Arbeiterräte waren Ausdruck und zugleich vorwärtsdrängende Kraft dieser Tendenz.[6]

Da die Arbeiterräte in der Deutschen Revolution bisher entweder völlig verkannt oder aber als Instrument einer revolutionären proletarischen Diktatur interpretiert worden waren, eröffnete diese Beurteilung Rosenbergs zugleich die freie Bahn für eine veränderte, unbefangenere Würdigung der Arbeiterrätebewegung.

Ausgehend von den Rosenbergschen Forschungen hat sich dann in den letzten 25 Jahren eine neue wissenschaftliche Auffassung von der Geschichte der Deutschen Revolution entwickelt, die bei allen Differenzen im einzelnen in einer Reihe wichtiger Fragen Übereinstimmung erzielt hat: Die Erdmannsche Alternative: bürgerlich-konservative Demokratie oder »Bolschewismus« wird zurückgewiesen; der authentische Sozialismus oder gar der »Bolschewismus« stand 1918/19 nicht wirklich auf der Tagesordnung; aber es wäre möglich gewesen, die nicht – oder gar antidemokratischen Kräfte in Wirtschaft,

Kap. Die Zeit der Weltkriege. In: *Handbuch der deutschen Geschichte*. Stuttgart [8]1959, S. 85

5 Arthur Rosenberg, *Die Entstehung der deutschen Republik 1871–1918*. Berlin 1928, S. 201.

6 ders., *Geschichte der deutschen Republik*. Karlsbad 1935, S. 22, 23, 24, 74, 75; ferner ders., *Demokratie und Sozialismus. Zur politischen Geschichte der letzten 150 Jahre*. Amsterdam 1938, S. 319, 322, 337 ff., 345.

Gesellschaft und Staatsapparat zurückzudrängen und der Demokratie ein zuverlässigeres soziales Fundament zu geben, als es die Weimarer Republik in Wirklichkeit erhalten hat.[7] Die Arbeiterrätebewegung wird in dieser Interpretation als Hauptindiz für den Willen – und die Möglichkeiten – der Arbeiterschaft zu tieferreichender Demokratisierung der Gesellschaft betrachtet. Ich selbst habe mein eigenes Urteil über den Charakter der Novemberrevolution in die Formel gefaßt: »Die einzige wirkliche Alternative zur bürgerlichen Demokratie war nicht der ›Bolschewismus‹, sondern eine auf die Räte gestützte soziale Demokratie«.[8]

Der Sozialismus in der Deutschen Revolution

Diese hier skizzierte neuere Auffassung vom Charakter der Deutschen Revolution ist in den Grundzügen bereits vor mehr als zwei Jahrzehnten entwickelt worden. Seitdem wurde sie ausgebaut, gegen Kritik verteidigt, da und dort etwas modifiziert, aber nicht grundsätzlich zur Diskussion gestellt. Die historische Erforschung der revolutionären Ereignisse ab 1918 – insbesondere die lokal – und regionalgeschichtliche und die sozialgeschichtliche – haben jedoch in diesen Jahrzehnten große Fortschritte gemacht. Wir wissen heute unvergleichlich viel mehr über die wirkliche Volks- und Arbeiterbewegung dieser Jahre als 1960 oder 1965. Und gestützt auf diesen neueren Forschungsstand ist nun eine bestimmte Einseitigkeit jener Auffassung immer deutlicher sichtbar geworden.

Die neuere Revolutionsforschung war in ihrer Kritik an der älteren konservativ-liberal-sozialdemokratischen Auffassung von der

7 Hierzu neben meiner eigenen Studie Betriebsräte in der Novemberrevolution (Peter von Oertzen, *Betriebsräte in der Novemberrevolution.* Berlin–Bonn-Bad Godesberg 1976) Eberhard Kolb, *Die Arbeiterräte in der deutschen Innenpolitik 1918–1919.* Düsseldorf 1962; Ulrich Kluge, *Soldatenräte und Revolution.* Göttingen 1975; Reinhard Rürup, *Probleme der Revolution in Deutschland 1918/19.* Wiesbaden 1969; Susanne Miller, *Die Bürde der Macht.* Düsseldorf 1978; Heinrich August Winkler, *Die Sozialdemokratie und die Revolution von 1918/19.* Berlin–Bonn-Bad Godesberg 1979; ferner Gerald D. Feldman, Eberhard Kolb und Reinhard Rürup, *Die Massenbewegungen der Arbeiterschaft am Ende des Ersten Weltkrieges.* In: Politische Vierteljahresschrift, 13. Jg. 1972; Wolfgang J. Mommsen, *Die deutsche Revolution 1918–1920.* In: Geschichte und Gesellschaft, 4. Jg. 1978.

8 von Oertzen, *Betriebsräte* (Anm. 7), S. 67.

Frage nach den Ursachen des Scheiterns der Weimarer Republik ausgegangen[9] und hatte einen Teil der Antwort in den Versäumnissen der demokratischen Revolution von 1918/19 zu finden gemeint. Von daher kritisierte sie die überkommene – falsche – Alternative: »Demokratie« oder »Bolschewismus« und setzte – mehr oder weniger ausgeprägt – eine neue Alternative: konservative oder soziale Demokratie an ihre Stelle. Dieser Ansatz barg und birgt jedoch die Gefahr in sich, im Wissen vom schließlichen Endergebnis der Entwicklung – hier: dem Scheitern der Republik 1933 – die tatsächliche revolutionäre Situation von 1918/19 und den Spielraum der in ihr Handelnden zu verzeichnen. Und in dem berechtigten Bestreben, gegen die »Bolschewismus« – Phobie der bürgerlich-sozialdemokratischen Politik in der Revolution und der bürgerlich-sozialdemokratischen Geschichtsschreibung später anzuargumentieren, gerieten darüber hinaus die unzweifelhaft vorhandenen und wirksamen sozialistischen Tendenzen in der revolutionären Volks- und Arbeiterbewegung teilweise aus dem Blick.[10]

Dabei können wir uns die ausführliche Auseinandersetzung mit der parteikommunistisch orientierten Geschichtsschreibung hier und vor allem in der DDR sparen.[11] Sie hat schon 1958 durch höchstinstanzliche Entscheidung des ZK der SED die ursprüngliche Charakterisierung der Novemberrevolution als einer gescheiterten proletarischen Revolution aufgegeben und durch eine Formel ersetzt, die der von A. Rosenberg sehr ähnlich ist.[12] Die Gründe dafür waren freilich andere: Während Rosenberg – ob empirisch zutreffend, sei hier dahingestellt – von der wirklichen Volks- und Arbeiterbewegung, von ihrem Bewußtsein und den in ihr tätigen politischen Tendenzen ausging, legt die offizielle parteikommunistische Geschichtsschreibung ihrem Urteil das theoretische Postulat zugrunde, von einer wirklichen proletarischen Revolution könne nur dann die Rede sein, wenn die revolutionäre Bewegung unter der Führung einer marxistisch-leninistischen Avant-

9 Vgl. a. a. O. unter Beziehung auf Karl Dietrich Erdmann; ders., *Die großen Streiks der Ruhrbergarbeiterschaft im Frühjahr 1919*. In: Vierteljahreshefte für Zeitgeschichte, 6. Jg. 1958.

10 Teilweise auch bei mir, obwohl ich z. B. – ders., *Betriebsräte* (Anm. 7), S. 67 – von einer »sozialistischen Arbeiterströmung« gesprochen habe.

11 Alexander Decker, *Die Novemberrevolution und die Geschichtswissenschaft in der DDR*. In: Internationale wissenschaftliche Korrespondenz zur Geschichte der deutschen Arbeiterbewegung (IWK), Jg. 10 1974.

12 a. a. O.; von Oertzen, *Betriebsräte* (Anm. 7), S. 56 Anm. 2.

gardepartei stünde. Da davon 1918/19 nicht gesprochen werden konnte, erledigte sich das Problem per definitionem von selbst. Gleichzeitig ist damit aber auch die uns interessierende Frage nach der Arbeiterbewegung als dem historischen Subjekt einer auf den Sozialismus hin gerichteten gesellschaftlichen Umwälzung[13] durch dogmatische Setzung beantwortet: Da es ohne Avantgardepartei kein revolutionäre Subjekt geben kann, erübrigt sich, wenn diese fehlt, die weitere Diskussion der konkreten historischen Bewegung, ihres Bewußtseins, ihrer Verhaltensweisen und ihrer selbstgeschaffenen Kommunikations- und Organisationsformen.

Aus einem gänzlich anderen Gesichtswinkel haben F. Dingel und E. Lucas an der jüngsten Revolutionsforschung Kritik geübt.[14] Mit Nachdruck betont Dingel, daß die sozialistische Alternative 1918/19 nicht nur die »revolutionäre Illusion« einer Minderheit in der Arbeiterbewegung, sondern eine wirkliche »revolutionäre Chance« gewesen sei.[15] »Die Revolution war zu Beginn sicherlich eine sozialdemokratische, aber sie ist es nicht geblieben. Sie entwickelte Zielvorstellungen und Realisierungsansätze, die weit über das hinausgingen, was für den sozialdemokratischen Reformismus noch tolerierbar war. Die Charakterisierung der Revolution als bürgerlich-demokratisch vernachlässigt diese Ansätze«; freilich, so fügt Dingel kritisch gegen den parteikommunistischen Standpunkt gewendet hinzu: »der Vergleich mit der Oktoberrevolution unterschlägt die Probleme einer Revolution in einem fortgeschrittenen kapitalistischen Land und verpflichtet zugleich auf ein bestimmtes Sozialismusbild.«[16]

In seiner Studie über »Arbeiterradikalismus« in den beiden Industriestädten Hamborn und Remscheid gelangt E. Lucas zu einem ähnlichen Ergebnis[17], ohne freilich eine so allgemeine politische Al-

---

13 Ich verwende den Ausdruck »sozialistische Revolution« bewußt nicht, da er einseitig auf bestimmte politische Strategien festgelegt ist. Siehe auch unten den Abschnitt über die Marxsche Revolutionstheorie.

14 Erhard Lucas, *Arbeiterradikalismus*. Frankfurt am Main 1976; Frank Dingel, *Einleitung zu Richard Müller, Geschichte der deutschen Revolution*. Berlin 1979 und ders., *Revolutionäre Illusion oder revolutionäre Chance?* In: Internationale wissenschaftliche Korrespondenz zur Geschichte der deutschen Arbeiterbewegung (IWK), Jg. 15 1979, Nr. 3.

15 ders., *Einleitung* (Anm. 14).

16 a. a. O., S. 20.

17 Lucas, *Arbeiterradikalismus* (Anm. 14), bes. S. 184ff., 228ff., 273ff.

ternative zu konstatieren wie Dingel. Gestützt auf seine die gesamte Lebenswelt – nicht nur die Betriebssphäre – der Arbeiter umfassenden konkreten und einfühlsamen Untersuchung der revolutionären Bewegung insistiert Lucas auf ihrem originär antikapitalistischen Charakter und verteidigt ihn gegen jede parteipolitische oder gewerkschaftliche Vereinnahmung.

Ob freilich der von Dingel für die sozialistische Tendenz in der Arbeiterbewegung dieser Jahre in Anspruch genommene »demokratische revolutionäre Internationalismus« die mögliche revolutionäre Alternative angemessen zu Begriff bringt, mag man bezweifeln.[18] Dingel und – noch betonter – Lucas neigen dazu, die hergebrachte sozialdemokratische Partei- und Gewerkschaftsorganisation als gänzlich lern- und entwicklungsunfähig zu betrachten; jede Aktion, an der SPD und Gewerkschaftsführung offiziell beteiligt sind, rückt ihnen – ganz besonders ausgeprägt bei Lucas, während Dingel zurecht das »historisch gewachsene reformistische Bewußtsein« »auch der Massen«[19] betont – in die Nähe konterrevolutionärer Machinationen, die ausschließlich zur Täuschung und politischen Vereinnahmung der revolutionären Bewegung gedient hätten. Ob diese Interpretation tragfähig ist, bleibt zu prüfen. Nichtsdestoweniger ist der Hinweis berechtigt, daß in der revolutionären Volks- und Arbeiterbewegung starke Tendenzen wirksam waren und sich entwickelten, die über die bloße bürgerliche Demokratie hinausdrängten. Dies ist kein Wunder, wenn man sich den ideellen und politischen Zustand der deutschen sozialistischen Arbeiterbewegung vor 1914 vor Augen führt. Man kann und muß sicherlich – vom Standpunkt einer konsequenten revolutionären Strategie aus – die merkwürdige Mischung aus radikaler Ideologie und bürokratisch-reformistischer Praxis in der deutschen Arbeiterbewegung der Vorkriegszeit mit großer Skepsis betrachten; trotzdem lassen sich wesentliche Grundelemente für eine antikapitalistische Bewegung bei vielen Arbeitern nicht verkennen: ein ausgeprägtes, in den realen Lebensverhältnissen wurzelndes Klassenbewußtsein, zumindest aber ein lebendiges Klassengefühl; eine nicht immer klare, aber doch entschiedene Vorstellung von der besonderen Rolle des Proletariats; die Hoffnung auf eine – wie auch immer und wann auch immer – von

18 Dingel, *Einleitung* (Anm. 14), S. 22.

19 Einleitung Lucas, *Arbeiterradikalismus* (Anm. 14), bes. seine Polemik gegen meine Auffassungen, S. 184 ff.; Dingel, *Einleitung* (Anm. 14), S. 17, 19.

Grund auf veränderte, gerechtere und menschlichere Ordnung der Gesellschaft. In einer Situation revolutionärer Veränderung scheinbar aller Verhältnisse mußten diese Elemente wirksam werden.

Die Marxsche Revolutionstheorie

An dieser Stelle scheint es mir notwendig, einen kurzen Blick auf jenen systematischen Kern des Marxschen Werkes zu werfen, in dem seine wissenschaftlich begründete Verheißung einer proletarischen sozialistischen Revolution wurzelt, auf die Marxsche Revolutionstheorie.

In seinem »Vorwort zur Kritik der Politischen Ökonomie« finden sich die zentralen Thesen: »In der gesellschaftlichen Produktion ihres Lebens gehen die Menschen bestimmte, notwendige, von ihrem Willen unabhängige Verhältnisse ein, Produktionsverhältnisse, die einer bestimmten Entwicklungsstufe ihrer materiellen Produktivkräfte entsprechen. Auf einer gewissen Stufe ihrer Entwicklung geraten die materiellen Produktivkräfte der Gesellschaft in Widerspruch mit den vorhandenen Produktionsverhältnissen oder – was nur ein juristischer Ausdruck dafür ist – mit den Eigentumsverhältnissen, innerhalb deren sie sich bisher bewegt hatten. Aus Entwicklungsformen der Produktivkräfte schlagen diese Verhältnisse in Fesseln derselben um. Es tritt eine Epoche sozialer Revolution ein (...) Eine Gesellschaftsformation geht nie unter, bevor alle Produktivkräfte entwickelt sind, für die sie weit genug ist, und neue, höhere Produktionsverhältnisse treten nie an die Stelle, bevor die materiellen Existenzbedingungen derselben im Schoße der alten Gesellschaft selbst ausgebrütet worden sind. Daher stellt sich die Menschheit immer nur Aufgaben, die sie lösen kann, denn genauer betrachtet wird sich stets finden, daß die Aufgabe selbst nur entspringt, wo die materiellen Bedingungen ihrer Lösung schon vorhanden oder wenigstens im Prozeß ihres Werdens begriffen sind.«[20]

Es ist offensichtlich, daß bei diesem theoretischen Konzept »sozialer Revolution« Marx die Epoche der bürgerlichen und industriellen Revolution vor Augen gehabt hat: Die wirtschaftlichen, politischen und geistigen Kräfte des sich entfaltenden Dritten Standes rebellierten

20 Karl Marx, *Einleitung zur Kritik der politischen Ökonomie*. Berlin (Ost) 1961, MEW 13, S. 8f.

gegen eine unproduktive, parasitär gewordene Gesellschaftsordnung, gegen feudale Privilegien, zünftlerische Enge, monarchisch-aristokratischen Obrigkeitsstaat und klerikale Bevormundung. Sie stürzten die alte Ordnung – teils auf dem Wege allmählicher wirtschaftlich-sozialer Entwicklung und politischer Reform, teils auf dem Wege blutiger Revolutionen – und schufen die bürgerliche Gesellschaft, die Gesellschaft der kapitalistischen Wirtschaft, des parlamentarischen Staates und der liberalen Freiheiten.

Diese Erinnerung an die Wirklichkeit der bürgerlichen Revolution macht deutlich, daß abstrakte Kategorien wie »Produktionsverhältnisse«, »Produktivkräfte«, »Widerspruch«, »soziale Revolution« nur die eine, die »objektive« Seite der gesellschaftlich-geschichtlichen Entwicklung bezeichnen. Die konkrete historische Entwicklung vollzieht sich jedoch im Zusammenarbeiten oder im Gegeneinanderkämpfen lebender Menschen, von einzelnen oder Gruppen, von Kommunen oder Nationen, von Ständen oder Klassen; dies ist die »subjektive« Seite des Geschichtsprozesses. Nicht nur die bürgerlichen »Produktivkräfte« haben die Form der feudal-monarchischen »Produktionsverhältnisse« gesprengt, sondern Bourgeois, Kleinbürger, Proletarier und Bauern haben Monarchie, Bürokratie, Feudalaristokratie und Klerus gestürzt, haben sie ökonomisch sozial entmachtet und in der bürgerlichen Gesellschaft unter der Hegemonie der Bourgeoisie eine neue Klassenherrschaft errichtet.

Die »objektive« Möglichkeit dafür, daß der »subjektive« revolutionäre Faktor – die kämpfenden Menschen – eine »Gesellschaftsformation« stürzt und eine neue errichtet, wird freilich durch die materielle Entwicklung der Produktivkräfte geschaffen. »Wir machen unsere Geschichte selbst«, so schrieb Engels 1890 an Bloch, »aber (...) unter sehr bestimmten Voraussetzungen und Bedingungen. Darunter sind die ökonomischen die schließlich entscheidenden.«[21] Objektive gesellschaftliche Entwicklung und subjektives politisch-soziales Handeln sind Momente einer dialektischen Einheit. Oder wie der junge Marx es in seiner Einleitung zur Kritik der Hegelschen Rechtsphilosophie 1842 formulierte: »Es genügt nicht, daß der Gedanke zur Verwirklichung drängt, die Wirklichkeit muß sich selbst zum Gedanken drängen.[22]

21 *Friedrich Engels an Joseph Bloch vom 21. Sept. 1890*. Berlin (Ost) 1967, MEW 37, S. 463.

22 Karl Marx, *Zur Kritik der Hegelschen Rechtsphilosophie. Einleitung*. Berlin (Ost)

Allem Zweifel, ob die hier skizzierten Grundsätze der Marxschen Revolutionstheorie auch auf die proletarische Revolution Anwendung finden sollen, begegnet der zentrale Satz aus dem letzten Kapitel des »Elends der Philosophie«; dort spricht Marx ganz unmißverständlich nicht nur über soziale Revolutionen ganz allgemein, sondern über die »Befreiung der arbeitenden Klasse«: »Soll die unterdrückte Klasse sich befreien können, so muß eine Stufe erreicht sein, auf der die bereits erworbenen Produktivkräfte und die geltenden gesellschaftlichen Einrichtungen (= »Produktionsverhältnisse«, v. Oe.) nicht mehr nebeneinander bestehen können. Von allen Produktionsinstrumenten ist die größte Produktivkraft die revolutionäre Klasse selbst. Die Organisation der revolutionären Elemente als Klasse setzt die fertige Existenz aller Produktivkräfte voraus, die sich überhaupt im Schoß der alten Gesellschaft entfalten konnten.«[23]

Dies alles zugrundegelegt, können wir die von Marx theoretisch ermittelten Bedingungen einer erfolgreichen proletarischen Revolution folgendermaßen formulieren:

- Die im und durch den Kapitalismus entwickelten vorwärtstreibenden, lebendigen, schöpferischen Kräfte der Gesellschaft, insbesondere – aber nicht nur – auf dem Gebiet der materiellen Produktion werde durch »die geltenden gesellschaftlichen Einrichtungen« nicht mehr weiterentwickelt, sondern gefesselt. Das heißt die Nutzung von Rohstoffen, Energiequellen und technischer Maschinerie; menschliche Kenntnisse und Fertigkeiten einschließlich der Wissenschaft; die gesellschaftliche Arbeitsteilung und Arbeitszerlegung sowie ihre produktive Organisierung werden in ihrer Weiterentwicklung gehemmt – ganz zu schweigen von der schöpferischen Entfaltung der Menschen außerhalb der Produktion. Wirtschaftskrisen und Klassenkämpfe, Kolonialismus, Imperialismus und Krieg lassen die gesellschaftlichen Kosten des Kapitalismus schneller ansteigen als den – bis dahin unbestreitbaren – gesellschaftlichen Nutzen.

- »Die arbeitende Klasse« wird sich dieser gesellschaftlichen Situation bewußt, sie erkennt ihre Lage als ausgebeutete und unter-

1961, MEW 1, S. 386.

23 Karl Marx, *Das Elend der Philosophie. Antwort auf Proudhon's »Philosophie des Elends«*. Berlin (Ost) 1959, MEW 4, S. 181.

drückte Klasse, sie führt den Klassenkampf gegen die »geltenden gesellschaftlichen Einrichtungen« und arbeitet zielbewußt auf die Überwindung der kapitalistischen Gesellschaftsordnung hin. Dies ist die eine, die »subjektive« Seite der sozialen Revolution.

- Die »objektive«Seite ist, daß die »materiellen Bedingungen« für »neue, höhere Produktionsverhältnisse« »schon vorhanden oder wenigstens im Prozeß ihres Werdens begriffen sind«, daß die Produktivkräfte selbst in ihrem Entwicklungsstand und ihrer Entwicklungsrichtung über die bestehenden Produktionsverhältnisse hinausdrängen. »Die größte Produktivkraft« aber »ist die revolutionäre Klasse« selbst.

- Oder anders ausgedrückt: Die schöpferischen Kräfte der Gesellschaft – Handfertigkeiten, Technik, Wissenschaft, geistige Produktion ganz allgemein – lösen sich zumindest tendenziell von der Bindung an das Privateigentum an den Produktionsmitteln und an das Kapital, d. h. von der Bindung an die Bourgeoisie und ihre sozialen Verbündeten und sammeln sich in der revolutionären Arbeiterklasse. Sie ist der Träger der »neuen höheren« Gesellschaftsformation. – Die sozialistische Arbeiterbewegung muß also nicht nur willens und fähig sein, die alte kapitalistische Gesellschaftsordnung zu stürzen, sie muß auch willens und fähig sein, die neue sozialistische Gesellschaftsordnung zu errichten. In der Erfüllung dieser doppelten Bedingung liegt die vieldiskutierte »Reife« der revolutionären Situation und des revolutionären Subjekts.

- Zugleich liegt in dieser – in sich schlüssig begründeten – doppelten Bedingung das Dilemma aller bisherigen sozialistischen Strategie: Eine Arbeiterklasse, die ausgebeutet, unterdrückt und entmündigt wird, die infolgedessen physisch oder psychisch verelendet, die nichts zu verlieren hat als ihre Ketten, ist vielleicht in der Lage, »erfüllt von edelstem proletarischen Haß« (Lenin)[24] den Kapitalismus zu stürzen; aber ist sie auch in der Lage, den Sozialismus aufzubauen? Wenn aber eine Arbeiterklasse dazu in der Lage wäre, wenn sie wirklich alle schöpferischen Kräfte der

24 Wladimir I. Lenin, *Der »Linke Radikalismus«, die Kinderkrankheit im Kommunismus*. In: Ausgewählte Schriften. Hrsg. v. Hermann Weber. München 1963, S. 1048.

> Gesellschaft in ihren Reihen oder unter ihrer Führung zu sammeln begonnen hätte, dann wäre sie möglicherweise objektiv bereits soweit in die bestehende Gesellschaftsordnung »integriert« und zugleich in ihr eine so anerkannte soziale Macht, daß ihr unter Umständen die grundlegende Änderung dieser Ordnung nicht mehr als zwingend notwendig erscheint.

Ich habe den Eindruck, daß der größte Teil des innersozialistischen strategischen Zwistes zwischen Autoritären und Libertären, zwischen Staatssozialisten und Selbstverwaltungssozialisten, zwischen Leninisten und Autonomisten, zwischen Revolutionären und Reformisten im Kern auf dieses Dilemma zurückgeht. Aber vielleicht ist die von mir formulierte Alternative falsch oder zumindest unvollständig; und vielleicht gibt die Geschichte der Novemberrevolution hierüber Auskunft.

Die Entwicklung der revolutionären Bewegung 1918/19

Entgegen der ursprünglichen Vorstellung vom Charakter der Deutschen Revolution, die von einer relativ simplen Alternative – etwa der von »Bolschewismus« und »Demokratie« oder von »Revolution« und »Konterrevolution« – ausging, die rasch und endgültig entschieden wurde, nimmt die neuere Revolutionsforschung einen längeren, vielfältigen und widersprüchlichen revolutionären Prozeß an. Dabei lassen sich – wenn auch mit fließenden Übergängen und sehr grob – drei Phasen erkennen: Die erste reicht vom Sturz der Monarchie im November 1918 bis zur Wahl der Nationalversammlung im Januar 1919. Die zweite kulminiert in den Generalstreikbewegungen von Februar bis April 1919 im westlichen Industriegebiet, in Mitteldeutschland und in Berlin. Die dritte schließlich umfaßt verschiedene Bewegungen von der »März-Revolution« 1920 im Ruhrgebiet über den mitteldeutschen Aufstand vom März 1921 bis zu den Einheitsfrontregierungen in Sachsen und Thüringen und zum Hamburger Aufstand im Herbst 1923; sie endet mit der Stabilisierung der Mark, des deutschen Kapitalismus und der bürgerlichen Demokratie. (Diese dritte Phase, deren Bedeutung von Dingel, Lucas und vor allem von K. H. Roth, dem

Theoretiker der »anderen Arbeiterbewegung« betont wird,[25] wird in meine Überlegungen nicht miteinbezogen.)

Am Anfang der ersten Phase standen die Marinemeutereien in den Kriegshäfen im Oktober 1918 und die sich ihnen anschließenden Arbeiterstreiks, die schließlich am 9./10. November zur Beseitigung der Monarchie und zur Errichtung der demokratischen Republik führten. Daß diese Volksbewegung der Soldaten und Arbeiter in ihrer großen Mehrheit keinen ausgeprägten sozialistischen Charakter besaß, sondern sich in erster Linie gegen die Fortführung des Krieges sowie gegen den zivilen und militärischen Obrigkeitsstaat gerichtet habe, wird heute allgemein anerkannt.[26] A. Rosenberg hat daraus, wie wir gesehen haben, den Schluß gezogen, daß es sich um eine »bürgerliche Revolution« gehandelt habe, »die von der Arbeiterschaft gegen den Feudalismus erkämpft wurde«, »ein ernster Wille, sozialistische Maßregeln durchzuführen zeigte sich im Reiche bei den Revolutionären eigentlich nirgends«.[27] Trotzdem war der Umstand, daß die demokratische Republik nicht etwa durch eine friedliche Verfassungsreform »von oben«, sondern durch eine revolutionäre, den Rahmen von »Recht und Ordnung« durchbrechende Massenbewegung geschaffen wurde, keine bloße Nebensächlichkeit; und es war auch nicht nebensächlich, daß in dieser Massenbewegung die sozialistisch orientierte Arbeiterschaft von Anfang an einen entscheidenden Einfluß besaß, der in dem Grade zunahm, in dem die politisch und sozial weniger eindeutig geprägte Soldatenbewegung mit der Auflösung des alten Feldheeres an Bedeutung verlor, überdies boten die anfänglich nur improvisierten, aber sich rasch entwickelnden Arbeiter- und Soldatenräte den in Bewegung geratenen Arbeitermassen politische Partizipationsmöglichkeiten, die über die des traditionellen bürgerlich-demokratischen Parteienstaates weit hinausgingen.

Von diesen Ausgangsbedingungen her entwickelten sich sehr bald Kräfte in der Masse der Arbeiterschaft, die über die bloße bürger-

25 Karl Heinz Roth, *Die »andere« Arbeiterbewegung*. München 1974, S. 55 ff., bes. 65 ff.

26 Ich leugne die Bedeutung dieser Phase nicht und auch nicht die in ihr enthaltenen Möglichkeiten. Der Verzicht auf ihre Behandlung ist rein äußerlich durch die Anlage meiner Studien begründet. Vgl. übrigens auch Rosenberg, *Geschichte der deutschen Republik* (Anm. 6), S. 156 ff., der für 1923 im Herbst eine soziale Revolution für möglich hält.

27 ders., *Entstehung der deutschen Republik* (Anm. 5), S. 253.

liche Demokratie hinausdrängten; und die von Anfang an wirksam gewesene radikal-sozialistische und revolutionäre Linke gewann an Einfluß. Hauptfaktoren waren dabei die allgemeine Enttäuschung und Bestürzung über die Erstarkung der militärischen Gegenrevolution, über den Bruch des Bündnisses SPD-USPD und vor allem über die brudermörderischen blutigen Konflikte zwischen sozialdemokratischer Regierung und radikaler Linker, deren tragischer Höhepunkt die Ermordung Liebknechts und Luxemburgs war. Getragen wurde diese Radikalisierung auch durch den allmählich einsetzenden sozialen Protest vieler Arbeiter gegen die trotz Revolution fortdauernden schlechten Arbeitsbedingungen, gegen unzulängliche Lohnregelungen und gegen die mangelhafte Versorgung.

Deutliches Anzeichen einer neuen revolutionären Stimmung waren die Beschlüsse des 1. Reichsrätekongresses vom 16. bis 21. Dezember 1918, der zwar einerseits mit seiner Mehrheitsentscheidung für die Wahl der Nationalversammlung den Weg zur bürgerlichen Demokratie einschlug, andererseits aber energische Maßnahmen gegen die militärische Gegenrevolution und den Beginn der Sozialisierung forderte. Auf der anderen Seite war die sozialistische Linke mit ihrem Kampf gegen die Nationalversammlung und für ein revolutionäres Rätesystem gescheitert und mußte unter radikal veränderten Bedingungen einen neuen Ansatz suchen, wenn sie die gesamte sozialistische Arbeiterbewegung für ein Weitertreiben der Revolution über die bloße bürgerliche Demokratie hinaus gewinnen wollte.

Aus dieser Konstellation heraus entfaltete sich vom Januar 1919 an die Betriebsräte- und Sozialisierungsbewegung. Ihr waren jedoch schon ab November/Dezember 1918 soziale Bewegungen und Aktivitäten in verschiedenen Gebieten des Reichs vorausgegangen: Spontane Lohnstreiks, vor allem im Bergbau; die Bildung von betrieblichen Arbeiterräten, die immer dringlicher wirksame Kontroll- und Mitbestimmungsrechte forderten; zunehmende sozialpolitische Aktionen der ursprünglich vorwiegend politisch definierten Arbeiter- und Soldatenräte. Als Kernforderungen der Bewegung bildeten sich heraus:

- Die Forderung nach Sozialisierung von Schlüsselindustrien, insbesondere des Bergbaues, der ökonomischen Hochburg der deutschen Schwerindustrie,

- die Forderung nach Bildung von Betriebsräten mit garantierten Rechten in der gesamten Wirtschaft, die Forderung nach energischen Maßnahmen gegen die erstarkende militärische Gegenrevolution.

Als die SPD-Regierung sich auf diese Forderungen nicht einlassen wollte, versuchten die Arbeiter unter Führung der regionalen Arbeiterräte im Ruhrgebiet, in Mitteldeutschland und in Berlin, sie in umfassenden Generalstreikaktionen zu Konzessionen zu zwingen. An diesen Streikbewegungen hat in den fraglichen Regionen die große Mehrheit der Arbeiter teilgenommen; daraus und aus vielen anderen Indizien kann geschlossen werden, daß die Anziehungskraft des hier in Umrissen sichtbar werdenden Revolutionsprogrammes weit über den Einzugsbereich der radikalen sozialistischen Linken, ja teilweise sogar über den Einzugsbereich aller sozialistischen Parteien hinaus gereicht hat. Dieses Revolutionsprogramm habe ich mit dem Begriff »soziale Demokratie« bezeichnet.

Die Möglichkeit der »sozialen Demokratie«

Die Frage nach den »verpaßten«, nach den nicht Wirklichkeit gewordenen Möglichkeiten, hat für die Geschichtswissenschaft immer etwas mißliches. Der so unwiderlegbar klingende Satz: Alles geschah so, wie es geschehen mußte, hat freilich lebendige Geschichtsschreibung nie davon abgehalten, jene Frage zu stellen und zu beantworten. »In jeder Zeile jeder historischen Darstellung (...) stecken ›Möglichkeitsurteile‹ oder richtiger: müssen sie stecken, wenn die Publikation ›Erkenntniswert‹ haben soll«, urteilte M. Weber.[28]

Mit dieser Feststellung ist freilich die Aufgabe noch nicht gelöst, im konkreten Fall die Plausibilität einer »verpaßten« historisch – politischen Möglichkeit darzutun.[29] Wie Marx die »Möglichkeit« der proletarischen sozialistischen Revolution theoretisch bestimmt hat, haben wir gesehen; die von ihm formulierten Bedingungen gelten auch für jede andere tiefgreifende gesellschaftliche Veränderung – so etwa für die von der Arbeiterbewegung getragene Schaffung einer sozialen

---

28 Max Weber, *Gesammelte Aufsätze zur Wissenschaftslehre*. Tübingen ²1951, S. 275.

29 Peter von Oertzen, Historisch-politische Möglichkeit bei Max Weber und Karl Marx, vorl. Band, S. 93–108.

Demokratie: Eine hinlänglich starke soziale Bewegung muß die Veränderung »subjektiv« wirklich wollen und sie muß »objektiv« in der Lage sein, die bisherigen ökonomischen, sozialen und politischen Verhältnisse umzuwälzen und neue bessere an ihre Stelle zu setzen. Ob diese Bedingungen für die Errichtung einer »sozialen Demokratie« in den Jahren 1918 und 1919 bestanden haben, muß geprüft werden.

Was ist eine »soziale Demokratie« und was hätte sie im Deutschland der Novemberrevolution bedeutet? Die beste, weil eindeutigste und konkreteste Antwort stammt von A. Rosenberg: »Die Demokratie als ein Ding an sich, als eine formale Abstraktion existiert im geschichtlichen Leben nicht. Sondern die Demokratie ist immer eine bestimmte politische Bewegung, getragen von bestimmten gesellschaftlichen Kräften und Klassen, die um bestimmte Ziele kämpfen. Ein demokratischer Staat ist demgemäß ein Staat, in dem die demokratische Bewegung die Herrschaft hat.« Die soziale Demokratie nun – obzwar in ökonomischer Hinsicht noch im Kapitalismus verharrend – ist dadurch gekennzeichnet, daß die in ihr herrschende demokratische Bewegung von den kämpfenden werktätigen Massen, vor allem also von der Arbeiterklasse dominiert wird.[30]

Ebendies war für einen historischen Augenblick die Wirklichkeit der Deutschen Revolution 1918/19. »Wie eine konsequente sozialistische Revolution aussehen muß«, urteilt Rosenberg 1933 rückblickend, »weiß niemand von uns, denn bisher hat die Geschichte noch keine gezeigt. Aber es besteht die Möglichkeit, daß auch schon ein bürgerlich-kapitalistischer Staat von der Arbeiterschaft beherrscht wird. Wenn das sozialistische Proletariat in einem solchen Lande wirklich die Staatsmacht in der Hand hat, dann kann es allmählich auch die ökonomische Situation in seinem Sinne umgestalten (...). Auch in Deutschland hätte die Entwicklung nach dem 9. November in dieser Art vorwärts gehen können. Die Voraussetzung dafür wäre gewesen, daß die Sozialisten die Staatsmacht wirklich bis zur letzten Konsequenz in die Hand genommen und ausgeübt hätten.« Und gegen die Verfechter einer orthodoxen revolutionären Revolutionsstrategie nach bolschewistischem Muster gewendet, fährt Rosenberg fort: »Das

30 Rosenberg, *Demokratie und Sozialismus* (Anm. 6), S. 337f. – Im Gegensatz dazu wird etwa in der liberalen oder der imperialistischen Demokratie die herrschende demokratische Bewegung von der Bourgeoisie und den mit ihr verbündeten Klassen getragen.

Unglück der deutschen Sozialisten kam nicht daher, daß sie für die Demokratie eintraten (statt für die »Diktatur des Proletariats«, v. Oe.), sondern daß sie sich mit zu wenig Demokratie zufriedengaben. Die Demokratie als die Selbstregierung der werktätigen Masse ist die unbedingte Voraussetzung des Sozialismus.« Sie erschöpft sich allerdings »nicht im allgemeinen Stimmrecht. Die Volksvertretung muß auch in der bürgerlichen Demokratie die unbedingte Gewalt über alle Kräfte des öffentlichen Lebens haben. In der deutschen Republik bestanden nicht allein die großkapitalistischen Wirtschaftsmächte und der feudale Großgrundbesitz weiter, sondern die Armee war ein Staat im Staate, die Verwaltung, die Justiz, die Volksbildung waren von demokratischen Kräften kaum berührt.« »Die Deutsche Republik hätte 1918/19 eine echte Demokratie mit weitgehenden sozialistischen Möglichkeiten werden können«, urteilt Rosenberg abschließend.[31] Um dieses Ziel zu erreichen, hätte die sozialistische Arbeiterbewegung – eine auf die werktätigen Massen gestützte republikanische Armee schaffen,

- den Staatsapparat demokratisieren und energisch kontrollieren,
- die Landarbeiterschaft (und die kleinbäuerlich-kleinbürgerlichen Massen) der östlichen Provinzen durch Entmachtung des Großgrundbesitzes befreien und für sich gewinnen, – die Übermacht der deutschen Großindustrie durch Sozialisierung wichtiger Industriezweige (gedacht war an Kohlebergbau, Kali-Industrie, Stromerzeugung.) brechen,
- und ganz allgemein durch wirksame Kontroll- und Mitbestimmungsrechte für die Betriebsräte die gesellschaftliche Position der Unternehmer schwächen und die der Arbeiterklasse stärken müssen. Auch eine solche »soziale Demokratie« wäre, wie Rosenberg richtig feststellt, nicht mehr als eine »sozialistische Möglichkeit« gewesen. Sie hätte die Macht des Kapitalismus und der ihn tragenden Klassen nicht gebrochen; der Klassenkampf wäre im Rahmen der demokratischen Republik weitergegangen. Aber die Ausgangsposition wäre günstiger gewesen; die »Hegemonie« der Bourgeoisie im Rahmen der bürgerlichen

31 Arthur Rosenberg, *Demokratie und Klassenkampf. Hrsg. v. Hans Ulrich Wehler.* Frankfurt am Main–Berlin–Wien 1974, S. 211 f., 214.

Demokratie wäre infragegestellt, der Handlungsspielraum der Arbeiterbewegung größer geworden. Die Frage ist: War 1918/19 eine »soziale Demokratie« objektiv und subjektiv möglich?

Die sozialistische Arbeiterbewegung vor dem Kriege, im Kriege und zu Beginn des Krieges[32]

Die wirtschaftliche Entwicklung der kapitalistischen Gesellschaft Deutschlands vor 1914 ist durch eine rasche Industrialisierung, sowie die Herausbildung einer modernen, machtvollen, politisch-sozial aggressiven Großindustrie, gleichzeitig aber auch durch das Fortbestehen breiter agrarischer und kleingewerblicher mittelständischer Sektoren bestimmt. Beide Umstände beeinflußten Entwicklungsrichtung und Charakter der sich entfaltenden deutschen Arbeiterbewegung.

Zwar war der Anteil der Arbeiter, Gehilfen und Hausbediensteten schon 1882 auf rund 65 % aller Erwerbstätigen angestiegen und vermehrte sich bis 1907 weiter auf 69 %; gleichzeitig aber stieg der Anteil der Privatangestellten und auch der Beamten schneller als der der Arbeiter; und der Anteil der Selbständigen und Mithelfenden ging vor und nach dem Ersten Weltkrieg, ungeachtet aller sozialen Umschichtungen, nicht weiter zurück: Er betrug 1925 immer noch rd. 34 % der Erwerbstätigen und rd. 30 % der Berufszugehörigen. Der Prozeß der Verstädterung im Zuge der Industrialisierung zwischen 1871 und 1910 war zwar rapide, aber der Anteil der ländlichen und kleinbürgerlichen Bevölkerung blieb doch sehr erheblich, (die Bewohnerschaft ländlicher Gemeinden unter 2 000 Einwohnern sank von rd. 64 % auf rd. 40 %, die Bewohnerschaft von Großstädten über 100 000 Einwohnern stieg von rd. 5 % auf rd. 21 %).

Interessant ist auch ein Blick auf die Betriebsgrößenstruktur. 1925 waren im Deutschen Reich von den rd. 15 000 000 Arbeitnehmern der Wirtschaft (ohne Landwirtschaft-, aber mit Bahn und Post) nur rd.

32 Vgl. hierzu von Oertzen, *Betriebsräte* (Anm. 7), S. 27 ff. und seit neuestem: Wilhelm Eberwein et al., *Belegschaften und Unternehmer. bisher 3 Bände*. Kooperation Universität – Arbeiterkammer Bremen 1982 ff. Für die grundlegenden Fakten neben den Statistischen Jahrbüchern des Deutschen Reiches, Gerhard A. Ritter und Jürgen Kocka, *Deutsche Sozialgeschichte. Dokumente u. Skizzen*. Band Bd. II, 1870–1914, München 1974; und Theodor Geiger, *Die soziale Schichtung des deutschen Volkes*. Stuttgart 1932.

59 % in Betriebsstätten über 50 Beschäftigten tätig. Nach einer Aufschlüsselung dieser sogenannten »Großbetriebe« aus dem Jahre 1922 teilten sich Belegschaften dieser Betriebe zu etwa je 1/3 auf Betriebe bis 200, bis 1 000 und über 1 000 Beschäftigte. Von der »Arbeiterklasse« in den zentralen Sektoren der kapitalistischen Wirtschaft – also in der gewerblichen Produktion, im Handel und im Verkehr, und ohne die rd. 4 Millionen Landarbeiter und Hausangestellten – arbeiteten somit knapp 40 % oder 6 Millionen in Betrieben über 200 Beschäftigten. Die Arbeiter und Angestellten der wirklichen Großbetriebe mit über 1 000 Beschäftigten machten mit rd. 3 Millionen etwa 15 % der Gesamtzahl der Lohn- und Gehaltsempfänger aus. Noch im Jahre 1970 übrigens – nach rund 50 Jahren weiterer Industrialisierung und obwohl der Anteil der Selbständigen auf 12,5 % gefallen und der der Lohn- und Gehaltsempfänger auf 87,5 % gestiegen ist (Zensus von 1979) arbeiteten nicht mehr als 41 % aller erwerbstätigen Arbeitnehmer in Betrieben mit über 200 Beschäftigten, und nur 27 % in Betrieben mit über 500 Beschäftigten.

Diese groben sozialstatistischen Daten charakterisieren Grad und Art der Industrialisierung zur Zeit des Ersten Weltkrieges natürlich nur auf eine ganz äußerliche Art und Weise. Wichtiger wäre eine Analyse des technischen Charakters, der Organisations- und der Kooperationsformen des kapitalistischen Wirtschaftsprozesses, sowie seiner Auswirkungen auf Arbeitssituation, betriebliche Position und Qualifikationsstruktur der Arbeiterklasse. Es steht jedoch fest, daß der moderne Prozeß der wissenschaftlich durchgeplanten organisatorischen und technischen Arbeitszerlegung (Rationalisierung) zu dieser Zeit erst gerade eingesetzt hatte. Demgemäß bestimmte die traditionelle Hierarchie: Meister/Vorarbeiter, Handwerker bzw. Industriefacharbeiter, Angelernter, Ungelernter oder Hilfsarbeiter, die durchschnittliche Belegschaftsstruktur; und in ihr nahm der Handwerker/Industriefacharbeiter eine dominierende Stellung ein. Sie wurzelte in seinem auf Ausbildung und Erfahrung beruhenden unentbehrlichen Fachkönnen und in seiner Schlüsselstellung für die ebenfalls unentbehrliche informelle innerbetriebliche Kooperation.

Demgemäß waren die deutschen Gewerkschaften Handwerker- und Facharbeitergewerkschaften; und auch die Sozialdemokratie wurde von diesem Typ geprägt. Trotz ihrer imponierenden Mitgliederzahl von 2,5 Millionen Mitgliedern erfaßten die sozialdemokratischen

Gewerkschaften doch vor 1914 kaum mehr als 1/4 der Arbeiter und Angestellten der privaten Wirtschaft (ohne Landwirtschaft). Und in der Großindustrie, vor allem in der Stahlerzeugung, war ihre Position noch sehr viel schwächer. Tarifpolitische Erfolge waren nur in den traditionell handwerklich geprägten, mittel – und kleinbetrieblich strukturierten Branchen möglich.

Wesentlich waren auch die halbfeudalen Sozialstrukturen und die obrigkeitsstaatliche politische Verfassung Deutschlands, vor allem Preußens. Von jeder wirksamen wirtschaftlichen oder politischen Mitbestimmung ausgeschlossen, entwickelte die sozialistische Arbeiterbewegung ihren oft analysierten »revolutionären Attentismus« und ihre vielberufene »Lagermentalität«. Radikale Attitüde ohne revolutionäre Strategie und praktische Reformtätigkeit ohne politische Perspektive wurden durch die konkret erfahrene Solidarität des gemeinsamen proletarischen »Milieus« und durch eine zur »Integrationsideologie« verflachte »marxistische« Weltanschauung zusammengehalten. Eine autoritäre, sich rasch bürokratisierende Führungsstruktur in Gewerkschaft und Partei bildete den organisatorischen Rahmen. Die strikte Arbeitsteilung von Gewerkschaft (ökonomische Interessenvertretung der Arbeiterklasse hier und heute) und Partei (Wahlkampf, allgemeine Politik und Zukunftsperspektive) verfestigte diese merkwürdige Struktur. Der rechte, offene reformistische und der linke revolutionäre Flügel der Bewegung wollten beide diesen Immobilismus überwinden – zugunsten einer offenen parlamentarischen Reformstrategie oder zugunsten einer Gewerkschaft und Partei vereinenden revolutionären Massenbewegung, (wobei konsequente Reformisten wie Bernstein, Stampfer und vor allem L. Frank zu Zeiten die Massenmobilisierung als Mittel der Reform ins Auge faßten, während Rosa Luxemburg vorübergehend ihrer revolutionären Politik das reformerische Zwischenziel der demokratischen Republik setzte).

Als sich im letzten Jahrzehnt vor dem Krieg der ökonomische Aufschwung verlangsamte, die internationale Konkurrenz sich verschärfte und der Klassenkampf zwischen Kapital und Arbeiterbewegung härter wurde, zeichnete sich allmählich – zumindest in den Zentren der Industrie, vor allem der Metallindustrie – eine politisch-soziale Umstrukturierung der Arbeiterklasse ab. Insbesondere in den größeren Betrieben und Gewerkschaftsorganisationen der Großstädte und städtischen Industrieregionen bildeten sich Gruppen selbstbewußter, moderner, radikaler Arbeitervertrauensleute heraus, die sich innerorganisatorisch auf das vor allem im Metallarbeiterverband sich ausbreitende System der Betriebs- und Branchenvertrauensleute und durch sie auf wichtige Schichten der städtischen Industriearbeiterschaft stützten. Auch sie waren Facharbeiter mit handwerklicher Tradition; sie wurden jedoch stärker mit den Praktiken großkapitalistischer Machtpolitik und moderner innerbetrieblicher Organisationen (Rationalisierung, Mechanisierung, Dequalifizierung) konfrontiert, als ihre Kollegen aus den mehr handwerklich – kleinbetrieblich geprägten Branchen und aus klein- und mittelstädtischem Milieu. Diese neue Arbeitertendenz begann sowohl die Autorität der traditionellen Gewerkschaftsführung als auch der traditionellen Parteiführung herauszufordern; vor allem aber stellte sie die herkömmliche Arbeitsteilung von Partei und Gewerkschaft in Frage . Es ist offenkundig und nachweisbar, daß ein enger ökonomisch-sozialer, personeller und politischer Zusammenhang zwischen dem nach 1906 neu sich herausbildenden radikalen Flügel der Sozialdemokratie und der zur selben Zeit sich abzeichnenden innergewerkschaftlichen Opposition vor allem im Deutschen Metallarbeiterverband besteht.[33]

Auf weitere strukturelle Veränderungen innerhalb der Arbeiterklasse vor 1914 haben die Theoretiker und Historiker der sogenannten »anderen« Arbeiterbewegung, aber auch Historiker wie Lucas aufmerksam gemacht[34], Veränderungen, die ebenfalls die bisher dominierende »professionelle Arbeiterbewegung« und ihre typischen Verhaltensformen zu bedrohen begann:

- Die erste und prinzipiell wichtigste Veränderung war die »Taylorisierung«; dies ist der Versuch der Unternehmerschaft, durch »Wissenschaftliche Betriebsführung«, d. h. Rationalisierung der Arbeitsorganisation und später durch fortschreitende Mechanisierung des Produktionsprozesses, die Facharbeiter aus ihrer Schlüsselstellung in der Produktion zu verdrängen und weitge-

33 von Oertzen, *Betriebsräte* (Anm. 7), S. 47, 282 ff. Von typischer Bedeutung scheint mir die Entstehung der Berliner »revolutionären Obleute« aus der Obleuteorganisation des Berliner Deutschen Metallarbeiterverbandes zu sein. Hierzu konnte ich ein noch unveröffentlichtes Manuskript von D. H. Müller, Berlin, einsehen.

34 Roth (Anm. 25), S. 21 ff.; vor allem aber Eckhard Brockhaus, *Zusammensetzung und Neustrukturierung der Arbeiterklasse vor dem ersten Weltkrieg*. München 1974; sowie Lucas, *Arbeiterradikalismus* (Anm. 14).

hend durch an- oder ungelernte Arbeitskräfte zu ersetzen. Das Ergebnis ist der sogenannte »Massenarbeiter«, der ganz und gar zum Anhängsel der Fabrikorganisation gemacht und jener partiellen Autonomie beraubt worden ist, über die der Handwerker/Facharbeiter noch verfügte. Einen vollen Erfolg hatten diese Bestrebungen vor 1914 freilich nur in einigen Großbetrieben der Elektroindustrie; in anderen Zweigen der verarbeitenden Industrie stießen sie auf erhebliche Widerstände. Jedoch sank auch dort in den letzten Jahren vor dem Kriege bereits der Anteil der Facharbeiter und stieg der Anteil der An- und Ungelernten.[35]

- Unabhängig von der Taylorisierung entwickelte sich der Typ des »Massenarbeiters« aber auch dort, wo wegen des Fehlens spezifischer handwerklicher Traditionen und wegen der Besonderheiten des Arbeitsprozesses von vornherein die Bedeutung der Facharbeiter geringer und die der angelernten Arbeiter größer gewesen war, (wie z. B. in der chemischen Industrie, in der Stahlindustrie, im Transportwesen oder in den Häfen).

- Ganz allgemein förderten der moderne Riesenbetrieb und seine autoritäre und hierarchische Organisation die Veränderung der für den Facharbeiter charakteristischen Einstellungen und Verhaltensweisen.

- Darüber hinaus trugen außerbetriebliche ökonomische, soziale und sozio-kulturelle Bedingungen zur Entstehung eines Arbeitertyps bei, der sich von den traditionellen Verhaltensmustern des Handwerkers/Facharbeiters entfernte. Wohn- und Lebensbedingungen in rasch anwachsenden Industriestädten, schnell zusammengesuchte Belegschaften, ein hoher Anteil von Zuwanderern aus ländlichen Gebieten, von Ausländern, von Frauen, von Jugendlichen. Diese Faktoren wurden insbesondere für Teile des Bergbaues und der Stahlindustrie im westlichen Industriegebiet wirksam.[36]

- Ein besonderes Problem waren jene Arbeitergruppen, die unabhängig von der betrieblichen Struktur ihrer Branchen und

35 Brockhaus (Anm. 34), S. 35 ff.

36 vgl. Lucas, *Arbeiterradikalismus* (Anm. 14) zur Entwicklung in Hamborn.

von ihrer Qualifikationsstruktur durch ihren Arbeitgeber mit besonderer Härte an der gewerkschaftlichen oder politischen Betätigung gehindert wurden, wie die Bediensteten der Marinewerften oder der staatlichen Eisenbahnen. Sie entwickelten die Disposition zu Verhaltensweisen, die denen der klassischen »Massenarbeiter« ähnlich waren, insofern und weil sie dem prägenden Einfluß der traditionellen Gewerkschaftsorganisation entzogen blieben.

Die hier skizzierten strukturellen Veränderungen sind dann durch die Auswirkungen von Krieg und Revolution beschleunigt, radikalisiert und ausgedehnt worden; spezifische Bedingungen der Kriegswirtschaft kamen verstärkend hinzu.[37]

- Durch die Kriegswirtschaft verschob sich das Schwergewicht der Industrie von der Konsumgütererzeugung auf die Rüstungsproduktion.
- Dadurch verstärkte sich die Tendenz zur Bildung von Großbetrieben und zur mechanisierten Massenproduktion. Teilweise wurden völlig neue Betriebe aus dem Boden gestampft (Leuna).
- Ein erheblicher Teil der männlichen Arbeiter wurde zum Militär einberufen; an ihre Stelle traten Jugendliche, Frauen und Ausländer.
- In der Folge dieser Veränderungen wurden zunehmend Facharbeiter durch angelernte Arbeiter ersetzt, (in Großbritannien existiert dafür ein eigener Ausdruck: »dilution«).
- Die soziale Mobilität der Arbeiter erhöhte sich erheblich.
- Durch die außerordentlich starke Mitgliederfluktuation 1914 bis 1919 (Mitgliederrückgang auf 40 % des Vorkriegsstandes bis 1916, Anstieg auf über 200 % nach 1918, erhebliche Kriegsverluste) wurden die Gewerkschaften strukturell verändert; die prägende Kraft der Handwerker/Facharbeiter-Tradition wurde erheblich verringert.

37 Hierzu von Oertzen, *Betriebsräte* (Anm. 7), bes. S. 271 ff.; Jürgen Kocka, *Klassengesellschaft im Krieg*. Göttingen 1973.

- Bisher weitgehend oder völlig unorganisierte Arbeitnehmerschichten stömten in den Gewerkschaften (ehemalige »Gelbe« allgemein, Hüttenarbeiter, Staatsarbeiter, Landarbeiter, Angestellte).
- Der sinkende Lebensstandard im Kriege, die Enttäuschung über ausgebliebene ökonomische, soziale und politische Reformen, die mangelhafte oder lediglich patriarchalisch-bürokratisch vorgenommene Interessenvertretung der Arbeiterklasse unter der »Burgfriedenspolitik« erschütterten das Vertrauen in die überkommenen gewerkschaftlichen und politischen Organisationen und veränderten die traditionellen Verhaltensdispositionen der Arbeitnehmer.
- Die Erfahrungen während der Revolution – Sturz des Obrigkeitsstaates, Bildung eigener politisch-sozialer Machtorgane in Gestalt der Arbeiterräte – stärkten das Selbstgefühl der Arbeitnehmer; ansatzweise wurde die überkommene Arbeitsteilung von Partei und Gewerkschaft, von politischer und ökonomisch-sozialer Aktion durchbrochen.

Die hier skizzierten strukturellen Veränderungen der deutschen Arbeiterbewegung bildeten eine wesentliche materielle Voraussetzung dafür, daß sich in der revolutionären Bewegung 1918/19 eine starke und anwachsende Tendenz herausbildete, die über die bloße demokratische Republik hinausstrebte und die dabei wenigstens teilweise die Prägung durch den revolutionären Attentismus und den bürokratischen Reformismus der Vorkriegsperiode durchbrach.

Die Betriebsräte- und Sozialisierungsbewegung: Subjekt des Kampfes für die soziale Demokratie

Meine These ist die folgende: Nach den blutigen Kämpfen im Dezember 1918 und vor allem im Januar 1919 (der von Rosenberg so genannten »Marneschlacht« der Revolution) und nach der Wahl der Nationalversammlung mit dem überwältigenden Sieg der SPD über die USPD waren die Versuche der radikalen sozialistischen Linken, den sofortigen Übergang zur sozialistischen Räterepublik zu erzwingen, gescheitert. Gleichzeitig radikalisierten sich jedoch große Teile der Arbeiterbewegung bis weit in die Anhängerschaft der SPD hinein; ökonomisch-sozialer Protest, Enttäuschung über ausbleibende Ergebnisse der Revolution für die Arbeiter, wachsende Beunruhigung über die erstarkende militärische (und soziale) Gegenrevolution und das Erschrecken über den innersozialistischen Bruderkampf trugen dazu bei.

In dieser Situation mobilisierten Teile der USPD-Führung, unterstützt von Arbeiterräten aller sozialistischen Parteien, die Arbeiterbewegung in den großen Industriezentren (Ruhrgebiet, Mitteldeutschland und Berlin) für das Programm der »sozialen Demokratie«. Ausgehend von den Erfahrungen des Ruhrgebiets, wo seit Mitte Januar 1919 eine, wenn auch prekäre Zusammenarbeit aller sozialistischen Richtungen beim Eintreten für die Sozialisierung des Kohlenbergbaus und für die Rechte der Betriebsräte erreicht worden war, sollten die in Weimar tagende Nationalversammlung und die Reichsregierung unter Druck gesetzt und zu einer Kursänderung gezwungen werden. Hauptdruckmittel sollten ein Generalstreik Ende Februar und ein neuer Reichsrätekongreß Ende Februar/Anfang März sein.Meiner Meinung nach wäre eine solche Kursänderung zwischen Januar und März 1919 objektiv möglich gewesen und hatte die Zustimmung der gesamten sozialistischen Arbeiterbewegung gefunden. Darüber hinaus hätten sich für die Forderungen nach Entmachtung der »Krautjunker und Schlotbarone«, nach wirkungsvollen Rechten für die Betriebsräte, nach Demokratisierung des Staatsapparates und nach Entwaffnung der militärischen Gegenrevolution auch die nichtsozialistischen Strömungen der Arbeiterbewegung und erhebliche Teile des mittleren und kleinen Bürgertums gewinnen lassen.

Diese These ist vielfach diskutiert und sowohl von »rechts« wie von »links« kritisiert worden.[38]

Teilweise wird bestritten, daß es eine solche Bewegung als konsistentes Phänomen überhaupt gegeben habe. Dieser Kritik liegt meistens ein idealistisch überhöhter Begriff von »Bewegung« zugrunde, so als

38 vgl. hierzu vor allem von Oertzen, *Betriebsräte* (Anm. 7); sodann Feldman, Kolb und Rürup (Anm. 7) und Mommsen (Anm. 7), Ferner Dingel, *Einleitung* (Anm. 14); ders., Internationale wissenschaftliche Korrespondenz zur Geschichte der deutschen Arbeiterbewegung (IWK) Jg. 15 [1979] (Anm. 14); Lucas, *Arbeiterradikalismus* (Anm. 14); Roth (Anm. 25).

ob Bewegung nur dort stattfinde, wo Millionenmassen permanent, wohlorganisiert und mit klarem politischen Bewußtsein in Aktion seien. In Wirklichkeit sind Bewegungen differenzierte widersprüchliche Prozesse, in denen ständig aktive kleine Gruppen und latent aktionsbereite Massen sich gegenseitig beeinflussen und in einem keineswegs immer geradlinigen Lernprozeß Kommunikations-, Organisations- und Bewußtseinsformen allmählich entwickeln. In diesem Sinne gab es zwischen Januar und April 1919 unzweifelhaft eine Betriebsräte- und Sozialisierungsbewegung.

Die häufig, vor allem von Seiten konservativ-liberal-sozialdemokratischer Beurteiler vorgetragene Behauptung, es habe sich bei der Bewegung im Grunde nur um eine Folge linksradikaler Putschunternehmungen gehandelt, hält der nüchternen historischen Analyse nicht stand. Die tatsächlich von syndikalistischen und linkskommunistischen Kräften – meist als Reaktion auf die Berliner Januarkämpfe – ausgelösten revolutionären Vorstöße sind mit den Massenbewegungen derselben Zeit nicht identisch, obwohl es regionale und politische Berührungspunkte gegeben hat. An den Höhepunkten der Bewegung, den großen Streiks von Februar bis April hat die große Masse der Arbeiter über alle Partei- und Gewerkschaftsgrenzen hinweg teilgenommen.

Dabei wird übrigens oft übersehen, daß die Bewegung in gewissem Sinne so etwas wie eine rudimentäre Führung mit einer diskutierten Strategie besessen hat. Seit dem November 1918 hatte sich aus den Reihen der linken USPD ein Kommunikations- und (loser) Organisationszusammenhang gebildet, der die formell die Bewegung führenden regierenden Räteorganisationen in Berlin, in Mitteldeutschland und (weniger konsistent) im Ruhrgebiet wesentlich beeinflußte.

Von der entgegengesetzten Richtung her kritisiert Lucas die Sozialisierungsbewegung, wenn er darauf insistiert, daß die spontane Bergarbeiterbewegung des Dezember 1918, an welche die Sozialisierungsbewegung des Januars 1919 anschloß, rein ökonomisch-sozial ausgerichtet und jeder politischen Vereinnahmung entgegengesetzt gewesen sei. Das stimmt nicht einmal für die von ihm – übrigens höchst eindrucksvoll – geschilderten Bergarbeiter im Hamborner und im westlichen Ruhrgebiet ganz und gar, in deren Forderungen zumindest der Wunsch nach Kontrolle (Mitbestimmung) über die betrieblichen Lohn- und Arbeitsbedingungen durchaus eine Rolle spielte.[39] Außerdem diskutiert er nicht, ob nicht, anders als in der in der Tat sehr betont »syndikalistischen« Hamborner Bewegung, im übrigen Ruhrgebiet in den Aktionen der Bergarbeiter eine Tendenz zum Aufbau eines betrieblichen Rätesystems und zur Sozialisierung zum Ausdruck gekommen ist.[40] Die Tatsache, daß Lucas bei seiner Konzentration auf Hamborn die andersartigen Tendenzen im übrigen Ruhrgebiet, (ganz zu schweigen von Mitteldeutschland und Berlin) nicht berücksichtigt, läßt für ihn auch die parteipolitisch-gewerkschaftliche Zusammenarbeit aller sozialistischen Richtungen in der Räte- und Sozialisierungsbewegung – zumindest »objektiv« – nur als ein Abwiegelungsmanöver der zur Zusammenarbeit mit der Konterrevolution entschlossenen Sozialdemokratie erscheinen. Daß die Hamborner Bergarbeiter diese Funktion der Bewegung – an der auch ihre Führer sich beteiligten – nicht genügend »reflektiert« hätten, hält er ihnen nachträglich vor.[41] Undiskutierte Voraussetzung seiner Kritik ist – ähnlich wie auch bei Dingel – die Überzeugung von der völligen Lern- und Entwicklungsunfähigkeit der »reformistischen« Organisationen SPD und Gewerkschaften.

Für Roth schließlich ist die Rätebewegung dieser Monate nichts anderes als der historische Todeskampf der Facharbeiter; defensiv und vergeblich verteidigen sie die Arbeiterautonomie, d. h. die Erhaltung des durch die Mechanisierung gefährdeten Stands der Arbeitsorganisation und der Arbeitsteilung. Der Abwehrkampf der »professionellen Arbeiter-Techniker« bereitete lediglich dem zweiten revolutionären Kampfzyklus von 1920 bis 1923 den Weg, indem nun das wahre Subjekt der Revolution, der »Massenarbeiter«, die »unqualifizierten Arbeitermassen«, das eigentliche Thema der Revolution, den

39 Vgl. Erhard Lucas, *Ursachen und Verlauf der Bergarbeiterbewegung in Hamborn und im westlichen Ruhrgebiet 1918/19*. Band 15, Duisburger Forschungen, Duisburg 1971, S. 1 ff. – die Forderungen einer Bottroper Streikversammlung, die unter den Punkten 24 und 25 die Mitbestimmung bei Arbeitseinsatz und Gedingeregelung enthält; S. 76 und 97 wird – wenn auch mit skeptischer Relativierung durch L. – von der vorübergehenden Aufnahme der Sozialisierungsforderungen durch die Hamborner Bergarbeiter berichtet. In seiner Polemik gegen mich – ders., *Arbeiterradikalismus* (Anm. 14), S. 184 ff., – wird dieses Intermezzo freilich nicht erwähnt.

40 So bemängelt L. z. B., daß es in der Hamborner Bewegung nicht den an sich naheliegenden Schritt zur Zechenbesetzung gegeben habe; genau dieser Schritt ist aber z. B. im östlichen Ruhrgebiet vollzogen worden, z. B. auf der berühmt gewordenen Zecke Viktoria-Lünen, a. a. O., S. 190.

41 a. a. O., S. 190 ff.

bewaffneten Kampf um die Macht auf die Tagesordnung setzten.[42] Immerhin gesteht Roth der Bewegung, abweichend von Lucas, eine konkrete materielle Grundlage zu. Daß die Betriebsräte- und Sozialisierungsbewegung nur die betriebliche Autonomie, nicht aber die überbetrieblichen ökonomischen und staatlichen-militärischen Machtverhältnisse vor Augen gehabt hätte, ist übrigens objektiv falsch; beim Berliner März-Streik standen diese Probleme sogar eindeutig im Vordergrund der Streikziele.

Ein letzter immer wiederkehrender Einwand bestand und besteht im Zweifel an der Existenz durchdachter und praktikabler Programme für die Sozialisierung von Industriezweigen und für die innerbetriebliche Mitbestimmung bzw. Kontrolle durch die Betriebsräte. Die Zweifel waren und sind nicht begründet. Gemessen an dem völligen Fehlen solcher Konzeptionen vor 1918 ist ihre Entwicklung seit dem November 1918 durch sozialistische Intellektuelle und durch die Arbeiter und ihre unmittelbaren Vertreter selbst mit außerordentlicher Schnelligkeit und großer Kompetenz vorgenommen worden. Mitte Februar 1919 lagen sowohl ein erster Plan zur Sozialisierung des Kohlenbergbaus vor, als auch ausgearbeitete Richtlinien für die Rechte der Betriebsräte im Bergbau und in der übrigen Industrie.[43]

Prüfen wir nun die verschiedenen Zweifel an der Betriebsräte- und Sozialisierungsbewegung noch einmal im Lichte der Frage nach der »Möglichkeit« einer »sozialen Demokratie«, in der damaligen Situation.

Daß der sofortige Übergang zum Sozialismus, d. h. die vollständige Übernahme aller ökonomischen, sozialen und politischen Machtpositionen der Gesellschaft durch die Arbeiterklasse selbst und allein nicht möglich war, ist offensichtlich. Trotz der schweren politischen und ökonomischen Nachkriegskrise des deutschen Kapitalismus standen objektiv dem Kapital durch weitere Industrialisierung vorindustriell

---

42 Roth (Anm. 25), S. 58 ff., 62, 53.

43 von Oertzen, *Betriebsräte* (Anm. 7) allerorten; Zusammenfassung im Anhang 83 ff., 123 ff. Vgl. auch die Studie von Walter Euchner, *Über die Sozialisierung der deutschen Kaliindustrie*. In: Soziologie: Entdeckungen im Alltäglichen. Hans Paul Barth, Festschrift zu seinem 65. Geburtstag. Hrsg. v. Martin Baethge und Wolfgang Eßbach. Frankfurt am Main–New York 1983; ders., *Das Ringen um die Sozialisierung der Deutschen Kaliindustrie in den Jahren 1920/21*. In: Internationale wissenschaftliche Korrespondenz zur Geschichte der deutschen Arbeiterbewegung (IWK), Jg. 20 1984, Nr. 3.

feudaler oder kleinbürgerlicher Sektoren der Gesellschaft noch erhebliche Entfaltungsmöglichkeiten zur Verfügung. Subjektiv war die organisierte sozialistische oder zumindest prinzipiell antikapitalistisch orientierte Arbeiterbewegung noch nicht in der Lage, die wichtigsten der in der Arbeiterklasse als Ganzem, dem ideellen »Gesamtarbeiter« enthaltenen Produktivkräfte organisatorischer, technischer und wissenschaftlicher Art unter ihrer Führung zu vereinigen. Anders ausgedrückt: Wesentliche Teile der Arbeiterschaft im engeren Sinne, der Angestelltenschaft und der technisch-wissenschaftlichen Intelligenz, standen der sozialistischen Idee noch fremd gegenüber oder näherten sich ihr nur allmählich. Die gesamte sozialistisch orientierte Arbeiterbewegung – einschließlich der Handwerker/Facharbeiter, einschließlich der Arbeitnehmer in Kleinbetrieben, im kleinstädtischen Milieu und in der Landwirtschaft – erreichte ausweislich der Wahlen zur Nationalversammlung im Januar 1919 nur eine Minderheit von rd. 45 % der Wähler.

Nun sind – gerade in revolutionären Umbruchsituationen – Mehrheit und Minderheit keine rein statisch-statistischen Kategorien, sondern Indizien für dynamische Prozesse. Die Erfahrung aller großen Revolutionen der neueren Zeit lehrt, daß es nicht genügt, die politische Legitimität zum revolutionären Handeln von vorher errungenen arithmetischen Mehrheiten abhängig zu machen, sondern daß umgekehrt, entschlossenes Handeln Mehrheiten schaffen kann. Freilich für die sozialistische Räterepublik – gar in der Form der Diktatur des Proletariats – wäre 1918/19 diese Mehrheit nicht zu erreichen gewesen. Sie hätte eine gewaltsame Minderheitsdiktatur der sozialistischen Vorhut in den Industriezentren über die Mehrheit der Arbeiterklasse selbst und über die »Provinz« bedeutet – und im Ergebnis die Niederlage. Für eine entschlossene Politik der »sozialen Demokratie« wäre diese Mehrheit zu erlangen gewesen und damit die Basis für eine wirkliche demokratische Verfassung mit sozialistischen Entwicklungsmöglichkeiten.

Dies hätte freilich vorausgesetzt, daß die gesamte »reformistische«, d. h. die unter der Führung der SPD und der Gewerkschaften stehende Arbeiterbewegung dieses Programm mitgetragen hätte. Daß dies objektiv möglich gewesen wäre, bestreiten nicht nur »linke« Kritiker wie Dingel und Lucas (ganz zu schweigen von Roth), sondern auch andere, die an die angeblich unaufhebbare Prägung der SPD durch den »revolutionären Attentismus« und den bornierten bürokratischen Reformismus der Vorkriegszeit erinnern. Es ist freilich gerade Dingel, der mit Nachdruck darauf verweist, daß diese Prägung in der Revolution durchbrochen wurde. Weder die Massenbewegung im Ruhrgebiet, noch den rasanten Aufstieg der USPD hätte jemand »aus der Kenntnis der deutschen Arbeiterbewegung vor 1914 vorherzusagen gewagt«.[44] Freilich sieht auch er diese Entwicklung nur außerhalb des »Reformismus« und gegen ihn. An einer Radikalisierung des Reformismus selbst glaubt er nicht.

Es hat jedoch zwischen SPD und gemäßigter USPD – in den Räten, in den Gewerkschaften, in einzelnen Sachfragen, wie Sozialisierung oder Rechte der Betriebsräte – erhebliche Bewegung gegeben, die sogar in die Parteiorganisation der SPD selbst und in die Reichsregierung hineingereicht hat.[45] Wer freilich unverrückbar der Meinung ist, daß die SPD so gehandelt hat, weil sie so handeln wollte, oder zwangsläufig so handeln mußte, der ist natürlich nicht zu überzeugen.

Die seriöseren Reformismuskritiker, die das Versagen der SPD- und Gewerkschaftsführung (und es war ein Versagen, gemessen an ihren eigenen Traditionen und ihren eigenen Programmen) auf strukturelle Bedingungen zurückführen, geraten gegenüber ihrem eigenen Ansatz in Argumentationsschwierigkeiten. Lucas z. B. verhehlt nicht seine Sympathien für den »syndikalistischen« Aktionstyp der Hamborner Bergarbeiter und kritisiert die traditionalistische, autoritäre, die Trennung von ökonomisch-sozialer und politischer Aktion aufrechterhaltende Strategie der Remscheider Metallarbeiter und ihrer Organisationen. Aber er räumt ein, daß der spontane ökonomisch soziale Aktionismus der Hamborner ohne weiterreichende Perspektive scheitern mußte und daß eine Verschmelzung *aller* Traditionen und Verhaltenstypen der Arbeiterklasse für eine erfolgreiche revolutionäre Bewegung erforderlich gewesen wäre[46], insbesondere aber eine Organisationsform und eine Strategie, die die ökonomisch soziale und die politische Bewegung, die das betriebliche und das staatlich-kommunale Aktionsfeld miteinander verzahnt hätten. Ansatzpunkte

44 Dingel, Internationale wissenschaftliche Korrespondenz zur Geschichte der deutschen Arbeiterbewegung (IWK) Jg. 15 [1979] (Anm. 14), S. 435.

45 Vgl. hierzu z. B. die Diskussionen auf der Parteikonferenz der SPD im März 1919 und auf dem Weimarer Parteitag im Juni 1919.

46 Lucas, *Arbeiterradikalismus* (Anm. 14), bes. S. 228ff., 273ff.

dafür fanden sich aber gerade in der Betriebsräte- und Sozialisierungsbewegung.

Es bleibt die Frage, ob 1918/19 objektiv die »Produktivkraft Proletariat« für die partielle Neuformierung der Produktionsverhältnisse im Rahmen einer »sozialen Demokratie« ausreichend entwickelt gewesen ist. Anders ausgedrückt: Es bleibt die Frage nach dem ökonomischen, sozialen und politischen Bewußtsein der Arbeiter.

Daß die »unqualifizierten Arbeiterklassen« (Roth) als das eigentliche Subjekt der Revolution per definitionem nur dazu fähig sind, eine abgehobene revolutionäre Elite an die Macht zu bringen, nicht aber selbst den Sozialismus, die freie Assoziation der Produzenten zu verwirklichen, ist die groteske Pointe der Theorie des antiautoritären Revolutionärs Roth. Aber auch der von Lucas so einfühlend, ja geradezu liebevoll interpretierte Typ des revolutionären Hamborner Bergarbeiters ist durch seine Sozialisation und seine Lebenslage »verkrüppelt«, »zur systematischen Reflexion« seiner Organisationsform und seiner gesellschaftlichen Ziele »unfähig«; er bedürfte eigentlich einer intellektuellen Anleitung.[47]

In der Gesamtheit der sozialistischen Arbeiterbewegung jedoch – und vorausgesetzt, alle ihre Schichten, Tendenzen und Verhaltenstypen hätten zusammengewirkt – waren die objektiven Voraussetzungen für eine »soziale Demokratie« vorhanden.

- Der Grad der Organisierung und Politisierung der Arbeiterbewegung war zwischen 1918 und 1923 so hoch wie nie vorher und danach nie wieder.
- Große Teile der nichtsozialistischen Arbeiterbewegung (insbesondere der christlich-sozialen) und des demokratischen Mittel- und Kleinbürgertums waren bereit, unter Führung der sozialistischen Arbeiterbewegung und im Zusammenwirken mit ihr die demokratische Republik zu tragen und zu gestalten; (noch 1922 ist anläßlich des Mordes ein Walter Rathenau diese psychologisch-politische Konstellation für einen Augenblick wirksam geworden).
- Gerade in den rückständigsten Landesteilen des Deutschen Reiches (Ostpreußen, Pommern, Mecklenburg, Ostteil der Mark

47 a. a. O., S. 192.

Brandenburg) war die Bereitschaft, die bisherige halbfeudale, vom Großgrundbesitz dominierte soziale Ordnung umzustürzen, und eine wirkliche Demokratie zu schaffen, sehr groß (in allen vier genannten Wahlkreisen erhielten die sozialistischen Parteien im Januar 1919 um die 50 % der Stimmen und zusammen mit der Demokratischen Partei eine klare Zweidrittelmehrheit. Freilich, als nichts geschah, eroberte die monarchistische Rechte die Führung der Massen zurück).

- Wesentlich ist, daß ein starkes, wenn auch oft theoretisch nicht geklärtes Klassen- und Solidaritätsgefühl der Arbeiterbewegung einen Maßstab des Grades der sozialen und politischen Demokratisierung lieferte. So richtig es ist, daß die bürokratisierten Funktionäre und Mandatsträger der SPD und der Gewerkschaften von einer oftmals übertriebenen, alle Aktivitäten lähmenden Hochachtung vor den Funktionsträgern des Obrigkeitsstaates und des Kapitals beherrscht wurden, so zahlreich sind aber auch die Zeugnisse selbstbewußten, realistischen, klassenorientierten Verhaltens einfacher Arbeiter, Arbeiterräte und Funktionäre.

- Es gab gerade in der Räte- und Sozialisierungsbewegung eine sehr nüchterne Einschätzung der Notwendigkeit engster Zusammenarbeit mit der Angestelltenschaft, sowie der technischen und wissenschaftlichen Intelligenz.

- Und schließlich: Der Stand der Unternehmensorganisation, der betrieblichen Kooperation und des technischen Produktionsprozesses gab dem »Gesamtarbeiter« – technische und kaufmännische Intelligenz einerseits, »Massenarbeiter« andererseits unter Führung der die betriebliche Schlüsselstellung einnehmenden Facharbeiter – die tatsächliche materielle Grundlage für eine wirkungsvolle Kontrolle der Produktion durch die Vertrauensleute der Belegschaften, die Betriebsräte. (Diese Kontrolle durch die unmittelbaren Produzenten war auch – neben dem öffentlichen Eigentum und der gesellschaftlichen Gesamtleitung – die Grundlage der diskutierten Sozialisierungskonzepte.)

Eine systematische Erforschung von Berufstyp, Arbeitssituation, Kooperationsformen und politisch-sozialem Bewußtsein in ihrem Zusammenhang (von der Einbeziehung der gesamten »proletarischen

Lebenswirklichkeit«, Lucas, ganz zu schweigen), der deutschen Arbeiterklasse um 1920 hat nicht stattgefunden. Erst die neuere Arbeiterforschung hat rückblickend auf Grundlage der Ergebnisse ihrer gegenwärtigen Studie auch begonnen, die bruchstückhaften Informationen aus der damaligen Zeit zu verarbeiten. Von entscheidender Bedeutung ist dabei die Studie von Bardt/Popitz/Jüres/Kesting gewesen, insbesondere deshalb, weil sie Berufsqualifikation, Kooperationsstruktur, Arbeitsplatzerfahrung und gesellschaftliches Bewußtsein der Arbeiter in ihrer wechselseitigen Verflechtung interpretiert hat. Die moderne Arbeiter- und Industrieforschung, insofern sie hierauf aufbaut, eröffnet uns rückblickend auch für die Geschichte die Möglichkeit, die Arbeiterbewegung nicht nur als politische und soziale Massenbewegung, sondern auch als »Produktivkraft« zu begreifen und die Frage nach der Möglichkeit und den Bedingungen »sozialer Revolution« in einer konkreten historischen Situation in neuer und vertiefter Weise aufzuwerfen.[48] Für den kurzen, schnell vorübergegangenen geschichtlichen Augenblick der Jahre 1918/19 kann die Frage nach dem revolutionären Subjekt »Arbeiterbewegung« positiv beantwortet werden. Historische Möglichkeiten sind freilich einmalig, sie können nicht wiedergeholt werden, wenn sie versäumt wurden. Die Frage, ob der konkrete gesellschaftliche Gesamtarbeiter noch einmal objektiv und subjektiv in der Lage sein wird, die kapitalistischen Produktionsverhältnisse zu durchbrechen und eine neue, höhere Gesellschaftsformation zu erreichen, kann nur durch die Analyse unserer eigenen ökonomischen, sozialen und politischen Verhältnisse – und durch unser eigenes Handeln beantwortet werden.

48 Heinrich Popitz et al., *Technik und Industriearbeit*. Tübingen 1957 und dies., *Das Gesellschaftsbild des Arbeiters*. Tübingen 1957; ferner Eberwein et al. (Anm. 32), bes. Bd. 1, S. 8 ff., 60 ff.; Horst Kern und Michael Schumann, *Industriearbeit und Arbeiterbewußtsein. Teil I*. Frankfurt am Main 1970, bes. S. 277 ff.; Michael Schumann, *Zum Krisenbewußtsein der Arbeiter*. Manuskript des soziologischen Forschungsinstituts Göttingen, 15. 12. 1982.

Zum Verhältnis von »Neuen Sozialen Bewegungen« und Arbeiterbewegung

Zur Sozialstruktur des grünen Wählerpotentials

Im Oktober 1983, auf der Fachtagung der Deutschen Vereinigung für Politische Wissenschaft in Mannheim, erklärte einer der Leiter der Arbeitsgruppe »Neue soziale Bewegung« (NSB), Stöss, in seinen die Diskussion einleitenden Thesen hart und unmißverständlich: »Der empirisch gesicherte Kenntnisstand über die NSB« sei »außergewöhnlich gering« – ungeachtet vieler engagierter wissenschaftlicher Beiträge, ungeachtet der »Faszination«, die die NSB auf die Sozialwissenschaft ausübten und ungeachtet einer unbestritten lebhaften politischen Diskussion. Und nachdem er diese Behauptung zwar kurz, aber überzeugend begründet hatte, faßte er noch einmal zusammen: »Das Elend der NSB-Forschung, wenn es denn eine solche überhaupt gibt, besteht darin, daß sie bislang außerstande war, sich ihrem Gegenstand in hinreichendem Maße begrifflich und empirisch-analytisch zu nähern. Die Anzahl der Veröffentlichungen steht in krassem (Miß-)Verhältnis zum substantiellen Ergebnis. Vorherrschend sind informierte Spekulation und (...) betont engagierte Gesellschaftskritik, die weithin mit persönlichen Bedürfnissen und Erwartungen verknüpft werden.« Dem entsprechend forderte Stöss ein Forschungsprogramm über die NSB, das sich mit allen in Frage kommenden Bereichen – Programmatik, Organisation und Aktion der NSB – beschäftigen müsse.[1]

Die neuen sozialen Bewegungen in der Diskussion

Man mag dieses Urteil für allzu hart und bewußt überspitzt halten; ganz falsch ist es sicherlich nicht. Obwohl in den eineinhalb Jahren seit

---

1 Jürgen W. Falter, Christian Fenner und Michael Th. Greven (Hrsg.), *Politische Willensbildung und Interessenvermittlung*. Opladen 1984.

jener Tagung noch einmal eine Fülle von Aufsätzen und Büchern erschienen ist, unter denen sich auch einige ganz gewiß interessante und aufschlußreiche befinden, sind wichtige wissenschaftliche und politische Fragen an und über die NSB bis heute unbeantwortet geblieben. Und die öffentliche Diskussion über das Thema ist nach wie vor nicht selten von Unkenntnis wesentlicher Tatsachen, von ideologischen Vorurteilen und von oberflächlicher Polemik bestimmt. Wenn z. B. der Bundesgeschäftsführer der SPD – gewiß ein intelligenter und kenntnisreicher Mann – die Politik der »Grünen« als »grünlich-grämlich« durch den Kakao zieht (wie u. a. kürzlich auf dem außerordentlichen Juso-Bundeskongreß am 22. 6. 1985 in Lahnstein), so ist das zwar unzweifelhaft witzig, entspricht vielleicht auch den taktischen Interessen der SPD gegenüber einer durch Wahlniederlagen verunsicherten grünen Partei, aber zur ernsthaften Diskussion über Entstehungsgründe, Charakter und Zukunft der NSB trägt solch politischer Feuilletonismus kaum bei; und daß die grüne Partei etwas mit den NSB zu tun hat, wird man ja kaum leugnen können.

Diese Leichthändigkeit im Umgang mit den Grünen – und damit in gewissem Sinne auch mit den NSB – ist umso erstaunlicher, als doch im Ernst niemand annehmen kann, alle mit den NSB zusammenhängenden gesellschaftlichen und politischen Probleme seien durch die Landtagswahlniederlagen der Grünen im Saarland am 10. März 1985 und in Nordrhein-Westfalen am 12. Mai 1985 erledigt. Das gilt schon unter rein partei- und wahltaktischen Gesichtspunkten nicht; wenn in einem Land wie Nordrhein-Westfalen mit starker traditioneller Arbeiterbewegung und gegen eine SPD in denkbar günstiger Ausgangsposition die grüne Partei noch immer 4,6 % der Stimmen erhält, dann ist die Frage unabweisbar, ob und wie die SPD die Grünen noch weiter schwächen kann. Und ein Bundestagswahlergebnis, bei dem der SPD aus ihrem möglichen Stimmenpotential auch nur 3–4 % fehlten, schlösse mit ziemlicher Sicherheit einen sozialdemokratischen Wahlsieg völlig aus (völlig unmöglich ist ein solcher Sieg bei 3–4 % grüner Stimmen natürlich nicht, aber doch sehr wenig wahrscheinlich). Ganz abgesehen davon, daß auch nach den NRW-Wahlen die Grünen bei Bundesumfragen seither stets bei oder über 5 % gelegen haben, und es auch keine Garantie dafür gibt, daß sie ihre taktischen Fehler aus dem NRW-Wahlkampf vor den nächsten Bundestagswahlen wiederholen werden. Sollte es aber die Strategie der sozialdemokratischen

Arbeiterbewegung sein, das politische Potential der NSB ganz und gar (wieder) in ihren politischen Einflußbereich zu ziehen (und in der Konsequenz die grüne Partei auf 1–2 % zu reduzieren, d. h. völlig zu zerstören), dann müßte die Diskussion über den Charakter der NSB umso gründlicher geführt werden. Eine Strömung in der Bevölkerung, um nicht von Bewegung zu sprechen, aus der sich bei Umfragen und in tatsächlichen Wahlergebnissen ein selbständiges Wählerpotential von 10 % und mehr – bei den jüngeren Wählern unter 35 Jahren von 20 % und mehr – entwickelt hat, kann nicht wie eine beliebige Gruppe von Wechselwählern betrachtet werden, die man einmal verliert und dann ebenso rasch wieder zurückgewinnt. Die Vermutung ist erlaubt, daß jene potentiellen Grün-Wähler, die in der letzten Zeit (wieder) SPD gewählt haben, deswegen noch nicht ein für allemal zur Sozialdemokratie zurückgekehrt sind oder neu zu ihr gefunden haben. Wenn die Sozialdemokratie aus diesem Potential weitere Wähler gewinnen und die bereits gewonnenen behalten will, ist eine gründliche Kenntnis von Sozialstruktur, Lebensformen, Verhaltensweisen und politischen Vorstellungen dieser Gruppen unentbehrlich.

Die Probleme, die die Gewerkschaften mit den NSB haben, sind nicht so offensichtlich wie die Probleme der SPD. Aber daß es solche Probleme gibt, ist kaum mehr zu bestreiten. In dem Maße, in dem Friedenspolitik, Umweltschutzprobleme, die Frauenfrage und antibürokratische, antizentralistische Tendenzen auf das gesellschaftlich-politische Bewußtsein der Arbeitnehmer einwirken, werden auch die gewerkschaftlichen Organisationen davon nicht unberührt bleiben. Umorientierungen der Gewerkschaften in der Friedens- und Umweltpolitik sind ja bereits deutlich sichtbar geworden. Jedes neue wahnwitzige Rüstungsprojekt und jeder neue Giftskandal stärken diese Tendenz. Die Zeiten, in denen die Gewerkschaftsorganisationen sich damit begnügen konnten, Aktivitäten der NSB unter den Rubriken »Spinner« oder gar »Gewerkschaftsfeinde« abzulegen, scheinen jedenfalls vorbei zu sein.

Gibt es die neuen sozialen Bewegungen überhaupt?

Die erwähnte Kritik von Stöss am »Elend der NSB-Forschung« reicht weiter als nur bis zur Feststellung, daß der empirische Kenntnisstand zum Thema unzureichend sei. Stöss fragt – wenn auch mit offensichtlich provozierender Übertreibung – ob es die NSB eigentlich überhaupt gebe. Damit zweifelt er natürlich nicht an der Existenz der einzelnen sozialen und politischen Erscheinungen, die gemeinhin unter dem Begriff NSB zusammengefaßt werden: Frauenbewegung, Ökologiebewegung, Friedensbewegung, Alternativwirtschaft, Bürgerinitiativen und Protestaktionen verschiedenster Art. Aber er stellt ihren Zusammenhang, ihre Einheitlichkeit und damit ihre gesellschaftliche Bedeutung in Frage.In der Tat gibt es vielerlei offene Fragen: Sind die NSB alle wirkliche »Bewegungen«, sind sie »soziale« Bewegungen, d. h. auf grundlegende gesellschaftliche Veränderungen gerichtet, sind sie tatsächlich »neu«, gibt es zwischen den Teilgruppen der sog. NSB genügend Übereinstimmung, um von den NSB zu sprechen? Hierzu hat Scherer[2] sehr überlegenswerte Thesen vorgelegt, die zwar die fehlende umfassende empirische Untersuchung der NSB nicht ersetzen können, aber dennoch sehr einleuchtende und durch Erfahrungen gestützte Vermutungen enthalten: Alle Einzelproteste und -bewegungen, die in den NSB enthalten sind, seien jeweils von offensichtlichen, bedeutsamen und miteinander zusammenhängenden Problemen ausgegangen: dem Ökologieproblem, dem Problem der Friedenssicherung, dem Nord-Süd-Problem (d. h. den Verelendungsprozessen in der dritten und vierten Welt) und dem Problem der »Sinnkrise« in der modernen industriellen Zivilisation. Aus diesen Problemen hätten sich über die konkreten Mißstände, Anlässe, Themen und Mobilisierungsschwerpunkte der einzelnen Bewegungen hinaus diese zu einer »umfassenden zivilisationskritischen Gesamtbewegung entwickelt«.

Ihr liege, wie Scherer formuliert, ein »sozialökologischer Emanzipationsentwurf« zugrunde, der weit über das Sozialismuskonzept der traditionellen Arbeiterbewegung hinausreiche und sich auch nicht in radikaler Ökologie erschöpfe. Grundzüge dieser zivilisatorischen Alternative seien: Eine über die hergebrachte sozialistische Kapitalismuskritik hinausgehende Kritik an der industrialistischen Wachstums- und Wegwerfgesellschaft, Skepsis gegenüber dem selbstzweckhaften »modernen« technischen Fortschritt, Kampf gegen jede patriarcha-

2 Norbert Konieczka, Norbert Kunz und Klaus-Jürgen Scherer, *Sozialismus zwischen Ökonomie und Ökologie*. Berlin 1984, Schriftenreihe der Hochschulinitiative Demokratischer Sozialismus Bd. 17.

lische und arbeitsteilige Herrschaft (nicht nur gegen die Herrschaft des »Kapitals«), am »Prinzip Leben« orientierte grundsätzliche Gewaltfreiheit, Ablehnung staatlich-bürokratischer Großorganisationen zugunsten von Selbstbestimmung, Dezentralisierung und Eigeninitiative unter Betonung der Individuen und überschaubaren Gruppierungen.

Selbst wenn man die offen eingestandene Parteinahme Scherers für dieses Konzept berücksichtigt und den Gegenstand seiner Analyse skeptischer betrachtet als er selbst, sprechen doch offensichtlich Tatsachen für seine Thesen: Die Grundzüge des von ihm so genannten »sozialökologischen Emanzipationsentwurfes« finden sich in der Tat im Durchschnittsbewußtsein der Teilnehmer der NSB und in den Selbstinterpretationen ihrer Wortführer. Und der innere Zusammenhang aller dieser zivilisationskritischen Tendenzen ist empirisch nachweisbar ganz praktisch im Protest gegen die geplante Volkszählung sichtbar geworden: Aus allen Teilbereichen der sog. NSB hat sich bei jenem Anlaß – mehr oder weniger spontan und in erheblicher Breite – ein Widerstand entwickelt, der stark genug war, die Durchführung der Volkszählung unmöglich zu machen. Man mag diesen Protest negativ: als einen leerlaufenden, antistaatlichen oder gar verfassungsfeindlichen Widerstand um seiner selbst willen, oder positiv: als legitimen Kampf um Bürgerrechte gegen technokratischen Machtmißbrauch bewerten – daß er eine breite Bewegung repräsentierte, steht außer Zweifel, und daß er in das Konzept einer »antimodernistischen« Zivilisationskritik hineinpaßt, kann ebenfalls kaum bestritten werden.

Über die – durchaus einleuchtenden – Schererschen Annahmen hinaus lassen sich jedoch, wie mir scheint, durchaus auch empirische Befunde zum Thema NSB beitragen; insbesondere dann, wenn man sie zur traditionellen, gewerkschaftlich organisierten und sozialdemokratisch/sozialistisch orientierten Arbeiterbewegung in Beziehung setzt. Eine ausführliche Untersuchung von Programmatik und Organisationsform, von Einstellungen und Verhaltensweisen beider »Bewegungen« würde den Rahmen dieses kurzen Aufsatzes sprengen. Als ein einführender Beitrag zu einer solchen vergleichenden Untersuchung sollen daher im folgenden lediglich einige Hypothesen zur sozialen Struktur und Verankerung der NSB vorgetragen werden.

Zur Sozialstruktur der neuen sozialen Bewegungen: Die Grunddaten

Daten zur sozialen Zusammensetzung der NSB als solcher liegen nicht vor. Die Schwierigkeiten der begrifflichen Abgrenzung der NSB sowie das Fehlen einer fest umrissenen, definierten Anhängerschaft erklären diesen Umstand. Die überhaupt vorliegenden Untersuchungen konzentrieren sich daher auf das Wählerpotential bzw. die Wählerschaft der grün/alternativen Parteiformation. Dabei wird – wie mir scheint: zu Recht – angenommen, daß diese Bevölkerungsgruppen sich im wesentlichen aus Teilnehmern oder Sympathisanten der NSB zusammensetzen, wenn auch mit Sicherheit ein erheblicher Teil der NSB weder zum Wählerpotential noch gar zur aktuellen Wählerschaft der Grünen gehört.

Auch die wissenschaftlich anspruchsvollste der bisher erschienenen empirisch-sozialwissenschaftlichen Studien zum Thema, die von Bürklin[3], geht von diesem Ansatz aus. Bürklin stützt sich auf die Ergebnisse einer repräsentativen Erhebung unter der wahlberechtigten Bevölkerung der Bundesrepublik Deutschland aus dem Jahre 1980 vor den Bundestagswahlen und wertet dabei die Angaben über jene 16 % der Befragten aus, die aufgrund ihrer Antworten als Wählerpotential der »Grünen« identifiziert werden.[4] Die wichtigsten sachlichen Ergebnisse sind:

- Unter den Berufsgruppen sind die potentiellen grünen Wähler bei Arbeitern sowie bei unteren und gehobenen Angestellten/Beamten leicht unterrepräsentiert (1–1 1/2 % unter dem Durchschnittsanteil von 16 %), bei den Akademikern erheblich überrepräsentiert (rund 26 %).

- Bei den jüngeren Wählergruppen unter 40 Jahren sind die Grünen deutlich überrepräsentiert, bei den Wählergruppen über 40

3 Siehe Wilhelm Bürklin, *Sozialstrukturelle Verankerung der NSB*. In: Politische Willensbildung und Interessenvermittlung. Hrsg. v. Jürgen W. Falter, Christian Fenner und Michael Th. Greven. Opladen 1984.

4 Die Studie von Bürklin enthält bei der Wiedergabe und Interpretation des Erhebungsmaterials eine Reihe von Unklarheiten, die hier nicht umfassend diskutiert werden sollen; obwohl sie teilweise auf die inhaltlichen Probleme nicht unbeträchtlichen Einfluß haben.

Jahren unterrepräsentiert (18–29: 34–36 %; 30–39: 21 %; 40–50: 12 %; ab 51 etwas über 8 %).

- Innerhalb der Berufs- und Altersgruppen steigt die Neigung für die Grünen mit dem formalen Bildungsgrad von Volksschule über mittlere Reife und Abitur bis zu den Studenten und Akademikern.

Diese Ergebnisse sind nicht überraschend. Sie sind durchweg von den – wenigen – seitdem angestellten empirischen Untersuchungen bekräftigt worden. Die Aussagen über die extreme Jugendlichkeit des grünen Wählerpotentials werden überdies durch sämtliche repräsentativen Sonderauszählungen der statistischen Ämter für alle Bundes- und Landtagswahlen seit 1980 bestätigt.

Eine für die SPD im Jahre 1984 durchgeführte Welle von acht Befragungen mit insgesamt rund 14 000 Befragten[5] ergibt z. B. für die soziale Zusammensetzung der (berufstätigen) Grün-Wähler rund 21 % Arbeiter gegen rund 32 % bei der gesamten (berufstätigen) Wahlbevölkerung; bei den Angestellten und Beamten beträgt das Verhältnis rund 67 % zu rund 57 %; der Anteil der Selbständigen ist fast gleich groß. Eine ebenfalls im Jahre 1984 durchgeführte Untersuchung der CDU-nahen Konrad-Adenauer-Stiftung[6] führt zum Teil zu ähnlichen, in einigen wichtigen Punkten aber auch zu abweichenden Ergebnissen. So liegen bei dieser Studie sowohl der Arbeiter- als auch der Angestellten und Beamtenanteil an den grünen Wählern im Bevölkerungsdurchschnitt, der Anteil der Selbständigen erheblich darunter, auch der Anteil der Rentner und sonst Nichtarbeitenden (Hausfrauen) ist niedriger als bei der SPD-Untersuchung; der Prozentsatz der in Ausbildung befindlichen jedoch drastisch höher: 36 % gegen 9 % der Gesamtbevölkerung. Bei der SPD-Untersuchung ist das Verhältnis 9 % zu 4 %. Hier taucht übrigens ein methodisches Problem auf: die Zahlen der Konrad-Adenauer-Stiftung summieren sich zu 100 %, die der SPD-Untersuchung nicht. Und der Anteil derjenigen, deren beruflich-sozialer Status offenbar (infolge Verweigerung oder unklarer Angaben) nicht feststellbar war, ist bei den grünen Wählern besonders hoch: 13–14 % gegen 4–7 % bei der Gesamtbevölkerung (je nach

5 SPD-Wähleruntersuchung 1984, mitgeteilt durch den Parteivorstand der SPD.

6 Nach Thomas Ebermann und Rainer Trampert, *Die Zukunft der Grünen*. Hamburg 1984.

individueller Zuordnung oder Zuordnung zum sog. »Haushaltsvorstand«).

Dieselbe, von ihm übrigens weder ausdrücklich erwähnte noch gar diskutierte Besonderheit findet sich auch bei Bürklin: 175 bzw. 177 Befragte (die Zahlen differieren zwischen zwei Tabellen) von insgesamt 1867 lassen sich offenbar keiner der nach Berufsgruppen und Bildungsgraden bestimmten sozialen Schichten zuordnen. Der Anteil des grünen Wählerpotentials unter dieser Gruppe weicht allerdings nicht erheblich vom Durchschnitt ab (30 von 177 Befragten = rund 17 % im Vergleich zu 16 % Anteil an der gesamten Wahlbevölkerung, eigene Berechnung auf der Grundlage der Bürklinschen Tabellen).

Die extreme Jugendlichkeit der grünen Wählerschaft wird von der SPD-Studie bestätigt: 67 % der grünen Wähler des Jahres 1984 sind unter 35 Jahre alt gegenüber 31 % der gesamten Wahlbevölkerung. Und auch der deutlich höhere formale Bildungsgrad der grünen Wähler kommt in der SPD-Studie zum Ausdruck: 42 % gegenüber 62 % in der Gesamtbevölkerung haben die Volksschule besucht, 26 % gegenüber 22 % haben einen mittleren Schulabschluß und 31 % gegenüber 16 % haben Abitur bzw. ein Studium auf zuweisen.

Zur Sozialstruktur der neuen sozialen Bewegungen: Interpretationen

Freilich geben diese – weithin bekannten und unumstrittenen – Daten nur den äußeren Umriß für die Sozialstruktur der Grünen bzw. der neuen sozialen Bewegungen ab. Eine historisch-soziologische Interpretation dieser Daten, die eine Erklärung für Entstehung und gesellschaftliche Rolle der Grünen/NSB enthielte oder am Ende gar eine begründete Prognose über ihre voraussichtliche Entwicklung erlaubte, ist damit noch lange nicht geliefert. Wie schwierig und – vor allem – wie sehr von naheliegenden, weit verbreiteten Vorurteilen bedroht solche Interpretationsversuche sind, zeigen nicht nur die bekannten populärwissenschaftlichen Schnellanalysen der politischen Publizistik, wonach es sich bei den Grünen/NSB vorwiegend um arbeitslose Jungakademiker, in ihrem Aufstieg gebremste Bürgerkinder und frustrierte Mittelstandsehefrauen handele. Auch sich seriös gebende wissenschaftliche Analysen kommen zu höchst merkwürdigen Ergebnissen.

Ein Beispiel dafür ist die Bürklinsche Studie. Aus den Daten über die soziale Zusammensetzung des grünen Wählerpotentials insbesondere daraus, daß die Grünen bei den akademischen Berufen überrepräsentiert sind – schließt er erst einmal ohne weiteres: »Der soziale Schwerpunkt der Wählerschaft der Grünen und daraus abgeleitet die Verankerung der NSB liegt im Akademikerbereich.« In seiner weiteren Analyse differenziert er dieses Urteil freilich und begründet es näher.

Im ersten Schritt bezieht er die Jugendlichkeit und der höheren Bildungsgrad des grünen Wählerpotentials mit ein. In einer historisch durchaus überzeugenden Überlegung ordnet er danach den verschiedenen Altersgruppen »generationsspezifische Erfahrungen zu, die in ihrer jeweiligen Jugend ihre Einstellung und Verhaltensweise geprägt haben (»generationsspezifische« »Sozialisationsperioden«). Dieses Bild historisch geprägter »Generationen« reichert Bürklin mit den Erkenntnissen über den unterschiedlichen schulischen Bildungsgrad der Altersgruppen an – in den jüngeren am höchsten, in den älteren am niedrigsten – und setzt es sodann zu den Anteilen des grünen Wählerpotentials an der jeweiligen Gruppe in Beziehung. Das Ergebnis für Bürklin: »Kerngruppen des grünen Wählerpotentials« sind »die Mitglieder der jüngsten Generation mit mittleren und höheren Bildungsabschlüssen, Studenten und die jungen Akademiker der Wohlstandsgeneration« (das ist die Generation der – 1980 – 30- bis 40jährigen; v. Oe.).

Aufgrund dieser Interpretation gelangt Bürklin zu seinen abschließenden »Ergebnissen und Perspektiven«. Die These, es handele sich bei der grünen Wählerschaft um eine »politische Reaktionsform der im hochindustriellen Modernisierungsprozeß entstandenen ›Intelligenz als neue Klasse‹« weist er mit dem Hinweis auf die altersspezifisch sehr unterschiedlichen Verhaltensweisen der Akademiker – auch und gerade der jüngeren – zurück. »Vielmehr deutet die Verteilung des Wählerpotentials darauf hin, daß hier nur der Teil der jungen Generation aus dem etablierten gesellschaftspolitischen System ausbricht, der zwar die Voraussetzungen dafür hat, aber (noch) nicht in gesellschaftliche Elitepositionen aufzusteigen vermochte: Ein Effekt der über die ökonomischen Bedingungen gebremsten Aufstiegsorientierung der jüngeren, gut ausgebildeten Generation.« »Zum strukturell politischen Konflikt werden die Probleme des akademischen Arbeitsmarktes dadurch, daß im modernen Wohlfahrtsstaat der öffentliche Dienst über die Ausweitung der Staatstätigkeit sich immer stärker zum Hauptarbeitgeber dieser Berufsgruppe entwickelt.« Bei stagnierendem Wirtschaftswachstum und sinkenden Staatseinnahmen ergeben sich demgemäß sinkende Zukunftserwartungen der (angehenden) Akademikerschaft und bedingen einen »konstitutiv politischen Konflikt«.

Gleichzeitig erklärt diese sozialökonomische Konstellation auch die ideelle Ausrichtung dieser Gruppe auf die »Mittelverteilung pro ökonomisch nicht produktiven Sektor«, d. h. ihre – von anderen so genannte – nicht-ökonomische »postmaterialistische« (Inglehart) Wertorientierung. Bürklin zusammenfassend: »Zu dieser Neuformulierung der grundlegenden kulturellen, sozialpolitisch wirksamen politischen Leitvorstellungen tragen die NSB entscheidend bei. Sie finden ihr Hauptunterstützungsreservoir bei der gesellschaftlichen Gruppe, die aus ihre Interessenlage sich von dieser Neuorientierung am meisten versprechen kann: die noch nicht etablierte höher gebildete junge Generation. Und diese gesellschaftlichen Gruppen finden weitreichende Unterstützung bei der jüngsten Alterskohorte, die durch sinkende Zukunftserwartungen auf dem Arbeitsmarkt ebenfalls depraviert« ist – und deshalb von den etablierten Parteien nicht mehr erreicht wird.

Diese Thesen sind auf der erwähnten Fachtagung der Deutschen Vereinigung für Politische Wissenschaft (DVPW), auf der Bürklins Studie vorgetragen wurde, auch von Klingemann diskutiert worden[7], wenn auch sehr viel behutsamer und kritischer. Ohne näher auf die empirischen Untersuchungen zur Sozialstruktur der NSB einzugehen, verweist er nicht ohne Grund auf Widersprüche zwischen verschiedenen – jeweils in sich durchaus stimmigen – Hypothesen über die soziale Grundlage der NSB: Wenn man das Schwergewicht mehr auf die negative Betroffenheit durch den Modernisierungsprozeß der Gesellschaft lege, müsse man die soziale Basis der NSB »unter den Marginalisierten oder von der Marginalisierung (z. B. Arbeitslosigkeit; d.Verf.) bedrohten Teilen der Bevölkerung« suchen.

Wenn man der »Postmaterialismus«-These folge, dann seien es gerade nicht »die Randgruppen der modernen Gesellschaft«, sondern

7 Siehe Falter, Fenner und Greven (Anm. 1).

»die in den materiell saturierten Verhältnissen des Mittelstandes Aufgewachsenen, die die NSB vorwiegend« trügen. Allerdings erwähnt Klingemann eine Erklärungsvariante, die vor allem von Vertretern des INFAS-Instituts vertreten wird[8] und die in gewisser Parallele zu Bürklin beide Gesichtspunkte miteinander verbindet. Danach sind es die höher qualifizierten »Töchter und Söhne des materiell saturierten Mittelstandes«, die ihre Berufsperspektive verstellt sehen und daher geneigt sind, ihre intellektuellen Fähigkeiten dem virulenten Protestpotential der Gesellschaft zur Verfügung zu stellen. Akzeptiere man diese Diagnose, dann, so meint Klingemann, liege »der Gedanke an eine postmaterialistisch überhöhte Interessenpolitik der jungen Generation nahe«. Es fällt nicht schwer, in diesen in wissenschaftlichem Gewände daherkommenden Überlegungen in der tagespolitischen Diskussion weit verbreitete (Vor-)Urteile wiederzuerkennen: Ausgeflippte, Arbeitslose, desorientierte Jugendliche und frustrierte (wenn auch materiell gesicherte) Mittelständler der jungen Generation als soziale Träger der NSB. Mit Recht bemerkt Klingemann dazu, daß »das in vielen Untersuchungen reproduzierte Ergebnis, das die beruflich noch nicht etablierte formal höher gebildete Generation zur Kernklientel (der NSB) erklärt, (...) hinsichtlich der Frauen- oder der Friedensbewegung so sicher nur teilweise« gelte. »Die empirische Basis für eine generelle Theorie ist noch schmal.« Wenn auch die empirische Basis für eine alternative und besser begründete Theorie der NSB vielleicht in der Tat noch zu schmal ist, so könnte sie doch für eine fundierte Kritik der bisher vorgelegten Theoriefragmente ausreichen.

Zur empirischen Kritik an den gängigen Interpretationen

Zuvor muß freilich eingeräumt werden, daß die bisher vorgeführten Theoriefragmente zur Sozialstruktur und zur gesellschaftlichen Position des grünen Wählerpotentials jedes für sich wenigstens teilweise einsichtig und begründbar sind.

8 Ursula Feist und Klaus Liepelt, *Was die Dynamik des Arbeitsmarktes für das Wählerverhalten bedeutet.* In: Wahlen und Wähler. Hrsg. v. Max Kaase und Hans-Dieter Klingemann. Opladen 1990.

Wenn wir die Arbeitslosigkeit als besonders deutliches Beispiel für soziale Marginalisierung betrachten, dann können wir z. B. die Überrepräsentation von Arbeitslosen unter der grünen Wählerschaft durchaus als Indiz für eine Beziehung von Marginalisierung und NSB betrachten. Sowohl in der SPD-Studie als auch in der Studie der Konrad-Adenauer-Stiftung liegt der Anteil der Arbeitslosen unter dem grünen Wählerpotential mit 5 % deutlich höher als unter der gesamten Wahlbevölkerung mit 3 %. Eine in jüngster Zeit vorgetragene Untersuchung über Formen und Grundlagen des Zusammenhangs von Arbeitslosigkeit und Parteipräferenz[9] zeigt ebenfalls einen unverhältnismäßig hohen Anteil von grünen Wählern unter Arbeitslosen. Danach hatten die Grünen im zweiten Halbjahr 1984 und im ersten Halbjahr 1985 unter den Arbeitslosen mit einer deutlichen Parteipräferenz (85 % der Befragten) einen Anteil von 20 % und mehr, etwa gleichviel wie die CDU/CSU, während der Anteil der SPD zwischen 50 % und 60 % lag. Dieser Prozentsatz liegt weit über dem in der selben Zeit in den verschiedenen Umfragen zwischen 7 und 10 % pendelnden Anteil der Grünen an der Gesamtwahlbevölkerung.

Das überdurchschnittlich große Gewicht von in Lehre, sonstiger Ausbildung oder Studium stehenden Personen in der grünen Wählerschaft, ihre extreme Jugendlichkeit und ihr den Bevölkerungsdurchschnitt weit übersteigender Bildungsgrad lassen – insbesondere, wenn man diese Merkmale, wie Bürklin es tut, auf historisch geprägte »Generationen« bezieht – zusammengenommen auch die These von der »beruflich noch nicht etablierten formal höher gebildeten Generation« (Klingemann) als soziale Kerngruppe der NSB einleuchtend erscheinen. Und für die vielfach behauptete »Mittelstandsorientierung« liefert der relativ höhere Angestellten- und Beamtenanteil, insbesondere der höhere Akademikeranteil an der grünen Wählerschaft, ebenfalls zumindest scheinbare Indizien.

Aber dieselben hier auszugsweise mitgeteilten sozialstrukturellen Daten sprechen bei gründlicherer Betrachtung gegen eine vorschnelle Verallgemeinerung dieser Erklärungsversuche.

Zum Thema Marginalisierung: Zwar enthält die grüne Wählerschaft mehr Arbeitslose und deutlich mehr in Ausbildung befindliche Perso-

---

9 Hubert Krieger, *Infas, »Anti-Regierungs-« oder »Klientel-These«? Wirkungen persönlicher Betroffenheit von Arbeitslosigkeit im Rahmen des etablierten Parteienspektrums (1980–1985), als Manuskript gedruckt.* Bonn–Bad Godesberg 1985.

nen (deren Berufsperspektiven bedrückend schlecht sein mögen; der Anteil von 36 % Lernenden und Studierenden in der Untersuchung der Konrad-Adenauer-Stiftung scheint mir freilich extrem und unglaubwürdig hoch zu sein). Aber andererseits zeigt z. B. die SPD-Studie, daß die grüne Wählerschaft einen erheblich höheren Anteil an aktiven berufstätigen Personen enthält als die Gesamtbevölkerung und die Wählerschaft der übrigen Parteien (53 % gegen 48 bis 49 %); dies verwundert nicht angesichts der Jugendlichkeit der grünen Wählerschaft, die den Anteil der Rentner und aus dem Beruf ausgeschiedenen Frauen natürlich senkt. Und unter den beruflich nicht genau identifizierten Personen im grünen Wählerpotential mögen sich einerseits weitere »Marginalisierte« befinden, andererseits vermutlich aber doch auch eine größere Anzahl Berufstätiger. Die Bürklinsche Kernthese – von vielen anderen in mehr oder weniger abgewandelter Form geteilt –, der »soziale Schwerpunkt« der Grünen liege »im Akademikerbereich«, ist schlicht und einfach eine optische Täuschung oder – vornehmer ausgedrückt – eine sozialstatistische Fehlinterpretation. Zwar sind höhere Bildungsabschlüsse, vor allem akademische, in der grünen Wählerschaft überrepräsentiert, aber auf die Gesamtheit grüner Wähler umgerechnet bilden sie eine Minderheit. Von der Gesamtheit des grünen Wählerpotentials unter den 1867 Befragten, die der Bürklinschen Studie zugrundegelegt sind, sind 11–12 % angestellte und beamtete Akademiker; weitere Personen mit akademischer Ausbildung befinden sich unter den Selbständigen, den Beamten des mittleren und gehobenen Dienstes und – vielleicht – unter den Personen ohne klare berufliche Zuordnung. Im äußersten Fall errechnen sich aus seinen Tabellen rund 27–28 % Akademiker und Studenten, hingegen aber 40 % Personen mit Volksschulbildung und weitere 32–33 % mit Mittelschulabschluß und Abitur (ohne Studium). Beruflich betrachtet sind nach Bürklin immerhin rund 33 % der grünen Wähler Arbeiter und weitere rund 33 % Angestellte und Beamte mit einfacher, mittlerer und gehobener Qualifikation. (Da Bürklin in seinen Tabellen die Basiszahlen für das von ihm unter der Gesamtstichprobe ermittelte grüne Wählerpotential nicht mitteilt, erforderte es einige Rechenarbeit, neben den mitgeteilten prozentualen Anteilen der Grünen an den Berufs- und Bildungsgruppen auch derer Anteil am grünen Wählerpotential zu ermitteln. Überdies stimmen die Rückrechnungen aus jeweils verschiedenen Tabellen nicht miteinander überein).

Diese Ergebnisse unserer kritischen Betrachtung werden durch die SPD-Studie bestätigt. Zwar beträgt danach der Anteil der Personen mit Abitur und Studium an der grünen Wählerschaft 31 % gegenüber 16 % bei der Gesamtbevölkerung, aber Volksschüler mit 42 % und Realschüler mit 26 % haben doch ein klares Übergewicht. Zwar liegt der Arbeiteranteil niedriger und der Anteil der Angestellten und Beamten höher als im Bevölkerungsdurchschnitt (so übrigens nicht bei der Studie der Konrad-Adenauer-Stiftung); aber auf jeden Fall sind es n i c h t die Beamten und die leitenden Angestellten, sondern die unteren und die mittleren Angestellten, die den sozialen Schwerpunkt der grün wählenden Arbeitnehmer darstellen, womit auch die These vom besonderen Gewicht des öffentlichen Dienstes unter der grünen Wählerschaft relativiert wird.

Eine weitere Überlegung müßte vor allzu kühnen Schlußfolgerungen aus dem spezifischen Sozialprofil der Grünen warnen. Es kann kein Zweifel daran sein, daß dieses Profil sich vom Profil der Gesamtbevölkerung deutlich unterscheidet. Aber wenn wir bedenken, daß die grüne Wählerschaft sich in extremer Weise auf die jüngeren Altersgruppen unter 40 Jahren konzentriert, dann liegt es nahe, ihr Sozialprofil einmal mit dem der Gesamtbevölkerung unter 40 Jahren zu vergleichen. Sowie das geschieht, verringern sich die Differenzen zur gesamten Bevölkerung erheblich: Das Sozialprofil der Grünen nähert sich dem Sozialprofil der Gesamtbevölkerung unter 40 an. Nach Bürklin haben von der Bevölkerung zwischen 18 und 39 46,5 % eine Volksschulbildung und 19 % sind Akademiker oder Studenten (wobei die nicht gesondert ausgewiesenen Abiturienten ohne Studium noch hinzugerechnet werden müssen); eine andere umfassende sozialstatistische Untersuchung aus den Jahren 1982 und 1983 (Infratest-Sozialatlas) weist für die Bevölkerung zwischen 20 und 39 rund 50,5 % Volks- und Berufsschüler aus und rund 22,5 % Abiturienten und Akademiker.

Der Zusammenhang zwischen Bildungsgrad und Altersgruppe ist bekannt, einleuchtend und kann durch die Bildungsreformen der letzten 25 Jahre leicht erklärt werden; von den 65–69jährigen hatten 1983 rund 3/4 die Volksschule besucht und 8 % haben Abitur und/oder akademische Ausbildung, während bei den 20–24jährigen das Verhältnis 40 % zu 30 % betrug. Und diese Struktur wird von Jahr zu Jahr mehr zur Gesamtstruktur der Bevölkerung (Infratest-Sozialatlas). Weniger im Licht der Aufmerksamkeit steht die Tatsache, daß – wenn auch nicht derart ausgeprägt – ähnliches für die berufliche Zusammensetzung gilt. Wenn wir die Berufsstruktur der 20–39jährigen Bevölkerung mit der Bevölkerungsgesamtheit vergleichen (eigene Berechnungen nach Infratest-Sozialatlas), dann stellen wir nicht nur fest, daß der Anteil der Selbständigen geringer ist (was nicht verwundert, da viele Menschen sich erst im fortgeschrittenen Alter selbständig machen), sondern vor allem, daß unter den Berufstätigen der Anteil der Arbeiter 7 % niedriger, der Anteil der Angestellten und Beamten aber 13 % höher ist. Oder anders ausgedrückt: Der Arbeiteranteil von 31,5 % und der Angestellten- und Beamtenanteil von 57 % an der unter 40jährigen Gesamtbevölkerung liegt ziemlich dicht bei jener beruflich-sozialen Zusammensetzung, wie sie durch die verschiedenen hier angeführten Untersuchungen für das grüne Wählerpotential ermittelt worden ist.

Dieser auf den ersten Blick ein wenig überraschenden Feststellung einer nach Altersgruppen differierenden beruflichsozialen Zusammensetzung der Bevölkerung kann eine ziemlich einfache Vermutung über die Ursachen dieses Umstandes zugrundegelegt werden. Seit dem Ende des 2. Weltkrieges verschiebt sich die beruflich-soziale Struktur der deutschen Gesellschaft. Zwischen 1950 und heute ist der Anteil der Selbständigen und mithelfenden Familienangehörigen an der erwerbstätigen Bevölkerung von rund 30 % auf rund 12 % zurückgegangen, der Anteil der Arbeiter hat sich von rund 51 % auf rund 42 % verringert (und außerdem müssen für die Zwecke der Wahlsoziologie die ausländischen Arbeiter hier noch abgesetzt werden), der Anteil der Angestellten und Beamten ist von rund 20 % auf rund 46 % gestiegen. Daß diese Veränderungen im Laufe eines über drei Jahrzehnte andauernden Prozesses – genauso wie der formal höhere Bildungsgrad – gewissermaßen »von unten« in die Bevölkerungspyramide hineinwächst und somit die jüngeren Altersgruppen die veränderte Berufs- und Sozialstruktur deutlicher widerspiegeln als die älteren, ist offensichtlich. Oder anders und schärfer zugespitzt ausgedrückt: Die berufliche und Bildungsstruktur der heute 25–40jährigen spiegelt im großen und ganzen die voraussichtliche Berufs- und Bildungsstruktur der gesamten Gesellschaft im Jahre 2010 wider. Dabei ist der formale Bildungsgrad weiter im Steigen begriffen: betrug 1982/83 der Anteil der Volksschüler unter den 20–24jährigen noch rund 40 %, so ist er bei den 18–19jährigen bereits auf rund 34,5 % gesunken (Infratest-Sozialatlas).

Wenn wir diese Überlegungen unserer Kritik an den zuvor mitgeteilten soziologischen Theorien über soziale Strukturen und soziale Position der NSB zugrundelegen, dann werden die meisten der darin enthaltenen Ansätze erheblich relativiert: Die These von der Bewegung der Marginalisierten (im Pressejargon der »Aussteiger« und »Ausgeflippten«) ist zumindest in ihrer krassen ökonomischen Prägung widerlegt: Die Wähler der Grünen – und damit die Masse der Anhänger der NSB – sind normale Berufstätige, die nicht weniger, aber auch kaum mehr von den derzeitigen wirtschaftlichen Krisensymptomen betroffen sind, als die Wähler anderer Parteien.[10]

Daß angesichts ökonomischer, sozialer, politischer und kultureller Krisenerscheinungen die jüngere Generation besonders besorgt und kritisch reagiert, leuchtet hingegen ein; ebenso wie der Hinweis auf die generationsspezifischen Erfahrungen der Jüngeren während ihrer Sozialisationsperiode. Insoweit behält die These, daß die NSB – unter anderem – ein sowohl allgemein geschichtliches als auch individuell lebensgeschichtliches Phänomen der Generationen seien, eine beträchtliche Erklärungskraft. Gegen die scheinbar naheliegende hoffnungsvoll-platte Regel: mit 25 Jahren grün, mit 40 oder 45 Jahren wieder SPD (oder FDP oder CDU) sprechen freilich zumindest die bisherigen Erfahrungen, wobei diese Frage, ob enttäuschte Grün-Wähler nicht trotzdem Grundeinstellungen und Verhaltensweisen der NSB beibehalten würden, ohnedies offenbleiben muß.

Der Hinweis auf spezifische Aufstiegs- und Karriereprobleme oder Frustrationen jüngerer formal gebildeter, speziell mittelständischer und akademischer Bevölkerungsgruppen hingegen erweist sich auf dem Hintergrund empirischer Untersuchungen als ziemlich ungeeignet für eine Erklärung des Gesamtphänomens der NSB. Vom Akademikerbereich als dem »sozialen Schwerpunkt« des grünen Wählerpotentials zu reden ist, wie wir gesehen haben, in dieser Allgemeinheit einfach unrichtig. Trotz der Überrepräsentation von Akademikern,

10 Ob man dieses Urteil modifizieren muß, wenn man wie Vester in seiner Studie über die »neuen Plebejer« einen auf soziales, politisches und soziokulturelles Leben erweiterten Begriff der Marginalisierung oder »Ausgrenzung« zugrundelegt, wäre noch zu prüfen; vgl. Michael Vester, *Die »neuen Plebejer«. Thesen zur Klassen- und Schichtenstruktur und zu den Entwicklungsperspektiven der neuen sozialen Bewegungen.* In: Frankfurter Rundschau 5.4.1983, Nr. 78, sowie in: Hans-Hermann Hartwich (Hrsg.), *Gesellschaftliche Probleme als Anstoß und Folge von Politik*. Opladen 1983.

Studenten und Abiturienten bilden Volks- und Mittelschüler die deutliche 2/3-Mehrheit der grünen Wähler; ebenso stellen unter den Berufstätigen die Arbeiter und die nicht-akademischen, nicht in leitender Stellung tätigen Angestellten und Beamten die große Mehrheit. Die gängige Rede von der besonderen Nähe der Grünen zum öffentlichen Dienst ist zumindest insoweit widerlegt, als auch der Beamtenanteil am grünen Wählerpotential sich im Bevölkerungsdurchschnitt bewegt.

Außerdem – und das scheint mir besonders wichtig und bisher in der Diskussion nicht genügend berücksichtigt – verringert sich die unzweifelhaft vorhandene qualitative Differenz zwischen dem Sozialprofil der Grünen und dem Sozialprofil der Gesamtbevölkerung, wenn wir nur den jüngeren, unter 40jährigen Teil der Gesamtbevölkerung zum Vergleich heranziehen. Oder ganz simpel gesagt: Der durchschnittliche, d. h. relativ junge grüne Wähler unterscheidet sich in seinem typischen Sozialprofil kaum von demjenigen seiner Altersgenossen, die anderen Parteien zuneigen. Oder noch einmal vereinfacht, auf die NSB insgesamt bezogen und zu einer bewußt einseitigen These zugespitzt: Die NSB sind ein Phänomen der jüngeren Generation und zeichnen sich der Gesamtheit ihrer Generationsgenossen gegenüber keineswegs mehr durch eine ganz besondere, abweichende sozialstrukturelle Verankerung aus, sondern nähern sich eher dem typischen Sozialprofil dieser Altersgruppe.

Wenn diese Vermutung zutrifft, dann ergibt sich daraus ein möglicher Ansatz für eine soziologische Vertiefung der Kategorie »Generation«: Bei der bisherigen Verwendung dieser Kategorie sind im wesentlichen zwei »generationsspezifische« Faktoren hervorgehoben worden: 1. Der lebensgeschichtliche Faktor, der sich u. a. darin ausdruckt, daß jüngere Menschen in ihrer Berufs- und Lebensperspektive durch gegenwärtige objektive Krisenerscheinungen stärker betroffen werden als ältere, was die überdurchschnittliche Anziehungskraft der Grünen für in Ausbildung befindliche und oder beruflich noch nicht etablierte Personen erklären kann.

2. Der allgemeine geschichtliche Faktor, d. h. die besondere historisch-politische Prägung während der »Sozialisationsperiode« der jüngeren Altersgruppe: hier die Hoffnungen und die Enttäuschungen während der Perioden des Wohlstandes und der Reformen 1960–1975.

Die Erkenntnis, daß die NSB ihrer Sozialstruktur nach keineswegs nur – in ideologisch überhöhter Form – die Interessenpolitik eines

Teils der jungen Generation, nämlich der formal höher gebildeten, mittelstandsorientierten, beruflich noch nicht etablierten (Klingemann) repräsentieren, sondern durchaus nicht untypisch für die Gesamtheit der jüngeren Generation sind, könnte die sorgfältigere Prüfung eines weiteren »generationsspezifischen« Faktors nahelegen: nämlich der andauernden und sich im letzten Jahrzehnt beschleunigenden Veränderung in der ökonomischen und sozialen Struktur unserer Gesellschaft.

3. In dem Grade, in dem sich aus der überkommenen industriellen Güterproduktions- und – später – Dienstleistungsgesellschaft eine neue Struktur entwickelt, die man »Informationsgesellschaft«, »Kommunikationsgesellschaft« oder »programmierte Gesellschaft« (Touraine) nennen könnte, verändern sich auch Bildungs- und Berufsstruktur der arbeitenden Bevölkerung: Der ursprünglich in der Arbeitnehmerschaft dominierende Typ des Facharbeiters und des qualifizierten Angestellten mit Volksschule oder z. T. Mittelschule mit handwerklich/industriell/kaufmännischer Lehre gerät allmählich in die Minderheit. Eine Vielzahl von differenzierten Berufen mit – mindestens – Mittelschulabschluß, Fachhochschul- oder Hochschulreife und qualifizierter betrieblicher oder außerbetrieblicher Fachschul-, Fachhochschul- oder Hochschulausbildung rückt in den Vordergrund, vor allem in den neu sich entfaltenden Wirtschaftszweigen. Daß es vor allem die Berufsanfänger, ganz allgemein die Jüngeren sind, die sich auf diese Entwicklung hin orientieren, liegt in der Natur der Sache. Daß veränderte Einstellungen und Verhaltensweisen sowie eine verstärkte Sensibilität für neuartige, durch die gesellschaftliche Entwicklung hervorgerufene Probleme einen solchen Umorientierungsprozeß begleiten, darf vermutet werden. Vielleicht also sind die NSB und unter ihnen besonders die Wähler nichts anderes als der soziale Ausdruck eines sich allmählich entwickelnden neuen Arbeitnehmertyps – jedenfalls zu jenem Teil ihres Potentials, dessen Entstehung durch die diversen »Marginalisierungs-« und »Frustrations-«Hypothesen nur schwer zu erklären ist?

Ein neuer Arbeitnehmertyp

Es ist besonders Vester gewesen, der die Herleitung der NSB aus ökonomischen, sozialen, politischen und soziokulturellen Strukturveränderungen unserer Gesellschaft in den Mittelpunkt seiner Analyse gestellt hat. »Es gibt Gründe zu der Annahme, daß wir Zeuge einer historischen Neuformierung und Neuradikalisierung der Mittelschichten sind. Wichtige Teile der alternativen sozialen Bewegungen entstammen dem Bildungs- und Reformmittelstand, der vor allem durch Umschichtungen seit den 1960er Jahren an Bedeutung gewonnen hat. Der Anteil an Schul- und Hochschulausbildung und überhaupt an nichtkörperlicher Arbeitsqualifikation hat erheblich zugenommen, ebenso der technischen und intellektuellen Berufsgruppen, die mit programmierenden, Überwachenden, sozial steuernden und dienstleistenden Funktionen von Wirtschaft und Staat angewachsen sind.[11] Diese Wandlungen sind nicht wirklich wissenschaftlich aufgearbeitet, obwohl sie die Publizistik faszinieren. Für die Herausbildung einer neuformierten Mittelschicht, von der ein Teil durch seine sozialen Erfahrungen stärker zur emanzipativen Radikalisierung disponiert ist, ist ein Zusammenwirken von Wandlungen des Kapitalismus (und der körperlichen Arbeit, durch neue ›technologische Revolutionen‹, wie der imperialistischen internationalen ›Arbeitsteilung‹) und der Staatsaufgaben (Überwachungs-, Sicherheits- und Steuerungsaufgaben, aber auch soziale Dienste) verantwortlich. Dies hat zum Teil, insbesondere durch eine partielle Öffnung der Schulen und Hochschulen für die Unterschichten, die Gestalt einer staatlichen Intervention in die soziale Schichtung.«[12]

Über Umfang und Entwicklung dieser sog. »neuen Berufe« gibt es nach Vester bisher nur wenige solide Informationen. Touraine schätzt, daß sich ihr Anteil an den Beschäftigten in den USA zwischen 1960 und 1975 von 11,2 % auf 14,6 % vermehrt habe; Vester kommt für die Bundesrepublik Deutschland zwischen 1977 und 1980 zu einem Wachstum von 13,1 % auf 15,8 %[13]. So eindrucksvoll die Vesterschen Thesen auch sind, muß wohl hinter die Charakterisierung der NSB als »Mittelschichten«-Bewegung ein Fragezeichen gemacht werden. Es

---

11 Alain Touraine stützt darauf seine These von der programmierten Gesellschaft, die die produktionsorientierte Industriegesellschaft ablöst. (Alain Touraine, *Die antinukleare Prophetie. Zukunftsentwürfe einer sozialen Bewegung*. Frankfurt am Main u. a 1982.)

12 Vester, Die »neuen Plebejer« (Anm. 10).

13 ders., *Die sozialen Klassen und die neue technologische Revolution in Westdeutschland*. Referat vom 12. 9. 1984 an der Chinesischen Akademie der Sozialwissenschaften in Peking, unveröff. Manuskript.

sei denn, man rechne jeden mittleren Angestellten und Beamten ohne weiteres zu den Mittelschichten. Allerdings differenziert Vester seine Thesen selbst:

»Nach ihrer Klassenzugehörigkeit sind die Angehörigen der neuen sozialen Bewegungen bisher eher negativ bestimmt worden, entweder eben als klassenunspezifisch bzw. klassenübergreifend oder in Abgrenzung zur Klasse der Arbeiter, genauer gesagt: der industriellen Fach- und Handarbeiter. Diese bilden das Stammklientel der SPD bzw., in den katholischen Gebieten, vor allem der Zentrumstradition, der CDU. Nach ihrem sozialen Habitus und ihrer Ideologie ist ihre Identität mit den traditionellen Werten oder Ansprüchen verbunden, die aus der Zeit der Industrialisierung und des Kampfes um politische Demokratie vor 1918 stammen – wie körperlicher Arbeit, stabiler Familienstruktur, Wertekonventionalismus, Vertrauen auf technischen Fortschritt und einen sozial ausgleichenden Staat. Habitus und Ideologie der Anhänger der neuen sozialen Bewegung sind dem stark entgegengesetzt.« »Nach meiner Auffassung ist die ›progressive Mittelklassencharakteristik‹ der neuen sozialen Bewegungen nur vorläufig. Schon zeigen sich alternative Bewegungen auch in anderen sozialen Klassen und Schichten, besonders in Teilen der Arbeiterklasse.« »So zeichnet sich das Entstehen einer neuen heterogenen Bündnisbewegung ab, in der verschiedene Unterschichten, Intelligenzschichten sowie historisch schon viel früher ausgegrenzte Gruppen – wie vor allem die Frauen – zusammenkommen. Übrigens war auch die ursprüngliche Arbeiterbewegung des 19. Jahrhunderts vor ihrer sozialdemokratischen Formierung und entgegen dem marxistischen Mythos – ähnlich heterogen.«[14]

Insbesondere die letzte Bemerkung Vesters schlägt den Bogen zurück zu unseren einleitenden Bemerkungen über das Verhältnis von sozialdemokratisch-gewerkschaftlicher Arbeiterbewegung und NSB. Statt rasche Verallgemeinerungen über soziale Zusammensetzung und Interessenpolitik der NSB zu kolportieren, wäre es m. E. wichtiger, die ökonomisch-sozialen Veränderungen unserer Gesellschaft, insbesondere ihrer Berufs- und Bildungsstruktur genauer zu untersuchen, ihre realen Probleme unvoreingenommen zur Kenntnis zu nehmen

14 Vester, Die »neuen Plebejer« (Anm. 10).

und auch die tatsächlichen ökonomischen und ideellen Entwicklungen innerhalb der traditionellen Arbeiterbewegung nicht aus dem Auge zu verlieren. Vielleicht können diese fragmentarischen Thesen dazu einen Anstoß geben.

Teil III.

Politik

Der Rechtsstaat und die Rechte

Der Wahlkampf hat mit zunehmender Intensität in der Öffentlichkeit ein Problem deutlich gemacht, das an sich schon seit langem besteht: das Problem nämlich, wie der demokratische Rechtsstaat, wie eine freiheitliche rechtsstaatlich gesonnene Publizistik und wie schließlich der einzelne demokratische und gesetzestreue Bürger sich gegenüber einer legalen rechts-radikalen Partei verhalten solle.

Ich bringe die wichtigsten Ereignisse, die in den vergangenen Monaten jene Problematik immer klarer haben sichtbar werden lassen, in Erinnerung. Gemeinden verweigern der NPD öffentliche Säle für ihre Veranstaltungen; Gerichte verurteilen die betreffenden Gemeinden zur Freigabe der Säle; die Gemeinden weigern sich teilweise, ordentlich ergangene Gerichtsurteile zu befolgen; antifaschistische Bürgergruppen stören und sprengen NPD-Versammlungen; uniformierte und bewaffnete Ordner der NPD bringen politische Gegner in ihren Versammlungen mit roher Gewalt zum Schweigen; Polizei greift nicht ein und läßt zu, daß genehmigte Versammlungen einer legalen Partei gestört oder gesprengt werden; Polizei greift nicht ein, wenn NPD-Ordner politische Gegner mißhandeln; Polizei greift ein, schützt NPD-Versammlungen und verprügelt dabei antifaschistische Demonstranten; Ordnungsbehörden entziehen sich allen Schwierigkeiten, indem sie NPD-Versammlungen wegen Gefahr für Ruhe und Sicherheit von vornherein verbieten, und bestrafen damit eine Partei für das Verhalten ihrer politischen Gegner.

Von welchem Standpunkt aus man diese – höchst lückenhafte – Liste auch betrachtet: es ist eine ziemlich unerfreuliche Bilanz. Die Frage: »Wie sollen wir mit einer legalen rechtsradikalen Partei umgehen?« ist offenbar bisher nicht zufriedenstellend beantwortet worden. Das unterschiedliche, ja widersprüchliche Verhalten von Verwaltungsbehörden, Polizei, Gerichten, demokratischen Parteien und einzelnen Bürgern hat die Lage eher kompliziert als geklärt und auf jeden Fall das politische Klima der Bundesrepublik nicht gebessert.

Die einfachste und sauberste Lösung wäre natürlich das Verbot der

NPD gewesen. Wir können hier auf die rechtlichen Probleme einer Verhandlung vor dem Bundesverfassungsgericht nicht eingehen. Nur eines sei gesagt: Die Befürworter eines Verbotsantrages sollten die Urteilsgründe des Verbots der Sozialistischen Reichspartei aus dem Jahre 1952 sehr gründlich studieren und sich ernsthaft fragen, ob die außerordentlich strengen Maßstäbe, die das Bundesverfassungsgericht für das Verbot von politischen Parteien entwickelt hat, auf die NPD wirklich angewendet werden können. Man kann die Politik der NPD töricht und gefährlich finden; aber politische Unvernunft als solche ist noch kein rechtlicher Verbotsgrund. Man mag das bedauern, aber es ist so.

Aber wir können diese Frage auf sich beruhen lassen. Der Verbotsantrag ist nicht gestellt und die NPD ist nicht verboten worden. Die NPD ist zur Zeit eine legale Partei, die unter dem Schutz des Grundgesetzes und des geltenden Rechts steht, genauso wie jede andere Partei auch. Insoweit ist die Rechtslage klar: Die NPD darf durch Verweigerung von Sälen und ähnliche Maßnahmen in ihrer politischen Tätigkeit nicht behindert werden, insbesondere nicht vor den Wahlen, weil andernfalls die Wahlen wegen Verletzung des Grundsatzes der Chancengleichheit angefochten werden könnten. Die NPD muß in ihren Versammlungen Diskussion und Widerspruch dulden und darf keine organisierten und bewaffneten Schlägerkolonnen einsetzen; die Polizei – aber auch nur die Polizei – darf und muß das unterbinden; andererseits muß die Polizei NPD-Versammlungen vor Störungen und Sprengungen schützen, notfalls mit Zwangsmitteln. Die Polizei allein deswegen »faschistisch« zu schelten ist unberechtigt.

Der politische Einwand, der gegen solche Überlegungen regelmäßig erhoben wird, liegt freilich allzu nahe: »Alles das ist unpolitischer Formalismus. Die NPD ist eine faschistische Partei; sie bedroht die Demokratie; sie muß mit allen Mitteln bekämpft, geschlagen und vernichtet werden. Schon einmal ist eine deutsche Demokratie an ihrer selbstmörderischen Gesetzestreue zugrunde gegangen.« Der Vergleich mit dem Sieg der NSDAP über die Weimarer Republik drängt sich in der Tat auf. Hitler ist im Frühjahr 1933 in gewissem Sinne »legal« an die Macht gekommen, (wie die »Legalität« der »Machtergreifung« im Einzelnen zu beurteilen ist, soll hier nicht geprüft werden). Daher scheint die Folgerung konsequent: »Schluß mit der Legalitätsduselei, Kampf mit allen Mitteln!«

Diese Folgerung ist jedoch ein gefährlicher Trugschluß, und der Vergleich mit dem Ende der Weimarer Republik hinkt auf allen Füßen. Richtig ist allein, daß (freilich bei einer gegenüber heute anderen Rechtslage) damals nicht der ernsthafte Versuch gemacht worden ist, die NSDAP durch Verbot aus dem politischen Leben auszuschalten. Im übrigen spricht nicht nichts, wortwörtlich nichts von den Erfahrungen der Weimarer Zeit für die Behauptung, man müsse: und könne eine rechtsradikale Partei durch direkte Aktion zerschlagen, da kein anderes Mittel hülfe.

1. Die NSDAP hat in freien Wahlen vor 1933 nie mehr als ein gutes Drittel der Stimmen und der Sitze im Reichstag erhalten. Sie hat die Macht nicht in offenem Wahlkampf errungen, sondern durch politische Intrigen und Koalitionsgeschäfte erschlichen.

2. Grund dafür war das politische Versagen ihrer Konkurrenten und Gegner. Die Möglichkeit einer republikanischen Abwehrfront hat zahlenmäßig immer bestanden. Sie ist zerstört worden durch die Torheit des Reichspräsidenten Hindenburg, durch den Verrat der konservativen Rechten an der Demokratie und durch den selbstmörderischen Dogmatismus der Kommunisten. Heute könnte selbst eine erstarkte rechtsradikale Partei durch eine Einheitsfront der demokratischen Kräfte legal von der Macht ferngehalten und politisch ausgehungert werden.

3. Das Anschwellen des Nationalsozialismus zwischen 1928 und 1932 ist das Ergebnis eines Versagens der Demokratie gewesen. Eine anständige, überzeugende und erfolgreiche Politik ist das beste Mittel gegen extreme Parteien: Sie werden dann nämlich gar nicht erst gewählt.

4. Vor 1933 ist – in wesentlich größerem Umfang als heute – mit physischem Terror gegen den Faschismus gearbeitet worden. Aus dieser Zeit stammt die großmäulige Parole »Schlagt die Faschisten, wo ihr sie trefft.« Diese Taktik hat nichts genützt; sie hat den Aufstieg des Nationalsozialismus nicht verhindert und nur die Ordnung der Republik zersetzen helfen.

Das Beispiel Weimar beweist also gar nichts. Darüberhinaus ist die direkte Aktion gegen die NPD aber auch unter Berücksichtigung der gegenwärtigen Verhältnisse mehr schädlich als nützlich.

Erstens erzeugt sie einen Märtyrereffekt, der der angegriffenen Partei zugute kommt. Meiner festen Überzeugung nach hat jede gestörte oder gesprengte NPD-Versammlung nicht Stimmenverluste, sondern Stimmengewinne der NPD zur Folge.

Zweitens – und das erscheint mir in grundsätzlicher Hinsicht noch viel wichtiger – der dauernde vorsätzliche Verstoß gegen die bestehende Rechtsordnung, auch wenn er von überzeugten Demokraten mit den besten Absichten unternommen wird, hat demoralisierende Wirkungen auf das politische Leben. Krawall schlagen, Gesetze übertreten, die Polizei provozieren, macht unter Umständen Spaß – zugegeben –, aber es ist sicherlich keine ideale Schule der Toleranz und der sachlichen Argumentation. Überdies ist es ansteckend. Hier kann ein gefährlicher Kreislauf der Gewaltanwendung eingeleitet werden (der im übrigen zuerst auf die radikale antifaschistische Linke zurückschlagen würde).

Daher sollten sich alle denkenden und verantwortungsbewußten Demokraten auf einige Grundsätze im Umgang mit der NPD einigen:

1. Strenge Beachtung der geltenden Gesetze und der Regeln einer zivilisierten politischen Auseinandersetzung.

2. In den Grenzen dieser Gesetze und Regeln härtester Kampf gegen die NPD. (Es gibt genügend wirksame Methoden der Aufklärung, Propaganda und direkten Konfrontation, die diesen Rahmen nicht sprengen.)

3. Wenn die NPD selbst jene Grenzen (z. B. durch Terrorisierung politischer Gegner) verletzt, schnelle und harte Reaktion, die durchaus nicht zimperlich zu sein brauchte.

4. Das beste Mittel gegen die NPD ist eine gute demokratische Politik. Sie würde die Masse der Mitläufer zusammenschrumpfen und die rechtsradikalen Kader wieder zu dem werden lassen, was sie jahrelang waren: kleine Sekten von unerfreulichen, aber politisch ungefährlichen Narren.

Der Rechtsstaat und die Linke

Die tiefe, immer noch zunehmende Entfremdung wesentlicher Schichten der intellektuellen Jugend von jenem Staat, den die große Mehrheit unseres Volkes als den seinen betrachtet, ist unbezweifelbar. Schon diese Tatsache als solche ist beunruhigend, ganz abgesehen von der Härte und Bitterkeit der Auseinandersetzungen, die jener Entfremdung entspringen. Aber mehr noch als Verketzerung und Gewalttat sollte der Umstand zu denken geben, daß die Kontrahenten nicht mehr dieselbe Sprache zu sprechen scheinen.

Dieser Sachverhalt wird in einer schlagenden Weise an der Hochschule deutlich, weil der von allen dort miteinander kämpfenden Parteien voll Pathos erhobene Anspruch auf besondere Rationalität, Wissenschaftlichkeit und kritisches Niveau der Diskussion in einer grotesken Weise mit der tatsächlichen Verwirrung der Begriffe und dem praktizierten Unvermögen rationaler Auseinandersetzung kontrastiert.

Was den einen »freie Selbstorganisation« der Lehrenden und Lernenden ist, heißt den anderen »gewaltsame Störung des Lehr- und Forschungsbetriebes«; was den anderen »geordneter Lehr- und Forschungsbetrieb« ist, heißt den einen »autoritäre Repression« der Studenten durch die Ordinarien. Reden die einen von »kritischer, rationaler Diskussion«, so reden die anderen von »Massenterror«, reden die anderen von »freier Wissenschaft«, so reden die einen von »ideologischer Verschleierung bestehender Herrschaftsverhältnisse«.

Es kann beim Bau des Babylonischen Turms kaum schlimmer zugegangen sein; und der Versuch, wenigstens einige der gröbsten Verwirrungen zu lösen, scheint fast utopisch zu sein.

Immerhin, man sollte es wenigstens versuchen; denn solange geredet wird, wird zumindest in der Regel noch nicht geprügelt.

Drei Begriffe vor allem sind in den Strudel der Verwirrung geraten: »Freiheit«, insbesondere »Freiheit der Wissenschaft«, »Toleranz« und »Ordnung«.

Der Angriff der radikalen studentischen Opposition auf die traditionelle akademische Lehr- und Forschungsfreiheit stützt sich im wesentlichen auf die folgenden drei Thesen:

1. Die akademische Freiheit – insbesondere ihre Freiheit vor äußeren Einflüssen – zerreißt den rationalen Zusammenhang von wissenschaftlicher Theorie und gesellschaftliche Praxis. Die außerwissenschaftlichen Voraussetzungen und Folgen der angeblich reinen Wissenschaft werden nicht bedacht; auf diese Weise wird die Wissenschaft erst recht blind und hilflos den übermächtigen gesellschaftlichen Interessen ausgeliefert, d. h. praktisch in den Dienst der Herrschenden gestellt.

2. Die vorgebliche Wissenschaftsfreiheit in der Hochschule ist in Wirklichkeit nicht existent, solange die einen (die Hochschullehrer) ausschließlich über die Produktionsmittel – Geld, Räume, Apparate, Bücher usf. – verfügen und kraft Amtes Voraussetzungen, Gang und Ergebnisse der Wissenschaft bestimmen, während die anderen (Assistenten und Studenten) machtlos sind. Zwischen Herrschenden und Beherrschten kann es keine freie rationale Diskussion geben.

3. Daher ist auch jede Reformdiskussion sinnlos, solange nicht die Machtpositionen der Herrschenden zerschlagen, d. h. die Hochschullehrer ihrer Privilegien entkleidet worden sind und Assistenten wie Studenten die Möglichkeit freier Selbstorganisation des Lehr- und Forschungsbetriebes erhalten haben.

Diese Thesen scheinen mir im Grundsatz zutreffend und die praktischen Konsequenzen, die die radikale Studentenbewegung daraus zieht, daher auch im wesentlichen zulänglich begründet zu sein. Trotzdem sind diese Konsequenzen zugleich höchst ambivalent, zu deutsch: zweideutig; und die Studenten sind sich dieser Zweideutigkeit in der Regel nicht genügend bewußt. Wenn ein Institut besetzt, wenn der normale Lehrbetrieb unterbunden und durch Selbstorganisation in autonomen Gruppen ersetzt wird, dann bedeutet das zwar in der Tat eine Befreiung für die bisher Abhängigen, zugleich bedeutet es aber meist auch die Unterdrückung der bisher allein Bestimmenden. Und nun erhebt sich eine Frage, die bei den Revolutionären zwar fast immer wütende Empörung auslöst, die aber trotzdem gestellt werden muß: Wer garantiert, daß diese Unterdrückung bloß eine vorübergehende Begleiterscheinung des Kampfes ist und nicht zum Dauerzustand wird? Wenn wir unterstellen, daß die Wissenschaft unter der Alleinherrschaft der Ordinarien tatsächlich zur Apologetik der kapitalistischen Gesellschaft mißbraucht wird, wer sichert, daß sie unter der Alleinherrschaft der Studenten – und darauf laufen die Konzeptionen des radikalen Flügels der Studentenbewegung hinaus – nicht zur revolutionären Parteipropaganda entarten würde? (Ganz abgesehen von der im Ernst nicht zu leugnenden Differenz an Wissen und Können zwischen Älteren und Jüngeren im Wissenschaftsbetrieb, ein Problem, das ich hier um der prinzipiellen Fragestellung nach der Wissenschaftsfreiheit willen unerörtert lasse.) Wer meint, daß das emphatische Bekenntnis zur »emanzipatorischen Funktion« der Wissenschaft ein unfehlbares Mittel gegen solche Tendenzen darstelle, der gibt sich, fürchte ich, einer schrecklichen Selbsttäuschung hin. Es existieren genügend Anzeichen für eine bedrohliche Intoleranz unter den Anhängern der kritischen revolutionären Wissenschaft; und ich kann mir leider nicht sicher sein, daß sie mich – von konservativeren Kollegen ganz zu schweigen – noch frei forschen und lehren lassen würden, hätten sie die Macht, die heute die Ordinarien haben.

Nun ist der Begriff der Toleranz unter Revolutionären ja – spätestens seit Herbert Marcuses Philippika gegen die »repressive Toleranz« – einigermaßen in Verruf geraten. Und in der Tat ist es nicht der vernünftige Sinn der Toleranz, in jedem Lebensbereich und unter allen Umständen jegliche Unvernunft, jede Rücksichtslosigkeit und jedes Verbrechen zu tolerieren. Es gibt jedoch einen Raum der Freiheit des Denkens, des Redens und des Schreibens, innerhalb dessen wir auf absolute Toleranz nicht verzichten können, weil keine irdische Instanz gültig zwischen »gutem« und »bösem« Gebrauch der Freiheit unterscheiden kann, ohne diese selbst dabei zu zerstören. »Freiheit ist immer nur Freiheit des anders Denkenden«, schrieb die große revolutionäre Sozialistin Rosa Luxemburg. »Nicht wegen des Fanatismus der ›Gerechtigkeit‹, sondern weil all das Belehrende, Heilsame und Reinigende der politischen Freiheit an diesem Wesen hängt, und seine Wirkung versagt, wenn die ›Freiheit‹ zum Privilegium wird.«[1] Nun bedeutet allerdings die Anerkennung absoluter

1 Rosa Luxemburg, *Die russische Revolution*. Band III, Politische Schriften. Hrsg. v.

Toleranz im Raum der geistigen Freiheit mit Notwendigkeit die Anerkennung eines Minimums an fester institutioneller Ordnung, die – wie sehr auch immer zum Herrschaftssystem der Gesellschaft in Spannung stehend – einen Bestandteil der bestehenden Rechts- und Verfassungsordnung insgesamt darstellt. Diese Ordnung ist aber in den Augen der außerparlamentarischen Opposition nichts anderes als die Fassade der spätkapitalistischen Klassenherrschaft. Und insofern die bestehende Rechtsordnung trotzdem tatsächlich freiheitliche und fortschrittliche Elemente enthält, dienen diese, – so sagt man – nur der Verschleierung und Rechtfertigung der wirklichen Machtverhältnisse. Diese Auffassung kommt besonders klar in der sogenannten »Justizkampagne« der außerparlamentarischen Opposition zum Ausdruck, in der die Institutionen des Rechtsstaats dazu benutzt werden sollen, um das Recht als formalistisch und seinen Formalismus als verschleierte Parteinahme für die bestehenden Herrschaftsverhältnisse zu »entlarven«.

An dieser Stelle enthüllt sich freilich auch der fundamentale Irrtum in Argumentation und Taktik der radikalen Gesellschaftskritiker. Natürlich nimmt das Recht, insofern es die jeweilige Ordnung verteidigt, immer für das Bestehende Partei (und daher trifft eine begründete Kritik am Bestehenden auch das Recht); aber der Formalismus des Rechts schützt auch die Gegner des Bestehenden. Dieser Schutz mag unzulänglich sein; aber wehe der radikalen Opposition, wenn unsere Gerichte (so wie es in schwer verständlicher politischer Blindheit häufig gefordert wird) nicht sehr »formalistisch«, sondern wirklich politisch – d. h. in offene inhaltlicher Verteidigung des gesamten bestehenden Systems – urteilen würden, so wie es die Volksrichter Hitlers und Ulbrichts taten und tun.

Die vielberufenen »bürgerlichen« Tugenden, Rechte und Freiheiten dienen gewiß auch und immer wieder der Verschleierung kritikwürdiger Verhältnisse und der Verteidigung angreifbarer Zustände. Insofern verdienen sie selbst Kritik. Aber nicht wenige unter den radikalen Kritikern verkennen, daß im Kampf für eine neue und bessere Gesellschaftsordnung diese Tugenden, Rechte und Freiheiten nicht abgeschafft, sondern vielmehr gereinigt und erst eigentlich verwirklicht werden sollten.

Ossip K. Flechtheim, Frankfurt am Main–Wien 1968, S. 134.

Freiheitlich-demokratische Grundordnung und das Rätesystem

In den letzten beiden Jahren ist das in der Bundesrepublik herrschende Regierungssystem der parlamentarisch-repräsentativen Demokratie zunehmend sowohl theoretisch als auch – in gewissem Umfang – praktisch in Frage gestellt worden. Zwar hat sich die politische Ordnung der Bundesrepublik seit ihrer Begründung bedroht gefühlt und sich als eine zur Selbstverteidigung verpflichtete, eine »militante«, eine »abwehrbereite« Demokratie[1] verstanden. Aber die beiden großen, unter dem Sammelbegriff »totalitär« zusammengefaßten politischen Gegensysteme, der faschistische Führerstaat und die kommunistische Einparteienherrschaft, haben für die politische Ordnung der Bundesrepublik weniger theoretisch-prinzipielle, als vielmehr praktische Probleme aufgeworfen. Die Unvereinbarkeit von Faschismus und Parteikommunismus[2] mit jener »freiheitlichen demokratischen Ordnung«, die die Grundlage des Regierungssystems der Bundesrepublik darstellt, stand von vornherein außer Zweifel, war doch das Grundgesetz (GG) der Bundesrepublik gerade als ein Instrument zur Verteidigung der Demokratie gegen jene feindlichen politischen Systeme entworfen worden. Problematisch war und ist allenfalls die praktische Anwendung der Grundsätze einer »abwehrbereiten« Demokratie auf den konkreten Einzelfall. Diese praktischen Probleme durchziehen die beiden Verbotsurteile des Bundesverfassungsgerichts (BVerfG) gegen die SRP und die KPD und im übrigen die gesamte Staatsschutzpraxis in Justiz und Exekutive.

---

1 Theodor Maunz und Günter Dürig (Hrsg.), *Grundgesetz. Kommentar*. München 1958 ff., Art. 18, Randnr. 6.

2 Der Terminus »Parteikommunismus« wird hier für jene marxistisch-leninistisch (-stalinistische) Richtung des Kommunismus verwendet, die politische Systeme mehr oder weniger diktatorisch allein regierender kommunistischer Parteien errichtet hat. Es gab und gibt jedoch noch andere, sich selbst als »kommunistisch« bezeichnende sozialistische Richtungen, die ein solches System nicht erstreben, sondern vielmehr bekämpfen, z. B. den libertären Kommunismus der spanischen Anarcho-Syndikalisten oder den Reformkommunismus der KP der CSSR.

Jene Ideen und Bewegungen jedoch, die in jüngster Zeit die Verfassungsordnung der Bundesrepublik in Frage zu stellen scheinen, sind nicht nur ein praktisches Problem für Justiz und Exekutive; sie müssen vielmehr auch als eine ernsthafte ideelle Herausforderung betrachtet werden. Im Gegensatz zu Faschismus und Parteikommunismus, die von der überwiegenden Mehrheit der Bevölkerung und der öffentlichen Meinung als gewissermaßen »äußerliche« Bedrohung der demokratischen Ordnung empfunden werden (die eine in die – nicht wiederkehrende – Vergangenheit abgedrängt, die andere im wesentlichen außerhalb der Landesgrenzen lokalisiert), ist die Bewegung der jüngsten Vergangenheit unmittelbar aus der bundesrepublikanischen Wirklichkeit hervorgewachsen und auf sie bezogen.

Es hat freilich nicht an Versuchen gefehlt, diese Bewegung und ihre politischen Ausdrucksformen, die sog. »außerparlamentarische Opposition« (APO) und insbesondere ihren aktivsten Kern, den Sozialistischen Deutschen Studentenbund (SDS), als »faschistisch« oder »kommunistisch« (im Sinne einer Identität mit dem Parteikommunismus) abzustempeln. Aber diese Versuche sind ganz offenbar unzulänglich. Die von der APO wenigstens in Umrissen entwickelten politischen Ordnungsvorstellungen sind mit den bisher zur Charakterisierung von antidemokratischen Tendenzen verwendeten Kategorien des »Totalitarismus« nicht ohne weiteres zu fassen.

Das gilt vor allem für die dem parlamentarisch-demokratischen Parteienstaat entgegengestellte Idee des sog. »Rätesystems«. Ein großer Teil der APO geht freilich über eine mehr oder weniger umfassende Kritik an der bestehenden bundesrepublikanischen politischen Ordnung nicht hinaus; aber diejenigen Anhänger der APO, die den Schritt zur Formulierung neuer alternativer Ordnungsvorstellungen tun, gelangen in der Regel dazu, mit Rudi Dutschke anstelle des traditionellen Systems »ein System von direkter Demokratie (...) und zwar von Rätedemokratie« zu fordern[3].

Die übliche Reaktion auf das politische Programm des Rätesystems ist es, von der – unleugbaren – »Ablehnung der in der Bundesrepublik bestehenden parlamentarischen Demokratie« ohne weiteres auf eine »demokratiefeindliche Einstellung« zu schließen und APO

3 *»Wir fordern die Enteignung Axel Springers«. SPIEGEL-Gespräch mit dem Berliner FU-Studenten Rudi Dutschke*. In: DER SPIEGEL, 1967, Nr. 29, S. 29.

oder SDS wie selbstverständlich unter die »antidemokratischen Vereinigungen« einzureihen[4]. Abgesehen von der politisch-psychologischen Bedenklichkeit solcher undifferenzierten und fast automatisch eintretenden Schlußfolgerungen, die einer hemmungslosen Verketzerung abweichender politischer Minoritäten Tür und Tor öffnen, ist auch das wissenschaftliche Niveau der »Analysen«, die solche Verurteilungen gelegentlich begleiten, oftmals erschreckend niedrig[5].

Es ist, ganz im Gegensatz zu den herrschenden Vorurteilen, eine ernsthafte und überlegenswerte Frage, ob und inwiefern das Rätesystem mit den Grundprinzipien unserer Demokratie übereinstimmt oder nicht. Dabei soll unser Versuch einer Antwort auf das theoreti-

---

4 Vgl. Rene Ahlberg, *Die politische Konzeption des Sozialistischen Deutschen Studentenbundes*. Bonn: Bundeszentrale für politische Bildung 1968, S. 9.

5 Es würde einen eigenen Aufsatz erfordern, um alle in der genannten Broschüre von Ahlberg enthaltenen Irrtümer, Verzerrungen und Unterstellungen gerade zu rücken (und Ahlberg ist als Privatdozent für Soziologie an der FU Berlin immerhin ein etablierter Wissenschaftler). – Nur einige Beispiele für viele mögliche seien herausgegriffen:

Ohne Begründung oder Beleg wird die kritische Haltung des SDS gegenüber dem Parteikommunismus nicht als Ausdruck demokratischer Überzeugung bewertet, sondern seiner »elitären Haltung« zugeschrieben (S. 9).

Der hochschulpolitischen Konzeption des SDS wird die Originalität abgesprochen, ohne daß das theoretische Hauptwerk des SDS: Wolfgang Nitsch et al., *Hochschule in der Demokratie. Kritische Beiträge zur Erbschaft und Reform der deutschen Universität*. Neuwied–Berlin 1965 auch nur erwähnt, geschweige denn mit einem Satz diskutiert wird (S. 10 und Anm. 36).

Für die Unbrauchbarkeit der direkten Demokratie wird das Schicksal der Räte in der Sowjetunion als Beispiel angeführt, ohne die durch Krieg und Bürgerkrieg bedingten Umstände und ohne den allgemeinen sozialen und ökonomischen Entwicklungsrückstand Rußlands auch nur zu erwähnen, geschweige denn zu diskutieren. Vorliegende Untersuchungen zur Geschichte und Problematik der Rätebewegung werden nicht herangezogen: Oskar Anweiler, *Die Rätebewegung in Rußland 1905–1921*. Leiden 1958; und Peter von Oertzen, *Betriebsräte in der Novemberrevolution*. Düsseldorf 1963, S. 23.

»Diktatur des Proletariats« und »Rätebewegung« bzw. »direkte Demokratie« werden als Gegensätze betrachtet, obwohl eine breite Strömung im revolutionären Sozialismus beide miteinander verknüpft, vgl. Friedrich Engels, *Einleitung von 1891 zu: Karl Marx, Der Bürgerkrieg in Frankreich*. Berlin (Ost) 1964, MEW 17, ferner die linke USPD 1918–1920; vgl. von Oertzen, *Betriebsräte* (Anm. 5), S. 90 ff.

Es scheint, daß für eine bestimmte »Wissenschaft« die Regeln des wissenschaftlichen Handwerks außer Kraft treten, sowie es den Kampf gegen die »Feinde der Demokratie« gilt.

sche Problem einer Vereinbarkeit von Rätesystem und Demokratie beschränkt bleiben.

I. Die demokratische Grundordnung nach dem Grundgesetz

Die Grundlage unserer bundesrepublikanischen Verfassungsordnung, ihr Wesensgehalt, der sie zu einer demokratischen Ordnung macht, ist die vom GG so genannte »freiheitliche demokratische Grundordnung«. In diesem Begriff sind die tragenden Grundsätze unserer Verfassungsordnung zusammengefaßt; an seinem Inhalt muß die Vereinbarkeit einer politischen Idee mit der Idee der Demokratie gemessen werden.

Worin besteht der Inhalt der »freiheitlichen demokratischen Grundordnung«? Unsere Antwort wird sich zwar auf die Ergebnisse der Interpretationen der Staats- und Verfassungsrechtswissenschaft stützen, aber selbst keinen rechtswissenschaftlichen, sondern politikwissenschaftlichen Charakter tragen; sie wird sich darauf beschränken, die politisch entscheidenden Grundzüge unserer demokratischen Ordnung herauszuarbeiten, und die juristischen Einzelheiten dabei aussparen. Insbesondere die juristischen Meinungsverschiedenheiten in der Auslegung des GG sollen hier nicht aufgegriffen werden. Wir gehen vielmehr von der Annahme aus, daß Meinungsverschiedenheiten zwischen Staatsrechtslehrern, die unzweifelhaft auf dem Boden der freiheitlichen demokratischen Grundordnung stehen, »Toleranzbereiche«[6] bezeichnen, innerhalb derer die Wissenschaft von der Politik sich bewegen kann, ohne dabei die Grenzen unserer Verfassungsordnung zu überschreiten[7].

Der vom GG vor allem in den Art. 18 und 21 entwickelte Begriff der »freiheitlichen demokratischen Grundordnung« ist enger als der Begriff der gesamten verfassungsmäßigen Ordnung[8], er bezeichnet

6 Dieser Begriff wird – mit etwas erweitertem Inhalt – übernommen aus Maunz und Dürig (Anm. 1), Art. 18, Randnr. 49, 56.

7 Aus diesem Grunde beschränken wir uns hier in der Regel darauf, neben den Entscheidungen des BVerfG (BVerfGE) den Kommentar von Maunz und Dürig zum Grundgesetz zu zitieren, u. E. der gründlichste und gedankenreichste.

8 a. a. O., Art. 21, Randnr. 114, aa.

die »Grundwerte« unserer Verfassung[9]. Hier liegt der Kernbereich der bundesrepublikanischen politischen Ordnung, die Zusammenfassung jener Werte, Ideen und Verhaltensregeln, die diese Ordnung zu einer demokratischen Ordnung machen. Wer diesen Bereich antastet, muß mit dem entschlossenen Widerstand des »abwehrbereiten« demokratischen Staates rechnen; er verliert dabei z. T. sogar den Schutz jener Grundrechte, auf den alle diejenigen einen unabdingbaren Anspruch haben, die auf dem Boden der freiheitlichen demokratischen Grundordnung stehen. Auf der anderen Seite aber ist es, um als Demokrat im Sinne unserer Verfassung gelten zu können, nur nötig, jenen Kernbereich zu respektieren. Es ist durchaus legitim, die jeweilige Bundesregierung zu bekämpfen, die vorherrschenden politischen Kräfte und Institutionen abzulehnen, ja sogar die konkrete Verfassungsordnung zu kritisieren und durch eine gänzlich andere ersetzen zu wollen – solange die freiheitliche demokratische Grundordnung dabei nicht angetastet oder gefährdet wird.

Das GG gibt keine nähere Definition des Begriffs »freiheitliche demokratische Grundordnung«; auch das Bundesverfassungsgerichtsgesetz enthält keine Legaldefinition[10]. Hingegen hat das BVerfG selbst in seinen Verbotsurteilen gegen die SRP den Versuch einer näheren Bestimmung unternommen[11]. Dieser Versuch ist von der Staatsrechtswissenschaft als im großen und ganzen befriedigend gebilligt worden. Jedoch handelt es sich auch bei den Darlegungen des BVerfG »eben nicht um eine authentische Definition, sondern um einen Interpretationsversuch«[12]. Wenn man jedoch berücksichtigt, daß die Aussage des BVerfG nicht als eine »Bibelstelle«[13] betrachtet werden darf, sondern selbst an einer inhaltlichen Interpretation des Sinngehalts der »freiheitlichen demokratischen Grundordnung« gemessen werden muß, dann kann sie als geeigneter Ausgangspunkt für unsere Überlegungen dienen.

Die Formulierung des BVerfG lautet: »Freiheitliche demokratische Grundordnung (...) ist eine Ordnung, die unter Ausschluß jeglicher

9 BVerfGE 2, 12. Nach Maunz und Dürig, Art. 18, Randnr. 47 ist der Begriff der »freiheitlichen demokratischen Grundordnung« jedoch inhaltsgleich mit dem in Art. 9 II GG verwendeten Begriff der »verfassungsmäßigen Ordnung«.

10 Sie war geplant, wurde aber fallengelassen, siehe Maunz und Dürig (Anm. 1), Art. 18, Randnr. 46.

11 BVerfGE 2, 1, Leitsatz 2 und 12 f.

12 Maunz und Dürig, Art. 18, Randnr. 52.

13 A. a. O.

Gewalt- und Willkürherrschaft eine rechtsstaatliche Herrschaftsordnung auf der Grundlage der Selbstbestimmung des Volkes nach dem Willen der jeweiligen Mehrheit und der Freiheit und Gleichheit darstellt. Zu den grundlegenden Prinzipien dieser Ordnung sind mindestens zu rechnen: Die Achtung vor den im Grundgesetz konkretisierten Menschenrechten, vor allem vor dem Recht der Persönlichkeit auf Leben und freie Entfaltung, die Volkssouveränität, die Gewaltenteilung, die Verantwortlichkeit der Regierung, die Gesetzmäßigkeit der Verwaltung, die Unabhängigkeit der Gerichte, das Mehrparteienprinzip und die Chancengleichheit für alle politischen Parteien mit dem Recht auf verfassungsmäßige Bildung und Ausübung einer Opposition.«[14]

Diese Formulierungen des BVerfG sind, wie ich mit Maunz/Dürig noch einmal feststellen möchte, keine »authentische Definition«, sondern ein »Interpretationsversuch«, eine »Umschreibung«[15]. Das Entscheidende dabei ist die negative Abgrenzung gegen jede »Gewalt- und Willkürherrschaft«, wobei von den Bonner Verfassungsgebern ganz konkret an die Erfahrungen mit den Regimen des Faschismus und des Parteikommunismus gedacht worden ist. Positiv wird die freiheitliche demokratische Ordnung durch die demokratische Mehrheitsregierung nach den Grundsätzen der Freiheit und Gleichheit und durch ihre Rechtsstaatlichkeit charakterisiert. Die im einzelnen aufgezählten »grundlegenden Prinzipien« müssen im Rahmen dieser entscheidenden Zielrichtung des gesamten Begriffs gesehen und dürfen nicht dogmatisiert und verabsolutiert werden. So besagt z. B. die Forderung nach »Verantwortlichkeit der Regierung« nicht, daß nur Regierungssysteme mit i. e. S. parlamentarischer Verantwortlichkeit freiheitlich-demokratisch seien; auch das Präsidialsystem, in dem sich Regierung und Volksvertretung relativ unabhängig gegenüberstehen, kann selbstverständlich die Anforderungen der freiheitlich-demokratischen Ordnung erfüllen[16].

Diese Überlegungen sollen, wie Maunz/Dürig in diesem Zusammenhang erklären, »den Begriff der freiheitlichen demokratischen Grundordnung *nicht relativieren.* Im Gegenteil: Der Begriff muß nur glaubhaft und glasklar bleiben. Deshalb streichen wir von ihm alles

14 Siehe oben Anm. 2.
15 Maunz und Dürig, Art. 18, Randnr. 51 ff.
16 Vgl. die kurze, aber sehr überzeugende Darlegung bei a. a. O., Randnr. 56.

ab, was auch eine freiheitliche demokratische Grundordnung noch verträgt. Der *verbleibende Rest* ist als wirklich totalitär indiskutabel, unmittelbar einsichtig und berechenbar«[17]. Nicht also, wenn ein politisches Programm in bestimmten konkreten Einzelheiten vom herkömmlichen Bild der Demokratie abzuweichen oder ihm zu widersprechen scheint, sondern erst, wenn es – unter Anlegung strengster Maßstäbe – als Ganzes geeignet zu sein scheint, eine Gewalt- und Willkürherrschaft zu befördern, sollte es als undemokratisch qualifiziert werden können.

II. Das Rätesystem

Was ist nun ein »Rätesystem«? Worin besteht der Inhalt dieses Begriffs? Diese Frage ist noch weniger leicht zu beantworten als die Frage nach dem Inhalt des Begriffs der »freiheitlichen demokratischen Grundordnung«. Die Verwendung des Begriffs »Räte« ist je nach der politischen Tendenz sehr unterschiedlich, und es gibt keine authentischen Interpretationen. Trotzdem hat sich in der wissenschaftlichen Literatur der jüngsten Vergangenheit eine gewisse Übereinstimmung herausgebildet. An diese relativ einheitliche Auffassung können wir hier anknüpfen[18].

Das Rätesystem als Inbegriff einer politisch-sozialen Ordnung ist:

A. eine Form radikaler direkter Demokratie.

B. In seiner praktischen Anwendung bedingt es den Übergang zu sozialistischen Eigentums- und Wirtschaftsformen.

C. In Verbindung mit der sozialistischen Zielsetzung erhält es oftmals einen betont klassenkämpferischen Charakter und wird nicht selten mit der Idee einer »Diktatur des Proletariats« verknüpft.

---

17 Maunz und Dürig (Anm. 1), Randnr. 57.

18 Ich beziehe mich vor allem auf die oben in Anm. 5 genannten Bücher von Anweiler und von Oertzen sowie auf Eberhard Kolb, *Die Arbeiterräte in der deutschen Innenpolitik 1918–1919*. Düsseldorf 1962. Alle drei Bücher beruhen auf eigenen Quellenstudien und enthalten umfangreiche weitere Literaturangaben.

Zu A: Die klassische Form der *direkten Demokratie* besteht darin, daß das Volk, d. h. die Gesamtheit der erwachsenen und politisch mitwirkungsberechtigten Bürger eines Gemeinwesens keinen Herrscher über sich duldet, sondern alle gemeinsamen Angelegenheiten in der allgemeinen Volksversammlung unmittelbar selbst regelt. Bei der großen Bevölkerungszahl und der weiträumigen territorialen Ausdehnung moderner Staaten sowie bei dem zunehmenden Bedürfnis nach dauerhafter und qualifizierter Regierungs- und Verwaltungstätigkeit wird das ursprüngliche Modell der direkten Demokratie unpraktizierbar. Das Volk kann sich nicht mehr unmittelbar selbst regieren; es muß die Regierungs- und Verwaltungsbefugnisse an bestimmte Personen: Regierungsmitglieder, Abgeordnete, Beamte, delegieren. Elemente der direkten Demokratie können dadurch lebendig gehalten werden, daß zumindest die allgemeinen Prinzipien der Regierung, die Gesetze, vom Volk selbst beschlossen werden, wenn auch nicht mehr in einer Volksversammlung, sondern durch Volksabstimmung (wie in der Schweiz – mit Ausnahme jener fünf kleinen Kantone, die noch die allgemeine Volksversammlung, die Landsgemeinde, kennen[19]. Eine andere Möglichkeit, die Grundsätze der direkten Demokratie zu bewahren, besteht darin, die Rechtssprechungs-, Gesetzgebungs-, Regierungs- und Verwaltungsbefugnisse zwar zu delegieren, die Delegierten aber strengster Kontrolle durch das Volk zu unterwerfen. Dies versucht das Rätesystem, und zwar durch folgende Praktiken und Institutionen[20]:

1. Alle leitenden Positionen werden durch Wahl besetzt.

2. Die Urwähler treten als geschlossene Wahlkörper auf der untersten Ebene des gesellschaftlichen Lebens in Aktion und bilden ihren politischen Willen, in den Versammlungen dieser Urwahlkörper.

3. Die Urwähler fällen eine möglichst große Zahl der erforderlichen Entscheidungen selbst und überlassen so wenig wie möglich ihren gewählten Vertretern.

---

19 Vgl. Karl Löwenstein, *Verfassungslehre*. Tübingen 1959, S. 74 f. Freilich kennen auch diese fünf Kantone neben der Landsgemeinde die Volksabstimmung sowie repräsentative Organe.

20 von Oertzen, *Betriebsräte* (Anm. 5), S. 10.

4. Die gewählten Vertreter sind in ihren Entscheidungen nicht frei, sondern an Mandate ihrer Wähler gebunden.

5. Sie unterliegen der dauernden Kontrolle durch die Urwähler, müssen ihnen laufend Rechenschaft geben und können jederzeit durch sie abberufen werden.

6. Die gewählten Vertreter sollen möglichst ehrenamtlich tätig sein, auf keinen Fall jedoch ein erheblich höheres Einkommen beziehen als ihre Wähler.

7. Dieser Gedanke wird bis zu der Forderung nach der sozialen Homogenität von Wählern und Gewählten zugespitzt, d. h. die gewählten Vertreter sollen möglichst derselben sozialen Schicht angehören wie die Wähler.

Zu B: Da auch die Wirtschaftsleitung zu den leitenden Funktionen der Gesellschaft gehört, müssen die Grundsätze des Rätesystems ebenfalls auf sie angewendet werden, d. h. Wirtschaftspolitik und Wirtschaftsleitung werden strenger, unmittelbarer demokratischer Kontrolle durch das Volk bzw. im Betrieb durch die dort tätigen Arbeitnehmer unterworfen. Da in einem Wirtschaftssystem des Privateigentums die Wirtschaftsleitung den (privaten) Eigentümern der Produktionsmittel von rechtswegen als Befugnis zusteht, würde das Rätesystem ihre faktische Enteignung und eine bestimmte Form von *Sozialisierung* der Produktionsmittel (nämlich ihre Überführung in sog. »Arbeiterselbstverwaltung«) bedeuten.

Zu C: Insofern das Rätesystem sich gegen die Innehabung von bisher nicht demokratisch gewählten und nur unzulänglich demokratisch kontrollierten gesellschaftlichen Führungspositionen richtet (Bürokratie, Wirtschaftsleitung), führen seine Vertreter, zumindest vor ihrem endgültigen Siege und vor der Verwirklichung des Rätesystems, einen *Klassenkampf* gegen mangelhaft kontrollierte Berufspolitiker, Bürokraten und Kapitalisten. Gewisse Verfechter des Rätesystems leiten nun aus der Tatsache und den Erfordernissen dieses Klassenkampfes die Notwendigkeit ab, für eine Übergangszeit Kapitalisten und sonstige Spitzenfunktionäre des alten Herrschaftssystems vom Wahlrecht zu den Räten auszuschließen und ihnen auch sonst die vollen bürgerlichen Rechte vorzuenthalten.

III. Vereinbarkeit von Rätesystem und demokratischer Grundordnung nach dem Grundgesetz?

Sind die hier in äußerster Knappheit skizzierten Grundsätze des Rätesystems mit der »freiheitlichen demokratischen Grundordnung« im Sinne des GG der Bundesrepublik Deutschland vereinbar oder nicht?

A. Prüfen wir zuerst die *allgemeinen politischen Grundsätze* des Rätesystems. Das GG der Bundesrepublik hat zwar ausdrücklich und eindeutig eine parlamentarisch-repräsentative Verfassung geschaffen[21], die Einführung von Elementen der direkten Demokratie wäre also nur auf dem Wege der Grundgesetzänderung möglich; aber die Idee der freiheitlichen demokratischen Grundordnung ist nicht an eine repräsentative Verfassung gebunden, sie könnte prinzipiell vielmehr auch in einer direkt-demokratischen Verfassung verwirklicht werden[22]. Der Grundsatz der Selbstbestimmung des Volkes nach dem Willen der Mehrheit wäre im Rätesystem der Natur der Sache nach eher in höherem Grade realisiert als im Repräsentativsystem. Auch der Grundsatz der Gleichheit wäre – bei allgemeinem und gleichem Stimmrecht (zur »Diktatur des Proletariats« siehe unten unter C) verwirklicht. Nicht unmittelbar läßt sich die Frage nach der Freiheitlichkeit und Rechtsstaatlichkeit des Rätesystems beantworten. Beide Elemente wären aber jedenfalls nicht von vornherein mit ihm unvereinbar.

Wenden wir uns nun den einzelnen Prinzipien der »freiheitlichen demokratischen Grundordnung« zu, wie sie das BVerfG in seiner Umschreibung formuliert hat.

1. Die Achtung vor den Menschenrechten. Sie könnte unzweifelhaft in einer nach den Grundsätzen des Rätesystems ausgestalteten Verfassung genauso unverbrüchlich verankert werden wie im GG. Da im übrigen, entsprechend den Prinzipien, die dem Rätegedanken zugrunde liegen, das Rätesystem auf ein Mindestmaß an Herrschaft, d. h. Einschränkung der Rechte des Volkes,

21 Maunz und Dürig (Anm. 1), Art. 20, Randnr. 52, 53.

22 So ganz eindeutig a. a. O., Art. 20, Randnr. 31; Art. 21, Randnr. 134. Übereinstimmend damit auch Andreas Hamann, *Das Grundgesetz für die Bundesrepublik Deutschland vom 23. Mai 1949. Ein Kommentar für Wissenschaft und Praxis.* Neuwied [2]1960, Einführung I D 4, 2.; Art. 20 B 6; Art. 79 B 10.

und auf ein Höchstmaß an Freiheit und Selbstbestimmung abzielt, besteht auch vom Grundsatz her kein Widerspruch zu den vom BVerfG erhobenen Forderungen[23].

2. **Die Volkssouveränität.** Sie ist durch das Rätesystem in vollem Umfang gewährleistet.

3. **Die Verantwortlichkeit der Regierung.** Die Wählbarkeit und scharfe Kontrolle aller Inhaber leitender Positionen sichern eine Verantwortlichkeit dem Volke und den gewählten Körperschaften (Räten) gegenüber, die allen Anforderungen genügt.

4. **Die Gesetzmäßigkeit der Verwaltung.** Die Forderung nach Gesetzmäßigkeit einer jeden staatlichen Tätigkeit bezeichnet einen wesentlichen Bestandteil der Rechtsstaatlichkeit[24]. Es besteht jedoch kein sinnvoller Grund anzunehmen, daß nicht auch die gewählten Organe und Amtsträger eines Rätesystems verpflichtet werden könnten und müßten, sich im Rahmen der von den obersten Rätekörperschaften erlassenen Bestimmungen (Gesetze, Verordnungen) zu halten und Änderungen an der geltenden rechtlichen Ordnung wieder nur auf gesetz- und verfassungsmäßigem Wege vorzunehmen.

5. **Die Gewaltenteilung und die Unabhängigkeit der Gerichte.** Hier liegt, dem ersten Anschein nach, einer der wenigen offensichtlichen Widersprüche zwischen Rätesystem und freiheitlicher demokratischer Grundordnung; denn die Verfechter des Rätesystems fordern in der Regel eine Aufhebung der Gewaltenteilung. Freilich ruht das Schwergewicht dieser Forderung meistens auf der Aufhebung der Gewaltenteilung zwischen »Legislative« und »Exekutive«, um die demokratische Kontrolle von Regierung und Verwaltung zu intensivieren, und vor allem, um aus den – als machtlos beurteilten – bloß beratenden parlamentarischen Körperschaften wirklich einflußreiche »arbeitende« Gremien zu machen. Die Abschaffung der Unabhängigkeit der Gerichte und ihrer ausschließlichen Bindung an das

23 Vgl. die Forderung Rudi Dutschkes, »die Herrschaft von Menschen über Menschen auf das kleinstmögliche Maß (zu) reduzieren«. Siehe oben Anm. 3.
24 Vgl. Maunz und Dürig (Anm. 1), Art. 20, Randnr. 124 ff., ferner auch 58 ff.

Gesetz wird hingegen selten ausdrücklich verlangt. Im Prinzip würde eine unabhängige Gerichtsbarkeit mit dem Rätesystem nicht in Widerspruch stehen, wenn die Gesetze selbst von einer Rätekörperschaft beraten und verabschiedet worden sind und somit den Interessen und Auffassungen der Volksmassen entsprechen. Freilich könnte die Wählbarkeit der Gerichte als eine Beeinträchtigung ihrer Unabhängigkeit betrachtet werden; und in der politischen Wirklichkeit müßte man wohl auch mit dieser Gefahr rechnen. Prinzipiell aber kann die Wählbarkeit der Richter nicht als im Widerspruch zu einer freiheitlichen Ordnung stehend betrachtet werden; denn sowohl die USA als auch teilweise die Schweiz kennen die Wählbarkeit von Richtern und anderen Justizorganen (Staatsanwalt, Polizeichef), und niemand bestreitet ihren Verfassungen allein deswegen ihren freiheitlich-demokratischen Charakter. – Was die Gewaltenteilung zwischen Regierung und Volksvertretung anbetrifft, so räumt auch die Staatsrechtswissenschaft ein, daß zumindest im parlamentarischen Regierungssystem eine faktische »Gewaltenvermischung« stattfindet, insofern die parlamentarische Mehrheit sowohl die Gesetzgebung als auch die Regierung kontrolliert. Nicht die faktische Trennung der Gewalten, sondern die Trennung der Funktionen sei erforderlich. Die Trennung von exekutiver und legislativer Funktion aber wäre auch in einem Rätesystem möglich und nötig[25]. Entscheidend ist überdies die Funktion der Gewaltenteilung im Gesamtsystem der Verfassung, und das ist eindeutig die »Gewaltenhemmung«; das heißt, daß die staatliche Gewaltausübung »abgeschwächt und relativiert« werden soll[26]. Diese Wirkung wird aber durch die *Gesamtheit* der Verfassungsinstitutionen und politischen Praktiken erreicht! Im parlamentarisch-demokratischen Regierungssystem z. B. spielen die öffentliche Meinung und vor allem das Mehrparteiensystem bei der Hemmung der staatlichen Gewaltausübung eine wesentlich wichtigere Rolle als die formelle Gewaltenteilung. Im

25 Vgl. a. a. O., Art. 20, Randnr. 74 ff. Ferner Hamann (Anm. 22), Einführung I D 7, S. 41/2, der mit Recht darauf hinweist, daß das GG nur der Rechtsprechung (in Art. 92) eine Verfassungsgarantie für ihren Zuständigkeitsbereich zugeteilt habe, nicht aber etwa der vollziehenden Gewalt.

26 Maunz und Dürig (Anm. 1), Art. 20, Randnr. 78.

Rätesystem würden durch die Verlagerung der staatlichen Gewaltausübung nach unten, durch die damit verbundene Dezentralisierung und durch die verstärkte Kontrolle der staatlichen Organe durch die Bürger selbst Elemente der Gewaltenhemmung neu eingeführt werden, die die repräsentative Verfassung überhaupt nicht kennt.

6. **Mehrparteiensystem, Chancengleichheit der Parteien, Recht auf Opposition.** Diese Elemente sind sowohl für den demokratischen als für den rechtsstaatlichen Charakter einer Verfassung ganz offensichtlich von ausschlaggebender Bedeutung. Sie können aber unzweifelhaft in einem rätedemokratischen System ebensogut gesichert werden wie in einem repräsentativ-parlamentarischen. Wenn die freie Wahl zu den Räten nicht überhaupt nur eine Farce sein soll, dann ist auch nicht einzusehen, wie sie auf die freie Konkurrenz mehrerer politischer Richtungen verzichten sollte. Zwar würden in einem System direkter Demokratie, in dem die unmittelbare Einwirkung der Bürger auf die staatlichen Organe größer sein müßte als in einem repräsentativen System, die politischen Parteien an Bedeutung verlieren und ihre heutige faktische Monopolstellung einbüßen. (Die kritische Wendung gegen diese Monopolstellung der politischen Parteien ist übrigens unzweifelhaft eines der bestimmenden Motive für die Verfechter des Rätesystems.) Aber »Demokratie ist«, wie Maunz/Dürig feststellen, »*nicht* gleichbedeutend mit dem Parteienprinzip des GG«. Eine freiheitliche demokratische Ordnung wäre – etwa in Gestalt einer rein durchgeführten direkten Demokratie – auch in anderer Art denkbar, wenigstens theoretisch[27].

B. Das Verhältnis von sozialistischer Wirtschafts- und Gesellschaftsordnung und freiheitlicher Demokratie ist weniger problematisch[28]. Zwar kann man mit Recht bezweifeln, ob der vollständige Sozialismus, d. h. Vergesellschaftung aller Produktionsmittel und Planwirtschaft, im

27 Maunz und Dürig (Anm. 1), Art. 21, Randnr. 134 (Hervorhebung i. Orig.).

28 Carl Joachim Friedrich, *Der Verfassungsstaat der Neuzeit.* Berlin–Göttingen–Heidelberg 1953, bes. S. 35 ff., 567 ff., betont sehr nachdrücklich die Vereinbarkeit von Verfassungsstaat und sozialistischer Wirtschaftsordnung.

Rahmen des Grundgesetzes – etwa unter Berufung auf Art. 15 – durch einfache Gesetze verwirklicht werden könnte. Aber vermittels einer Verfassungsänderung wäre es unzweifelhaft möglich. Das Recht auf Privateigentum an Produktionsmitteln und auf Unternehmerfreiheit etwa aus dem Grundrecht auf Freiheit der persönlichen Entfaltung als unabänderliche Rechte begründen zu wollen, wäre verfehlt. Jedenfalls würde im Rätesystem die Einschränkung der persönlichen Verfügungsrechte des bisherigen Eigentümers durch eine Ausdehnung der Verfügungsrechte der bisherigen Arbeitnehmer begleitet und kompensiert werden. Die Freiheit der persönlichen Entfaltung würde also nicht generell, sondern nur bei einer – kleinen – Gruppe eingeschränkt und bei einer anderen – größeren – ausgedehnt werden. Nur bei einer Verlagerung der wirtschaftlichen Leitungs- und Dispositionsfunktionen auf die Staatsbürokratie würde das nicht zutreffen; hier könnte man von einem allgemeinen Verlust an Freiheit sprechen, der schlechterdings unerträglich sein würde. Eine solche Ordnung wird von den Vertretern des Rätesystems aber gerade nicht erstrebt, sondern vielmehr verworfen.

C. Der Grundsatz einer – wenn auch nur vorübergehenden – »Diktatur des Proletariats« ist hingegen mit der freiheitlichen demokratischen Grundordnung nicht vereinbar. Aber dieser Grundsatz ist auch mit dem Rätesystem nicht notwendig verbunden. Immerhin sollte dabei beachtet werden, daß nach den Vorstellungen der radikalen proletarischen Rätesozialisten (wie etwa bei den Vertretern der linken USPD 1918/20 in Deutschland) auch unter der sog. »Diktatur des Proletariats« nur eine kleine Minderheit des Volkes vom Genuß der Bürgerrechte ausgeschlossen werden sollte, nämlich die sog. »Ausbeuter«, die als Unternehmer fremde Arbeitskräfte beschäftigten, und daß dieser Ausschluß auch nur für die begrenzte Zeit gelten sollte, in der es überhaupt noch Privateigentum an Produktionsmitteln und damit »Ausbeutung« gab[29].

29 von Oertzen, *Betriebsräte* (Anm. 5), S. 90 ff.

IV. Das Rätesystem in der Praxis

Man könnte den hier entwickelten Überlegungen nun entgegenhalten, daß ihre Schlußfolgerungen zwar in der Theorie plausibel zu sein schienen, daß aber in der politischen und gesellschaftlichen Praxis immanente Schwächen des Rätesystems wirksam werden würden, die über alle idealen Beweggründe und guten Vorsätze hinweg die Grundlagen der freiheitlichen demokratischen Ordnung zerstören müßten. Solche Einwendungen könnten zwingend freilich nur durch die Praxis selbst begründet oder widerlegt werden. Die bisherige Praxis des Rätesystems ist allerdings nur sehr beschränkt gewesen, zeitlich auf einen kurzen geschichtlichen Abschnitt begrenzt und sachlich durch extreme politische, ökonomische und soziale Bedingungen behindert. Von einer partiellen Verwirklichung des Rätesystems kann bisher allenfalls für die Zeit vom Februar (März) bis zum Oktober (November) 1917 in Rußland und für die Zeit vom November 1918 bis zum Januar 1919 in Deutschland die Rede sein, in beiden Fällen von einer etwas länger dauernden Zeit gefolgt, in der die Verfechter des Rätesystems gegen einen immer mächtiger werdenden Gegner einen wenig aussichtsreichen Rückzugskampf ausgefochten haben. Unter diesen Umständen wäre es höchst leichtfertig, aus dem historischen Beispiel ohne weiteres auf die praktische Bewährung oder besser: Nichtbewährung des Rätesystems zu schließen.

Einige Ergebnisse lassen sich aus der geschichtlichen Erfahrung jedoch unzweifelhaft ableiten. Das wichtigste ist die Tatsache, daß sowohl in Rußland als auch in Deutschland die freie Konkurrenz verschiedener politischer Strömungen (Parteien) in den Räten für selbstverständlich gehalten und auch – unter höchst schwierigen und ungünstigen Umständen – praktiziert worden ist[30]. In Deutschland haben die Räte diese Praxis bis zum Ende aufrechterhalten; in Rußland ist der demokratische Charakter der Räte durch eine der in ihnen wirkenden Parteien, die Bolschewiki, unter dem Druck einer katastrophalen politischen Situation und mit gewaltsamen Mitteln zerstört worden – ein Schicksal, vor dem auch parlamentarisch-repräsentative Institutionen nicht sicher sind, wie das Schicksal der Weimarer Republik beweist.

30 Vgl. Anweiler (Anm. 5), vor allem S. 127 ff., 202 ff., 260 ff.; von Oertzen, *Betriebsräte* (Anm. 5) vor allem S. 69 ff., 109 ff.

Trotzdem gibt es unzweifelhaft gewisse Eigentümlichkeiten des Rätesystems, aus denen sich für die Praxis Bedenken ableiten lassen.

1. Schon in der theoretischen Überlegung war fraglich, ob die kritische Tendenz des Rätesystems gegenüber der Gewaltenteilung mit einer freiheitlichen Ordnung vereinbar sei. In der politischen Praxis könnte diese Problematik noch schroffer hervortreten. Insbesondere zwischen dem vorherrschenden Grundsatz der unmittelbaren Volkskontrolle und der Idee einer unabhängigen Rechtsprechung könnten sich Spannungen ergeben.

2. Im Rätesystem nehmen die Versammlungen der Urwähler – als Wahlkörper für die Räte, als Organe ihrer Kontrolle, als Foren der politischen Willensbildung – eine Schlüsselstellung ein. Diskussion und Meinungsbildung in größeren Versammlungen sind aber in der Praxis nicht unproblematisch. Sie erfordern die strenge Beachtung von bestimmten Verfahrensregeln und einen hohen Grad an Selbstdisziplin und Informiertheit bei den Teilnehmern, wenn eine faire Auseinandersetzung zwischen unterschiedlichen Auffassungen gesichert sein soll. Es besteht durchaus die Möglichkeit, und aus Vergangenheit und Gegenwart liegen genügend anschauliche Beispiele vor, daß demagogisch verfahrende Minderheiten solche Versammlungen unter ihre Kontrolle bringen, die Mehrheit der Unentschiedenen oder Uninformierten überspielen, terrorisieren und an die Wand drängen können.

3. Es ist zwar höchst einseitig, der direkten Demokratie vorzuwerfen, wie es z. B. Ahlberg tut[31], sie kranke »an der unrealistischen Annahme, daß im sozialen Zusammenleben ein spontaner Ordnungswille walte, der nur von allem staatlichen oder administrativen Druck befreit zu werden brauche, damit er sich als eine gesamtgesellschaftlich ordnende Potenz in einer sonst vollständig ›freien Gesellschaft‹ geltend machen könne«, und sie führe wegen des Fehlens dieses Ordnungswillens schließlich »entweder zum vollständigen Zusammenbruch solcher radikaldemokratischen Experimente oder aber zur Inthronisation einer politi-

31 Ahlberg (Anm. 4), S. 23.

schen Elite«. So naiv sind die Theoretiker des Rätesystems nie gewesen, einfach auf irgendeine »Spontaneität« zu vertrauen; insofern unterschieden und unterscheiden sie sich auch vom orthodoxen Anarchismus, dem man allenfalls solche Illusionen vorwerfen könnte. Die zentrale Koordinierung gesellschaftlicher Funktionen, d. h. die Existenz von politischen oder ökonomischen Zentralinstanzen, wird durch das Rätesystem nicht für überflüssig gehalten. Sie wird auch nicht einer undefinierbaren Spontaneität überlassen, sondern als das Ergebnis bewußten planmäßigen kollektiven Handelns betrachtet, wobei die jeweilige Mehrheit der zentralen Räteorgane (Rätekongreß, Zentralexekutivkomitee, Zentralrat, Rat der Volksbeauftragten, Sekretariat usf.) durchaus das Recht für sich in Anspruch nimmt, zum einen die jeweilige Minderheit, zum anderen auch die untergeordneten Räteorgane zur Beachtung ihrer Mehrheitsbeschlüsse anzuhalten.

Richtig ist jedoch der Einwand, der durch die kurze praktische Erfahrung der russischen und deutschen Revolution durchaus belegt wird, daß unter diesen Umständen sich die zentralen Räteinstanzen genau so gut bürokratisieren und von ihren Wählern entfremden können wie jede beliebige herkömmliche parlamentarisch-staatliche Institution. Dagegen ließe sich lediglich einwenden, daß die Kontrolle der zentralen Instanzen im Rätesystem prinzipiell schärfer und die Anteilnahme der einfachen Bürger in den unteren Organen lebhafter und besser gesichert sei als im Parlamentarismus.

4. Entscheidend für die Verwirklichung dieser – theoretischen – Voraussetzungen ist jedoch, daß das Volk an der Basis der Räteorganisation, in den Urwahlkörpern, dauerhaft und intensiv am gesellschaftlichen, ökonomischen und politischen Leben teilnimmt. Erlahmt diese Teilnahme, dann würden die Räte kaum anders funktionieren können als beliebige parlamentarische Institutionen. Dieser Gefahr versucht das Rätesystem dadurch vorzubeugen, daß es die Urwahlkörper in gegebene soziale Institutionen verlagert, die aus sich heraus ein Minimum an praktischem Zusammenwirken und praktischem Interesse der Bürger erzeugen: z. B. in Gemeinden oder – in größeren Städten – in gemeindliche Nachbarschaften oder aber in die Betriebe.

Unbestreitbar ist aber nach diesen Überlegungen, daß die Verwirklichung des Rätesystems große praktische Probleme aufwerfen würde. Andererseits aber wird man kaum leugnen können, daß auch das herrschende parlamentarisch-repräsentative System in Regierungen und Parlamenten, in den Parteien und der staatlichen Bürokratie Funktionsstörungen zeigt und Probleme aufwirft, die nicht leichtgenommen werden dürfen. Und niemand wird auf die Idee kommen (außer den Dogmatikern unter den Anhängern der APO), den Parlamentarismus deswegen in Bausch und Bogen als undemokratisch zu verwerfen. Es ist ein Unterschied, ob ein politisches System nicht recht praktikabel ist oder ob es als prinzipiell verwerflich verurteilt werden soll. Das Rätesystem ist unzweifelhaft im Prinzip mit der freiheitlichen demokratischen Grundordnung vereinbar. Ob es deswegen praktisch besser funktionieren würde als der Parlamentarismus, ist eine ganz andere Frage. Wer wegen dieses Zweifels allein aber das Rätesystem als »undemokratisch« verteufelt, vergeht sich selbst am Geist der freiheitlichen Ordnung, deren wesentliche Bestandteile Meinungsfreiheit und Toleranz sind.

Wirtschaftsdemokratie – Umrisse eines Konzepts

Vorbemerkung

Bei dem nachfolgenden Text (A) mit Darlegung der Grundgedanken (B) und mit Argumenten zu einzelnen Problemfeldern (C) handelt es sich um einen Entwurf, den ich im Winter 1988/89 im Rahmen der Programmdiskussion der SPD innerhalb der Programmkommission als Vorlage eingebracht habe. Der Text ist – mit Ausnahme einiger auf bestimmte Personen bezogenen Sätze – unverändert geblieben, also nicht einem etwaigen späteren Diskussions- und/oder Erkenntnisstand angepaßt worden. Es wäre für den Leser vielleicht von Interesse, diesen Entwurf mit dem endgültigen Text des Berliner Programms der SPD im Abschnitt »Wirtschaftsdemokratie« zu vergleichen und zu prüfen, wieviel – oder wiewenig – davon in das geltende Programm eingegangen ist. Dabei enthält mein Text natürlich in weitem Umfang Formulierungen, die das gemeinsame Ergebnis vorangegangener Diskussionen waren und über die in der Kommission keine Meinungsverschiedenheiten bestanden. Auch heute nach vier Jahren scheint mir, daß dieser Entwurf einen ernsthaften Versuch darstellt, auf der Grundlage klassischer sozialdemokratischer Traditionen erste Schritte zu skizzieren, die über den Kapitalismus hinausführen würden, wenn wir in der Lage wären, sie tatsächlich zu gehen. Zumindest könnte eine Diskussion darüber auch in der Gegenwart noch von Interesse sein.

Noch zum Text: Der letzte Absatz des Abschnitts »Kontrolle wirtschaftlicher Macht« ist nicht von mir verfaßt worden, sondern von den Mitgliedern der Programmkommission, Detlev Albers und Kurt Neumann. Ich stimme ihm in der Tendenz zu, würde ihn jedoch im Einzelnen anders formuliert haben. Im verabschiedeten Berliner Programm finden sich zwei Abschnitte, deren Inhalt in meinem Entwurf nicht auftaucht: »Bodenrecht« und »Mitwirkung der Verbraucher«. Sie sind erst im Laufe des Jahres 1989 aufgrund der geführten Diskussion in den Programmentwurf aufgenommen und schließlich Bestandteil des endgültigen Programmtextes geworden.

A. Wirtschaftsdemokratie

Die ökologischen, sozialen, humanen und demokratischen Ziele des Wirtschaftens können nicht allein dadurch erreicht werden, daß sich – wie im bestehenden kapitalistischen Wirtschaftssystem – die Steuerung der ökonomischen Entwicklung ausschließlich oder weit überwiegend an der Rentabilität des eingesetzten Kapitals orientiert. Die betriebswirtschaftliche Rentabilität des einzelnen Unternehmens hat nicht zwangsläufig das gesellschaftlich Vernünftige zur Folge; was gut ist für einen einzelnen großen Konzern, ist nicht automatisch auch gut für das ganze Volk. Außerdem üben in unserem Wirtschaftssystem Kapitaleigentümer und Unternehmensleitungen ökonomische, soziale und politische Macht aus, die demokratisch nicht kontrolliert wird.

Diese Macht ist wirksam

- als Marktmacht von Großunternehmungen, die ihre Interessen auf Kosten von Abnehmern, Zulieferern und Konkurrenten durchsetzen,
- als Herrschaftsmacht des Kapitals über Menschen im Arbeitsprozeß und auf dem Arbeitsmarkt,
- als Fähigkeit, Wirtschaftsmacht in politische Macht umzusetzen,
- und schließlich als Möglichkeit vor allem der Groß- und Riesenunternehmungen, durch Investitionspolitik Struktur und Entwicklung der gesamten Wirtschaft zu beeinflussen.

Prinzipien und Elemente der Wirtschaftsdemokratie

Gegenüber den scheinbar jedem menschlichen Einwirken entzogenen Gesetzlichkeiten der kapitalistischen Wirtschaft und gegenüber dem Wirken nicht demokratisch kontrollierter und verantwortlicher wirtschaftlicher Macht müssen die Menschen auf der Grundlage von Freiheit und Gleichheit in solidarischer Zusammenarbeit ihre wirtschaftlichen und gesellschaftlichen Lebensbedingungen selbst bewußt und verantwortlich zu gestalten beginnen. Gleichberechtigte Teilnahme aller am Haben und Sagen ist das Prinzip der Wirtschaftsdemokratie, die verfassungsmäßig verankerte soziale Bindung des Eigentums ist ihre rechtliche und politische Grundlage.

Die neue Gesellschaftsordnung Wirtschaftsdemokratie muß offen und vielgestaltig sein. Sie verbindet Privat- und Gemeineigentum, Wettbewerb und Planung, Markt und Staat, persönliche Initiative und sozialstaatliche Bindung, unternehmerische Freiheit, das Setzen öffentlicher Rahmenbedingungen und direkten staatlichen Eingriff, Mitbestimmung und Selbstverwaltung. Keines dieser Elemente der Wirtschaftsdemokratie ist ein Selbstzweck, ihr Wert und ihre Bedeutung bestimmten sich einzig und allein nach den Grundsätzen und Zielen einer sozialen und demokratischen Wirtschafts- und Gesellschaftsordnung.

Markt und Lenkung

Innerhalb der wirtschaftsdemokratischen Ordnung sind Markt und Wettbewerb unentbehrlich. Der Markt koordiniert wirksam die unabsehbare Vielfalt wirtschaftlicher Entscheidungen. Leistungswettbewerb kommt den Verbrauchern zugute. Sie haben ein Recht auf freie Konsumwahl. Jedoch kann der Markt allein weder Verteilungsgerechtigkeit bewirken noch Umwelt schützen. Er kann sich durch Konzentration selbst aufheben. Er darf nicht die Richtung angeben, in der sich die Gesellschaft entwickelt. Er darf nicht anstelle der Gesellschaft über grundlegende Techniken und Wachstumsfelder entscheiden. Das heißt: Wettbewerb so weit wie möglich – Planung soweit wie nötig.

Daraus ergeben sich Aufgaben für Politik und Staat. Der Staat ist tätig als Arbeitgeber, Anbieter und Nachfrager, Investor und Gesetzgeber. Er erhebt Steuern und gewährt Subventionen. Die Frage ist nicht, ob er in die Wirtschaft eingreift. Es geht allein darum, mit welchen Zielen, Mitteln und Wirkungen er es tut. Der Staat muß mehr sein als ein Reparaturbetrieb der kapitalistischen Wirtschaft. Er soll vorausschauend planen, gewollte Entwicklungen in Gang setzten und Fehlentwicklungen abwenden. Er soll die demokratische Diskussion zwischen den Bürgern und mit den Bürgern fördern (Bürgerdialog) und den politischen Willen der Mehrheit des Volkes in der Wirtschaft durchsetzen. Dabei gilt der Grundsatz, daß die selbständige Entscheidung den Vorrang vor Planung und Lenkung genießt. Dies setzt jedoch voraus, daß ein veränderter Rentabilitätsbegriff angewendet wird, in dem die gesellschaftlichen Wirkungen und Interessen angemessen berücksichtigt sind. Soweit als möglich müssen also bereits in die autonomen Entscheidungen der einzelnen Wirtschaftseinheiten neben der betriebswirtschaftlichen Kostenrechnung auch die sozialen Kosten einer Entscheidung mit einbezogen werden.

Die Informationsgrundlagen und Orientierungsdaten sowohl für die privaten Unternehmensentscheidungen als auch für staatliche Rahmensetzung und direkten staatlichen Eingriff liefert die gesellschaftliche Rahmenplanung.

Um sie zu ermöglichen, müssen Staat, Kommunen, öffentliche Institutionen und öffentliche Unternehmungen ihre Prognosen und ihre Projektionen, ihre Planungen und Aktivitäten auf allen Ebenen (Kommune, Region, Land, Bund) und in allen Politikfeldern koordinieren und zu einem einheitlichen nationalen Entwicklungsplan zusammenfassen.

Dieser Plan muß die Planungen der privaten Wirtschaft mit berücksichtigen und sich mit ihnen abstimmen. Eine Voraussetzung dafür ist, daß die großen Unternehmungen und Kapitalsammelstellen verpflichtet werden, die öffentliche Wirtschaftspolitik über Unternehmensplanung, Investitionspolitik, Anlagepolitik, Kalkulationsgrundlagen, Preis- und Zinspolitik regelmäßig und rechtzeitig zu unterrichten. Wirtschafts- und Sozialräte auf kommunaler und regionaler, auf Landes- und Bundesebene sollen Beratungs-, Begutachtungs- und Initiativrechte gegenüber Parlamenten, Regierungen und Verwaltungen erhalten. In ihnen sollen neben Arbeitgebern und Arbeitnehmern auch Repräsentanten von Umwelt- und Verbraucherverbänden, sowie Experten aus Politik, Verwaltung und Wissenschaft vertreten sein können.

Wirtschafts- und Sozialräte können die Informationsgrundlage des staatlichen Handelns verbreitern, das gesellschaftliche Interesse verdeutlichen und auf diese Weise die Rahmenplanung wirklichkeitsnäher und flexibler gestalten.

Kontrolle wirtschaftlicher Macht

Durch demokratische Kontrolle wirtschaftlicher Macht, Unternehmensvielfalt und Demokratisierung unternehmerischer Entscheidungsprozesse sollen die Orientierung der Unternehmen am Gemeinwohl gefordert und die Wirksamkeit der Rahmenplanung gestärkt werden.

Der Herrschaftsmacht des Kapitals müssen starke Gewerkschaften und Betriebsvertretungen Grenzen setzen. Der Umsetzung wirtschaftlicher Macht in politische ist größtmögliche Öffentlichkeit entgegenzustellen. Die Beeinflussung der großen entwicklungs- und sturkturbestimmenden Investitionen ist Aufgabe der gesamten Wirtschafts- und Finanzpolitik.

Zur Kontrolle von Marktmacht wollen wir die Wettbewerbsgesetze verschärfen. Um den Einfluß von Banken und Versicherungen auf Strukturentscheidungen der Wirtschaft zurückzudrängen, wollen wir ihre Macht über Unternehmen durch Entflechtung von Kapitalbeteiligungen einschränken. Auch der Besetzung von Aufsichtsräten durch Banken und der Ausübung des Depotstimmrechts wollen wir Grenzen setzen.

Für Groß- und Riesenunternehmen werden wir eine neue Unternehmensverfassung schaffen, in deren Leitungsorganen neben den gleichgewichtig beteiligten Kapitaleignern und Arbeitnehmern auch der Staat sowie Repräsentanten gesellschaftlicher Interessen vertreten sein sollen. Unternehmensvielfalt wirkt der Machtkonzentration entgegen. Nicht zuletzt deshalb wollen wir kleine und mittlere Unternehmen in Industrie, Handwerk, Handel und Dienstleistung stärken. Auch die Wirtschaftsdemokratie braucht unternehmerische Leistung. Wir erkennen sie an. Gemeinwirtschaftliche Unternehmen sind unentbehrlich. Da sie von vornherein nicht allein Gewinninteressen verpflichtet sind, können sie häufig gesellschaftlich anerkannten Bedarf am besten befriedigen. Besonders verbunden fühlen wir uns Genossenschaften, die solidarische Selbsthilfe mit demokratischer Selbstverwaltung verbinden.

Öffentliche Unternehmen sollen tätig werden, wo die Prinzipien der Gegenmacht oder gesamtgesellschaftlicher Verantwortung dies gebieten, wo Privatinitiative fehlt oder den Anforderungen nicht entspricht. Sie sind ein unverzichtbares Steuerungselement im Rahmen unserer Wirtschaftspolitik des qualitativen (ausgewählten) Wachstums. Mit ihrer Hilfe lassen sich die Bedarfsfelder der Zukunft frühzeitig erschließen, die ökonomischen und sozialen Folgen politisch gewollten Strukturwandels besser bewältigen. Öffentliche Unternehmen sind den Zielsetzungen staatlicher Rahmenplanung verpflichtet und nach den Grundsätzen demokratischer Selbstverwaltung zu ordnen.

Die bestehenden Unternehmungen der öffentlichen Hand müssen nach diesen Zielsetzungen umgestaltet werden. Die Unternehmensbeteiligungen sind entsprechend zu nutzen. Darüberhinaus ist es geboten, den Bereich öffentlicher Wirtschaftstätigkeit auszuweiten.

Wo öffentliche Zuschüsse an Unternehmen nicht rückzahlbar sind, sollen sie in staatliche Beteiligung umgewandelt werden. Wo mit anderen Mitteln eine gesunde Ordnung der wirtschaftlichen Machtverhältnisse nicht gewährleistet werden kann, ist Gemeineigentum zweckmäßig und notwendig.

Die strukturbestimmende Rolle und der mit demokratischen Grundsätzen unvereinbare Einfluß der Großbanken, vor allem der Deutschen Bank, erfordern, daß diese Unternehmen entsprechend den Vorschriften des Grundgesetzes in Gemeineigentum überführt werden. Das Gleiche gilt für die großen Unternehmen der chemischen und der pharmazeutischen Industrie. Anders ist hier die grundlegende Umgestaltung der Produktion zum Schutz von Gesundheit und Umwelt ebenso wenig möglich, wie die demokratische Kontrolle bio-technischer Entwicklungen. Als Voraussetzung für einen sozial gestalteten Umbau (Konversion) der Rüstungsindustrie in nützliche Produktionen, der parallel zu erfolgreicher Abrüstungspolitik stattfinden kann und muß, sind auch die Unternehmen in Gemeineigentum zu überführen, die hier einen wesentlichen Schwerpunkt haben.

Beteiligung der Arbeitnehmer am Produktionsvermögen (Kapital)

Die Wirtschaft kann auch durch die Beteiligung der Arbeitnehmer am Produktivvermögen demokratisiert werden. Sie ermöglicht zum einen den Arbeitnehmern eine Beteiligung an den erwirtschafteten Gewinnen und der von ihnen miterarbeiteten Vergrößerung des Kapitals, ohne die Mittel für die notwendigen Investitionen zu schmälern. Zum anderen gibt sie den Arbeitnehmern und ihren Vertretungen einen wachsenden Anteil an der Verfügung über ihre eigenen Produktionsmittel. Wir wollen für eine solche Beteiligung der Arbeitnehmer am Produktivvermögen (Kapital) den gesetzlichen Rahmen bereitstellen.

Mitbestimmung der Arbeitnehmer

Wirtschaftsdemokratie erfordert gleichberechtigte Beteiligung und Mitbestimmung der Arbeitnehmer und Gewerkschaften bei wirtschaftlichen und sozialen Entscheidungen

- am Arbeitsplatz beim Vollzug der Arbeit, bei Konzeption, Planung und Einführung neuer Techniken oder neuer Organisation,
- im Betrieb, wenn über Arbeitsbedingungen, Arbeitsorganisation, Arbeits- und Gesundheitsschutz, Qualifikation und Weiterbildung, über neue Techniken, aber auch über Produkte und Produktionen zu entscheiden ist,
- in größeren Unternehmungen, in deren Aufsichtsräten Kapital und Arbeit – von einer bestimmten Größe an paritätisch – vertreten sein sollen,
- in den Organen der neuen demokratischen Verfassung von Groß- und Riesenunternehmungen,
- in den Wirtschafts- und Sozialräten auf kommunaler und regionaler, auf Landes- und Bundesebene.

Die Autonomie der Tarifpartner bleibt von der Mitbestimmung unberührt. Das Gleichgewicht zwischen den Tarifparteien verlangt die Ächtung der Aussperrung.

Öffentliche Finanzen

Ein wichtiges Instrument zur Steuerung der Wirtschaft sind die öffentlichen Finanzen. Steuern und Abgaben, Haushaltspläne und finanzielle Anreize, öffentliche Aufträge und Investitionen, Geld- und Kreditpolitik müssen so aufeinander abgestimmt werden, daß sie den politischen Zielsetzungen dienen.

Nur der Reiche kann sich den armen Staat leisten. Wachsende Staatsaufgaben im Interesse aller erlauben auch künftig kaum geringere Gesamtbelastung durch Steuern. Ihre Erhöhung wollen wir durch strengste Wirtschaftlichkeit und Sparsamkeit vermeiden. Wir wollen Ausgaben streichen, denen ein gültiger Anspruch nicht mehr zu Grunde liegt. Wir werden, etwa im Umweltschutz, unsere Ziele möglichst mit anderen als staatlichen Haushaltsmitteln anstreben. Subventionen, die nur der Erhaltung überholter Strukturen dienen, werden wir abbauen.

Ausschließlich oder überwiegend kreditfinanzierte öffentliche Programme für wichtige Wachstumsfelder können kurzfristig Konjunktureinbrüche mildern, die ökologische Erneuerung anstoßen und Arbeitsplätze schaffen, globale Konjunkturprogramme dieser Art scheitern längerfristig an internationalen Einflüssen und überfordern die öffentlichen Finanzen.

Umfassende und langfristige Beschäftigungsprogramme kommen nur für genau definierte ökologische oder soziale Ziele von struktureller Bedeutung in Frage und müssen aus der Abschöpfung nichtinvestierter Gewinne oder nichtkonsumierter höherer Einkommen finanziert werden. Hierfür sind eigene gesetzliche Voraussetzungen zu schaffen, sie sollen zusammen mit der Reform des Steuerrechts die sinnvolle investive Verwendung von Gewinnen befördern und eine spekulative Verwendung verhindern. Die Maßstäbe werden durch die Orientierungsdaten der Rahmenplanung geliefert. Die Wirtschafts- und Sozialräte wirken auf der jeweiligen Ebene bei der Beurteilung mit.

Das Steuerrecht bedarf einer gründlichen Reform. Wir wollen das Existenzminimum steuerfrei stellen, kleine und mittlere Einkommen entlasten, die Kinderfreibeträge durch ein Kindergeld ersetzen, ungerechtfertigte Steuersubventionen abbauen, Einkünfte aus Finanzlagen steuerlich nicht besser stellen als Einkünfte aus Arbeit.

Vor allem aber muß das Steuerrecht eine ökologische Erneuerung bewirken. Wir wollen umweltbelastete Produkte stärker besteuern, vor allem die Energiesteuer ausweiten und stufenweise erhöhen, dafür die Arbeitseinkommen entlasten. Dringend nötig ist eine Finanzreform, die Städten und Gemeinden ihre Handlungsfreiheit sichert oder zurückgibt.

Sozialbindung des Eigentums

Das private Eigentum an den Produktionsmitteln und die freie unternehmerische Entscheidung sind wesentliche und unverzichtbare Elemente einer wirtschaftsdemokratischen Ordnung. Sie müssen sich freilich an den Erfordernissen des Gemeinwohls messen lassen. Staatliche Rahmenplanung, Mitbestimmung, eine demokratische Verfassung für Groß- und Riesenunternehmen oder die Beteiligung der Arbeitnehmer am Produktivvermögen berühren zwar die gegenwärtig bestehende wirtschaftliche Verfügungsmacht und somit die ihr zu Grunde liegende Eigentumsordnung, sie erfüllen aber gerade dadurch die Forderung des Grundgesetzes: »Eigentum verpflichtet. Sein Gebrauch soll zugleich dem Wohle der Allgemeinheit dienen«. Auf jeden Fall können Veränderungen der gegenwärtigen Eigentumsordnung sich auf das Grundgesetz stützen, das durch einfache Gesetzgebung nicht nur die Enteignung oder die Überführung von Produktionsmitteln in Gemeineigentum, sondern auch die Überführung »in andere Formen der Gemeinwirtschaft« möglich macht.

B. Grundgedanken des Textes

Die bisherigen Formulierungsvorschläge enthalten viele vollmundige, allgemeine Passagen, die alle auf den Vorrang des Gemeinwohls vor dem Einzelinteresse, der demokratischen Politik vor der Eigengesetzlichkeit der wirtschaftlichen Entwicklung hinauslaufen. Ein Beispiel für viele: »Das Kapital hat der Arbeit, nicht die Arbeit dem Kapital zu dienen.« Die bisher vorgeschlagenen politischen Konzepte sind jedoch m. E. nicht ausreichend, solche und ähnliche Versprechungen einzulösen.

Trotz aller – zutreffender – Kritik an der kapitalistischen Marktwirtschaft, bleibt in ihr das autonome Unternehmen die letzte Instanz der wirtschaftlichen Entscheidung und damit der letzte Bestimmungsgrund für die Struktur der wirtschaftlich-sozialen Zusammenhänge und die Richtung der ökonomischen Entwicklung. Maßstab für die autonome Unternehmensentscheidung aber ist – und muß in diesem System sein – der ökonomische Gewinn und/oder der Machtzuwachs des Unternehmens im »Wettbewerb«. Weder wird die Differenz zwischen betriebswirtschaftlicher und gesamtgesellschaftlicher Rationalität überwunden, noch wird die politisch unkontrollierte Machtstellung, zumindest der Groß- und Riesenunternehmungen – die außerdem auch noch den Mechanismus des Wettbewerbs und dessen unleugbaren positiven Effekte beeinträchtigt – ernstlich angetastet. Das in den bisher vorliegenden Texten vorgeschlagene Instrumentarium aus ordnungspolitischen Maßnahmen, Strukturpolitik, Umweltpolitik, Sozialpolitik, Finanzpolitik, Steuerpolitik, Mitbestimmung usf. reicht nicht dazu aus. Hauptgründe sind:

- Der Verzicht darauf, alle gesellschaftlichen Einwirkungen auf die Wirtschaft im Zusammenhang zu sehen, ihre Koordinierung zu fordern und das dafür erforderliche Instrumentarium, nämlich die Rahmenplanung, deutlich zu benennen, sowie
- der Verzicht auf Institutionen und Verfahren, welche geeignet sind, unternehmerische Entscheidungen wirklich zu beeinflussen.

Beides hängt zusammen.

1. Nur eine solche Rahmenplanung, in deren Status Quo – Analysen (erweiterte volkswirtschaftliche Gesamtrechnung), Prognosen und Projektionen aller wesentlichen ökonomischen, ökologischen und sozialen Variablen auf allen Ebenen – lokal, regional, Land, Bund – enthalten sind, könnte für die zahlreichen ins Auge gefaßten Maßnahmen auf den verschiedenen Politikfeldern gesamtgesellschaftliche Orientierungsdaten liefern, vor allem aber Maßstäbe für deren eingetretenen oder nicht eingetretenen Effekt. Nur so könnten Rückkopplungseffekte oder Wechselwirkungen einzelner Maßnahmen wenigstens annähernd kalkuliert werden. Der erbittere Streit in der Kommission über die Begriffe Rahmen»planung« oder Rahmen»setzung« zeigt, daß schon allein die Entwicklung von gesellschaftlichen Beurteilungskriterien für unternehmerisches Handeln als unzulässige Einmischung in die unternehmerische Freiheit betrachtet wird. Bereits die Zusammenfassung der vorhandenen öffentlichen Zuständigkeiten und Möglichkeiten auf dem Gebiete der Wirtschaftspolitik verbunden mit einer behutsamen Ergänzung an einigen wenigen strategischen Punkten (z. B. Informationspflicht) würde das derzeitige Machtverhältnis zwischen privater Wirtschaft und demokratisch organisierter Gesellschaft erheblich zugunsten der letzteren verschieben.
2. Daß Groß- und Riesenunternehmungen heutzutage nicht mehr so fungieren, wie die kleinen selbständigen Unternehmungen

zur Zeit des seligen Adam Smith ist eine Binsenweisheit – und im übrigen anerkannte Einsicht sozialdemokratischer Programmatik seit Stuttgart/Godesberg. Daß Fusionskontrolle, Bankenaufsicht, Steuerpolitik und Mitbestimmung – überdies auch noch unkoordiniert – die Politik solcher Unternehmungen wirklich entscheidend beeinflussen könnten, wird im Ernst niemand behaupten wollen. Hier käme es darauf an, die Unternehmensleistungen nicht nur dadurch zu beeinflussen, daß sie mit von außen an sie herangetragenen Orientierungsdaten der Rahmenplanung konfrontiert werden, wie die anderen privaten Unternehmungen. Die theoretisch denkbare Überführung in Gemeineigentum wäre in den meisten Fällen ein zu dramatischer und zu grober Eingriff. Hingegen könnten eine qualifizierte Informationspflicht gegenüber den Institutionen der öffentlichen Rahmenplanung und die Einbeziehung von Vertretern der öffentlichen Hand und wichtiger gesellschaftlicher Interessen (neben den Kapitalseignern und den Arbeitnehmern) in die Organe der Unternehmensleitung dazu beitragen, die Gemeinwohlorientierung der Unternehmenspolitik (und es handelt sich hier um »Politik« im intensivsten Sinne) unmittelbar in der Unternehmensleitung selbst zu verankern. Beide Überlegungen gehören zusammen: Ohne Rahmenplanung gäbe es keine Maßstäbe, an denen die Gemeinwohlorientierung eines Unternehmens abgelesen werden könne; ohne eine wirkungsvollere demokratische Kontrolle der Großwirtschaft blieben die Orientierungsdaten der Rahmenplanung weitgehend wirkungslos. Gedankliches Bindeglied der beiden Ansätze ist die Idee eines veränderten Rentabilitätsbegriffes, in dem betriebswirtschaftliche und gesamtgesellschaftliche Rationalität, ökonomische, ökologische und soziale Erfolgskriterien miteinander verbunden werden.

C. Einzelne Probleme

Im Folgenden erläutere ich bestimmte Einzelheiten und setze mich mit einigen gängigen Einwänden auseinander.

Wettbewerb, Unternehmensfreiheit und Rahmenplanung

Auch der vorliegende Vorschlag bejaht den Godesberger Grundsatz: »Wettbewerb soweit wie möglich – Planung soweit wie nötig«. Die immer wieder in polemischer Absicht vorgetragene Unterstellung, es handele sich hier um ein Modell zentraler Verwaltungswirtschaft, findet im Text nicht die geringste Stütze. Das private Eigentum an den Produktionsmitteln und die Unternehmensfreiheit werden mit großem Nachdruck für unverzichtbar erklärt. Der Grundsatz, »daß die selbständige Entscheidung den Vorrang vor Planung und Lenkung« genießt, wird wörtlich formuliert. Die politische Pointe des hier vorgeschlagenen Modells zur Rahmenplanung besteht in zweierlei:

- Daß der Zusammenhang aller Variablen des wirtschaftlichen Prozesses in einer systematisierten Form ins öffentliche Bewußtsein gehoben und zum Gegenstand demokratischer Diskussion gemacht wird, wodurch jedes autonome und autonom bleibende Wirtschaftssubjekt gezwungen wird, sein u. U. von den Orientierungsdaten der Rahmenplanung abweichendes Verhalten zu legitimieren.

- Daß die öffentliche Hand und die organisierten sozialen Interessen (z. B. die in der Mitbestimmung tätigen Gewerkschaften) genötigt sind, ihre bisher völlig zusammenhanglosen Aktivitäten zu koordinieren und ebenfalls an den Maßstäben der Rahmenplanung zu orientieren. Der ganz witzige Party-Gag »Gorbatschow schafft die Planwirtschaft ab, von Oertzen will sie wieder einführen« geht – falls ernst genommen – am Problem vorbei. Wie jeder weiß, soll bei den marktwirtschaftlichen Reformkonzepten im »realen Sozialismus« zwar die bürokratische Zentralverwaltungswirtschaft abgeschafft, eine sehr weitgehende Rahmenplanung aber beibehalten werden (Stand der Diskussion 1988). Die VR China übrigens erntet derzeit (1988) die katastrophalen ökonomischen und sozialen Folgen einer zu weit gehenden Außerkraftsetzung der Planung.

Der Hinweis, alle Planungsmodelle in Westeuropa hätten bisher versagt, und keine sozialdemokratische Partei vertrete mehr solche

Auffassungen, ist ohne eine konkrete Begründung und ihre sorgfältige Diskussion wertlos. Ich halte die Auffassungen im übrigen für sachlich falsch. Außerdem hat diese Argumentation den logischen Gehalt des alten Werbetexter-Slogans: »Why not eat shit, millions of flies can't be wrong.«

Institutionen der Rahmenplanung

Vom gleichen Niveau wie die eben erwähnten Argumentationsmuster ist der immer wiederkehrende Einwand: »Ja glaubst du denn, daß Ministerialbürokraten es besser wissen als die Unternehmensvorstände?« Daß Helmut Schmidt diesen Nonsens immer erzählt hat, macht ihn nicht intelligenter. Natürlich »wissen« Bürokraten es nicht »besser«, ebenso wenig wie, so muß man hinzufügen – Gewerkschaftler, Wissenschaftler, Kommunalpolitiker, Parlamentarier, Umweltverbände etc., etc. Jede gesellschaftliche Gruppe kennt aus eigener Erfahrung und Kenntnis nur einen Teil des sozialökonomischen Gesamtzusammenhangs und seiner Faktoren, das gilt auch für die Unternehmer, deren volkswirtschaftliche Inkompetenz – nicht die betriebswirtschaftliche oder managerielle – ja notorisch ist. Aber alle Gruppen zusammen – und nach Austausch und Verallgemeinerung ihrer Teileinsichten – würden es wesentlich »besser wissen« als jeder einzelne von ihnen.

Diese Gesamtsicht, und damit so etwas wie ein funktionierendes öffentliches Bewußtsein von den sozialökonomischen Problemen, herzustellen, ist die eigentliche Funktion der Rahmenplanung. Hierfür sind Institutionen wie Wirtschafts- und Sozialräte unentbehrlich, hierfür ist ihre Beschickung mit Vertretern aller relevanten gesellschaftlichen Positionen – nicht nur der Arbeitgeber und Arbeitnehmer – von entscheidender Bedeutung. Und da »oben« andere Dinge gewußt oder nicht gewußt werden als »unten«, ist eine dezentrale Planungsstruktur aufbauend vom lokalen Bereich und der Region über das Land bis zum Bund (und perspektivisch bis zu Europa) so wichtig.

Weiterentwicklung der Unternehmensverfassung für Groß- und Riesenunternehmen

Diese alte von Heinrich Deist stammende Idee ist dankenswerterweise von Heinz Rapp wieder aufgegriffen worden; gegenüber dem z. B. im

SPIEGEL mit heuchlerischem Befremden vorgetragenen Einwand, in der herkömmlichen Mitbestimmung seien kapitalfremde Vertretungen doch nur in den Kontroll-, nicht in den Leitungsorganen der Unternehmungen vorgesehen, muß daran erinnert werden, daß in der Montanmitbestimmung mit dem »nicht gegen die Stimmen der Arbeitnehmervertreter im Aufsichtsrat« zu bestellenden Vorstandsmitglied eine solche Vertretung sehr wohl vorgesehen war. Das vorgeschlagene Modell ist nur eine konsequente Weiterentwicklung der wirtschaftsdemokratischen Grundidee der Montanmitbestimmung (zur Eigentumsproblematik siehe unten).

Der »schöpferische Unternehmer« und das Bürokratieproblem

Das häufigste und am wirksamsten an populäre Vorurteile appelierende Argument befürchtet die bürokratische Erdrosselung des Unternehmers durch Planung. Dabei wird völlig übersehen, daß schon seit langem die technisch (Krupp, Siemens, Nixdorf) oder ökonomisch (z. B. die Rathenaus) innovative Unternehmerpersönlichkeit im Sinne Schumpeters nur noch die Ausnahme darstellt und nicht die Regel. Dort, wo sie noch wirksam ist – bis zur Ebene der mittleren und mittelgroßen Unternehmungen – soll sie auch nach meinen Vorstellungen nicht mehr in ihrer Autonomie beschränkt werden als jetzt schon (vielleicht etwas rationaler als heute), dort, wo wirkliche Eingriffe vorgesehen werden – bei Groß- und Riesenunternehmungen – gibt es sie nicht mehr. Alle Planungs- und Leitungsentscheidungen, alle ökonomischen, technologischen und organisatorischen Innovationen bei ihnen sind Ergebnis kontinuierlicher, arbeitsteiliger und hochprofessionalisierter Prozesse, die sich von den bürokratischen Prozessen der staatlichen Regierung und Verwaltung nicht prinzipiell unterscheiden. Anders ließen sich die Riesengebilde moderner Großkonzerne auch gar nicht leiten.

Die romantische Alternative von »schöpferischem Unternehmer« und »stupider Bürokratie« ist nicht nur von gestern, sie ist von vorgestern (man vergleiche die berühmte Studie von O. H. von der Gablentz über »Industriebürokratie« aus den zwanziger Jahren). Richtig ist, daß große Unternehmungen mehr Geld zu verschwenden haben als der Staat, und daß ihnen keine Rechnungshöfe im Nacken sitzen. Natürlich gibt es im Haushalts-, Beamten- und Besoldungsrecht sowie in der Kompetenzstruktur der staatlichen Verwaltungen Elemente bürokratischer Verkrustungen. Diese Seite staatlicher Tätigkeit ist dringend reformbedürftig. Aber daß wir uns hier nichts zutrauen, ist kein Grund, auch anderswo das Notwendige zu versäumen.

Beteiligung der Arbeitnehmer am Haben und Sagen

Wenn man die Beteiligung der Arbeitnehmer am Produktivvermögen (Kapital) überhaupt in Erwägung zieht, gibt es keinen vernünftigen Grund, sie nur an den Gewinnen und nicht auch an der Verfügungsmacht zu beteiligen. In diesem Zusammenhang sollte der »Fondsgedanke« wieder aufgegriffen werden. Er ist übrigens in der Kommission nie diskutiert worden.

Beschäftigungsprogramm

In der Kritik an dem primitiven Anti-Keynesianismus und dem beschäftigungspolitischen Defaitismus, die in den letzten Jahren in der Partei um sich gegriffen haben, bin ich teilweise mit anderen einig, wie auch mit der schneidenden Kritik an der Art, mit der wir in die Falle des europäischen Binnenmarktes rennen, Formulierungen, hier drohe ein »neokonservativer Alptraum« und eine »Orgie der sozialen Deregulierung«, sind in der Kommission gebraucht worden. Es ist unbestreitbar, daß Beschäftigungsprogramme, die – möglichst noch genauer, als das durchaus erfolgreiche Zukunftsinvestitionsprogramm (ZIP) der siebziger Jahre – auf strukturelle Erfordernisse gezielt sind, und nicht aus Krediten, sondern aus der Abschöpfung nichtinvestierter Gewinne und nichtkonsumierter höherer Einkommen finanziert werden, keine inflationären Wirkungen zu haben brauchen (und natürlich auch den Staatshaushalt nicht belasten).

Eigentum, Gemeineigentum, Grundgesetz

Nicht nur die direkte Überführung von Produktionsmittel in Gemeineigentum, sondern auch (vielleicht) die strikte Parität bei der Mitbestimmung, (vermutlich) die »Überparität« beim Eintritt von Arbeitnehmerfonds in den Kreis der Kapitaleigner, und sicherlich das Versetzen der Kapitaleigner in die Minderheit im Aufsichtsrat (zumal, wenn der Stichentscheid der Hauptversammlung wegfällt) berühren die Eigentumsproblematik. Hinzu kommt noch das Problem der »Gegnerfreiheit« im Tarifrecht, wenn Arbeitnehmervertreter auf beiden Seiten des Tisches sitzen. Hierzu sollte man an die Möglichkeiten des Grundgesetzes (bes. Art. 15) erinnern. Es würde mich außerordentlich interessieren, wie ein Bundesgericht die verfassungsmäßig erforderte Entschädigung dafür festsetzen würde, daß den Aktionären die (sehr theoretische) Verfügungsmacht über ihr Unternehmen beschränkt wird, ohne daß auch nur ein Pfennig ihres Aktienkapitals enteignet würde. Bei einem solche Prozeß (im doppelten Sinne: als Gerichtsverfahren und als öffentliche Diskussion) würde deutlich werden, daß Eigentum an Produktionsmitteln allgemein nicht dasselbe ist wie Eigentum an Konsumgütern oder an persönlich vom Eigentümer selbst genutzten Produktionsmitteln. Denn Eigentum verleiht soziale und politische Macht, Gestaltungsmacht, Herrschaftsmacht über Menschen, und es wäre an der Zeit, diese Macht genauso zu betrachten und zu bewerten, wie die Macht der Parlamente, Regierungen und Verwaltungen.

Was bleibt von der sozialistischen Vision?

Es scheint, daß Sozialisten, die es wirklich sind und bleiben wollen, durch den Gang der Geschichte wieder in die Rolle utopischer Sektierer, oder belächelter – zuweilen freilich auch als gemeingefährlich verketzerter – Narren zurückversetzt worden sind, die sie in der ersten Hälfte des 19. Jahrhunderts schon einmal innegehabt hatten. In einer solchen Situation, in welcher der Zeitgeist eine historische Idee scheinbar ein für allemal dementiert hat, schlägt die Stunde der Kannegießer wie der Rechthaber, der Opportunisten wie der Dogmatiker und insbesondere die Stunde der Renegaten – seit neustem sehr treffend bezeichnet als »Jynx Torquilla«, zu deutsch: Wendehals. Aber es gibt nicht nur die Jynx Torquilla orientalis, von der mit Recht so viel geredet wird, es gibt auch reichlich Exemplare der Jynx Torquilla occidentalis. Es wimmelt auch bei uns im »Westen« geradezu von Ex-Marxisten, Ex-Leninisten, Ex-Stalinisten, Ex-Maoisten, die mit einem Male das Ende des Sozialismus verkünden. Mir scheint dabei, sie rächen sich an Marx dafür, daß sie ihn nie verstanden haben. In einer solchen Lage ist es wichtig für Sozialisten – neben den differenzierten historischen, ökonomischen und soziologischen Analysen, die nötig sind und bleiben –, in einfachen, klaren und deutlichen Worten zu sagen, daß die Idee des wirklichen Sozialismus durch den kläglichen Untergang des »real existierenden Sozialismus« nicht widerlegt ist. Betroffen sind wir dadurch freilich sehr wohl; aber für Resignation oder gar Kapitulation gibt es keinen Grund.

I.

Sieben Jahrzehnte nach der Oktoberrevolution sind die Erben Lenins in der Tat am Ende. Der sogenannte »reale Sozialismus« ist bankrott – wirtschaftlich, politisch, moralisch. Nicht nur die Intellektuellen – Wissenschaftler, Schriftsteller, Künstler, Juristen, Ärzte – rebellierten und rebellieren gegen das erstarrte System des »Realsozialismus«; auch und gerade die Werktätigen, in deren Namen und Interesse jenes

System angeblich arbeitete, haben sich dieser Rebellion angeschlossen. Vor allem aber – bis vor kurzem unglaublich: Führende Mitglieder der herrschenden Partei-, Staats- und Wirtschaftsbürokratie, der »Nomenklatura« – an ihrer Spitze Michail Gorbatschow – haben dieser Rebellion vorgearbeitet, rechtfertigen sie, fördern sie und fordern sie, und nicht wenige unter ihnen haben schlicht und einfach vor dem ehemaligen ideologischen Hauptfeind,dem Kapitalismus, kapituliert.

Diese Lage ist nicht nur für die Menschen, die unter dem »Realsozialismus« lebten oder leben, eine unerhörte Herausforderung, sie ist es auch und gerade für die Linke im kapitalistischen »Westen«: für Sozialdemokraten und linke Grüne, für unabhängige Sozialisten und kritische Kommunisten. Und beide Herausforderungen hängen miteinander zusammen. 70 Jahre lang haben die Erben der Oktoberrevolution – erst nur in der Sowjetunion, danach in allen Ländern, in denen Gesellschaftsordnungen sowjetischen Typs geschaffen wurden – die Idee des Sozialismus mit der Realität ihrer Gesellschaften, mit dem sogenannten »real existierenden Sozialismus« gleichgesetzt: Mit der bürokratischen Diktatur einer »führenden« Partei über Arbeiter und Bauern und über das ganze Volk. Wer immer dieses Modell vom sozialistischen Standpunkt aus kritisierte, wurde moralisch zur Solidarität erpreßt oder als Antisozialist oder Antikommunist diffamiert – ganz gleich, ob Anarchist oder Syndikalist, Rätesozialist oder Trotzkist, demokratischer Sozialist oder Sozialdemokrat.

Auf der anderen Seite konnte es sich der Kapitalismus mit seiner Kritik am Sozialismus leicht machen. Er brauchte nur auf die Wirklichkeit des sowjetischen Modells, vor allem auf seine schrecklichste Gestalt, den Stalinismus, zu zeigen und zu sagen: »Seht her, da habt ihr euren Sozialismus«. Wie ein Mühlstein hat der »Realsozialismus« dem wirklichen Sozialismus am Halse gehangen und ihn fast erwürgt.

Heute, da das Erbe der Oktoberrevolution unwiderruflich verschleudert und verschlissen worden ist, wirkt jene Ineinssetzung von »realem« und wirklichem Sozialismus auf unheilvolle Weise immer noch weiter. Die Linke im »Westen« versucht einem Kapitalismus, der nur teilweise demokratisch und sozialstaatlich in Schranken gehalten wird, ökologische Vernunft, soziale Gerechtigkeit und wirtschaftliche Demokratie abzuringen; aber voller Hohn wird ihr – sogar aus den eigenen Reihen – entgegengehalten: »Was wollt ihr Narren denn?

Gorbatschow schafft im Osten gerade den Sozialismus ab, und ihr wollt ihn im Westen neu einführen?!« Im »Osten« verabschieden sich die Menschen – oftmals unter Schmerzen – vom »realen Sozialismus«. Manche unter ihnen wollen freilich nicht einfach die kapitalistische Lösung akzeptieren; sie halten fest an der Idee einer Gesellschaft ohne Ausbeutung, ohne Unterdrückung und ohne Entmündigung, also an der Grundidee des wirklichen Sozialismus. Aber welchen Weg sollen sie gehen, wenn es doch scheinbar zum Kapitalismus keine Alternative mehr gibt?

II.

In dieser fast verzweifelten Situation ist es nötig, daß wir uns an die ursprüngliche Idee des Sozialismus erinnern – des wirklichen, nicht des »realen«. Es ist die Vorstellung einer Gesellschaft der Freiheit, der Gleichheit und der Solidarität. Alle diese drei Ideen hängen miteinander zusammen, eine ist ohne die andere nicht denkbar. Aber das Herz des Sozialismus ist die Freiheit. Für die libertäre Strömung der sozialistischen Bewegung: für Anarchisten und Syndikalisten, für Rätekommunisten und Genossenschaftssozialisten war das immer selbstverständlich. Aber auch dem Marxismus geht es um die Freiheit des Einzelnen – ungeachtet aller im Namen von Marx und Engels geübten Unterdrückung. Schon im »Kommunistischen Manifest« steht der Satz, der Sozialismus sei »eine Association, worin die freie Entwicklung eines jeden die Bedingung für die freie Entwicklung aller ist« – in dieser Reihenfolge wohlgemerkt und nicht umgekehrt.[1] Und mehr als 30 Jahre später schrieb der alte Engels fast beiläufig: »Die Gesellschaft kann sich selbstredend nicht befreien, ohne daß jeder einzelne befreit wird.«[2] Und diese Befreiung kommt nicht von oben. Das Statut der I. Internationale übrigens, in der freilich Anarchisten, Marxisten und andere sozialistische Strömungen noch zusammenwirkten, stellt als selbstverständliche gemeinsame Überzeugung der gesamten Arbeiterbewegung an seinen Anfang die Erwägung,« daß die Emanzipation der

1 Karl Marx und Friedrich Engels, *Manifest der Kommunistischen Partei*. Berlin (Ost) 1959, MEW 4, S. 482.

2 Friedrich Engels, *Herrn Eugen Dühring's Umwälzung der Wissenschaft*. Berlin (Ost) 1963, MEW 20, S. 273.

Arbeiterklasse durch die Arbeiterklasse selbst erobert werden muß«.[3]

50 Jahre später – wenige Monate nach dem Sieg der Bolschewiki – schrieb Rosa Luxemburg in ihrer ebenso solidarischen wie scharfen Kritik der russischen Revolution: »Es ist die historische Aufgabe des Proletariats, wenn es zur Macht gelangt, an Stelle der bürgerlichen Demokratie sozialistische Demokratie zu schaffen, nicht jegliche Demokratie abzuschaffen. Sozialistische Demokratie beginnt aber nicht erst im gelobten Land, wenn der Unterbau der sozialistischen Wirtschaft geschaffen ist, als fertiges Weihnachtsgeschenk für das brave Volk, das inzwischen treu die handvoll sozialistischer Diktatoren unterstützt hat. Sozialistische Demokratie beginnt zugleich mit dem Abbau der Klassenherrschaft und dem Aufbau des Sozialismus.«[4] Und wenn sie nicht beginnt – so wissen wir heute – dann scheitert der Aufbau des Sozialismus.

Kurz gesagt: Im Lichte der ursprünglichen sozialistischen Idee ist die Vorstellung, daß eine erleuchtete Elite, eine leninistische Avantgarde, eine »führende« Partei – und in ihr ein kleiner Zirkel allmächtiger Spitzenfunktionäre – die Menschen befreien und stellvertretend für sie auf den Weg zum vollendeten Sozialismus führen könne, ein grotesker, schrecklicher Irrtum ist. Das heißt: Ohne Demokratie, Rechtsstaat und gesellschaftlichen Pluralismus kann es prinzipiell keinen Sozialismus geben.

Gesicherte Menschen- und Bürgerrechte wie

- Gewissens- und Meinungsfreiheit
- Freiheit von Kunst und Wissenschaft
- Pressefreiheit
- Unabhängige Justiz
- Freie Betätigung von Initiativen, Vereinigungen und Parteien
- Freie Gewerkschaften und frei gewählte Betriebsräte

---

3 Karl Marx, *Provisorische Statuten der Intermnationalen Arbeiter-Assoziation.* Berlin (Ost) 1964, MEW 16, S. 14.

4 Rosa Luxemburg, *Zur russischen Revolution.* Band 4, Gesammelte Werke, Berlin [3]1983, S. 363.

- Demonstrations- und Streikfreiheit – Freie und geheime Wahlen im Staat und allen gesellschaftlichen Einrichtungen
- Rechtliche Begrenzung und demokratische Kontrolle jeglicher politischen, wirtschaftlichen und gesellschaftlichen Macht,

sind die unverzichtbaren Grundlagen eines jeden zivilisierten menschlichen Zusammenlebens in einer entwickelten modernen Industriegesellschaft.

Der Sozialismus bedarf dieser Grundlagen im besonderen Maße. Ziel des Sozialismus ist es, wie Engels formulierte, den kapitalistischen Grundwiderspruch zwischen gesellschaftlicher Produktion und kapitalistischer individueller Aneignung aufzuheben, die Produktion nicht mehr am Automatismus der Marktkonkurrenz und dem Maßstab der Profiterwirtschaftung, sondern an den konkreten Bedürfnissen der Menschen auszurichten und damit die scheinbare »Naturgesetzlichkeit« des Prozesses der Akkumulation und Verwertung des Kapitals außer Kraft zu setzen.

Zu diesem Zweck ist es nötig, die bürgerlich-kapitalistischen Eigentums- und Herrschaftsformen zu sprengen. Anstelle der Verfügung der Kapitalistenklasse über die Produktionsmittel und der kapitalistischen Regelung von Produktion und Verteilung tritt »eine gesellschaftlich-planmäßige Regelung der Produktion nach den Bedürfnissen der Gesamtheit wie jedes einzelnen.« Dies ist der Sinn der vielberufenen »Vergesellschaftung« oder »Sozialisierung« der Produktionsmittel; ihr Ergebnis: »Einerseits direkte gesellschaftliche Aneignung als Mittel zur Erhaltung und Erweiterung der Produktion, andererseits direkte, individuelle Aneignung als Lebens- und Genußmittel.«[5]

Es leuchtet unmittelbar ein, daß die Funktionsweise einer solcherart vergesellschafteten Produktion es erfordert, daß alle Gesellschaftsglieder auf der Grundlage freiwilliger Übereinkunft in gleicher Weise an ihr teilhaben. Andernfalls handelte es sich nur wieder um die Herausbildung einer ausbeutenden und unterdrückenden herrschenden Minorität.

Die Kooperations- und Organisationsformen des Sozialismus können also nur die einer radikalen rechtlich gesicherten Demokratie

5 Friedrich Engels, *Die Entwicklung des Sozialismus von der Utopie zur Wissenschaft.* Berlin (Ost) 1974, MEW 19, S. 223.

sein. Sozialismus ist vollendete Demokratie, Sozialisierung ist mit Demokratisierung identisch.

Die praktisch-politische Konsequenz dieser theoretischen Überlegungen ist sehr einfach: Der Sozialismus muß mehr persönliche Freiheit und, mehr demokratische Teilhabe (aber auch mehr Wohlstand und mehr Lebensqualität) schaffen als der Kapitalismus – nicht weniger. Sonst ist er das Papier nicht wert, auf das seine Proklamationen geschrieben sind.

III.

Der »real existierende Sozialismus« ist an diesen Aufgaben gescheitert – endgültig! Und was noch wichtiger ist: es ist eine prinzipielle Niederlage. Diese Niederlage ist sicherlich auch das Ergebnis ungünstiger Umstände: Die Armut und Rückständigkeit Rußlands, die Folgen des ersten Weltkrieges, Bürgerkrieg und ausländische Intervention nach 1917 haben der Entwicklung der Sowjetunion enge Grenzen gezogen; vergleichbare Umstände lahmten die neuentstandenen »realsozialistischen« Gesellschaftssysteme nach 1945; und die Politik des Imperialismus hat alles getan, um diese Probleme zuzuspitzen. Aber die Unfähigkeit, Lösungen zu finden, die sinnvoller gewesen wären als die tatsächlich praktizierten, die Unfähigkeit, den einmal eingeschlagenen Weg zur Diktatur der allmächtigen bürokratischen »Nomenklatura« wieder zu verlassen, ist ein Geburtsfehler; und seine Ursachen reichen weit in die Geschichte des marxistischen Sozialismus zurück. Noch heute weichen viele ehemalige Anhänger oder kritische Freunde des »real existierenden Sozialismus« bei aller Bereitschaft zur Selbstkritik dieser Erkenntnis aus.

Damit man mich recht versteht: Es geht nicht darum, Marx für die Irrtümer Lenins und Lenin für die Verbrechen Stalins haftbar zu machen. Das können wir getrost der FAZ und der Springer-Presse überlassen. Es geht auch nicht darum, Irrtümer und Fehlentscheidungen einzelner Personen aufzuspießen. Und es geht schon gar nicht darum, moralische Verdammungsurteile zu fällen; (von den Exempeln nachweisbarer menschlicher Erbärmlichkeit einmal abgesehen; aber auch hier ist Selbstgerechtigkeit nicht am Platze: wie viele unter uns – zumindest unter den Handelnden und nicht nur unter den bloß

Redenden oder Schreibenden – haben niemals geirrt, versagt oder sich schuldig gemacht?) es geht schlicht und einfach darum, die Strukturen jener Fehlentwicklung zu erkennen und Lehren daraus zu ziehen.

Ein Beispiel dafür, wie bei allem aufrichtigem Bemühen die nötige radikale Selbstkritik von Sozialisten auf halbem Wege steckenbleiben kann, hat kürzlich Reinhard Kühnl geliefert.[6] In einem nachdenklichen Artikel werden fast alle wesentlichen Elemente der sowjetischen (Fehl-)Entwicklung seit 1917 erwähnt und diskutiert, auch die Rückständigkeit Rußlands und die versäumten Chancen, die Entwicklungsrichtung des »real existierenden Sozialismus« zu verändern – weg von der bürokratischen Diktatur hin zu einer demokratischen Gesellschaft. Dennoch erweckt Kühnl den Eindruck, daß es sich bei dem gesellschaftlichen System sowjetischen Typs um ein »an sich« richtiges Projekt gehandelt habe, dessen allmähliche Deformation überwiegend den – in der Tat extrem ungünstigen – äußeren Bedingungen zuzurechnen sei. Wäre dies wirklich – und mir scheint es so – die Grundauffassung Kühnls, dann würde es sich dabei um einen grundlegenden theoretischen und historischen Irrtum handeln. Ich erinnere an das, was ich zuvor über die Idee des wirklichen Sozialismus gesagt habe: Der Sozialismus ist nur als vollendete Demokratie denkbar; diese Demokratie muß von den in der sozialistischen Bewegung tätigen Menschen »selbst erobert werden«, und zwar von Anfang an, d. h. die sozialistische Demokratie kommt nicht von oben als das »Weihnachtsgeschenk« einer »handvoll sozialistischer Diktatoren«, sie »beginnt zugleich mit dem (...) Aufbau des Sozialismus« (Luxemburg).

Für eine realistische – oder mit Marx gesprochen: »materialistische« – Theorie des Sozialismus schwebt die Idee des wirklichen, d. h. des demokratischen Sozialismus freilich nicht im historisch luftleeren Raum; sie ist an bestimmte gesellschaftliche Voraussetzungen gebunden: geschichtliche, kulturelle, politische und – vor allem – ökonomische. Erst wenn die »Springquellen des genossenschaftlichen Reichtums voller fließen«, sei der vollständige Sozialismus, der Kommunismus, möglich, hatte Marx 1875 in seiner konkretesten politischen Programmschrift, der »Kritik des Gothaer Programms«, kategorisch festgestellt.[7] Die

6 Reinhard Kühnl, *Trotz alledem: Die Widersprüche bleiben*. In: Volkszeitung 4. Mai 1990, Nr. 19.

7 Karl Marx, *Kritik des Gothaer Programms. Randglossen zum Programm der deutschen Arbeiterpartei*. Berlin (Ost) 1974, MEW 19, S. 21.

Gründe dafür hatte schon der junge Marx formuliert: Die Aufhebung der »Entfremdung« (der Sozialismus) setze »eine große Steigerung der Produktivkraft, einen hohen Grad der Entwicklung« voraus, was »auch deswegen eine absolut notwendige praktische Voraussetzung« sei , »weil ohne sie nur der Mangel verallgemeinert, also mit der Notdurft auch der Streit um das Notwendige wieder beginnen und die ganze alte Scheiße sich herstellen müßte«.[8] Im Zusammenhang der wissenschaftlichen Kritik der politischen Ökonomie erscheint dieser Gedanke dann als das zwingende Resultat einer differenzierten Analyse: Der Kapitalismus führe »zu einer Entwicklung der gesellschaftlichen Produktivkräfte und zur Schöpfung von materiellen Produktionsbedingungen, welche allein (!!!) die reale Basis einer höheren Gesellschaftsform bilden können, deren Grundlage die volle und freie Entwicklung jedes Individuums ist.«[9]

Diese grundlegende Erkenntnis der – marxistischen – Theorie des Sozialismus war auch den Vätern und Müttern der russischen Revolution von 1917 bewußt. Sie waren sich darüber im klaren, daß »eigentlich« im rückständigen zaristischen Rußland »nur« eine bürgerliche, und nicht auch schon die proletarische sozialistische Revolution auf der historischen Tagesordnung stand. Niemand hat dieses Problem klarer analysiert und auf den Begriff gebracht als Trotzkij mit seiner Theorie der »permanenten Revolution« und seiner unnachsichtigen Kritik am Stalinschen Konzept des »Sozialismus in einem Lande«.[10] Nichtsdestoweniger hat Trotzkij und haben mit ihm andere linke Kommunisten eine Verteidigung revolutionärer Errungenschaften für nötig und den Aufbau einer nicht (mehr) rein kapitalistischen Übergangsgesellschaft für möglich gehalten. Aber diese Übergangsgesellschaft konnte unter den gegebenen Umständen nicht im strikten Sinne sozialistisch sein.

Insofern bedeutet eine vom marxistisch-sozialistischen Standpunkt aus an der Oktoberrevolution und ihren Folgen geübte Kritik auch nicht eine nachträgliche, scholastische Beckmesserei gegenüber einer großartigen historisch begründeten und notwendigen Bewegung. Wo

8 Karl Marx und Friedrich Engels, *Die deutsche Ideologie*. Berlin (Ost) 1969, MEW 3, S. 34 f.

9 Karl Marx, *Das Kapital. Kritik der politischen Ökonomie. Bd. I.* Der Produktionsprozeß des Kapitals, Berlin (Ost) 1962, S. 618.

10 Leo Trotzkij, Kap. Drei Konzeptionen der russischen Revolution. In: *Stalin, Ein Lebensbild*. o. O. 1953, S. 538 ff.

eine Arbeiter- und Bauernrevolution in einem halbfeudalen frühkapitalistischen Entwicklungsland endet, die nicht wie in Rußland unter entschlossener sozialistischer Führung steht, läßt sich am Schicksal der mexikanischen Revolution von 1911 ablesen: in einem verfaulenden, autoritären Staatskapitalismus.

Wieder ist es Luxemburg gewesen, die weniger als ein Jahr nach dem Sieg der Oktoberrevolution das Dilemma der siegreichen sozialistischen Revolutionäre mit fast prophetischem Scharfblick erkannt und auf den Begriff gebracht hat. Mit Leidenschaft preist sie das »unsterbliche geschichtliche Verdienst« der Bolschewiki, »ihre entschlossene revolutionäre Haltung, ihre vorbildliche Tatkraft und ihre unverbrüchliche Treue ›gegenüber‹ dem internationalen Sozialismus« »unter so verteufelt schwierigen Bedingungen«. Freilich: »Das Gefährliche beginnt dort, wo sie aus der Not eine Tugend machen, ihre von diesen fatalen Bedingungen aufgezwungene Taktik nunmehr theoretisch in allen Stücken fixieren und (...) als das Muster der sozialistischen Taktik zur Nachahmung empfehlen wollen.« Sie erweisen dem internationalen Sozialismus »einen schlechten Dienst, wenn sie in seine Rüstkammer als neue Erkenntnisse alle die von Not und Zwang in Rußland eingegebenen Schiefheiten eintragen wollen«; denn: »In Rußland konnte das Problem nur gestellt werden. Es konnte nicht in Rußland gelöst werden, es kann nur international gelöst werden«.[11]

Oder anders ausgedrückt: Nicht der Sieg der Oktoberrevolution war das Problem, sondern daß die Bolschewiki und ihre Verbündeten diesen Sieg als einen sozialistischen und die aus ihm erwachsene Übergangsgesellschaft als eine sozialistische mißverstanden haben. Aber auch dieser Irrtum hatte seine historischen Wurzeln, und zwar in der spezifischen Leninschen Strategie und Taktik, aus deren Dogmatisierung der sog. »Leninismus« hervorgegangen ist. Der Leninismus aber ist nichts anderes als die deformierte Gestalt, die der Marxismus unter den Bedingungen eines unterentwickelten Landes angenommen hat. Und abermals war es Luxemburg, die bereits im historischen Augenblick der Entstehung des »Leninismus« – im Jahre 1904 – den kaum erst beschrittenen Irrweg erkannt und benannt hat. Mit prinzipieller Schärfe kritisiert sie den Leninschen »Ultrazentralismus«, betont sie, daß die sozialdemokratische Bewegung »die erste in der Geschichte

11 Luxemburg, *Zur russischen Revolution* (Anm. 4), S. 365.

der Klassengesellschaften« sei, »die in allen ihren Momenten, im ganzen Verlauf auf die Organisation und die selbständige direkte Aktion der Massen berechnet ist« und bringt das Problem der sozialistischen Bewegung schließlich auf den Punkt: »Fehltritte, die eine wirklich revolutionäre Arbeiterbewegung begeht, sind geschichtlich unermeßlich fruchtbarer und wertvoller, als die Unfehlbarkeit des allerbesten Zentralkomitees«.[12]

Wenn denn also der »real existierende Sozialismus« gescheitert ist, und zwar endgültig und prinzipiell, ist dann nicht doch – trotz aller Berufungen auf die Idee des wirklichen Sozialismus – der »real existierende« Kapitalismus die einzige Alternative, die uns geblieben ist, zumindest in der Praxis? Die liberal-konservative Herausgeberin der ZEIT, Marion Gräfin Dönhoff – des Linksradikalismus sicherlich nicht verdächtig – hat auf diese Frage eine höchst bemerkenswerte Antwort gegeben: »Die Niederlage des Marxismus bedeutet nicht den Triumph des Kapitalismus«. Mit Nachdruck verteidigt sie die Idee des Sozialismus: Als wirtschaftliches System sei er gescheitert. »Aber als Utopie, als Summe uralter Menschheitsideale: Soziale Gerechtigkeit, Solidarität, Freiheit für die Unterdrückten, Hilfe für die Schwachen ist er unvergänglich.« Und sie läßt es bei der idealistischen Proklamation nicht bewenden, sondern richtet ihren Blick auch auf die Wirklichkeit »unserer so erfolgreichen westlichen Gesellschaft« – in Großbritannien, in Japan, in den USA. Ihre Bilanz ist nicht sehr schmeichelhaft: »Heimsuchungen aller Art (...) Arbeitslosigkeit, Alkohol und Drogenmißbrauch, Prostitution, Kürzungen der Sozialprogramme, Steuersenkungen und Budgetdefizit. Sollte dies wirklich die perfekte Gesellschaft sein, die für alle Zeiten über den Sozialismus triumphiert?«[13] Dem kann man kaum widersprechen.

Darüber hinaus besteht der Kapitalismus ja beileibe nicht nur aus den relativ befriedeten Wohlstandsinseln Nordamerikas, West-Europas, Japans, Australiens und Neuseelands. Der Kapitalismus ist ein Weltsystem, das zunehmend auch die nicht kapitalistischen Systeme des »Realsozialismus« aufgesaugt hat und weiter aufsaugt; und die Gesetze des kapitalistischen Weltmarktes produzieren für den weitaus

12 Rosa Luxemburg, *Organisationsfragen der russischen Sozialdemokratie*. Band 1/2, Gesammelte Werke, Berlin [5]1983, S. 444, vgl. auch S. 425, 427.

13 Marion Gräfing Dönhoff, Das Ende der Geschichte? In: DIE ZEIT, vom 22.September 1989.

größten Teil der Menschheit alles andere als allgemeinen Wohlstand, von sozialer Gerechtigkeit und Demokratie ganz zu schweigen.

Das gilt schon für die Zentren des reifen, entwickelten Kapitalismus. Da gibt es nicht nur Stockholm und Amsterdam, Stuttgart und Bologna, Toronto und Sidney, sondern auch Sizilien und Kalabrien, Griechenland und Portugal, Nordengland und Schottland; und die Slums der US-amerikanischen Großstädte gehören ebenfalls dazu – ganz zu schweigen von Kalkutta und Nairobi, von Mexiko-Stadt und Rio de Janeiro. Denn – nicht wahr – der Kapitalismus in Lateinamerika wie in Nordamerika, in Afrika wie in Europa, in Indien wie in Japan ist ein und derselbe: Der kapitalistische Weltmarkt ist eine Einheit! Und wer das nicht glauben mag, der lese die Wirtschaftsteile und Börsennachrichten unserer Zeitungen und sehe nach dem guten Stern auf den Straßen aller fünf Erdteile.

Wir können uns nicht die »guten Seiten« des Weltkapitalismus herauspicken und die »schlechten Seiten« der Entwicklungshilfe und den Aktionen »Brot für die Welt« und »Misereor« überlassen. Dort in der Dritten Welt verschieben sich übrigens auch die Beurteilungsmaßstäbe im Vergleich der Weltsysteme. Nicht nur im »Realsozialismus« haben Menschen gelitten und leiden sie. In vielen kapitalistischen Entwicklungsländern ist der Lebensstandard in den vergangenen Jahrzehnten nicht nur nicht gestiegen, sondern drastisch gesunken. Und noch das wirtschaftlich stagnierende, unter drei Jahrzehnten Diktatur politisch und moralisch erstarrte Kuba hat ein Bildungs-, Gesundheits- und Sozialsystem, das turmhoch über jedem anderen Lande Lateinamerikas steht – allenfalls vielleicht mit der Ausnahme des sozialdemokratisch geprägten Costa Rica. Und zurück zur voll industrialisierten Welt: Es ist sehr die Frage, ob nicht der ärmste Bürger der DDR unter dem »Realsozialismus« immer noch menschenwürdiger gelebt hat, als heute ein arbeitsloser farbiger Jugendlicher (und 50 % von ihnen sind arbeitslos) in den Ghettos von New York, Chicago oder Washington lebt.

Und was die Freiheit anbetrifft, so hat der »Realsozialismus« seine vorgezeigten Ideale zwar auf eine deprimierende und erbitternde Weise verraten; die weitverbreitete Meinung, daß Privateigentum und Marktwirtschaft zugleich auch Demokratie und Rechtsstaat garantierten, ist dennoch ein Irrglaube. Wir brauchen gar nicht bis zu Hitler oder Franco zurückzudenken. Somoza in Nicaragua, Pinochet in Chile, die südafrikanischen Rassisten herrschten oder herrschen über kapitalistische Gesellschaften – und sie waren und sind nicht die einzigen dieser Art. Natürlich will jeder intelligente Kapitalist am liebsten sein Eigentum in gesicherter Freiheit genießen und seine Klassenvorrechte in den zivilen Formen der parlamentarischen Demokratie ausüben. Aber wehe dem Volk, wenn die Alternative lautet: Demokratie ohne Kapitalismus oder Kapitalismus ohne Demokratie. Noch immer haben sich in der bisherigen Geschichte die herrschenden Klassen des Kapitalismus in ihrer Mehrheit für den Profit und gegen die Freiheit entschieden, und nur politisch reife und selbstbewußte Völker in gefestigten sozialen Demokratien haben sie daran gehindert, praktische Konsequenzen aus dieser Präferenz zu ziehen. Die Außenpolitik der USA bietet dafür Anschauungsmaterial in Hülle und Fülle. Der Putsch in Chile 1973 war nur ein Beispiel von vielen. Wir erinnern uns noch sehr wohl, mit welch sattem Behagen westdeutsche konservative Politiker den Sturz der »marxistischen« Regierung Allende kommentiert haben. Und wir erinnern uns auch, daß Versäumnisse, Fehler und Verbrechen der Sandinisten in Nicaragua mit schäumender moralischer Entrüstung, mit Wirtschaftsboykott und Entzug der Entwicklungshilfe bestraft wurden, während ein vielfaches an Elend und Unterdrückung, an Wahlbetrug und Staatsterror in Mexiko und Peru, in Guatemala und Salvador allenfalls mit mildem Tadel bedacht, wo nicht gänzlich verschwiegen worden ist. Wahrhaftig, mit welcher Bagage zusammen sitzt der kapitalistische »freie Westen« auf seinem hohen Roß.

IV.

Dies festzustellen heißt nicht, die große historische Leistung des Kapitalismus zu verkennen und von einem bloß moralischen Standpunkt aus abzuurteilen. Dies haben übrigens auch Marx und Engels nie getan. 1848 schrieben sie im »Kommunistischen Manifest«: »Die Bourgeoisie hat in ihrer kaum einhundertjährigen Klassenherrschaft massenhaftere und kolossalere Produktionskräfte geschaffen, als alle vergangenen Generationen zusammen«.[14] In der Tat: Der Kapitalismus hat in der kurzen Zeit seines historischen Wirkens Ungeheures geleistet und leistet es noch. Dennoch – die großen Fragen, die die sozialistische

14 Marx und Engels, *Kommunistisches Manifest* (Anm. 1), S. 467.

Gesellschaftskritik im Namen der Menschheit an die Adresse des Kapitalismus gerichtet hat, sind auch heute noch nicht beantwortet.

Die Frage z. B., ob die menschliche Arbeitskraft und der menschliche Erfindungsgeist, ob Rohstoffe und Energiequellen, ob Technik und Wissenschaft wirklich dem Menschen dienen können, solange die Verwertungsinteressen des eingesetzten Kapitals den entscheidenden Maßstab ihrer Nutzung darstellen.

Die Frage, wer die Richtung der wirtschaftlichen und gesellschaftlichen Entwicklung bestimmen soll: die verantwortliche Entscheidung der sich demokratisch selbst organisierenden Menschen oder der nach anonymen Gesetzen ablaufenden Konkurrenz- und Machtkampf von Unternehmungen und Banken auf dem Weltmarkt.

Die Frage, ob Armut und Umweltzerstörung, ob Frauenunterdrückung und Rassismus, ob Ungerechtigkeit und Unvernunft hingenommen werden müssen, wenn der Kampf gegen sie nach der Logik des Kapitals keinen Gewinn verspricht.

Um es an einigen wenigen konkreten Beispielen zu verdeutlichen:

Vor einiger Zeit hat der US-amerikanische Ökonom Lester Thurow in der deutschen Presse einige Zahlen über Arbeitnehmereinkommen in seinem Lande veröffentlich. Danach konnten 38 % der Arbeitnehmer in der reichsten Volkswirtschaft der Erde von ihren Löhnen oder Gehältern nicht einmal sich selbst geschweige denn eine Familie menschenwürdig unterhalten. Und in der BRD – kaum weniger reich als die USA – leben nach den jüngsten Feststellungen des paritätischen Wohlfahrtsverbandes rund 10 % der Menschen an oder unter der Armutsgrenze. Soweit zum Wohlstand in der »Wohlstandsgesellschaft«.[15]

Und was den Aspekt wirtschaftlicher Macht anbetrifft: 1988 umfaßte der Jahresumsatz der 50 größten bundesdeutschen Industrieunternehmungen rund 39 % des gesamten Bruttosozialproduktes der BRD und war erheblich größer als der Umfang aller öffentlichen Haushalte. Selbstverständlich sind die Kategorien Bruttosozialprodukt, Umsatz und Haushaltsvolumen nur in Grenzen miteinander vergleichbar; einen gewissen Indikator für die Konzentration wirtschaftlicher Macht stellen jene Zahlen trotzdem dar; und überdies bleiben bei dieser Überlegung die Umsätze der großen Handelsunternehmungen und

15 Loccumer Initiative kritischer Wissenschaftlerinnen und Wissenschaftler (Hrsg.), *Armut als Bedrohung. Der soziale Zusammenhalt zerbricht. Ein Memorandum. Mit einer Einführung von Oskar Negt.* Hannover 2002 [Anm. D. Hrsg.].

der Geschäftsumfang der großen Kapitalsammelstellen (Banken und Versicherungen) aus methodischen Gründen unberücksichtigt. Gewiß stellen die großen Wirtschaftsunternehmungen keinen einheitlich organisierten Komplex dar; und die Vorstellung von »dem« Großkapital als einer planmäßig handelnden Macht ist eine ideologische Fiktion. Aber »die« Gewerkschaften sind auch eine Fiktion; und »der« Staat – aufgesplittert in Bund, Länder und Kommunen – ist es erst recht. Und so richtig es ist, daß »der« Staat nicht das Instrument »der« Monopole ist, so richtig ist auch, daß Wirtschafts- und Gesellschaftspolitik in der BRD jedenfalls nicht gegen die großen Investoren gemacht werden können. Und davon, daß die – zumindest indirekt wirksame – wirtschaftliche Macht der großen Unternehmungen im Kapitalismus in irgendeiner Art und Weise inhaltlich demokratisch legitimiert sei, kann im Ernst nicht die Rede sein.

V.

Wenn Sozialisten in der Gegenwart große Schwierigkeiten haben, für ihre Lösungen der skizzierten Probleme noch Gehör zu finden, dann liegt das freilich nicht nur an der Desorientierung der öffentlichen Meinung und der Demoralisierung der sozialistischen Bewegung durch das Scheitern des »real existierenden Sozialismus«. Eher umgekehrt: Wenn die inhaltlichen Antworten der Sozialisten auf die offenen Fragen der kapitalistischen Wirtschafts- und Gesellschaftsordnung in den zurückliegenden Jahrzehnten überzeugender und praktisch wirksamer gewesen wären, hätte möglicherweise die allgemeine Desorientierung durch das pseudosozialistische sowjetische Gesellschaftsmodell nicht jene katastrophalen Ausmaße angenommen, die wir heute vor uns sehen. Oder etwas platter formuliert: Wer sich mißverstanden fühlt, muß sich fragen lassen, ob er alles getan hat, um sich verständlich zu machen. Eine aufrichtige Antwort auf diese Frage kann nur »Nein« lauten.

Die Notwendigkeit schonungsloser sozialistischer Selbstkritik rechtfertigt freilich nicht die Leichthändigkeit, mit der im derzeit vorherrschenden, postmodernen rosa-grünlichen »Diskurs« die sozialistische Idee auf den Müllhaufen der Geschichte befördern wird. Das neue Grundsatzprogramm der SPD – allerdings noch vor dem endgültigen

Bankrott des »real existierenden Sozialismus« konzipiert – enthält immerhin den Umriß einer seriösen Kapitalismuskritik und eines zusammenhängenden objektiv antikapitalistischen Programms politischer, sozialer, ökologischer und wirtschaftlicher Strukturreformen. Was sich jedoch auf der Rechten und in der Mitte der »Grünen« unter dem Stichwort »nicht rechts, nicht links, sondern grün!« (Ralf Fücks)[16], aber auch unter Teilen der progressiven Intelligentsia oder unter vielen »Modernisierern« der SPD an Diskussion über die Zukunft des Sozialismus abspielt, ist kaum mehr als die nackte Kapitulation vor dem antisozialistischen Zeitgeist.

Unzweifelhaft richtig ist, daß bis vor kurzem weder die Kritik des Patriarchats noch die Kritik der politischen Ökologie in der Theorie und Praxis des (vor allem marxistischen) Sozialismus einen ihrer Bedeutung angemessener Platz gefunden hatten (erinnert sei nur an die unsägliche Haupt-Neben-Widerspruchsdiskussion über die Frauenfrage); ebenso unbestreitbar aber ist auch, daß diese Defizite in den letzten Jahren verringert worden sind – wenn auch vorerst noch mehr in den Programmen als im praktischen politischen Handeln von traditionellen Sozialisten (und Sozialdemokraten). Und theoretisch wäre es völlig unhaltbar, den Feminismus oder das ökologische Projekt für unvereinbar mit dem Sozialismus zu erklären. Wenn der Satz (wieder) von Ralf Fücks, man dürfe das ökologische Projekt nicht an das »sinkende Schiff des Sozialismus« ketten, nicht bloßer Ausdruck des nackten Opportunismus sein sollte, dann wäre er schierer Nonsens. Die scheinbare Schlüssigkeit der falschen Alternative: Ökologie (Feminismus) oder Sozialismus beruht auf einem Denkfehler, nämlich der mangelnden Unterscheidung von zureichendem Grund und notwendiger Bedingung. Es ist unbestreitbar, daß die Zerstörung der Natur auch den Sozialismus mit in den Abgrund reißen würde, und daß das Patriarchat historisch älter ist und die menschliche Gesellschaft fundamentaler prägt als die Klassenherrschaft. Eine nichtkapitalistische Wirtschafts- und Gesellschaftsordnung als solche bewirkt in der Tat noch nicht die Rettung unserer natürlichen Lebensgrundlagen oder die Befreiung und Gleichstellung der Frauen. Aber die Durchbrechung der kapitalistischen Wirtschaftsmechanismen und der mit ihnen ver-

16 Ralf Fücks, *»Nicht rechts, nicht links, sondern grün!«*. In: Volkszeitung 30. März 1990, Nr. 14.

bundenen Klassenschranken der kapitalistischen Gesellschaft ist die notwendige Vorbedingung für beides.

Über diese These kann man/frau selbstverständlich streiten. Es wäre höchst verdienstlich, wenn kenntnisreiche und denkfähige Personen wie Joschka Fischer, Ralf Fücks, Antje Vollmer (oder auch die intelligenteren kapitalistischen »Modernisierer« in der SPD) den Beweis zu führen versuchten, daß es möglich sei, eine radikal ökologische Politik zu führen, ohne – schlagwortartig gesagt – die Macht des Kapitals und die Herrschaft des kapitalistischen Verwertungsprozesses zu durchbrechen, und die Gleichstellung der Frauen zu erreichen, ohne die soziale Ungleichheit überhaupt ins Visier zu nehmen. Das könnte eine spannende Diskussion geben. Was wir bis jetzt zu hören bekommen, sind ärgerliche Platitüden von Menschen, die es besser wissen müßten.

VI.

Die entscheidenden Fragen an die Idee des Sozialismus werden in der Regel überhaupt nicht gestellt; und wenn es doch geschieht, werden sie an unzutreffende Voraussetzungen geknüpft oder in falsche Alternativen gezwängt. Dementsprechend gehen die Antworten häufig an den Problemen vorbei.

Das zentrale Beispiel für diese Deformation der wissenschaftlichen und politischen Urteilskraft ist die scheinbar unausweichliche Alternative Kapitalismus – bürokratische Staatswirtschaft, die auch große Teile der sozialistischen Linken in tiefe Verwirrung gestürzt hat. Diese Alternative ist falsch, weil sie unvollständig ist. Eine nicht-bürokratische, nicht-zentralistische, nicht-staatsautoritäre, freiheitliche und dennoch nicht kapitalistische Wirtschafts- und Gesellschaftsordnung ist denkbar und real möglich. Die Bedingung ihrer Möglichkeit ist die theoretische und praktische Auflösung der Identifikation von Markt und Kapitalismus.

Nun ist in der bisherigen geschichtlichen Wirklichkeit der Industriegesellschaften der Markt in der Tat fast ausschließlich in der Gestalt der kapitalistischen Marktwirtschaft in Erscheinung getreten, (die sog. »soziale Marktwirtschaft« ist nicht mehr als ein Tarnbegriff für den modernen, sozialstaatlich abgefederten Kapitalismus.)

Ist diese historische Verbindung aber zwingend notwendig?

Der Markt ist ein – höchst sinnreiches und kunstvolles – System der Ökonomie d. h. der gesellschaftlichen Produktion und Verteilung von Gütern und Dienstleistungen; der Kapitalismus ist eine Gesellschaftsordnung mit ganz bestimmten grundlegenden sozialen Traditionen, Institutionen, Normen, Verhaltensweisen, die das gesamte menschliche Leben prägen und die weit über die Ökonomie im engeren Sinne hinausreichen, und die die gesellschaftlichen Rahmenbedingungen bestimmen, unter denen der Markt funktioniert: die Eigentumsverfassung, das Erb- und Steuerrecht, den Grad der ökonomischen und sozialen Gleichheit oder Ungleichheit, die Machtstruktur der Gesellschaft und der politischen Ordnung, das Werte- und Erziehungssystem, kurz das, was in der Sprache der marxistischen Tradition die gesellschaftliche Klassenstruktur genannt wird.

Sie ist wie gesagt im Kapitalismus aufs engste mit der Marktwirtschaft verbunden: Die kapitalistische Ökonomie prägt die gesellschaftlichen Strukturen, und diese bestimmen wiederum die Bedingungen für die Ökonomie. Die uns interessierenden zentralen Fragen werden durch diese empirische Feststellung jedoch nicht beantwortet: Kann diese Verbindung aufgelöst werden; ist ein ökonomisches Marktsystem auch unter anderen Gesellschaftsstrukturen als den kapitalistischen möglich; und insbesondere: Ist es zum Funktionieren einer Marktökonomie zwingend erforderlich, daß auch ihre Rahmenbedingungen durch die Gesetze der Marktkonkurrenz geprägt werden oder kann die Gesellschaft auf demokratische und solidarische Art und Weise diese Bedingungen autonom setzen?

Diese Fragen führen direkt zum Kern der klassischen Kritik der politischen Ökonomie. »Die wahre Schranke der kapitalistischen Produktion«, so schreibt Marx, »ist das Kapital selbst, ist das: daß das Kapital und seine Selbstverwertung als Ausgangspunkt und Endpunkt, als Motiv und Zweck der Produktion erscheint; daß die Produktion nur Produktion für das Kapital ist und nicht umgekehrt die Produktionsmittel bloße Mittel für eine stets sich erweiternde Gestaltung des Lebensprozesses für die Gesellschaft der Produzenten sind.«[17] Anders ausgedrückt: Die Kritik der kapitalistischen Ökonomie (und Gesellschaft) geht dahin, daß in ihr die wirtschaftliche Tätigkeit nicht

---

17 Karl Marx, *Das Kapital. Kritik der politischen Ökonomie. Bd. III.* Der Gesamtprozeß der kapitalistischen Produktion, Berlin (Ost) 1964, S. 260.

an den wirklichen Bedürfnissen der Menschen orientiert ist, sondern sich in autonomen ökonomischen Prozessen vollzieht, die sich über ihre Köpfe hinweg und hinter ihrem Rücken durchsetzen und die von ihnen nicht gesteuert werden können.

Nun ist es seit eh und je – und heute nach dem eklatanten Versagen der bürokratisch-autoritären Staatswirtschaften erst recht – das grundlegende Argument zur Rechtfertigung des Kapitalismus und der Marktwirtschaft, daß die »unsichtbare Hand« der kapitalistischen Konkurrenz ohne wesentliche gesellschaftliche Steuerung die menschlichen Bedürfnisse am besten befriedigen könne, und daß jeder Versuch einer solchen Steuerung in den ökonomischen und politischen Bankrott führen müsse. Die historische Erfahrung hat uns in der Tat gelehrt, daß in weiten Bereichen der Ökonomie unter den Bedingungen einer komplizierten arbeitsteiligen modernen Industriewirtschaft der Preis- und Qualitätswettbewerb selbständiger Unternehmungen auf dem Markt ein konkurrenzlos sparsames, effizientes, elastisches und bedürfnisgerechtes ökonomisches System der Produktion und Verteilung ist. Aber wäre dieses System nicht auch mit anderen als mit kapitalistischen Gesellschaftsstrukturen und Rahmenbedingungen vereinbar?

Daran, daß diese Frage heute so weitgehend verneint wird, sind die ideellen Traditionen des Sozialismus (einschließlich der Theorien von Marx und Engels) nicht unschuldig. Mehr als ein jahrhundertlang haben die meisten konsequenten Sozialisten es als notwendige Voraussetzung für das ökonomisch-gesellschaftliche System des Sozialismus gehalten, das Privateigentum an den Produktionsmitteln abzuschaffen und die »Anarchie des Marktes« durch die »Planwirtschaft« zu ersetzen. Diese Sicht ist insofern nicht falsch, als sie das Erfordernis ausdrückt, die Ökonomie den individuellen und gesellschaftlichen Bedürfnissen unterzuordnen; aber sie ist viel zu oberflächlich.

Es ist denkbar und praktisch möglich, solche gesellschaftlichen Rahmenbedingungen zu schaffen, daß die in großen Teilen der Wirtschaft fortbestehende Preis- und Qualitätskonkurrenz selbständiger Unternehmungen nicht mehr Selbstzweck ist, sondern bloßes »Mittel für eine stets sich erweiternde Gestaltung des Lebensprozesses für die Gesellschaft der Produzenten.« Das Grundsatzprogramm der SPD, insbesondere der Abschnitt über »ökologisch und sozial verantwortliches Wirtschaften« enthält die Skizze einer solchen gesellschaftlichen Ordnung. Diese Skizze ist sicherlich der Konkretisierung bedürftig, aber auch fähig. Jedenfalls zeichnet sie die Umrisse einer Gesellschaft der Gleichheit, der Solidarität, der Freiheit aller und der Teilhabe eines jeden an der Gestaltung der sozialen Verhältnisse.

Freilich genügen ökonomische und politische Strukturveränderungen alleine nicht. Ein Prozeß des Umdenkens und der daher rührenden Verhaltensänderungen müßte solche Strukturreformen tragen und begleiten. Das ist kein im luftleeren Raum schwebender idealistischer Appell. Die Erkenntnis, daß der bisherige Weg der – kapitalistischen – Entwicklung um des Überlebens der Menschheit willen nicht einfach weitergegangen werden kann, breitet sich aus und reicht bis in die persönlichen Entscheidungen vieler Menschen hinein. Daß Wachstum kein Selbstzweck ist, Konkurrenzkampf nicht der einzige Lebenssinn und Lebensqualität nicht dasselbe wie unbeschränkter Konsum, daß Gesundheit, eine unzerstörte Natur, freie Zeit, daß Schönheit, Freiheit, Gerechtigkeit und Solidarität wichtiger werden können als ein unaufhaltsam steigendes Einkommen, ist nicht mehr nur die Überzeugung kleiner utopisch-radikaler Zirkel.

Die Folgen von Naturzerstörung und Ausbeutung, von Unmündigkeit und Unterdrückung sind allzu offensichtlich. In den fortgeschrittenen kapitalistischen Industriegesellschaften ist schon lange nicht mehr die Schaffung, sondern die gerechte Verteilung und sinnvolle Nutzung des materiellen Wohlstandes das Hauptproblem. Wenn wir jene 55 % des Bruttosozialprodukts der Bundesrepublik Deutschland ins Auge fassen, die dem Konsum dienen und sie uns gleichmäßig auf die 62 Millionen Einwohner unseres Staates verteilt denken (keine Angst: es ist ein Gedankenexperiment; keine Sozialist denkt an die Gleichmacherei der Einkommen), dann entfiele, schon heute auf eine vierköpfige Familie ein ausschließlich für den Verbrauch verwendbares Monatseinkommen von rund 4 700,– DM. Wenn wir ferner bedenken, daß bei einer durchschnittlichen Wachstumsrate von 2 1/2 % jährlich sich unser Sozialprodukt bis zum Jahre 2020 (da ist mein Enkel Mitte Dreißig) verdoppelt haben würde, dann sehen wir, daß eine radikale Alternative zum »real existierenden Kapitalismus« nicht nur möglich, sondern auch und vor allem notwendig ist. Und es ist nicht die apokalyptische Vorstellung der globalen Klimakatastrophe allein, die uns sagt, daß wahr ist, was Rosa Luxemburg wenige Wochen vor ihrer Ermordung formulierte: »Sozialismus oder Untergang in der Barbarei«.[18] Diese Vision ist so aktuell wie vor 70 Jahren.

18 Rosa Luxemburg, *Was will der Spartakusbund?* Band 4, Gesammelte Werke, Berlin ^{2}1979, S. 441.

Teil IV.

Anhang

Literaturverzeichnis

ADGB (Hrsg.): *Protokoll der Verhandlungen des zwölften Kongresses der Gewerkschaften Deutschlands. Abgehalten in Breslau 1925*. Band 6, Berlin 1925.

ADGB-Kongreß zu Leipzig 1922. Protokoll. 1922.

ADORNO, Theodor W.: *Zur Logik der Sozialwissenschaften*. In: Kölner Zeitschrift für Soziologie und Sozialpsychologie, 14 1962, S. 249–263, Wieder in: Theodor W. Adorno u. a. (Hrsg.), Der Positivismusstreit in der deutschen Soziologie. Neuwied–Berlin 1972, S. 125–144.

AHLBERG, Rene: *Die politische Konzeption des Sozialistischen Deutschen Studentenbundes*. Bonn: Bundeszentrale für politische Bildung 1968.

ALBERS, Detlev: *Demokratie und Sozialismus in Italien. Der »historische Kompromiß« und die Strategie der Parteien und Gewerkschaften*. Frankfurt am Main 1978.

ALHEIT, Peter und VESTER, Michael: *Individualisierung und neue Assoziation*. Düsseldorf 1993.

AMÉRY, Jean: *Jargon der Dialektik (1967)*. In: Widersprüche. Stuttgart 1971, S. 53–78.

ANDERSON, Perry: *Antonio Gramsci*. Berlin 1978.

ANWEILER, Oskar: *Die Rätebewegung in Rußland 1905–1921*. Leiden 1958.

ARBEITSKREIS MITBESTIMMUNG DER BUNDESVEREINIGUNG DER DEUTSCHEN ARBEITGEBERVERBÄNDE (Hrsg.): *Wirtschaftliche Mitbestimmung und freiheitliche Gesellschaft. Eine Stellungnahme zu den gewerkschaftlichen Forderungen*. o. O. Oktober 1965.

BAHRO, Rudolf: *Die Alternative*. Frankfurt am Main 1977.

BALIBAR, Etienne: *Klassen*. In: Kritisches Wörterbuch des Marxismus. Hrsg. v. LABICA, G. et al.. Band 4. Berlin (West) 1986, S. 615–626.

BARTHEL, Paul: *Handbuch der deutschen Gewerkschaftskongresse*. Dresden 1916.

BECK, Ulrich: *»Wie spieße ich einen Pudding auf?«*. In: Perspektiven des Demokratischen Sozialismus, 4. Jg. 1987, Nr. 2–3, S. 91–100.

—: *Jenseits von Klasse und Stand?* In: Soziale Ungleichheiten, Soziale Welt. Sonderband 2. Hrsg. v. KRECKEL, Reinhard. Göttingen 1993, S. 35–74.

BECKER, Ulrich, BECKER, Horst und RUHLAND, Walter: *Zwischen Angst und*

Aufbruch. Das Lebensgefühl der Deutschen in Ost und West nach der Wiedervereinigung. Düsseldorf–Wien–New York–Moskau 1992.

BECKER, Ulrich und NOWAK, Horst: *Lebensweltanalyse als neue Perspektive der Meinungs- und Marktforschung*. In: E. S. O. M. A. R. Kongreß 1982. Bd. 2. 1982, S. 247–267.

BERGER, Herbert und TRAAR, Kurt: *Grundlegende Faktoren des Wahlverhaltens*. In: Österr. Z. f. Politikwiss. Jg. 12 1983, Nr. 3, S. 293–310.

BERGSTRAESSER, Arnold: *Politik in Wissenschaft und Bildung*. Freiburg 1961.

BESSON, Waldemar: *Württemberg und die deutsche Staatskrise 1928–1933*. Stuttgart 1959.

—: *Neuere Literatur zur Geschichte des Nationalsozialismus*. In: Vierteljahreshefte für Zeitgeschichte, 9 1961, S. 314–330.

bildung und politik. Heft 12. 2. Jg., 1966.

BLANKE, Bernhard: *Sozialdemokratie und Gesellschaftskrise*. In: Sozialdemokratische Arbeiterbewegung und Weimarer Republik. Hrsg. v. LUTHARDT, Wolfgang. Frankfurt am Main 1978, S. 380 ff., 2 Bände.

BLEICHER, Willi: *Die Einheit hüten wie einen Augapfel. Ein Gespräch*. In: druck und papier, 1979, Nr. 12, S. 4–5.

BLÜM, Norbert: *Gewerkschaften zwischen Allmacht und Ohnmacht*. Bonn 1979.

BLUMENBERG, Werner: *Karl Marx in Selbstzeugnissen und Bilddokumenten*. Reinbek bei Hamburg 1962.

BOLTE, Karl Martin: *Von sozialer Schichtung zu sozialer Ungleichheit in der BR Deutschland*. In: Z. f. Soziologie, 15. Jg. 1986, Nr. 4, S. 295–301.

—: und HRADIL, Stefan: *Soziale Ungleichheit in der BR Deutschland*. Opladen 5 1984.

BONHOEFFER, Dietrich: *Widerstand und Ergebung. Briefe und Aufzeichnungen aus der Haft*. München 14 1990.

BRACHER, Karl Dietrich: *Die Auflösung der Weimarer Republik*. Stuttgart–Düsseldorf 1955.

BRAUN, Adolf: *Die Gewerkschaften vor dem Kriege*. Berlin 3 1925.

BRENNER, Otto: *Fortschrittliche Betriebsverfassung – Prüfstein der Demokratie*. In: Das Mitbestimmungsgespräch, 1962, Nr. 11/12, S. 156–159.

BRINKMANN, G.: *Die Prognose des Studienerfolges*. In: Kölner Zeitschrift für Soziologie, Jg. 19, 1967, Nr. 2, S. 322–333.

BROCKHAUS, Eckhard: *Zusammensetzung und Neustrukturierung der Arbeiterklasse vor dem ersten Weltkrieg*. München 1974.

BUBER, Martin: *Pfade in Utopia*. Heidelberg 1950.

—: *Zwischen Gesellschaft und Staat*. Heidelberg 1952.

BUCHHASS, Dorothea und KÜHR, Herbert: *Von der Volkskirche zur Volkspartei*. In: Vom Milieu zur Volkspartei. Hrsg. v. Denselben. Königstein/Ts. 1979, S. 136–237.

BÜHRIG, Erich: *Handbuch der Betriebsverfassung*. Köln 1953.

BURDEAU, Georges: *Einführung in die Politische Wissenschaft*. Neuwied–Berlin 1964.

BÜRKLIN, Wilhelm: *Sozialstrukturelle Verankerung der NSB*. In: Politische Willensbildung und Interessenvermittlung. Hrsg. v. FALTER, Jürgen W., FENNER, Christian und GREVEN, Michael Th.. Opladen 1984, S. 27–44.

CASTORIADIS, Cornelius: *Arbeiterräte und selbstverwaltete Gesellschaft*. Frankfurt am Main 1974.

—: *Sozialismus oder Barbarei*. Berlin 1980.

CHARZAT, Michel, TOUTAIN, Ghislaine und CHEVÈNEMENT, Jean-Pierre: *CERES, Strategie für den Sozialismus*. Hamburg–Berlin (West) 1977.

CHILDE, V. Gordon: *Der Mensch schafft sich selbst*. Dresden u. a. 1959.

CONZE, Werner: *Die Auflösung der Weimarer Republik. Buchbesprechung des gleichnamigen Titels von Karl Dietrich Bracher*. In: Historische Zeitschrift, 183 1957, S. 378 ff..

DAHRENDORF, Ralf: *Soziale Klassen und Klassenkonflikt*. Stuttgart 1957.

—: *Betrachtungen zu einigen Aspekten der gegenwärtigen deutschen Soziologie*. In: Kölner Zeitschrift für Soziologie und Sozialpsychologie, 11 1959, S. 132–153.

—: *Sozialstruktur des Betriebes*. Wiesbaden 1959.

—: *Über den Ursprung der Ungleichheit unter den Menschen*. Tübingen 1961.

—: *Bildung ist Bürgerrecht*. Hamburg 1965.

das argument. Bd. 31. 1964.

DECKER, Alexander: *Die Novemberrevolution und die Geschichtswissenschaft in der DDR*. In: Internationale wissenschaftliche Korrespondenz zur Geschichte der deutschen Arbeiterbewegung (IWK), Jg. 10 1974, S. 269–299.

DEIST, Heinrich: *Wirtschaftsdemokratie*. In: Die neue Gesellschaft, Jg. 4/1957, Nr. 2, S. 99–109.

DEPPE, Frank, FÜLBERTH, Georg und HARRER, Jürgen: *Geschichte der deutschen Gewerkschaftsbewegung*. Köln ²1978.

DGB (Hrsg.): *Mitbestimmung – eine Forderung unserer Zeit*. Düsseldorf 1971.

DINGEL, Frank: *Einleitung zu Richard Müller, Geschichte der deutschen Revolution*. Berlin 1979.

—: *Revolutionäre Illusion oder revolutionäre Chance?* In: Internationale wissenschaftliche Korrespondenz zur Geschichte der deutschen Arbeiterbewegung (IWK), Jg. 15 1979, Nr. 3, S. 421–437.

DORN, Friedrich (Bearb.): *Für Rätedemokratie und Arbeiterselbstverwaltung. Thesen des XII. Weltkongresses der IV. Internationale (1985) über sozialistische Demokratie und Diktatur des Proletariats*. Frankfurt am Main 1985.

DRUCKER, Peter F.: *Die Praxis des Managements*. Düsseldorf 1956.

EBERMANN, Thomas und TRAMPERT, Rainer: *Die Zukunft der Grünen*. Hamburg 1984.

EBERWEIN, Wilhelm et al.: *Belegschaften und Unternehmer. bisher 3 Bände*. Kooperation Universität – Arbeiterkammer Bremen 1982 ff..

EDER, Klaus (Hrsg.): *Klassenlage, Lebensstil und kulturelle Praxis*. Frankfurt am Main 1989.

ENGELS, Friedrich: *Der Status Quo in Deutschland*. Berlin (Ost) 1959, MEW 4.

—: *Herrn Eugen Dühring's Umwälzung der Wissenschaft*. Berlin (Ost) 1963, MEW 20.

—: *Zur Kritik des sozialdemokratischen Programmentwurfs 1891*. Berlin (Ost) 1963, MEW 22.

—: *Einleitung von 1891 zu: Karl Marx, Der Bürgerkrieg in Frankreich*. Berlin (Ost) 1964, MEW 17.

—: *Ludwig Feuerbach und der Ausgang der klassischen deutschen Philosophie*. Berlin (Ost) 1972, MEW 21.

—: *Das Begräbnis von Karl Marx*. Berlin (Ost) 1974, MEW 19.

—: *Die Entwicklung des Sozialismus von der Utopie zur Wissenschaft*. Berlin (Ost) 1974, MEW 19.

Friedrich Engels an Joseph Bloch vom 21. Sept. 1890. Berlin (Ost) 1967, MEW 37.

Friedrich Engels an Theodor Cuno vom 24. Jan. 1872. Berlin (Ost) 1966, MEW 33.

Friedrich Engels an Conrad Schmidt vom 27. Okt. 1890. Berlin (Ost) 1967, MEW 37.

ERDMANN, Karl Dietrich: *Die Geschichte der Weimarer Republik als Problem der Wissenschaft*. In: Vierteljahreshefte für Zeitgeschichte, 3 1955, S. 1–19.

ESSER, Josef, FACH, Wolfgang et al.: *Modell Deutschland*. In: Frankfurter Rundschau 14. Dezember 1979.

ESSER, Josef, FACH, Wolfgang und SIMONIS, Georg: *Öffnung oder Spaltung der Gesellschaft – Grenzprobleme des »Modells Deutschland«*. In: Politikfeld-Analysen 1979. Hrsg. v. ELLWEIN, Thomas. Köln–Opladen 1980, S. 315–330.

EUCHNER, Walter: *Karl Marx*. München 1983.

—: *Über die Sozialisierung der deutschen Kaliindustrie*. In: Soziologie: Entdeckungen im Alltäglichen. Hans Paul Barth, Festschrift zu seinem 65. Geburtstag. Hrsg. v. BAETHGE, Martin und ESSBACH, Wolfgang. Frankfurt am Main–New York 1983.

—: *Das Ringen um die Sozialisierung der Deutschen Kaliindustrie in den Jahren 1920/21*. In: Internationale wissenschaftliche Korrespondenz zur Geschichte der deutschen Arbeiterbewegung (IWK), Jg. 20 1984, Nr. 3, S. 327–346.

FALTER, Jürgen W., FENNER, Christian und GREVEN, Michael Th. (Hrsg.): *Politische Willensbildung und Interessenvermittlung*. Opladen 1984.

FEIST, Ursula und KRIEGER, H.: *Alte und neue Scheidelinien des politischen Verhaltens*. In: Aus Politik und Zeitgeschichte. Beilage zur Wochenzeitung Das Parlament, 12/87 1987, S. 33–47.

FEIST, Ursula und LIEPELT, Klaus: *Was die Dynamik des Arbeitsmarktes für das Wählerverhalten bedeutet*. In: Wahlen und Wähler. Hrsg. v. KAASE, Max und KLINGEMANN, Hans-Dieter. Opladen 1990, S. 89–107.

FELDMAN, Gerald D., KOLB, Eberhard und RÜRUP, Reinhard: *Die Massenbewegungen der Arbeiterschaft am Ende des Ersten Weltkrieges*. In: Politische Vierteljahresschrift, 13. Jg. 1972, S. 84–105.

FERBER, Christian von: *Der Werturteilsstreit 1909/1959*. In: Kölner Zeitschrift für Soziologie und Sozialpsychologie, 11 1959, S. 21–37.

FETSCHER, Iring: *Hat der Sozialismus noch eine Zukunft?* In: Neue Rundschau, 1979, Nr. 4, S. 497–516.

FIJALKOWSKI, Jürgen: *Über einige Theoriebegriffe in der deutschen Soziologie der Gegenwart*. In: Kölner Zeitschrift für Soziologie und Sozialpsychologie, 13 1961, S. 88–109.

FLECHTHEIM, Ossip K.: *Grundlegung der Politischen Wissenschaft*. Meisenheim am Glan 1958.

FLECHTHEIM, Ossip Kurt: *Die KPD in der Weimarer Republik*. Offenbach 1948.

FLEISCHER, Helmut: *Marxismus und Geschichte*. Frankfurt am Main 1969.

—: *Sozialphilosophische Studien*. Berlin 1973.

FRAENKEL, Ernst und BRACHER, Karl Dietrich: *Staat und Politik*. Frankfurt 1964.

FREYBERG, Jutta von, FÜLBERTH, Georg und HARRER, Jürgen: *Geschichte der deutschen Sozialdemokratie 1863–1975*. Köln [2]1977.

FREYER, Hans: *Soziologie als Wirklichkeitswissenschaft*. Leipzig–Berlin 1930.

FRIEDMANN, Georges: *Der Mensch in der mechanisierten Produktion*. Köln 1952.

—: *Grenzen der Arbeitsteilung*. Frankfurt am Main 1959.

FRIEDRICH, Carl Joachim: *Der Verfassungsstaat der Neuzeit*. Berlin–Göttingen–Heidelberg 1953.

FRIEDRICH-EBERT-STIFTUNG, Politische Akademie: *Lernen für Demokratie*. Bonn: 3 Bde., als Ms. gedruckt o. J. (1992).

FROMM, Erich: *Das Menschenbild bei Marx*. Frankfurt am Main 1963.

FÜCKS, Ralf: *»Nicht rechts, nicht links, sondern grün!«*. In: Volkszeitung 30. März 1990, Nr. 14.

FURCK, Carl-Ludwig: *Das Leistungsbild der Jugend in Schule und Beruf*. München 1965.

GEBHARDT, Bruno: Kap. Die Zeit der Weltkriege. In: *Handbuch der deutschen Geschichte*. Stuttgart [8]1959.

GEIGER, Theodor: *Die soziale Schichtung des deutschen Volkes*. Stuttgart 1932.

GREAVES, Harold Richard Goring: *Grundlagen der politischen Theorie*. Neuwied–Berlin 1960.

GURLAND, Arkadij und MUNKE, Stephanie: *Wahlkampf und Machtverschiebung*. Berlin 1952.

HABERMAS, Jürgen: *Anthropologie*. In: Fischer-Lexikon Philosophie. Frankfurt am Main 1958, S. 30.

—: *Student und Politik*. Neuwied–Berlin 1961.

—: *Strukturwandel der Öffentlichkeit*. Neuwied–Berlin 1962.

—: *Theorie und Praxis. Sozialphilosophische Schriften*. Neuwied und Berlin 1963, (Neuaufl. Frankfurt am Main 1971).

—: *Gegen einen positivistisch halbierten Rationalismus*. In: Kölner Zeitschrift für Soziologie und Sozialpsychologie, 16 1964, S. 635–659, Wieder in: Jürgen Habermas, Zur Logik der Sozialwissenschaften. Materialien. Frankfurt am Main 1977.

—: *Legitimationsprobleme im Spätkapitalismus*. Frankfurt am Main 1973.

HACK, Lothar: *Was heißt schon Leistungsgesellschaft?* In: neue kritik, April 1966, Nr. 35, S. 23–32.

HAFERKAMP, Wilhelm: *Mitbestimmung in den Grundsatzprogrammen der deutschen Gewerkschaften*. In: Das Mitbestimmungsgespräch, 1964, Nr. 5–7, S. 67–72.

HAMANN, Andreas: *Das Grundgesetz für die Bundesrepublik Deutschland vom 23. Mai 1949. Ein Kommentar für Wissenschaft und Praxis*. Neuwied [2]1960.

HARTWICH, Hans-Hermann (Hrsg.): *Gesellschaftliche Probleme als Anstoß und Folge von Politik*. Opladen 1983.

HAUSMANN, Christopher und RUDOLF, Karsten: *Trotz allem: Sachsen die rote Hochburg*. In: Politische Vierteljahresschrift, 34. Jg. 1993, Nr. 1, S. 92–97.

HEGEL, Georg Wilhelm Friedrich: *Vorlesungen über die Philosophie der Geschichte*. Band 12, Werke, Frankfurt am Main 1970, Ed. Eva Moldenhauer u. Karl Markus Michel.

HELLER, Hermann: *Allgemeine Staatslehre*. Leiden 1934.

HENKEL, Martin: *Zunftmißbräuche*. Frankfurt am Main–New York 1989.

HENNIS, Wilhelm: *Zum Problem der deutschen Staatsanschauung*. In: Vierteljahreshefte für Zeitgeschichte, 7 1959, S. 1–23.

—: *Politik und praktische Philosophie*. Neuwied–Berlin 1963, S. 14 ff..

—: *Max Webers Fragestellung*. Tübingen 1987.

HENSCHE, Detlev: *Kommunistisch unterwandert?* In: druck und papier, 1979, Nr. 12, S. 2–3.

HERBERT, Ulrich: *Zur Entwicklung der Ruhrarbeiterschaft 1930 bis 1960*. In NIETHAMMER UND VON PLATO: *»Wir kriegen jetzt andere Zeiten«*, S. 19–52.

HERMENS, Ferdinand A. und WILDENMANN, Rudolf: *Stichwort: Politische Wissenschaft*. In: Handwörterbuch der Sozialwissenschaften. Bd. 8. Tübingen u. a. 1964, S. 387–396.

HERZFELD, Hans: *Württemberg und die Ära Brüning*. In: Neue Politische Literatur, 5 1960, S. 435–442.

HESS, Franz, LATSCHA, Fritz und SCHNEIDER, Willi: *Die Ungleichheit der Bildungschancen*. Freiburg 1966.

HEUSS, Alfred: *Verlust der Geschichte*. Göttingen 1959.

HITPASS, Josef: *Einstellungen der Industriearbeiterschaft zu höherer Bildung*. Ratingen 1965.

HOFMANN, Werner: *Ideengeschichte der sozialen Bewegung*. Berlin–New York [6]1979.

HORKHEIMER, Max und ADORNO, Theodor W.: *Dialektik der Aufklärung. Philosophische Fragmente*. Band 5, Max Horkheimer, Gesammelte Schriften, Frankfurt am Main 1987.

HRADIL, Stefan: *Sozialstrukturanalyse in einer fortgeschrittenen Gesellschaft.* Opladen 1987.

—: *Zwischen Bewußtsein und Sein.* Opladen 1992.

HUIZINGA, Johan: Kap. Über eine Definition des Begriffes Geschichte.. In: *Wege der Kulturgeschichte.* München 1930, S. 78 ff..

IMSF: *6. Tagung der AG Marx-Engels-Forschung. Das historische Subjekt im Werk von Marx und Engels (Henning Böke).* In: Z – Zeitschrift Marxistische Erneuerung, 1992, Nr. 11, S. 208–212, sowie die unveröff. Mse. der Referate von W. Goldschmidt, H. Jung und M. Löbig.

JÄNICKE, Martin: *Wie das Industriesystem von seinen Mißständen profitiert.* Opladen 1979.

JUNGSOZIALISTEN (HRSG.), Arbeitsgemeinschaft der: *Literaturarbeit.* In: »Arbeitshefte«, Beiträge zur Arbeit der Juso-Hochschulgruppen, 13 Mai 1978, S. 5 ff..

KANT, Immanuel: *Kleinere Schriften zur Geschichtsphilosophie, Ethik und Politik.* Leipzig 1913, Philosophische Bibliothek 47, unveränderter Nachdruck: Hamburg 1964.

KAUTSKY, Karl: *Die soziale Revolution.* Band 2, Am Tage nach der sozialen Revolution, Berlin [2]1907.

KELLNER, Wolfgang: *Der moderne soziale Konflikt.* Stuttgart 1961.

KERN, Horst und SCHUMANN, Michael: *Industriearbeit und Arbeiterbewußtsein. Teil I.* Frankfurt am Main 1970.

KIESEKAMP, Renate: *Sozialismus in Frankreich. Die sozialistische Partei und ihr marxistischer Flügel CERES im Bündnis mit den Kommunisten.* Göttingen 1976, Beiträge zur marxistischen Theorie und Praxis 2.

KLUGE, Ulrich: *Soldatenrate und Revolution.* Göttingen 1975.

KOCH, Harald: *Mitbestimmung als gesellschaftspolitische Aufgabe.* In: Die Neue Gesellschaft, 1966, Nr. 4, S. 277–286.

—: *Mitbestimmung als gesellschaftspolitische Aufgabe.* In: Das Mitbestimmungsgespräch, 1966, Nr. 8/9, S. 139–142, Nachdruck.

KOCKA, Jürgen: *Klassengesellschaft im Krieg.* Göttingen 1973.

KOLB, Eberhard: *Die Arbeiterräte in der deutschen Innenpolitik 1918–1919.* Düsseldorf 1962.

KONIECZKA, Norbert, KUNZ, Norbert und SCHERER, Klaus-Jürgen: *Sozialismus zwischen Ökonomie und Ökologie.* Berlin 1984, Schriftenreihe der Hochschulinitiative Demokratischer Sozialismus Bd. 17.

KÖNIG, René (Hrsg.): *Soziologie.* Frankfurt 1958.

KORSCH, Karl: *Die Sozialisierungsfrage vor und nach der Revolution.* Frankfurt am Main 1980, Gesamtausgabe. Hrsg. von M. Buckmiller. Bd. 2.

KRADER, Lawrence: *Asiatische Produktionsweise.* In: Historisch-kritisches Wörterbuch des Marxismus. Hrsg. v. HAUG, Wolfgang Fritz. Band 1. Hamburg 1994, S. 628–638.

KRAIS, Beate: *Soziales Feld, Macht und kulturelle Praxis.* In: Klassenlage, Lebensstil und kulturelle Praxis. Hrsg. v. EDER, Klaus. Frankfurt am Main 1989, S. 47–70.

KRAMER, Fritz und SIGRIST, Christian (Hrsg.): *Gesellschaften ohne Staat. 2 Bde.* Frankfurt am Main 1983.

KRAUSE, Hartfried: *Die USPD.* Frankfurt am Main 1975.

KRECKEL, Reinhard: *Politische Soziologie der sozialen Ungleichheit.* Frankfurt am Main–New York 1992.

KRIEGER, Hubert: *Infas, »Anti-Regierungs-« oder »Klientel-These«? Wirkungen persönlicher Betroffenheit von Arbeitslosigkeit im Rahmen des etablierten Parteienspektrums (1980–1985), als Manuskript gedruckt.* Bonn–Bad Godesberg 1985.

KÜHNL, Reinhard: *Trotz alledem: Die Widersprüche bleiben.* In: Volkszeitung 4. Mai 1990, Nr. 19.

KÜHR, Herbert (Hrsg.): *Vom Milieu zur Volkspartei.* Königstein/Ts. 1979.

LABICA, Georges (Hrsg.): *Kritisches Wörterbuch des Marxismus.* Band 6, Pariser Kommune bis Romantik, Berlin (West) 1987, unter Mitarb. von Gérard Bensussan. Hrsg. der deutschen Fassung: Wolfgang Fritz Haug..

LANDSHUT, Siegfried: *Kritik der Soziologie.* München–Leipzig 1929, Neuaufl.: Neuwied u. a. 1969.

LENIN, Wladimir I.: *Ausgewählte Werke. 2 Bände.* Berlin 1946.

—: *Die Proletarische Revolution und der Renegat Kautsky.* Berlin 1946, Ausgewählte Werke in 2 Bänden. Bd. 2.

—: *Die Proletarische Revolution und der Renegat Kautsky.* In: Ausgewählte Schriften. Hrsg. v. WEBER, Hermann. München 1963.

—: *Was tun?* In: Ausgewählte Schriften. Hrsg. v. WEBER, Hermann. München 1963.

—: *Der »Linke Radikalismus«, die Kinderkrankheit im Kommunismus.* In: Ausgewählte Schriften. Hrsg. v. WEBER, Hermann. München 1963.

LEPSIUS, M. Rainer: *Parteiensystem und Sozialstruktur.* In: Die deutschen Parteien vor 1918. Hrsg. v. RITTER, Gerhard A.. Köln 1973, S. 56–80, entnommen aus: Abel W. u. a. (Hrsg.), Geschichte und Wirtschaftsgeschichte, Stuttgart 1966.

LEWALTER, Ernst: *Wissenssoziologie und Marxismus*. Band 64, Archiv für Sozialwissenschaft und Sozialpolitik, Tübingen 1930, Wieder in: V. Meja and N. Stehr (eds.), Der Streit um die Wissenssoziologie. Zweiter Band: Rezeption und Kritik der Wissenssoziologie, Suhrkamp, Frankfurt am Main, 1982, 551-83..

LOCCUMER INITIATIVE KRITISCHER WISSENSCHAFTLERINNEN UND WISSENSCHAFTLER (Hrsg.): *Armut als Bedrohung. Der soziale Zusammenhalt zerbricht. Ein Memorandum. Mit einer Einführung von Oskar Negt*. Hannover 2002.

LÖSCHE, Peter und WALTER, Franz: *Zur Organisationskultur der sozialdemokratischen Arbeiterbewegung in der Weimarer Republik*. In: Geschichte und Gesellschaft, 15. Jg. 1989, Nr. 4, S. 511–536.

LÖWENSTEIN, Karl: *Verfassungslehre*. Tübingen 1959.

LÖWITH, Karl: *Von Hegel bis Nietzsche*. Zürich–New York 1941, Reprint: Hamburg 1986.

—: *Max Weber und Karl Marx (1932)*. In: Gesammelte Abhandlungen zur Kritik der geschichtlichen Existenz. Stuttgart 1960.

LUCAS, Erhard: *Ursachen und Verlauf der Bergarbeiterbewegung in Hamborn und im westlichen Ruhrgebiet 1918/19*. Band 15, Duisburger Forschungen, Duisburg 1971.

—: *Arbeiterradikalismus*. Frankfurt am Main 1976.

LUKÁCS, Georg: *Geschichte und Klassenbewußtsein. Studien über marxistische Dialektik*. Berlin 1923, (Neudruck Darmstadt–Neuwied 1976).

LUTZ, Burkart: *Krise des Lohnanreizes. Ein empirisch-historischer Beitrag zum Wandel der Formen betrieblicher Herrschaft am Beispiel der deutschen Stahlindustrie*. Frankfurt am Main 1975.

LUXEMBURG, Rosa: *Die russische Revolution. Hrsg. und eingel. von Ossip K. Flechtheim*. Frankfurt am Main 1963.

—: *Massenstreik, Partei und Gewerkschaften*. Band I, Politische Schriften. Hrsg. v. Ossip K. Flechtheim, Frankfurt am Main 1966.

—: *Die russische Revolution*. Band III, Politische Schriften. Hrsg. v. Ossip K. Flechtheim, Frankfurt am Main–Wien 1968.

—: *Was will der Spartakusbund?* Band 4, Gesammelte Werke, Berlin [2]1979.

—: *Karl Marx (1903)*. Band 1/2, Gesammelte Werke, Berlin [5]1983.

—: *Organisationsfragen der russischen Sozialdemokratie*. Band 1/2, Gesammelte Werke, Berlin [5]1983.

—: *Zur russischen Revolution*. Band 4, Gesammelte Werke, Berlin [3]1983.

MAIER, Hans: *Die Lehre von der Politik an den deutschen Universitäten vornehmlich vom 16.–18. Jahrhundert*. In: Wissenschaftliche Politik. Hrsg. v. OBERNDÖRFER, Dieter. Freiburg 1962, S. 59–116.

MALINOWSKI, Bronislaw: *Kultur und Freiheit*. Wien u. a. 1951.

—: *Schriften in vier Bänden*. Frankfurt am Main 1979–1986.

MANDEL, Ernest: *Entstehung und Entwicklung der ökonomischen Lehre von Karl Marx*. Frankfurt am Main 1969.

—: *Die Strategie der Übergangsforderungen*. In: Wege zur veränderten Gesellschaft. Politische Strategien. Hrsg. v. BUSSIEK, Hendrik. Frankfurt am Main 1971, S. 37 ff..

—: *Marxistische Wirtschaftstheorie*. Frankfurt am Main ³1973.

—: *Der Spätkapitalismus*. Frankfurt am Main ²1973.

—: *Zehn Thesen zur sozialökonomischen Gesetzmäßigkeit der Übergangsgesellschaft zwischen Kapitalismus und Sozialismus*. In: Probleme des Sozialismus und der Übergangsgesellschaften. Hrsg. v. HENNICKE, Peter. Frankfurt am Main 1973, S. 15 ff..

—: *Kritik des Eurokommunismus*. Berlin 1978.

MANNHEIM, Karl: *Ideologie und Utopie*. Frankfurt am Main ³1952.

—: *Mensch und Gesellschaft im Zeitalter des Umbaus*. Darmstadt 1958.

MARR, Heinz: *Die Massenwelt im Kampf um ihre Form*. Hamburg 1934.

MARX, Karl: *Grundrisse der Kritik der politischen Ökonomie*. Berlin (Ost) 1953.

—: *Das Elend der Philosophie. Antwort auf Proudhon's »Philosophie des Elends«*. Berlin (Ost) 1959, MEW 4.

—: *Der 18. Brumaire des Louis Bonaparte*. Berlin (Ost) 1960, MEW 8.

—: *Bemerkungen über die neueste preußische Zensurinstruktion*. Berlin (Ost) 1961, MEW 1.

—: *Einleitung zur Kritik der politischen Ökonomie*. Berlin (Ost) 1961, MEW 13.

—: *Zur Kritik der Hegelschen Rechtsphilosophie. Einleitung*. Berlin (Ost) 1961, MEW 1.

—: *Zur Kritik der politischen Ökonomie*. Berlin (Ost) 1961, MEW 13.

—: *Zur Kritik der politischen Ökonomie (1859). Vorwort*. Berlin (Ost) 1961, MEW 13.

—: *Das Kapital. Kritik der politischen Ökonomie. Bd. I*. Der Produktionsprozeß des Kapitals, Berlin (Ost) 1962.

—: *Der Bürgerkrieg in Frankreich*. Berlin (Ost) 1964, MEW 17.

—: *Inauguraladresse der Internationalen Arbeiter-Assoziation*. Berlin (Ost) 1964, MEW 16.

—: *Das Kapital. Kritik der politischen Ökonomie. Bd. III.* Der Gesamtprozeß der kapitalistischen Produktion, Berlin (Ost) 1964.

—: *Provisorische Statuten der Intermnationalen Arbeiter-Assoziation.* Berlin (Ost) 1964, MEW 16.

—: *Resultate des unmittelbaren Produktionsprozesses.* Frankfurt am Main 1969.

—: *Thesen über Feuerbach.* Berlin 1969, MEW 3.

—: *Kritik des Gothaer Programms. Randglossen zum Programm der deutschen Arbeiterpartei.* Berlin (Ost) 1974, MEW 19.

—: und ENGELS, Friedrich: *Manifest der Kommunistischen Partei.* Berlin (Ost) 1959, MEW 4.

—: *Die deutsche Ideologie.* Berlin (Ost) 1969, MEW 3.

—: *[Zirkularbrief an Bebel, Liebknecht, Bracke u. a.].* Berlin (Ost) 1974, MEW 19.

Karl Marx an Joseph Weydemeier vom 5. März 1852. Berlin (Ost) 1963, MEW 28.

MAUNZ, Theodor und DÜRIG, Günter (Hrsg.): *Grundgesetz. Kommentar.* München 1958 ff..

MEHTE, Wolfgang: *Ökologie und Marxismus.* Hannover 1981.

MELMAN, Seymour: *Decision Making and Productivity.* Oxford 1958.

MERTON, Robert K.: *Social Theory and Social Structure.* Glencoe, Ill. ²1951.

METJE, Matthias: *Die Wählerschaft im Wandel.* unveröff. Diss. rer. pol. Hannover o. J. (1992).

MEYNAUD, I.: *Schwierigkeiten der wissenschaftlichen Politik.* In: Zeitschrift für Politik, Bd. 6 1959, S. –.

MIEHE, Jörg: *Krise des Marxismus und subjektive Vergesellschaftung.* In: Z – Zeitschrift für Marxistische Erneuerung, 1992, Nr. 10, S. 122–137.

MIERKE, Karl: *Begabung, Bildung und Bildsamkeit.* Bern–Stuttgart 1963.

MILLER, Susanne: *Die Bürde der Macht.* Düsseldorf 1978.

MINTZEL, Alf: *Die CSU. Anatomie einer konservativen Partei 1945–1972.* Opladen 1975.

—: *Volkstümliche Technokraten: Das Management der CSU.* In: Transfer, 1976, Nr. 2, S. 107–120.

MOMMSEN, Wolfgang J.: *Die deutsche Revolution 1918–1920.* In: Geschichte und Gesellschaft, 4. Jg. 1978, S. 362–391.

MONETA, Jakob: *»Wenn jeder sich selbst regiert, überläßt man die Herrschaft den Herrschenden«.* In: express, 1979, Nr. 12, S. 10–11.

MÜLLER, Dagmar: *Soziale Lagen und Mentalitäten in der Schichtungsanalyse Theodor Geigers*. Unveröff. soz.wiss. Diplomarbeit, Hannover 1988.

MÜLLER, Hans-Peter: *Sozialstruktur und Lebensstile*. Frankfurt am Main 1992.

MÜLLER, Richard: *Geschichte der deutschen Revolution*. Band 1.2, Vom Kaiserreich zur Republik, Berlin [2]1979.

NAPHTALI, Fritz: *Wirtschaftsdemokratie. Ihr Wesen, Weg und Ziel. (1928) Hrsg. und eingeleitet von Rudolf F. Kuda*. Köln 1977.

NASSMACHER, Karl-Heinz: *Zerfall einer liberalen Subkultur*. In: Vom Milieu zur Volkspartei. Hrsg. v. KÜHR, Herbert. Königstein/Ts. 1979, S. 29–134.

—: *Kontinuität und Wandel eines regionalen Parteiensystems*. In: Sozialer und politischer Wandel in Oldenburg. Hrsg. v. GÜNTHER, Wolfgang. Oldenburg 1981, S. 221–251.

—: *Regionale Tradition als Bestimmungsfaktor des Parteiensystems*. In: Sozialer und politischer Wandel in Oldenburg. Hrsg. v. GÜNTHER, Wolfgang. Oldenburg 1981, S. 153–187.

—: *Parteien im Abstieg*. Opladen 1989.

NEGT, Oskar: *Thesen zur marxistischen Rechtstheorie*. In: Kritische Justiz, 1973, Nr. 1, S. 1–19.

—: *Lebendige Arbeit, enteignete Zeit*. Frankfurt am Main–New York 1987.

—: *Arbeit und menschliche Würde*. Göttingen 2001.

—: und KLUGE, Alexander: *Öffentlichkeit und Erfahrung*. Frankfurt am Main [2]1973.

NEGT, Oskar und MOHL, Ernst Theodor: *Marx und Engels*. In: Pipers Handbuch der politischen Ideen. Hrsg. v. FETSCHER, Iring und MÜNKLER, Herfried. Band 4. Neuzeit – von der Französischen Revolution bis zum europäischen Nationalismus, München–Zürich 1986, S. 449 ff..

NEUMANN, Sigmund: *Die Parteien der Weimarer Republik*. Berlin–Köln–Mainz [4]1977.

NIETHAMMER, Lutz (Hrsg.): *»Die Jahre weiß man nicht, wo man die heute hinsetzen soll«. Faschismuserfahrungen im Ruhrgebiet*. Berlin–Bonn 1983.

—: und PLATO, Alexander von (Hrsg.): *»Wir kriegen jetzt andere Zeiten«*. Berlin–Bonn 1985.

NITSCH, Wolfgang et al.: *Hochschule in der Demokratie. Kritische Beiträge zur Erbschaft und Reform der deutschen Universität*. Neuwied–Berlin 1965.

OBERNDÖRFER, Dieter (Hrsg.): *Wissenschaftliche Politik*. Freiburg 1962.

OERTZEN, Peter von: *Die großen Streiks der Ruhrbergarbeiterschaft im Frühjahr 1919*. In: Vierteljahreshefte für Zeitgeschichte, 6. Jg. 1958, S. 231–262.

—: *Betriebsräte in der Novemberrevolution*. Düsseldorf 1963.

—: *Überlegungen zur Stellung der Politik unter den Sozialwissenschaften*. In: KZSS, 17. Jg. 1965, Nr. 3, S. 503–520, im vorl. Band.

—: *Die Aufgabe der Partei*. Bonn-Bad Godesberg 1974.

—: *Die soziale Funktion des staatsrechtlichem Positivismus. Eine wissenssoziologische Studie über die Entstehung des formalistischen Positivismus in der deutschen Staatsrechtswissenschaft. Hrsg. u. mit einem Nachwort von Dieter Sterzel*. Frankfurt am Main 1974 (zugl. Phil. Diss., Göttingen 1953).

—: *Betriebsräte in der Novemberrevolution*. Berlin–Bonn-Bad Godesberg 1976.

—: *Sozialismus, Demokratie, Rechtsstaat*. In: Reform in der Demokratie. Festschrift für Willy Strzelewicz. Hrsg. v. SCHULENBERG, Wolfgang. Hamburg 1976, S. 13–24.

—: *Der Rechtsstaat und die Linke*. In: Kritik, Jg. 6 1978, Nr. 16, S. 55–71, im vorl. Band.

—: *Arthur Rosenberg als Propagandist einer revolutionären Realpolitik*. In: Klassische Antike und moderne Demokratie. Arthur Rosenburg zwischen Alter Geschichte und Zeitgeschichte, Politik und politischer Bildung. Hrsg. v. MÜLLER, Rudolf Wolfgang und SCHÄFER, Gert. Göttingen 1986, S. 106–114.

—: *Karl Marx*. In: Klassiker des Sozialismus. 2 Bde. 1. Bd. Hrsg. v. EUCHNER, Walter. München 1991, S. 139–156.

—: *Die Wählerschaft in Westdeutschland*. In: spw – Zeitschrift für sozialistische Politik und Wirtschaft, 1992, Nr. 4, S. 16–21.

—: *Die Arbeiterklasse als Träger sozialistischer Bewegung. Zur Korrektur eines Mißverstädnisses*. In: »Wer in der Politik Verantwortung trägt, kann nicht bequem sein.« Festschrift für Georg Benz. Hrsg. v. HECKENAUER, Manfred et al.. Marburg 1994, S. 209–213.

—: *Kultur und Freiheit*. In: Schlüsselwerke der Soziologie. Hrsg. v. PAPCKE, Sven und OESTERDIECKHOFF, Georg W.. Wiesbaden 2001, S. 298–300.

Denselben, EHMKE, Horst und EHRENBERG, Herbert (Hrsg.): *Orientierungsrahmen '85. Text u. Diskussion*. Bonn-Bad Godesberg ^{3}1979, Bearb. von Heiner Lindner.

OPEL, Fritz: *Der Deutsche Metallarbeiterverband*. Hannover–Frankfurt am Main 1957.

PASCHUKANIS, Eugen: *Allgemeine Rechtslehre und Marxismus*. Berlin 1929.

PICHT, Georg: *Die deutsche Bildungskatastrophe*. Freiburg 1964.

PLATO, Alexander von: *»Ich bin mit allen gut ausgekommen«. Oder: War die Ruhrarbeiterschaft vor 1933 in politische Lager zerspalten? Faschismuserfahrungen im Ruhrgebiet*. In NIETHAMMER: *Faschismuserfahrungen*, S. 31–65.

—: *»Der Verlierer geht nicht leer aus«. Betriebsräte geben zu Protokoll*. Berlin–Bonn 1984.

PLESSNER, Helmuth: *Die Stufen des Organischen und der Mensch*. Berlin–Leipzig 1928.

—: *Macht und menschliche Natur*. Berlin 1931, Wieder in: Zwischen Philosophie und Gesellschaft. Bern 1953.

—: *Die verspätete Nation*. Stuttgart 1959.

POPITZ, Heinrich: *Das Gesellschaftsbild des Arbeiters*. Tübingen 1957.

—: *Technik und Industriearbeit*. Tübingen 1957.

POTTHOFF, Heinrich: *Gewerkschaften und Politik zwischen Revolution und Inflation*. Düsseldorf 1978.

PRAGER, Eugen: *Geschichte der USPD*. Berlin 1921.

Protokolle der Generalversammlung des Deutschen Metallarbeiterverbands zu Mannheim. 1911.

Protokolle der Generalversammlung des Deutschen Metallarbeiterverbands zu Breslau. 1913.

Protokolle der Generalversammlung des Deutschen Metallarbeiterverbands zu Berlin (außerordentliche). 1913.

Protokoll der 13. Generalversammlung des Deutschen Metallarbeiterverbands zu vom Juni 1917 Köln. 1917.

Protokoll des 16. Verbandstages des Deutschen Metallarbeiterverbands zu Kassel. 1924.

Protokoll über die Verhandlungen des Parteitages der Sozialdemokratischen Partei Deutschlands. Abgehalten zu Dresden vom 13. Bis 20. September 1903. Berlin 1903.

Protokoll über die Verhandlungen des sozialdemokratischen Parteitages 1925 in Heidelberg. Berlin–Bonn-Bad Godesberg 1974.

RABE, Bernd: *Der sozialdemokratische Charakter*. Frankfurt am Main–New York 1978.

RAPHAEL, Lutz: *Klassenkämpfe und politisches Feld*. In: Klassenlage, Lebensstil und kulturelle Praxis. Hrsg. v. EDER, Klaus. Frankfurt am Main 1989, S. 71–107.

RITTER, Gerhard A. und KOCKA, Jürgen: *Deutsche Sozialgeschichte. Dokumente u. Skizzen.* Band Bd. II, 1870–1914, München 1974.

ROHE, Karl: *Vom alten Revier zum heutigen Ruhrgebiet.* In: Politik und Gesellschaft im Ruhrgebiet. Hrsg. v. Demselben und KÜHR, Herbert. Königstein i. Ts. 1979, S. 21–73.

—: *Die »verspätete« Region.* In: Probleme politischer Partizipation im Modernisierungsprozeß. Hrsg. v. STEINBACH, Peter. Stuttgart 1982, S. 231–252.

ROLFF, Hans-G.: *Sinn und Unsinn der Bildungswerbung.* In: Die Neue Gesellschaft, 14. Jg., 1967, Nr. 1, S. 60–72.

ROSDOLSKY, Roman: *Zur Entstehungsgeschichte des Marxschen »Kapital«.* Frankfurt am Main 1968.

ROSENBERG, Arthur: *Die Entstehung der deutschen Republik 1871–1918.* Berlin 1928.

—: *Geschichte der deutschen Republik.* Karlsbad 1935.

—: *Demokratie und Sozialismus. Zur politischen Geschichte der letzten 150 Jahre.* Amsterdam 1938, Neudruck: Frankfurt am Main 1962 u. ö..

—: *Demokratie und Klassenkampf. Hrsg. v. Hans Ulrich Wehler.* Frankfurt am Main–Berlin–Wien 1974.

ROSENBERG, Ludwig: *Die Mitbestimmung in Gegenwart und Zukunft.* In: Das Mitbestimmungsgespräch, 1961, Nr. 11, S. 11–15.

ROTH, Heinrich: *Das Problem der Bildsamkeit und Erziehungsfähigkeit in der psychologischen Forschung.* In: Handbuch der Psychologie. Band 10. Pädagogische Psychologie, Göttingen 1959, S. 69–92.

ROTH, Karl Heinz: *Die »andere« Arbeiterbewegung.* München 1974.

ROTHFELS, Hans: *Zeitgeschichte als Aufgabe.* In: Vierteljahreshefte für Zeitgeschichte, 1 1953, S. 1–8.

RUDZIO, Wolfgang: *Wahlverhalten und kommunalpolitisches Personal in ausgewählten Oldenburger Gemeinden.* In: Sozialer und politischer Wandel in Oldenburg. Hrsg. v. GÜNTHER, Wolfgang. Oldenburg 1981, S. 253–297.

RUMNEY, Jay und MAIER, Jürgen: *Soziologie.* Frankfurt am Main 1953.

RÜRUP, Reinhard: *Probleme der Revolution in Deutschland 1918/19.* Wiesbaden 1969.

SCHAAF, Julius Jakob: *Geschichte und Begriff.* Tübingen 1946.

SCHIEDER, Theodor: *Staat und Gesellschaft im Wandel unserer Zeit.* München 1958.

SCHMITT, Carl: *Der Begriff des Politischen.* Hamburg 1933.

SCHUMANN, Michael: *Zum Krisenbewußtsein der Arbeiter*. Manuskript des soziologischen Forschungsinstituts Göttingen, 15. 12. 1982.

SEIFERT, Jürgen: *Karl Marx und die Freiheitsrechte*. In: Karl Marx heute. Hrsg. v. FLECHTHEIM, Ossip Kurt. Hamburg 1983, S. 203 ff..

—: *Der unterschiedliche Gebrauch des Begriffes »Bourgeois« bei Marx*. In: Recht, Justiz, Kritik. Festschrift für Richard Schmid. Hrsg. v. BÖTTCHER, Hans-Ernst. Baden-Baden 1985, S. 451 ff..

Sicherheit und Aufstieg. Materialien zum Berliner Modell der Bildungswerbung. Schriftenreihe Arbeit und Leben. Düsseldorf 1967.

SIGRIST, Christian: *Regulierte Anarchie. Untersuchungen zum Fehlen und zur Entstehung politischer Herrschaft in segmentären Gesellschaften Afrikas*. Frankfurt am Main [2]1979.

SINUS: *Lebensweltforschung, ein kreatives Konzept*. Heidelberg: als Ms. gedruckt [ca. 1989].

SMEND, Rudolf: *Staatsrechtliche Abhandlungen*. Berlin 1955.

SOMBART, Werner: *Sozialismus und soziale Bewegung*. Jena [8]1919.

SONTHEIMER, Kurt: *Zum Begriff der Macht als Grundkategorie der politischen Wissenschaft*. In: Wissenschaftliche Politik. Hrsg. v. OBERNDÖRFER, Dieter. Freiburg 1962, S. 197–209.

SPD-PARTEIVORSTAND: *Planungsdaten für die Mehrheitsfähigkeit der SPD*. Bonn: als Ms. gedruckt 1984.

SPIEKER, Wolfgang: *Tarifautonomie und Mitbestimmung*. In: Das Mitbestimmungsgespräch, 1962, Nr. 11/12, S. 181–186.

SPRONDEL, Walter: *Die Kategorie der Sozialstruktur und das Problem des sozialen Wandels*. In: Maurice Merleau-Ponty und das Problem der Struktur in den Sozialwissenschaften. Hrsg. v. GARTHOFF, Richard und Demselben. Stuttgart 1976, S. 176–189.

STAMMER, Otto: *Gesellschaft und Politik*. In: Handbuch der Soziologie. Hrsg. v. ZIEGENFUSS, Werner. Band I. Stuttgart 1955, S. 530–611.

—: *Politische Soziologie*. In: Soziologie. Hrsg. v. GEHLEN, Arnold und SCHELSKY, Helmuth. Düsseldorf–Köln 1955, S. 256 ff..

—: *Max Weber und die Soziologie heute. Verh. des 15. Dt. Soziologentages*. Tübingen 1965.

STOESS, Richard: *Literaturbesprechung von Karl-Heinz Naßmacher, Parteien im Abstieg*. In: Politische Vierteljahresschrift, 32. Jg. 1991, Nr. 2, S. 378–379.

THOMAS, Konrad: *Die betriebliche Situation der Arbeiter*. Stuttgart 1964.

THOMPSON, Edward P.: *Das Elend der Theorie*. Frankfurt am Main–New York 1980.

—: *Plebejische Kultur und moralische Ökonomie*. Frankfurt am Main–Berlin 1980.

TOPITSCH, Ernst: *Sozialphilosophie zwischen Ideologie und Wissenschaft*. Neuwied–Berlin 1961, (3., erw. Aufl. 1971).

—: *Sozialtheorie und Gesellschaftsgestaltung*. In: Sozialphilosophie zwischen Ideologie und Wissenschaft. Neuwied–Berlin 1961, S. 125 ff., (3., erw. Aufl. 1971).

TOURAINE, Alain: *Die antinukleare Prophetie. Zukunftsentwürfe einer sozialen Bewegung*. Frankfurt am Main u. a 1982.

TROTZKIJ, Leo: Kap. Drei Konzeptionen der russischen Revolution. In: *Stalin, Ein Lebensbild*. o. O. 1953, Wieder in: Leo Trotzkij, Stalin: eine Biographie, Bd. II, Reinbek bei Hamburg 1971, S. 272–293..

TROUILLET, Bernard: *Die schwedischen Schulreformen*. Frankfurt am Main 1966.

Verhandlungen des 9. Kongresses der Gewerkschaften Deutschlands zu München 1914. Protokoll. 1914.

Verhandlungen des 10. Kongresses der Gewerkschaften Deutschlands zu Nürnberg 1919. Protokoll. Band 6, Berlin–Bonn 1980.

VESTER, Michael: *Die sozialen Klassen und die neue technologische Revolution in Westdeutschland*. Referat vom 12. 9. 1984 an der Chinesischen Akademie der Sozialwissenschaften in Peking, unveröff. Manuskript.

—: *Edward Thompson als Theoretiker der »New Left« und als historischer Forscher*. In: Aesthetik und Kommunikation, 1978, Nr. 33, S. 33–45.

—: *Neue soziale Milieus und pluralisierte Klassengesellschaft*. Hannover: Forschungsbericht, als Ms. gedruckt 1992.

—: *Das Janusgesicht sozialer Modernisierung*. In: Aus Politik und Zeitgeschichte, 26–27 1993, S. 3–19.

—: *Soziale Milieus im gesellschaftlichen Strukturwandel*. Frankfurt am Main 2001.

—: *Die »neuen Plebejer«. Thesen zur Klassen- und Schichtenstruktur und zu den Entwicklungsperspektiven der neuen sozialen Bewegungen*. In: Frankfurter Rundschau 5. 4. 1983, Nr. 78.

—: : *Soziale Milieus im gesellschaftlichen Strukturwandel. Zwischen Integration und Ausgrenzung*. Köln 1993, Vollständig überarbeitete, erweiterte und aktualisierte Neuauflage: Frankfurt am Main 2001.

VINCENT, Jean-Marie: *Fetichisme et Societe*. Paris 1973.

—: *Abstract Labour. A Critique (Language, Discourse, Society)*. Basingstoke, Hampshire 1991, (frz. Ausgabe 1987).

VOGELSANG, Thilo: *Der Machtverfall in der Demokratie*. In: Neue Politische Literatur, 1 1956, S. 52–58.

—: *Neuere Literatur zur Geschichte der Weimarer Republik*. In: Vierteljahreshefte für Zeitgeschichte, 9 1961, S. 211–224.

WALTER, Franz: *Sachsen – ein Stammland der Sozialdemokratie?* In: Politische Vierteljahresschrift, 32. Jg. 1991, Nr. 2, S. 207–231.

—: *Thüringen – eine Hochburg der sozialistischen Arbeiterbewegung?* In: Internationale wissenschaftliche Korrespondenz zur Geschichte der deutschen Arbeiterbewegung (IWK), 28. Jg. 1992, Nr. 2, S. 21–39.

—:, DÜRR, Tobias und SCHMIDTKE, Klaus: *Die SPD in Sachsen und Thüringen zwischen Hochburg und Diaspora*. Bonn 1993.

WARNER, W. Lloyd und ABEGGLEN, James: *Karriere in der Wirtschaft*. Düsseldorf 1957.

WEBER, Marianne: *Max Weber, ein Lebensbild*. Tübingen 1926.

WEBER, Max: *Wirtschaft und Gesellschaft*. Tübingen 1921.

—: *Gesammelte Aufsätze zur Soziologie und Sozialpolitik. Gesammelte Aufsätze zur Soziologie*. Tübingen 1924.

—: *Wirtschaft und Gesellschaft*. Tübingen [3]1947.

—: *Gesammelte Aufsätze zur Wissenschaftslehre*. Tübingen [2]1951.

—: *Gesammelte politische Schriften*. Tübingen [2]1958.

—: *Gesammelte Aufsätze zur Wissenschaftslehre. Hrsg. v. J. Winckelmann*. Tübingen 1985.

—: *Objektive Möglichkeit und adäquate Verursachung der historischen Kausalbetrachtung (1906)*. In WEBER: *Gesammelte Aufsätze zur Wissenschaftslehre*.

—: *Roscher und Kries und die logischen Probleme der historischen Nationalökonomie*. In WEBER: *Gesammelte Aufsätze zur Wissenschaftslehre*, S. 1–145.

WHYTE, William F.: *Lohn und Leistung*. Köln–Opladen 1958.

WIDMAIER, Hans-Peter: *Bildungspolitik in einer wachsenden Wirtschaft*. In: Die Neue Gesellschaft, 14. Jg., 1967, Nr. 1, S. 16–26.

WINKLER, Heinrich August: *Die Sozialdemokratie und die Revolution von 1918/19*. Berlin–Bonn-Bad Godesberg 1979.

WINKLER, Heinrich August: *Arbeiter und Arbeiterbewegung in der Weimarer Republik. 3 Bde*. Band 2, Der Schein der Normalität, Berlin–Bonn 1985.

—: *Arbeiter und Arbeiterbewegung in der Weimarer Republik. 3 Bde*. Band 3, Der Weg in die Katastrophe, Berlin–Bonn 1987.

WINTER, Thomas von: *Politische Orientierungen und Sozialstruktur. Ein Beitrag zur Theorie des Wählerverhaltens.* Frankfurt am Main–New York 1987.

»*Wir fordern die Enteignung Axel Springers*«. *SPIEGEL-Gespräch mit dem Berliner FU-Studenten Rudi Dutschke.* In: DER SPIEGEL, 1967, Nr. 29, S. 29–33.

WITTIG, Horst Erich (Bearb.): *Karl Marx: Bildung und Erziehung. Studientexte zur Marxschen Bildungskonzeption.* Paderborn 1968.

YOUNG, Michael: *Es lebe die Ungleichheit.* Düsseldorf 1961.

Drucknachweise

I. Theorie

1. *Überlegungen zur Stellung der Politik unter den Sozialwissenschaften.* In: Kölner Zeitschrift für Soziologie und Sozialpsychologie. 17. Jg. Nr. 3. Köln–Opladen 1965. S. 503–520.
2. *Kants »Über den Gemeinspruch« und das Verhältnis von Theorie und Praxis in der Politik.* In: Die moderne Demokratie und ihr Recht. Festschrift für Gerhard Leibholz zum 65. Geburtstag. Hrsg. von Karl Dietrich Bracher u. a., Bd. 1. Tübingen 1966. S. 369–381.
3. *Dialektik – Allüre oder Methode?* Hessischer Rundfunk, Kulturelles Wort am 3. März 1968
4. *Überlegungen zum geschichtlichen Ort der Aufklärung.* (1987) unveröff.
5. *Zurück zu Marx oder vorwärts zu Marx?* In: Michel Vakaloulis, Jean-Marie Vincent (Hrsg.), Marx après les marxismes, vol. 1 : Marx à la question, Paris 1997 (Futur antérieur), p. 183–217.
6. *Historisch-politische Möglichkeit bei Max Weber und Karl Marx.* In: Marx heute. Pro und contra. Hrsg. von Ossip K. Flechtheim. Hamburg 1983. S. 171–186.
7. *Karl Marx und das Recht auf freie Assoziation der Individuen.* In: Kritische Justiz (Hrsg.), Streitbare Juristen. Eine andere Tradition. Jürgen Seifert zum 60. Geburtstag. Baden–Baden 1988. S. 59–68.
8. *Karl Marx.* In: Walter Euchner (Hrsg.), Klassiker des Sozialismus. Bd. 1. München 1991. S. 139–156.
9. *Die Arbeiterklasse als Träger der sozialistischen Bewegung. Zur Korrektur eines Mißverständnisses.* In: Manfred Heckenauer u. a. (Hrsg.), »Wer in der Politik Verantwortung trägt, kann nicht bequem sein«. Eine Schrift zum 70. Geburtstag von Georg Benz. Marburg/Lahn 1994. S. 209–213.
10. *Eine marxistische Grundlegung des Demokratischen Sozialismus?* In: Thomas Meyer (Hrsg.), Demokratischer Sozialismus – Geistige Grundlagen und Wege in die Zukunft. München–Wien 1980. S. 81–105.
11. *Der »Aufstieg der Begabten«. Zur Kritik einer Parole.* In: Peter von Oertzen (Hrsg.), Festschrift für Otto Brenner zum 60. Geburtstag. Frankfurt am Main 1967. S. 435–446.
12. *Klasse und Milieu als Bedingungen gesellschaftlich-politischen Handelns.* In: Michael Th. Greven u. a. (Hrsg.), Politikwissenschaft als Kritische Theorie. Festschrift für Kurt Lenk. Baden-Baden 1994. S. 387–421.

II. Arbeiterbewegung

13. *Der Mitbestimmungsgedanke in der deutschen Arbeiterbewegung.* In: Mitbestimmungsgespräch. 5. Jg. Nr. 11–12. (Nov.–Dez.) 1959. S. 9–15.
14. *Die Mitbestimmung – eine gesellschaftspolitische Aufgabe.* In: 6. Konferenz der Industriegewerkschaft Metall für Vertrauensleute und Betriebsratsmitglieder. 14. und 15. September 1966. Schwarzwaldhalle Karlsruhe. Hrsg. vom Vorstand der IG Metall. Frankfurt am Main 1966. S. 28–54. (Leicht gekürzt)
15. *Politische Fraktionen in der Gewerkschaftsbewegung.* In: Festschrift für Eugen Loderer zum 60. Geburtstag. Hrsg. von Willy Brandt und Leonard Woodcock. Köln 1980. S. 157–177.
16. *Arbeiterbewegung, Arbeiterräte und Arbeiterbewußtsein in der Deutschen Revolution 1918/19.* In: Martin Baethge und Wolfgang Eßbach (Hrsg.), Soziologische Entdeckungen im Alltäglichen. Hans Paul Barth – Festschrift zu seinem 65. Geburtstag. Frankfurt am Main–New York 1983. S. 347–371.
17. *Zum Verhältnis von »Neuen Sozialen Bewegungen« und Arbeiterbewegung.* In: Gerd-Uwe Boguslawski und Bodo Irrek (Hrsg.), Ohne Utopien kann der Mensch nicht leben. Beiträge zur Gewerkschaftsarbeit. Festschrift für Hermann Kantelhardt. Göttingen 1985. S. 243–261.

III. Interventionen

18. *Der Rechtsstaat und die Rechte.* In: Hessischer Rundfunk, Kulturelles Wort am 14. September 1969.
19. *Der Rechtsstaat und die Linke.* In: Hessischer Rundfunk, Kulturelles Wort am 24. April 1969
20. *Freiheitlich demokratische Grundordnung und das Rätesystem.* In: Politische Bildung. 2. Jg. Nr. 1. Stuttgart 1969. S. 14–25.
21. *Wirtschaftsdemokratie – Umrisse eines Konzepts.* In: Harald Werner (Hrsg.), Wirtschaftsdemokratie – Eine Antwort neue befragt. Bonn 1994. S. 20–33.
22. *Was bleibt von der sozialistischen Vision?* In: Malte Ristau und Martin Gorholt (Hrsg.), Demokratischer Sozialismus. Beiträge zur Verständigung. Marburg 1991. S. 37–54.

Kritische Interventionen

Hrsg. von der Loccumer Initiative kritischer Wissenschaftlerinnen und Wissenschaftler

Band 1
Ökonomie ohne Arbeit – Arbeit ohne Ökonomie?
Entwicklungstendenzen des Kapitalismus und politische Intervention
ISBN 3-930345-08-0 148 Seiten 7,40 €

Band 2
Weniger Arbeit – weniger Demokratie?
Arbeitslosigkeit, Demokratiegefährdung und Neuverteilung von Arbeit
ISBN 3-930345-12-9 141 Seiten 7,40 €

Band 3
Die Illusion der neuen Freiheit
Realitätsverleugnung durch Wissenschaft
ISBN 3-930345-18-8 168 Seiten 7,40 €

Band 4
Europa des Kapitals oder Europa der Arbeit?
Perspektiven sozialer Gerechtigkeit
ISBN 3-930345-22-6 192 Seiten 9,90 €

Band 5
Rot-Grün – noch ein Projekt?
Versuch einer Zwischenbilanz
ISBN 3-930345-25-0 165 Seiten 9,40 €

Band 6
Gewalt und Zivilisation in der bürgerlichen Gesellschaft
ISBN 3-930345-29-3 267 Seiten 12,40 €

Band 7
Armut als Bedrohung
Der soziale Zusammenhalt zerbricht. Ein Memorandum. Mit einer Einführung von Oskar Negt

ISBN 3-930345-35-8 120 Seiten 10 €

Band 8

Mut zur konkreten Utopie

Alternativen zur herrschenden Ökonomie

ISBN 3-930345-39-0 184 Seiten 12,40 €

Band 9

Globaler Widerstand gegen den Kapitalismus

Auf dem Weg zu einer neuen Internationale?

ISBN 3-930345-41-2 ca. 180 Seiten 12,80 €